Texte détérioré — reliure défectueuse

NF Z 43-120-11

FORMULAIRE

ET MANUEL DE LA PROCÉDURE

DES JUSTICES DE PAIX

EN MATIÈRE CIVILE

DE SIMPLE POLICE ET D'INSTRUCTION CRIMINELLE,

PAR M. J.-L. JAY,

Auteur du Repertoire géneral des justices de paix ;
du Traite de la Competence judiciaire des juges de paix,
du Traité des Scellés,
du Bulletin des lois des justices de paix annotees,
du Manuel des Greffiers des justices de paix,
du Traite des Conseils de famille ; du Guide des Huissiers,
et autres ouvrages de droit.

DEUXIÈME ÉDITION

REVUE AVEC SOIN ET CONSIDERABLEMENT AUGMENTEE.

PARIS

CHEZ L'AUTEUR, RUE DES JEUNEURS, 10.

—

1854

FORMULAIRE

ET MANUEL DE LA PROCÉDURE

DES JUSTICES DE PAIX.

36804

TYPOGRAPHIE HENNUYER, RUE DU BOULEVARD, 7. BATIGNOLLES.
Boulevard extérieur de Paris.

FORMULAIRE

ET MANUEL DE LA PROCÉDURE

DES JUSTICES DE PAIX

EN MATIÈRE CIVILE

DE SIMPLE POLICE ET D'INSTRUCTION CRIMINELLE,

PAR M. J.-L. JAY,

Auteur du Repertoire général des justices de paix ;
du Traité de la Compétence judiciaire des juges de paix ;
du Traité des Scellés ;
du Bulletin des lois des justices de paix annotées ;
du Manuel des Greffiers des justices de paix ;
du Traité des Conseils de famille ; du Guide des Huissiers ;
et autres ouvrages de droit.

DEUXIÈME ÉDITION

REVUE AVEC SOIN ET CONSIDÉRABLEMENT AUGMENTÉE.

PARIS

CHEZ L'AUTEUR, RUE DES JEUNEURS, 10.

—

1854

FORMULAIRE

ET

MANUEL DE LA PROCÉDURE

DES JUSTICES DE PAIX.

❧

NOTIONS PRÉLIMINAIRES.

DE LA PROCÉDURE. — IMPORTANCE. — UTILITÉ DES FORMULES.
DIVISION DE L'OUVRAGE.

1. La *procédure* est une des parties les plus essentielles du droit. C'est elle qui forme la principale garantie devant les tribunaux et dans tous les actes judiciaires ou même extrajudiciaires.

Les *formes* ou *formalités* ont souvent été critiquées ; mais toujours l'ignorance a eu la plus grande part dans ces critiques ; les formes, en effet, sont nécessaires pour fixer les droits de chacun, pour donner à la propriété sa stabilité, à la liberté sa garantie, pour assurer l'exercice de tous les droits.

Loin que la forme ou la procédure soit un moyen d'oppression du faible par le fort, elle est au contraire la sauvegarde du faible, puisqu'elle empêche qu'il ne soit à la merci de la force brutale ; puisqu'elle lui assure les moyens, envers et contre tous, de se faire écouter, de se défendre.

2. Toutes les règles de la procédure peuvent se résumer dans ces trois mots : la personne, le lieu, le temps.

La *personne*. Il faut que celui qui est attaqué sache quelle est la personne qui l'attaque, que c'est bien lui qui est sommé ou assigné, que l'acte qui lui est signifié est du ministère d'un officier compétent. Tout ce qui est relatif à l'authenticité vient se rattacher à la personne, car l'authenticité des actes dépend de la personne par-devant laquelle ou par le ministère de laquelle ils sont faits et passés, et du lieu.

Le *lieu*. Quel est le tribunal devant lequel l'assignation doit être donnée ? Quel est l'endroit où il devra être procédé à une opération judiciaire ou extrajudiciaire ? Dans quels lieux un officier ministériel peut-il agir ? Quelles sont les limites territoriales assignées à ses attributions ?

Le *temps*. Temps pour assigner, temps pour comparaître, temps pour juger, temps pour relever appel : tout ce qui est relatif aux dates, toutes les règles si nombreuses des délais sont comprises sous ce mot.

3. Nous voulons donc, avant tout, que cet ouvrage soit *pratique*, et qu'il puisse servir de guide et de manuel aux juges de paix, aux greffiers, aux officiers ministériels qui instrumentent près les justices de paix, à tous ceux qui s'occupent du droit des justices de paix. Pour y parvenir, nous joignons les formules aux règles ; ainsi, sur chaque partie du droit, nous donnons d'abord les règles essentielles ; puis, nous appliquons ces règles à la pratique par des formules.

Le style judiciaire a longtemps mérité le reproche d'être obscur, redondant, surchargé de termes techniques : on comprend aujourd'hui que la clarté et la précision sont les premières qualités à exiger dans les actes de procédure ; c'est à cette clarté et à cette précision que nous nous sommes efforcé d'arriver.

La *formule* est la mise en pratique de la loi : la plus simple omission peut en entraîner la nullité ; cette seule observation fait sentir toute l'importance d'une bonne formule, comme aussi l'utilité.

4. Nous divisons notre travail en *trois grandes parties*, suivant les diverses fonctions et attributions des juges de paix et des greffiers.

La *première partie* est consacrée aux matières civiles : institution du tribunal de paix ; juridiction contentieuse des juges de paix ; bureau de conciliation ; compétence spéciale des juges de paix ; douanes ; octroi ; chemins vicinaux, etc.; commissions rogatoires ; juridiction non contentieuse; conseils de famille; émancipation; adoption; tutelle officieuse ; scellés et actes de notoriété, etc.; autres actes de la compétence des juges de paix ; actes de greffe ; transmission des offices de greffiers.

La *deuxième partie* traite de la procédure en matière de simple police.

La *troisième partie*, de la procédure en matière d'instruction criminelle et des attributions du juge de paix comme auxiliaire du procureur impérial et comme juge d'instruction ou comme officier de police judiciaire.

PREMIÈRE PARTIE.

Procédure, fonctions et attributions des juges de paix en matière civile. — Institution et constitution du tribunal de paix. — Préséances. — Costume. — Juridiction contentieuse des juges de paix. — Bureau de conciliation. — Compétence spéciale des juges de paix. — Douanes, octrois, chemins vicinaux, etc. — Autres actes de la juridiction contentieuse des juges de paix. — Juridiction non contentieuse. — Conseil de famille; émancipation, adoption, tutelle officieuse, scellés, etc. — Actes de notoriété, etc. — Autres actes de la juridiction non contentieuse des juges de paix. — Actes de greffe. — Transmission des offices de greffiers.

LIVRE PREMIER.

CONSTITUTION ET INSTITUTION DU TRIBUNAL DE PAIX. — JUGE DE PAIX. — GREFFIER. — SERMENT. — INSTALLATION. — PRÉSÉANCES. — COSTUME.

TITRE UNIQUE.

CONSTITUTION DU TRIBUNAL DE PAIX. — JUGE DE PAIX. — GREFFIER. — SERMENT. — INSTALLATION. — PRÉSÉANCES.

CHAPITRE I. — Nomination, serment et installation des juges de paix. — Suppléants des juges de paix. — Remplacement des juges de paix par les suppléants.

5. Les juges de paix sont nommés par le chef de l'Etat.

6. La présentation est faite par le président du tribunal et le chef du parquet de l'arrondissement, par le président de la Cour impériale et le procureur général, sur des listes de trois candidats.

7. Les juges de paix ne sont pas inamovibles. Charte de 1814, art. 61; Charte de 1830, art. 52; Constitution de 1848, art. 87; Constitution du 14 janvier 1852.

8. Les juges de paix prêtent, avant d'entrer en fonction, serment, sur la réquisition du ministère public, devant le tribunal civil de première instance de l'arrondissement (Décret du 24 messidor an XII, art. 2). Avant la révolution de 1848, ils juraient *fidélité au chef de l'Etat, obéissance à la Charte constitutionnelle et aux lois :* le serment *politique* avait été aboli par le décret du gouvernement provisoire du 1er mars 1848, et les juges de paix ne prêtaient plus que le serment professionnel indiqué par ce décret; mais depuis sont venus la Constitution du 14 janvier 1852 et le sénatus-consulte du 23 décembre 1852, d'après lesquels les juges de paix doivent prêter le serment ainsi conçu :

« *Je jure obéissance à la Constitution et fidélité à l'Empereur.* »

Le greffier du tribunal civil tient un registre sur lequel sont in-scrits les arrêtés ou décrets ou ordonnances portant nomination des juges de paix et mention de leur prestation de serment.

La prestation de serment est, en outre, portée sur la feuille d'au-dience et sur les minutes du tribunal civil. Un extrait de ces mi-nutes est délivré, sur la demande du ministère public, au juge de paix nouvellement constitué, et lui tient lieu de provision. Carré, *Traité de la compétence,* art. 32.

9. La loi du 29 ventôse an IX, art. 8, qui déterminait le mode d'élection des juges de paix (alors nommés à l'élection), chargeait le sous-préfet d'installer le juge de paix ; mais cette loi étant abolie (*Circ. min. intér.*, 22 novembre 1824), les juges de paix sont installés aujourd'hui par un des suppléants tenant l'audience ; le greffier donne lecture de l'extrait des minutes du tribunal civil constatant la prestation de serment ; il est du tout dressé procès-verbal, qui reste au rang des minutes du greffe.

FORMULE 1. — **Installation du juge de paix.**

L'an... le... en l'auditoire ordinaire de la justice de paix du canton de... département de... situé en la commune de... par-devant M... (*prénoms et nom du suppléant*), premier suppléant de ladite justice de paix (*si c'était le second suppléant, indiquer la cause d'empêchement du premier*), assisté de... greffier ordinaire ;

Est comparu en l'audience ordinaire M.   (*prénoms, nom et domi-cile du comparant*), lequel a dit que, par décret de l'Empereur, rendu à... le... il a été choisi pour remplir la place de juge de paix dudit canton ; que le... il a prêté serment en ladite qualité, à l'audience du tribunal civil de première instance, séant à... dans l'arrondissement duquel se trouve ce can-ton ; qu'il remet présentement, sur le bureau, expédition de l'ordonnance de sa nomination, et de son acte de prestation de serment délivré par...; et qu'en conséquence il nous requiert ici de l'installer en qualité de juge de paix du canton.

Sur quoi, pour satisfaire à ladite réquisition, avons ordonné qu'il fût donné lecture desdites pièces par notre greffier. Après laquelle lecture en avons ac-cordé acte audit comparant et l'avons déclaré installé dans les fonctions de juge de paix dudit canton de... département de... pour en exercer toutes les fonctions dès à présent, et qu'en conséquence obéissance lui était due à ce titre.

En foi de quoi nous avons dressé le présent procès-verbal et signé avec ledit S... juge de paix et le S... greffier, soussignés.

10. Les deux suppléants du juge de paix sont nommés de la même manière que lui, prêtent serment comme lui devant le tribunal civil de l'arrondissement, et sont également amovibles. Un arrêt de la Cour suprême du 12 juin 1809 a cassé un jugement rendu par un suppléant de juge de paix, par le motif que ce suppléant, n'ayant pas prêté serment, n'avait pas acquis le complément du caractère de suppléant, et n'avait pas le pouvoir d'en exercer les fonctions.

11. Les suppléants peuvent remplacer les juges de paix dans toutes leurs fonctions judiciaires ou autres, affaires civiles, affaires de simple police, appositions de scellés, conseils de famille, etc. (Cass. 7 juillet 1809); ils sont même autorisés à recevoir, sans que le juge de paix soit empêché, les affirmations des procès-verbaux des gardes champêtres et forestiers pour les délits commis dans le territoire de la commune où ils résident, lorsqu'elle n'est pas celle de la résidence des juges de paix. Loi du 28 floréal an X, art. 11.

12. Mais le remplacement ne serait autorisé que relativement aux fonctions attribuées par la loi aux juges de paix, et les suppléants seraient sans qualité pour remplacer les juges de paix dans les actes pour lesquels ceux-ci auraient été délégués par les Cours et tribunaux, aux termes de l'article 1035 du Code de procédure civile, notamment pour procéder à une enquête, à moins que la Cour ou le tribunal qui a donné la commission n'eût ordonné que le juge de paix serait, au besoin, remplacé par son suppléant (Nîmes, 28 avril 1828, et Douai, 3 mai 1841; *Répert. gén. des j. de paix*, tom. IV, pag. 213, nº 4). Cependant, la Cour de Poitiers a jugé en sens contraire, par arrêt du 10 juin 1831, se fondant sur ce que, si la commission est donnée *au juge de paix de tel canton*, et non pas *nominativement à tel et tel juge de paix*, le suppléant, remplaçant naturel du juge de paix, agit dans le cercle de ses attributions, en procédant à une enquête à la place du juge de paix légalement empêché (*Ibid.*, n. 5).

13. Toutes les fois que le suppléant remplace le juge de paix, la cause du remplacement doit être indiquée, ou au moins l'empêchement mentionné; ainsi, les actes faits par un suppléant de juge de paix, bien qu'ils n'indiquent pas la cause de l'empêchement, ne sont pas nuls pour présomption légale de remplacement *sans nécessité.* — La présomption de droit est pour l'empêchement, sauf la preuve contraire. Cass., 6 avril 1819.

CHAPITRE II. — **Des greffiers de justice de paix.** — **Age.** — **Cautionnement.** — **Office.** — **Droit de présentation (renvoi).** — **Parenté du juge de paix et du greffier.** — **Serment du greffier.** — **Commis-greffier.**

14. Le tribunal de la justice de paix se compose du juge et du greffier : un greffier est attaché à chaque justice de paix. Décret des 6-27 mars 1791.

15. Les greffiers des justices de paix doivent être âgés de vingt-cinq ans accomplis. Loi du 16 ventôse an XI, art. 1er.

16. Les greffiers des justices de paix ont été assujettis au cautionnement par l'art. 3 de la loi du 28 floréal an X. La fixation définitive des cautionnements a été réglée par la loi de finances du 28 avril 1816, art. 88.

D'après l'état n. 9 annexé à cette loi, les cautionnements des greffiers des justices de paix sont déterminés de la manière suivante :

A Paris...		10,000 fr.
A Bordeaux, Lyon et Marseille.................		6,000
Dans les communes de 50,001 à 100,000 habitants.		4,000
—	30,001 à 50,000 —	3,000
—	10,001 à 30,000 —	2,400
—	3,001 à 10,000 —	1,800
—	3,000 et au-dessous.....	1,200

17. Tous les greffiers des justices de paix sont nommés par le chef de l'État. Loi du 28 floréal an X, art. 3.

18. La faculté de présenter un successeur à l'agrément du gouvernement leur a été accordée par la susdite loi du 28 avril 1816, art. 91, qui augmentait leur cautionnement ; le motif de cette autorisation fut l'augmentation même du cautionnement. Nous dirons, à la fin de cette première partie, quelles sont les formalités à remplir pour la transmission des offices, et nous donnerons les formules ou modèles des actes y relatifs.

19. L'art. 63 de la loi du 20 avril 1810 porte que « les parents « et alliés, jusqu'au degré d'oncle et de neveu inclusivement, ne « pourront être simultanément membres d'un même tribunal, soit « comme juges, ou même comme greffiers, sans une dispense de « l'Empereur. Il ne sera accordé aucune dispense pour les tribu-« naux composés de moins de huit juges. »

Il résulte de cet article que le parent du juge de paix, jusqu'au troisième degré inclusivement, ne peut être nommé son greffier.

20. Les greffiers prêtent, comme le juge de paix et dans la même forme, devant le tribunal civil, le serment *de bien remplir leurs fonctions de greffier.* Lois du 31 août 1830, art. 1er, et du 1er mars 1848.

21. Les greffiers des justices de paix peuvent avoir un commis-greffier dont le traitement est à leur charge (loi du 28 floréal an X, art. 4) ; ils peuvent le révoquer à volonté. *Circ. min. just.*, 24 pluviôse an XI.

22. Le commis-greffier tient la plume à l'audience, signe les expéditions, et remplace le greffier dans toutes ses fonctions.

23. Il doit être, comme le greffier, âgé de vingt-cinq ans accomplis.

24. Les commis-greffiers prêtent serment entre les mains du juge de paix. *Circ. min. just.*, 24 pluviôse an XII.

FORMULE 2. — Prestation de serment du commis-greffier.

Par-devant nous... juge de paix du canton de... département de... séant au lieu ordinaire de nos audiences, assisté de S... greffier, demeurant à... est comparu le S... (*prénoms, nom, profession et domicile du comparant*), nommé à la place de commis-greffier de la présente justice de paix.

Lequel, avant de commencer ses fonctions, a prêté par-devant nous le serment, en la formule voulue par la loi, de remplir fidèlement ses fonctions de commis-greffier, et ont lesdits... signé avec nous le présent acte pour être mis au rang des minutes du greffe.

A... l'an... le... du mois de...

CHAPITRE III. — De la résidence des juges de paix, des suppléants de juges de paix et des greffiers. — Des congés.

25. Le juge de paix est tenu de résider dans le canton (loi du 28 floréal an X, art. 8); mais cet article ne l'oblige qu'à résider dans le canton, et non dans la commune chef-lieu : « Tout juge de paix, dit cet article, qui, après sa nomination, ne résidera point dans le *canton*, sera averti par le commissaire du gouvernement près le tribunal de première instance, d'y fixer son domicile dans le mois de l'avertissement, passé lequel délai, et après que le commissaire aura dénoncé la non-résidence au sous-préfet, il sera, à la diligence de ce dernier, pourvu, conformément à l'art. 1er, au remplacement du juge de paix, considéré comme démissionnaire. » Il en sera de même des suppléants. *Même loi.*

On ne pourra considérer comme cessation de résidence d'un juge de paix les absences qui seront autorisées comme il suit : lorsqu'un juge de paix voudra s'absenter de son canton, il se munira d'une autorisation du procureur impérial près le tribunal civil de son arrondissement. — Lorsque son absence devra durer plus d'un mois, il s'adressera au ministre de la justice pour en obtenir un congé. *Même loi.*

Dans tous les cas où un juge de paix demandera un congé, il devra justifier d'un certificat du premier suppléant; et, à son défaut, du second, constatant que le service public n'en souffrira point. *Même loi.*

26. Les suppléants sont donc astreints, pour la résidence, aux mêmes règles que le juge de paix. Il faut aussi qu'ils résident dans le canton.

27. Quant au greffier, gardien du greffe et des minutes y déposées, il doit résider en la commune chef-lieu où le greffe et la justice de paix sont situés.

CHAPITRE IV. — Du rang que les juges de paix doivent occuper dans les cérémonies publiques. — Les officiers municipaux doivent-ils précéder les juges de paix? — Du costume des juges de paix. — Costume d'audience. — Costume de fonctions en dehors de l'audience. — Costume de ville.

28. La question des préséances est une question grave. Aussi, dès que la France eut complètement échappé à la première tourmente révolutionnaire, le législateur s'empressa-t-il de régler les préséances avec un soin minutieux. Et, bien auparavant, notamment sous Louis XIV, des règlements, des édits des rois s'étaient joints aux usages et aux arrêts des Cours souveraines pour régler les préséances.

Des décrets rendus de nos jours sur le même sujet, le plus important est celui du 24 messidor an XII. Encore aujourd'hui c'est ce décret qui règle les préséances.

L'article premier du décret de messidor an XII, après avoir établi le rang des grands corps de l'État et des principaux dignitaires et fonctionnaires, place ainsi les autres, à partir des sous-préfets :

« Les sous-préfets, les présidents des tribunaux de première in-« stance, le président du tribunal de commerce, les maires, les com-« mandants d'arme, les présidents des consistoires. »

Quoique, dans la classification des fonctionnaires qui assistent aux cérémonies publiques, le président du tribunal de commerce soit nommé immédiatement après le président du tribunal de première instance, les membres du premier de ces tribunaux ne suivent pas immédiatement les juges de première instance dans le classement des corps. Ils sont précédés par le corps municipal, par le corps de l'Académie (v. le décret du 15 nov. 1811, art. 165 à 167 inclusivement), et par les officiers de l'état-major de la place, que précèdent les membres du tribunal de première instance.

Après le tribunal de commerce viennent les juges de paix (décret du 24 messidor an XII, art. 8). A défaut de corps académiques, d'état-major de place et de tribunal de commerce, ils suivent immédiatement le corps municipal, et précèdent les commissaires de police.

Les suppléants des juges de paix n'ont pas de place marquée par les décrets, dans les cérémonies publiques. M. Bost, dans son traité

De l'Origine et des Attributions des Corps municipaux, t. II, n° 606, en conclut qu'ils n'ont pas personnellement le droit d'assister aux cérémonies publiques ni d'y prendre rang et séance ; mais que rien ne s'oppose à ce qu'ils y soient invités, avec l'opinion du ministre de l'intérieur, et qu'ils doivent être confondus avec les greffiers des justices de paix, qui n'ont pas, non plus, de rang assigné ; avec les notaires, les avoués, les commissaires-priseurs, les huissiers, etc. Il nous paraîtrait plus rationnel de dire que les suppléants devraient avoir le même rang que les juges de paix eux-mêmes. Ce n'est pas comme exerçant ses fonctions qu'un juge de paix est appelé à assister à une cérémonie publique, c'est à raison de sa dignité ; et, à ce titre, les suppléants doivent marcher au même rang que le juge de paix.

Mais le principal objet de cet article n'est pas d'établir le rang que les juges de paix, les suppléants et les greffiers des justices de paix doivent occuper dans les cérémonies ; nous tenons, surtout, à examiner si le rang assigné au juge de paix a été bien déterminé. Or, nous le déclarons, nous n'avons jamais pu comprendre les motifs qui ont fait donner au juge de paix un rang inférieur à celui des corps municipaux.

Loin de nous la pensée de rabaisser les fonctions municipales : on sait combien les maires et les Conseils municipaux rendent de services ; mais n'est-il pas également certain que, dans les communes rurales surtout, le juge de paix est le guide, le conseil de tous les maires de son canton ? Il est chargé de les diriger dans plusieurs opérations, de les convoquer, de les présider ; il leur est donc supérieur même dans l'ordre administratif ; et, dans l'ordre judiciaire, il revise les jugements des maires, notamment les décisions rendues par les maires en matière d'élections municipales, et même d'élections générales.

Mais, sans parler de cette hiérarchie positive et effective entre les juges de paix et les maires, la supériorité des premiers ne résulte-t-elle pas de l'élévation même de leurs fonctions? Ici, nous laisserons parler l'un des hommes les plus considérables et les plus vénérés qui aient honoré la magistrature française, celui dont l'opinion est du plus grand poids dans toutes les questions de magistrature, le président Henrion de Pansey ; voici comme il s'exprime sur le rang assigné aux juges de paix dans les cérémonies publiques (1) :

« Lorsque des fonctionnaires de différents ordres sont réunis en

_____

(1) *Pouvoir municipal*, chap. XIII.

« celle qualité de fonctionnaire, et qu'il s'agit d'assigner le rang
« qu'ils doivent tenir, ce n'est pas l'homme qu'il faut considérer en
« eux, mais la nature, l'étendue et l'importance de leurs fonctions ;
« et la préséance est due à celui qui est investi des plus hautes attri-
« butions, et qui exerce la plus grande influence. Mais, sous ce rap-
« port, quelle différence entre le pouvoir municipal et les autres
« pouvoirs ; par exemple, entre les Cours de justice et les munici-
« palités !

« Les corps municipaux n'ont d'action que dans les limites de
« leurs communes respectives ; les Cours judiciaires agissent sur la
« masse entière des citoyens.

« Les municipalités n'ont que quelques points de contact avec
« l'ordre public ; et l'ordre public est tout entier sous la garde des
« tribunaux.

« Chargés par les lois de faire jouir leurs communes des avantages
« d'une bonne police, les corps municipaux sont autorisés à faire
« des règlements qui sont obligatoires pour tous les habitants de la
« commune. Envisagés sous ce point de vue, il est vrai de dire qu'ils
« appartiennent à la classe des fonctionnaires publics ; mais cela se
« réduit à maintenir, dans l'enceinte des villes, la propreté, la salu-
« brité, la sûreté, la tranquillité.

« Que les fonctions judiciaires ont bien une autre importance !

« Organe de la puissance législative, c'est l'autorité judiciaire qui
« lui donne la vie, et qui la met en action ; c'est elle qui, faisant
« prévaloir les droits du plus faible sur les prétentions du plus fort,
« assure le règne de la loi et la paix entre les citoyens ; c'est elle
« enfin qui forme la morale publique en flétrissant les actions mal-
« honnêtes, et en retranchant de la société ceux qui en ont commis
« de criminelles.

« Cependant nous voyons les maires précéder les juges dans les
« cérémonies publiques ; même cela est établi par un décret spé-
« cial.

« Voudrait-on justifier ce décret par la circonstance qu'indépen-
« damment des fonctions municipales, le maire est investi de quel-
« ques parties de l'administration publique ? La méprise ne serait
« pas moins choquante.

« La justice et l'administration émanent également du chef de
« l'Etat ; l'une et l'autre sont également dans les attributions du pou-
« voir exécutif ; mais des caractères bien différents les distinguent.

« Il y a deux sortes d'administration, l'une générale, l'autre par-
« ticulière ; l'une qui délibère, l'autre qui exécute.

« La première, que l'on appelle la haute administration, ou, en
« d'autres termes, le gouvernement, établit les relations extérieures,
« surveille et dirige, dans l'intérieur, tous les mouvements du corps
« politique ; pourvoit à tous les besoins généraux de la société, pré-
« vient les attentats à la sûreté publique ; maintient l'harmonie entre
« les différents pouvoirs, et fait les règlements nécessaires pour l'exé-
« cution des lois.

« Au-dessous de cette haute administration, et dans un degré fort
« inférieur, figure l'administration proprement dite, qui, placée sous
« la direction du gouvernement, est, sous plusieurs rapports, à cette
« grande autorité ce que le pouvoir exécutif est à la puissance lé-
« gislative.

« Cette administration, dont la présence est partout nécessaire,
« se compose d'une foule d'agents disséminés sur tous les points.
« Chacun d'eux exerce, dans une circonscription déterminée, les
« fonctions plus ou moins importantes qu'il plaît au suprême admi-
« nistrateur de leur conférer. Mais, quelque place qu'ils occupent
« dans la hiérarchie administrative, il est un devoir qui leur est com-
« mun à tous : c'est une soumission aveugle aux ordres du gouver-
« nement. Obligés de les exécuter à l'instant où ils en ont la con-
« naissance officielle, toute délibération leur est interdite. Ce n'est
« pas pour vouloir qu'ils sont établis, c'est surtout pour agir. Doci-
« les à l'impulsion qui leur est donnée, ils doivent constamment la
« suivre ; et si quelquefois il leur est permis d'avoir une volonté,
« c'est dans deux cas seulement : lorsqu'il y a urgence, ou qu'il ne
« s'agit que de simples mesures d'exécution que le ministre n'a pas
« jugé à propos d'indiquer ; et même, dans ces deux circonstances,
« la décision de l'administrateur n'est que provisoire, et ne devient
« définitive que par l'autorisation de l'administration supérieure.

« Le magistrat est dans une tout autre position. Le gouvernement
« n'a aucune action sur lui. Comme le gouvernement, il ne voit au-
« dessus de lui qu'une seule autorité, celle des lois. Chargé de les
« appliquer, de suppléer à leur insuffisance, et d'interpréter celles
« qui sont obscures, il est lui-même une loi vivante. Ce n'est pas,
« comme les administrateurs, un mandat qu'il exécute, c'est une ju-
« ridiction ; il commande à tous, et ne reçoit d'ordre de personne.
« Enfin, telle est l'importance de l'autorité judiciaire, que la plu-
« part des publicistes la regardent comme l'un des grands pouvoirs
« de la société, et la placent à côté de la puissance législative et du
« pouvoir exécutif.

« Et ce sont des hommes revêtus de ce grand caractère que nous

« voyons, dans les cérémonies publiques, précédés par des adminis-
« trateurs du second, du troisième, et même du quatrième ordre!
« Je ne sais si je me trompe, mais il me semble que de toutes les
« inconséquences de nos lois nouvelles il n'en est pas de plus cho-
« quante. »

Il est impossible de défendre plus éloquemment la cause de la
préséance des juges de paix ! Et l'on s'étonne que, depuis que ces
lignes si remarquables ont été écrites, il ne soit pas survenu quelque ordonnance ou décret qui ait modifié l'état de choses établi par
les décrets de 24 messidor an XII et 15 novembre 1811!

29. On pensera peut-être que les questions de préséance ne sont
pas assez importantes pour que le législateur s'en occupe : cette pensée serait en contradiction avec le soin si minutieux que l'on a, au
contraire, précédemment pris, et que nous avons signalé au commencement de cet article, pour régler, dans leurs moindres détails,
le rang, entre eux, des plus grands comme des plus petits fonctionnaires. Nous sommes, d'ailleurs, aujourd'hui, tout naturellement
reportés vers ces considérations par les nombreux et nouveaux décrets que le chef suprême de l'Etat a publiés sur le *costume*, lequel
touche de si près aux règles de préséance et de hiérarchie.

Les juges de paix ont un costume d'audience ; mais leurs fonctions
ne se bornent pas aux fonctions d'audience ; ils ont même à remplir
plusieurs missions au dehors, puisqu'ils sont chargés, comme auxiliaires du procureur impérial, et comme délégués des juges d'instruction, de l'instruction criminelle. Ils ne peuvent pas se mettre en robe
pour vaquer à ces fonctions ; ils sont donc obligés de prendre l'habit et le costume ordinaires, ce qui peut avoir de grands inconvénients, puisque, ainsi confondus avec toutes autres personnes, ils
sont exposés à se voir manquer de respect.

On a compris ce que cette absence d'insignes avait d'inconvénients;
et, par décret du 18 juin 1852, on a donné, en même temps, aux magistrats des Cours impériales, à ceux des tribunaux de première instance, et aux juges de paix, un costume pour les actes extérieurs de
leurs fonctions.

« Pour les actes extérieurs de leurs fonctions, dit l'article 3 du
« décret, tels que descentes de justice, transports, sommations, etc.,
« Les magistrats des Cours d'appel (*aujourd'hui Cours impériales*),
« le président et le procureur de la République de la Seine (*aujour-
« d'hui procureur impérial*), porteront une ceinture de soie blanche
« à glands d'or, grosse torsade, modèle n. 5 ;
« Les vice-présidents, juges, substituts du tribunal de la Seine,

« et les magistrats des autres tribunaux civils de première instance,
« une ceinture de soie cramoisie, à glands d'argent mat, petite
« torsade, modèle n. 6 ;

    « Les juges de paix et leurs suppléants porteront une ceinture en
« soie orange, à glands de soie verte, petite torsade (modèle n. 7). »

    On pourrait regarder, jusqu'à un certain point, cette disposition
comme réparant la lacune du costume de *fonctions;* mais le choix
de la couleur orange pour la ceinture du juge de paix, couleur qui
n'a aucun rapport avec nos couleurs et nos habitudes nationales, et
qui est si sujette à se tacher et à se salir, n'est-il pas malheureux !
Que dire aussi des glands *de soie verte*, petite torsade ! L'arrêté du
gouvernement, du 4 nivôse an **XI**, donnait aux juges de paix, dans
l'exercice de leurs fonctions, le même costume qu'aux juges des tribunaux de première instance (toge en soie et galon d'argent à la
toque); aujourd'hui, on ne leur donne pour toute marque distinctive,
en dehors de l'audience, qu'une ceinture en soie orange, à glands
de soie verte, absolument la même, moins les couleurs, que celle des
commissaires de police. La justice de paix a-t-elle perdu de son importance ou de l'autorité qui lui avait été donnée tout d'abord ? Ses
fonctions, sa juridiction, ses attributions n'ont-elles pas pris, au
contraire, un fort grand développement ? Cette admirable et si utile
institution, accueillie avec tant de faveur, comme un des plus grands
bienfaits de la révolution de 1789, qui a rendu, depuis, et rend encore chaque jour de si eminents services à la société, à laquelle tous
les gouvernements qui se sont succédé depuis 1791 ont annoncé
qu'ils s'efforceraient de donner les développements, le lustre et la
considération qui lui sont indispensables pour remplir avec effica-
cité sa belle et noble mission, a-t-elle dégénéré ? Et voudrait-on
l'humilier, en la privant d'un costume de ville, ou en lui en donnant
un qui la placerait en dehors de la magistrature !

LIVRE II.

JURIDICTION CONTENTIEUSE DU JUGE DE PAIX. — BUREAU DE CONCILIATION.
— COMPÉTENCE SPÉCIALE DES JUGES DE PAIX EN MATIÈRE DE DOUANES,
OCTROIS, CHEMINS VICINAUX, ETC.

TITRE I.

JURIDICTION CONTENTIEUSE DES JUGES DE PAIX EN MATIÈRE ORDINAIRE,
ET PROCÉDURE DEVANT LES TRIBUNAUX DE PAIX.

CHAPITRE I. — **Billets d'avertissement.** — **Dans quelles circonstances ils doivent être donnés.** — **Coût.** — **Formule.**

30. « Dans toutes les causes, excepté celles où il y aurait péril
« en la demeure, et celles dans lesquelles le défendeur serait domi-
« cilié hors du canton ou des cantons de la même ville, le juge de
« paix pourra interdire aux huissiers de sa résidence de donner au-
« cune citation en justice, sans qu'au préalable il ait appelé, sans
« frais, les parties devant lui. » Loi du 25 mai 1838, art. 17.

La défense du juge de paix de citer sans avertissement préalable
doit être faite par voie générale et réglementaire ; mais l'huissier
est-il juge de l'urgence du péril en la demeure ? Dans notre nouveau *Traité de la compétence judiciaire*, nous nous prononçons
pour l'affirmative. M. Bioche prétend, au contraire, au mot *Citation*, n° 25, qu'aux juges de paix seuls appartient de décider s'il y
a urgence ; mais cet auteur est forcé de reconnaître que l'huissier
n'est tenu de prendre l'avis du juge de paix que si le temps le
permet.

MM. Bénech et Chauveau vont plus loin ; ils prétendent que le
juge de paix doit se faire rendre compte, au préalable, de l'objet et
de la nature de toutes les causes qui doivent être portées devant son
tribunal, pour, suivant les circonstances, leur appliquer la nécessité
de l'avertissement préalable, ou les en dispenser ; et qu'un règlement par lequel il défendrait de citer généralement, sans avertissement, serait un excès de pouvoir et une violation de l'art. 5 du Code
Napoléon.

Pour nous, nous croyons que l'art. 5 n'a aucun rapport avec une
pareille défense, qui ne constitue pas *une disposition générale et réglementaire sur les causes soumises au juge*, c'est-à-dire sur la ma-

nière de juger, sur les décisions à prendre par le juge ; il nous semble, au contraire, que l'article 17 autorise formellement le juge de paix à une mesure générale, puisque, d'après cet article, il *peut interdire aux huissiers de donner aucune citation en justice, sans qu'au préalable il ait appelé sans frais les parties devant lui.*

51. Et quant à l'urgence, il faut bien en laisser l'huissier juge, puisque son ministère est forcé, puisque l'urgence implique contradiction avec l'avis à demander ; puisque, d'ailleurs, il ne paraît pas que, dans le vœu de la loi, on doive déranger le juge de paix pour le consulter d'avance sur chaque cause : l'huissier appréciera lui-même les empêchements à l'avertissement préalable ; et les peines portées par l'article 19 de la loi de 8 38 ne devront lui être appliquées que s'il y a eu intention formelle de sa part d'enfreindre la défense du juge. Il est, dans l'interprétation et dans l'application des lois, certains tempéraments qu'on ne peut jamais négliger, sous peine de tomber dans des impossibilités ; la question que nous discutons en offre un exemple.

52. Quelques auteurs ont aussi paru croire que les juges de paix doivent prononcer jugement sur billets d'avertissement, lorsqu'ils ne parviennent pas à concilier les parties, sauf pourtant qu'ils ne peuvent juger par défaut : lorsque la partie appelée par billets ne comparaît pas, ajoutent-ils, le greffier note la non-comparution, et l'on fait citer. C'est là, à notre avis, une grave erreur ; ni la présence du greffier, ni la présence de l'huissier ne sont nécessaires lorsque les parties comparaissent ainsi devant le juge de paix ; elles ont été appelées *devant lui ;* ce sont les expressions dont se sert la loi, et non pas *à l'audience ;* si donc la conciliation ne peut pas avoir lieu, il n'y a pas de jugement à rendre ; les parties doivent être renvoyées à l'audience. Si la conciliation a lieu, le juge de paix, au lieu de rendre un jugement pour la constater, fait signer un acte par les parties, ou les renvoie, s'il y a lieu, contracter sur les bases adoptées ; ou bien encore, si les parties demandent un jugement pour constater leurs conventions, le juge de paix les renvoie à l'audience. Voir ci-après, n. 72.

53. On peut adopter pour les billets d'avertissement la formule suivante.

FORMULE 3. — **Billets d'avertissement ou d'invitation.**

Le juge de paix du canton de... invite M... à se présenter devant lui, le... 185.., à... heures du matin, en son cabinet, rue... pour répondre à la demande de M...

Ce... à... (*Signature du juge*).

34. Quoique le ministère du greffier ne soit requis, ni pour les billets d'avertissement, ni pour la comparution qui en est la suite, c'est ordinairement lui qui délivre ces billets, et, ordinairement aussi, il assiste le juge ; la loi n'a prévu ni comment, ni aux frais de qui le billet serait remis ; fort souvent le juge de paix le confie à la partie qui forme la demande ; mais celle-ci peut négliger, même avec intention, de le remettre. Il eût été à désirer que cette remise eût été régularisée. Lors de la loi du 21 juin 1845, sur le traitement des juges de paix et des greffiers, il fut question d'un nouveau tarif pour les greffiers, dans lequel les billets d'avertissement devaient être taxés ; mais cette partie du projet de loi fut rejetée par la Chambre des députés. Les meilleurs esprits regrettent qu'on n'ait pas permis la perception d'une taxe modique ; plusieurs chefs du parquet ont adressé des observations en ce sens au garde des sceaux, dans leurs comptes-rendus de la justice civile. Quoi qu'il en soit, l'usage, généralement établi avant la loi du 25 mai 1838, de recevoir pour les billets d'invitation 10, 15, 20 et 25 centimes, ne devrait plus être toléré, d'après une lettre du ministre de la justice, du 30 août 1838, ainsi motivée : « L'article 17 de la loi du 25 mai 1838, en autorisant les juges de paix à appeler *sans frais* les parties devant eux, a évidemment entendu proscrire l'usage de percevoir un émolument à cette occasion » : on doit d'autant moins hésiter à le décider ainsi, que cette disposition a remplacé celle qui, dans les projets des Commissions législatives de 1835 et 1837, sanctionnait cet usage.

La loi du 10 mai 1838, sur les attributions des Conseils généraux, a d'ailleurs chargé les départements de subvenir aux menues dépenses des justices de paix (art. 12, § 8) ; et parmi ces dépenses se trouvent nécessairement compris les frais de papier et d'impression des avertissements.

CHAPITRE II. — **Des citations.** — **Forme.** — **Mentions que la citation doit contenir.** — **Délai pour comparaître.** — **Abréviation du délai.** —**Cédule.**—**Par quel huissier la citation doit-elle être donnée ?**—**Contravention.** — **Pénalité.** — **Empêchement de l'huissier.** —**Signification de la citation.** — **Citation aux administrations, aux sociétés et aux personnes incapables.** — **Autorisation de la femme mariée.** —**Enregistrement.** — **Formules.**

35. « Toute citation devant le juge de paix contiendra la date « des jour, mois et an, les noms, profession et domicile du deman- « deur, les noms, demeure et immatricule de l'huissier, les nom et

« demeure du défendeur ; elle énoncera sommairement l'objet et
« les moyens de la demande, et indiquera le juge de paix qui doit
« connaître de la demande, et le jour et l'heure de la comparution. »
C. proc., art. 1ᵉʳ.

A la différence des formalités de l'ajournement (C. proc., 61), les
formalités de la citation ne sont pas prescrites à peine de nullité ;
cependant il en est dont l'omission fait perdre à l'acte son caractère
légal, comme si elle n'était pas signée de l'huissier, si elle n'appelait point à comparaître ; dépourvue de ces mentions essentielles,
elle n'aurait aucune valeur et ne servirait pas, par exemple, à interrompre la prescription.

Quant aux mentions exigées par l'article 1ᵉʳ, le défendeur, comparaissant, ne pourrait se prévaloir de leur omission ; le fait de sa
comparution prouverait qu'il aurait été averti ; et ce serait le cas
d'appliquer la règle de droit : *Point de nullité sans grief.*

56. En cas de non-comparution, le juge de paix aurait à examiner si la citation est régulière, c'est-à-dire si les mentions ordonnées par l'art. 1ᵉʳ du Code de procédure ont été suffisamment
remplies.

57. La date des jour, mois et an de la citation est nécessaire
pour savoir si le délai pour comparaître a été observé.

58. Le demandeur doit être indiqué par ses noms, profession et
domicile : une simple omission sur ce point ne vicierait pas la citation, si d'ailleurs il était impossible de se méprendre sur celui au
nom duquel elle est faite.

Il suffit d'indiquer le nom et la demeure du défendeur, la loi dit
la *demeure* et non le *domicile*.

59. Les nom, demeure et immatricule de l'huissier, donnant
l'authenticité à l'acte, sont également obligatoires.

40. L'article ne parle pas, comme en matière d'ajournement, de
la mention du nom de la personne à laquelle la copie est laissée ;
mais c'est là une formalité essentielle dans tout exploit, puisque
par elle seule peut être prouvée la remise.

41. L'énonciation sommaire de l'objet et des moyens de la demande et l'indication du juge de paix qui doit en connaître sont
également exigées ; il n'est pas nécessaire de désigner le juge de paix
par son nom ; il suffit de dire *devant M. le juge de paix du canton
de... dans le local ordinaire de ses audiences, sis à...*

42. Enfin, plus sévère sur ce point que l'article 61, relatif aux
ajournements, l'article 1ᵉʳ exige l'indication du jour et de l'*heure*
de la comparution ; il ne suffirait donc pas de citer *dans le délai de*

2

la loi; cette expression, généralement adoptée pour les ajournements, serait insuffisante pour une citation. Les parties ne sont pas, devant le juge de paix, représentées par des avoués comme devant le tribunal de première instance ; elles ignorent le plus souvent le jour de l'audience ; voilà pourquoi la loi exige, dans la citation, la mention du jour de la comparution et même de l'heure.

43. L'élection de domicile n'est pas exigée dans les citations comme elle l'est dans les ajournements. Code proc.,61.

44. L'article 1ᵉʳ du Code n'exige pas non plus la mention du coût de la citation ; mais l'article 67 contient, à cet égard, une règle générale ainsi conçue : « Les huissiers seront tenus de mettre à la fin « de l'original et de la copie de l'exploit, le coût d'icelui, à peine « de 5 francs d'amende, payables à l'instant de l'enregistrement. » Nous n'avons pas besoin d'ajouter que l'omission du coût n'entraînerait aucunement la nullité de la citation, et ne donnerait lieu qu'à une amende contre l'huissier.

45. Telles sont les formalités dont l'accomplissement est nécessaire : si elles n'ont pas été remplies et que la partie assignée ne comparaisse pas, le juge de paix doit ordonner qu'elle sera réassignée ; et les frais de la première citation restent à la charge du demandeur. Argument de l'art. 5 C. proc.

46. « Il y aura un jour au moins entre celui de la citation et le « jour indiqué pour la comparution, si la partie citée est domiciliée « dans la distance de trois myriamètres. — Si elle est domiciliée au « delà de cette distance, il sera ajouté un jour par trois myria- « mètres. Dans le cas où les délais n'auront point été observés, si le « défendeur ne comparaît pas, le juge ordonnera qu'il sera réassi- « gné, et les frais de la première citation seront à la charge du de- « mandeur. » C. proc., art. 5.

L'inobservation des délais n'entraînerait pas la nullité de la citation si le défendeur comparaissait ; mais il pourrait demander une remise, en justifiant que le temps lui a manqué pour préparer sa défense.

47. Le délai d'un jour pour comparaître est franc : cela résulte de l'article 5 même du Code de procédure, et en outre de l'article 1033, d'après lequel « le jour de la signification ni celui de l'échéance « ne sont jamais comptés pour le délai général fixé pour les ajour- « nements, les citations, sommations et autres actes faits à personne « ou domicile. »

48. Le délai de distance doit être observé, lors même que l'huissier remet la copie au défendeur dans un rayon de trois myriamètres, si sa demeure est plus éloignée.

49. Chaque fraction de trois myriamètres en sus donne-t-elle lieu à l'allocation d'un jour supplémentaire ? Les auteurs et arrêts sont divisés sur cette question ; la Cour de cassation a décidé, le 14 août 1840, en matière d'ajournement, que la fraction restante ne nécessitait pas l'augmentation d'un jour ; même décision de la Cour de Riom, du 3 janvier 1824 ; mais l'augmentation du délai résulterait d'un arrêt de la Cour de Bordeaux, du 6 juillet 1825 ; elle est soutenue par Pigeau, 2, 45, par Lepage, 118, par Carré, 1, n° 21 ; il est donc prudent de tenir compte d'un jour supplémentaire, par fraction excédant trois myriamètres.

50. Si la partie citée demeurait hors de France, on suivrait la règle de délais de l'article 73 du Code de procédure sur les ajournements.

51. La citation donnée à un délai plus long que celui déterminé par la loi ne serait pas nulle : l'article 5 exprime le délai le plus court, et en autorise expressément un plus long par cette expression, il y aura un jour *au moins.* Si la longueur du délai nuisait au défendeur, il pourrait l'abréger en citant lui-même le demandeur à un jour plus rapproché.

52. « Dans les cas urgents, le juge donnera une cédule pour « abréger les délais, et pourra permettre de citer même dans le jour « et à l'heure indiqués. » C. proc., art. 6.

L'urgence permet d'autoriser la citation et la comparution même un jour férié, et la nuit (C. proc., 8, 1037), et sur un lieu tout autre que le local ordinaire des audiences, par exemple, sur le lieu même du litige ; le juge met son permis au bas de l'exposé des faits, sans qu'il soit nécessaire d'une requête formulée.

53. La cédule délivrée pour citer à bref délai un individu dont le décès est ignoré peut être valablement notifiée à ses héritiers, qui sont tenus d'y déférer. Paris, 27 août 1807 ; Carré, sur l'article 6.

54. Doit-on laisser copie de la cédule au défendeur ? Il serait plus régulier de le faire, mais la loi ne l'exige pas : par arrêt du 4 février 1829, la Cour de cassation a jugé qu'il a été suffisamment donné connaissance de la cédule, lorsque la citation est à comparaître sur les lieux contentieux et qu'il est énoncé que le juge de paix s'y trouvera à l'heure indiquée.

55. « Tous les huissiers d'un même canton ont le droit de donner « toutes les citations et de faire tous les actes devant la justice de « paix ; dans les villes où il y a plusieurs justices de paix, les huis-

« siers exploitent concurremment dans le ressort de la juridiction
« assignée à leur résidence. » Loi du 25 mai 1838, art. 16.

L'article 24 du décret sur les huissiers, du 14 juin 1813, donnait
à tous les huissiers indistinctement le droit de faire, chacun dans
l'étendue du ressort du tribunal civil de première instance de sa
résidence, toutes citations, notifications, significations, actes et exploits pour l'instruction des procès, et pour l'exécution des jugements
et arrêts ; sauf quelques restrictions, au nombre desquelles s'en trouvait une concernant les exploits et actes des justices de paix et des
tribunaux de police, lesquels exploits et actes devaient, d'après l'article 28 du même décret, être faits uniquement, près les justices de
paix et les tribunaux de police, par les huissiers ordinaires *employés
au service des audiences.*

Cette dernière disposition a été entièrement changée par l'article 16 précité, qui attribue, comme on l'a vu ci-dessus, *à tous les
huissiers d'un même canton* le droit de donner toutes les citations et
de faire tous les actes devant la justice de paix. Cass., 16 janvier
1844.

Il semblerait résulter de ce même article 16 que les huissiers,
dans les villes où il y a plusieurs justices de paix, ne peuvent exploiter
concurremment *que dans le ressort de la juridiction assignée à leur
résidence ;* les termes de la loi sont formels : la résidence des huissiers dans les communes divisées en deux arrondissements de justice
de paix ou plus, est fixée par le tribunal de première instance (décret
de 1818, article 19) ; chaque justice de paix aurait donc aussi, dans
ces villes, ses huissiers. Cependant une circulaire du garde des sceaux,
du 6 juin 1838, aux procureurs généraux, se fondant sur ce que,
dans l'usage, les tribunaux ne fixent pas la demeure des huissiers
des villes où il existe plusieurs justices de paix ; sur ce qu'une pareille distribution entraînerait d'ailleurs l'inconvénient, si elle était
prise en considération dans l'exécution de la loi nouvelle, de créer
des défauts de qualité, en tire la conséquence que *tous les huissiers
qui résident dans ces villes auront le droit d'y exploiter concurremment auprès des divers juges de paix.* »

Les attributions des huissiers, quant aux citations, exploits et
actes de justice de paix, se trouvent donc ainsi définies.

56. L'exploit signifié par un huissier autre que celui du canton
ne serait pas nul (art. 1030 C. proc.) ; la signification exposerait
seulement l'huissier aux peines disciplinaires portées par l'article 19
de la loi de 1838 ; mais le juge de paix ne saurait appliquer à l'huissier d'un canton voisin l'interdiction de citer devant lui ; une pa-

reille interdiction serait complétement illusoire. S'il s'agissait donc d'un huissier d'un canton voisin, le juge de paix devant lequel la citation serait donnée n'aurait d'autre moyen de répression que l'amende de 5 fr. à 100 fr. que l'article 1030 du Code de procédure lui permet d'appliquer.

57. « La citation sera notifiée par l'huissier de la justice de paix « du domicile du défendeur; en cas d'empêchement, par celui qui « sera commis par le juge; copie en sera laissée à la partie; s'il ne « se trouve personne en son domicile, la copie sera laissée au maire « ou adjoint de la commune, qui visera l'original sans frais.— L'huis- « sier de la justice de paix ne pourra instrumenter pour ses parents « en ligne directe, ni pour ses frères, sœurs et alliés au même de- « gré. » C. proc., art. 4.

58. En ligne collatérale, la prohibition faite aux huissiers pour les actes de la justice de paix est moins étendue que celle de l'ar- ticle 16 du Code de procédure pour les ajournements; l'importance moindre des actes de la justice de paix, et surtout les liens de pa- renté si communs dans l'étendue restreinte du canton, ont dicté cette différence.

L'alliance n'existe, après la mort de l'époux qui l'a produite, que lorsqu'il existe des enfants issus du mariage. Argument de l'art. 206 du Code Napoléon.

59. C'est au juge de paix du domicile du défendeur qu'il faut s'adresser pour faire commettre un huissier, en cas d'empêchement; la commission doit être toujours donnée par écrit, au moyen d'une cédule.

60. « La signification est faite à personne ou à domicile. » C. proc., 68.

Lorsque l'huissier ne trouve personne au domicile ou en la de- meure du défendeur, il n'est pas nécessaire, comme en matière d'a- journement (article 68), qu'il se présente aux voisins avant de re- mettre la copie au maire; l'article 4 ne l'ordonne pas; «s'il ne se trouve personne au domicile du défendeur, dit cet article 4, la copie sera laissée au maire ou adjoint de la commune, qui visera l'original sans frais. »

Si le maire, l'adjoint, ou le membre du Conseil municipal qui en remplit les fonctions, refuse de viser l'original de la citation et de recevoir la copie, l'huissier la remet au procureur impérial, qui appose alors son visa. Carré, sur l'art. 4.

61. Les citations à l'Etat, s'il s'agissait de domaines ou de droits domaniaux, au Trésor, aux administrations ou établissements publics, aux communes, aux sociétés de commerce, aux unions et directions de créanciers, à ceux qui n'ont aucun domicile connu en France, à ceux qui habitent le territoire français hors du continent, à ceux qui sont établis à l'étranger, doivent être faites dans la forme et aux personnes désignées en l'article 69 du Code de procédure, relatif aux ajournements : seront assignés, dit cet article, l'Etat, lorsqu'il s'agit de domaines et droits domaniaux, en la personne ou au domicile du préfet du département où siége le tribunal devant lequel doit être portée la demande en première instance ; le Trésor, en la personne ou au bureau de l'agent ; les administrateurs ou établissements publics, en leurs bureaux, dans le lieu où réside le siége de l'administration ; dans les autres lieux, en la personne et au bureau de leurs préposés (1) ; les communes, en la personne ou au domicile du maire ; et à Paris, en la personne ou au domicile du préfet ; dans les cas ci-dessus, l'original sera visé de celui à qui copie de l'exploit sera laissée ; en cas d'absence ou de refus, le visa sera donné, soit par le juge de paix, soit par le procureur impérial près le tribunal de première instance, auquel, en ce cas, la copie sera laissée ; — les sociétés de commerce, tant qu'elles existent, en leur maison sociale ; et s'il n'y en a pas, en la personne ou au domicile de l'un des associés ; — les unions et directions de créanciers, en la personne ou au domicile de l'un des syndics ou directeurs ; — ceux qui n'ont aucun domicile connu en France, au lieu de leur résidence actuelle ; si ce lieu n'est pas connu, l'exploit sera affiché à la principale porte de l'auditoire du tribunal où la demande est portée, une seconde copie sera donnée au procureur impérial, lequel visera l'original ; — ceux qui habitent le territoire français hors du continent, et ceux qui sont établis chez l'étranger, au domicile du procureur impérial près le tribunal où sera portée la demande, lequel visera l'original et enverra la copie, pour les premiers, au ministre de la marine, et pour les seconds, à celui des affaires étrangères.

62. Les dispositions de l'article 4 Code proc. ne sont pas, au reste, seulement applicables aux citations ; tous les auteurs s'accordent à dire qu'elles servent de règles à la signification de tous les autres actes des justices de paix, notamment aux citations à témoins, à experts, aux notifications des jugements rendus par un

---

(1) Le chef de l'Etat, pour ses domaines, en la personne du procureur impérial de l'arrondissement. *Même article.*

juge de paix, aux citations en conciliation, etc. Carré, 52 ; Boncenne, 2, 28 ; Boitard, 1, 136.

63. Il y a des personnes qui ne peuvent agir ni ester en justice sans autorisation, comme les mineurs, les femmes mariées, les communes ; les citations à donner en leur nom, de même que les citations qui leur sont signifiées, donnent donc lieu à des formalités ou à des mentions particulières.

64. Le mari a seul qualité pour intenter ou soutenir : 1º les demandes de toutes sortes concernant les biens de la communauté (C. Nap., 1421) ; 2º les actions mobilières et possessoires, concernant, soit les biens personnels de la femme commune (C. Nap., 1428), soit ceux de la femme mariée sous le régime exclusif de la communauté. C. Nap., 1531.

En ce qui touche les biens dotaux, le mari a aussi seul qualité pour *intenter* les actions, quelles qu'elles soient, qui s'y rapportent. C. Nap., 1549 ; Cass., 21 janvier 1846.

Mais il n'en est pas de même de la *défense* aux actions qui concernent les biens dotaux, surtout aux actions pétitoires ; la femme, en pareil cas, doit être mise en cause. C. Nap., 2208.

Il a été jugé que le mari commun en biens n'a pas qualité pour intenter seul, et sans le concours de sa femme, une action en bornage des immeubles propres à celle-ci, lorsqu'il s'élève un litige sur la propriété. Rouen, 6 novembre 1835.

Il est d'autres cas où la femme doit être personnellement mise en cause devant le juge de paix, même pour répondre à une action personnelle et mobilière, comme si la réparation d'une injure était poursuivie contre elle.

65. Si une femme se porte demanderesse sans autorisation, sa demande doit être rejetée.

L'autorisation lui est donnée par le mari (C. Nap., 215, 217), ou, en certains cas, par les tribunaux. C. Nap., 218, 219.

66. Celui qui assigne la femme doit assigner aussi le mari pour l'autoriser, sinon comme partie intéressée dans l'instance, et les mettre ainsi tous deux en cause. C. Nap., 818.

67. L'autorisation de plaider est exigée, bien que la femme soit marchande publique, ou non commune, ou séparée de biens (C. Nap., 215), ou même séparée de corps. Cass., 8 mars 1827.

68. L'autorisation doit être provoquée par la femme, si elle est demanderesse (Cass., 1er juillet 1828) ; et par le demandeur, si elle est défenderesse ; à cet effet, le demandeur met le mari en cause pour voir dire qu'il autorisera sa femme.

Lorsque le mari consent à autoriser sa femme demanderesse, il donne pouvoir, en cette qualité, à l'officier ministériel, et tous les actes signifiés à la requête de la femme doivent faire mention de cette autorisation. L'autorisation peut être tacite, lorsque le mari plaide conjointement avec sa femme. Cass., 3 juin 1835.

69. Lorsque la femme est défenderesse, le mari est, comme nous l'avons dit plus haut, cité ou assigné avec elle pour l'autoriser; l'autorisation du mari ne résulte, en ce cas, que de sa comparution; s'il laissait défaut, l'autorisation devrait être poursivie. Cass., 18 novembre 1828.

70. Mais si la citation a été donnée en justice de paix, l'autorisation pourra-t-elle être, en pareil cas, poursuivie devant le juge de paix? En d'autres termes, si, après avoir laissé défaut, le mari réassigné refuse de nouveau de comparaître, le juge de paix pourra-t-il autoriser la femme sur les conclusions du demandeur, sans renvoyer devant le tribunal civil? L'affirmative est soutenue par MM. Favard de Langlade, t. Ier, p. 255; Berriat Saint-Prix, p. 666, *not.* 8; Duranton, t. XI, p. 426; par Carré et par Chauveau sur Carré, n. 2910 *bis*, et par les Cours de Colmar, 31 juillet 1810; Bruxelles, 26 août 1811, et de Cass., 17 août 1813, sur le motif que l'autorisation, quand la femme est défenderesse, n'est plus qu'une simple formalité, et qu'enlever aux juges saisis de la contestation le pouvoir de l'ordonner, serait multiplier inutilement les formalités et prolonger une procédure sans importance; nulle contradiction sérieuse ne s'est élevée contre cette doctrine, que l'on peut considérer aujourd'hui comme définitivement fixée.

Les arrêts et auteurs ci-dessus se sont occupés bien plus de la compétence du tribunal de commerce, relativement à l'autorisation de la femme défenderesse, que de la compétence des juges de paix; mais, comme la question est en définitive la même, comme les tribunaux de commerce n'ont, pas plus que les juges de paix, la plénitude de juridiction; comme ils forment même une juridiction plus spéciale et plus exceptionnelle, on peut dire que ce qui a été jugé sur ce point à l'égard des tribunaux de commerce s'applique, à plus forte raison, aux justices de paix.

Cependant il ne faudrait pas étendre jusqu'aux demandes en conciliation le droit qu'aurait le juge de paix d'autoriser la femme défenderesse à ester devant lui; le juge de paix remplissant les fonctions de conciliateur, en vertu des règles fournies par les articles 48 et suivants du Code de procédure civile, n'est plus juge; la procédure de conciliation est le commencement d'une instance du ressort des tribunaux civils : or, le juge de paix commettrait évidemment un excès de pouvoir en autorisant la femme à plaider en première instance; cette permission serait, par conséquent, de nul effet, et n'empêcherait pas de demander la nullité des actes postérieurs.

71. Si la femme est personnellement demanderesse, les exploits sont signifiés *à sa requête, et aussi à celle de son mari comme autorisant la femme et pour validité de la procédure;* dans ce cas, comme aussi si la femme est *personnellement* défenderesse, les exploits signifiés aux deux époux le sont par copies *séparées*, à peine de nullité des significations (Cass., 29 avril 1839, et 24 mars 1841). Il est prudent de remettre une copie séparée à la femme chaque fois que ses droits personnels, même mobiliers ou possessoires, sont en cause, de peur qu'à l'insu du requérant les époux ne soient séparés de biens, auquel cas les deux copies sont exigées, auraient-ils même élu domicile chez un mandataire commun. Cass., 15 mai 1844.

72. Quant aux communes, elles ne peuvent plaider, soit en demandant, soit en défendant, sans une autorisation du Conseil de préfecture, à moins qu'il ne s'agisse d'une action possessoire, d'un acte conservatoire ou interruptif de déchéance. Loi du 18 juillet 1837, art. 49 et 55.

Si la commune est défenderesse, le défendeur est tenu d'adresser au préfet un mémoire exposant les motifs de la réclamation; il lui en est donné récépissé; la présentation du mémoire interrompt la prescription de toutes les déchéances; le Conseil municipal, convoqué par le préfet, donne son avis; le Conseil de préfecture doit statuer dans les deux mois de la remise du mémoire; à défaut de décision dans ce délai, ou en cas de refus d'autorisation, le demandeur peut prendre un jugement par défaut. *Même loi*, art. 51, 52, 54.

Nous donnerons, dans les formules ci-après, des exemples de tous ces cas divers.

73. A partir du 1er juin 1846, le droit d'enregistrement d'un franc, établi par l'article 68, § 1er, n. 30 de la loi du 22 frimaire an VII, pour les exploits relatifs aux procédures en matière civile devant les juges de paix, jusques et y compris les significations des jugements définitifs, sera porté à 1 franc 50 centimes en principal.

74. La citation, comme tout exploit, doit être soumise, dans les quatre jours de sa date, à la formalité de l'enregistrement (loi du 22 frimaire an VII, art. 20). C'est-à-dire que, signifiée le 1er octobre, elle doit être enregistrée le 5 au plus tard. Le jugement peut donc intervenir avant l'enregistrement de l'exploit, sauf enregistrement ultérieur. Décis. min. fin., 13 juin 1809.

FORMULE 4. — Citation. — Action personnelle et mobilière. C. proc., 1 ; Tarif, 21. — Original : Paris, 1 fr. 50 ; villes où il y a tribunal de première instance, 1 fr. 25 ; autres villes et cantons ruraux, 1 fr. 25 ; en sus, pour chaque copie, le quart de l'original.

L'an mil huit cent cinquante-quatre, le cinq février, à la requête du sieur Louis Buffier, marchand tapissier, patenté (1) pour la présente année, le deux janvier dernier, sous le n° 237, 3ᵉ classe, demeurant à Paris, rue Saint-Honoré, n. 399, lequel a fait élection de domicile en sa demeure ; j'ai, Louis Bardou, huissier au tribunal de première instance du département de la Seine et de la justice de paix du 1ᵉʳ arrondissement de Paris, demeurant à Paris, rue de l'Arcade, n. 26, soussigné,

Cité le sieur Charles Vimet, rentier, demeurant à Paris, rue de la Madeleine, n° 17 (en son domicile (2), où étant et parlant au sieur Bisset, portier de ladite maison, ainsi qu'il m'a dit être et se nommer), (ou trouvé, rue de la Paix, parlant à sa personne, ainsi qu'il m'a déclaré être (3) ;

A comparaître, le huit février mil huit cent cinquante-quatre, à onze heures du matin, devant M. le juge de paix du 1ᵉʳ arrondissement de Paris, dans le local ordinaire de ses audiences, sis à Paris, rue d'Anjou-Saint-Honoré, n. 9 ;

Pour, attendu que le requérant est créancier du sieur Vimet d'une somme principale de quatre-vingt-dix-sept francs, pour différentes fournitures de papiers peints qu'il lui a faites, ainsi qu'il en sera justifié en cas de déni, s'entendre condamner mondit sieur Vimet à payer au requérant ladite somme de quatre-vingt-dix-sept francs, et les intérêts tels que de droit, et en outre aux dépens. A ce qu'il n'en ignore, je lui ai, en son domicile susdit, et parlant comme dessus (4), laissé, sous toutes réserves, copie du présent, dont le coût est de trois francs soixante-huit centimes (5). (*Sign. de l'huissier.*)

FORMULE 5. — Citation en complainte. C. proc., 23. — Même coût.

L'an mil huit cent cinquante-quatre, le 3 février, à la requête du sieur Jacques Blanc, cultivateur, demeurant au lieu de Markès, commune de Plougoulm, canton de Saint-Pol-de-Léon, arrondissement de Morlaix, le-

---

(1) L'obligation de mentionner la patente résulte de l'article 37 de la loi du 1ᵉʳ brumaire an VII, et de l'article 29 de la loi du 25 avril 1844, sur les patentes.

(2) Si le domicile de la partie citée est éloigné de la demeure de l'huissier de plus d'un demi-myriamètre, il le mentionne ainsi : En son domicile, distant de ma demeure de sept kilomètres, où je me suis exprès transporté, et où étant, etc.

(3) En cas d'absence du défendeur, ou de ses parents, ou de ses serviteurs, on met : Où étant, et n'ayant trouvé ni le sieur Charles Vimet ni aucun de ses parents et serviteurs, j'ai, sur-le-champ, remis la copie à M. le maire (adjoint, ou membre du Conseil municipal) du premier arrondissement, qui a visé le présent original, et auquel j'ai laissé la copie du présent exploit.

(4) Si l'exploit était remis à la personne, et non à domicile, on ne ferait pas mention du domicile ; on mettrait seulement : *en parlant comme dessus.*

(5) Original, 1 f. 50 c. ; copie, 38 c. ; papier timbré (deux feuilles de 35 c.), 70 c. ; enregistrement, décime compris, 1 fr. 10 c. ; total, 3 fr. 68 c.

quel fait élection de domicile en ma demeure ; j'ai, Pierre Lucas, huissier au tribunal de première instance de l'arrondissement de Morlaix, et à la justice de paix du canton de Saint-Pol-de-Léon, demeurant à Saint-Pol-de-Léon, place de la Croix-au-Lin, n. 2, soussigné,

Cité le sieur Charles Loussot, demeurant à Saint-Pol-de-Léon, Grande-Place, n. 4, en son domicile, en parlant à Marguerite Turin, sa domestique, ainsi qu'elle m'a dit être et se nommer, à comparaître mardi prochain, six février mil huit cent cinquante-quatre, dix heures du matin, devant M. le juge de paix du canton de Saint-Pol-de-Léon, département du Finistère, dans le local ordinaire de ses séances, sis Grande-Place, en l'ancien Palais épiscopal ;

Pour, et attendu que le requérant est en possession depuis plus d'une année d'une pièce de terre, dite Cleuziou, située en la commune de Plougoulm, au lieu dit Markès, bornée au nord par la propriété du sieur Kariou, au midi par le champ dit Goarem, au levant par la propriété du sieur Loussot, au couchant par le chemin, entourée de ses talus, et que ledit sieur Loussot a usurpé le talus du levant de cette pièce de terre, en coupant l'ajonc et les herbages qui croissent sur ce talus ;

Voir donner acte au requérant de ce qu'il prend pour trouble à sa possession ladite usurpation, et l'autoriser à reprendre possession dudit talus ; — Voir ordonner qu'il sera fait défense au sieur Loussot de ne plus troubler sa possession à l'avenir ; et, attendu le préjudice causé au requérant, s'entendre condamner ledit sieur Loussot à payer au requérant la somme de vingt-cinq francs, à titre de dommages-intérêts ; et pour, en outre, répondre et procéder, comme de raison, à fin de dépens.

Et j'ai au sus-nommé, en parlant comme dessus, laissé, sous toutes réserves, copie du présent exploit, dont le coût est de... (*Sign. de l'huissier.*)

FORMULE 6. — Citation en réintégrande. C. proc., 23 ; loi du 6 juin 1838,
art. 6. — Même coût.

L'an, etc. (*comme ci-dessus*).

Pour, et attendu que le sieur Loussot s'est permis, le huit janvier mil huit cent cinquante-quatre, d'abattre le talus fermant au levant une pièce de terre, dite Cleuziou, sise au lieu de Markès, commune de Plougoulm, bornée au nord par la propriété du sieur Carriou, au midi par le champ dit Goarem, au levant par la propriété du sieur Loussot, au couchant par le chemin, et dont le requérant jouissait paisiblement, ainsi que de ses talus, depuis un temps immémorial, par lui et ses auteurs, et notamment depuis an et jour avant ladite époque du huit janvier mil huit cent cinquante-quatre ;

En conséquence, voir dire et ordonner que le requérant sera remis en possession dudit talus, après qu'il aura été rétabli, aux frais du sieur Loussot, dans l'état où il était avant ladite entreprise ; et que, faute de ce faire, le requérant sera, trois jours après la signification du jugement à intervenir, autorisé à faire faire ledit rétablissement aux frais du sieur Loussot ; condamner le sieur Loussot en cinquante francs de dommages-intérêts, le tout même par corps (1) ; le condamner, également, aux dépens ; et j'ai, etc.

FORMULE 7. — Citation en dénonciation de nouvel œuvre. C. proc., 23 ;
loi du 6 juin 1838, art. 6. — Même coût.

L'an, etc. (*comme ci-dessus*), soussigné,
Ai signifié et déclaré au sieur...
Que c'est à tort qu'il s'est permis d'établir un barrage sur la rivière de

---

(1) C. Nap., 2060, 2°.

Kérellec, dans la partie de cette rivière dont le requérant jouissait depuis plus d'un an et un jour ;

Que ce barrage, en arrêtant le cours de la rivière, nuit au mouvement du moulin du requérant, et qu'il porte, d'ailleurs, sur le champ dit Pratijel, dont le requérant a la propriété et jouit depuis un temps immémorial ;

Pour quoi j'ai fait sommation, au nom du requérant, audit sus-nommé, de, en vingt-quatre heures pour tout délai, enlever ledit barrage, et rétablir les lieux dans leur ancien état ; et, faute de l'avoir fait dans les vingt-quatre heures, j'ai, huissier susdit soussigné, à la même requête, cité ledit sieur Loussot à comparaître, etc. *(comme ci-dessus)* ;

Pour, par les motifs ci-dessus déduits, et attendu qu'aucun droit, ni titre, n'a autorisé le défendeur à établir ledit barrage, voir ordonner qu'il sera détruit dans les trois jours du jugement à intervenir, et que, faute de ce faire, le requérant sera autorisé à le faire enlever lui-même aux frais du sieur Loussot, lequel, pour le préjudice par lui causé, sera condamné en 30 fr. de dommages-intérêts et aux dépens ; et j'ai, etc.

FORMULE 8. — Citation à la requête d'une femme mariée, le mari comparaissant avec elle.

L'an, etc., à la requête de dame Sophie Libert, épouse du sieur Chapuis, ladite dame demeurant avec son mari, à Brest, rue de Siam, n. 9, et dudit sieur Chapuis, pour la validité de la procédure...

FORMULE 9. — Citation à la requête d'une femme mariée, le mari ne comparaissant pas dans la cause.

L'an, etc., à la requête de dame Sophie Libert, épouse du sieur Chapuis, ladite dame demeurant avec son mari, à Brest, rue de Siam, n. 9, de lui autorisée à la poursuite de ses droits et actions, et spécialement à intenter la présente action, aux termes d'un acte passé devant Me Gillard et son collègue, notaires à Brest, dûment enregistré, et dont il est, avec celle des présentes, donné copie, etc.

FORMULE 10. — Citation donnée à la requête d'une femme autorisée par justice.

L'an, etc., à la requête de dame, etc. *(comme ci-dessus)*, ladite dame autorisée à la poursuite de ses droits et actions, et notamment à intenter la présente action, par jugement du tribunal civil de Brest, en date du 20 janvier 1849, dûment enregistré, dont il est, avec celle des présentes, donné copie, etc.

FORMULE 11. — Citation à une femme et à son mari pour l'autoriser.

L'an, etc., cité la dame Sophie Libert, épouse du sieur Auguste Chapuis, ladite dame demeurant avec son mari, à Brest, rue de Siam, n. 9, et le sieur Auguste Chapuis, son mari, pour l'autoriser, etc.

FORMULE 12. — Citation au nom d'un mineur ou d'un interdit.

L'an..., à la requête du sieur Emile Camard, demeurant à Morlaix, place de Viarme, n. 9, agissant au nom et en qualité de tuteur de Eugène et Amélie Bareste, enfants mineurs de Jean-Jacques Bareste et d'Eugénie Carlier, son épouse, décédés, je, etc.

FORMULE 13. — Citation au nom d'un enfant mineur dont la mère tutrice est remariée. C. Nap., 396.

L'an..., à la requête : 1° de dame Virginie Merle, veuve en premières noces de M. Pierre Carles et épouse en secondes noces de M. Joseph Itier ; · 2° de M. Joseph Itier, tous deux demeurant à Rennes, rue aux Foulons, n. 37, agissant, la première au nom et en qualité de tutrice de Charles et Théodore Carles, ses enfants mineurs, et le second comme cotuteur des mêmes enfants mineurs, et aussi pour autoriser ladite dame son épouse, je, etc.

FORMULE 14. -- Citation à une société en nom collectif.
Cod. com., 20, 21, 22.

L'an, etc., à la requête des sieurs : 1° Charles Fillon ; 2° Pierre Martel ; 3° Jacques Pabu, demeurant tous trois à Paris, rue Saint-Martin, n. 128, associés sous la raison Fillon, Martel et Pabu, pour l'exploitation d'un commerce de draperie, dont le siège est susdite rue Saint-Martin, n. 128, je, etc. (1).

FORMULE 15. — Citation au nom d'une société en commandite.

L'an..., à la requête de : 1° Joseph Chabut ; 2° Marc Chabut, demeurant tous deux à Paris, rue de la Roquette, n. 110, associés-gérants de la Société en commandite Chabut frères et compagnie, dont le siège est à Paris, susdite rue de la Roquette, n. 110, je, etc.

FORMULE 16.— Citation au nom d'une société anonyme.

L'an..., à la requête de la société d'Assurances générales, dont le siège est établi à Paris, rue Richelieu, n. 97, poursuite et diligences de M. Pierre de Gourcuf, directeur de ladite société, je, etc.

FORMULE 17. — Citation à la requête des syndics d'une faillite.

L'an, etc., à la requête du sieur Jean Vatel, demeurant à Paris, rue du Mail, n. 29, et du sieur Charles Masson, demeurant a Paris, rue Montmartre, n. 150, agissant au nom et comme syndics de la faillite du sieur Barthélemy Bornet, nommés à ladite qualité par jugement du tribunal de commerce de la Seine, du 25 octobre 1848, je...

FORMULE 18. — Citation au nom du domaine de l'Etat. C. proc., 169.

L'an, etc., à la requête de M. le préfet du département d'Eure-et-Loir, agissant dans l'intérêt et au nom de l'Etat, je, etc.

FORMULE 19. — Citation au nom d'une commune. Loi du 18 juillet 1837,
art. 49 et 50.

L'an..., à la requête des habitants de la commune de Versailles, poursuite et diligences de M. Chauvel, maire de ladite commune, y demeurant, rue du Château, n. 27, ladite commune autorisée à la poursuite de ses droits et actions, et à ester en justice relativement à la contestation dont est mention ci-après, par arrêté du Conseil de préfecture du département de Seine-et-Oise, en date du 25 février 1849 (ou par ordonnance du Conseil d'Etat, en date du 1er mars 1849) (2), je, etc.

---

(1) Même formule pour une société civile : le nom de tous les associés doit y être également indiqué. C. Napoléon, 1862.

(2) Le Conseil d'Etat statue sur l'autorisation lorsque la décision du Conseil de préfecture qui l'a refusée est attaquée devant lui. Loi du 18 juillet 1837, art. 50.

FORMULE 20. — Citation au nom d'une fabrique. Décret du 30 décembre
1809, art. 77.

L'an..., à la requête de MM. les administrateurs de la fabrique de l'église
paroissiale de Saint-Pol-de-Léon, poursuite et diligences de M. Victor Macé,
demeurant en la même ville, Grand'Rue, trésorier de ladite fabrique, autorisée à la poursuite de ses droits et actions et à ester en justice relativement
à la contestation dont est mention ci-après, par arrêté du Conseil de préfecture du département du Finistère, en date du 18 mars 1849, je, etc.

FORMULE 21. — Citation à un individu qui n'a ni domicile ni résidence
connus. C. proc., 59.

L'an..., j'ai, etc., signifié et laissé copie au sieur Alphonse Bathur, actuellement sans domicile ni résidence connus, au parquet de M. le procureur
impérial du tribunal de Melun, où étant et parlant à M. Charles Faure, sub-
stitut, lequel a visé l'original du présent exploit, et j'ai à l'instant affiché semblable copie à la porte dudit tribunal.

NOTA. *Les formules ci-dessus, concernant les sociétés en nom
collectif, en commandite et anonymes, et celles relatives aux syndics
de faillite, au domaine de l'Etat, aux communes, aux fabriques,
ne sont données que comme faites à la requête de ces diverses personnes; si, au lieu d'être demanderesses, elles étaient défenderesses,
et qu'il s'agit de citations à leur signifier, ces citations seraient
adressées aux mêmes individus qui les représentent.*

FORMULE 22. — Citation à une société en nom collectif.

J'ai, etc., signifié à MM. Fillon, Martel et Pabu, marchands de draps, en
leur maison sociale, établie à Paris, rue, etc.

FORMULE 23. — Pour une société en commandite.

A la société Chabut frères et compagnie, en la personne de MM. Joseph
et Marc Chabut, associés-gérants, etc.

FORMULE 24. — Pour une société anonyme.

A la société anonyme d'Assurances générales, en la personne de M. de
Courcuf, directeur, demeurant à Paris, au siége de ladite Société, rue, etc.

FORMULE 25. — Pour les syndics d'une faillite. C. proc., 69, §§ 7 et 72.

A M. Jean Vatel, demeurant à Paris, rue du Mail, n. 29, et à M. Charles
Masson, demeurant à Paris, rue Montmartre, n. 150, syndics de la faillite du
sieur Barthélemy Bornet, en la personne de M. Jean Vatel, l'un d'eux, en
son domicile, et parlant à...

FORMULE 26. — Pour le domaine de l'Etat.

A M. le préfet du département d'Eure-et-Loir, représentant l'Etat dans
les actions relatives à son domaine, en sadite qualité, demeurant à l'hôtel de
la Préfecture, sis à Chartres, place de la Cathédrale, où étant et parlant à
M. le secrétaire général, auquel j'ai laissé la copie du présent original, sur
lequel il a apposé son visa.

Nota. *La même formalité du visa est à mentionner dans les citations aux communes, aux établissements publics*, etc. C. proc., 69.

FORMULE 27. — Cédule pour abréger les délais. C. proc., 6 ; Tarif, 7 ; coût, il n'est rien alloué ; enregistrement, 1 fr. 10 c.

Nous, Louis Lozach, juge de paix du canton de Morlaix, arrondissement de Morlaix, département du Finistère, sur ce qui nous a été exposé par le sieur Paulard,

Mandons à l'huissier audiencier de notre justice de paix,

de, à la requête dudit sieur Paulard, citer le sieur Riou, voiturier, demeurant ordinairement à Saint-Brieuc, et étant actuellement à l'auberge de la Tour-d'Argent, en cette ville, tenue par le sieur Paulard,

A comparaître aujourd'hui, à midi, devant nous, en notre demeure, Grand'-Rue, n. 2, pour, et attendu que le sieur Paulard maintient que les chevaux du sieur Riou ont causé un dommage, cette nuit, dans les écuries du sieur Paulard, en brisant et cassant plusieurs meubles et effets, et que ledit sieur Riou, étant sur le point de partir, il est urgent d'obtenir contre lui la réparation du dommage causé, se voir condamner à payer audit sieur Paulard la somme de trente-cinq francs, à laquelle le demandeur évalue le dégât ; voir autoriser le demandeur à empêcher la sortie de la voiture et des chevaux jusqu'au payement desdites condamnations ; et pour, en outre, répondre et procéder à fins d'intérêts et de dépens.

Fait et délivré en notre demeure, le cinq juillet mil huit cent quarante-neuf. (*Signature du juge de paix.*)

FORMULE 28. — Citation en vertu de la cédule qui précède.

L'an mil huit cent cinquante-quatre, le cinq juillet, à dix heures du matin, en conséquence de la cédule délivrée cejourd'hui par M. le juge de paix du canton de Morlaix, enregistrée (*ou* qui sera enregistrée avec le présent), et dont est, avec ces présentes, donné copie ; et à la requête du sieur Charles-Antoine Paulard, aubergiste, tenant l'hôtel de la Tour-d'Argent, rue Bourette, n. 2, et y demeurant, j'ai, etc... commis par la cédule sus-énoncée pour faire la présente citation, soussigné,

Cité, etc.

Pour répondre et procéder sur et aux fins des conclusions contenues en ladite cédule, et j'ai au sus-nommé, en son domicile et parlant comme dessus, laissé copie de la cédule et du présent, dont le coût est de...

FORMULE 29. — Cédule qui commet un huissier par suite de l'empêchement d'un autre huissier commis. C. proc., art. 4 ; Tarif, art. 7 ; coût, il n'est rien alloué ; enregistrement, 1 fr. 50 c.

Nous, Louis Lozach, juge de paix du canton de Morlaix, etc. (comme ci-dessus), mandons au sieur Charlot, huissier près le tribunal de première instance de Morlaix, que nous commettons à la place du sieur Hardy, déjà commis par nous, et qui se trouve empêché par cause de maladie, de, à la requête du sieur Paulard, demeurant à Morlaix, etc., comme en la cédule ci-dessus.

Nota. *La citation se fait ensuite comme celle du n. 28.*

CHAPITRE III.—De la déclaration des parties demandant jugement. —Prorogation de la juridiction des juges de paix.—Renonciation à la faculté d'appeler. — Limites de la prorogation de juridiction. —Personnes qui peuvent proroger. — De l'obligation du juge de paix d'accepter la prorogation. — Jugement d'expédient. — Différence entre la prorogation de juridiction et l'arbitrage.

75. Les parties peuvent se présenter volontairement et sans citation devant le juge de paix, auquel cas il juge leur différend, soit en dernier ressort, si les lois ou les parties l'y autorisent, soit à la charge de l'appel, encore qu'il ne fût le juge naturel des parties ni à raison du domicile du défendeur, ni à raison de la situation de l'objet litigieux. La déclaration des parties qui demanderont jugement sera signée par elles, ou mention sera faite si elles ne peuvent signer. C. proc., 7.

76. Les parties peuvent aussi renoncer devant le juge de paix à la faculté d'appeler de son jugement, qu'elles se présentent volontairement ou non.

77. Mais la prorogation de juridiction ne peut avoir lieu que dans des affaires pour lesquelles les juges de paix sont compétents jusqu'à une certaine somme, et jamais lorsque la contestation est étrangère à leurs attributions ; il n'y a lieu à prorogation de juridiction d'un juge d'exception qu'autant qu'il y a en lui principe de juridiction.

Il faut donc, pour que la prorogation de la juridiction du juge de paix soit permise, qu'il s'agisse d'une affaire sur laquelle il aurait pu être appelé à statuer, relativement à l'espèce du litige ; sa juridiction étant exceptionnelle, on ne peut lui conférer aucun pouvoir judiciaire en dehors de ceux qui lui sont attribués par la loi ; on peut seulement étendre ceux qu'il a déjà reçus. C. proc., 7 ; Cass., 3 frim. an IX, 22 déc. 1806, 10 janvier 1809 ; Merlin, *Rép.*, v° *Hypothèques*, sect. 2, § 2, art. 4, n. 1 ; Favard, v° *Justice de paix*, § 1, n. 4.

Ainsi, sa juridiction peut être prorogée sur toutes les questions personnelles ou mobilières et autres, que la loi a placées dans ses attributions; et la prorogation, dans ces cas, n'est soumise à aucunes limites, puisque, dans l'art. 7 du Code, le juge de paix peut, *sur le consentement des parties*, juger leurs différends, *soit en dernier ressort, soit à charge d'appel.*

Les matières possessoires ne sont pas exclues de cette règle ; les parties peuvent donc aussi renoncer à l'appel sur une action possessoire, au moyen de quoi le juge de paix statue souverainement.

78. En prorogeant la juridiction du juge de paix pour être statué en premier ressort seulement, les parties prorogent nécessairement la juridiction du tribunal supérieur ; alors l'appel doit être porté au tribunal civil dont le juge de paix ressortit, quoique ce tribunal, à défaut de prorogation, n'eût été compétent que pour prononcer en dernier ressort. Curasson, 1re partie, section ii, n. 22.

79. Il est cependant une autre espèce de prorogation de juridiction permise, c'est celle qui consiste à se présenter devant un juge de paix autre que celui du domicile ou de la situation de l'objet litigieux ; c'est-à-dire que les parties peuvent renoncer au bénéfice des articles 1, 2 et 3 du Code de procédure, qui règlent la compétence des juges de paix par le domicile du défendeur en matière personnelle et mobilière, et par la situation de l'objet litigieux, en matières possessoires et autres matières réelles.

80. La prorogation volontaire ne peut résulter, devant les justices de paix, que du consentement exprès des parties. Elle ne saurait s'induire de leur comparution et de leur plaidoirie, sans protestation, devant le juge incompétent. En effet, l'art. 7 du Code de procédure exige formellement que la déclaration des parties soit signée d'elles, ou qu'il soit fait mention qu'elles ne savent signer. Un consentement tacite est donc insuffisant ; le juge doit, dans ce cas, se déclarer d'office incompétent. Cass., 22 juin 1808, 20 mai 1829 ; Henrion, p. 45 ; Carré, *Lois de la procédure*, art. 7. *Contrà*, req. 12 mars 1827 ; Favard, v° *Justice de paix*, § 1, n. 5 ; Merlin, *Questions*, ib. § 1, n. 2.

Cependant serait valable l'acquiescement donné par les parties au jugement rendu, et résultant de l'apposition de leurs signatures au bas de la minute de ce jugement. Pau, 5 août 1809 ; Carré, *ib.*

81. L'acte contenant prorogation de la juridiction du juge de paix doit indiquer d'une manière précise le différend qui divise les parties.

Néanmoins, est suffisante la déclaration des parties portant *qu'elles ont soumis à la décision du juge de paix le différend existant entre elles au sujet d'une réclamation que le demandeur est dans l'intention de former contre le défendeur.* Lorsque, du reste, les parties ont immédiatement pris leurs conclusions respectives sur ce différend, il y a relation nécessaire entre l'acte de prorogation et les conclusions. Cass., 2 août 1831 ; RÉP. GÉN. DES J. DE PAIX, t. IV, pag. 278.

82. Lorsque les parties conviennent à l'audience de dispenser le juge de paix d'observer une formalité d'instruction, leur signature n'est pas exigée, comme pour la prorogation de juridiction (Cass., 7 octobre 1808, 27 mars 1832 ; Carré et Chauveau, n. 32). Il y a contrat judiciaire, qui est constaté par le jugement lui-même.

83. Les tuteurs, administrateurs et tous ceux qui n'ont pas droit de transiger peuvent bien, sans citation préalable, se présenter devant un juge de paix, juge naturel de celui qu'ils représentent ; mais ils ne sauraient accepter la juridiction d'un autre juge de paix, ni surtout proroger la juridiction de l'un ou de l'autre. Thomine-Desmazures, t. Ier, p. 59; Chauveau sur Carré, n. 30.

84. Un simple fondé de pouvoir ne pourrait non plus proroger la juridiction du juge de paix, ni signer, par conséquent, la déclaration autorisée par l'article 7 du Code de procédure.

85. Il n'en serait pas de même de la renonciation à une simple formalité d'audience, par exemple, à ce que des témoins fussent entendus sur des faits qui n'auraient pas été précisés.

86. Un arrêt de la Cour de Paris, du 28 août 1841 (REPERT. GÉN. DES JUSTICES DE PAIX, t. IV, vº *Prorog. de jurid.*, p. 277, n. 22) a décidé qu'on ne peut proroger la juridiction du juge de paix d'avance et par convention extrajudiciaire. Cela est vrai si la contestation n'est pas encore née (C. proc., 1006), et si les parties ne sont plus d'accord sur la prorogation en se présentant à l'audience; mais si elles persistaient devant le juge de paix, on ne voit pas pourquoi la prorogation arrêtée d'avance le rendrait incompétent.

87. Le jugement d'expédient, rendu par le juge de paix sur prorogation de juridiction, et constatant l'accord des parties, a la même force que s'il avait été rendu sur contestation, et peut, ou produire hypothèque (Poitiers, 30 janvier 1843, RÉPERT. GEN., tome III, p. 274 ; et 31 janvier 1843, *ibid.*, t. IV, p. 267; Cass., 6 janvier 1845, *ibid.*, t. IV, p. 269), ou servir de base à une saisie immobilière (Cass., 13 novembre 1843, *ibid.*, t. IV, p. 265); mais il faut que le jugement d'expédient prononce sur l'objet d'une contestation. S'il s'agissait de dresser acte de conventions des parties, de constater, par exemple, que l'une s'engage à vendre à l'autre un immeuble qui était l'objet d'une contestation entre elles, ou fait telle ou telle concesssion, le jugement qui en donnerait acte serait nul, le juge de paix n'ayant reçu de la loi le pouvoir de dresser acte des conventions des parties qu'autant qu'il procède au bureau de conciliation. Bourges, 21 février 1842, *ibid.*, t. IV, p. 269 ; Limoges, 1er juin 1847, *ibid.*, t. IV, p. 270.

88. Le juge de paix est-il tenu d'accepter la mission de juger, sur la demande des parties, au delà des limites et en dehors de sa juridiction ? Nous avons répondu négativement, dans notre *Nouveau Traité de la compétence,* n. 629 ; en effet, il importe d'empêcher que des parties qui ne sont pas justiciables d'un tribunal ne puissent, en demandant à être jugées par lui, le surcharger, et retarder par là l'expédition des affaires qui lui sont confiées et l'accomplissement de ses devoirs envers ceux dont il est le juge naturel. Pigeau (*Commentaire,* t. Ier, p. 17) et Thomine-Desmazures (t. Ier, p. 62) soutiennent cette opinion ; un arrêt de la Cour de cassation, du 11 mars 1807, a jugé que les autres tribunaux ne peuvent être assujettis à accepter la compétence ou la juridiction qui leur sont imposées par les parties. Carré pense, au contraire, n. 33, que l'article 7 *oblige* le juge de paix à juger le différend qui lui est déféré ; il regarde les termes de cet article comme impératifs : M. Boitard (t. II, p. 390) et M. Chauveau sur Carré (n. 33), adoptent l'opinion de Carré.

89. Il ne faut pas confondre la prorogation de juridiction du juge de paix qui se fait suivant les termes de l'art. 7, avec la nomination du juge de paix comme arbitre ; le compromis par lequel on déférerait au juge de paix la connaissance d'une contestation ne lu donnerait que les droits d'un arbitre ordinaire ; il serait obligé de suivre toutes les formes réglées pour l'arbitrage, par les art. 1003 et suivants du Code de procédure civile, de déposer sa sentence, qui n'aurait force d'exécution que par l'ordonnance d'*exequatur* du président du tribunal civil, etc. ; mais le différend, ainsi soumis à son arbitrage, pourrait sortir des limites assignées à la prorogation de sa juridiction.

90. Il doit être tenu minute de la déclaration préalable des parties qui demandent jugement. Cette déclaration ne peut être faite qu'en audience publique et devant le juge de paix assisté de son greffier. C'est sur la feuille d'audience qu'elle doit être portée.

FORMULE 30. — Acte de déclaration des parties qui demandent jugement. Gratuit ; Tarif, 11.

Le juge de paix du canton de..., en son audience tenue publiquement, à l'heure accoutumée, en l'auditoire ordinaire, le... du mois de... an... assisté du sieur... greffier de la justice de paix, a rendu le jugement suivant. (*Cet intitulé n'est autre que celui de la feuille d'audience ; il sert pour tous les jugements qui sont portés sur cette feuille.*)

Entre le sieur Jacques Hortis, demeurant à Castel-Sarrazin, demandeur, et le sieur Philippe Mauduit, demeurant également à Castel-Sarrazin, défendeur,

Lesquels se sont présentés volontairement et sans citation devant nous ce jour, et nous ont exposé qu'ils sont en contestation sur l'objet dont il sera parlé ci-après. Ils déclarent vouloir s'en rapporter à notre décision, bien que nous ne soyons leur juge ni à raison du domicile, ni à raison de la situation des lieux, ni à raison de la valeur de la demande, et nous autoriser même à prononcer sur leur différend en dernier ressort.

Nous, juge de paix, vu l'article 7 du Code de procédure civile, avons donné acte aux sieurs Hortis et Mauduit de leur comparution et de leur consentement, avons accepté la prorogation de juridiction qu'ils nous ont conférée, et avons signé la présente déclaration avec le sieur..., notre greffier, (ou bien et avons signé la présente déclaration avec le sieur... notre greffier, après les avoir interpellés de signer eux-mêmes, ce qu'ils ont déclaré ne savoir faire, après lecture). (*Sign. du juge de paix, du greffier et des parties.*)

FORMULE 31. — Jugement sur prorogation de juridiction.
(Suit sur la feuille d'audience.)

Et sur-le-champ, par le sieur Hortis, demandeur, a été dit (*Exposé des faits, moyens et conclusions du demandeur*).

Le sieur Mauduit, défendeur, a répondu que...

Nous, juge de paix, prononçant (en premier *ou* en dernier ressort), en vertu des pouvoirs qui nous ont été conférés par les parties :

Attendu que, etc. (*Motifs et dipositif comme aux jugemenis ordinaires.*)

Fait, et prononcé en audience publique, en présence des parties (*ou* en l'absence des parties), les jour, mois et an que dessus, et avons signé avec notre greffier. (*Signature du juge de paix et du greffier.*)

91. Si les parties se présentent purement et simplement devant le juge de paix pour éviter la citation, et sans proroger la juridiction, il n'est pas fait, bien entendu, mention de la prorogation.

92. « Dans les matières de peu d'importance, dit Levasseur (édition Toussaint, n. 114), il arrive fréquemment qu'on ne rédige ni la déclaration, ni le jugement ; les parties exécutent de bonne foi, et souvent sur-le-champ, la décision verbale. Il n'y a pas d'inconvénient dans cette marche, qui ménage le temps précieux des juges de paix très-occupés, surtout dans les villes. Si l'une des parties requiert la rédaction par écrit, le juge de paix ne doit pas s'y refuser. En matière sujette à l'appel, la rédaction par écrit est indispensable, quoique même le jugement soit exécuté sur-le-champ. » Ce mode de procéder serait peu régulier, puisque la comparution volontaire a lieu en audience publique ; mais, depuis qu'aux termes de la loi de 1838, les parties sont appelées devant le juge de paix *avant la citation*, il arrive, le plus souvent, que les petites affaires sont arrangées par cette espèce de préliminaire de conciliation ; on peut appliquer à cette comparution sur avertissement ce que disait Levasseur de l'exécution de bonne foi et sur-le-champ de la décision verbale du juge de paix, ou plutôt de l'accord des parties et des conditions d'arrangement telles qu'elles sont acceptées devant lui ; car, ainsi que nous l'avons dit, il ne peut y avoir jugement lors de la comparution des parties sur avertissement préalable.

CHAPITRE IV. — Audience du juge de paix. — Huis-clos. — Huissiers audienciers. — Règlements d'ordre intérieur. — Remise des exploits. — Appel des causes. — Comparution des parties devant le tribunal de paix. — Défaut du demandeur ou du défendeur à l'appel des causes. — Mandataire. — Pouvoirs. — Qui peut être mandataire ? — Forme du mandat.

93. Les juges de paix doivent indiquer au moins deux audiences par semaine. Ils peuvent juger tous les jours, même ceux de dimanches et de fête, le matin et l'après-midi. Ils peuvent donner audience chez eux en tenant les portes ouvertes. C. proc., 8.

Dans ce cas, il convient d'énoncer dans le jugement que les portes ont été tenues ouvertes. Toutefois, à défaut de cette énonciation, et jusqu'à preuve contraire, on doit supposer que la loi a été exécutée. Carré et Chauveau, *Question* 39.

Au reste, le vœu de la loi est rempli lorsque la maison du juge est accessible à quiconque voudrait y pénétrer, bien que les portes ne soient pas laissées matériellement ouvertes. Delzers, 1, 96.

94. Mais le juge de paix ne peut indiquer chez lui que des audiences extraordinaires, surtout lorsqu'il ne réside pas au chef-lieu du canton. La loi du 29 ventôse an IX l'obligeait à donner ses audiences au chef-lieu de canton ; il ne pouvait juger ailleurs que dans les cas particuliers. Carré pense (*Lois de la procédure*, n. 37) que l'art. 8 du Code de procédure civile n'a pas abrogé la loi du 29 ventôse an IX, et que les juges de paix doivent s'y conformer pour la commodité des justiciables. Cette opinion est appuyée par une circulaire du garde des sceaux du 23 avril 1822.

95. Le juge de paix peut ordonner, par un jugement, le huis-clos, si la discussion publique doit entraîner du scandale ou des inconvénients graves (arg. C. proc. 87). — Ainsi jugé en matière de simple police. Cass., 9 juillet 1825.

Mais il doit en rendre compte au procureur impérial qui est, par rapport aux justices de paix, ce qu'est le procureur général par rapport aux tribunaux d'arrondissement. Pigeau, *Comm.*, 1, 20 ; Carré et Chauveau, n. 41.

96. Le huis-clos peut être ordonné même dans le cas où le juge de paix donne audience dans sa maison ; la raison de douter viendrait de ce que l'art. 8 du Code de procédure ne l'autorise à tenir audience chez lui qu'à la condition de laisser les portes ouvertes, mais il en est de même de la salle ordinaire des audiences. Carré et Chauveau, n. 41 *bis*.

97. Tous les huissiers du même canton sont tenus de faire le service des audiences, et d'assister le juge de paix toutes les fois qu'ils en seront requis. Loi du 25 mai 1838, art. 18.

En cas de refus d'un huissier, le juge de paix peut lui défendre de citer devant lui pendant un délai de quinze jours à trois mois. *Même loi*, art. 19.

Cette décision est sans appel et ne fait pas obstacle à l'action disciplinaire des tribunaux. *Même loi*, art. 19.

98. Cette défense ou interdiction aux huissiers du canton, sans appel, ne peut être prononcée nécessairement que par jugement: cela résulte des termes mêmes de l'article 19, et aussi de la nature de toute condamnation, pour laquelle un jugement est nécessaire.

99. Mais l'huissier devra-t-il être appelé pour se défendre ? Il peut avoir à présenter une excuse, à dire, par exemple, que la cause ne se trouvait pas dans les limites de la défense faite par le juge de paix, ou qu'il y avait urgence, ou tout autre motif semblable.

Nous ne croyons pas qu'il y ait jusqu'à présent aucun précédent judiciaire connu et publié sur ces questions ; mais nous trouvons dans les articles 1030 et 1031 du Code de procédure civile des dispositions qui, sous le rapport de la condamnation à prononcer contre l'huissier absent, ont beaucoup d'analogie avec l'article 19 de la loi de 1838. Ces articles sont, en effet, ainsi conçus :

« Art. 1030. Dans le cas où la loi n'aurait pas prononcé la nul-« lité d'un exploit ou d'un acte de procédure, l'officier ministériel « pourra, soit pour omission, soit pour contravention, être con-« damné à une amende qui ne sera pas moindre de 5 fr., et n'excé-« dera pas 100 fr.

« Art. 1031. Les procédures et les actes nuls ou frustratoires, et « les actes qui auront donné lieu à une condamnation d'amende, se-« ront à la charge des officiers ministériels qui les auront faits, les-« quels, suivant l'exigence des cas, seront, en outre, passibles des « dommages-intérêts de la partie, et pourront même être suspendus « de leurs fonctions. »

Carré, discutant dans ses *Lois de la procédure civile* les articles 1030 et 1031, pose cette question (n. 3396) : les peines mentionnées dans les articles 1030 et 1031 ne peuvent-elles être prononcées contre un officier ministériel, s'il n'a pas préalablement été appelé pour être entendu dans ses moyens de défense ?

Voici ce qu'il répond : «Nous pourrions citer une foule d'exemples de cas où, conformément à l'article 1030, des tribunaux, en rejetant la nullité d'un acte irrégulier, ont condamné des officiers ministériels à l'amende, sans qu'ils eussent été appelés ni entendus ;

il en serait de même de la suspension qu'ils peuvent prononcer en vertu de l'article 1031.

« C'est qu'en effet ces condamnations ne constituent que de simples actes de discipline. Mais nous ne pensons pas qu'il puisse en être de même à l'égard des dommages-intérêts des parties, parce qu'il faut nécessairement qu'elles en forment la demande, et qu'il est juste que l'officier ministériel ait la faculté de se défendre, s'il la croyait excessive ou mal fondée. »

On pourrait en dire autant de la condamnation prononcée par le juge de paix contre l'huissier qui a donné une citation devant lui sans avertissement préalable.

Cependant, comme, ainsi que nous le disions plus haut, l'huissier peut avoir des motifs d'excuse à présenter, il est bon, dans le jugement, de constater qu'il est rendu par défaut, de commettre un huissier pour le signifier, et de fixer un délai (le délai ordinaire des oppositions devant le juge de paix) pour former opposition.

Comme ce jugement est absolument indépendant de celui à rendre entre les parties, il importe peu que les parties se présentent ou qu'elles ne se présentent point ; que, relativement à elles, l'affaire se termine par un jugement à l'audience ou par abandon : le juge de paix fera bien de rendre, dans tous les cas, un jugement à part contre l'huissier ; et il pourra rendre ce jugement du moment où il s'apercevra qu'une contravention aura été commise.

Le jugement étant rendu en matière disciplinaire, et prononçant une peine, il y aura lieu, il sera même nécessaire de rapporter textuellement, en tête, l'article 19 de la loi du 25 mai 1838.

100. Le juge de paix a le droit de faire des règlements d'ordre intérieur pour la police de son audience, et notamment relativement aux huissiers et à l'appel des causes. Décr. 14 juin 1813, art. 23.

S'il a prescrit la remise entre ses mains des originaux des citations la veille de l'audience, il peut, en cas d'inobservation de ce règlement, refuser audience et remettre l'affaire à un autre jour. Mais la citation n'en conserve pas moins ses autres effets ; elle sert à interrompre la prescription, à faire courir les intérêts.

Le juge de paix commet un excès de pouvoir s'il prononce une peine disciplinaire contre un huissier pour inobservation de ce règlement.

101. Les originaux des exploits sont remis avant l'audience au greffe de la justice de paix pour être enregistrés. La loi des 14-17 octobre 1790, titre X, art. 6, exigeait que les causes fussent appelées suivant l'ordre de date des exploits ; cette disposition était applicable lorsqu'un seul huissier instrumentait devant la justice de paix, parce qu'il faisait inscrire date par date ; mais depuis que la loi du 25 mai 1838 a permis à tous les huissiers du canton de donner toutes les citations devant la justice de paix, l'appel des causes ne pourrait se faire sans confusion que suivant l'ordre de la remise des exploits au greffe, suivant les art. 19 et 55 du décret du 30 mars 1808, contenant règlement pour la police et la discipline des cours et tribunaux.

102. Toutes les causes inscrites sur le rôle doivent être appelées à l'audience, afin que les parties sachent qu'elles sont sur le rôle. Celles qui ne peuvent être jugées sont remises pour être appelées les premières à l'audience suivante. Art. 6 ci-dessus cité de la loi de 17 90

103. Si le demandeur est absent à l'appel de la cause, le défendeur peut requérir congé de la demande, qui doit lui être accordé sur-le-champ, sans entrer dans l'examen de la cause, et sauf ensuite au demandeur à former opposition à ce jugement par défaut.

104. Si c'est le défendeur qui ne comparaît pas, le juge de paix ordonnera, dans le cas où les délais n'auront pas été observés, qu'il sera réassigné ; et les frais de la première citation seront à la charge du demandeur (C. proc., 5). Dans le cas où les délais ont été observés, le demandeur justifie ses conclusions, et le juge de paix prononce défaut en les adjugeant, si elles paraissent justes et raisonnables ; sauf, en adjugeant le défaut, à fixer, pour le délai de l'opposition, le temps qui lui paraîtra raisonnable. Nous reviendrons ci-après, n. 136 et suivants, sur les jugements par défaut.

105. Si aucune des parties ne se présentait le jour indiqué pour la comparution, il n'y aurait pas lieu, l'affaire venant surtout en ordre utile, de la remettre à l'audience suivante ; la cause serait extraite du rôle, et la citation considérée comme non avenue.

106. Les parties doivent comparaître en personne ou par leur fondé de pouvoirs, sans qu'elles puissent signifier aucune défense. C. proc., 9.

107. Il faut que le mandataire justifie de ses pouvoirs : un pouvoir verbal serait insuffisant ; mais la loi n'exige pas un pouvoir par-devant notaire ; une procuration sous seing privé suffit dans les cas ordinaires, sauf, si la partie adverse élève quelques doutes sur la signature du mandant, au juge de paix à décider, d'après les circonstances, si le pouvoir représenté est suffisant.

Il en serait de même de la signature d'un pouvoir sous seing privé, non légalisée. L'absence de légalisation ne serait pas un motif de repousser le mandataire. En cas d'opposition, le juge de paix examinerait encore si la fraude est présumable, si le mandataire est dans une position à répondre de son mandat; et il prononcerait en conséquence, soit en donnant défaut, soit en déclarant la partie absente suffisamment représentée.

108. Comme le mandataire répond dans tous les cas de la réalité du pouvoir dont il est porteur, et qu'il contracte cette responsabilité par le seul fait de sa présentation, il importe de bien constater sur la feuille d'audience ses nom, prénoms, profession et demeure.

109. Le pouvoir sous seing privé doit être sur papier timbré, et enregistré (loi du 22 frimaire an VII, art. 12 et 23); le droit d'enregistrement est de 2 fr. 20 c. Loi du 28 avril 1816, art. 43.

110. Le mandat conçu en termes généraux, n'embrassant que les actes d'administration (C. Nap., 1988), serait insuffisant pour représenter une partie devant le juge de paix; mais il importerait peu que la procuration fût générale ou spéciale, pourvu qu'elle mentionnât le pouvoir de former toute demande en justice, de citer à comparaître, comme demandeur ou comme défendeur, devant tous tribunaux, d'obtenir tout jugement, etc., etc.

111. L'art. 18 de la loi du 25 mai 1838 porte : « Que dans les causes portées devant la justice de paix, aucun huissier ne pourra ni assister comme conseil, ni représenter les parties en qualité de procureur fondé, à peine d'une amende de 25 à 50 francs, qui sera prononcée sans appel par le juge de paix. Cette prohibition est générale, et s'applique à tous les huissiers, même à ceux qui ne font pas partie des huissiers du canton.

Mais l'art. 18 excepte de la prohibition les huissiers qui se trouvent dans l'un des cas prévus par l'art. 86 du Code de procédure civile, c'est-à-dire qui ont à défendre leur cause personnelle, ou celle de leur femme, parents ou alliés en ligne directe, et de leurs pupilles.

FORMULE 32. — Pouvoir pour comparaître devant le juge de paix.
Enregistrement, 2 fr. 20.

Je soussigné, Jean-François Podeur, cultivateur, demeurant à Auteuil, Grande-Rue, n°..., donne pouvoir à M. Auguste Berly, clerc, demeurant à Paris, rue Monthabor, n° 8, de pour moi et en mon nom comparaître devant le tribunal de paix du 10° arrondissement de Paris, sur la citation qui m'a été donnée à la requête du sieur Trochu, par exploit de... huissier à... en date du...; présenter toutes exceptions et défenses; nommer, s'il y a lieu, tous experts, assister à leurs opérations, composer, traiter, transiger, compromettre, signer tous actes et procès-verbaux, élire domicile, et généralement faire ce qui sera nécessaire, promettant l'avouer.

Fait à Auteuil, le... (*Signature.*)

NOTA. *La procuration est régulière, quoique écrite en entier d'une autre main que de la main de celui qui la signe ; cependant, en pareil cas, il est d'usage de mettre au-dessus de la signature :* Bon pour pouvoirs. *Le mandataire met au bas :* Certifié véritable, et accepté le présent pouvoir, *et signe.*

FORMULE 33. — Jugement portant défense à un huissier de donner aucune citation pendant un délai déterminé.

Le tribunal, statuant en dernier ressort et par défaut ;
Vu les articles 16, 17 et 19 de la loi du 25 mai 1838, ainsi conçus :
Tous huissiers, etc. (*Rapporter le texte de ces articles.*)
Fait défense audit sieur... de donner aucune citation devant le tribunal pendant le délai de trois mois ; le condamne à payer les frais de la présente condamnation, et ceux de la notification qui lui en sera faite par M⁰... huissier, commis à cette fin ; fixe à trois jours le délai dans lequel il sera recevable à former opposition.
Ainsi jugé et prononcé à... (*Signature du greffier.*) (*Signature du juge.*)

CHAPITRE V. — Défense. — Conclusions des parties. — Police de l'audience. — Irrévérence ou insulte envers le juge. — Répression. — Procédure simple sans exceptions dilatoires ou autres, et sans jugement interlocutoire.

112. Quoique l'art. 9 du Code de procédure civile défende aux parties de signifier aucune défense, elles peuvent présenter au juge de paix des notes écrites et mémoires : l'art. 9 n'a eu pour but que d'empêcher les frais qui pourraient retomber à la charge de la partie adverse ; il n'interdit même pas les actes de procédure protestatoires ou conservatoires, dont l'utilité serait reconnue ; ces actes entrent même en taxe, et sont compris dans les dépens, suivant les circonstances.

Les conclusions du demandeur sont consignées dans la citation, mais il peut, à l'audience, ajouter à sa demande, l'augmenter, la diminuer par de nouvelles conclusions, soit écrites, soit verbales, pourvu toutefois qu'il n'ajoute pas une demande toute nouvelle, et d'une autre nature, à celle déjà intentée ; car il serait injuste de contraindre le défendeur à répondre à une demande qu'on ne lui aurait pas fait connaître (arg. C. proc. 1; Carré et Chauveau, n. 5). La demande originaire peut donc seulement être étendue et expliquée; la citation n'a dû l'énoncer que d'une manière sommaire (C. pr., 1). Si les parties se sont présentées volontairement et sans citation, il est nécessaire que le demandeur expose l'objet de la contestation, et prenne ses conclusions.

Le défendeur répond ensuite et conclut aussi, soit verbalement, soit par écrit. Les conclusions ainsi prises à l'audience peuvent être écrites sur papier libre, étant toujours censées prises verbalement.

Le greffier les porte, ainsi que celles de la citation, et l'exposé succinct des faits, sur la feuille d'audience.

113. Les parties sont tenues de s'expliquer avec modération devant le juge, et de garder en tout le respect qui est dû à la justice. Si elles y manquent, le juge les y rappellera d'abord par un avertissement ; en cas de récidive, elles pourront être condamnées à une amende qui n'excédera pas la somme de 10 fr., avec affiches du jugement dont le nombre n'excédera pas celui des communes du canton (C. proc., 10). Dans le cas d'insulte ou irrévérence grave envers le juge, il en dressera procès-verbal et pourra condamner à un emprisonnement de trois jours au plus. C. proc., 11.

114. Les jugements, dans les cas prévus par les précédents articles, seront exécutoires par provision. C. proc., 12.

115. Lorsque le juge de paix ordonne l'affiche du jugement qui condamne une partie irrévérencieuse en cas de récidive, c'est à lui de déterminer les lieux où devra se faire l'apposition. Cette apposition est constatée par procès-verbal d'huissier.

116. Si, au lieu d'une partie, c'était un assistant qui se permît d'interrompre le silence, et de donner des signes d'approbation ou d'improbation, de causer ou d'exciter du tumulte de quelque manière que ce fût, et qu'après avertissement des huissiers il ne rentrât pas dans l'ordre sur-le-champ, il lui serait enjoint de se retirer; s'il résistait à cet ordre, il serait saisi et déposé à l'instant dans la maison d'arrêt pour vingt-quatre heures, où il serait reçu sur l'exhibition du procès-verbal du juge. C. proc., 88.

117. En cas de tumulte, le délinquant pourrait encore être expulsé sur-le-champ, sans avertissement préalable ; et s'il résistait ou rentrait, le juge ordonnerait de l'arrêter et conduire dans la maison d'arrêt pour vingt-quatre heures (C. instr. crim., 504), comme il est dit ci-dessus. Dans tous ces cas, mention du trouble et de l'ordre d'arrestation doit être faite sur la feuille d'audience.

118. Lorsque le tumulte est accompagné d'injures ou de voies de fait, donnant lieu à l'application de peines correctionnelles ou de police, ces peines peuvent être, séance tenante et immédiatement après que les faits ont été constatés, prononcées par le juge de paix, savoir : celles de simple police sans appel, et celles de police correctionnelle à la charge d'appel. C. instr. crim., 505.

119. S'il s'agit d'un crime commis à l'audience, le juge de paix, après avoir fait arrêter le délinquant et dressé procès-verbal des faits, doit envoyer les pièces et le prévenu devant le juge compétent. C. instr. crim., 506.

120. Ce n'est qu'une faculté que la loi donne au juge de paix de prononcer jugement et d'appliquer la peine en cas de contravention ou délit commis à l'audience ; il peut donc se borner, au lieu de condamner immédiatement et séance tenante, à renvoyer simplement le prévenu devant les juges compétents ; et, alors, la contravention ou le délit rentre dans les règles et dans les attributions de la juridiction ordinaire (Cass., 19 mars 1812), sauf à ordonner l'expulsion et même le dépôt pendant vingt-quatre heures dans une maison d'arrêt, suivant les circonstances.

121. Il importe, en outre, de bien distinguer entre les cas de contravention ou délit caractérisé dont parle l'art. 505 du Code d'instruction criminelle, et les cas d'irrévérence persistante ou grave envers le juge de paix, mentionnés dans les art. 10 et 11 du Code de procédure civile ; en effet, lorsque les juges de paix prononcent en vertu de ces art. 10 et 11, leurs jugements sont sujets à l'appel, quelle que soit la peine qu'ils portent, et serait-elle inférieure au taux du dernier ressort des tribunaux de simple police, tel que ce titre est réglé par l'art. 172 du Code d'instruction criminelle. L'art. 12 du Code de procédure civile ne permet que l'exécution provisoire, et laisse ainsi subsister le droit d'appeler, ce qui était dans les convenances ; le juge de paix ayant puni l'injure faite à sa personne ou à son autorité, sa sentence devait être soumise à la révision d'un tribunal supérieur.

122. Le délai d'appel est de dix jours ; on suit pour l'appel les règles tracées par les art. 174 et 203 du Code d'instruction criminelle, sauf l'exécution provisoire ordonnée par l'art. 12 du Code de procédure civile.

123. Mais ces principes et ces divers articles ne sont applicables que si le juge de paix était dans l'exercice de ses fonctions. Un arrêt de la Cour de cassation du 16 août 1810 a jugé que le juge de paix est dans l'exercice de ses fonctions lorsqu'il accorde à une partie un entretien relatif à un jugement de la justice de paix ; dès lors les insultes et menaces, qui lui sont adressées en ce moment par cette partie, constituent un outrage commis dans l'exercice de ses fonctions.

Il en serait de même si le juge de paix était insulté pendant qu'il présiderait une délibération de famille ou qu'il apposerait les scellés, etc.; car le droit du juge de paix de prononcer *de plano* des condamnations ne se borne pas au cas où il exerce sa juridiction à l'audience ; l'art. 504 C. instr. crim. l'en investit toutes les fois qu'il procède publiquement. Carré et Chauveau.

FORMULE 34. — Procès-verbal et jugement de condamnation d'une partie qui a violé le respect dû à la justice et a récidivé.

Le demandeur, en développant ses conclusions, au lieu de s'expliquer avec modération, s'est exprimé en termes contraires au respect dû à la justice, en se servant d'expressions grossières et en provoquant le défendeur ; il a dit notamment que...

Nous l'avons rappelé d'abord, par un avertissement, à la modération, et nous l'avons engagé à rétracter ses paroles et le défi par lui porté au défendeur. Mais il a persisté et a répété ce qu'il avait dit précédemment.

Sur quoi nous, juge de paix, considérant, etc. ;

Vu l'art. 10 du Code de procédure civile ainsi conçu (*rapporter textuellement l'article*), condamnons ledit A... demandeur, en l'amende de cinq francs envers le Trésor public ; disons que le présent jugement sera affiché, au nombre de dix exemplaires, à la porte de la mairie des communes de... du présent canton, aux frais dudit A... par le ministère de... notre huissier audiencier, que nous commettons à cet effet ; condamnons, en outre, ledit A... aux dépens du présent jugement.

Fait et prononcé en audience publique, en présence dudit A... les jours, mois et an que dessus, et avons signé avec notre greffier.

FORMULE 35. — Procès-verbal et jugement de condamnation d'une partie, pour irrévérence ou insulte au juge de paix.
(Feuille d'audience.)

Le défendeur, répondant aux conclusions du demandeur, a soutenu qu'il ne pourrait obtenir de nous, juge de paix, bonne et impartiale justice, parce que le demandeur étant représentant du peuple, nous serions porté à le favoriser pour nous attirer les faveurs que pourrait nous procurer son influence.

Sur notre observation que nous regardions ces paroles comme une irrévérence grave et un outrage, le défendeur a persisté, ajoutant que nous étions, comme tous les fonctionnaires publics, vendu au gouvernement. De quoi nous avons dressé à l'instant le présent procès-verbal, et l'avons invité à le signer, ce qu'il a refusé de faire ; vu l'art. 11 du Code de procédure civile, ainsi conçu : « Dans le cas d'insulte ou irrévérence grave (*rapporter textuellement l'article*) ; Attendu que le reproche à nous adressé par ledit défendeur constitue une insulte et irrévérence grave commise en notre audience de ce jour, condamnons ledit sieur Henri Bordeux à vingt-quatre heures d'emprisonnement.

Fait et prononcé en audience publique, en présence dudit Henri Bordeux, les jour, mois et an que dessus, et avons signé avec notre greffier. (*Signature du juge de paix et du greffier.*)

FORMULE 36. — Modèle de procès-verbal d'arrestation ou de condamnation de ceux qui troublent l'ordre, excitent du tumulte, ou se livrent à des voies de fait ou injures dans une audience.
(Feuille d'audience.)

Nous, juge de paix du canton de... département de... certifions 1° que, pendant notre audience du jeudi... mars mil huit cent... au moment où nous procédions au jugement de l'action intentée devant nous par le sieur Alexandre B... contre le sieur Cyriaque A... l'ordre et la tranquillité ont été troublés par Joseph C... marchand boucher, demeurant à..., qui s'est permis de (*signes d'approbation ou d'improbation, propos ou tumulte qui ont eu lieu*); que nous avons ordonné audit C... de se taire et d'observer la tranquillité et la décence dues à la justice, mais qu'il a réitéré ses procédés ; qu'alors nous l'avons fait expulser de la salle d'audience par l'huissier de service, qu'il y est entré peu de temps après en disant... (*Nouveaux propos.*)

2° En vertu de l'art. 504 du Code d'instr., nous avons ordonné qu'il fût saisi à l'instant et conduit à la maison d'arrêt de cette ville pour y être détenu pendant vingt-quatre heures.

Enjoignons, en conséquence, au gardien de ladite maison de le recevoir sur le vu de ce procès-verbal, qui a été de suite rédigé en présence dudit C... auquel lecture en a été faite par M... huissier de service, qui a été chargé de mettre à exécution la présente ordonnance.

Donné à... le...

(En cas d'injures ou de voies de fait pouvant donner lieu à l'application ultérieure de peines de police, due à la suite du paragraphe 1er, ce qui suit :)

« Ces propos formant la contravention prévue par l'art... du Code pénal, qui est ainsi conçu : (*Termes de cet article.*)

« Vu, en outre, l'art. 505 du Code d'instruction criminelle, dont les termes suivent : Lorsque le tumulte, etc.

« Condamnons ledit sieur C... à l'amende de 5 fr. Ainsi jugé... »

Il peut se présenter plusieurs autres incidents d'audience, comme une demande de remise de la cause pour fournir des pièces, une demande d'enquête d'expertise, une exception d'incompétence ; ces divers incidents et exceptions seront l'objet des chapitres suivants.

CHAPITRE VI. — **Prononcé du jugement.** — **Feuille d'audience.** — **Ce que doit contenir le jugement.** — **Noms des parties, motifs, dispositif, signatures du juge et du greffier.** — **Vérification, par le juge de paix, des feuilles d'audience.** — **Dénomination des poids et mesures.** — **Mention d'enregistrement des actes cités.** — **Enregistrement des jugements.** — **Délai.** — **Droit d'enregistrement.** — **Rédaction des qualités des jugements.** — **Grosse.** — **Formule exécutoire.**

124. Après que les deux parties se sont expliquées à l'audience, par elles-mêmes ou par leurs fondés de pouvoirs, et qu'elles ont été entendues contradictoirement, la cause est jugée sur-le-champ ou à la première audience. Le juge, s'il le croit nécessaire, se fait remettre les pièces. C. proc., 13.

Si, après un renvoi à la première audience pour prononcer le jugement, le juge de paix se trouvait dans l'impossibilité de le rendre, il pourrait ordonner un nouveau renvoi, pourvu qu'il y eût des motifs valables ; si, par exemple, il était nécessaire d'accorder un délai pour présenter les pièces dont la production paraîtrait utile au juge de paix, et dont les parties ne se trouveraient pas saisies.

. Tous ces faits, accidents et incidents sont mentionnés sur la feuille d'audience.

125. D'après l'article 3 du décret du 14 octobre 1790, le greffier de la justice de paix devait tenir pour chaque affaire une minute détachée et particulière, en forme de cahier s'il était nécessaire, sur laquelle minute devaient être inscrits successivement, et à l'ordre de leur date, tous les jugements préparatoires et interlocutoires, et, pour les affaires sujettes à appel, tous les actes d'instruction. Ensuite venait le jugement définitif, de manière à ce que la minute présentât, pour chaque affaire, avec le jugement, le tableau de l'instruction qui l'avait précédé.

Ce mode a été changé par l'article 18 du Code de procédure : d'après cet article, les minutes de tous jugements doivent être portées sur la feuille d'audience, c'est-à-dire sur un cahier tenu par le greffier pour chaque audience, et signées par le juge qui aura tenu l'audience, et par le greffier.

126. Le greffier peut tenir une feuille d'audience particulière pour chaque audience, ou porter successivement, et par ordre, le jugement de plusieurs audiences, à la suite les uns des autres, sans intervalle. Il est tenu de transcrire chaque jugement au rang que sa date lui assigne; l'irrégularité qu'il commettrait à cet égard devrait être signalée au procureur impérial. Déc. min. 26 janvier 1819.

127. La feuille d'audience ne doit pas contenir seulement de simples notes, mais bien les motifs du jugement et le dispositif. (Décision du ministre de la justice, du 26 septembre 1808.) Elle porte en tête les jour, mois et an où le jugement a été rendu, et le nom du juge. Ces feuilles sont réunies en registres à la fin de chaque année. Décret du 30 mars 1808, art. 39.

128. La feuille d'audience est soumise au timbre de dimension. Décis. du ministre de la justice, des 6, 9 et 22 mars 1808.

129. D'après l'article 141 C. proc., la rédaction des jugements doit contenir le nom du juge, les noms, professions et demeures des parties, leurs conclusions, l'exposition sommaire des points de fait et de droit, les motifs et le dispositif du jugement.

Quoique ces dispositions se trouvent dans le Code de procédure au nombre de celles relatives aux tribunaux civils, elles sont applicables aux jugements des juges de paix, puisqu'elles ordonnent des formalités essentielles, et même substantielles, l'acte appelé jugement ne pouvant être complet sans toutes ces mentions.

Ainsi, on doit annuler le jugement du juge de paix non motivé (Cass., 1er mess. an VII; Chauveau sur Carré, n. 596; Favard, 3, 180, n. 4); de même que le jugement qui n'énonce pas les points litigieux, les conclusions et les moyens des parties, encore bien que la juridiction du juge de paix ait été prorogée. Paris, 19 août 1841 ; Rodière, 1, 106.

130. C'est le juge de paix qui doit rédiger lui-même les motifs et le dispositif des jugements, et qui est responsable de la rédaction; le greffier peut bien, lorsque le jugement est prononcé sur-le-champ à l'audience, suivre la parole du juge, et la consigner au moyen de notes sur une feuille séparée, pour établir ensuite le jugement sur la feuille d'audience; mais le juge de paix, avant de signer, doit lire, et exiger la réparation des omissions, ou les changements nécessaires; car c'est lui qui est le véritable rédacteur; et il est responsable de la rédaction et même du retard de rédaction. C. proc., 18 ; décis. min. du 5 février 1828.

131. La feuille d'audience doit être signée par le juge et par le greffier dans les vingt-quatre heures de la prononciation du jugement (Décret du 30 mars 1808, art. 27); le greffier qui délivrerait expédition d'un jugement avant qu'il eût été signé pourrait être poursuivi comme faussaire. C. proc., 139.

132. Lorsque l'audience a été tenue par le suppléant de la justice de paix, c'est évidemment lui qui doit signer les jugements qu'il a rendus.

133. De même, quand c'est un commis-greffier assermenté qui a remplacé le greffier, les minutes doivent être signées par le commis-greffier.

134. Qu'arriverait-il si un juge de paix, après avoir rendu un jugement, se trouvait dans l'impossibilité de le signer ? Suivant les uns, le greffier signerait seul, en déclarant que le juge n'a pu le faire, et pour quelle cause; il préviendrait ensuite le procureur impérial, qui s'assurerait du fait au moyen d'une enquête (Carré, *Justices de Paix*, n. 2759). Selon d'autres, la partie qui a gagné devrait s'adresser au tribunal de première instance, qui entendrait l'adversaire, le juge de paix si c'était possible, et son greffier; vérifierait la feuille d'audience, et ordonnerait, s'il y avait lieu, l'expédition du jugement sur la signature qu'y apposerait soit le suppléant du juge de paix, soit le juge de paix du canton le plus voisin (Nîmes, 4 février 1845; Merlin, *Rép.*, v° *Signature*, aux additions, t. XVIII, p. 555; Carré et Chauveau, n. 85 *ter*). Le jugement du tribunal devrait être joint à la sentence du juge de paix, et relaté dans l'expédition qui en serait délivrée. Carré et Chauveau, *ibid.*

135. Quel mode devrait-on suivre dans le cas où l'impossibilité de signer serait de la part du greffier ? Le commis-greffier assermenté suppléerait de droit la signature du greffier en chef. Mais, comme celui-ci n'est pas obligé d'avoir un commis, qu'il en a seulement la faculté, il faudrait, s'il n'en avait pas, se conformer à la dernière disposition de l'article 37 du décret du 30 mars 1808, qui porte que, dans le cas où l'impossibilité de signer sera de la part du greffier, il suffira que le président en fasse mention en signant. Ici, l'analogie est frappante : le juge de paix suppléera donc par cette mention à l'absence de la signature du greffier. Carré, *Question 85 ter;* Thomine-Desmazures, t. Iᵉʳ, p. 78.

136. Les juges de paix doivent faire, dans les cinq premiers jours de chaque mois, le récolement des minutes sur le répertoire des greffiers, et constater par un procès-verbal matériel la situation des feuilles d'audience, et de toutes autres minutes d'actes passés et reçus dans leur greffe durant le mois précédent. Ce procès-verbal est transmis, dans les cinq jours suivants, au procureur impérial de l'arrondissement. Ce magistrat peut, en outre, quand il le juge nécessaire, procéder à cette vérification par lui-même ou par l'un de ses substituts. Ord. du 5 nov. 1823, art. 1ᵉʳ.

137. Les juges de paix et les greffiers ne peuvent se servir, dans la rédaction des jugements, que des dénominations en usage pour les mesures métriques, à peine de 20 francs d'amende (Loi du 4 juillet 1837, art. 5). Il est également défendu aux juges de rendre aucun jugement sur des actes, registres ou écrits, dans lesquels les anciennes mesures auraient été insérées, avant que les amendes prononcées par la loi aient été payées. Même loi, art. 6.

138. Il est défendu aux juges et arbitres de rendre jugement, et aux préfets, sous-préfets et maires de prendre aucun arrêté en faveur des particuliers, sur des actes non enregistrés, à peine d'être responsables des droits. Loi du 22 frimaire an VII, art. 47.

Toutes les fois qu'une condamnation est rendue, ou qu'un arrêté est pris sur un acte enregistré, le jugement, la sentence arbitrale ou l'arrêté, doit en faire mention, et énoncer le montant du droit payé, la date du payement, et le nom du bureau où il a été acquitté; en cas d'omission, le receveur doit exiger le droit si l'acte n'a pas été enregistré dans son bureau, sauf la restitution dans le délai prescrit, s'il est ensuite justifié de l'enregistrement de l'acte sur lequel le payement a été prononcé ou l'arrêté pris. *Ibidem*, art. 48.

Souvent, pour éviter les frais, les parties énoncent la convention comme passée verbalement lorsque l'autre partie ne le méconnaît pas. Dans ce cas, le juge, bien qu'il puisse être à sa connaissance qu'il existe un acte écrit, peut ne pas exiger la représentation et encore moins l'enregistrement.

139. Le greffier doit faire enregistrer les actes de la justice de paix au bureau de l'arrondissement dans lequel il exerce ses fonctions (loi du 22 frimaire an VII, art. 26), dans les vingt jours, sous peine du double droit (*ibid.*, art. 20 et 35), sauf recours contre la partie pour le simple droit seulement. Quant aux jugements rendus à l'audience, lorsque les parties n'ont pas consigné aux mains du greffier le montant du droit dans le délai ci-dessus, celui-ci les remet, dans les dix jours qui suivent l'expiration du délai, au receveur de l'enregistrement, à peine de 10 francs d'amende par chaque jugement, et du payement du double droit (*ibid.*, art. 37, loi du 28 avril 1816, art. 38, et 16 juin 1824). A l'aide de cet extrait, le recouvrement des droits et amendes est poursuivi contre la partie elle-même. Le receveur de l'enregistrement donne au greffier un récépissé sur papier libre de ces extraits ; il est fait mention de cette pièce sur le répertoire du greffe. Loi du 28 avril 1816, art. 38 ; Levasseur, édition Toussaint, art. 351.

Cette obligation de remettre des extraits, imposée aux greffiers, s'étend à tous les jugements.

140. Il doit être fait mention, dans toutes les expéditions, de la quittance des droits perçus, par une transcription littérale et entière de la quittance, à peine de 5 francs d'amende. Loi du 22 frimaire an VII, art. 44 ; loi du 16 juin 1824, art. 10.

141. Les jugements portant remise de cause ou continuation d'audience ne sont assujettis à l'enregistrement que lorsqu'ils sont rendus pour la production de pièces ou de preuves ordonnée (Décision du ministre des finances, 27 février 1823 et 26 janvier 1826), que la remise ait lieu d'office ou sur la demande des parties.

142. Les droits d'enregistrement des jugements sont fixes ou proportionnels.

Sont soumis aux droits fixes : 1° de 1 franc les jugements préparatoires, interlocutoires et d'instruction des justices de paix, et ceux définitifs dont le droit proportionnel ne s'élève pas à 1 fr. Loi du 22 frimaire an VII, art. 68, § 1, n. 46 ;

2° De 2 francs, les jugements de justice de paix portant renvoi ou décharge de demande, débouté d'opposition, validité de congé, expulsion, condamnation à réparation d'injures personnelles, et tous ceux qui, contenant des dispositions définitives, ne donnent pas ouverture au droit proportionnel. *Ibid.*, § 2, n. 5 ;

3° De 3 francs, les jugements définitifs des juges de paix, rendus en dernier ressort d'après la volonté des parties, et en dehors de la compétence ordinaire, et lorsqu'ils ne contiennent pas de dispositions donnant ouverture à un droit plus fort. Loi du 28 avril 1816, art. 44, n. 9.

143. Sont soumis au droit proportionnel de 50 centimes par 100 francs, les jugements contradictoires ou par défaut des juges de paix, des tribunaux civils, de commerce ou d'arbitrage, portant condamnation, collocation ou liquidation de sommes et valeurs mobilières, intérêts et dépens entre particuliers. Loi du 22 frimaire an VII, art. 69, § 2, n. 9.

144. Le droit proportionnel sur le montant de la condamnation est indépendant de celui qui est dû pour titre, si la décision a été rendue sur un titre non enregistré. *Ibid.*

145. Il se perçoit même quand les actes qui ont servi de base à la condamnation ont été enregistrés, si la relation de leur enregistrement a été omise dans le jugement. Décis. min. du 16 germinal an VII; Cass., 1er ventôse (voir plus haut).

146. Pour la perception, on joint le montant des dépens liquidés à celui des autres condamnations. S'ils ne sont pas liquidés, le droit proportionnel se perçoit sur la somme énoncée en l'exécutoire que la partie se fait délivrer ultérieurement. Solution rég. 22 nivôse an X.

147. Le droit proportionnel n'est jamais inférieur au droit fixe, tel qu'il est réglé ci-dessus pour les différents jugements ou arrêts. Loi du 22 frimaire an VII, art. 69; instr. rég., n. 386.

148. Les dommages-intérêts sont assujettis au droit de 2 pour 100. Loi du 22 frimaire an VII, art. 69, § 5, n. 8; loi du 27 ventôse an IX.

Si le jugement comprend plusieurs dispositions indépendantes, il est dû pour chacune d'elles un droit particulier, selon sa nature. Loi du 22 frimaire an VII, art. 4.

149. Si le droit proportionnel a été acquitté lors d'un jugement par défaut, la perception, lors du jugement contradictoire, n'a lieu que sur le supplément des condamnations. S'il n'y a pas de supplément des condamnations, on ne perçoit que le droit fixe. Loi du 22 frimaire an VII, art. 69, § 2, n. 9.

150. L'expédition des jugements se fait sur la feuille d'audience. C'est le greffier de la justice de paix qui rédige ce que l'on appelle les qualités du jugement, c'est-à-dire qui établit les noms, professions et demeures des parties, les conclusions et les points de fait et de droit, et qui transcrit ensuite les motifs et le dispositif. Favard de Langlade, t. III, p. 181, n. 6, et Boncenne, t. II, p. 424. Décisions ministérielles 31 octobre 1809 et 14 mai 1831.

151. L'expédition d'un jugement avec les qualités revêtue, de la formule exécutoire, se nomme *grosse*.

152. Lorsque, dans une affaire en premier ressort, il y a eu jugement interlocutoire, visite de lieux, enquête, jugement de renvoi, et enfin, jugement définitif, le greffier, auquel une expédition est demandée, doit établir les qualités des parties, puis les faits.

Dans les faits, il fait mention des jugements interlocutoires rendus, des enquêtes, etc., mais seulement *mention*. Il ne faut pas qu'il relate les termes des jugements ni les dépositions des témoins, à moins que les témoins n'aient été entendus à l'audience même ; auquel cas, comme il n'y a eu que de simples notes prises, le greffier peut insérer ces notes succinctement dans le jugement définitif.

Si, d'ailleurs, les parties croient avoir besoin d'une expédition particulière d'un jugement interlocutoire, d'un procès-verbal d'enquête ou de visite des lieux, elles peuvent la demander au greffier, et celui-ci ne saurait la refuser. Lorsqu'il s'agit d'une affaire de premier ressort, l'expédition est passée en taxe ; si l'affaire est en dernier ressort, l'expédition n'est pas passée en taxe, mais elle n'en doit pas moins être délivrée par le greffier, et le coût n'en est pas moins dû à celui-ci, si la partie l'a demandée.

153. Lorsqu'un jugement est délivré pour la première fois à la partie qui a gagné son procès, il doit porter en tête la formule exécutoire ; mais le greffier ne doit pas délivrer d'expédition avec formule exécutoire à la partie qui a succombé.

154. Un décret du 2 décembre 1852 porte :

« Article 1er. A partir de ce jour, les expéditions des arrêts, jugements, mandats de justice, ainsi que les grosses et expéditions de contrats et de tous autres actes susceptibles d'exécution forcée, seront intitulés ainsi qu'il suit :

LOUIS-NAPOLÉON, etc., etc.

« Pour les arrêts et jugements : « La Cour impériale ou le tribunal de... a rendu l'arrêt ou jugement. » (*Copier l'arrêt ou le jugement.*)

« Pour les actes notariés et autres (*transcrire la teneur de l'acte*).

« Art. 2. Lesdits arrêts, jugements, mandats de justice et autres actes, seront terminés ainsi :

« Mandons et ordonnons à tous huissiers sur ce requis, de mettre ledit « jugement (ou arrêt) à exécution, à nos procureurs généraux et à nos procu- « reurs près les tribunaux d'y tenir la main ; à tous commandants et officiers « de la force publique d'y prêter main-forte, lorsqu'ils en seront légalement « requis.

« En foi de quoi le présent jugement (ou arrêt) a été signé par, etc. »

« Art. 3. Les porteurs des expéditions des jugements et arrêts, et des grosses et expéditions des actes, délivrées avant le 15 de ce mois, qui voudraient les faire mettre à exécution, devront préalablement les présenter aux greffiers des Cours et des tribunaux, pour les arrêts et jugements, ou à un notaire pour les actes, afin d'ajouter la formule ci-dessus indiquée à celle dont elles étaient précédemment revêtues.

« Art. 4. Ces additions seront faites sans frais.

155. La formule exécutoire doit être copiée textuellement et sans abréviation.

156. La grosse doit être signée par le greffier seul.

157. Quel est le greffier auquel il faut s'adresser pour ajouter aux anciennes grosses la nouvelle formule exécutoire? Tout greffier a le droit de faire ce changement ou cette addition; il n'est pas nécessaire que ce soit celui du tribunal ou de la justice de paix qui a rendu le jugement; il faut seulement que la nouvelle formule soit mise par un greffier de justice de paix, si le jugement émane d'un juge de paix; par un greffier de tribunal de première instance, si le jugement émane d'un tribunal de première instance; par un greffier de Cour impériale, si l'arrêt émane d'une Cour impériale. Mais le greffier auquel est ainsi présentée une grosse ne peut apposer la nouvelle formule que s'il reconnaît sur cette grosse la signature d'un autre greffier. Dans le cas où il aurait quelque doute, il devrait s'abstenir; et alors il y aurait lieu à introduire un référé dont les frais seraient à la charge du porteur de l'acte. Chauveau, *Journal des Avoués*, année 1849, p. 322; circulaire ministérielle du 17 juillet 1848.

158. Dès lors que la rectification ne peut être faite que par les greffiers, il faut que l'acte porte que c'est un greffier qui l'a réellement opérée; d'où la nécessité de la signature aux deux parties de la formule, à moins que l'officier public ne déclare avoir fait la rectification entière en signant sa déclaration.

159. On s'est encore demandé si l'on devait bâtonner l'ancienne formule, ou se borner à écrire la nouvelle; s'il faut écrire en interligne ou en marge, et, s'il n'y a pas de place en marge, à cause des renvois déjà faits, si on peut l'écrire tout entière à la fin de l'acte.

Il est généralement admis qu'il faut se borner à *ajouter* la nouvelle formule sans effacer l'ancienne. Circulaire du ministre de la justice du 17 juillet 1848; jugement du tribunal de Lombez du 6 octobre 1848.

160. L'ordonnance du 30 août 1815, relative à la substitution de la formule royale à la formule impériale, portait : « Le greffier ou le notaire bâtonnera la formule existante, soit au commencement de l'acte, soit à la fin; et il substituera par interligne ou en marge la formule royale; il datera et signera cette rectification, qui doit être faite sans frais. »

161. Nous croyons qu'en se conformant aujourd'hui à cette disposition de l'ordonnance de 1815 on remplira les intentions du nouveau législateur ; seulement, comme on ne bâtonnera plus l'ancienne formule, il vaudra mieux ajouter la nouvelle en marge, en datant et signant après chaque partie de la formule; et s'il n'y avait pas de place en marge, on l'ajouterait à la fin, en datant et signant.

FORMULE 37. — Feuille d'audience.

Le juge de paix du canton de... en son audience tenue publiquement à l'heure accoutumée, en l'auditoire ordinaire (si le jugement était rendu ailleurs, l'énoncer) le... du mois de... an... assisté de Me... greffier de cette justice de paix, a rendu le jugement suivant (cet intitulé sert pour tous les jugements qui sont portés sur la feuille; il est transcrit dans l'expédition de chaque jugement) :

Entre le sieur A... demeurant à... (ou le sieur A... demeurant à... demandeur, représenté par son fondé de pouvoirs, le sieur M... demeurant à... suivant acte sous seing privé, en date du... enregistré à... le... par... registre... folio... qui a reçu...);

Et le sieur B... demeurant à... défendeur.

Par exploit du ministère de Me... huissier, en date du... enregistré à... le... registre... folio... le sieur A... a fait citer le sieur B... à comparaître devant nous à l'audience de ce jour pour, attendu... se voir condamner à...

Le sieur A... a pris et développé ses conclusions ;

Par le sieur B... défendeur, a été dit que...

A quoi a été répondu par le sieur A... que.

Puis, le sieur B... a répliqué...

Nous, juge de paix (*motifs et dispositif du jugement*).

Fait et prononcé en audience publique, en présence des parties (*ou* en l'absence des parties, *ou* en l'absence du demandeur et en présence du défendeur), les jours, mois et an que dessus, et avons signé avec notre greffier. (*Signature du juge et du greffier.*)

FORMULE 38. — Grosse d'un jugement de juge de paix, revêtue de la forme exécutoire.

NAPOLÉON, PAR LA GRACE DE DIEU ET LA VOLONTÉ NATIONALE, EMPEREUR DES FRANÇAIS.

Le juge de paix du canton de... arrondissement de... département de... en son audience du... a rendu le jugement dont la teneur suit.

Entre M... demandeur, d'une part ;

Et M... défendeur, d'autre part.

Par exploit du ministère de... enregistré à... dont il a présenté l'original, M... a fait citer devant le juge de paix du canton de... le sieur... à fin de (*relater ici le libellé et les conclusions de l'exploit*).

Le sieur... demandeur, a pris, à l'audience, les conclusions dudit exploit; il a ajouté...

Le sieur... défendeur, a répondu... et a conclu...

La cause présente à juger les questions suivantes :

1° Y a-t-il lieu...

2° **Doit-on accorder...**

3° *Quid* des dépens ?

Le juge de paix, considérant...

Par ces motifs, procédant en premier ressort, et prononçant en présence (*ou* en l'absence) des parties, condamne... et aux dépens liquidés à la somme de vingt-cinq francs cinquante centimes, et, en outre, aux frais de l'expédition et signification du présent jugement.

Ainsi jugé en la justice de paix du canton de... à... au lieu ordinaire de ses séances, en audience publique, le... en présence de M... greffier.

La minute est signée (*noms du juge de paix et du greffier*).

En marge est écrite la mention suivante : Enregistré à... le... folio... cote... reçu... signé...

En conséquence, mandons et ordonnons à tous huissiers sur ce requis de mettre le présent jugement à exécution ; aux procureurs généraux et aux procureurs impériaux près les tribunaux de première instance d'y tenir la main ; à tous commandants et officiers de la force publique d'y prêter main-forte, lorsqu'ils en seront légalement requis.

En foi de quoi ledit jugement a été signé par le juge de paix et par le greffier.

Par expédition conforme. (*Signature du greffier.*)

FORMULE 39. — Modèle d'une expédition sans formule exécutoire.

Extrait des minutes du greffe de la justice de paix du canton de... département de...

(Après avoir copié ou transcrit la minute, le greffier ajoute) :

Certifié véritable par le soussigné, greffier de...

A... le... du mois de... an mil huit cent... (*Sceau.*)   (*Signature.*)

CHAPITRE VII.— Du jugement par défaut et de l'opposition.—Jonction de défaut. — Huissier commis. — Délai de l'opposition. — Condamnation du défaillant aux dépens. — Péremption des jugements par défaut des juges de paix.

162. On distingue plusieurs espèces de jugements : jugements contradictoires ou jugements par défaut ; jugements préparatoires, interlocutoires, ou définitifs.

163. Le jugement est *contradictoire* quand les parties ont été entendues contradictoirement ; que l'une et l'autre ont pris des conclusions à l'audience par elles-mêmes ou par leurs mandataires ; car il ne suffirait pas qu'elles fussent présentes dans la salle d'audience au moment de l'appel de la cause, pour que le jugement fût contradictoire ; il faudrait qu'il y eût eu débat contradictoire entre le demandeur et le défendeur, et surtout conclusions prises.

164. Si le juge de paix, après conclusions des deux parties, avait renvoyé à la prochaine audience pour entendre leurs explications, le débat se trouverait lié contradictoirement par les conclusions ; et l'absence d'une des parties, même des deux, à l'audience suivante, n'empêcherait pas que le jugement fût rendu contradictoirement, sauf au juge de paix à prononcer une nouvelle remise de la cause, s'il savait que la partie absente ou le mandataire absent aurait un empêchement réel et impérieux.

165. Le jugement de remise, qui intervient sur l'appel de la cause à la première audience, constate la présence des parties, et les empêche de prétendre, à l'audience suivante, qu'elles n'ont pas été averties du jour auquel la cause a été renvoyée.

166. Lorsque le demandeur était absent à la première audience, le défendeur a pu requérir congé de la demande, et ce congé a dû lui être accordé sans entrer dans l'examen de la cause, comme nous l'avons vu ci-dessus, n. 103.

167. Il n'en est pas de même lorsque c'est le défendeur qui n'a pas comparu; alors, si la demande n'a pas pu être développée à la première audience, le juge de paix a dû renvoyer à l'audience suivante, pour que la cause, venant en ordre utile, le demandeur pût justifier ses conclusions.

168. Le jugement par défaut est rendu par défaut contre le demandeur ou par défaut contre le défendeur (Voir encore ci-dessus, n. 103 et suivants). S'il avait été déjà prononcé un jugement interlocutoire sur les conclusions des parties, comme un second jugement ne saurait être rendu que sur de nouvelles conclusions, les parties ne pourraient être jugées *contradictoirement* que présentes, ou après de nouvelles conclusions prises.

169. Quant au jugement préparatoire, comme il ne préjuge en rien ni la forme ni le fond, comme il ne prononce sur les conclusions ni en la forme ni au fond (voir ci-après, chapitre VIII), il laisse ces conclusions en leur entier, si elles ont été prises. Le jugement interlocutoire ou définitif peut donc être prononcé contradictoirement sur des conclusions prises avant un jugement préparatoire.

170. Si, au jour indiqué par la citation, l'une des parties ne comparaît pas, la cause sera jugée par défaut, sauf la réassignation dans le cas prévu par le dernier alinéa de l'art. 5 (C. proc., 19), c'est-à-dire, lorsque les délais de la citation n'auront pas été observés. L'art. 5 C. proc. veut, dans ce cas, que si le défendeur ne comparaît pas, le juge ordonne qu'il soit réassigné, et les frais de la première citation sont à la charge du demandeur.

171. D'après l'art. 153 C. proc., si de deux ou de plusieurs parties assignées l'une fait défaut et l'autre comparaît, le profit du défaut doit être joint, et le jugement de jonction signifié à la partie défaillante par un huissier commis. La signification contient assignation au jour auquel la cause doit être de nouveau appelée; il est ensuite statué par un seul jugement qui n'est pas susceptible d'opposition. Mais cette procédure des tribunaux de première instance, en cas de *défaut profit joint*, n'est pas applicable aux justices de paix ; lorsque de deux ou de plusieurs parties assignées devant le juge de paix, l'une fait défaut et l'autre comparaît, le défaut doit être prononcé immédiatement, sans renvoyer après une nouvelle citation pour statuer sur le défaut et sur le profit du défaut, c'est-à-dire sur le fond, joints ensemble (Cass., 13 déc. 1809). Non pas, cependant, que le juge de paix ne puisse renvoyer à prononcer à la prochaine audience, surtout si les parties présentes y consentent, pour donner le temps à la partie défaillante de se présenter ; non pas qu'il ne puisse encore, si l'un des défendeurs ne comparaît, ordonner qu'il sera réassigné, conformément à l'art. 5 C. proc.; mais il n'y a jamais lieu à prononcer en justice de paix un jugement de *défaut profit joint* dans le sens de l'art. 153.

172. La signification du jugement par défaut, rendu par le juge de paix, doit-elle être faite, sous peine de nullité, par un huissier commis; ou bien peut-elle être faite indistinctement par tous les huissiers du canton ? Dans ce dernier sens on dit : L'art. 20 C. proc. attribuait la signification du jugement par défaut à l'huissier audiencier de la justice de paix ; il n'y avait nécessité de commettre un huissier que lorsque l'huissier audiencier ne le faisait pas. Or, ce que l'on disait de cet huissier, il faut le dire aujourd'hui de tous les huissiers du canton, auxquels l'art. 16 de la loi du 25 mai 1838 donne la même capacité. Un petit nombre d'huissiers résidant dans le même canton, les abus sont bien moins à redouter que pour les jugements de défaut émanés des tribunaux d'arrondissement. Delzers, 1, 111. Mais on répond : D'après l'art. 156 C. proc., tous les jugements par défaut contre une partie qui n'a pas d'avoué doivent être signifiés par un huissier commis; la rigueur de cette règle pouvait bien fléchir sous la loi qui attachait un huissier spécial à chaque justice de paix ; mais il n'en peut être de même sous la loi nouvelle, qui autorise tous les huissiers du canton à faire les significations.

173. Si le juge de paix avait omis de commettre un huissier pour signifier un jugement par défaut qu'il aurait rendu, il pourrait le faire par une ordonnance postérieure, sur la demande de la partie.

174. Les juges de paix sont aussi souvent délégués par les tribunaux de première instance ou par les Cours impériales pour commettre les huissiers afin de signifier les jugements ou arrêts par défaut rendus par les tribunaux et les Cours. C. proc., 1035.

175. La partie condamnée par défaut pourra former opposition dans les trois jours de la signification faite par l'huissier du juge de paix, ou autre qu'il aura commis. L'opposition contiendra sommairement les moyens de la partie et assignation au prochain jour d'audience, en observant toutefois les délais prescrits pour les citations : elle indiquera les jour et heure de la comparution, et sera notifiée ainsi qu'il est dit ci-dessus (c'est-à-dire comme les citations ordinaires). C. proc., 20.

La signification étant faite le 1er, l'opposition doit l'être au plus tard le 4.

176. Mais aux trois jours il faut ajouter le délai que nécessite l'éloignement des domiciles respectifs, à raison de trois myriamètres par jour, toutes les fois que le défaillant ne sera pas domicilié dans la même commune que celui qui a obtenu le défaut (C. proc., 1033; Cass., 6 juillet 1812 et 25 novembre 1824). Il résulte de ce dernier arrêt, que les dimanches et fêtes légales doivent être comptés dans le délai utile; d'où l'on est conduit à penser que, quand le dernier jour est férié, le juge de paix peut, sur la demande de la partie, lui permettre de former son opposition. C. proc., 63, 1037.

177. Si le juge de paix sait par lui-même, ou par les représentations qui lui seraient faites à l'audience par les proches voisins ou amis du défendeur, que celui-ci n'a pu être instruit de la procédure, il pourra, en adjugeant le défaut, fixer pour le délai de l'opposition le temps qui lui paraîtra convenable; et, dans le cas où la prorogation n'aurait été ni accordée d'office ni demandée, le défaillant pourra être relevé de la rigueur du délai et admis à opposition, en justifiant qu'à raison d'absence ou de maladie grave, il n'a pu être instruit de la procédure. C. proc., 21.

L'*absence* et la *maladie grave* ne sont pas les seules causes pour lesquelles le défaillant peut être relevé de la rigueur du délai; toute autre cause grave serait admise, ces termes de l'art. 21 n'étant que démonstratifs et non limitatifs.

178. La loi ne détermine pas la forme que l'opposant doit observer pour cette justification; on pense généralement qu'il suffit de former le plus tôt possible son opposition, en motivant le retard sur les causes qui l'ont occasionné.

179. La partie demanderesse ou défenderesse contre laquelle un jugement par défaut a été obtenu, est recevable à former opposition avant la signification du jugement. Cass., 4 mars 1812.

180. Les juges peuvent, audience tenante, rapporter le jugement par défaut qu'ils ont prononcé, lorsque la partie se présente, pourvu que l'adversaire soit encore à l'audience et y consente. **Metz, 13 octobre 1815.**

181. La partie opposante qui se laisserait juger une seconde fois par défaut ne sera plus reçue à former une nouvelle opposition. C. proc., 22.

182. La partie qui fait défaut doit-elle être de plein droit, et quoique plus tard elle vienne à gagner son procès, condamnée aux frais du défaut? Cette question doit être jugée d'après les circonstances, c'est-à-dire que s'il demeure constant pour le juge que le défendeur a été dans l'impossibilité de se présenter, il peut le décharger des dépens, qui retombent alors en entier sur le demandeur. Dalloz aîné, t. IX, n. 655; Levasseur, édit. Toussaint, n. 206; un arrêt de la Cour de Caen, du 4 juillet 1826, a jugé en sens contraire.

183. Quant au demandeur défaillant, il doit toujours être con damné aux frais du défaut, qu'il a occasionnés.

184. Un jugement par défaut du juge de paix n'est pas périmé faute d'exécution dans les six mois. Tous les auteurs partagent cette opinion (Carré, *Question* 93; Favard de Langlade, t. III, p. 169, n. 12; Pigeau, *Commentaire*, t. I, p. 39; Thomine-Desmazures, t. I, p. 81; Boncenne, t. III, p. 73; Boitard, t. II, p. 413, d'accord en cela avec un arrêt de la Cour de Cassation du 13 septembre 1809, et un arrêt de la Cour d'Orléans du 14 avril même année). Aussi, dans la pratique, se contente-t-on de signifier le jugement par défaut; et, s'il n'y est pas formé opposition dans les trois jours ou dans le délai fixé, lorsque le juge de paix use de la faculté qui lui est accordée à cet égard par l'art. 21, il est considéré comme définitif, et exécuté tout aussi bien après six ans qu'avant six mois; cette manière d'agir est parfaitement régulière.

FORMULE 40. — Jugement par défaut contre le défendeur.

Entre le S. A... demeurant à... demandeur (*suite comme en la feuille d'audience ci-dessus, formule* 35, *jusqu'à* le sieur A... a pris et développé ses conclusions.

Le sieur B... défendeur, a fait défaut.

Nous, attendu qu'à l'appel de la cause le sieur B... ne s'est pas présenté, ni personne pour lui; qu'en conséquence il y a lieu de présumer qu'il n'a rien à dire pour sa défense; et attendu que la demande, vérifiée, paraît fondée, donnons défaut et, pour le profit, condamnons ledit sieur... (*ou disons que...*); commettons le sieur... huissier audiencier près le tribunal, pour signifier notre jugement.

Fait et prononcé en présence du demandeur, les jour, mois et an que dessus, et avons signé avec notre greffier. (*Signatures du juge et du greffier.*)

Il sera ajouté, s'il y a lieu :

Sur ce qui nous a été représenté par... voisin dudit sieur B... que celui-ci n'a pu être instruit de la citation, étant absent depuis un mois pour un voyage, et qu'il ne sera de retour que le 30 du présent, nous disons que ledit sieur B... sera recevable, jusqu'au 3 du mois prochain, à former son opposition à notre jugement.

FORMULE 41. — Jugement de défaut-congé contre le demandeur.

Entre le sieur B... (*prénoms, nom, profession et domicile du défendeur*), défendeur aux fins de la citation en date du... tendant à ce que... comparant ... lequel, attendu la non-comparution du demandeur, a requis d'être renvoyé de la demande;

Et le sieur A... (*prénoms, nom, profession et domicile du demandeur*), demandeur aux fins desdits citation et exploit, non comparant, ni personne pour lui :

Attendu que le demandeur ne comparaît pas pour soutenir sa demande;

Nous avons donné défaut, et, pour le profit, avons renvoyé le sieur B... de la demande formée contre lui par le sieur A... par la citation sus-énoncée; condamnons le sieur A... aux dépens liquidés à... et commettons pour faire la signification du présent jugement au défaillant, le sieur... huissier audiencier près notre tribunal.

Si le jugement devait être signifié dans un autre canton, le juge de paix pourrait déléguer le juge de paix de ce canton pour commettre un huissier, en ces termes :

Disons que le présent jugement sera signifié par un huissier du canton de... qui sera commis par M. le juge de paix dudit canton.

FORMULE 42. — Opposition à un jugement par défaut.

L'an... (*comme aux autres citations, voir formule 4*) déclaré au sieur... demeurant... parlant à... que le requérant est opposant, comme de fait il s'oppose au jugement par défaut surpris à la religion de M. le juge de paix du canton de... le... par le sieur... attendu que (*déduire les motifs de l'opposition*);

Et pour avoir droit sur ladite opposition, j'ai, étant et parlant comme dit est, cité le sieur... à comparaître (*comme aux autres citations*);

Pour voir dire et juger que, par les motifs ci-dessus déduits, le requérant sera reçu opposant audit jugement, lequel demeurera rapporté et de nul effet ; qu'il sera en conséquence déchargé des condamnations prononcées contre lui; et faisant droit au fond, que ledit sieur... sera déclaré purement et simplement non recevable en son action; qu'il en sera débouté et qu'il sera condamné aux dépens, sous toutes réserves.

Le coût est de... (*Signature de l'huissier.*)

FORMULE 43. — Anticipation de délai sur l'opposition.

L'an... (*comme aux autres citations*) cité le sieur... demeurant à... à comparaître le... devant le juge de paix du canton de...

Pour, attendu qu'il s'est rendu opposant au jugement par défaut rendu par le juge de paix dudit canton, le... et a cité mon requérant pour l'audience du... que ce dernier a le plus grand intérêt à faire statuer dans le plus bref délai sur le mérite de ladite opposition;

Voir juger qu'il sera déclaré non recevable et mal fondé dans son opposition; qu'il en sera débouté, et que le jugement par défaut, en date du... sortira son plein et entier effet avec nouveaux dépens, sous toutes réserves.

Le coût est de...

FORMULE 44. — Jugement contradictoire rendu sur l'opposition.

Entre le sieur B... (*prénoms, nom, profession et domicile de l'opposant*), demandeur aux fins de son opposition notifiée par exploit du... enregistrée le... tendant à ce qu'il soit reçu opposant à l'exécution de notre jugement du... à lui signifié... (*Si l'opposition est formée après les délais, il sera ajouté :* et ce nonobstant l'expiration du délai de la loi, attendu que lors du jugement du... et de la signification d'icelui le... il était retenu au lit par une maladie grave, ainsi qu'il appert par le certificat du sieur... médecin à... en date du... enregistré le... transcrit en tête dudit exploit); faisant droit sur son opposition, il soit ordonné... comparant... d'une part;

Et le sieur A... (*prénoms, nom, profession et domicile de celui qui a obtenu le jugement par défaut*) demandeur originaire, et défendeur aux fins de ladite opposition, comparant... d'autre part; lequel a requis que le sieur B... fût déclaré non recevable ou mal fondé en son opposition; en conséquence, notre précédent jugement soit exécuté selon sa forme et teneur;

Nous (*On ajoutera s'il y a lieu :* vu le certificat sus-énoncé donné par le sieur... médecin à... en date du... enregistré le... à nous représenté, par lequel il appert...);

Considérant que l'opposition est régulière dans la forme, recevons le sieur B... opposant à notre jugement du...

Faisant droit sur son opposition...

Et considérant... déchargeons ledit B... des condamnations prononcées contre lui par ledit jugement, et condamnons ledit A... aux dépens liquidés à...

(*Si l'opposition est rejetée, le dispositif sera ainsi conçu :*)
Considérant... déboutons le sieur B... de son opposition à notre jugement du... en conséquence, disons que ledit jugement sera exécuté selon sa forme et teneur.

(*Si c'était l'opposition du demandeur qui avait été admise, on dirait :*)
Par ces motifs, condamnons B... à... le condamnons, en outre, aux dépens liquidés à...

FORMULE 45. — Jugement par défaut rendu sur l'opposition.

Entre le sieur A... (*prénoms, nom, profession et domicile de celui qui a obtenu le jugement par défaut*), demandeur originaire aux fins de la citation du... enregistrée le... et défendeur aux fins de la citation d'opposition à lui notifiée par exploit du... à la requête du sieur... ci-après nommé, tendant à ce que... comparant... d'une part; lequel, attendu la non-comparution de l'opposant, a requis l'exécution pure et simple de notre précédent jugement du...

Et le sieur B... (*prénoms, nom, profession et domicile de l'opposant*) demandeur aux fins de la même citation d'opposition, non comparant, ni personne pour lui, d'autre part;

Nous, juge de paix, attendu que sur l'appel de la cause, ledit B... ne s'est pas présenté, donnons itératif défaut contre lui; et pour le profit, le déclarons non recevable en son opposition à notre jugement du... en conséquence, disons qu'il sera exécuté selon sa forme et teneur, et le condamnons aux dépens.

FORMULE 46. — Ordonnance du juge de paix qui commet un huissier pour signifier un jugement par défaut rendu par lui.

Nous... juge de paix du canton de...
Sur l'exposé qui nous a été fait de la nécessité de commettre un huissier pour signifier le jugement par défaut rendu par nous, le... au profit du sieur...

demeurant à... commettons la personne du sieur..., huissier audiencier de notre justice de paix, pour faire ladite signification.
Fait et délivré à... (*Signature.*)

FORMULE 47. — Ordonnance du juge de paix qui commet un huissier pour signifier un jugement par défaut, faute de comparaître, rendu par un autre tribunal. C. proc., 156 ; Tarif, 7, par analogie. — Rien alloué.

Nous... juge de paix du canton de...
Sur l'exposé qui nous a été fait que, par jugement rendu en la... chambre du tribunal de... le... au profit du sieur... demeurant à... et par défaut contre le sieur... demeurant à... il avait été dit que ledit jugement lui serait signifié par l'huissier qui serait par nous commis à cet effet, commettons la personne du sieur... huissier audiencier de notre justice de paix, pour faire ladite signification.
Fait et délivré à... (*Signature.*)

Nota. Il est inutile de demander cette cédule par une requête.

CHAPITRE VIII. — Des jugements préparatoires, interlocutoires et définitifs. — Des jugements sur déclinatoire. — De la péremption des jugements interlocutoires.

ARTICLE 1er. — *Des jugements préparatoires, interlocutoires et définitifs. — Des jugements déclinatoires.*

185. L'article 452 du Code de procédure définit ainsi les jugements préparatoires : « Sont réputés préparatoires les jugements « rendus pour l'instruction de la cause et qui tendent à mettre le « procès en état de recevoir jugement définitif. »

D'après le même article : « Sont réputés interlocutoires les jugements « rendus lorsque le tribunal ordonne, avant dire droit, une « vérification ou une instruction qui préjuge le fond. »

Cette distinction est de la plus haute importance, puisque l'appel des jugements interlocutoires est permis avant que le jugement définitif ait été rendu (C. proc., 31) ; puisque d'ailleurs le jugement définitif doit être rendu dans un délai fatal, à partir du jugement interlocutoire.

186. Le véritable caractère qui sert à distinguer le jugement interlocutoire, c'est qu'il *préjuge le fond ;* ainsi, une partie soutient que la preuve testimoniale justifierait sa demande ; le juge de paix prononce qu'il n'y a pas lieu à enquête, soit parce que la preuve testimoniale n'est pas admissible, soit parce que la preuve résulte de faits acquis au procès, et ordonne de plaider au fond : son jugement est interlocutoire. Il en serait de même si, contrairement aux conclusions de l'une des parties, il ordonnait une enquête, une descente sur les lieux, une expertise.

Si les parties étaient d'accord pour demander l'enquête, l'expertise, la descente sur les lieux, le jugement qui l'ordonnerait serait simplement préparatoire ; il ne porterait, en effet, aucun préjugé du fond, puisqu'il n'y aurait eu d'opposition à l'avant faire droit de la part d'aucune des parties.

187. La partie qui laisse défaut, même celle qui s'en rapporte à la justice, est toujours censée contester ; d'où suit que le jugement qui ordonne par défaut, même d'office, une enquête, une descente de lieux ou une expertise, est un jugement interlocutoire. Carré, *Lois de la procédure*, nᵒˢ 16 et 116 ; Cass., 23 juin 1823.

188. Le jugement par lequel, lorsqu'une des parties déclarerait vouloir s'inscrire en faux, ou dénierait l'écriture, ou déclarerait ne pas la reconnaître, le juge de paix renverrait la cause devant les juges qui doivent en connaître, serait aussi un jugement interlocutoire, surtout s'il était prétendu que la pièce arguée de faux, ou celle dont l'écriture est contestée, ne serait pas nécessaire au jugement du litige.

189. La partie appelée devant un tribunal incompétent peut demander son renvoi devant le juge qui doit connaître de la contestation. C. proc., 168.

L'incompétence a lieu, soit à raison de la personne, soit à raison de la matière. Cette distinction est importante sous plusieurs rapports. Un tribunal est incompétent à raison de la personne, toutes les fois qu'il pourrait connaître de la matière, abstraction faite des personnes intéressées, ou de la situation de l'objet litigieux (Bourges, 15 nov. 1826, S. 29, 147). Il est incompétent à raison de la matière, lorsque l'objet de la contestation est, par sa nature, hors de ses attributions.

Les jugements sur déclinatoire, c'est-à-dire ceux par lesquels le juge de paix se déclare compétent ou incompétent, ont plutôt un caractère définitif qu'un caractère interlocutoire ; le fond de la contestation, en pareil cas, est la compétence même ; en prononçant sur sa compétence, le juge de paix ne préjuge donc pas seulement le fond, il le juge. Cass., 25 juin 1825.

190. Le plus souvent, le juge de paix ordonne de plaider au fond, en même temps qu'on plaide sur l'avant faire droit, de sorte que, s'il rejette la preuve par témoin, l'expertise ou la descente sur les lieux, il peut prononcer en même temps sur le fond.

191. Il en est de même en cas de déclinatoire : il n'est nullement nécessaire que, par un premier jugement, le juge de paix se déclare compétent, surtout si les parties plaident et concluent au fond.

192. Le juge de paix peut et doit même se déclarer incompétent d'office, lorsque son incompétence existe à raison de la matière.

193. Mais, en prononçant ainsi d'office, il ne peut condamner le demandeur aux frais envers le défendeur ; ce serait juger *ultra petita ;* le défendeur doit d'ailleurs s'imputer de n'avoir pas opposé l'exception dès le principe ; ce qui eût arrêté dès lors la procédure. Rennes, 26 décembre 1812 ; Carré, n° 725.

194. Lorsque le juge de paix se déclare incompétent, il ne doit pas indiquer, dans son jugement, devant quel tribunal le défendeur devra être appelé ; il renvoie devant les juges qui doivent en connaître. Cette formule répond à tout ; ce n'est pas au juge de paix à décider quel est le juge compétent ; en le faisant, il excéderait ses pouvoirs.

195. L'incompétence ne peut être opposée que par le défendeur. Par la citation qu'il a donnée, le demandeur a reconnu la compétence du juge de paix. Cependant si le juge de paix était incompétent à raison de la matière, le demandeur, pour éviter un jugement susceptible d'être annulé malgré le silence du défendeur, pourrait en faire l'observation. Le juge de paix devrait d'ailleurs déclarer son incompétence d'office.

196. Il n'en serait pas de même si le juge de paix n'était incompétent qu'à raison de la personne ou de la situation de l'objet litigieux : le silence du défendeur, en pareil cas, sa présence et sa participation dans l'instance, les conclusions par lui prises, emporteraient, indépendamment de toute déclaration, consentement à ce que le juge de paix prononçât. Le juge de paix n'est donc pas obligé de prononcer d'office son incompétence *ratione personæ vel loci.*

197. Il ne pourrait même pas se déclarer d'office incompétent, à raison du domicile du défendeur acquiesçant à sa juridiction. Il en serait autrement à raison de la situation de l'objet litigieux, car le juge de paix pourrait avoir besoin, pour éclairer sa religion, de descendre sur les lieux, et on ne peut l'obliger à se transporter ainsi en dehors de son canton.

L'exception d'incompétence à raison du montant de la demande peut aussi être couverte par la défense de la partie. Cass., 17 mars 1820 et 12 mars 1829 ; *contrà,* Cass., 20 mai 1829.

198. Si le défendeur laissait défaut, le juge de paix serait tenu de suppléer d'office à l'exception d'incompétence, même résultant du domicile, le consentement du défendeur à se soumettre à une juridiction qui lui est étrangère ne pouvant être présumé en son absence.

199. Les jugements non définitifs ne sont point expédiés, quand ils sont en dernier ressort, et qu'ils ont été rendus contradictoirement et prononcés en présence des parties (Code pr., 28). Cette dernière circonstance doit être énoncée dans le jugement. Carré et Chauveau, n° 137 ; Thomine, 1, 97.

Cependant il n'est point interdit à une partie d'en requérir expédition, ni au greffier de la délivrer ; seulement elle ne passerait point en taxe. Chauveau sur Carré, n° 139 ; Thomine, 1, 96.

200. Le jugement interlocutoire, rendu lorsque l'une des parties s'était retirée de l'audience, doit être expédié et signifié, si l'exécution a lieu à la requête de la partie adverse. Carré et Chauveau, n° 138 ; Pigeau, *Commentaire*, 1, 84.

ARTICLE 2. — *De l'exécution et de la péremption des jugements interlocutoires. — Suspension de la péremption par le décès de la partie ou par toute autre cause. — A quels jugements s'applique la péremption. — Faute du juge. — Prise à partie.*

201. Dans le cas où un interlocutoire aurait été ordonné, la cause sera jugée définitivement au plus tard dans le délai de quatre mois du jour du jugement interlocutoire ; après ce délai, l'instance sera périmée de droit. Tout jugement qui serait rendu sur le fond sera sujet à l'appel, même dans les matières dont le juge de paix connaît en dernier ressort, et sera annulé sur la réquisition de la partie intéressée. Si l'instance est périmée par la faute du juge, il sera passible de dommages-intérêts. Code proc., 15.

202. Nous avons déjà fait observer combien il importe de bien distinguer le jugement interlocutoire du jugement préparatoire ; l'article 15 du Code de procédure civile et les règles de péremption qu'il contient font comprendre de plus en plus cette importance. Le Code, dans cet article, a eu évidemment en vue les jugements d'instruction, ceux qui ordonnent une instruction, une preuve pour l'instruction de la cause ; on tomberait même dans une grave erreur si l'on considérait l'inexécution dans les quatre mois de tout jugement interlocutoire suivant la signification la plus étendue de ce mot, comme entraînant péremption. Ainsi on regarde généralement comme jugements interlocutoires ceux qui prononcent un renvoi par suite d'inscription de faux, ou pour vérification d'écriture ; et cependant il serait impossible de soutenir que l'instance fût périmée si elle n'était reprise devant le juge de paix moins de quatre mois après ce renvoi. Il faut donc reconnaître qu'il s'agit uniquement, dans l'article 15, des jugements d'instruction dont l'exécution a lieu devant le juge de paix, et dépend de sa diligence et de la diligence des parties devant lui.

Il faut donc, pour que l'interlocutoire fasse courir les délais de la péremption, qu'il ait été rendu relativement à l'instruction du fond du procès, et non sur un incident. Cass., 31 août 1813.

203. Lorsque le juge de paix ordonne successivement plusieurs interlocutoires, les quatre mois ne courent-ils que du jour du dernier de ces jugements? M. De Laporte, t. Ier, p. 15, prétend que cette matière ne peut faire difficulté; que le délai de quatre mois ne date que du dernier jugement interlocutoire; un arrêt de la Cour de cassation de Bruxelles, du 18 avril 1833, a décidé dans le même sens; mais Carré soutient, n° 63, que c'est à dater du jour du premier interlocutoire, et non du dernier, s'il en intervient plusieurs, que l'instance est périmée; en effet, d'après l'article 15, l'instruction ne peut durer plus de quatre mois à partir du jugement interlocutoire; le Code veut donc un jugement définitif dans ce laps de temps; et de là suit nécessairement qu'un second, un troisième, un quatrième interlocutoire ne pourraient proroger l'instance. Cette solution est adoptée, avec raison, par M. Thomine-Desmazures, t. Ier, p. 72, et Curasson, t. I, p. 167, n° 5.

204. En cas de décès d'une partie, il y a lieu de suspendre la procédure si l'affaire *n'est pas en état* : « Le jugement de l'affaire qui sera en état, dit l'article 342 C. proc., ne sera différé ni par le changement d'état des parties, ni par la cessation des fonctions dans lesquelles elles procédaient, ni par leur mort. » Mais, d'après l'article 344, dans les affaires qui ne seront pas en état, toutes procédures faites postérieurement à la notification de la mort de l'une des parties seront nulles. D'après les mêmes principes, la péremption d'instance, devant les tribunaux ordinaires, est suspendue par le décès : « Toute instance, aux termes de l'article 397, encore qu'il y ait constitution d'avoué, est éteinte par discontinuation de poursuites pendant trois ans; ce délai sera augmenté de six mois dans tous les cas où il y aura lieu à demande à reprise d'instance » : or, le décès de l'une des parties donne lieu à demande en reprise d'instance. Appliquant la même règle à la péremption en justice de paix, Carré (tom. IV, n. 2734) pense que la péremption, en cas de décès survenu après jugement interlocutoire, ne continue son cours que par la reprise de l'instance, ou après le délai de six mois à dater du jour du décès : c'est aussi l'opinion de M. Thomine-Desmazures, t. Ier, p. 73.

205. La péremption n'aurait pas lieu s'il n'avait pas dépendu du demandeur d'obtenir jugement dans les quatre mois : par exemple, dans le cas de diverses récusations intentées par le défendeur, si l'instruction a été prolongée au delà du délai, celui-ci ne peut se prévaloir de la péremption (Cass., 4 février 1807). Pigeau (*Commentaire*, t. Ier, p. 32), Thomine-Desmazures, t. Ier, p. 73), pensent aussi qu'il est des cas où la règle de l'article 15 doit fléchir, et notamment lorsqu'une partie, par dol ou par fraude, ou par tout autre moyen dilatoire, est parvenue à prolonger l'instance jusqu'au délai fatal, sans qu'il ait dépendu de l'autre partie d'obtenir jugement.

206. L'appel du jugement interlocutoire a aussi pour effet d'interrompre le cours de la péremption : par arrêt du 11 juin 1834, la Cour de cassation s'est prononcée formellement sur cette question ; et comme sa décision, dit M. Chauveau sur Carré, n. 65 *bis*, est fondée sur le droit qu'a toute partie d'interjeter appel d'un jugement, et de suspendre ainsi les effets qu'il aurait produits, il faut admettre qu'elle doit être appliquée dans tous les cas, sans distinguer, comme le fait M. Pigeau (*Comment.*, t. Ier, p. 32), si l'appel provenait du demandeur ou du défendeur, et si l'interlocutoire a été confirmé ou infirmé. Qu'importe que l'appel du demandeur, par exemple, ne fût pas fondé ? cette circonstance autorise-t-elle à dire que le retard provient de sa faute? non sans doute : l'exercice d'un droit, quel qu'en soit le résultat, ne peut jamais être appelé faute.

207. Le même arrêt décide, avec raison, que la péremption, interrompue par l'appel, reprend son cours, non du jour de la prononciation du jugement rendu en appel, mais de celui de sa signification ; parce que ce n'est qu'à compter de ce dernier jour que le jugement devient exécutoire, aux termes de l'article 147 du Code de procédure civile.

208. La péremption n'aurait pas lieu si le jugement interlocutoire avait été rendu par un juge de paix incompétent ; c'est-à-dire qu'après l'expiration des quatre mois le juge de paix pourrait rendre un jugement par lequel il se déclarerait incompétent (Cass., 24 frimaire an IX). Cette décision de la Cour de cassation, rendue sous l'empire de la loi du 26 octobre 1790, est applicable à l'article 15, puisque, sous le rapport du délai de la péremption, l'article 15 est conçu dans les mêmes termes que cette loi. Sous la loi de 1790, la péremption entraînait l'extinction de l'action ; il n'en est pas de même aujourd'hui ; mais si la citation introductive d'instance avait eu pour objet d'interrompre une prescription, cet effet se trouverait anéanti par la péremption encourue. Il importerait donc grandement au demandeur de ne pas encourir cette déchéance, d'autant plus que d'après l'article 2246 du Code Napoléon, la citation en justice, donnée même devant un juge incompétent, interrompt la prescription. Il ne faudrait même pas trop se fier à la règle adoptée par l'arrêt du 24 frimaire an IX ; la péremption encourue pour défaut de poursuites pendant quatre mois pourrait être regardée comme faisant tomber non-seulement le jugement interlocutoire, mais aussi la citation ; c'est même l'effet de toute péremption d'instance. Cependant la loi de 1790 attachait, comme nous l'avons dit, la déchéance de l'action même, à la péremption encourue par défaut de poursuites ; ce qui n'empêchait pas la Cour de cassation de refuser cet effet à l'expiration des quatre mois après le jugement interlocutoire rendu par un juge de paix incompétent.

209. Mais les parties peuvent valablement consentir à ce que le jugement définitif soit renvoyé après le délai de quatre mois, ce qui suspend le cours de la péremption. Cass., 7 août 1835.

210. Si une inscription de faux ou une dénégation d'écriture était soulevée après un jugement interlocutoire, le délai se trouverait également suspendu, comme nous l'avons dit plus haut, tant que durerait l'instance préjudicielle.

211. La péremption serait-elle acquise à partir du jour de la citation lorsque le juge n'a prononcé aucun jugement, ni préparatoire, ni interlocutoire, ou à partir du jugement préparatoire, lorsqu'un jugement préparatoire a été prononcé ? L'article 7 du titre VII de la loi du 26 octobre 1790 prononçait la péremption de toute instance devant le juge de paix non terminée dans le délai de quatre mois à partir de la citation introductive ; l'article 15 du Code de procédure ne parle de péremption de quatre mois qu'à partir d'un jugement interlocutoire ; cette différence a fait dire à la plupart des auteurs que la péremption de quatre mois ne court ni à partir de la citation, ni à partir d'un jugement simplement préparatoire. La péremption ordinaire de trois ans, de l'article 397, n'est pas considérée comme applicable aux sentences des juges de paix. Biret, v° *Péremption*, t. II, p. 96 ; Merlin, *Répertoire*, v° *Péremption*, § 3, n. 2; Pigeau, *Commentaire*, t. Ier, p. 30.

212. Les parties, en procédant devant le juge de paix postérieurement à la péremption acquise, en font-elles cesser les effets ? Suivant Thomine-Desmazures, la péremption établie par l'article 15 a pour base un motif d'ordre public, d'où cet auteur conclut qu'elle doit être suppléée d'office par le juge de paix, et qu'il ne prononcerait légalement que si les parties avaient formellement déclaré y renoncer ; mais cette doctrine est rejetée par presque tous les autres auteurs, d'après lesquels, la péremption étant une sorte de prescription, les juges ne peuvent la suppléer d'office. Par là même, il suffit d'une renonciation tacite pour que la partie ne soit plus recevable à invoquer la péremption ; et la continuation de la procédure peut, malgré l'avis de Curasson, t. Ier, p. 167, n. 6, être, aux yeux des juges, une preuve suffisante de cette renonciation, comme le décident MM. Pigeau, *Comm.*, t. Ier, p. 31; Boitard, t. II, p. 403, et un arrêt de la Cour de Bruxelles, du 17 avril 1833, puis un de la Cour de cassation du 22 mars 1837.

213. Le juge de paix est passible de dommages-intérêts si l'instance est périmée par sa faute ; mais il faut qu'il y ait eu faute patente, négligence coupable ou deni de justice.

C'est la voie de la prise à partie qui doit être suivie contre les juges de paix en pareil cas ; les juges, dit l'article 505 du Code de procédure civile, peuvent être pris à partie dans les cas suivants... 3° si la loi déclare les juges responsables à peine de dommages-intérêts; 4° s'il y a deni de justice.

214. Il y a deni de justice lorsque les juges refusent de répondre les requêtes, ou négligent de juger les affaires en état et en cours d'être jugées. C. proc., 506.

Nous verrons plus loin quelle est la procédure à suivre pour la prise à partie.

215. Les dommages-intérêts dont le juge de paix peut être passible en cas de péremption provenue de sa faute consistent dans l'obligation de payer tous les frais faits jusque-là, et dans la réparation de tout autre préjudice qui aurait pu résulter de la péremption. Par exemple, si l'action ayant achevé de se prescrire pendant le délai qui a amené la péremption, il n'était plus possible de l'intenter de nouveau.

FORMULE 48. — **Jugement préparatoire avec motifs.** — **Remise accordée pour avoir des pièces.**

Le juge de paix du canton de... (*Suite comme en la feuille d'audience, formule 35, jusqu'à*),

Par le sieur B... défendeur, a été dit que la dette que réclame contre lui le demandeur, héritier pour moitié du sieur A... son père, a été entièrement acquittée par le sieur M... beau-frère du défendeur, suivant la quittance que lui en a donnée le sieur A... père du demandeur, et qu'il serait en état de représenter, sans l'éloignement de son beau-frère; pourquoi requiert délai pour se procurer ladite quittance ;

Par ces motifs, nous, juge de paix, avons remis la cause au... jour auquel le sieur B... sera tenu de présenter la quittance par lui alléguée ; sinon sera fait droit.

Fait et prononcé (*suite comme en la feuille d'audience, formule* 35).

FORMULE 49. — Jugement interlocutoire rendu contradictoirement.

« Le juge de paix du canton de .. (*suite comme en la feuille d'audience, formule* 35, *jusqu'à*),

Se voir condamner à... sauf, si les faits sont déniés, à les prouver par témoins, ainsi que le demandeur y sera autorisé par le juge de paix.

Le sieur A... a pris et développé ses conclusions, et il a demandé à faire entendre des témoins pour prouver 1° que... 2° que...

Par le sieur B... défendeur, a été dit que... Ledit sieur B... a soutenu, en outre, que la preuve par témoins n'était pas admissible, vu que...

Nous, juge de paix, attendu que (*motifs et dispositif du jugement interlocutoire*).

Fait et prononcé en audience publique, en présence du sieur A... demandeur, et du sieur B... défendeur, dépens réservés, les jour, mois et an que devant.

Et avons signé avec notre greffier. (*Signatures du juge et du greffier.*)

Si l'une ou même les deux parties ne sont pas présentes à la prononciation (ce qui peut avoir lieu lorsqu'il y a eu renvoi d'audience), il en sera fait mention ainsi : « prononce en présence du sieur... et en l'absence du sieur... *ou bien* « prononcé en l'absence de toutes les parties. »

FORMULE 50. — Jugement sur déclinatoire, déclarant l'incompétence.

Le juge de paix du canton de... (*suite comme en la feuille d'audience, jusqu'à*),

Par le sieur B .. défendeur, a été dit, qu'étant assigné en payement d'une somme de cent cinquante francs, pour argent prêté, action purement personnelle et mobilière, la cause n'est pas de notre compétence, attendu qu'il est domicilié en la commune de... située hors de notre canton ; pourquoi requiert être renvoyé de la demande.

Nous, considérant, en droit, qu'en matière pure personnelle, notre compétence est déterminée par le domicile du défendeur, conformément à l'art. 2 du Code de procédure civile ; en fait, qu'il s'agit d'une matière pure personnelle, et que le sieur B... défendeur, est domicilié hors de notre canton ; disons ne pouvoir faire droit sur la demande ; statuant en premier ressort, renvoyons le demandeur à se pourvoir devant les juges qui en doivent connaître, et le condamnons aux dépens.

FORMULE 51. — Autre jugement sur déclinatoire, déclarant l'incompétence.

Nous, juge de paix du canton de... (*suite comme en la feuille d'audience, jusqu'à*),

Par le sieur B... défendeur, a été dit que la demande intentée contre lui, tendant à ce qu'il soit déclaré que le demandeur a droit de passer sur son terrain pour desservir le champ non enclavé, dit Pré de la Lande, a pour objet une servitude discontinue et non apparente ; qu'il ne s'agit pas d'ailleurs d'une action possessoire, puisque le sieur A... n'invoque pas même une possession sans trouble remontant à plus d'une année ; que, par conséquent, le juge de paix n'est pas compétent, pourquoi requiert être renvoyé de la demande ;

Nous, juge de paix, attendu qu'une demande ayant pour objet la reconnaissance d'une servitude de passage est une demande purement immobilière ; attendu qu'il ne s'agit pas d'ailleurs d'une action possessoire, puisque le demandeur prétend droit au passage sans alléguer une possession paisible et continue remontant à plus d'une année ; attendu, enfin, que la servitude de passage est une servitude discontinue qui ne peut s'acquérir par la possession ; statuant en premier ressort, renvoyons le demandeur à se pourvoir devant les juges qui en doivent connaître, et le condamnons aux dépens.

FORMULE 52. — Renvoi devant un autre tribunal pour cause de litispendance.

Nous, juge de paix, attendu que le sieur A... demande le payement d'une somme de cent quatre-vingt-dix francs pour prix d'une vache à lui vendue par le défendeur ;

Attendu que le sieur B... est en instance devant le tribunal civil de... pour demander la nullité de ladite vente, fondée sur un vice rédhibitoire, ainsi qu'il est justifié de cette instance par exploit, en date du... du ministère de... enregistré à... le... attendu que le sort de la demande portée devant nous dépend de la solution de la question pendante devant ledit tribunal de... renvoyons les parties à se pourvoir devant les juges qui en doivent connaître, et condamnons le demandeur aux dépens.

FORMULE 53. — Jugement qui rejette le déclinatoire.

Le juge de paix du canton de... *(suite comme en la feuille d'audience, formule 34, jusqu'à),*

Par le sieur B... défendeur, a été dit que la maison tenue à loyer par le défendeur, pour laquelle le demandeur réclame cinquante francs de réparations locatives, n'est pas située sur le territoire de la commune de.. dans notre arrondissement, mais sur celui de la commune de... dans l'arrondissement du canton de... pour quoi requiert son renvoi devant le juge de paix dudit canton ;

Le sieur A... a répliqué qu'à la vérité, de la maison dont il s'agit, il dépend un jardin en face des bâtiments, situé hors du canton ; mais que les bâtiments sont situés en totalité sur la commune de... dans notre canton, ainsi qu'il peut en justifier par l'extrait du rôle de la contribution foncière de ladite commune, à lui délivré par... qu'il nous représente ;

Nous, juge de paix, vu l'extrait du rôle de la commune de... de notre canton, pour l'an... délivré par... par lequel il apparaît que la maison dont il s'agit y est imposée à la contribution foncière ; considérant que ladite maison est dans l'étendue de notre arrondissement ; statuant en premier ressort, retenons la cause ; disons que les parties s'expliqueront sur le fond, et condamnons le sieur B... aux dépens de l'incident.

FORMULE 54. — Jugement de sursis.

Le défendeur a répondu que la largeur du chemin dont il s'agit n'a pas été fixée ; qu'il est donc impossible de savoir, en l'état, si les ouvrages dont on se plaint ont été ou n'ont pas été faits à la distance légale ;

A quoi le maire de la commune de... a répliqué que lesdits ouvrages empiètent sur le chemin ; qu'en tout cas il demande qu'il soit sursis jusqu'à ce que l'autorité administrative, exclusivement chargée d'assurer la viabilité, ait fixé la largeur et les limites dudit chemin ;

Par ces motifs, nous, juge de paix, considérant... avant faire droit, ordonnons qu'il sera sursis jusqu'à ce que le maire de la commune de... ait fait procéder par les voies légales à la fixation des limites du susdit chemin ; les droits et exceptions des parties demeurant réservés, ainsi que les dépens

CHAPITRE IX. — **Des jugements qui défèrent le serment.**

216. Le serment peut aussi donner lieu à un jugement inter-locutoire. Il n'est pas douteux que les règles ordinaires sur le ser-ment judiciaire ne soient applicables aux actions portées devant le juge de paix.

Le serment judiciaire est de deux espèces : 1° celui qu'une partie défère à l'autre pour en faire dépendre le jugement de la cause : il est appelé *décisoire;* 2° celui qui est déféré d'*office* par le juge à l'une ou à l'autre des parties. C. Nap., 1357.

ARTICLE 1er. — Du serment décisoire.

217. Le serment décisoire peut être déféré sur quelque espèce de contestation que ce soit (C. Nap., 1358), même contre et outre le contenu en un acte notarié.

218. Il peut être déféré en tout état de cause, et encore qu'il n'existe aucun commencement de preuve de la demande ou de l'ex-ception sur laquelle il est provoqué. C. Nap., 1360.

219. Mais il ne peut être déféré que sur un fait personnel à la partie à laquelle on le défère (C. Nap., 1359), et si le fait sur lequel le serment est déféré peut servir de base au jugement de l'action. Ainsi, on ne pourrait déférer le serment ni sur l'existence d'une dette de jeu, ni sur l'existence des obligations que la loi ne recon-naît que quand elles sont revêtues d'une forme spéciale, essentielle à leur validité, comme une donation.

220. Celui auquel le serment est déféré, qui le refuse ou ne con-sent pas à le référer à son adversaire, ou l'adversaire à qui il a été référé et qui le refuse, doit succomber dans sa demande ou dans son exception. C. Nap., 1361.

221. Le serment ne peut être référé, quand le fait qui en est l'objet n'est point celui des deux parties, mais est purement per-sonnel à celui auquel le serment avait été déféré. C. Nap , 1362.

222. La délation du serment par l'une des parties à l'autre est une transaction conditionnelle, soumise aux règles ordinaires des transactions Pour déférer le serment, il faut donc avoir la capacité de disposer (C. Nap., 2045) ; ainsi, le serment ne peut être déféré, ni par la femme mariée, ni par le mineur, ni par l'individu pourvu d'un Conseil judiciaire ; et il ne peut non plus être déféré à la femme mariée, que sur les objets dont elle a la libre disposition.

223. Le serment ne peut être déféré que par la partie elle-même, ou par un mandataire ayant un pouvoir spécial à cet effet, ou par un mandataire général, muni d'une procuration emportant pouvoir d'aliéner. Toullier, t. X, n. 375 ; Duranton, t. XIII, n. 587.

224. Ainsi, le serment ne serait valablement déféré ni par un tuteur, sans l'autorisation du Conseil de famille, quand l'acte dont il s'agit excède ses pouvoirs, ni par le maire d'une commune.

225. Mais on peut le déférer au tuteur sur un payement qu'on prétend lui avoir fait pour le mineur, relativement à des actes de pure administration. Toullier, *ibidem* ; Duranton, *ibidem*.

226. La partie à laquelle le serment est déféré sans pouvoirs peut se prévaloir du défaut de pouvoirs, et refuser de le prêter, sauf à surseoir par le juge, pour savoir si le mandataire a réellement reçu pouvoir à cet effet. Grenoble, 23 février 1827 ; Turin, 2 avril 1810.

227. Le serment peut être déféré, même après une enquête de toute autre preuve ; l'article 1360 dit *en tout état de cause.*

228. Il n'est pas au pouvoir du juge d'admettre ou de rejeter la demande du serment décisoire, lorsqu'il peut avoir de l'influence sur le jugement de la cause. Caen, 4 janvier 1840 ; Cass., 21 novembre 1833.

229. Jugé toutefois qu'un juge de paix a pu ne pas reconnaître, dans les conclusions tendant à la comparution de l'adversaire et à la délation du serment, l'offre d'un serment litis-décisoire ; par suite il a pu surseoir à ordonner cette comparution. Cass., 19 juin 1832.

230. Le juge peut, en ordonnant le serment, statuer conditionnellement sur la contestation, en insérant dans le jugement qu'en cas d'affirmation de la partie à laquelle le serment est déféré, l'autre est déboutée de sa demande et condamnée aux dépens.

231. Le jugement sur le serment, ou sur le refus de la partie, ordonne, dans le premier cas, que le précédent jugement sortira son plein et entier effet ; dans le second, il prononcera les condamnations résultant du refus.

232. Si le serment est accepté aussitôt qu'il est déféré, le tribunal donne acte de la délation, de l'offre de prêter serment, et, au besoin, de la prestation si elle s'opère immédiatement.

233. Si, au contraire, la partie à laquelle le serment est déféré objecte que la matière n'est pas de la nature de celles qui peuvent être décidées par un serment, ou que l'adversaire n'est pas capable de déférer un serment, alors cette question sera jugée par le tribunal ; et, s'il reconnaît que le serment pouvait être déféré, il enjoindra à l'autre partie de le prêter, et détaillera dans son dispositif les faits sur lesquels il doit être prêté.

234. Il suffit de demander que le serment porte sur le fait de la libération alléguée par le défendeur, sans détailler et spécifier le mode de payement.

235. Il est inutile de lever et de signifier le jugement, s'il a été rendu en présence des parties.

236. Lorsque le serment déféré ou référé a été fait, l'adversaire n'est point recevable à en prouver la fausseté (C. Nap., 1363). Mais cette disposition n'empêcherait point le ministère public de poursuivre le faux serment. C. pén., 361.

237. La partie qui a déféré ou référé le serment ne peut plus se rétracter, lorsque l'adversaire a déclaré qu'il est prêt à faire ce serment. C. Nap., 1364.

238. Le serment est prêté par la partie en personne, à l'audience, devant la justice de paix où la cause est pendante, ou devant la justice de paix de la résidence de la partie si elle est fort éloignée, ou même, en cas d'empêchement légitime et dûment constaté, au domicile même de la partie, où le juge de paix peut se transporter, assisté de son greffier. C. proc., 121.

239. Le délai pour comparaître à la prestation de serment est de trois jours (C. proc. arg. 261),, outre l'augmentation à raison des distances. Cass., 4 janvier 1842.

240. Si la partie est décédée ou incapable (par exemple en état d'aliénation mentale), le jour fixé pour la prestation de serment, on doit considérer comme annihilée la disposition du jugement qui ordonnerait le serment, et procéder de nouveau au jugement de la cause d'après les autres éléments de la procédure, abstraction faite du serment déféré à la partie. Limoges, 20 août 1840.

241. La partie peut prêter serment selon le mode de sa religion. Bordeaux, 14 mars 1809.

Mais le *doit-elle*, lorsqu'on l'exige, si elle offre le serment ordinaire? Elle ne le *doit* pas, suivant un arrêt de la Cour d'Aix du 13 août 1829, et deux arrêts de la Cour de Nîmes des 10 janvier et 7 juin 1827; mais l'affirmative résulte d'une lettre du grand-juge du 26 novembre 1808, et d'un arrêt de la Cour de Colmar du 5 mai 1815.

242. Le serment judiciaire tient de la nature de l'aveu; il est, comme lui, indivisible. C. Nap., 1356.

243. Le serment fait ne forme preuve qu'au profit de celui qui l'a déféré ou contre lui, et au profit de ses héritiers et ayants cause, ou contre eux.

244. Le serment déféré par l'un des créanciers solidaires au débiteur ne libère celui-ci que pour la part de ce créancier. Le serment déféré au débiteur principal libère également les cautions ; celui déféré à l'un des débiteurs solidaires profite aux codébiteurs ; — et celui déféré à la caution profite au débiteur principal.—Dans ces deux derniers cas, le serment du codébiteur solidaire ou de la caution ne profite aux autres codébiteurs et au débiteur principal que lorsqu'il a été déféré sur la dette, et non sur le fait de solidarité ou du cautionnement. C. Nap., 1365.

ARTICLE 2.— *Du serment déféré d'office.*

245. Le juge peut déférer d'*office* à l'une des parties le serment, ou pour en faire dépendre la décision de la cause, ou seulement pour déterminer le montant de la condamnation. C. Nap., 1366.

Le serment ainsi déféré s'appelle *supplétif* dans le premier cas, et serment *in litem* dans le second.

246. Le serment supplétif ne peut être déféré soit sur la demande, soit sur l'exception qui y est opposée, que sous les deux conditions suivantes : il faut 1° que la demande ou l'exception ne soit pas pleinement justifiée ; — 2° qu'elle ne soit pas totalement dénuée de preuves : — hors ces deux cas, le juge doit en adjuger ou rejeter purement et simplement la demande. C. Nap., 1367.

247. Mais à quelle partie le juge doit-il déférer le serment ? La solution dépend des circonstances, du degré de confiance que lui inspire chaque partie (Cass., 14 mars 1842), et du rôle qu'elle joue dans le procès.

Si le demandeur n'a en sa faveur que de légers indices, le juge déférera le serment au défendeur, afin qu'il se purge de la demande. Paris, 12 fructidor an XIII.

Si, au contraire, la demande est établie, et que les exceptions alléguées par le défendeur ne soient pas suffisamment prouvées, le serment sera déféré au demandeur qui est défendeur quant à l'exception. Pothier, *Obligations*, n. 831 et 832.

248. Le serment qui n'a été déféré que subsidiairement par la partie peut être considéré par le juge comme un serment supplétif, qu'il lui est facultatif de ne pas ordonner ; alors il n'est pas vrai de dire que la partie a entendu faire dépendre uniquement le jugement de la prestation du serment de l'adversaire. Cass., 12 novembre 1835, et 7 novembre 1838.

249. Le serment déféré d'office par le juge à l'une des parties ne peut être par elle référé à l'autre. C. Nap., 1367.

250. Le jugement qui ordonne d'office le serment doit aussi énoncer les faits sur lesquels il sera prêté (C. proc., 120). Il faut, en effet, que la partie à qui l'on défère le serment sache si, en conscience, elle peut le prêter, et si elle a intérêt ou non à appeler du jugement.

251. Si la partie à laquelle le serment a été déféré par le juge est présente et consent à le prêter, il n'y a pas lieu à lever ni à signifier le jugement ; elle peut se contenter de faire à l'adversaire, au cas où le serment n'est pas prêté sur-le-champ, sommation d'assister à la prestation.

Mais, en cas de retard de cette partie, et à défaut de jour fixé en sa présence par le jugement qui a déféré le serment, l'autre partie, comme plus diligente, a droit de lever et de faire signifier le jugement.

252. Le jugement qui défère d'office le serment à une partie, n'ayant qu'un caractère interlocutoire, peut et doit être rétracté, si, avant la prestation de serment, l'autre partie produit une pièce de laquelle résulte manifestement la fausseté des faits que ce serment aurait pour objet d'affirmer. Cass., 20 décembre 1823.

253. On peut appeler du jugement qui défère le serment supplétoire.

254. Si la partie qui avait obtenu gain de cause à la charge du serment, vient à décéder avant de l'avoir prêté, les choses sont remises au même état qu'avant le jugement. Carré, n. 511 ; Thomine, 1, 239.

255. La présence de l'autre partie à la prestation de serment, jointe au défaut d'appel du jugement qui l'a ordonné, pourrait être regardée comme un acquiescement.

256. Quant au serment sur la valeur de la chose demandée, dit serment *in litem*, il ne peut être déféré par le juge au demandeur que lorsqu'il est d'ailleurs impossible de constater autrement cette valeur. — Le juge doit même, en ce cas, déterminer la somme jusqu'à concurrence de laquelle le demandeur en sera cru sur son serment. C. Nap., 1769.

257. Toutefois, il est des cas où la dernière disposition de cet article ne semble pas devoir être appliquée, notamment celui de l'art. 1781 du C. Nap., portant que le maître est cru sur son affirmation, pour la quotité des gages, pour le payement du salaire de l'année échue, et pour les à-compte donnés pour l'année courante.

FORMULE 55. — Jugement sur une délation de serment décisoire.

Entre le sieur A... demandeur aux fins d'obtenir le payement d'une somme de cent quatre-vingts francs qu'il prétend lui être due par le sieur B... comparant... d'une part ;

Et le sieur B... défendeur... comparant... d'autre part;

Lequel a déclaré ne rien devoir au sieur A... pour les causes énoncées en l'exploit introductif d'instance, ni pour autre cause;

A quoi a été répondu par ledit sieur A... que, n'ayant pas la preuve écrite de sa créance, il entend déférer le serment litis-décisoire au sieur B... qui déclare être disposé à le prêter;

Nous, considérant que les faits sur lesquels le serment est déféré sont pertinents et de nature, s'ils étaient reconnus par le défendeur, à prouver qu'il doit la somme demandée;

Considérant que le sieur B... n'a pas référé le serment au sieur A..., et a déclaré être disposé à le prêter;

Ordonnons que le sieur B... sera tenu de prêter serment sur le fait suivant, à savoir : s'il doit au sieur A... la somme de cent quatre-vingts francs. *(Le fait pourrait être posé avec plus de détails, mais le juge de paix doit le prendre tel que le demandeur l'a établi)*; et, vu son absence, renvoyons à l'audience de... pour, après le serment prêté, être statué ainsi que de droit, dépens réservés.

Après le serment, le juge statue en ces termes :

Nous, vu le serment qui vient d'être prêté par le sieur B... dont nous lui donnons acte;

Vu la méconnaissance par lui passée;

Déclarons le sieur A... mal fondé dans sa demande, l'en déboutons et le condamnons aux dépens.

FORMULE 56. — Jugement qui donne acte du serment décisoire, prêté sur-le-champ à l'audience.

... Attendu que, dans les circonstances, il y a lieu d'ordonner le serment décisoire par A... déféré à B...

En conséquence, nous donnons acte audit sieur A... de sa déclaration, et ordonnons que B... sera tenu d'affirmer par serment si la somme de cent quatre-vingts francs dont s'agit lui a jamais été prêtée par A... directement ou indirectement. Ledit sieur B... ici présent a offert de prêter ledit serment; et, de notre injonction, sa main droite levée à Dieu, a juré et affirmé en audience publique, et en présence du demandeur, que celui-ci ne lui a jamais prêté la susdite somme de cent quatre-vingts francs; duquel serment, nous juge de paix, avons donné acte. En conséquence, déboutons le sieur A... de sa demande, et le condamnons aux dépens.

FORMULE 57. — Jugement sur serment supplétoire, avec délégation du juge de paix d'un autre canton pour recevoir le serment.

Attendu que A... met en fait avoir prêté cent quatre-vingts francs aux époux B...; attendu que ceux-ci nient ce prêt; mais que le mari soutient n'avoir jamais reçu les cent quatre-vingts francs, tandis que la femme reconnaît qu'elle et son mari les ont reçus, mais prétend qu'ils les ont rendus. Attendu que, par une lettre en date du... enregistrée à... le sieur B... lui-même écrivait au sieur A... qu'il serait bientôt en mesure de s'acquitter envers lui; de sorte que si la demande de A... n'est pas pleinement justifiée, elle n'est pas totalement dénuée de preuve; et c'est le cas de l'accueillir, mais à la charge par A... d'affirmer que la somme réclamée lui est légitimement due;

Par ces motifs, nous juge de paix condamnons les époux B... solidairement à payer à A... la somme de cent quatre-vingts francs, à la charge par A... d'affirmer par serment que ladite somme lui est légitimement due et qu'il n'en a été remboursé ni par A... ni par son épouse, directement ni indirectement; et vu que ledit A... est avancé en âge, qu'il est atteint d'infirmités et qu'il réside actuellement dans le canton de... déléguons M. le juge de paix dudit canton pour recevoir le serment qui vient d'être prescrit; condamnons lesdits époux B... aux dépens liquidés à... ensemble aux frais qui sont occasionnés par la prestation dudit serment, et ordonnons qu'il sera sursis à l'exécution jusqu'à l'accomplissement dudit serment, qui sera prêté en présence des époux, ou eux dûment appelés, et dont il sera dressé procès-verbal.

CHAPITRE X. — Des visites de lieux. — Des appréciations et des expertises.

258. Lorsqu'il s'agira soit de constater l'état des lieux, soit d'apprécier la valeur des indemnités et dédommagements demandés, le juge de paix ordonnera que le lieu contentieux sera visité par lui, en présence des parties. C. proc., 41.

259. Le transport sur les lieux peut être ordonné spécialement dans les actions pour déplacement de bornes, usurpation de terre, arbres, prés, fossés et autres clôtures, et pour entreprises sur les cours d'eau.

260. Le juge de paix peut se transporter sur les lieux et entendre les témoins, sans réquisition des parties ; mais si le transport sur les lieux doit occasionner des frais, ces frais ne seront taxés et accordés qu'autant que le transport aura été expressément requis par l'une des parties. C'est la disposition formelle de l'article 8 du Tarif de 1807, lequel ajoute que la mention de cette réquisition doit être inscrite au procès-verbal du juge, et qu'autrement, il ne serait rien alloué pour frais du transport.

261. Les parties peuvent se faire représenter, à la visite des lieux, comme à l'audience, par des fondés de pouvoir. On reçoit, dans ce cas, les dires, observations ou réquisitions qu'ils font pour leurs parties, et on les insère au procès-verbal, s'il en est dressé ; alors ils doivent les signer, ou l'on doit faire mention de leur refus.

262. Si l'objet de la visite ou de l'appréciation exige des connaissances qui soient étrangères au juge, il ordonnera que des gens de l'art, qu'il nommera par le même jugement, feront la visite avec lui et donneront leur avis : il pourra juger sur les lieux mêmes, sans désemparer. Dans les causes sujettes à l'appel, procès-verbal de la visite sera dressé par le greffier, qui constatera le serment prêté par les experts. Le procès-verbal sera signé par le juge, par le greffier et par les experts ; et si les experts ne savent ou ne peuvent signer, il en sera fait mention. C. proc., 42.

263. Nous avons déjà vu, ci-dessus, n. 199, que les jugements qui ne sont pas définitifs ne sont point expédiés, quand ils ont été rendus contradictoirement et prononcés en présence des parties. Dans les cas où le jugement ordonne une opération à laquelle les parties doivent assister, il indique le lieu, le jour et l'heure, et la prononciation vaut citation. C. proc., 28.

264. Si le jugement ordonne une opération par des gens de l'art, le juge délivrera, à la partie requérante, cédule de citation pour appeler les experts; elle fera mention du lieu, du jour, de l'heure, et contiendra le fait, les motifs, la disposition du jugement relative à l'opération ordonnée. — Si le jugement ordonne une requête, la cédule de citation fera mention de la date du jugement, du lieu, du jour et de l'heure. C. proc., 29.

265. Toutes les fois que le juge de paix se transportera sur le lieu contentieux, soit pour en faire la visite, soit pour entendre les témoins, il sera accompagné du greffier qui apportera la minute du jugement préparatoire. C. proc., 30.

266. Le juge de paix peut-il ordonner un rapport d'expert sans ordonner une descente? Cette question est d'autant plus importante que, d'après l'art. 8 du Tarif, le juge de paix ne peut, comme nous l'avons dit plus haut, ordonner son transport avec frais, que sur la réquisition de l'une des parties, à moins de s'exposer à supporter personnellement les frais de sa visite. Si donc le rapport d'expert ne pouvait avoir lieu qu'en sa présence, aucune partie ne le requérant, il se trouverait entravé dans les moyens de connaître la vérité.

Mais, d'un autre côté, la rédaction et la disposition de l'art. 42 C. proc. semblent s'opposer à ce que l'expertise ait lieu en dehors de la présence du juge de paix : « Il ordonnera, dit cet article, que « les gens de l'art *feront les visites avec lui*, le procès-verbal sera « dressé par le greffier, signé *par le juge, le greffier et les experts*. »

Cependant la nécessité de mettre le juge à même de prononcer en connaissance de cause a fait adopter que, dans le cas où la visite n'est pas requise, il est en son pouvoir d'ordonner une expertise qui aura lieu hors de sa présence ; si même le juge de paix ne trouvait pas dans le rapport les éclaircissements suffisants, il pourrait ordonner d'office une nouvelle expertise, par un ou plusieurs experts qu'il nommerait également d'office et qui pourraient demander aux précédents experts les renseignements qu'ils trouveraient convenables. Cass., 20 juill. 1837, *J. pal.*, t. II de 1837, p. 383; Pigeau, *Commentaire*, t. Ier, p. 108 et 109; Curasson, t. Ier, p. 113, n. 25; Chauveau sur Carré, n. 172 ter.

267. Les experts nommés pour visiter les lieux en même temps que le juge de paix ne rédigent pas de procès-verbal; mais dans les causes non susceptibles d'appel on insère au jugement, d'après l'art. 43 C. proc., le résultat de l'expertise; et, dans les causes su- '

jettes à l'appel, c'est le greffier qui tient procès-verbal (*Voir* ci-dessus, n. 261). Il est donc fort important qu'il ne soit présenté qu'un seul avis. D'où la nécessité de nommer un ou trois experts. Il faut d'ailleurs éviter toujours autant que possible le partage d'avis. C. proc., 303.

268. Le juge de paix n'est pas tenu, dit Carré, n. 177, de suivre l'avis des experts : l'avis des experts n'est qu'une opinion, et non pas une décision ; on ne peut conséquemment lui assigner d'autre caractère que celui d'une simple instruction, d'un simple renseignement donné au juge de paix par les experts. Ce n'est donc point pour lui une règle absolue qu'il doive suivre, et il peut s'en écarter, suivant les circonstances et sa propre conviction.

Tel est aussi le principe consacré par l'art. 323, suivant la maxime *dictum expertorum nunquam transit in rem judicatam;* et ce principe est d'autant plus applicable en justice de paix, que la loi permet au juge d'y remplir, en certains cas, les fonctions d'expert, ce qui est interdit aux juges des tribunaux d'arrondissement.

269. Il n'est pas nécessaire que le choix des experts soit fait par le juge ; il peut agréer les experts présentés par les parties.

L'article 308 du Code de procédure civile autorise les parties à récuser les experts, mais seulement ceux nommés d'office ; les motifs de récusation sont ceux pour lesquels les témoins peuvent être reprochés (*ibidem*, art. 310. Voir le chapitre qui suit. Carré (n. 176) pense que la même règle est applicable aux experts nommés par le juge de paix ; mais le titre *Des justices de paix*, au Code de procédure civile, est muet sur la récusation des experts, quoiqu'il contienne des dispositions sur la récusation des témoins. La présence des parties devant le juge de paix, en personne ou par un fondé de pouvoir, leur permettant de présenter au juge, au moment même de la nomination des experts, des observations qui ne pourraient manquer d'être accueillies favorablement si elles étaient fondées, et la simplicité de la procédure devant les juges de paix, doivent faire rejeter les formes de la récusation ordinaire. Mais la partie aurait toujours le droit de demander acte du fait qu'elle alléguerait contre l'appel, pour en faire tel usage que de droit en appel. Levasseur, édit. Toussaint, n. 142.

270. Le juge de paix ne pourrait refuser l'insertion au procès-verbal, dans les cas où procès-verbal est dressé, c'est-à-dire dans les causes sujettes à appel, de toutes les déclarations et observations que les parties ou leurs fondés de pouvoir pourraient faire sur les opérations des experts. Mais il faudrait alors que ces déclarations ou observations fussent signées par les parties, et que, si elles ne savaient signer, mention en fût faite, de même que de leur déclaration d'approuver les dires et observations consignés à leur requête.

271. La visite du juge et l'avis des experts doivent être, comme nous l'avons dit, constatés par le même procès-verbal, si toutefois les experts accompagnent le juge. Mais s'ils opèrent en dehors de sa présence, ils doivent dresser eux-mêmes le procès-verbal de leur expertise, lequel est rédigé par l'un d'eux, ou par le greffier s'ils ne savent pas écrire, et déposé au greffe. Il est indispensable alors, dit M. Chauveau sur Carré, n. 179, de suivre les formalités prescrites pour les expertises devant les tribunaux, puisque le titre *des justices de paix* est muet pour ce cas.

272. Si le juge de paix n'entendait pas user de la faculté que lui donne l'art. 42 de statuer sur les lieux sans désemparer, devrait-il dresser procès-verbal, quoique l'affaire soit de nature à être jugée en dernier ressort? L'art. 43 ne se bornant pas à *dispenser* le juge de dresser procès-verbal, mais le lui interdisant formellement et sans distinction, il n'y a pas lieu à l'interpréter. On ne doit donc point rédiger de procès-verbal dans l'espèce de la question qui précède. Le juge qui a vu les lieux, et reçu verbalement l'avis des experts, sera en état de statuer d'après ces notions, qu'il aura conservées dans sa mémoire ou gardées en note. Carré, n. 180.

273. Le résultat de l'avis des experts que le jugement doit seulement énoncer dans les causes non sujettes à l'appel, est l'énoncé pur et simple de leur avis, c'est-à-dire l'apurement donné par les experts, sans aucune mention des motifs sur lesquels il repose.

FORMULE 58. — Jugement qui ordonne la visite des lieux contentieux, et nomme des experts.

Entre, etc...

Attendu que la visite des lieux est utile pour prononcer sur les faits à nous soumis ; que cette visite est requise par le sieur A... demandeur ; qu'une expertise n'est pas moins nécessaire pour apprécier les indemnités demandées, dans le cas où il y aurait lieu ;

Nous... avant faire droit, avons ordonné que le... heure de... nous nous transporterions en la maison contentieuse, sise en la commune de... rue de... n°... tenant d'un bout... d'autre bout... d'un long... d'autre long à... pour procéder à la visite de ladite maison, et estimer les réparations, s'il en est à faire. A laquelle visite nous procéderons en présence du sieur C... maître maçon, et du sieur D... maître charpentier... (*prénoms, noms et domicile des experts*), experts par nous nommés, qui prêteront serment en nos mains, et nous donneront leur avis sur le montant des réparations dont il s'agit, pour, après ladite visite et avis des experts, être par nous ordonné ce qu'il appartiendra ; et sera par nous délivré cédule nécessaire pour la citation des experts.

Prononcé par nous... juge de paix, en présence de toutes les parties (*ou bien* en présence du sieur... et en l'absence du sieur...), dépens réservés. A...

6

FORMULE 59. — Extrait du jugement contradictoire, mais prononcé en l'absence de l'une des parties, qui ordonne la visite.

D'un jugement rendu le... l'an... par le juge de paix du canton de... département de... entre le sieur A... demandeur, et le sieur B... défendeur, sur défenses respectives, mais prononcé en l'absence dudit sieur B... ;

Il appert avoir été ordonné que le... heure de... ledit juge de paix se transporterait à la maison contentieuse, sise... pour être procédé à la visite de ladite maison, en la présence du sieur C... et du sieur D... experts nommés pour donner leur avis sur le montant des reconstructions dont il s'agit.

Pour extrait...   (*Signature du greffier.*)

NOTA. Cet extrait doit être signifié à la partie avec sommation d'assister à la visite des lieux, aux heure, jour, mois et an fixés par ledit jugement, dont extrait en tête de l'exploit.

FORMULE 60. — Cédule à l'effet de citer les experts.

Nous, juge de paix du canton de... département de...

Conformément au jugement par nous rendu le... par lequel il a été ordonné que le... heure de... nous nous transporterions en la maison contentieuse, sise... et estimerions les réparations dont il s'agit en présence des sieurs ci-après nommés, dont nous prendrions l'avis ;

Sur la réquisition de... (*prénoms, nom, profession et domicile de celui qui poursuit la visite*),

Autorisons à faire citer devant nous, lieu, jour et heure sus-indiqués, pour prêter en nos mains serment de bien et fidèlement remplir leur mission, et pour nous donner leur avis, le sieur C... demeurant à... maître maçon, et le sieur D... demeurant à... maître charpentier.

Donné à... le... l'an...   (*Signature du juge de paix.*)

FORMULE 61. — Sommation aux experts de prêter serment et d'assister à la visite des lieux, au jour indiqué par le jugement. C. proc., 42 ; Tarif, 21. — Coût : Paris, 1 fr. 50 c. ; ailleurs, 1 fr. 25 c. ; copie, le quart.

L'an... le... à la requête du sieur...

J'ai (*immatricule de l'huissier*) soussigné, signifié, et avec celle des présentes donné copie, 1° à M. C... demeurant à... maître maçon ; 2°, à M. D... demeurant à... maître charpentier,

D'une cédule de M... juge de paix du canton de... en date du... enregistrée ; à ce que les susnommés n'en ignorent, et à pareilles requête, demeure et élection de domicile que dessus, j'ai, huissier susdit et soussigné, domicile et parlant comme dessus, fait sommation auxdits sieurs... de comparaître et se trouver le... heure de... en la maison sise a... rue...

Pour prêter serment de bien et fidèlement procéder, et pour procéder aux opérations d'expertise ordonnées par jugement de M. le juge de paix du canton de... rendu le... contradictoirement entre le requérant et le sieur... A ce que pareillement les susnommés n'en ignorent, je leur ai, en leurs domiciles et parlant comme dessus, laissé, à chacun séparément, copie de ladite cédule et du présent, dont le coût est de...   (*Signature de l'huissier.*)

FORMULE 62. — Visite contradictoire des lieux, sans expertise ni enquête.

L'an, etc.

Nous, etc... juge de paix du canton de... en exécution du jugement interloctitoire par nous rendu le... du présent mois, énregistré... sur l'action intentée par le sieur A... demeurant en ladite commune ;

Et à la requête du sieur A... nous sommes transporté, assisté du greffier de notre justice de paix, porteur de la minute dudit jugement, dans une maison située à... rue de... lui appartenant, à l'effet de constater...

Et là étant, dans une pièce servant de... s'est présenté ledit sieur A... lequel, persistant dans sa précédente demande, nous a requis de procéder immédiatement à la visite par nous ordonnée, tant en présence qu'en l'absence dudit sieur B... et a signé. *(Signature.)*

Et à l'instant est aussi comparu ledit sieur B... lequel a déclaré qu'il ne s'oppose pas à la visite dont il s'agit, offrant d'y assister, sous toutes les réserves de droit, et a signé. *(Signature)*

Sur quoi nous avons donné acte aux parties de leurs consentement et réserves, et avons, en leur présence, procédé comme il suit :

1° Nous avons remarqué dans la chambre où nous sommes que...

2° Dans un salon ayant vue sur un jardin, nous avons remarqué que... *(comme dessus ; et si dans le cours de l'opération les parties font des réquisitions ou des demandes, on dit)* :

En cet endroit, le demandeur a requis que... *(exprimer les moyens et conclusions)*, et a signé. *(Signature.)*

A quoi le défendeur a répondu que... *(analyse de la réponse)*, et a signé.

Sur quoi nous, juge de paix :

Attendu que... *(motifs de la décision.)*

Ordonnons... *(Énoncer ici ce que le juge prononce, soit un renvoi à l'audience, soit une mesure provisoire, soit un simple acte donné aux parties de leurs dires, avec réserves de leurs droits respectifs.)*

Et, attendu qu'il n'y a plus rien à visiter ou examiner, nous renvoyons la cause et les parties, pour être fait droit, à notre audience du... dépens réservés.

Fait et clos le présent procès-verbal à... les jour, mois et an susdits, à... heure... et ont les parties signé avec nous et le greffier. *(Signatures.)*

FORMULE 63. — Visite contradictoire, expertise et jugement après l'expertise.

Entre le sieur A... demandeur aux fins de la citation originaire du... et le sieur B. . défendeur aux fins de la même citation, comparant l'un et l'autre en personne devant nous... juge de paix, assisté de notre greffier, en une maison... *(désignation de la maison, comme au jugement qui ordonne la visite.)*

Le sieur A... a dit qu'aux termes de notre jugement du... rendu entre lui et le sieur B... prononcé parties présentes, et de la cédule à lui par nous délivrée le... il a, par exploit du... enregistré le... fait citer à comparaître devant nous cejourd'hui, lieu et heure présents, le sieur C... maître maçon, demeurant à... et le sieur D... maître charpentier, demeurant à... pour donner leur avis sur les réparations dont il s'agit ; pourquoi requiert qu'il nous plaise de procéder à la visite ordonnée, et prendre les avis des experts présents.

Sur quoi, nous... juge de paix, avons procédé à la visite de ladite maison, et nous avons reconnu que... Les experts, de leur côté, après avoir prêté en nos mains serment de bien et fidèlement s'acquitter de leur fonction, ont procédé à l'estimation des réparations dont il s'agit, lecture à eux préalablement faite, par notre greffier, de notre jugement du... qui a ordonné la présente visite et estimation.

Le sieur C... maître maçon, a reconnu que... *(il fera mettre dans le procès-verbal tous les détails de son art, nécessaires pour appuyer son avis*) : pourquoi il estime que la reconstruction dudit mur coûtera la somme de... et a signé. 			(*Signature du sieur C...*)

Le sieur D... maître charpentier, a reconnu que... (*il fera mettre pareillement dans le procès-verbal tous les détails de son art, nécessaires pour appuyer son avis*) : pourquoi il estime que la reconstruction du hangar coûtera la somme de... et a signé. 		(*Signature du sieur D...*)

Après laquelle visite, et avis à nous donné par les experts... nous... juge de paix, considérant que... disons...

Donné en la maison sus-désignée, par nous... juge de paix du canton de... département de... le... l'an...

FORMULE 64. — Jugement, sans rédaction par écrit de la visite et de l'expertise.

Entre le sieur A... (*suite comme en la formule précédente, 63e jusqu'à*), Ordonné la présente visite et estimation.

Après laquelle visite, et avis à nous donné par les experts, duquel avis il résulte que... (*énoncer ici, en le résumant, l'avis des experts, seulement les conclusions*).

Nous, juge de paix, considérant que... (*suite comme en la formule qui précède*).

FORMULE 65. — Visite par défaut, et jugement après la visite.

Entre le sieur A... demandeur aux fins de la citation originaire du... enregistrée le... comparant... en la maison contentieuse, sise commune de... (*désignation de la maison comme au jugement*), et le sieur B... défendeur aux fins de la même citation, non comparant, ni personne pour lui ;

Le sieur A... nous a dit qu'aux termes de notre jugement du... rendu entre lui et le sieur B... sur défenses respectives, mais prononcé en l'absence dudit sieur B... demeurant... signifié par extrait audit sieur B... par exploit de... en date du... enregistré le... contenant sommation d'être présent à la visite ci-après ; et en vertu de la cédule à lui par nous délivrée le... il a, par exploit du... enregistré le... fait citer à comparaître devant nous, en ce lieu, cejourd'hui, heure présente de... les sieurs C... et D... experts nommés par ledit jugement, lesquels sont ici présents ; et requiert qu'il nous plaise procéder à la visite de la maison où nous sommes, et prendre l'avis desdits experts ;

Et après avoir attendu jusqu'à l'heure de... sans que le sieur B... soit comparu ni personne pour lui, nous... juge de paix, avons procédé à la visite de ladite maison, et nous avons reconnu que... Les experts, de leur côté, après serment par eux fait en nos mains de bien et fidèlement s'acquitter de leur fonction, ont procédé à l'estimation des réparations dont il s'agit, lecture à eux préalablement faite... (*Le surplus comme ci-devant, formule 63e.*)

FORMULE 66. — Rapport d'experts, dressé par le greffier dans une expertise ordonnée, soit par le juge de paix sans descente sur les lieux, soit par le tribunal de première instance, lorsqu'un des experts ne sait pas écrire. C. proc., 317; Tarif, art. 15. — Taxe du greffier, deux tiers des vacations allouées à un expert.

A monsieur le juge de paix du canton de... *ou* à messieurs les président et juges du tribunal de première instance de...

L'an... le... heure de... nous J... fermier, demeurant à... ; S... propriétaire, demeurant à... ; L... vigneron, demeurant à... experts convenus entre les parties en exécution d'un jugement rendu le... entre le sieur A... propriétaire, demeurant à... et B... également propriétaire, demeurant à... (*ou* nommés d'office par un jugement rendu le... etc.), à l'effet de procéder aux visites et opérations ci-après, après avoir prêté serment de bien et fidèlement remplir notre mission, ainsi qu'il est constaté par procès-verbal de J... juge de paix du canton de... en date du... nous nous sommes transportés sur une pièce de terre, sise au lieu de... commune de... où étant arrivés heure de... nous avons trouvé ledit sieur A... lequel, après nous avoir remis la grosse dudit jugement, enregistré et signifié à Me D... avoué du sieur B... (*Si l'expertise a été ordonnée par un juge de paix, il ne sera pas fait mention d'avoué dans tout l'acte.*), ensemble l'original de la sommation faite audit sieur B... le... par acte d'avoué, de se trouver aux lieu et heure ci-dessus désignés, nous a requis de procéder aux opérations ordonnées par ledit jugement, et a signé avec Me T..., son avoué.

Est aussi comparu ledit sieur B... qui, assisté de Me D... son avoué, nous a dit qu'il comparaissait pour satisfaire à ladite sommation, et n'empêchait pas que nous procédassions auxdites opérations ; et ont ledit sieur B... et son avoué signé.

(*Ici on transcrit les déclarations ou les réquisitions que peuvent faire les parties.*)

Desquels comparutions, remises, dires, réquisitions et consentement nous avons donné acte aux parties ; en conséquence, avons procédé à l'expertise, conformément audit jugement, en présence des parties et de leurs avoués, et rédigé notre rapport, lequel a été écrit par M... greffier de la justice de paix du canton de... sous la dictée de M... l'un de nous, ainsi qu'il suit, attendu que M. A... l'un de nous, ne sait pas écrire.

(*Constater ici la vérification et toutes les opérations nécessaires pour établir la vérité, telles qu'arpentage, toisé, etc. Les parties doivent être présentes à cette partie du rapport, et faire toutes les observations qu'elles jugent utiles. S'il est nécessaire de remettre à une autre vacation, on rédige ainsi cette partie du rapport :*)

Et après avoir vaqué à tout ce qui vient d'être énoncé jusqu'à... heure de... nous avons, pour continuer nos opérations, remis à... (*jour et heure*), auxquels les parties seront tenues de se trouver sans nouvelle sommation, et ont les parties et leurs avoués signé avec nous.

(*Si la présence des parties n'est plus nécessaire, on l'indique.*)

Et lesdits an, jour et heure, nous, experts ci-dessus nommés, étant réunis à... en l'absence des parties et de leurs avoués, après avoir conféré entre nous sur (*l'objet de l'expertise, les questions qu'elle présente, etc.*), avons été unanimement d'avis de ce qui suit : (*L'avis unanime doit être notifié sur ces différents points.*)

(*Si deux experts ont été d'un avis et le troisième d'un autre avis, au lieu de*) : avons été unanimement d'avis... avons été d'avis, à la pluralité, de ce qui suit :

(*Si chaque expert a émis un avis, on met*) : Il a été proposé trois avis, ainsi qu'il suit :

Le premier avis a été... le deuxième avis a été... le troisième avis a été. (*On termine en ces termes*) : Après avoir vaqué depuis l'heure de... jusqu'à... nous avons clos le procès-verbal, qui a été signé par le greffier et par MM... experts, seulement, attendu que M. A... le troisième expert, a déclaré ne savoir signer. (*Cette mention est nécessaire, car l'expert qui a déclaré ne savoir écrire pourrait savoir signer.*)

274. La taxe des experts en justice de paix est la même que celle des témoins (voir ci-après, n° 328) ; et il ne leur est alloué de frais de voyage que dans les mêmes cas. Tarif, art. 25. — L'art. 2, tit. IX de la loi des 14, 18, 26 octobre 1790, permettait aux juges de paix d'augmenter la taxe relativement aux hommes de l'art d'une capacité plus distinguée ; cette disposition, n'ayant pas été reproduite par le Code de procédure, est regardée comme abolie. V. Fons, sur l'art. 25 du Tarif.

CHAPITRE XI. — De la preuve par témoins et des enquêtes. — Quand la preuve par témoins est-elle admissible? — Formes de l'enquête devant le juge de paix.

ARTICLE 1er. — *Quand la preuve par témoins est-elle admissible?*

275. Si les parties sont contraires en faits de nature à être constatés par témoin, et que le juge de paix trouve la vérification utile et admissible, il ordonnera la preuve et en fixera précisément l'objet. Code de proc ., 4.

276. Tous les faits ne sont pas de nature à être constatés par témoins : ainsi, l'art. 1341 C. Nap. veut qu'il soit passé acte de toute chose excédant la somme ou valeur de 150 fr., même pour dépôt volontaire. D'après cet article, il ne peut être reçu, non plus, aucune preuve par témoins contre et outre le contenu aux actes, ni sur ce qui serait allégué avoir été dit avant, lors ou depuis les actes, encore qu'il s'agisse d'une somme ou valeur moindre de 150 francs.

277. Cette règle s'applique aux cas où l'action contient, outre la demande de capital, une demande d'intérêts qui, réunis au capital, excèdent la somme de 150 francs. C. Nap., 1342.

278. Celui qui a formé une demande excédant 150 fr. ne peut plus être admis à la preuve testimoniale, même en restreignant sa demande primitive. C. Nap., 1343.

279. La preuve testimoniale, sur la demande d'une somme même moindre que 150 fr., ne peut être admise, lorsque cette somme est déclarée être le restant ou faire partie d'une créance plus forte, qui n'est point prouvée par écrit. C. Nap., 1344.

280. Si dans la même instance une partie fait plusieurs demandes, dont il n'y ait point de titre par écrit, et que, jointes ensemble, elles excèdent la somme de 150 fr., la preuve par témoins n'en peut être admise, encore que la partie allègue que ces créances proviennent de différentes causes et qu'elles se sont formées en différents temps, si ce n'était que ces droits procédassent, par succession, donation ou autrement, de personnes différentes. C. Nap., 1345.

281. Le Code Napoléon a pris, en outre, les moyens d'empêcher que, en faisant succéder une demande à une autre, on n'éludât la prohibition de la preuve testimoniale, en cas de plusieurs sommes à réclamer contre la même personne : ainsi, d'après l'article 1346, toutes demandes, à quelque titre que ce soit, qui ne seront pas entièrement justifiées par écrit, seront formées par un même exploit, après lequel les autres demandes, dont il n'y aura point de preuve par écrit, ne seront pas reçues. Cet article exclut même les demandes qui concerneraient des créances contractées postérieurement à la première, et que, par conséquent, il aurait été impossible de comprendre dans cette première demande ; car il n'est pas probable que celui qui, ayant contracté avec une personne sans billet, se serait vu forcé de poursuivre en justice son débiteur, eût consenti, depuis, à contracter encore avec lui sans garantie.

282. Mais toutes ces règles sur l'admission de la preuve testimoniale reçoivent exception, lorsqu'il existe un commencement de preuve par écrit : on appelle ainsi tout acte écrit émanant de celui contre lequel la demande est formée ou de celui qu'il représente, et qui rend vraisemblable le fait allégué. C. Nap., 1347.

283. Il n'est même pas nécessaire que le commencement de preuve par écrit émane de celui contre lequel la demande est formée. Ainsi, la copie d'un acte non délivrée par le notaire qui l'a reçu, la transcription d'un acte sur les registres publics, son enregistrement, peuvent, dans de certaines circonstances, servir de commencement de preuve par écrit. C. Nap., 1335, 1336. La loi laisse, au reste, au juge à apprécier si l'acte produit peut constituer un commencement de preuve.

284. Les mêmes règles reçoivent encore exception toutes les fois qu'il n'a pas été possible au créancier de se procurer une preuve littérale de l'obligation qui a été contractée envers lui. — Cette seconde exception s'applique — 1° aux obligations qui naissent des quasi-contrats et des délits ou quasi-délits ; 2° aux dépôts nécessaires, faits en cas d'incendie, ruine, tumulte ou naufrage, et à ceux faits par les voyageurs en logeant dans une hôtellerie, le tout suivant la qualité des personnes et les circonstances du fait ; 3° aux obligations contractées en cas d'accidents imprévus, où l'on ne pourrait pas avoir fait des actes par écrit ; 4° au cas où le créancier a perdu le titre qui lui servait de preuve littérale, par suite d'un cas fortuit, imprévu, et résultant d'une force majeure.

285. Telles sont les règles sur la preuve des obligations résultant d'une convention. Quant aux obligations et aux droits qui résultent des faits, ils peuvent toujours être prouvés par témoins, et ne sauraient même l'être autrement.

286. La preuve des faits est souvent invoquée dans les instances en justice de paix, celles, par exemple, qui ont lieu par suite de rixes, d'injures verbales, dommages aux champs, action possessoire, etc.

287. Après s'être demandé si la preuve par témoins offerte est admissible, si les faits sont de nature à être constatés par témoins, le juge de paix doit examiner si la vérification est *utile*, c'est-à-dire si ces mêmes faits sont *pertinents* : la vérification est utile lorsque le juge de paix ne peut, sans elle, prononcer sur la contestation. Si le fait qu'il s'agit de vérifier n'a pas de rapport avec l'affaire, si le juge peut former sa conviction sans recourir à la preuve proposée, il ne doit pas l'ordonner.

288. Le juge a un pouvoir discrétionnaire pour décider si les faits sont pertinents ou non, et pour rejeter, par conséquent, l'offre d'une preuve testimoniale (Cass., 19 juin 1839; Dall., 39, 1, 372). Il peut même refuser de l'ordonner en se fondant sur ce que les faits sont invraisemblables (Limoges, 20 nov. 1826 ; Cass., 21 juin 1827) ; ou sur ce que la preuve serait impossible à faire, parce que, par exemple, les faits allégués remonteraient à une époque trop reculée. Cass., 18 avril 1832; Levasseur, édit. Toussaint, p. 152.

289. Le défendeur peut obtenir, de son côté, du juge de paix la faculté de faire entendre des témoins pour repousser la preuve du demandeur, c'est-à-dire de répondre à l'enquête par une contre-enquête. Cette faculté doit lui être accordée, lors même qu'il ne l'aurait pas requise dès le principe, les dispositions contenues à cet égard dans l'article 1er du titre IV de la loi de 1790 n'étant pas répétées dans le Code de procédure.

290. Le juge de paix peut aussi ordonner d'office l'audition de témoins sur des faits dont les parties ne lui demanderaient pas la preuve, tous les moyens lui étant permis pour éclairer sa conscience.

291. Il est même admis qu'il ne saurait invoquer dans son jugement la connaissance personnelle qu'il aurait d'un fait contesté entre les parties. Riom, 3 nov. 1809.

ARTICLE 2. — *Formes de l'enquête. — Jugement qui l'ordonne. — Cédule. — Citation des témoins. — Reproches. — Serment. — Audition. — Responsabilité du juge de paix.*

292. Le jugement qui ordonne une enquête doit en fixer l'objet. C. proc., 34.

La preuve contraire est de droit. C. proc., 256.

293. Le juge délivre à chaque partie cédule pour faire citer ses

témoins : la cédule de citation doit faire mention de la date du jugement, du jour, du lieu et de l'heure de la comparution des témoins (C. proc., 29); elle doit aussi faire mention des faits sur lesquels portera l'enquête, afin d'avertir les témoins de l'objet de leur
déposition.

294. La loi n'impose aucun délai de rigueur pour la réquisition
de la cédule après la prononciation du jugement, s'il est contradictoire, ou après sa signification ou l'expiration du délai de l'opposition, s'il est par défaut. Pigeau (*Commentaire*, t. I, p. 94) pense
que le délai ne devrait être que de trois jours ; mais cette fixation,
purement arbitraire, est repoussée par Carré, *Question* 152 *bis*, et
par M. Chauveau sur Carré, *ibidem*.

295. Faut-il notifier trois jours à l'avance, aux termes de l'art.
361 Code procédure, la liste des témoins qu'on veut faire entendre?
Pigeau (*Commentaire*, t. Ier, p. 94 et 95) adopte l'affirmative sur
cette question; mais son opinion est encore combattue par M. Chauveau sur Carré, *Question* 152 *ter*, et repoussée par un arrêt de la
Cour de cassation du 2 juillet 1835 (Dalloz, 35, 1, 339); cet arrêt a
rejeté un pourvoi contre un jugement du tribunal de Coutances,
qui, en se fondant principalement sur ce qu'il était reconnu par les
auteurs et la jurisprudence que le juge de paix peut entendre les
témoins produits, même sans citation, par les parties, avait décidé
que la liste des témoins à entendre ne doit pas être notifiée. La
Cour suprême s'est décidée par un motif plus général, c'est que les
sept articles du titre VII, livre Ier du Code de procédure civile contiennent tout ce qui doit être observé pour les enquêtes devant les
juges de paix. Le 13 janvier 1836, elle a persisté dans sa jurisprudence, en considérant que les délais, prorogations et déchéances
mentionnés en matière d'enquête, par les art. 256 et suivants du
Code de procédure civile, ne s'appliquent pas aux preuves testimoniales de la compétence des juges de paix.

296. Il n'y aurait point, en effet, de nullité soit de l'enquête,
soit du jugement définitif qui serait rendu par suite de cette instruction, s'il était arrivé que le juge eût reçu des dépositions de
témoins qui n'auraient pas été appelés par la cédule de citation. Les
articles du Code de procédure relatifs aux enquêtes devant les juges de paix n'infligent pas la peine de nullité à l'omission des formes ; et, d'après l'art. 1030 du même Code, aucun exploit ou acte
de procédure ne peut être déclaré nul, si la nullité n'en est pas
formellement prononcée par la loi.

297. En général il est utile, dit Carré, que les formes réglées pour les enquêtes et les expertises devant les tribunaux civils soient observées dans les justices de paix, lorsqu'elles ne contrarient point leur organisation et la pensée de simplification qui y domine ; mais leur inobservation n'entraînerait jamais la nullité.

298. Les témoins doivent être cités au moins un jour avant l'audition (C. proc., 408), outre une augmentation suivant la distance. Si le témoin comparaît, il peut requérir taxe, conformément à l'art. 24 du Tarif civil. Il lui est, à cet effet, délivré par le juge, au bas de sa citation, exécutoire contre la partie qui l'a fait citer. Les témoins qui n'auraient pas été assignés ne peuvent requérir taxe.

299. Le titre des *Enquêtes en justice de paix* du Code de procédure ne porte aucune peine contre les témoins qui refusent de comparaître ; mais d'après l'art. 263, au titre des *Enquêtes devant les tribunaux de première instance,* les témoins défaillants seront, après réassignation, condamnés par ordonnance du juge-commissaire, qui sera exécutoire nonobstant opposition ou appel, à une somme qui ne pourra être moindre de 10 francs, au profit de la partie, à titre de dommages-intérêts. Ils pourront, de plus, être condamnés, par la même ordonnance, à une amende qui ne pourra excéder la somme de 100 francs. Il est admis que les dispositions de cet art. 263 doivent être appliquées aux témoins qui refusent de comparaître devant les juges de paix, parce qu'il y a nécessité de forcer les témoins à obéir à la justice. Carré, *Question* 165.

300. Lorsqu'au jour indiqué le témoin cité ne comparaît pas, le juge de paix, après s'être fait représenter l'original de la citation et avoir examiné s'il s'est écoulé, depuis la délivrance, un temps moral suffisant pour que le témoin pût se présenter, et s'il y a présomption suffisante qu'il a eu connaissance de la citation, peut donc ordonner qu'il sera réassigné à ses frais (arg. de l'art. 263 C. proc. civ.). Par cette nouvelle citation, la partie pourrait demander des dommages-intérêts, s'il y avait lieu, contre le témoin, pour le cas où il ne comparaîtrait pas de nouveau, et le juge pourrait les accorder dans les limites de sa compétence ordinaire. Levasseur, édition Toussaint, n. 134.

301. L'art. 782 du Code de procédure civile autorise les juges d'instruction, les tribunaux de première instance, les Cours d'appel et les Cours d'assises, à donner des saufs-conduits aux débiteurs condamnés à la contrainte par corps, pour qu'ils puissent déposer comme témoins devant eux. Par avis du Conseil d'Etat, du 30 avril 1807, approuvé le 30 mai suivant, il a été décidé que l'art. 782, afin de restreindre un pouvoir trop étendu dont on pouvait craindre l'abus, n'a pas voulu que les juges de paix pussent, à l'avenir, accorder de saufs-conduits, puisqu'ils ne sont pas dénommés dans cet article comme ils l'étaient dans la loi du 14 germinal, et que d'ailleurs ils n'ont pas de ministère public; que cette faculté est également interdite aux tribunaux de commerce, et par les mêmes motifs; et qu'enfin, les parties ou les témoins en état de contrainte par corps doivent s'adresser au président du tribunal civil de l'arrondissement, qui, sur la présentation du jugement d'enquête, et sur les conclusions du ministère public, délivre, s'il y a lieu, le sauf-conduit nécessaire. Circul. du ministère de la justice, du 8 septembre 1807.

302. Au jour indiqué, les témoins, après avoir dit leurs noms, profession, âge et demeure, feront le serment de dire la vérité, et déclareront s'ils sont parents ou alliés des parties, et à quel degré, et s'ils sont leurs serviteurs ou domestiques. C. proc., 35.

303. Les juges doivent obliger chaque personne à prêter le serment de sa religion, parce que c'est un acte religieux qui n'a de valeur qu'autant qu'il est revêtu des formes prescrites par la religion du témoin. Lettre du grand-juge, 26 nov. 1806; Cass., 28 mars 1810.

304. Le serment de dire la vérité, toute la vérité, rien que la vérité n'est exigé qu'en matière criminelle. Il est même reconnu qu'il n'y a pas de nullité de l'enquête lorsque les témoins, au lieu de prêter serment, ont fait une simple promesse de dire la vérité, ou lorsque, au lieu d'être entendus séparément comme l'exige l'article 36 ci-après rapporté, ils sont entendus les uns en présence des autres. Berriat Saint-Prix, p. 375, note 11, et p. 296, note 59; Favard de Langlade, t. II, p. 372; Thomine-Desmazures, t. I, p. 109.

305. Les témoins seront entendus séparément en présence des parties, si elles comparaissent; elles seront tenues de fournir leurs reproches avant la déposition, et de les signer; si elles ne le savent ou ne le peuvent, il en sera fait mention; les reproches ne pourront être reçus après la déposition commencée qu'autant qu'ils seront justifiés par écrit. C. proc., 36.

306. Les reproches proposés contre les témoins doivent-ils, dans une affaire susceptible d'être jugée en dernier ressort, être signés par les parties? L'art. 40 porte qu'il ne sera point dressé de procès-verbal de la requête ou de l'audition des témoins dans les causes de nature à être jugées en dernier ressort; donc, si l'art. 36 exige que les reproches formulés contre les témoins soient signés par les par-

ties, cette disposition ne se rapporte qu'aux affaires qui ne doivent pas être jugées en dernier ressort. Il est vrai que cet art. 36 ne distingue pas ; mais il faut observer, d'un autre côté, que d'après l'art. 40 même, c'est dans le jugement que doivent être énoncés les *reproches* dans les affaires auxquelles se rapporte l'art. 40 ; cet article contiendrait donc une dérogation sur ce point à l'art. 36. Cependant Pigeau (*Commentaire*, t. Ier, p. 97) exige la signature dans le cas de jugement comme dans celui de procès-verbal ; mais ce mode n'est pas suivi.

507. Nul, dit l'art. 268 du Code de procédure, ne pourra être assigné comme témoin s'il est parent ou allié en ligne directe de l'une des parties, ou son conjoint, même divorcé.

Pourront être reprochés, dit l'art. 283, les parents ou alliés de l'une ou l'autre des parties, jusqu'au degré de cousin issu de germain inclusivement ; les parents et alliés des conjoints au degré ci-dessus, si le conjoint est vivant, ou si la partie ou le témoin a des enfants vivants. En cas que le conjoint soit décédé, et qu'il n'ait pas laissé de descendants, pourront être reprochés les parents et alliés en ligne directe, les frères, beaux-frères, sœurs et belles-sœurs. — Pourront aussi être reprochés, le témoin héritier présomptif ou donataire ; celui qui aura bu ou mangé avec la partie, et à ses frais, depuis la prononciation du jugement qui a ordonné l'enquête ; celui qui aura donné des certificats sur les faits relatifs au procès ; les serviteurs et domestiques, le témoin en état d'accusation ; celui qui aura été condamné à une peine afflictive ou infamante, ou même à une peine correctionnelle pour cause de vol. C. proc., 283.

508. Le témoin reproché sera entendu dans sa déposition. C. proc., 284.

509. Pourront les individus âgés de moins de quinze ans révolus être entendus, sauf à avoir à leurs dépositions tel égard que de raison. C. proc., 285.

510. Ces règles relatives soit à la défense d'entendre certains témoins, soit aux témoins reprochés, sont-elles applicables aux enquêtes des juges de paix ? L'affirmative ne nous semble pas douteuse. Elles sont en effet l'expression de la loi naturelle, toujours applicable dans le silence de la loi écrite.

511. La disposition relative au reproche contre les parents et alliés des conjoints, si le conjoint est vivant, ou si la partie ou le témoin en a des enfants vivants, présente quelque obscurité. Toullier (*Droit civil*, t. IX, nº 289) la lève en ces termes : « Le véritable sens de cette disposition est que les parents du conjoint décédé sans postérité, lesquels sont alliés du conjoint partie au procès, ne pourront être reprochés qu'en ligne directe, et, au second degré, en collatérale. Si le conjoint qui n'est point partie au procès est vivant ou a laissé des enfants, ses parents, qui sont alliés de l'autre conjoint, pourront être reprochés jusqu'au sixième degré. Mais dans la cause de l'un des conjoints, on ne peut reprocher les alliés de l'autre conjoint, même pendant sa vie, parce que ces alliés ne sont point les alliés du conjoint partie au procès. Ainsi, par exemple, il n'existe point d'alliance entre un individu et la femme de son beau-frère (Cour de cass., 5 prairial an XIII). La parenté et l'alliance naturelle sont des causes de reproche et même d'incapacité de témoigner en ligne directe (Cass., 6 avril 1809), mais il n'en est pas de même en ligne collatérale. »

312. Les reproches fondés sur la parenté ont encore donné lieu à une question très-controversée. On s'est demandé si, dans une contestation où une commune est partie, les parents, au degré prohibé, d'habitants de la commune sont reprochables comme témoins. Deux arrêts ont décidé qu'ils pouvaient être reprochés (Bourges, 7 décembre 1824 ; Toulouse, 11 juin 1828). D'autres arrêts ont décidé le contraire (Cour de cass., 30 mai 1825 ; Poitiers, 16 novembre 1826), et avec raison. Car il ne suffit pas qu'un individu ait un intérêt au procès pour que ses parents soient reprochables ; il faut qu'il soit partie au procès. Or, une commune est un être moral, recevant son existence de la loi qui lui donne un mandataire légal dans la personne de son maire, et qui n'autorise aucun des membres de l'agrégation à défendre les droits de l'association. Levasseur, édition Toussaint, n° 136.

313. Enfin, une autre question plus grave encore, et qui s'applique à tous les cas de reproches des témoins devant le juge de paix, s'est présentée : c'est celle de savoir si, lorsque le juge de paix décide que les reproches faits au témoin avant la déposition sont fondés, il doit refuser de l'entendre. Dans les enquêtes devant le tribunal civil, le témoin reproché doit être, d'après l'article 284 C. proc., entendu dans sa déposition par le juge-commissaire, sauf au tribunal à supprimer ensuite cette déposition dans les débats : en est-il de même devant le juge de paix ?

314. « L'enquête devant le tribunal civil, dit M. Levasseur, se fait devant un commissaire du tribunal, qui ne peut juger des reproches, mais seulement les constater. Il est nécessaire qu'il entende le témoin reproché, parce qu'il ignore si le reproche sera admis ou rejeté. Mais en la justice de paix, le juge, qui compose à

lui seul le tribunal, peut décider sur-le-champ du mérite du reproche ; s'il se trouve fondé, point de raison de recevoir une déposition inutile.

« On soutiendra peut-être qu'il faut entendre le témoin reproché, au moins dans les causes sujettes à l'appel. Si le juge de paix, dira-t-on, ne peut avoir égard à la déposition d'un témoin contre lequel on produit un reproche qui lui paraît fondé, le tribunal civil peut, sur l'appel, avoir égard à la même déposition, s'il estime le reproche mal fondé : il faut donc que la déposition de ce témoin soit reçue et constatée par écrit, afin de mettre le tribunal d'appel à portée de terminer la contestation, dans le cas où il estimerait le reproche mal fondé.

« La réponse est facile. Le juge de paix, quoique jugeant en première instance, doit se conduire d'après ses propres lumières. Ainsi, lorsqu'il trouve le reproche fondé, il doit refuser d'entendre le témoin. Si le tribunal civil, jugeant en appel, après avoir décidé au contraire le reproche mal fondé, estime que la déposition peut être utile au jugement de la cause, il ordonne que le témoin soit entendu. »

La Cour de cassation a sanctionné le système de M. Levasseur, par arrêt du 2 juillet 1845.

315. Les parties n'interrompront pas les témoins ; après la déposition, le juge pourra, sur la réquisition des parties, et même d'office, faire aux témoins les interpellations convenables. C. proc., 37.

316. Le juge lui-même ne doit adresser des interpellations aux témoins qu'après qu'il a déposé, de peur que l'interruption ne lui fasse perdre le fil de ses idées.

317. Dans tous les cas où la vue du lieu peut être utile pour l'intelligence des dépositions, et spécialement dans les actions pour déplacement de bornes, usurpation de terres, arbres, haies, fossés ou autres clôtures, et pour entreprises sur les cours d'eau, le juge de paix se transportera, s'il le croit nécessaire, sur le lieu, et ordonnera que les témoins y seront entendus. C. proc., 38. — (V. ci-dessus, nos 257 et suiv.)

318. Dans les causes sujettes à l'appel, le greffier dressera procès-verbal de l'audition des témoins : cet acte contiendra leurs noms, âge, profession et demeure, leur serment de dire la vérité, leur déclaration s'ils sont parents, alliés, serviteurs ou domestiques des parties, et les reproches qui auraient été fournis contre eux ; lecture de ce procès-verbal sera faite à chaque témoin pour la partie qui le concerne ; il signera sa déposition, ou mention sera faite qu'il ne sait ou ne peut signer. Le procès-verbal sera, en outre, signé par le juge et le greffier. Il sera procédé immédiatement au jugement, ou, au plus tard, à la première audience. C. proc., 39.

519. La mention qu'un témoin ne sait pas écrire n'équivaut pas à la mention qu'il ne sait pas signer : ainsi jugé par arrêt de la Cour de cass. du 14 août 1807. De ce que quelqu'un ne sait pas écrire, il ne s'ensuit pas, en effet, qu'il ne sache pas signer ; ainsi, lorsqu'un témoin ne peut signer, faute de savoir écrire, il faut le mentionner de la sorte, et non pas se borner à exprimer qu'il ne sait écrire. Nous ne croyons pas cependant qu'il y eût nullité de la déposition si l'on agissait autrement, attendu que l'article 39, en exigeant que l'on fasse mention que le témoin ne peut signer, ne porte point cette peine.

520. Lorsqu'en justice de paix, dans une cause sujette à l'appel, le greffier n'a pas dressé procès-verbal de la déposition des témoins, le tribunal d'appel peut-il annuler le jugement rendu sur l'enquête, pour violation de formes substantielles ? On se tromperait évidemment, dit Carré, répondant à cette question, si l'on prétendait que ce point de droit aurait été jugé pour l'affirmative par un arrêt de la Cour de cass., du 4 janvier 1827, qui a déclaré nul un jugement sur enquête, « attendu que le greffier, au lieu de dresser le procès-verbal prescrit par l'article 39, n'avait tenu que de simples notes. » Le procès-verbal n'est point, en effet, une forme substantielle de la procédure en matière d'enquête ; aussi la Cour n'a-t-elle point prononcé la nullité du jugement sur le motif d'une contravention de forme, mais seulement sur ce que les juges d'appel n'ayant pas cru trouver dans de simples notes des éléments suffisants pour apprécier la décision du juge de paix, avaient pu l'annuler. L'arrêt déclare, en outre, que la nullité fondée sur le défaut du procès-verbal prescrit par l'article 39, n'était point de forme, mais constituait un moyen du fond.

521. Dans les causes de nature à être jugées en dernier ressort, il ne sera point dressé de procès-verbal ; mais le jugement énoncera les noms, âge, profession et demeure des témoins, leur serment, la déclaration s'ils sont parents, alliés, serviteurs ou domestiques des parties, les reproches et le résultat des dépositions. C proc., 40.

522. Lorsque la cause est de nature à être jugée en dernier ressort, le jugement doit-il contenir le résultat de chacune des dépositions, ou le résultat général de toutes ces dépositions ? En traitant cette question, Carré, n° 171, oppose à l'opinion de Delaporte et à celle de Lepage l'opinion de Dumoulin. Ce jurisconsulte fait observer que, d'après l'article 40, le jugement énoncera le résultat des dépositions, et raisonne ainsi : « Cette expression générale enveloppe toutes les dépositions ; elle indique clairement que c'est après les avoir considérées dans leur ensemble qu'il faut en présenter le résultat.

Et, en effet, la cause, dans l'espèce, ne doit pas être portée devant des juges supérieurs : il n'est donc pas nécessaire de constater l'importance de chacune des dépositions, ce soin exigerait des détails inutiles. Le législateur a voulu trouver, dans la désignation individuelle et précise des témoins, la garantie de leur audition ; mais il ne faut pas induire de là que l'énonciation du résultat de chaque déposition soit indispensable ; car, indépendamment de l'obligation de rendre compte des noms, professions des témoins, de leur prestation de serment, etc., on conçoit encore que le jugement doit offrir le résultat des dépositions des témoins prises en masse.

La même opinion est adoptée par M. Pigeau (*Comm.*, t. I, p. 104). « Ainsi, dit-il, il sera énoncé dans le prononcé : Attendu qu'il résulte des déclarations ou des dépositions de tels, telle chose, ordonnons telle chose. »

323. M. Carré pose la question de savoir si le juge de paix, lorsqu'au jour indiqué pour l'enquête aucune des parties ne se présente, peut procéder à l'audition des témoins : après avoir rappelé l'opinion de Dumoulin, lequel pense qu'en pareil cas, dans des causes qui ne sont pas sujettes à l'appel, le juge de paix ne peut entendre les témoins, et celle de Lepage qui émet un avis contraire, Carré ajoute : « Dans ce conflit d'opinions, nous croyons devoir suivre celle de M. Lepage, et voici comment nous estimons que le juge de paix doit agir, soit qu'il s'agisse d'une enquête, soit qu'il s'agisse d'une expertise ; car la question peut se présenter dans les deux cas.

« Remarquons d'abord que si le juge de paix a ordonné une enquête ou une expertise, ce n'est point à lui d'assigner ni les témoins, ni les experts ; la partie la plus diligente doit obtenir, dans la forme prescrite par l'article 29, une cédule pour appeler soit les uns, soit les autres.

« Or, il peut se présenter trois cas : ou aucune des parties ne requiert cédule ; ou l'une d'elles l'ayant obtenue n'en fait pas usage ; ou l'une d'elles l'obtient et appelle les témoins ou les experts.

« Dans le premier et dans le second cas, la procédure sera arrêtée ; le juge ne pourra juger. Si les parties s'en tiennent là, si aucune

d'elles ne fait d'autres suites pendant quatre mois, à partir de l'interlocutoire, l'instance sera périmée, suivant l'article 15, sans qu'on
puisse dire que ce soit par la faute du juge de paix.

« Dans le troisième cas, on ne peut pas dire que les parties aient
abandonné l'instance ; le juge de paix est mis en état de compléter
l'exécution de son jugement interlocutoire ; il ne tient qu'à lui de
recevoir les dépositions des témoins, de faire opérer les experts. Il
peut et doit faire tout cela, tant en présence qu'en l'absence des
parties : il sera en faute s'il ne le fait pas, puisque les articles 36,
262 et 307 et l'esprit de l'article 42 l'y autorisent évidemment, et
qu'il doit user des moyens qu'il a désirés et qu'on lui fournit pour
s'instruire de la vérité. Si les parties ne se présentent pas pour reprocher les témoins, ou récuser les experts, il doit présumer qu'elles
n'ont ni moyens de reproches ni moyens de récusation, et qu'elles
se réfèrent à sa justice et à leur véracité. »

324. L'enquête étant faite, ou l'expertise ayant eu lieu, la cause
est en état d'être jugée ; le juge peut statuer définitivement et immédiatement après l'enquête ou l'expertise ; il doit statuer, au plus
tard, à la première audience, pour se conformer au vœu des articles
13 et 39, et il devra du moins le faire dans le délai de quatre mois
du jour de son interlocutoire, pour n'être pas sujet, suivant l'article
15, aux dommages-intérêts.

325. S'il juge à la charge d'appel, il se conformera aux articles
39 et 42 ; si, au contraire, il doit juger en dernier ressort, et qu'il
ne puisse pas le faire immédiatement après l'enquête ou l'expertise,
la loi ne pouvant entendre, dans aucun cas, lui prescrire l'impossible, il peut prendre note de ce que les articles 40 et 43 lui ordonnent d'énoncer dans son jugement définitif, relativement aux
témoins et aux experts, aux dépositions des uns et à l'avis des
autres.

326. Si l'enquête était nulle par la faute du juge, devrait-elle
être recommencée à ses frais ? Nous avons vu plus haut que les
nullités seront toujours fort rares dans les enquêtes en justice de
paix, puisque la loi ne prononce pas de nullité. Cependant si l'enquête manquait des mentions essentielles, on pourrait, en cas du
jugement en dernier ressort, proposer la nullité en justice de paix
même. Mais il faudrait, en même temps, récuser le juge de paix et
demander que l'enquête fût recommencée par son suppléant (Pigeau, *Commentaire*, t. IX, p. 98). Dans le cas où la cause ne serait pas susceptible d'être jugée en dernier ressort, les griefs contre
l'enquête seraient proposés devant le juge d'appel qui, s'il recon-

7

naissait que l'inobservation des formalités essentielles aurait porté préjudice aux parties, ordonnerait que l'enquête serait recommencée par le suppléant du juge de paix.

Dans l'un comme dans l'autre cas, le juge de paix supporterait les frais de l'enquête ainsi recommencée.

527. M. Chauveau, dans son *Commentaire sur Carré*, se demande si, dans le cas où l'un ou plusieurs des témoins à entendre seraient trop éloignés, le juge de paix pourrait commettre pour cette audition le juge de paix du lieu : Oui, répond-il, d'après l'article 1035, dont la disposition est générale, et suivant l'opinion de M. Pigeau (*Commentaire*, t. I, p. 103). D'après ce même auteur, on devrait, en ce cas, se conformer aux prescriptions des articles 266 et 412 du C. de proc. civ., d'après lesquelles le greffier du juge de paix commis ferait parvenir la minute du procès-verbal d'enquête (qu'on ne pourrait se dispenser de dresser, même dans les causes non sujettes à l'appel) au greffe de la justice de paix où le procès est pendant.

M. Carré, dans son *Traité des justices de paix*, t. IV, p. 113, n. 2874, émet la même opinion.

FORMULE 67. — Jugement qui ordonne une enquête dont on doit dresser procès-verbal.

Entre le sieur... etc., demandeur aux fins de la citation ci-après énoncée, comparant en personne... (*ou par le sieur... son fondé de pouvoir, suivant la procuration sous seing privé en date du... enregistrée à... le... par... qui a perçu... etc.*) ;

Et le sieur... défendeur aux fins de ladite citation, demeurant à... comparant en personne (*ou comme ci-dessus*).

En fait.... par citation de... huissier, du.... enregistrée le... le demandeur a conclu à ce que... (*énoncer ses conclusions*) ; à quoi le défendeur a répondu qu'il dénie les faits allégués par le demandeur, et a conclu à ce qu'il nous plût le renvoyer de la demande et condamner le demandeur aux dépens. Le demandeur a répliqué qu'il offre la preuve testimoniale des faits par lui allégués.

Dans cet état, la cause présentait à juger les questions suivantes : 1° En droit, la preuve offerte est-elle admissible ? 2° Les faits articulés sont-ils pertinents ?

Nous, juge de paix, attendu que... ou considérant que... la preuve testimoniale est admissible dans la cause, puisque...(*énoncer un motif tiré soit de ce que l'obligation à prouver n'est pas d'une valeur supérieure à 150 fr., soit des autres circonstances de la cause*) ; attendu que les faits articulés par le demandeur sont pertinents, et conduisent à la vérification de la demande ;

Avant de faire droit, ordonnons que le demandeur fera preuve à l'audience du... que... 1°... 2°... 3°... (*indiquer bien positivement les faits à prouver*), la preuve contraire réservée au demandeur ; à l'effet de quoi il sera par nous délivré cédule nécessaire, pour, l'enquête faite, être par les parties requis et par nous statué ce qu'il appartiendra, dépens réservés. Ainsi fait et prononcé en audience publique, en présence de... ou en l'absence de... en premier...

ou dernier ressort... par nous, juge de paix de... assisté de notre greffier, à l'audience du... et avons signé avec le greffier.

FORMULE 68. — Cédule pour appeler des témoins.

Nous, juge de paix du canton de... département de... à la requête du sieur... demeurant à... et sur la demande qui nous a été par lui faite, conformément au jugement par nous rendu le... par lequel nous l'avons admis à faire la preuve de différents faits par lui articulés, mandons et ordonnons au sieur... huissier, sur ce requis, de citer, 1° le sieur... (*nom, prénoms, qualités et domicile*);

2° Le sieur... (*id.*), à comparaître le... prochain... heures... par-devant nous, au lieu ordinaire de nos séances... (*ou dans tel autre lieu, qu'il faut avoir soin d'indiquer clairement*), pour dire et déposer vérité en l'enquête ordonnée par notre jugement du... rendu contradictoirement entre le sieur... et le sieur... faute de quoi ils seront condamnés à l'amende et aux peines prononcées par la loi.

Donné le... à...

FORMULE 69. — Signification de cédule. Même droit que ci-dessus, formule 61.

L'an mil huit cent cinquante, le... à la requête du sieur G... nommé, qualifié et domicilié en la cédule dont copie est donnée en tête de celle des présentes, je... huissier... immatricule... soussigné, ai signifié et avec ces présentes laissé copie au sieur... (*nom, prénoms et qualités du témoin*), en son domicile, en parlant à... ainsi déclaré;

D'une cédule délivrée le... par M. le juge de paix de... à ce que le susnommé n'en ignore et ait à comparaître les jour, lieu et heure indiqués; et je lui ai, en son domicile et parlant comme dessus, laissé copie de ladite cédule et du présent exploit, dont le coût est de...

FORMULE 70. — Extrait du jugement contradictoire, mais prononcé en l'absence de l'une des parties, qui ordonne une enquête.

D'un jugement rendu le... l'an... par le juge de paix du canton de... département de... entre le sieur A... demandeur, et le sieur B... defendeur, sur défenses respectives, mais prononcé en l'absence du sieur B...

Il appert avoir été ordonné ce qui suit : avons admis le sieur A... à faire preuve par témoins, 1°...2°... 3°... et seront les temoins entendus, etc.

FORMULE 71. — Notification de l'extrait, et sommation d'être présent à l'opération. Même droit que ci-dessus, formule 61.

L'an... le... à la requête du sieur A... (*nom, prénoms, profession et domicile de celui qui poursuit la confection de l'enquête*), je (*prénoms, nom et domicile de l'huissier*), huissier près le tribunal de... département de... ai signifié, et avec ces presentes donné copie au sieur B... (*nom, prénoms, profession et domicile de celui contre lequel on poursuit la confection de l'enquête*)... en sondit domicile, en parlant à... de l'extrait ci-dessus du jugement rendu, contradictoirement entre les parties, par le juge de paix du canton susnommé, le... mais prononcé en l'absence dudit sieur B... à ce que du contenu en icelui ledit B... n'en ignore; lui déclarant qu'aux jour, lieu et heure indiqués par ledit jugement, il fera proceder à l'enquête, à laquelle il est autorisé par ledit jugement; le sommant d'être présent, si bon lui semble, à ladite enquête; et ai audit B... parlant comme dessus, laissé copie du présent et dudit extrait. (*Signature de l'huissier.*)

FORMULE 72. — Modèle de jugement rendu en dernier ressort, visite des lieux, expertise et enquête, dont il n'y a pas lieu de dresser procès-verbal.

Entre... etc., comparant l'un et l'autre en personne ;
Par sa citation le demandeur a conclu... etc.

La cause portée à l'audience du... sans rien préjuger et avant de faire droit, nous avons ordonné que visite serait faite ce jour, en présence des parties, de... pour constater si... et pour entendre en même temps les témoins produits par les parties, afin' d'établir la preuve des faits par elles soutenus et déniés lors dudit jugement.

A la requête dudit... demandeur, nous nous sommes transporté, assisté du greffier de la justice de paix, à... heures du... sur... où il a été procédé, en présence des parties, à la visite des lieux, et il en est résulté que... (*Etablir sommairement, mais avec soin, l'état des lieux... s'il y a des experts qui font la visite avec le juge de paix, il faut exprimer leur avis.*)

Cette visite étant terminée, nous, juge de paix, avons procédé à l'audition de... témoins, assignés de la part du demandeur, savoir 1°... 2°... (*indiquer ici les nom, âge, profession et demeure de chacun des témoins*) ; tous lesquels ont été entendus séparément dans leur déposition, en présence des parties, et après avoir déclaré qu'ils ne sont ni parents, ni alliés, ni serviteurs des parties, et après avoir, chacun séparément, prêté serment de dire la vérité, toute la vérité, rien que la vérité.

(*S'il y a des reproches fournis contre un témoin, on dit aussitôt après avoir écrit les nom, âge, profession et demeure de ce témoin :*)

Ce témoin a été reproché par ledit... attendu que... (*motifs de reproche*)... à quoi le témoin a répondu que... etc...

Sur quoi, nous juge de paix, considérant que le reproche est fondé en fait et en droit, avons dit que le témoin... ne serait pas entendu, et passé outre à l'audition des autres témoins.

(*Dans le cas, au contraire, où le reproche ne doit pas être admis, on dit :*) —Considérant que le reproche n'est aucunement justifié, nous avons ordonné que ledit témoin serait entendu dans sa déposition, sans avoir égard au reproche présenté par le sieur...

Les témoins du demandeur étant entendus, ledit... défendeur, a présenté les témoins pour la preuve contraire qui lui est réservée. Ces témoins... etc. (*Comme ci-dessus pour les témoins fournis par le demandeur.*)

Ces enquêtes et contre-enquêtes étant terminées, les parties ont été respectivement entendues dans leurs moyens de défenses ; le demandeur a dit qu'il persiste dans ses conclusions, attendu que... à quoi le défendeur a répondu que...

Dans cet état, le résultat des dépositions des témoins fournis respectivement par les parties étant que... (*énoncer ici en masse, et en le résumant autant que possible, le résultat des dépositions*), la cause a présenté à juger les questions suivantes : 1° En fait... 2° en droit... etc.

(*Si des reproches avaient été articulés contre les témoins après leur audition, on le mentionnerait, en constatant la preuve par écrit apportée à l'appui, ou qu'aucune preuve par écrit n'aurait été apportée (C. proc., 36), et l'on dirait dans le jugement :*)

Faisant droit sur l'incident : considérant que les reproches sont... ou ne sont pas justifiés... admettons... ou rejetons lesdits reproches. Au fond, attendu que... (*mettre ici les motifs qui détermineront la décision du juge de paix*) ; jugeant en dernier ressort, ordonnons... et condamnons le sieur...

Ainsi jugé et prononcé... (*Indiquer le lieu où le jugement est prononcé*), etc.

FORMULE 73. — **Procès-verbal d'enquête et de contre-enquête dans une cause sujette à l'appel sur action personnelle et mobilière, contenant reproche contre des témoins, et condamnation contre les témoins défaillants.**

Aujourd'hui... etc., devant nous... etc., est comparu le sieur... lequel a dit que, par jugement de... enregistré le... nous avons ordonné, avant de faire droit, que nous entendrions à cette audience les témoins qu'il a été autorisé à citer, pour nous fixer sur la vérité des faits énoncés audit jugement ; qu'à cet effet, et en vertu de la cédule que nous lui avons délivrée le... il les a fait citer au nombre de... pour être présentement entendus, ainsi qu'il appert de l'acte de citation signifié au pied de la cédule par le ministère de... huissier à... le... enregistré le...; en conséquence, le comparant a demandé qu'il soit procédé à l'audition desdits témoins, tant en absence qu'en présence du sieur... défendeur, demeurant à..., auquel il a aussi fait notifier ladite cédule par autre acte du ministère de... huissier à... en date du... enregistré le... lesquels actes le comparant a déposés ès mains du greffier et a signé (ou a déclaré ne le savoir).

Et à l'instant est aussi comparu.... (nom, prénoms et demeure du défendeur), lequel a dit qu'il ne s'oppose pas à l'audition des témoins appelés par le demandeur, offrant d'y assister sous toutes réserves de droit; et en outre que, de son côté, pour établir la preuve contraire qui lui est réservée par ledit jugement, il a fait citer, suivant acte du ministère de... huissier à... en date du... et dûment enregistré le... cinq témoins dont il demande l'audition ; de laquelle citation il a remis l'original ès mains du greffier, et a signé, etc.

Sur quoi, nous, juge de paix, vu le jugement, la cédule et les citations ci-dessus énoncés, donnons acte aux parties de leurs comparution, dires et réquisitions, et avons procédé à l'audition des témoins de la manière suivante.

(Si l'une des parties ne comparaît pas, on modifie ainsi :)

Et après avoir attendu plus d'une heure au delà de celle indiquée par notre cédule, attendu que le défendeur ne comparaît pas ni personne pour lui, nous avons donné défaut contre lui et ordonné qu'il sera passé outre; et en conséquence, etc...

Après avoir fait donner lecture du jugement qui ordonne l'enquête à tous les témoins respectifs, présents et réunis, lesquels se sont ensuite retirés hors de l'audience, nous les avons fait rentrer l'un après l'autre suivant la loi, et chacun a été entendu séparément en présence des parties.

1er témoin. Frédéric D... propriétaire, demeurant à... âgé de... a déclaré qu'il n'est ni parent, ni allié, ni serviteur, ni domestique des parties; a fait le serment de dire la vérité, toute la vérité, rien que la vérité, et a déposé en ces termes (écrire sa déposition, en ayant soin d'employer, autant que faire se pourra, les termes dont il se sera servi).

(Si le témoin, après avoir déposé, est interpellé par le juge de paix d'office ou sur la demande des parties, on ajoute, avant la clôture de sa déposition :)

Interpellé par nous de dire si tel fait est... etc., ou d'expliquer tel autre... etc., a répondu... etc. Lecture faite de cette déposition, le témoin ayant dit n'avoir rien à ajouter à ladite déposition, et qu'elle contient vérité, y a persisté et a signé, ou a déclaré ne savoir signer, de ce interpellé.

2e témoin... (Nom, prénoms, âge, qualités, demeure et sa déclaration qu'il n'est ni parent, ni allié, ni serviteur, etc., comme à la déposition ci-dessus); à l'instant où cette déclaration a été faite, le sieur... défendeur, a dit qu'il reproche ce témoin, attendu que... (énoncer clairement et sommairement ce reproche); à quoi le demandeur a répondu que... etc. Le témoin, interrogé sur la vérité de ce reproche, a dit que...; sur quoi... (Suite comme en la formule précédente. Si le reproche est écarté, on continue ainsi :)

Alors ledit témoin, après avoir juré de dire la vérité, toute la vérité et rien que la vérité, a déposé ainsi, en présence des parties... etc.

Lecture faite... (*Le reste comme ci-dessus.*)

3e *témoin*... (*Comme plus haut.*)

Tous les témoins du demandeur ayant été entendus, nous avons procédé à l'audition de ceux appelés par ledit sieur... défendeur, en observant les mêmes formalités précédentes, tant pour leur audition, qui a lieu séparément en présence des parties, que pour leurs déclarations et serments.

4e *témoin*... (*Nom, prénoms, âge, qualités et demeure, comme dans la déposition du premier témoin produit par le demandeur, et ainsi continuer pour tous les autres.*)

Et attendu que tous les témoins ont déposé, nous disons que, pour entendre les observations et pour faire droit sur les conclusions des parties, elles seront tenues de comparaître à notre audience du... sans citation préalable.

Fait et clos le présent procès-verbal les jour, mois et an que dessus. (*Sig. du juge, du greffier et des parties.*)

(*Quand l'un des témoins cités ne comparaît pas et se fait excuser, il faut changer ainsi la finale :* Attendu que tous les témoins, etc. :)

Et attendu que le sieur... demeurant à... l'un des témoins appelés par... n'a point comparu, et qu'il nous a fait adresser un certificat délivré par... le... enregistré le... portant que...; attendu que ce motif est une cause valable, et que la cause est suffisamment entendue par suite de l'audition des précédents témoins, disons qu'il sera passé outre au jugement de la cause, etc.

(*Si, au contraire, le juge de paix pense que l'excuse ne doit pas être admise, on continue ainsi :*)

Et attendu que le témoin... n'a pas comparu, que l'excuse présentée par lui n'est pas suffisante, que son audition est nécessaire, ordonnons qu'il sera réassigné à ses frais pour le... heure de... jour auquel nous renvoyons les parties pour... etc.

(*Si le juge de paix croit la déposition du témoin nécessaire, malgré son excuse valable, on met :*)

Attendu que l'excuse proposée est valable, mais que l'audition du témoin est nécessaire, nous ordonnons qu'il sera réassigné pour comparaître à l'audience du... à laquelle nous continuerons la cause en présence des parties, lesquelles seront tenues de comparaître sans citation nouvelle.

Fait... etc.

(*Mais si dans ce cas le témoin était infirme ou incapable de se présenter, on dirait :*)

Attendu que le fait constaté par le certificat est une cause suffisante, mais qu'il nous est indispensable d'entendre le témoin, nous ordonnons que sa déposition sera par nous reçue en son domicile, auquel nous nous transporterons le... de ce mois, à... heure du... et enjoignons aux parties d'y comparaître sans citation.

(*Enfin, si le témoin ne s'était pas présenté et n'avait pas fait parvenir d'excuse, on pourrait dire :*)

Nous, juge de paix, vu l'exploit délivré à N... parlant à sa personne, par... Attendu qu'il n'a pas fait parvenir d'excuse; attendu que le sieur B... demande qu'il soit condamné à l'amende et aux dépens; vu l'article 263 du Code de procédure civile, le condamnons en dix francs d'amende et aux dépens, taxés à...

Fait et clos... etc.

(*Si le juge de paix se transporte sur les lieux et se fait assister d'experts, on ajoute, après avoir mentionné la comparution des parties et des experts :*)

Vu la comparution desdites parties et des experts, nous avons fait lever la main à ces derniers, et prêter serment de bien et fidèlement, et en leur âme et conscience, nous donner leur avis, etc...; après quoi, en présence des parties, nous avons constaté en premier lieu que... etc. Interrogés par nous, les experts nous ont déclaré... etc. (*Mentionner ici l'opinion des experts,*

en ayant soin d'indiquer leurs opinions séparément s'ils ne sont pas una-
nimes.)

Si le procès-verbal ne peut être fait dans un seul jour, on mentionne
ainsi la remise à un autre jour :)

Et attendu l'heure avancée... (*ou toute autre raison qui motive le renvoi*),
nous avons renvoyé la suite de notre opération à... prochain, heures de...
auxquels jour et heures les parties, les experts et les témoins seront tenus
de comparaître sans nouvelle citation. (*Indiquer le lieu.*)

FORMULE 74. — Enquête par défaut, et jugement d'après l'enquête.

Entre le sieur A... demandeur aux fins de la citation ordinaire du... enregistrée le... comparant en personne, et le sieur B... défendeur aux fins de la
même citation, défaillant;

Le sieur A... a dit qu'aux termes de notre jugement du... rendu entre lui
et le sieur B... sur défenses respectives, mais prononcé en l'absence dudit
B... auquel extrait dudit jugement a été dûment signifié par exploit de... en
date du... enregistré le... contenant sommation d'être présent à l'enquête ci-
après, et en vertu de la cédule à lui par nous délivrée le... il a, par exploit
du... enregistré le... fait citer à comparaître cejourd'hui, lieu, heure présente de... les sieurs C... D... E... F... lesquels sont ici présents, et requiert
qu'il nous plaise les entendre, même en l'absence du sieur B... non comparant, quoique dûment averti.

Et attendu que le sieur B... n'est pas comparu, ni personne pour lui,
nous... juge de paix, avons procédé à l'audition des témoins produits,
auxquels il a été fait, en notre présence, par notre greffier, lecture entière
du jugement du... qui ordonne la présente enquête;

Le sieur C... (*sa déposition et les autres comme en l'enquête contradic-*
toire.)

Après laquelle enquête, ouï de nouveau le sieur A... nous avons, contre le
sieur B... non comparant, ni personne pour lui, donné défaut; et pour le
profit, considérant... disons que... Donné... (*La fin comme en l'enquête con-*
tradictoire, formule précédente.)

FORMULE 75. — Jugement sur le fond après enquête principale.

Audience du...
En la cause du sieur A...
Contre le sieur B...

A comparu le sieur A... lequel nous a exposé qu'il résulte du procès-verbal par nous tenu le... enregistré, qu'il a été procédé avec toutes les formalités de la loi à l'enquête prescrite par notre jugement interlocutoire du...
enregistré, ainsi qu'à la contre-enquête; et attendu qu'il résulte de cette
opération que le comparant a pleinement rempli ledit interlocutoire, il conclut à l'adjudication des fins et conclusions par lui prises dans l'exploit introductif d'instance, avec dépens.

A également comparu le sieur B... qui a dit qu'en vertu du même jugement, il a été procédé, dans le même procès-verbal, à la contre-enquête;
et attendu qu'il résulte de l'ensemble des dépositions des témoins que... il
conclut à être renvoyé des demandes, fins et conclusions contre lui prises,
avec dépens.

Ouï lesdites parties et la lecture de la susdite enquête qui a été faite par
notre greffier, nous, juge de paix, avons posé les questions suivantes : ......
Nous, juge de paix, attendu...

Par ces motifs, vidant l'interlocutoire et procédant à charge d'appel, condamnons le sieur B... à... avec dépens liquidés à... ensemble aux frais de la
minute, enregistrement, expédition et signification du présent jugement. »

Ou relaxons le sieur B... des demandes à lui faites, fins et conclusions contre lui prises, et condamnons le sieur A... aux dépens liquidés à... etc.»

ARTICLE 3. — *Taxe des témoins.* — *Frais de voyage.*

328. Il est taxé au témoin entendu par le juge de paix une somme équivalant à une journée de travail, même à une double journée si le témoin a été obligé de se faire remplacer dans sa profession, ce qui est laissé à la prudence du juge.

Il sera taxé au témoin qui n'a pas de profession, 2 francs.

Il n'est point passé de frais de voyage, si le témoin est domicilié dans le canton où il est entendu.

S'il est domicilié hors du canton, et à une distance de plus de 2 myriamètres et demi du lieu où il fait sa déposition, il lui est alloué autant de fois une somme double de journée de travail, ou une somme de 4 francs, qu'il y a de fois 5 myriamètres de distance entre son domicile et le lieu où il a déposé. Tarif, art. 24.

329. La somme équivalant à la journée de travail, dont il s'agit au § 1er de l'article 24, n'est allouée qu'autant que le témoin exerce une profession ; s'il n'en a pas, il lui est taxé 2 francs.

330. Pour évaluer la journée de travail, M. Vervoort, p. 25, note *a*, pense qu'il faut s'attacher à la fixation qui a dû être faite par le préfet, en vertu de l'art. 4 du titre II de la loi du 28 septembre 1791. Cabissol, p. 33, et Rivoire, p. 184, sont du même avis. M. Chauveau, t. I, p. 29, soutient, au contraire, que tel n'est pas l'esprit du Tarif, et pense que c'est une journée de travail de la profession du témoin, en s'appuyant sur l'analogie qu'il croit exister entre l'article 23 et l'article 167. M. Coin-Delisle (*Encycl. des juges de paix*, t. III, p. 236) admet de préférence l'interprétation de MM. Cabissol, Rivoire et Vervoort, parce que, dit-il, elle est conforme au sens que la loi a fixé aux mots *journée de travail*, et à l'esprit d'économie qui préside aux justices de paix. Il nous répugne, ajoute-t-il, de penser que le législateur aurait permis que quatre témoins pussent coûter 40 francs à la partie contre qui l'on veut prouver l'existence d'une obligation au-dessous de 100 francs.

331. L'indemnité de voyage peut être allouée cumulativement avec l'indemnité fixée pour la déposition. Sudraud-Desisles, p. 312, n. 1055.

332. L'indemnité allouée aux témoins fait partie des dépens ; elle est supportée par la partie qui succombe. Carré et Chauveau, *Lois de la proc.*, n. 162.

333. Pigeau (*Comment.*, t. I, p. 95), par induction de l'art. 281

C. proc., dit que la partie qui, en justice de paix, fait entendre plus de cinq témoins sur le même fait, ne peut répéter les frais des autres dépositions.

554. Le juge de paix peut ordonner la comparution des parties en personne. La comparution et l'interrogatoire des parties sont un moyen pour la découverte de la vérité. Ce moyen est évidemment permis aux juges de paix.

555. Le juge de paix peut inviter le mandataire de la partie absente à avertir celle-ci de se présenter ; mais, si l'on craint qu'elle ne vienne pas, il vaut mieux que le juge de paix rende un jugement, soit sur la demande de la partie adverse, soit même d'office, pour ordonner la comparution personnelle.

556. Ce jugement doit certainement être signifié, surtout s'il est rendu sur la demande d'une des parties, quoique la partie absente soit représentée à l'audience par un mandataire, puisqu'il s'agit d'appeler la partie en personne.

557. Mais aucune pénalité n'est attachée au refus de la partie de comparaître ; seulement le juge est fondé à tirer de cette désobéissance toutes les inductions qu'il croit convenable (Carré et Chauveau). Ce refus n'a même pas pour résultat de faire réputer par défaut le jugement à intervenir ; la partie est représentée par son fondé de pouvoir. Carré et Chauveau, n. 44 *ter.*

558. Le juge de paix peut aussi ordonner un interrogatoire sur faits et articles.

559. Mais lorsque l'interrogatoire sur faits et articles a lieu devant le juge de paix, la procédure souffre nécessairement les modifications que nécessite l'absence d'avoués près les justices de paix.

Ce sont les articles 324 et suivants du Code de procédure civile qui règlent les formalités à suivre pour l'interrogatoire sur faits et articles. Cet interrogatoire ne peut être ordonné d'office ; il doit être demandé par l'une des parties.

540. Au reste, il pourra presque toujours être remplacé par la comparution personnelle. La comparution personnelle offre l'avantage de la célérité et de l'économie des frais. Il ne serait indispensable de recourir à un interrogatoire que si la comparution personnelle était impossible, à raison de l'éloignement ou d'un empêchement résultant d'une maladie grave, et alors il y aurait lieu de commettre le juge de paix du canton de la partie absente.

FORMULE 76. — **Jugement de remise pour la comparution en personne.**

Entre le sieur A... comparant par C... son fondé de pouvoir, d'une part; et le sieur B... comparant par D... son fondé de pouvoir, d'autre part;

Après avoir ouï les parties en leurs dires respectifs, nous... considérant que le jugement à rendre sur la présente demande dépend de faits dont les parties rendront par elles-mêmes un compte plus exact que leurs fondés de pouvoir, et que leur comparution peut être utile pour le jugement de la cause, avons remis la cause au... jour auquel les parties seront tenues de comparaître en personne, en notre audience, heure de... pour s'expliquer sur les faits de la cause, dépens réservés.

Prononcé, etc.

CHAPITRE XIII. — De la demande en vérification d'écriture et de l'inscription de faux.

341. Lorsqu'une des parties déclarera vouloir s'inscrire en faux, déniera l'écriture ou déclarera ne pas la reconnaître, le juge de paix lui en donnera acte. Il paraphera la pièce, et renverra la cause devant les juges qui doivent en connaître. C. proc., 14.

342. L'acte produit devant le juge à l'appui de la demande, ou pour repousser la demande, est un acte authentique ou un acte sous seing privé.

L'acte authentique est celui qui a été reçu par un officier public ayant le droit d'instrumenter dans le lieu où l'acte a été rédigé, et avec les solennités requises. C. Nap., 1317.

343. L'acte authentique fait pleine foi de la convention qu'il renferme entre les parties contractantes et leurs héritiers ou ayants cause. Néanmoins, en cas de plainte en faux principal, l'exécution de l'acte argué de faux sera suspendue par la mise en accusation; et, en cas d'inscription de faux faite incidemment, les tribunaux peuvent, suivant les circonstances, suspendre provisoirement l'exécution de l'acte. C. Nap., 1319.

344. Il résulte de ces dispositions que, si l'on oppose devant le juge de paix un acte authentique, la partie adverse, soit qu'elle ait figuré dans l'acte, soit qu'elle se trouve obligée comme héritier ou ayant cause, ne pourra combattre cet acte que par l'inscription de faux incidente, c'est-à-dire élevée par incident devant le juge de paix.

345. Si, au lieu d'un acte authentique, il s'agissait d'un acte sous seing privé, il ne serait pas nécessaire, pour repousser l'acte, d'avoir recours à l'inscription de faux; mais il y aurait lieu de distinguer et d'agir différemment, suivant qu'on opposerait au défendeur sa propre écriture ou signature, ou que l'acte serait seulement attribué à l'un de ses auteurs : « Celui auquel on oppose un acte sous « seing privé est obligé d'avouer ou de désavouer formellement « son écriture ou sa signature; ses héritiers, ou ayants cause, peu- « vent se contenter de déclarer qu'ils ne connaissent point l'écriture « ou la signature de leur auteur. » C. Nap., 1323.

« Dans le cas où la partie désavoue son écriture ou sa signature, « et dans le cas où ses héritiers, ou ayants cause, déclarent ne les « point connaître, la vérification en est ordonnée en justice. » *Ibidem*.

Tels sont les principes et les règles d'après lesquels doit se guider le juge de paix pour l'application de l'article 14, et pour le renvoi, soit en cas d'inscription de faux, soit en cas de dénégation de l'écriture, soit en cas de déclaration de ne pas la connaître.

346. En renvoyant l'incident devant les juges qui doivent en connaître, le juge de paix retient la connaissance de la cause, c'est-à-dire qu'il n'en reste pas moins compétent pour prononcer sur le fond de la contestation, et qu'il ne fait que surseoir indéfiniment jusqu'après que les juges compétents auront statué.

347. Dans le cas où la pièce opposée serait inutile pour la décision du procès, il n'y aurait pas lieu à surseoir à la prononciation de la sentence : la loi n'a pu vouloir ordonner la preuve d'un fait sans importance.

348. Ainsi que nous l'avons déjà fait observer, le juge de paix n'a pas à s'occuper des juges compétents, soit pour prononcer sur l'inscription de faux, soit pour prononcer sur la vérité de la signature; il doit se borner à renvoyer la cause devant les juges qui doivent en connaître.

349. Lorsqu'il s'agit de reconnaissance et vérification d'écriture, c'est devant le tribunal civil de première instance que les poursuites doivent être intentées (C. proc., 193 et suiv.). Il en est de même du faux incident civil. C. proc., 214 et suiv.

350. Si la voie d'inscription en faux principal avait été prise, ce serait aux tribunaux criminels à en connaître.

351. L'art. 14 du Code de procédure n'exige qu'une simple déclaration de vouloir s'inscrire en faux, pour faire suspendre la procédure. Il n'est donc pas nécessaire que l'inscription de faux soit formée : la simple allégation du faux doit arrêter le juge de paix. Delzers, 101.

352. Si le défendeur refuse de présenter la pièce arguée de faux pour que le juge y appose son paraphe, ce refus est constaté par le juge de paix, qui décerne une cédule, en vertu de laquelle la partie est sommée de présenter la pièce aux lieu, jour et heure indiqués. Chauveau et Carré, n. 56 *ter*; Pigeau, *Comm.* 1, 27.

Lorsque la partie, sur cette sommation, représente la pièce, le juge de paix y appose son paraphe, et en constate l'état par un procès-verbal. Mêmes autorités.

Ces paraphes et ce procès-verbal ne dispensent ni des paraphes ni des procès-verbaux prescrits devant le tribunal civil, par les art. 196, 198 et 227 C. proc.; Pigeau, *ibid.*

553. Si, au contraire, la partie refuse d'obéir à la sommation, l'adversaire l'assigne pour voir dire que le refus sera pris pour la déclaration formelle de ne pas entendre se servir de la pièce, et le juge de paix statue au fond, comme si cette déclaration existait. Mêmes autorités.

554. Le tribunal qui statue sur l'incident ne peut prononcer sur le fond, qui n'a pas cessé d'appartenir au juge de paix, dont la solution a été seulement suspendue jusqu'au jugement de cet incident. Carré et Chauveau, n. 55; Pigeau, 1, 29; Delzers, 102; Paillet, article 14. — *Contrà*, Thomine, 1, 70; Lepage, *Quest.*, p. 74.

555. L'art. 14 C. proc. n'ordonne le renvoi que pour dénégation, méconnaissance d'écritures et inscription de faux. — D'où l'on a conclu que l'on peut citer en reconnaissance d'écriture devant le juge de paix, dans une cause de sa compétence (Carré et Chauveau, n. 56, 4°; Pigeau, *Comm.* 1, 28). — Mais si l'écriture est méconnue, il faut suivre les règles de l'art. 14.

556. Le délai pour comparaître sur la demande en reconnaissance serait d'un jour (au lieu de trois). C. proc., 193. Arg. C. pr., 5; mêmes autorités.

557. Si le défendeur comparaît, ou il reconnaît ou il dénie l'écriture : dans le premier cas, le juge donne acte de la reconnaissance et statue sur les difficultés qui divisent les parties; dans le deuxième cas, il renvoie devant qui de droit. Mêmes autorités.

S'il fait défaut, le juge de paix prononce que l'écrit sera tenu pour reconnu. Arg. C. proc., 194; mêmes autorités.

FORMULE 77. — Jugement qui donne acte d'une dénégation d'écriture.

Entre A... demandeur aux fins de... tendant à ce que le ci-après nommé, en qualité de seul et unique héritier du sieur B... son père, soit condamné à lui payer la somme de cent quatre-vingt-dix francs, contenue au billet entièrement écrit de la main dudit Paul, son père, en date du... enregistré le...

Et le sieur B... défendeur... lequel a requis d'être renvoyé de la demande, attendu qu'il ne reconnaît pas l'écriture du billet sus-énoncé, ni la signature étant au bas, pour être de la main de son père.

Nous, juge de paix, avons donné acte au sieur B... de sa déclaration qu'il ne reconnaît ni l'écriture ni la signature du billet dont il s'agit, pour avoir été tracées de la main de son père : nous avons à l'instant paraphé et fait parapher ledit billet qui nous a été représenté ; renvoyons les parties à se pourvoir sur la dénégation d'écriture devant les juges qui en doivent connaître ; sera sursis au jugement de l'instance en payement du billet, jusqu'à celui à rendre sur l'instance en dénégation d'écriture.

(*Sur la pièce dont l'écriture sera déniée, le juge de paix mettra son paraphe et écrira :*)

Paraphé le présent billet, que le sieur... a dénié avoir été écrit et signé par son père, à notre audience de cejourd'hui, l'an... le... (*Signature du juge de paix et du défendeur.*)

FORMULE 78. — Jugement qui donne acte d'une déclaration d'inscription de faux.

Entre le sieur A... (*nom, prénoms, profession et domicile du demandeur*), demandeur aux fins de la citation du... enregistrée le... tendant à ce que le ci-après nommé soit condamné à lui payer la somme de cent quatre-vingt-dix francs, contenue en son billet en date du... enregistré le... comparant... d'une part,

Et le sieur B... (*nom, prénoms, profession et domicile du défendeur*), défendeur aux fins de ladite citation, comparant en personne, lequel a requis le renvoi de la demande, attendu que la signature étant au bas du billet représenté n'est pas la sienne, et nous a déclaré vouloir s'inscrire en faux contre le billet, si le demandeur persiste à vouloir s'en servir.

Le sieur A... demandeur, a répliqué que la signature apposée à l'acte sus-énoncé est celle du défendeur, et qu'il entend se servir du billet, comme reconnaissance de la somme par lui demandée...

Nous, juge de paix, avons donné acte au sieur... défendeur, de sa déclaration qu'il entendait s'inscrire en faux contre le billet sus-énoncé, en date .. enregistré le... nous avons à l'instant paraphé et fait parapher ledit billet qui nous a été représenté ; renvoyons les parties à se pourvoir, pour l'inscription de faux, devant les juges qui en doivent connaître ; et sera sursis au jugement du fond jusqu'après le jugement de l'instance sur l'inscription de faux.

(*Sur la pièce contre laquelle l'une des parties déclare vouloir s'inscrire en faux, le juge de paix mettra son paraphe et écrira :*)

Paraphé le présent billet, contre lequel le sieur B... a déclaré vouloir s'inscrire en faux, à notre audience de cejourdh'ui... l'an... le... (*Signature du juge de paix et du défendeur.*)

CHAPITRE XIV. — Du jugement définitif. — Des dépens. — De la condamnation aux dépens, à l'exécution provisoire ou sur la minute, à la contrainte par corps.

358. Le jugement définitif met fin à la contestation, sauf l'appel ou les autres voies de recours, lorsqu'elles sont autorisées.

Il statue sur les dépens.

Le juge de paix peut ordonner l'exécution provisoire et la contrainte par corps, dans les cas où la loi le permet.

Ce chapitre sera consacré aux dépens, à l'exécution provisoire, à l'exécution sur la minute et à la contrainte par corps.

339. La partie qui succombe doit être condamnée aux dépens (C. proc., 130). Les frais et dépens sont taxés par le tarif du 16 février 1807; le décret ne parle pas des frais de timbre et d'enregistrement, qui cependant font partie des dépens; mais ces frais seuls peuvent entrer en taxe au delà de ceux mentionnés dans le tarif.

360. Lorsque la partie à laquelle les dépens sont adjugés requiert la délivrance du jugement, elle remet aux greffiers les originaux des différentes citations et notifications qu'elle a fait faire, tant à la partie qu'aux témoins et gens de l'art (Loi des 14 et 18, 26 octobre 1790, tit. IX, art. 4; décret du 16 février 1807, art. 21 et suiv.). Sur ces pièces, le juge de paix liquide les dépens, dans lesquels il comprend le coût de la délivrance et de la signification du jugement; l'expédition du jugement exprime le montant de la liquidation.

361. Celui qui succombe sur un incident doit-il être immédiatement condamné aux frais, ou peut-on réserver les dépens pour y statuer lors du jugement définitif? Il y a lieu de distinguer entre les jugements purement interlocutoires qui ordonnent une mesure pour arriver à une preuve ou un avant faire droit, et entre les demandes incidentes qui, une fois jugées, sont irrévocablement écartées. Ainsi, une partie demande une enquête, sa demande est rejetée et le juge ordonne de plaider au fond, ou remet la cause à la prochaine audience pour plaider au fond : quelque préjugé qui puisse en résulter en faveur de la partie adverse, on doit réserver les dépens jusqu'à la décision du fond; mais si, au lieu d'une demande à fin d'interlocutoire, il s'agissait d'un incident, par exemple, d'une exception d'incompétence ou déclinatoire, comme le jugement qui prononcerait sur la compétence et par lequel le juge déclarerait retenir la cause, aurait un caractère définitif, comme l'exception serait irrévocablement écartée, il y aurait lieu à condamner aux dépens, par le jugement même, la partie qui succomberait.

362. L'art. 131 C. proc. permet de compenser les dépens en tout ou partie entre conjoints, ascendants, descendants, frères et sœurs et alliés au même degré; les juges peuvent aussi compenser les dépens en tout ou en partie, si les parties succombent respectivement sur quelques chefs.

On n'entend point par la compensation des dépens que chaque partie payera, soit une moitié, soit telle autre quotité, tant des frais qu'elle a faits que de ceux de son adversaire mis en masse, mais que chaque partie payera les siens, en totalité ou en partie.

363. Il y a compensation simple et compensation proportionnelle.

La compensation simple a lieu quand chacune des parties doit payer les frais qu'elle a faits ou avancés.

La compensation proportionnelle a lieu quand une partie est condamnée à payer une portion quelconque des frais de son adversaire.

364. Il résulte de ces explications que la compensation simple n'est pas, à vrai dire, une condamnation de dépens, puisqu'ils ne sont adjugés ni pour l'une ni pour l'autre des parties ; les dépens ne sont, en effet, que les frais qui ont été faits dans la poursuite d'un procès, et que la partie qui a succombé doit payer à celle qui a obtenu gain de cause (Carré, *Questions*, 557, 336). La condamnation aux dépens varie à l'infini : les juges peuvent aussi, sans prononcer de compensation proprement dite, mettre à la charge de l'une des parties un acte spécial, une portion quelconque de la procédure.

365. Outre la condamnation aux dépens, le juge exprime ordinairement, dans son jugement, par qui seront supportés les frais de levée et de signification de jugement ; cela est nécessaire surtout lorsque les dépens sont compensés ; car, dans ce cas, il est difficile de décider qui doit payer ces frais.

366. La liquidation des dépens et frais doit être faite par le jugement qui les adjuge (C. proc., 543). Mais il n'est pas nécessaire que la somme des dépens soit prononcée au moment même de la prononciation du jugement ; il suffit que la taxe soit ultérieurement insérée dans la minute (Cass., 2 mai 1810) ; et c'est même ainsi que l'on agit dans l'usage et dans la pratique.

367. « L'exécution provisoire des jugements des juges de paix « sera ordonnée dans tous les cas où il y a titre authentique, pro- « messe reconnue, ou condamnation précédente, dont il n'y a point « eu d'appel.

« Dans tous les autres cas, le juge pourra ordonner l'exécution « provisoire, nonobstant appel, sans caution, lorsqu'il s'agira de « pension alimentaire, ou lorsque la somme n'excédera pas 300 fr., « et avec caution au-dessus de cette somme.

« La caution sera reçue par le juge de paix. » Loi de 1838, art. 11.

368. « S'il y a péril en la demeure, l'exécution provisoire pourra « être ordonnée sur la minute du jugement, avec ou sans caution, « conformément aux dispositions de l'article précédent. » Loi de 1838, art. 12.

369. D'après l'art. 17 du Code de procédure, les jugements des justices de paix, jusqu'à concurrence de 300 fr., étaient exécutoires par provision nonobstant appel et sans qu'il fût besoin de fournir caution; les juges de paix pouvaient, dans les autres cas, ordonner l'exécution provisoire de leurs jugements, mais à la charge de donner caution.— L'art. 11 de la loi nouvelle a profondément modifié la loi ancienne.

370. Les dispositions des art. 11 et 12 ont, au reste, besoin de peu de développement : le titre *authentique* est celui « qui a été reçu « par officiers publics, ayant le droit d'instrumenter dans le lieu où « l'acte a été rédigé, et avec les solennités requises. » C. Nap., 1317.

371. La *promesse reconnue* consiste dans un acte sous seing privé, billet ou autre, dont l'écriture n'est pas déniée, ou dans l'aveu de la dette (C. Nap., 1356).— Le défaut laissé par le défendeur n'empêcherait pas que l'écrit qui lui est opposé fût *reconnu* pour vrai par le juge, ce qui lui donnerait, en pareil cas, la même force que si la reconnaissance était émanée de la partie elle-même. Poitiers, 7 avril 1837.

372. Quant à la *condamnation précédente,* sur laquelle peut être basée l'exécution provisoire, on peut citer comme exemple d'une pareille condamnation le jugement qui aurait reconnu la qualité d'une partie, qualité sur laquelle l'action intentée devant le juge de paix serait fondée ; ou encore le jugement qui aurait établi la validité d'un titre de rente, dont les arrérages seraient, plus tard, réclamés devant le juge de paix, etc.

373. La disposition de l'art. 12, qui permet, s'il y a péril en la demeure, d'ordonner l'exécution provisoire *sur la minute,* est nouvelle; elle accorde aux juges de paix la faculté déjà accordée par l'art. 11 C. proc. aux juges des référés.

374. L'exécution du jugement sur la minute est affranchie du commandement préalable ordonné en cas d'exécution ordinaire (C. proc., 583); le jugement peut même, en pareil cas, être exécuté avant l'enregistrement de la minute; il suffit que cette formalité soit remplie au moment où l'huissier fait enregistrer le procès-verbal d'exécution. Décis. minist. 13 juin 1809.

375. Le greffier confie, pour l'exécution, la minute du jugement à l'huissier qui est ordinairement *commis par le juge,* et qui rétablit la minute au greffe, après l'opération.

376. Lorsque le jugement est déclaré exécutoire sur la minute, la formule exécutoire ne peut être donnée à la minute, qui renferme seulement la mention suivante : *l'exécution aura lieu sur la minute.* Chauveau sur Carré, n° 1898, 8°.

377. L'exécution provisoire avec ou sans caution doit être demandée : elle ne peut être prononcée d'office par le juge. Pigeau, t. Ier, p. 501; Carré, *Loi de la procédure*, sur l'art. 17 du Code; Curasson, sur l'art. 12 de la loi du 25 mai 1838, n° 6.

578. L'exécution provisoire peut d'ailleurs être demandée au tribunal d'appel et avant le jugement à intervenir, si elle n'a pas été prononcée en première instance; de même que si elle a été accordée hors les cas prévus par la loi, l'appelant peut obtenir des défenses, à l'audience, sur assignation à bref délai. C. proc. 458, 459, 460.

579. L'exécution provisoire peut être accordée par les tribunaux d'arrondissement nonobstant appel *ou opposition* (C. proc., 155). Ni l'art. 17 du Code de procédure, ni l'art. 11 de la loi de 1838 ne parlent de l'exécution provisoire *nonobstant opposition :* il était reconnu, sous l'empire de l'art. 17, que l'opposition empêchait l'exécution provisoire ; Carou soutient que l'art. 11, et surtout l'art. 12, qui permet l'exécution *sur la minute*, ont modifié, quant à l'opposition, l'ancien art. 17 ; Curasson pense que, dans le silence absolu de la loi, l'opposition suspendrait l'exécution provisoire.—Voir, sur cette question, notre *Rép. gén. des J. de paix*, au mot *Jugement*, § 7, n° 48 et suiv.

580. D'après l'art. 137 C. proc., « l'exécution provisoire ne peut « être ordonnée pour les dépens, quand même ils seraient adjugés « pour tenir lieu de dommages et intérêts. »

FORMULE 79. — Jugement définitif contradictoire.

Justice de paix du canton de... département de... Audience tenue publiquement, à l'heure accoutumée, en l'auditoire ordinaire du tribunal (*si le jugement était rendu ailleurs, l'énoncer*), le... du mois de... an mil huit cent... par nous... juge de paix... avec l'assistance de M... greffier de cette justice de paix. (*Cet intitulé, mis en tête de la feuille, sert pour tous les jugements qui y sont portés; il est inscrit dans l'expédition de chaque jugement.*)

Entre le sieur A... (*prénoms, nom, profession et domicile du demandeur*), aux fins de la citation en date du... enregistrée le... tendant à ce que le défendeur B...

Soit condamné à lui payer la somme de quarante-huit francs, à lui due par acte sous seing privé du... enregistré le... ensemble les intérêts de ladite somme, à compter de ce jour (*ou bien tendant à ce que...*), comparant en personne, *ou par*... (*prénoms, nom, profession et domicile du fondé de pouvoir*), son fondé de pouvoir... suivant acte du... enregistré à... le... d'une part ;

Et le sieur B... (*prénoms, nom, profession et domicile du défendeur*), défendeur aux fins de la même citation, comparant en personne, *ou par*... (*prénoms, nom, profession et domicile du fondé de pouvoir*), son fondé de pouvoir, suivant acte du... enregistré à... le...d'autre part, lequel (*on insérera son dire*), a dit que...

Nous, juge de paix, considérant (*on détaillera les motifs*), en droit, 1°... 2°... 3°... En fait, 1°... 2°... 3°...

8

Condamnons le sieur B... à payer au sieur A... la somme de quarante-huit francs, contenue en son billet sous seing privé du... enregistré à... le... par... qui a perçu... pour les droits; ensemble les intérêts de ladite somme, à compter du... date de son exploit (*ou bien disons que...*).

Condamnons le sieur... aux frais de la présente instance , liquidés à la somme de... y compris le coût de la délivrance et de la signification du présent jugement.

Ainsi jugé (*lorsque le jugement est rendu en matière non sujette à l'appel, on ajoutera* : en dernier ressort) par nous... juge de paix, en présence du sieur... demandeur, et du sieur... défendeur.

(*Si l'une ou même les deux parties ne sont pas présentes à la prononciation (ce qui peut avoir lieu lorsqu'il y a un renvoi d'audience), il en sera fait mention ainsi* : en l'absence de toutes les parties.)

Le... mil huit cent cinquante-quatre, et avons signé avec notre greffier.

FORMULE 80. — Jugement prononçant la contrainte par corps.

... Condamnons le sieur B... à payer, etc... Ordonnons que, pour la restitution de cette somme, ledit sieur B... sera contraint par toutes les voies de droit et par corps , le condamnons, en outre, aux frais de la présente instance, liquidés à.... (*La suite comme ci-dessus.*)

FORMULE 81. — Jugement prononçant l'exécution provisoire ou l'exécution sur la minute.

Ordonnons, conformément à l'article 11 de la loi du 25 mai 1838, que le présent jugement sera exécuté par provision, nonobstant et sans préjudice de l'appel, sans donner caution.

(*S'il y a lieu à exiger caution, il faut substituer à ces derniers mots, ceux-ci* : A charge par lui de donner caution.)

(*Si l'exécution est ordonnée sur la minute, on ajoute* :)

Ordonnons l'exécution sur la minute.

CHAPITRE XV. — Jugements divers. — Demande de pension alimentaire. — Contestations entre hôteliers, aubergistes, voyageurs et voituriers. — Résiliation de baux. — Congés. — Demandes en résiliation de baux. — Expulsion de lieux. — Saisie-gagerie. — Saisie-brandon. — Saisie foraine.

ARTICLE 1er. — *Jugement sur demandes de pension alimentaire.*

581. D'après le § 4 de l'art. 6 de la loi de 1838, « les juges de « paix connaissent, à charge d'appel, des demandes en pension ali- « mentaire n'excédant pas 150 francs par an, et seulement lors- « qu'elles seront formées en vertu des art. 205, 206 et 207 du C. « Nap. »

582. Les aliments ne devant être accordés que dans la proportion de la fortune de celui qui les doit (C. Nap., 208), il s'ensuit qu'entre plusieurs enfants les uns peuvent être condamnés à payer une somme beaucoup plus forte que les autres.

— 115 —

585. Par *aliments*, le Code entend tout ce qui est nécessaire à la vie et à l'existence : les vêtements, le couvert, la nourriture.

584. La compétence du juge de paix dépend, d'après les termes de notre article, du montant de la demande ; si donc plusieurs co-débiteurs sont assignés chacun personnellement en payement de sommes annuelles qui, réunies, excèdent 150 fr., le juge de paix sera incompétent, et ce, quand même il n'accorderait en total qu'une pension alimentaire inférieure à 150 fr.

Il en serait autrement si un père ou une mère, déjà soutenu par un de ses enfants, réclamait contre un autre un supplément de pension inférieur à 150 fr. : cette réclamation, indépendante de la pension déjà fournie par l'autre enfant, serait de la compétence du juge de paix.

585. Le juge appelé à prononcer sur une demande en pension alimentaire doit prendre pour base de sa décision, outre la fortune du demandeur et des défendeurs, leur condition, les besoins et les ressources de celui qui réclame ; tenir compte en un mot de toutes les circonstances qui peuvent éclairer sa religion et contribuer à une décision équitable.

FORMULE 82. — Jugement pour pension alimentaire. (Expédition du jugement.)

La cause a présenté les questions suivantes :
1° Y a-t-il lieu d'accorder à A... la pension alimentaire qu'il demande?
2° Quelle doit être la quotité de cette pension?
3° La condamnation doit-elle être solidaire?
4° *Quid* des dépens?
Nous, juge de paix, après avoir entendu le demandeur et les défendeurs en leurs conclusions respectives...
Considérant...
Par ces motifs, condamnons, par jugement en premier ressort, Pierre A... à payer à Jacques A... son père, une somme de 48 fr. par an ; Paul A... et Marie B... son épouse, la somme de 35 fr. ; Lucien A... celle de 25 fr., à titre de pension annuelle et alimentaire, et ce de trois mois en trois mois et d'avance, à partir du jour de la citation ; condamnons, en outre, tous les défendeurs aux dépens liquidés à...

ARTICLE 2. — *Des contestations entre les hôteliers, aubergistes, logeurs, et les voyageurs ou locataires en garni. —Entre les voyageurs et les voituriers ou bateliers. — Entre les voyageurs et les carrossiers ou autres ouvriers.*

586. « Les juges de paix prononcent, sans appel, jusqu'à la va-« leur de cent francs, et, à charge d'appel, jusqu'au taux de la com-« pétence en dernier ressort des tribunaux de première instance :

« Sur les contestations entre les hôteliers, aubergistes ou lo-
« geurs, et les voyageurs ou locataires en garni pour dépense
« d'hôtellerie et perte ou avaries d'effets déposés dans l'auberge
« ou dans l'hôtel ;

« Entre les voyageurs et les voituriers ou bateliers, pour re-
« tards, frais de route et perte ou avaries d'effets accompagnant les
« voyageurs ;

« Entre les voyageurs et les carrossiers ou autres ouvriers, pour
« fournitures, salaires et réparations faites aux voitures de voyage. »
Loi de 1838, art. 2.

387. Pour qu'il y ait lieu à la compétence des juges de paix en
vertu de cet article, il faut que la demande soit déterminée ; si elle
ne l'était pas, on pourrait supposer que les effets réclamés seraient
d'une valeur supérieure au taux de la compétence en dernier ressort des tribunaux de première instance, c'est-à-dire à 1,500 fr.

388. Le voyageur défendeur ne peut être assigné devant le juge
de paix du lieu ; mais la saisie-gagerie, faite en vertu des art. 819
et suivants du C. de proc., et la rétention des objets, fourniront,
dans plusieurs cas, les moyens de saisir le juge de paix du lieu ;
ainsi, l'hôtelier, l'aubergiste ou logeur, en saisissant les effets des
voyageurs ou du locataire en garni qui refusera de payer sa dépense, le forcera à porter la contestation devant le juge de paix
du canton, d'autant plus que l'article 3 de la loi de 1838 attribue
au juge de paix la connaissance des demandes en validité de saisie-
gagerie.

389. Ainsi encore, les carrossiers et autres ouvriers, en retenant
jusqu'à payement les voitures de voyage dont la réparation leur
aura été confiée, forceront le voyageur à porter sa réclamation devant le juge de paix du lieu, et pourront, reconventionnellement,
exiger leur payement.

390. Quant aux voyageurs eux-mêmes, du moment où ils seront demandeurs, leurs réclamations se trouveront de droit dans
les attributions de la justice de paix du défendeur, hôtelier, aubergiste, logeur, voiturier ou batelier, carrossiers ou autres ouvriers ; ils n'éprouveront donc aucun retard, à moins que l'on ne
prétende que, lorsqu'ils réclameront contre une administration de
messagerie ou toute autre administration de transport dont le siège
principal serait éloigné, ils soient tenus d'aller plaider devant le
juge de paix de ce principal établissement : mais il est aujourd'hui
de jurisprudence que les administrations ou compagnies qui ont
des bureaux sur plusieurs points de la France peuvent être assi-

gnées au tribunal de chacun de ces bureaux, pour répondre des engagements qui y ont été pris (Cass., 15 mai 1844 et 11 juin 1845) ; ce serait donc devant le juge de paix du lieu où se trouverait établi le bureau le plus voisin, et en parlant à l'employé de ce bureau, que la compagnie de messageries ou de transports devrait être citée par le voyageur, pour répondre de la perte, de l'avarie dont celui-ci aurait à se plaindre.

FORMULE 83. — Jugement relatif à une demande d'un voyageur contre une entreprise de messageries, pour dommage et perte d'effets.

Entre le sieur A... lequel a dit que, par exploit de ce jour, du ministère de... et en vertu d'une cédule par nous délivrée le même jour, qui seront enregistrés avant le présent, il a fait citer la Compagnie des Messageries Générales, dont le siége est à Paris, rue Saint-Honoré, n° 130, en la personne du sieur B... directeur du bureau de cette ville, y demeurant, rue... et le sieur K... conducteur, employé aux mêmes Messageries, pour : Attendu que la nuit dernière la voiture des Messageries Générales, conduite par ledit sieur K... a versé par sa faute, en arrivant à l'hôtel des Messageries, rue... que la malle du comparant a été brisée, et que presque tous les effets qu'elle contenait ont été endommagés ou perdus ; que le dommage par lui éprouvé monte à la somme de 600 fr., ainsi qu'il sera prouvé, soit par experts, soit par témoins, si le fait est dénié ; se voir condamner solidairement le sieur K... et la Compagnie des Messageries Générales, représentée par le sieur B... à lui payer ladite somme de 600 fr. et aux dépens, demandeur, d'une part ;

Le sieur B... directeur des Messageries Générales, demeurant... Et le sieur K... conducteur, demeurant, défendeurs, d'autre part ;

Le sieur A... après les conclusions de son exploit de citation ci-dessus rapportées...

Par le sieur B... a été répondu...

Par le sieur K... a été également répondu...

Nous, juge de paix, considérant que l'accident qui a donné lieu à la demande du sieur A... n'est pas dénié ; que cet accident est arrivé par la faute du conducteur, qui n'a pas dévissé à temps la mécanique ; qu'il est nécessaire de nommer un expert pour estimer le dommage causé au sieur A...

Avons ordonné que la malle et les effets du sieur A... seraient immédiatement déposés dans le lieu de nos séances ; et en même temps nous avons nommé d'office, pour apprécier le dommage éprouvé, le sieur H... marchand de meubles, demeurant en cette ville, rue... n°... lequel, informé de cette commission, s'est présenté, a déclaré l'accepter ; et les susdits objets ayant été apportés, il a, de notre injonction, et après avoir prêté le serment préalable, procédé, en notre présence et en celle des parties, à un examen détaillé, et nous a déclaré que les avaries causées consistent : 1°..., 2°..., 3°...

(*Le jugement étant sujet à l'appel, procès-verbal doit être dressé du rapport de l'expert.*)

Après quoi ledit expert a signé son rapport avec nous et le greffier.

Après avoir entendu de nouveau les dires et observations des parties ; considérant...

Par ces motifs, procédant à charge d'appel, condamnons le sieur K... et la Compagnie des Messageries Générales, représentée par le sieur B... à payer solidairement au sieur A... la somme totale de 300 fr., avec intérêts du jour de la citation, pour le montant du dommage par lui éprouvé ; les condamnons, en outre, aux dépens liquidés à... y compris les frais de retrait et signification du présent jugement. — Ainsi jugé, etc.

ARTICLE 3. — *Des actions en payement de loyers et fermages.* — *Des congés.* — *Des demandes en résiliation de baux.* — *Des expulsions de lieux et des demandes en validité de saisie-gagerie.* — *Des attributions du juge de paix relativement à la saisie foraine.*

§ 1. — Actions en payement de loyers et fermages. — Congés. — Demandes en résiliation de baux. — Expulsions de lieux.

591. « Les juges de paix connaissent, sans appel, jusqu'à la
« valeur de 100 fr., et, à charge d'appel, à quelque valeur que la de-
« mande puisse s'élever :
« Des actions en payement de loyers ou fermages, des congés,
« des demandes en résiliation de baux, fondées sur le seul défaut
« de payement des loyers ou fermages ; des expulsions de lieux et
« des demandes en validité de saisie-gagerie ; le tout lorsque les
« locations verbales ou par écrit n'excèdent pas annuellement, à
« Paris, 400 fr., et 200 fr. partout ailleurs.
« Si le prix principal du bail consiste en denrées ou prestations
« en nature, appréciables d'après les mercuriales, l'évaluation sera
« faite sur celle du jour de l'échéance, lorsqu'il s'agira du paye-
« ment des fermages ; dans tous les autres cas, elle aura lieu suivant
« les mercuriales du mois qui aura précédé la demande. Si le prix
« principal du bail consiste en prestations non appréciables d'après
« les mercuriales, ou s'il s'agit de baux à colons partiaires, le juge
« de paix déterminera la compétence, en prenant pour base du re-
« venu de la propriété, le principal de la contribution foncière de
« l'année courante, multiplié par cinq. » L. 25 mai 1838, art. 3.

592. Nous n'avons pas à nous occuper de la compétence des
juges de paix : tout ce qui y a rapport est exposé dans notre *Nouveau Traité de la compétence judiciaire des juges de paix ;* nos observations se borneront donc à ce qui concerne la procédure.

593. Le demandeur n'est pas tenu de donner copie des mercuriales avec la citation. En cas de contestation sur le chiffre, il suffit
d'en produire un extrait devant le juge. Carou , n. 169.

594. Les demandes en expulsion de lieux doivent être soumises
au juge de paix, quels que soient les motifs, et encore bien qu'il
faille apprécier les actes intervenus entre les parties.

595. Le juge de paix, appelé à prononcer sur la résiliation d'un
bail pour défaut de payement de loyers ou fermages, peut, si la condition résolutoire pour défaut de payement n'est pas exprimée dans
le contrat, ou s'il n'est pas stipulé qu'à l'instant de l'échéance du
terme la résolution sera encourue sans qu'il soit besoin de somma-

tion ni de mise en demeure, dont l'acte tiendra lieu (C. Nap., 1139, 1656), accorder un délai au débiteur, suivant les circonstances. C. Nap., 1244.

596. Le juge de paix statue sur les difficultés qui peuvent naître à l'occasion des états de lieux, dressés ou à dresser ; il constate ces états par jugement, lorsque les parties ne sont pas d'accord, soit sur les choses qui doivent être décrites, soit sur la manière d'opérer : par exemple, si le propriétaire se refuse à faire un état de lieux, le preneur en fait dresser un, et assigne le bailleur devant le juge de paix pour l'accepter ou le contester, et réciproquement. Lepage, 2, 191 ; Vaudoré, 2, 247 ; Carré, 377.

597. L'expulsion des lieux ne peut être ordonnée par le juge de paix que lorsque le fermier ou locataire refuse de déloger malgré le congé qui aura été donné, ou malgré la résiliation du bail prononcée pour défaut de payement de loyers ou fermages ; l'expulsion du preneur peut être alors ordonnée, soit par le jugement même qui prononce la validité du congé ou la résiliation, soit par un jugement postérieur.

598. Mais le juge de paix ne sera pas compétent pour prononcer l'expulsion des lieux fondée sur toute autre cause, pour vérifier notamment si la maison ou la ferme est garnie d'un mobilier suffisant pour la garantie des loyers ou fermages. Car, si on lui attribuait ce droit, on le rendrait juge d'une résiliation de bail demandée pour une autre cause que le défaut de payement de loyers ou fermages, ce que notre article interdit.

599. Le juge de paix ne peut assister à l'opération par lui ordonnée : ce serait connaître de l'exécution de ses jugements.

FORMULE 84. — **Jugement d'expulsion sur congé non contesté.**

Nous, juge de paix...
Attendu que le congé est régulier, et donné en temps utile ; attendu que le prix du bail est de... et que l'action rentre, par conséquent, dans les limites de notre compétence, aux termes de l'article 3 de la loi du 25 mai 1838 ;
Disons que sur la signification de notre jugement, *ou* dans le délai de... jours, à compter de la signification (*si le jugement est rendu par défaut*), le sieur... quittera et videra les lieux, justifiera de l'acquit des charges locatives, et remettra les clefs ; sinon, autorisons le sieur... à l'expulser des lieux ; à faire procéder, s'il y a lieu, à l'ouverture des portes avec l'assistance du commissaire de police du quartier, et au besoin de la force armée ; (*s'il n'est rien dû, ou si les objets sont sans valeur :*) à mettre les meubles sur le carreau ; (*ou si des loyers sont dus, ou si les objets ont de la valeur :*) à séquestrer les effets mobiliers qui en sont susceptibles, pour sûreté des loyers dus et des charges locatives ; (*on peut ajouter :*) à faire constater et estimer les réparations locatives par le commissaire de police ou par... experts que nous nommons et dispensons d'office du serment à cause de l'urgence, y pro-

céder sous la surveillance de l'expert qui réglera les mémoires des ouvriers ; et notre jugement sera exécuté sur la minute par provision, nonobstant appel et avant l'enregistrement, attendu l'urgence, à la charge de le faire enregistrer dans les délais voulus.

Les jour, mois et an que dessus, et nous avons signé, etc. (*Signatures du juge de paix et du greffier.*)

FORMULE 85. — **Jugement sur demande d'expulsion en cas de décès.**

Nous, etc.—Attendu que le congé est régulier et donné en temps utile ; que le prix du bail est de... et que l'action rentre, par conséquent, dans les limites de notre compétence, aux termes de l'article 3 de la loi du 25 mai 1838 ; attendu que le décès du locataire et l'apposition des scellés ne peuvent faire obstacle à l'exécution du congé et suspendre l'exercice des droits du propriétaire ; qu'il est urgent de mettre le nouveau locataire en possession des lieux...

Disons que dans les... jours à compter de ce jour (*si le jugement est contradictoire*), de la signification de notre jugement (*s'il est par défaut*), le sieur... (*héritier*) fera procéder à la levée des scellés, videra les lieux, remettra les clefs et justifiera de l'acquit des loyers et autres charges locatives ; sinon, autorisons le sieur... (*propriétaire ou principal locataire*) à faire procéder, en présence des intéressés ou eux dûment appelés, par... huissier audiencier, et en présence du notaire qu'il aura fait nommer, s'il en est besoin, pour représenter les héritiers absents, à la levée des scellés sans description, à mettre les meubles sur le carreau ou à les transporter dans tel lieu qu'il jugera convenable, *ou dans le lieu* (*par exemple la salle des commissaires-priseurs*) que nous indiquons, aux risques de qui il appartiendra ; et, faute de payer les loyers et de justifier de l'acquit des charges, et de faire les réparations locatives, s'il y a lieu, à les saisir-gager ou séquestrer dans tel lieu qu'il jugera convenable, *ou dans* (*le lieu*) que nous indiquons, aux risques de qui il appartiendra ;

Disons que les papiers seront remis aux parties intéressées (*ou sous état sommaire dressé sur le procès-verbal de scellés, à Me... notaire, ou déposés, sous scellé, au greffe de la justice de paix*), après avoir pris, s'il y a lieu, les renseignements nécessaires pour connaître les ayants droit.

(*Si la succession est abandonnée parce que l'actif suffit à peine au payement des frais privilégiés de justice et des loyers, on ajoute :*) Autorisons le sieur... (*propriétaire ou principal locataire*) à faire procéder à la description des objets mobiliers sur le procès-verbal d'apposition de scellés, à mettre les meubles sur le carreau, etc. (*comme ci-dessus*).

Et notre jugement sera exécuté, etc. (*comme à la précédente formule*).

FORMULE 86. — **Jugement d'avant faire droit, ordonnant la visite des lieux loués, en cas d'abandon** (1).

Nous, etc. — Attendu qu'il est nécessaire de vérifier si le locataire a abandonné les lieux loués, et s'ils sont fermés, s'ils sont garnis de meubles ou marchandises de valeur suffisante pour garantir le payement des loyers ;

---

(1) Le juge de paix ne serait compétent pour prononcer, en cas d'abandon des lieux loués, ou pour décider s'ils sont suffisamment garnis de meubles, que s'il s'agissait d'une demande en payement de loyers. Il pourrait donc, sur-le-champ, prononcer l'expulsion ; mais il aurait la faculté, s'il voulait, par exemple, éclairer sa religion pour accorder des délais pour le payement, de faire visiter les lieux et dresser procès-verbal.

Au principal, et par provision,

Disons, que par le commissaire de police du quartier (*ou par...* huissier audiencier, *ou par...* commissaire-priseur) les lieux seront visités à l'effet de constater si le locataire a abandonné les lieux, s'ils sont fermés, s'ils sont garnis de meubles ou marchandises de valeur suffisante pour répondre du payement des loyers, et, le procès-verbal rapporté, être requis et statué ce que de droit.

Et notre jugement, etc.

FORMULE 87. — Jugement d'expulsion en cas de faillite.

Nous, etc. — Attendu qu'il y a congé régulier et donné en temps utile pour le... prochain ; que la faillite du locataire et l'apposition des scellés ne peuvent suspendre l'exercice des droits privilégiés du propriétaire et faire obstacle à l'exécution du congé ; qu'il est urgent de mettre le nouveau locataire en possession des lieux ;

Disons que dans les... jours, de ce jour (*si l'ordonnance est contradictoire*), ou de la signification de l'ordonnance (*si elle est par défaut*), le sieur... (*le failli*) et ses syndics feront procéder à la levée des scellés, videront les lieux, remettront les clefs et justifieront de l'acquit des loyers et autres charges locatives ; sinon autorisons le sieur... (*propriétaire ou principal locataire*) à faire procéder en présence du sieur... ou de ses agents ou syndics, ou eux dûment appelés, par... huissier audiencier, à la levée des scellés sans description, à mettre les meubles sur le carreau, *ou* à les transporter dans tel lieu, etc.

Disons que les papiers seront remis aux syndics, sinon déposés, sous scellés, au greffe de la justice de paix.

(*Si la faillite est abandonnée parce que l'actif suffit à peine au payement des frais et des loyers, on ajoute :*) Autorisons le sieur... (*propriétaire ou principal locataire*) à faire procéder à la description des objets mobiliers sur le procès-verbal d'apposition de scellés, et à mettre les meubles sur le carreau, etc. (*comme ci-dessus*).

FORMULE 88. — Procès-verbal d'expulsion d'un locataire. Tarif, 31 par anal. — Coût, le même que celui de la formule 91 ci-après.

L'an... en vertu d'un jugement rendu par M. le juge de paix du canton de... le... enregistré et signifié, et à la requête de... etc.

J'ai... fait de nouveau sommation au sieur...

De présentement payer au requérant, ou à moi, huissier, pour lui porteur de pièces, la somme de... pour le terme de loyer échu le... et de me justifier du payement de ses impositions ; comme aussi, et après avoir satisfait à la présente sommation, d'évacuer les lieux à lui loués, mettre ses meubles dehors, faire place nette, remettre les clefs et satisfaire aux obligations du locataire sortant ; sinon, et faute de ce faire, je lui ai déclaré qu'en exécution du jugement sus-énoncé, il serait expulsé, et ses meubles et effets mis sur le carreau, et ensuite séquestrés pour sûreté, conservation, et avoir payement de ladite somme de... et encore de la justification du payement des impositions et des réparations locatives.

Pour quoi le sieur... ayant refusé de satisfaire à tout ce que dessus, je lui ai déclaré que nous allions procéder auxdites expulsion et séquestre ; et pour y parvenir, nous avons, en présence des témoins ci-après nommés, décrit tout ce qui s'est trouvé dans les lieux loués audit sieur... et qui consiste, savoir : dans la première pièce en entrant, etc. (*désigner tous les objets trouvés*), qui sont tous les meubles et effets qui se sont trouvés dans les lieux occupés par... et ensuite nous avons fait appeler des hommes de peine, à l'aide desquels lesdits meubles et effets ont été descendus dans la cour de ladite maison en présence desdits témoins et de... et nous avons pareillement expulsé ledit... des lieux dont il s'agit, dans lesquels nous avons constaté qu'il y avait (*énoncer les réparations locatives*); et ensuite tous lesdits meubles et effets sont restés comme séquestrés, pour sûreté des créances et répétitions ci-dessus énoncées, dans une pièce au rez-de-chaussée de la maison, à la garde de M... qui s'est chargé d'eux, pour en faire la représentation quand et à qui il appartiendra; et le sieur... nous a remis les clefs au nombre de... des lieux qu'il occupait : et il a été vaqué à tout ce que dessus depuis l'heure de... jusqu'à celle de... en présence de... tous deux témoins, qui ont signé avec M... gardien, tant le présent procès-verbal que les copies d'icelui remises à l'instant, l'une à... et l'autre à M... gardien.

Le coût est de...

§ 2. — Saisie-gagerie. — Attributions du juge de paix relativement à la saisie foraine.

400. L'article 3 de la loi du 25 mai 1838 attribue aussi au juge de paix, dans les limites qu'il prescrit, les demandes en validité de saisie-gagerie (*Voir ci-dessus, n.* 391).

401. Nous rapporterons ici les dispositions du Code de procédure sur la saisie-gagerie.

« Les propriétaires et principaux locataires des maisons ou biens « ruraux, soit qu'il y ait bail, soit qu'il n'y en ait pas, peuvent, un « jour après le commandement et sans permission du juge, faire « saisir-gager, pour loyers et fermages échus, les effets et fruits « étant dans lesdites maisons ou bâtiments ruraux et sur les terres. « Ils peuvent même faire saisir-gager, à l'instant, en vertu de la « permission qu'ils en auront obtenue, sur requête, du président du « tribunal de première instance. — Ils peuvent aussi saisir les meu- « bles qui garnissaient la maison ou la ferme, lorsqu'ils ont été dé- « placés sans leur consentement ; et ils conservent sur eux leur pri- « vilége, pourvu qu'ils en aient fait la revendication conformément « à l'article 2102 du Code Napoléon. C. proc., 819.

402. « Peuvent les effets des sous-fermiers et sous-locataires, « garnissant les lieux par eux occupés, et les fruits des terres qu'ils « sous-louent, être saisis-gagés pour les loyers et fermages dus par « le locataire ou fermier de qui ils tiennent ; mais ils obtiendront « mainlevée, en justifiant qu'ils ont payé sans fraude, et sans qu'ils « puissent opposer des payements faits par anticipation. » C. proc., 820.

403. « La saisie-gagerie sera faite en la même forme que la sai- « sie-exécution : le saisi pourra être constitué gardien ; et, s'il y a « des fruits, elle sera faite dans la forme établie par le titre IX du « livre précédent. » C. proc., 821.

404. « Tout créancier, même sans titre, peut, sans commande- « ment préalable, mais avec permission du président du tribunal de

« première instance, et même du juge de paix, faire saisir les effets
« trouvés en la commune qu'il habite, appartenant à son débiteur
« forain. » C. proc., 822.

. **405.** « Le saisissant sera gardien des effets, s'ils sont en ses mains;
« sinon, il sera établi un gardien. » C. proc., 823.

« **406.** « Il ne pourra être procédé à la vente, sur les saisies
« énoncées au présent titre, qu'après qu'elles auront été déclarées
« valables; le saisi, dans le cas de l'article 821, le saisissant, dans
« le cas de l'art. 823, ou le gardien, s'il en a été établi, seront con-
« damnés par corps à la représentation des effets. » C. proc., 824.

407. « Seront, au surplus, observées les règles ci-devant pres-
« crites pour la saisie-exécution, la vente et la distribution des de-
« niers. » C. proc., 825.

Telles sont les dispositions du Code de procédure sur la saisie-
gagerie; plusieurs observations sont à faire.

408. Et d'abord, remarquons qu'on doit exclure de la compétence
du juge de paix la saisie-arrêt sur les débiteurs forains, sauf l'autorisation de saisie que l'art. 822 C. proc. leur attribue ; l'art. 3, en
effet, ne place la saisie-gagerie dans leur compétence que quand
elle se rapporte aux loyers ou fermages, et que les locations verbales ou par écrit qui y donnent lieu n'excèdent pas annuellement, à
Paris, 400 fr., partout ailleurs, 200 fr.

409. Les art. 819 et suivants du Code de procédure ont été profondément modifiés par l'art. 3 de la loi de 1838, puisque les attributions conférées au président du tribunal, et au tribunal de première instance par le Code de procédure, ont été, par l'art. 3, et
dans les limites de cet article, reportées au juge de paix.

410. Plusieurs voies d'exécution sont ouvertes au propriétaire
ou principal locataire pour obtenir le payement de leurs loyers ou
fermages : ils peuvent avoir recours à la saisie immobilière, à la
saisie-arrêt, à la saisie-exécution, à la saisie-gagerie, à la saisie-
brandon, à la saisie-revendication; nous n'avons pas à nous occuper des deux premières, puisqu'elles ne rentrent en rien dans la
compétence des juges de paix.

411. Quant à la saisie-exécution, le juge de paix n'est pas non
plus appelé à en connaître ; mais comme, lorsque le titre est exécutoire, il suffit pour procéder à la saisie et pour autoriser la vente des
meubles saisis, et qu'en pareil cas l'intervention du juge est inutile,
à moins que la partie saisie ne forme opposition ; cette voie devrait
être suivie de préférence à la saisie-gagerie, qui nécessite une de-

mande en validité ; aussi l'art. 319 C. proc. autorise-t-il la saisie-gagerie, soit qu'il y ait bail, soit qu'il n'y en ait pas.

412. Par une irrégularité provenant sans doute du trouble que la discussion des lois, dans les grandes assemblées, apporte à leur symétrie, une autre disposition sur la saisie-gagerie se trouve, dans la loi de 1838, rejetée à l'art. 10 ; nous devons, pour compléter ce qui se rapporte au sujet que nous traitons, la rapprocher des dispositions déjà rapportées ; elle est ainsi conçue :

Art. 10 « Dans le cas où la saisie-gagerie ne peut avoir lieu qu'en « vertu de permission de justice, cette permission sera accordée « par le juge de paix du lieu où la saisie devra être faite, toutes les « fois que les causes rentreront dans sa compétence.

« S'il y a opposition de la part des tiers pour des sommes et pour « des causes qui, réunies, excéderaient cette compétence, le juge- « ment en sera déféré aux tribunaux de première instance. »

Nous commenterons incessamment cet article 10. Il nous reste à terminer auparavant ce que nous avons à dire sur la saisie-gagerie en elle-même, et sur la procédure qu'elle comporte.

413. Le commandement qui doit précéder la saisie-gagerie doit être fait suivant les formes des art. 583 et 584 du Code de procédure ; le procès-verbal de saisie-gagerie est également soumis aux dispositions des articles qui suivent, relatives au procès-verbal de saisie-exécution, sans qu'il soit besoin, toutefois, d'indiquer le jour de la vente, ce jour n'étant connu qu'après que la saisie-gagerie a été validée par jugement. C. proc., 824.

414. La saisie-gagerie est signifiée avec assignation en validité. En déclarant la saisie valable, le juge de paix ordonne la vente des objets saisis jusqu'à concurrence des causes de la saisie, des frais, etc., et condamne par corps le gardien à la représentation des effets. C. proc., 824.

415. Les objets insaisissables sont désignés dans les art. 992 et 993 du C. proc. civ.

L'art. 819 C. proc. permet de saisir-gager non-seulement les effets et fruits qui sont dans les maisons et bâtiments ruraux, mais encore ceux qui sont sur les terres ; s'il y a des fruits pendants par racines à saisir, on suit les formes tracées pour la saisie-brandon par les art. 636 et suivants C. proc.

416. Mais le juge de paix ne serait pas compétent pour prononcer sur une saisie-brandon. Carou, n. 205.

417. L'art. 819, d'accord sur ce point avec l'article 2102 C. Nap., permet au propriétaire de saisir les meubles qui garnissaient sa maison ou sa ferme, lorsqu'ils ont été déplacés sans son consentement, pourvu que la revendication soit faite dans les délais fixés par ledit art. 2102; cette espèce de saisie, dite saisie-revendication, est réglée par les art. 826 et suivants C. proc.

418. Cette action, se rattachant à la saisie-gagerie, est de la compétence du juge de paix (Carou, 1, n. 210. *Contrà*, Rapport de M. Amilhau), sauf toutefois l'opposition de la part des tiers, qui, si elle a lieu ou pour des sommes ou pour des causes excédant la compétence du juge, nécessite le renvoi devant le tribunal de première instance, art. 10 de la loi.

419. C'est ici le lieu de bien fixer le sens de cet article 10 : de grands débats se sont élevés entre les auteurs sur la question de savoir s'il s'applique uniquement à la saisie-gagerie des meubles de locataire ou fermier dans les limites de l'art. 3, ou s'il s'étend à tous les cas de saisie-gagerie; s'il attribue, par exemple, compétence au juge de paix, soit qu'il s'agisse des effets d'un voyageur saisis par l'aubergiste, des objets remis à un ouvrier pour être confectionnés, et qu'il retient à l'effet d'être payé du prix de la façon (voir Troplong, *Hypothèque*, t. Ier, p. 381, et l'arrêt de la C. de cass. du 9 décembre 1840), soit qu'il s'agisse des effets du débiteur forain, trouvés dans la commune où habite son créancier. C. proc., 822.

Nous avons dit plus haut, n. 410, que la saisie-gagerie de l'art. 3 devait être restreinte à celle qui a lieu pour loyers et fermages : en est-il de même des attributions qui sont confiées au juge de paix par l'art. 10? Curasson nous paraît celui de tous les auteurs qui a émis sur ce point l'opinion la mieux fondée; il applique la saisie-gagerie de l'art. 10 à tous les cas où cette espèce de saisie peut avoir lieu, pourvu que les causes de la saisie-gagerie rentrent dans la compétence du juge de paix. Ainsi l'action du créancier contre le débiteur forain étant une action purement personnelle et mobilière, le juge de paix connaîtra de la saisie-gagerie à laquelle cette action donnera lieu, pourvu que la somme réclamée, la cause de la saisie, ne soit pas supérieure à 200 fr. Art. 1er de la loi.

Ainsi, en cas de dépense faite par un voyageur, l'aubergiste, le voiturier, le batelier ou le carrossier, pourra faire procéder lui-même à la saisie des effets dont il est détenteur et sur lesquels il a privilége, et le juge de paix sera compétent pour valider la saisie en dernier ressort, s'il s'agit d'une somme de 100 fr. et au-dessous, et, à charge d'appel, jusqu'à concurrence d'une valeur de 1,500 fr. Art. 2 de la loi.

Nous n'opposerons à cette interprétation de la loi qu'une objec-

tion : c'est que l'art. 10 n'autorise le juge de paix qu'à *permettre*
la saisie-gagerie, et qu'il ne parle nullement du jugement de validité ;
mais on peut répondre à cette objection qu'il a été tellement dans
l'intention du législateur d'attribuer aux juges de paix la connaissance des saisies-gageries en dehors et au delà des termes de l'art. 3,
que le rapporteur de la Commission de la Chambre des pairs disait,
à propos de l'attribution au juge de paix du lieu de la connaissance
des actions intentées contre les voyageurs : « On conçoit très-bien
« que, si la demande est formée par le voyageur, la cause soit portée
« au domicile du défendeur, qui est le lieu même où le fait est ar-
« rivé ; on conçoit aussi que, si le demandeur est l'aubergiste ou
« l'ouvrier, *une saisie-gagerie des effets du voyageur*, déjà prévue
« par l'art. 822 du C. de proc., *puisse ramener l'affaire devant le*
« *même juge de paix.* » — « Devant quel juge, disait aussi M. Amil-
« hau, dans le dernier rapport à la Chambre des députés, seront
« portées ces demandes ? On avait d'abord pensé qu'il fallait que,
« dans tous les cas, le juge de paix du lieu fût déclaré compétent ; il
« y avait intérêt à ce que la demande reçût solution à l'instant
« même ; mais votre Commission n'a pas cru devoir déroger à l'or-
« dre ordinaire de juridiction ; elle a compris que les droits de l'hô-
« telier étaient garantis, puisque, *en faisant une saisie-gagerie, il*
« *pouvait obliger le voyageur à intenter à l'instant son action.* » Et
passant à l'art. 10, « cet article, dit-il, *règle ce qui est relatif à la*
saisie-gagerie, conformément aux principes que nous avons exposés. »
    Cette interprétation donnée à la loi par le législateur lui-même
doit faire adopter l'opinion de Curasson, qui comprend dans les
attributions des juges de paix toutes les saisies-gageries, quelles
qu'elles soient, pourvu que les causes qui y donnent lieu rentrent
dans cette compétence.
    420. L'art. 10 porte, en outre, que, « s'il y a opposition de la
« part des tiers pour des causes et pour des sommes qui, réunies,
« excéderont la compétence des juges de paix, le jugement en sera
« déféré aux tribunaux de première instance. »
    La compétence des juges de paix à l'égard des tiers ne pouvait
être réglée ni par l'art. 2 de la loi, qui se renferme dans les rapports
entre les voyageurs et les aubergistes, bateliers ou ouvriers, ni par
l'art. 3, qui n'a rapport qu'aux contestations entre les bailleurs et
les preneurs ; cette compétence, pour prononcer sur les oppositions
de la part des tiers, devait donc être réduite à l'application de l'art. 1er,
c'est-à-dire que l'action des tiers, en pareil cas, étant purement
personnelle et mobilière, le juge de paix prononce sur la saisie-

gagerie et sur les oppositions, en dernier ressort, si les causes de l'opposition sont inférieures à 100 fr., et seulement sauf appel, si
elles n'excèdent pas 200 fr.

421. Au reste, l'opposition ne saurait venir de la part des tiers
comme créanciers du saisi ; en effet, l'art. 609 C. proc., sur les saisies et exécutions, que l'art. 825 déclare applicable à la saisie-
gagerie, porte que : « Les créanciers du saisi, pour quelque cause que
« ce soit, même pour loyers, ne pourront former opposition que sur
« le prix de vente »; l'opposition des *créanciers* n'empêcherait donc,
en aucun cas, qu'il fût donné suite à la saisie et à la vente des meubles, et n'enlèverait pas au juge de paix la connaissance de la saisie-
gagerie.

Après la vente, et lors de la distribution des deniers, les créanciers opposants feront valoir leurs droits, mais la distribution des
deniers de la vente par contribution n'est pas de la compétence du
juge de paix ; elle est restée dans les attributions des tribunaux de
première instance.

422. L'opposition à la saisie ne se concevrait donc pas de la part
d'un tiers qui se prétendrait propriétaire des objets saisis ; ici s'appliquerait la seconde disposition de l'art. 10, c'est-à-dire que le
juge de paix ne connaîtrait de l'opposition formée par ce tiers, que
si les causes de l'opposition n'excédaient pas la compétence du juge
de paix en matière purement personnelle ou mobilière.

423. Mais si le juge de paix retenait la cause, il devrait se borner à constater le droit de chaque réclamant, sans jamais établir
entre eux aucune distribution de deniers ; ce serait là, en effet, connaître de l'exécution de son jugement.

424. Si l'opposition vient du débiteur saisi, qui prétend avoir
payé ses loyers, c'est au juge de paix à en connaître ; c'est une conséquence du droit qu'a ce magistrat de prononcer sur la validité de
la saisie et même de l'autoriser.

425. Le juge de paix peut-il connaître de la demande en mainlevée de saisie-gagerie ? — Pour la négative, on dit : Le seul but de
la loi est de fournir au propriétaire les moyens de se faire payer ; une
fois la saisie faite, les droits du propriétaire sont garantis : le but de
la loi est atteint. — Dans l'opinion contraire, on répond : La demande en mainlevée doit être portée devant le tribunal devant lequel la demande en validité de saisie avait été formée (Arg. C. proc.,
567). Ce sont les mêmes éléments qui eussent pu, comme exception,
faire rejeter la demande en validité. Carou, n. 218.

FORMULE 89. — Requête pour avoir l'autorisation de saisir-gager.

A M. le juge de paix du canton de...

Le sieur A... demeurant à... propriétaire de la maison où il demeure,

A l'honneur de vous exposer que le sieur B... son locataire, sans bail, en ladite maison, lui doit deux termes de loyer échus le... et formant une somme de... ledit loyer étant de cent quatre-vingt-dix fr. par an;

Que l'exposant vient d'apprendre que ledit B... se dispose à faire enlever ses principaux meubles et effets pour les soustraire aux poursuites et garanties de l'exposant.

C'est pourquoi il demande qu'il vous plaise lui permettre de faire saisir-gager à l'instant, et sans commandement préalable, en vertu de l'art. 819 du C. de proc., tous les meubles et effets garnissant les lieux loués au sieur B... dans ladite maison, rue... et ce pour sûreté, conservation, et avoir payement de la susdite somme de... et des frais.

(*Signature du requérant, ou mention qu'il ne sait signer.*)

FORMULE 90. — Ordonnance.

Nous, juge de paix,

Vu la requête ci-dessus, l'article 819 du Code de procédure civile, et l'article 10 de la loi du 25 mai 1838,

Autorisons à saisir-gager, sans commandement préalable, et aux risques et périls du requérant, les meubles et effets du sieur... qui se trouvent dans l'appartement par lui occupé.

Donné à... le... (*Signature du juge.*)

(*Si, au lieu de meubles, il s'agissait de fruits ou grains coupés, encore étendus sur le sol*, on dirait :)

Autorisons à saisir, sans commandement préalable, et aux risques et périls du requérant, les blés, fourrages ou fruits actuellement coupés ou détachés étant encore sur... (*désigner les terres.*)

FORMULE 91. — Procès-verbal de saisie-gagerie ou de saisie-brandon. C. proc., 821 ; Tarif, 31, 61. — Première vacation de trois heures, Paris, y compris 1 fr. 50 pour chaque témoin, 8 fr. ; ailleurs, y compris 1 fr. pour chaque témoin, 6 fr. Les autres vacations, aussi de trois heures, Paris, 5 fr., y compris 80 cent. pour chaque témoin ; ailleurs, 3 fr. 75, y compris 60 cent. pour chaque témoin. — Dans ces taxes se trouvent comprises les copies pour la partie saisie et pour le gardien.

L'an... je soussigné, huissier... assisté de... (*noms, demeures et professions des deux témoins*).

A la requête de... (*nom, prénoms, profession et domicile du requérant*), pour lequel domicile est élu, jusqu'à la fin de la poursuite, en la demeure de... (*commune du lieu où la saisie s'opère*), j'ai signifié à... l'ordonnance sur requête rendue par M. le juge de paix du canton de... le... enregistrée à... le... et en vertu de cette ordonnance, j'ai fait commandement audit sieur... en son domicile, parlant à... de payer de suite au requérant ou à moi, huissier porteur des pièces, la somme de... composée : 1° de celle de... (principal des condamnations prononcées) ; 2° de celle de... (intérêts) ; 3° de celle de... (frais liquidés par ledit jugement), sans préjudice de tous autres dus, droits, actions ; parlant audit sieur... qui a refusé de payer. En conséquence, je lui ai déclaré que j'allais immédiatement procéder à la saisie-gagerie des meubles, effets et marchandises (*ou bien* des fruits *ou* grains coupés étant sur les terres), garnissant son habitation, sauf ceux que la loi déclare insaisissables ; et, en effet, j'ai saisi-gagé, et mis sous la main de la justice les objets suivants : 1° Dans une pièce... 2°... 3°...

J'ai sommé et requis ledit sieur, en parlant comme dessus, de me donner bon et valable gardien des effets saisis ; il a refusé de le faire ; pourquoi j'ai établi pour la garde desdits objets saisis le sieur... *(nom, prénoms, profession et domicile)*, lequel, ici présent, s'est chargé de cette garde comme dépositaire judiciaire, avec promesse de représenter le tout lorsqu'il en sera légalement requis ; et par ce même exploit, j'ai cité ledit sieur... débiteur saisi, à comparaître le... devant M. le juge de paix du canton de... dans le lieu ordinaire de ses séances, pour voir déclarer bonne et valable la présente saisie, et voir ensuite procéder à la vente de tous les effets présentement saisis, les jour, heure et lieu qui seront indiqués, avec dépens ; et j'ai, du présent exploit et de la susdite ordonnance, laissé copie audit sieur... à son domicile, et parlant comme dessus, et pareille copie audit sieur... gardien, en parlant également à lui-même, qui a signé l'original et les copies, avec les susdits témoins assistants, et avec moi huissier, après avoir vaqué par double vacation, depuis... heures du matin, jusqu'à...

Le coût du présent est de...

FORMULE 92. — Jugement de validité de saisie-gagerie.

Entre le sieur A... demandeur,
Et le sieur B... défendeur ;
Le sieur A... a exposé qu'ayant verbalement loué au sieur B... le second étage de la maison qu'il occupe, à... rue... il se trouve son créancier pour deux années de loyer, s'élevant ensemble a cent quatre-vingt-dix francs ; que n'ayant pu obtenir payement, il a, en vertu de notre ordonnance en date du... enregistrée, fait saisir-gager les meubles et effets dudit sieur B... par exploit du... enregistré ; que, par le même acte, celui-ci a été cité à comparaître à la présente audience pour voir déclarer ladite saisie bonne et valable, voir ordonner la vente des meubles saisis, et se voir condamner aux dépens.

Par ledit sieur B... a été répondu qu'il se trouve effectivement en retard de payer les deux termes de loyer qui lui sont demandés, mais qu'il sera en mesure de se libérer dans un mois, et qu'il demande que l'époque de la vente des effets saisis soit différée jusqu'alors.

Nous, juge de paix,
Attendu...
Par ces motifs, procédant à charge d'appel, déclarons bonne et valable la saisie-gagerie établie sur les meubles et effets du sieur B... ordonnons que les effets saisis seront vendus suivant les formes légales, sauf qu'il sera sursis à cette vente pendant un mois à compter de ce jour, et condamnons le sieur B... aux dépens liquidés, etc.

FORMULE 93. — Requête à fin de saisir les effets du débiteur forain, et ordonnance. C. proc., 822 ; Tarif, 21.

A M. le juge de paix du canton de...
Le sieur... demeurant à...
A l'honneur de vous exposer que le sieur... demeurant ordinairement à... et maintenant logé à... est débiteur envers lui d'une somme de... montant d'un billet souscrit le... stipulé payable au... dûment enregistré et ci-joint ;

Que ledit sieur... étant aujourd'hui sur le point de retourner à... il devient urgent de saisir, dans le plus court délai, les effets qui lui appartiennent, et qui sont dans son logement ci-dessus indiqué.

Pourquoi il vous plaira, monsieur le juge de paix, permettre au requérant, pour sûreté, conservation et avoir payement de sa créance, de faire saisir à l'instant les effets appartenant au sieur... et étant dans la chambre qu'il occupe audit hôtel, et vous ferez justice. *(Signature de l'huissier.)*

9

Vu par nous la requête ci-dessus, permettons au sieur... de faire saisir par le ministère de... huissier, les effets appartenant à... (*nom du débiteur forain et situation des effets comme ci-dessus*), sauf à faire valider la saisie, et ordonner la vente par juge compétent.

Fait à... le... (*Signature du juge de paix.*)

CHAPITRE XVI. — Saisie-arrêt. — Autorisation de saisir-arrêter sans titre. — Ordonnance.

426. Plusieurs auteurs attribuent au juge de paix le pouvoir d'autoriser une saisie-arrêt, sans titre, dans les matières qui sont de sa compétence, et lorsque la somme saisie-arrêtée ne dépasse pas le taux de cette compétence. Au nombre de ces auteurs sont ceux dont l'opinion est du plus grand poids sur les questions de procédure, comme M. Roger, *saisie-arrêt*, n. 142 ; Thomine-Desmazures, t. I, p. 65 ; Carré et Chauveau, *Question* 1933. — Nous avons déjà combattu cette doctrine ; mais comme la question peut se présenter sans cesse devant les juges de paix, et qu'elle est d'un intérêt usuel, comme d'ailleurs l'opinion contraire à la nôtre a été émise par des auteurs dont le nom seul, nous aimons à le reconnaître, fait autorité, nous croyons devoir y revenir.

La juridiction du juge de paix, avons-nous dit, est exceptionnelle, en ce sens que le juge de paix n'est chargé de prononcer que sur les contestations qui lui sont formellement attribuées par la loi.

Ces contestations dépendent de l'espèce de l'action et de son taux.

Or, aucune disposition n'attribue aux juges de paix la connaissance des saisies-arrêts. D'ailleurs, ces sortes d'actions sont d'un taux indéterminé, puisqu'on ne saisit-arrête jamais une somme déterminée, mais bien tout ce que le tiers saisi doit ou peut devoir au saisissant.

Les diverses saisies, d'ailleurs, mobilières et immobilières, ont toujours été regardées comme appartenant à la juridiction du tribunal de première instance. Une seule exception a été faite, à l'égard de la saisie-gagerie, par la loi du 25 mai 1838, articles 3 et 10 ; et cette exception se conçoit, puisque dans la saisie-gagerie la demande peut être bien plus facilement déterminée, et que d'ailleurs la saisie-gagerie se rattache essentiellement aux actions en payement de loyers ou fermages, dont cette loi a attribué la connaissance aux juges de paix.

Au reste, le juge de paix ne serait pas plus compétent pour prononcer sur une saisie-arrêt à l'occasion de loyers ou fermages que dans toute autre occasion. M. le garde des sceaux s'en est formelle-

ment expliqué, lors de la présentation de la loi du 25 mai 1838.
« La saisie-arrêt, disait-il, à la différence de la saisie-gagerie, met
toujours en cause une troisième partie, entre le saisissant et le débiteur ; la suite de cette procédure nécessite une distribution entre
plusieurs intéressés, lorsqu'il survient des oppositions. Statuer sur
ces oppositions, prononcer sur la déclaration du tiers saisi contre lequel est formée une demande véritablement indéterminée, ce seraient
là autant d'attributions qui entraîneraient le magistrat hors des limites ordinaires de sa compétence, et qui l'appelleraient à décider
des questions d'une solution souvent trop difficile.

Mais peut-être objectera-t-on que tous ces arguments ne se rapportent qu'au droit de prononcer la saisie-arrêt, de rendre jugement sur le fait et sur les suites de la saisie, et nullement au droit
d'autoriser la saisie-arrêt. Or, nous dirons que, d'après les règles
ordinaires, le droit d'autoriser la saisie ne doit appartenir qu'au
juge même de la saisie.

L'article 558 du Code de procédure civile porte : « S'il n'y a pas
« de titre, le juge du domicile du débiteur, et même celui du do-
« micile du tiers saisi, pourront, sur requête, permettre la saisie-
« arrêt et opposition. »

De bonne foi, pense-t-on que les expressions de cet article puissent laisser le moindre doute sur le juge auquel la loi attribue le
droit d'autoriser la saisie ? N'est-ce pas évidemment le tribunal de
première instance, ou le président du tribunal de première instance
que la loi désigne, lorsqu'elle indique ainsi *le juge ?* Et, dans tous
les cas de désignations semblables, la compétence n'appartient-elle
pas au président du tribunal, et non au juge de paix ?

Cette latitude, d'ailleurs, donnée de s'adresser aussi bien au juge
du domicile du tiers saisi qu'au juge du domicile du débiteur, n'in-
dique-t-elle pas suffisamment qu'il s'agit du juge ordinaire de l'arrondissement et non pas du juge du canton, dont la compétence a,
comme nous l'avons dit, un caractère exceptionnel ?

Enfin, qu'on veuille bien le remarquer, l'autorisation de saisir-
arrêter est un acte de juridiction grave : il n'y a pas de titre, et cependant le juge peut donner le droit d'arrêter le payement d'une
somme due, de porter un trouble profond dans des relations civiles
ou commerciales ; car, ainsi que nous le faisons remarquer plus
haut, de fortes sommes peuvent se trouver arrêtées pour payer une
somme peu considérable. Les limites de la compétence du juge de
paix sont parfois très-étendues ; elles atteignent même en plusieurs
espèces d'actions celles des tribunaux de première instance, et la

compétence est, relativement à quelques autres actions, illimitée. Si le législateur de 1838, qui a donné, dans la loi nouvelle de compétence des juges de paix, un ensemble de dispositions complètes sur la matière, avait voulu que l'autorisation de saisir-arrêter entrât dans leurs attributions, ne l'aurait-il pas exprimé ?

Le silence de la loi de 1838 repousse donc à lui seul la compétence des juges de paix pour autoriser les saisies-arrêts sans titre ; et la raison justifie le législateur de n'avoir pas étendu les attributions des juges de paix à cette autorisation.

CHAPITRE XVII. — Actions possessoires. — Procédure. — Instruction. — Cumul du pétitoire et du possessoire. — Jugement. — Effet. — Récréance. — Séquestre.

ARTICLE 1er. — *Procédure.* — *Cumul du pétitoire et du possessoire.*

427. L'action possessoire doit être portée devant le juge de paix de la situation de l'objet litigieux. C. proc., art. 3, n. 2.

Elle ne pourrait être jugée par tout autre juge de paix, qu'en vertu de prorogation de juridiction, et sur la demande formelle des parties. Art. 7, C. proc.

428. Lorsque le défendeur fait défaut, le juge de paix n'adjuge ses conclusions au demandeur que si elles se trouvent bien justifiées. C. proc., 150.

Le défaut du défendeur ne dispense même pas le demandeur de prouver la possession annale.

Le défaut de comparution du demandeur donnerait lieu à la mise hors de cause du défendeur.

429. Le juge de paix peut ordonner une enquête (C. proc., 24), et baser son jugement sur toutes les preuves ordinaires du droit.

430. Si la demande est justifiée, le défendeur doit être condamné au rétablissement des lieux dans leur ancien état, sans égard aux offres qu'il ferait de les mettre dans un autre état aussi avantageux pour le demandeur.

431. Si le juge de paix avait ordonné un interlocutoire en se fondant sur ce que le droit de l'une ou de l'autre des parties résulterait de la preuve offerte, ou de tel ou tel état des lieux, il ne serait pas tenu, même après la preuve faite, et l'état des lieux reconnu tel qu'il avait été annoncé, de juger selon les prémisses ou principes par lui posés ; car l'interlocutoire ne lie point le juge.

432. Ce que le juge de paix doit surtout éviter, c'est de cumuler le pétitoire avec le possessoire. — L'action possessoire a pour but le maintien ou la réintégration dans la possession ; l'action pétitoire, une revendication de propriété.

433. Si une partie demande à la fois son maintien et la réintégration, et que son droit de propriété soit déclaré, le vice de la demande peut être réparé non-seulement par des conclusions nouvelles, bornées au seul droit de possession, mais même par le juge qui peut, en pareil cas, prononcer sur la possession, en renvoyant au pétitoire relativement au droit de propriété.

434. La cause sur laquelle la demande est fondée peut aussi donner à cette demande le caractère pétitoire, comme si, au lieu d'être basée sur la possession, elle l'était uniquement sur un titre de propriété.

435. Il y a encore cumul lorsqu'une demande au pétitoire a été intentée avant la demande au possessoire. « Le demandeur au pétitoire, dit l'article 26 du Code de procédure, ne sera plus recevable à agir au possessoire. »

436. Si la demande au possessoire avait un autre objet que la demande au pétitoire pendante, quoique se rapportant au même terrain, rien ne s'opposerait à ce qu'elle fût formée, ainsi que l'a jugé un arrêt du 17 avril 1837 (*Annales*, 1837, p. 269). Il s'agissait, dans l'espèce de cet arrêt, d'une demande au possessoire relative à un passage qui avait été *totalement* intercepté par le défendeur au pétitoire, pendant que l'on plaidait contre celui-ci pour le faire condamner à enlever des plantations et des décombres dont il avait prudemment encombré ce passage. Voir encore Cass., 5 août 1845 ; REPERT. GEN. DES J. DE PAIX, t. I, p. 172, n. 214.

437. Lorsque c'est le défendeur au pétitoire qui éprouve pendant l'action un trouble dans sa possession de la part du demandeur, rien n'empêche qu'il intente son action au possessoire pour faire cesser ce trouble, tant que le jugement au pétitoire n'a pas été prononcé. Cass., 22 mars 1816, et 8 avril 1823.

438. Une citation en conciliation ne serait pas considérée comme une demande au pétitoire, puisque le juge du pétitoire ne se trouverait pas encore saisi ; elle n'empêcherait pas, par conséquent, le demandeur de citer au possessoire.

439. Le juge de paix peut, pour reconnaître et établir la possession ou la rejeter, s'appuyer sur les titres. L'examen des titres est surabondant si la possession est bien définie, et si d'ailleurs l'objet de la contestation peut être possédé utilement.

440. La possession annale doit être maintenue, quoique contraire au titre, si elle est franche et positive.

441. Il existe, au reste, une foule de décisions sur le cumul du possessoire et du pétitoire ; toutes se réduisent aux principes que nous venons d'énoncer.

Ainsi, le jugement qui, statuant sur une action en maintenue possessoire d'une rigole d'arrosement, n'ordonne pas seulement cette maintenue, mais, s'appuyant sur l'article 645 du Code Napoléon, et sur le titre qui détermine les droits respectifs des parties, ordonne en outre que ce titre sera exécuté selon sa forme et teneur, et fixe, en conséquence, la largeur et la profondeur de la rigole en litige, cumule le possessoire et le pétitoire. Cass., 14 décembre 1841 ; REPERT. GENER., t. I, p. 178, n. 223.

Ainsi, le juge du possessoire n'est pas réputé avoir cumulé le pétitoire avec le possessoire, lorsque, pour caractériser la possession, et déterminer si les faits d'où elle résulte sont ou non précaires, il s'est livré à l'examen des titres de propriété, alors surtout que le pétitoire a été expressément réservé. Cass., 9 juillet 1844 ; REPERT. GENER., t. I, p. 171, n. 213.

442. Toutes les fois que le titre est nécessaire pour légitimer la possession, le moindre débat sur le titre est une cause de renvoi au pétitoire.

443. Si le possesseur, acquéreur ou héritier, s'appuyait sur la possession de son vendeur ou de son auteur pour compléter sa propre possession annale, il y aurait nécessairement lieu de consulter le titre de vente, ou de mentionner dans le jugement la qualité d'héritier ; si cette qualité était contestée, le renvoi devant les juges compétents devrait être prononcé.

444. C'est, au reste, dans le dispositif de son jugement, bien plus que dans les motifs, que le juge de paix doit éviter de cumuler l'action possessoire et l'action pétitoire ; la sentence du juge de paix, quoique motivée sur l'appréciation des titres ou d'une possession ancienne, pourrait donc être à l'abri de la réformation, si le dispositif se bornait au maintien de la possession annale. Cass., 31 juillet 1836, 19 décembre 1831 ; 7 juillet 1836, RÉPERT. GÉN. DES J. DE PAIX, v° *Action possessoire*, n. 207, 234 et 244.

445. Le tribunal civil, lorsqu'il statue comme juge d'appel en matière possessoire, n'a pas une compétence plus élevée que le premier juge. Par suite, son jugement encourt cassation pour cumul du possessoire avec le pétitoire, lorsque, au lieu de se borner à connaître le trouble allégué, il procède, par exemple, à un règlement d'eau, et grève le fonds d'une des parties d'une servitude d'aqueduc avec droit de passage pour l'entretien et le nettoyage de cet aqueduc. Cass., 24 février 1846 ; REPERT. GENER., v° *Action possessoire*, p. 170.

ARTICLE 2. — *Jugement.*

446. Par le jugement sur le possessoire, le juge de paix doit, si la demande est justifiée, ordonner la cessation du trouble, le rétablissement des lieux dans leur ancien état, et même condamner, s'il y a lieu, le défendeur à la restitution des fruits et à des dommages et intérêts en réparation du préjudice par lui causé.

« La contrainte par corps peut même être prononcée, en cas de « réintégrande, pour le délaissement ordonné par justice d'un fonds « dont le propriétaire a été dépouillé par voie de fait, pour la resti « tution des fruits qui ont été perçus pendant l'indue possession, et « pour le payement des dommages et intérêts adjugés au proprié « taire. » C. Nap., 2060.

L'article 7 de la loi du 17 avril 1832 veut que la durée de la contrainte par corps soit fixée par le jugement qui la prononce.

447. Si la partie qui a succombé au possessoire continue ou recouvre ensuite par un moyen quelconque la possession, pourrat-elle se pourvoir derechef en complainte, en cas de nouveau trouble apporté ? Oui, à moins qu'ayant été déboutée comme demanderesse, elle ne soit encore sous le coup du jugement prononcé contre elle ; ou si, ayant succombé comme défenderesse, elle a continué sa possession malgré le jugement qui l'a condamnée. Il est certain qu'en pareil cas une nouvelle action en complainte ne peut avoir lieu entre les parties, suivant la maxime *complainte sur complainte ne vaut* (Cass., 12 juin 1809, et 17 mars 1819). Les règles de la force jugée s'y opposeraient d'ailleurs. Mais si, après avoir délaissé l'immeuble et exécuté le jugement prononcé contre lui, le défendeur au pétitoire commençait une seconde possession, il semble que cette seconde possession devrait lui conférer de nouveaux droits de possesseur, et pourrait servir de fondement à une nouvelle action possessoire.

Il en serait de même si la contestation nouvelle au possessoire, quoique relative au même objet, n'avait pas lieu entre les mêmes personnes, ni entre les ayants droit des premiers contestants.

448. Les ayants droit ne peuvent en effet s'appuyer plus que leur auteur ou vendeur sur une possession vicieuse dans son principe, le jugement au possessoire rendu contre ce même auteur ou vendeur pouvant toujours leur être opposé, comme ayant statué sur un droit réel qui suit l'immeuble tant qu'il n'aurait pas été exécuté. Cass., 30 novembre 1840 ; REP. GEN., t. I, p. 200.

449. La condamnation aux frais, dépens et dommages et intérêts, prononcée par un jugement au possessoire, est définitive ; et quand même celui qui aurait été maintenu au possessoire aurait été postérieurement condamné au pétitoire, et que sa possession eût été déclarée de mauvaise foi, il n'y aurait pas lieu d'ordonner leur restitution, puisque, au lieu de troubler le possesseur annal, le véritable possesseur aurait dû agir au pétitoire en revendication.

450. Quant aux fruits, comme ils doivent toujours être restitués par le possesseur de mauvaise foi, et que la maintenue au possessoire est indépendante de la bonne foi du possesseur, il pourrait être condamné à les restituer. Cass., 25 mars 1835.

151. Ajoutons même que celui qui a succombé au possessoire, et a été condamné en dommages et intérêts, peut obtenir, à son tour, des dommages et intérêts contre le défendeur au pétitoire, non en compensation de ceux précédemment adjugés à son adversaire, mais en réparation du préjudice causé par une usurpation de mauvaise foi. Cass., 15 avril 1833.

ARTICLE 3. — *De la récréance et du séquestre.*

452. On entend par *récréance* la possession provisionnelle accordée à l'une des parties pendant le procès au pétitoire.

453. Le séquestre est le dépôt de la chose contentieuse entre les mains d'un tiers, qui s'oblige de la rendre, après la contestation terminée, à la personne qui sera jugée devoir l'obtenir. C. Nap., 1856.

454. Que doit faire le juge de paix s'il est démontré que chaque partie a une possession égale, ou si la possession annale n'est justifiée par aucune d'elles ? Ordonnera-t-il la récréance au profit de la partie qui paraît avoir le plus de droit, à la charge, bien entendu, de rendre compte à l'autre partie dans le cas où celle-ci obtiendrait gain de cause au pétitoire, ou bien le séquestre, ou bien, enfin, déboutera-t-il purement et simplement la partie plaignante, si sa possession annale n'a pas été suffisamment justifiée ? — Un arrêt de la Cour de cassation, du 28 avril 1813, et un arrêt du 16 novembre 1842, ont jugé que, sans ordonner le séquestre, qui n'est pas obligatoire, le juge de paix, appelé à prononcer sur le possessoire, peut maintenir le demandeur et le défendeur dans la possession respective du terrain contentieux, si, d'après les enquêtes, chacun d'eux a exercé, simultanément et sans trouble, des actes de possession sur ce terrain.

Par un autre arrêt du 17 mars 1819, la même Cour a jugé que, s'il est impossible de prononcer sur le mérite de la possession, les parties peuvent, purement et simplement, être renvoyées au pétitoire.

Un troisième arrêt, du 14 novembre 1832 (REP. GÉN., tom. I, p. 186), a laissé aux juges de paix, pour le cas où les deux parties justifient d'une possession simultanée, la faculté ou d'ordonner à son choix le séquestre, ou d'ordonner la récréance, ou de renvoyer au pétitoire.

Enfin, il résulte d'un arrêt du 31 juillet 1838, que le juge de paix, s'il reconnaît que ni l'une ni l'autre des deux parties n'a fait preuve suffisante de possession, n'est tenu d'adjuger la possession à aucune d'elles ; mais qu'il peut, aux termes de l'article 1961 du Code Napoléon, ordonner le séquestre d'un immeuble.

Ce qui paraît le plus conforme aux principes, c'est que le demandeur qui ne justifie pas d'une possession *annale* soit débouté, puisque, dépourvu de cette possession, il n'aurait pas dû agir au possessoire : *actore non probante, reus absolvitur.* C'est l'opinion de M. Garnier, *Traité des actions possessoires*, p. 67, et de M. Chauveau, *Journal des avoués*, t. XLIII, p. 630 ; et cette manière d'agir semble d'ailleurs répondre à toutes les nécessités de l'action, puisque, s'il s'agit d'une action en réintégrande, la réintégration du demandeur ne devra être ordonnée que s'il prouve sa possession annale ; s'il s'agit d'une complainte, que la possession du demandeur soit reconnue et seulement le trouble dénié, la maintenue du demandeur a lieu par le fait même du jugement qui le déboute, ce trouble n'ayant pas été prouvé ; enfin, si le défendeur en complainte repousse l'action en se fondant sur ce que le demandeur n'aurait pas la possession annale, et que d'une enquête ordonnée il résulterait que cette possession n'appartient à aucune des parties, ce serait encore le cas de renvoyer devant d'autres juges, mesure qui laissera forcément en possession celle des deux parties qui possédait.

FORMULE 94. — Jugement sur une demande en complainte.

Le sieur A... demandeur, a exposé qu'en vertu du jugement interlocutoire par nous rendu le... enregistré, il a été procédé par nous le... à la visite des lieux contentieux, en présence des parties, conjointement avec les experts par nous nommés d'office ; qu'en même temps il a été procédé à l'enquête prescrite, ainsi que le tout résulte d'un procès-verbal par nous tenu ledit jour, lequel a été enregistré ; et attendu qu'il résulte de cette double opération, d'une part, que les dommages par lui éprouvés se portent à une somme de... et que, d'autre part, les autres demandes formées par lui sont pleinement justifiées, il conclut à l'adjudication des conclusions par lui prises dans son exploit introductif d'instance, avec dépens ;

Par le sieur B... a été dit qu'en vertu du même jugement interlocutoire il a été procédé, suivant le même susdit procès-verbal, à la contre-enquête, à laquelle il avait été admis ; et attendu qu'il résulte non-seulement de ladite contre-enquête, mais de l'enquête elle-même, que depuis plus d'an et jour le sieur B.. se trouve en possession du terrain sur lequel il a coupé la récolte qui donne lieu au procès, le maintenir dans cette possession, et condamner le demandeur aux dépens ;

Nous, juge de paix,

Considérant que le sieur A... est en possession, depuis plus d'une année, d'une pièce de terre située à... lieu dit... de la contenance de... touchant au nord... au midi... au levant... au couchant...

Considérant que le sieur B... a usurpé, ainsi que cela résulte de l'enquête et de la visite des lieux auxquelles nous avons procédé, partie de ladite pièce de terre, en l'ensemençant, en coupant la récolte, dont il veut s'approprier le produit ;

Par ces motifs, statuant à charge d'appel, autorisons le sieur A... à reprendre la possession des deux raies de terre dont le défendeur s'est emparé indûment; faisons défense au sieur B... de l'y troubler à l'avenir, et le condamnons à payer audit sieur A... la somme de trente francs, à titre de dommages-intérêts, et aux dépens liquidés à...

FORMULE 95. — Jugement sur une demande en réintégrande.

Nous, juge de paix, attendu que le sieur B... s'est permis, le... de combler un fossé qui sert de fermeture à une prairie appelée... située à... de la contenance de... tenant (indiquer tenants et aboutissants), dont le sieur A... était en possession paisible, et dont il jouissait depuis un temps immémorial par lui et par ses auteurs, et notamment depuis an et jour avant le trouble apporté par ledit sieur B... ainsi que le trouble et la possession résultent de l'enquête et de la visite des lieux auxquelles nous avons procédé ; que cette voie de fait donne lieu, au profit du sieur A... à l'action en réintégrande ;

Par ces motifs, statuant à charge d'appel, disons et ordonnons que le sieur A... sera réintégré dans la possession de ladite prairie, ensemble du fossé qui lui sert de clôture, lequel sera rétabli aux frais du sieur B... dans le même et semblable état où il était avant ladite entreprise ; et, faute de ce faire dans le délai de trois jours de la signification du jugement à intervenir, autorisons le sieur A... à mettre dans les lieux dont s'agit des ouvriers en nombre suffisant, pour, sous la direction de... expert par nous commis à cet effet, opérer le rétablissement du fossé au même et semblable état qu'avant le trouble, lequel expert réglera les mémoires des ouvriers, pour le montant desdits mémoires, d'après la taxe, être répété contre le défendeur par toutes les voies de droit ; condamnons en outre le sieur B... en soixante francs de dommages et intérêts, le tout même par corps, et aux dépens, etc.

FORMULE 96. — Jugement sur dénonciation de nouvel œuvre.

Nous, juge de paix...

Considérant que c'est à tort que le sieur B... s'est permis d'établir un barrage sur la rivière de... dont le sieur A... avait la jouissance depuis plus d'an et jour ; que ce barrage arrête le courant de la rivière et empêche le moulin du sieur A... de fonctionner comme à l'ordinaire ; que les faits résultent de l'enquête et de la visite des lieux auxquelles nous avons procédé ;

Considérant que le sieur B... n'a pas le droit, d'après ses titres, d'établir le barrage, qui n'a jamais existé ;

Par ces motifs, statuant à charge d'appel, ordonnons que ledit barrage sera détruit dans les trois jours du jugement à intervenir ; et, faute de ce faire, autorisons le sieur A... à le faire enlever lui-même aux frais du défendeur ;

et, pour le préjudice causé au sieur A... condamnons le défendeur en cinquante francs de dommages et intérêts, et aux dépens liquidés à...

CHAPITRE XVIII. — Du bornage.

455. D'après l'article 6 de la loi du 25 mai 1838, « les juges de « paix connaissent, à charge d'appel... 2° des actions en bornage « lorsque la propriété ou les titres qui l'établissent ne sont pas con- « testés. »

456. Le bornage est le droit qu'a tout propriétaire de faire constater et fixer par des bornes, amiablement ou judiciairement, l'étendue et les limites de sa propriété.

457. L'article 646 du Code Napoléon donne à tout propriétaire le droit : « d'obliger son voisin au bornage de ses propriétés conti- « gües ; le bornage se fait à frais communs. »

458. Le bornage ne s'applique qu'aux héritages ruraux.

459. Il ne peut être provoqué qu'entre propriétés contiguës ; encore faut-il en excepter les routes et les chemins vicinaux, et les terrains de servitude autour des places de guerre (Ord. Cons. d'Et., 2 novembre 1832), dont les limites ne peuvent être fixées que par l'administration.

460. Pour intenter une action en bornage, il faut être propriétaire. Cette action appartient, par conséquent, à l'usufruitier, mais non au fermier ni à l'usager, qui ne pourraient que sommer le propriétaire de les faire jouir de toute l'étendue de l'immeuble dont ils auraient l'usage ou la jouissance.

461. L'action en bornage, étant relative à des droits immobiliers, ne peut être intentée par le tuteur, sans l'autorisation du Conseil de famille. C. Nap., 464.

462. Sortant des actes d'administration, et pouvant engager la propriété, elle ne pourrait être intentée par ou contre le mari seul, et sans la participation de la femme, pour ce qui concernerait les biens dotaux. C. Nap., 1428, 1548.

463. Quant au bornage relatif aux biens paraphernaux, il suffirait que la femme fût dûment autorisée. C. Nap., 1576.

464. Le bornage des immeubles appartenant à l'Etat se fait avec le préfet du département où ils sont situés : l'action doit être précédée d'un mémoire au préfet, formalité prescrite, à peine de nullité, par la loi du 5 novembre 1790.

465. L'action en bornage relative aux communes ne jouit pas de l'exception portée en faveur des actions possessoires par l'article 55 de la loi du 18 juillet 1837 (voir ci-dessus, chap. III) ; elle doit donc être autorisée par le Conseil de préfecture, soit que le maire l'intente, soit qu'il y défende, suivant les articles 49 et suivants de la susdite loi.

466. L'action en bornage suppose une incertitude dans la délimitation des propriétés ; ainsi, elle ne saurait être intentée s'il existait entre les deux héritages contigus une limite bien arrêtée, comme un mur, une haie, un fossé, une rivière ; celui qui prétendrait à la possession du terrain au delà de ces limites n'aurait que l'action en revendication.

Il importe essentiellement de bien définir l'action en bornage, pour faire comprendre l'étendue de la compétence attribuée au juge de paix par l'article 6 de la loi de 1838.

467. L'action en bornage suppose, comme nous l'avons dit, une incertitude sur l'étendue de deux propriétés contiguës ; ainsi l'action en bornage ne peut avoir lieu que lorsque la propriété des héritages qui en sont l'objet n'est pas contestée, et qu'il suffit, pour déterminer leurs limites, de consulter les plans, les livres d'arpentement, le cadastre, les témoins qui savent, d'après leurs yeux ou par ouï-dire, quelle est la séparation des héritages, les anciens actes. La prescription ne pourrait être invoquée, au moins devant le juge de paix, puisqu'elle entraînerait une question de propriété ; d'ailleurs, en matière de bornage, il faut que la possession soit bien fixée, par exemple, par des indices certains et reconnaissables, tels qu'un buisson, un arbre, un rocher ; il serait, autrement, difficile de prouver une anticipation franche remontant à trente ans ; on supposerait toujours que le terrain occupé l'a été petit à petit ; et alors le temps requis pour prescrire ne s'appliquant pas à la totalité, la prescription serait inadmissible.

468. L'article 6 de la loi du 25 mai 1838 n'admettant la compétence des juges de paix, en matière de bornage, que lorsque la propriété ou les titres qui l'établissent ne sont pas contestés, s'ensuit-il que le juge de paix ne soit appelé qu'à l'opération purement matérielle du placement des bornes, et alors seulement que les parties sont d'accord sur le lieu où elles doivent être placées ; ou bien a-t-il le droit de déterminer la limite de séparation en comparant des titres d'ailleurs non contestés, et en les rapportant à la possession telle qu'elle est reconnue ou constatée ?

On ne trouve dans la discussion de la loi que des expressions contradictoires sur cette question, cependant si fondamentale. M. Persil, en présentant la loi à la Chambre des députés, fondait la compétence du juge de paix sur ce qu'il est juge ordinaire de la possession ; « si le titre porte sur la propriété, ajoutait-il, dès lors doit cesser la juridiction exceptionnelle du juge de paix. »

M. Renouard, rapporteur, disait que « si des questions de propriété se trouvaient engagées dans le litige, le juge de paix n'en devrait pas connaître. »

M. Barthe, en présentant à la Chambre des pairs le projet de loi voté par la Chambre des députés, appelait les questions en bornage des *délimitations de propriété :* « Ces discussions ne se jugent bien, disait-il, que par la vue des lieux ; c'est sur les lieux que les *titres s'interprètent sans équivoque*, que les subterfuges échappent à la mauvaise foi, que les *doutes s'éclaircissent ;* mais s'il s'agit moins de *rechercher les bornes* et de les poser que de statuer sur une revendication de propriété, la compétence exceptionnelle s'arrêtera. »

Lorsque la loi fut reportée à la Chambre des députés, amendée par la Chambre des pairs, M. Taillandier, ayant fait sentir le vague des expressions de la disposition relative au bornage, et ayant demandé à la Commission « comment elle pouvait supposer qu'un procès en bornage s'établirait, s'il n'y avait pas contestation sur le titre », M. Amilhau, nouveau rapporteur, répondit : « Lorsque le titre n'est pas contesté, et que les parties ne sont pas d'accord sur le lieu du bornage, chacune remet ses titres au juge de paix, qui fait une visite des lieux, et qui ordonne que la borne sera placée à l'endroit déterminé par l'expert ; si l'on conteste le titre, alors c'est une question de propriété, il faut aller devant les tribunaux ordinaires. Voilà la distinction que la Commission a établie. »

469. La Cour de cassation a été plusieurs fois appelée à se prononcer sur cette question : par deux premiers arrêts, des 31 janvier 1842 et 12 avril 1843 (RÉP. GÉN., tom. Ier, vo *Bornage*, nos 66 et 67), elle a jugé que l'action en bornage n'est dévolue aux juges de paix qu'autant que les parties ne contestent pas l'étendue respective de leurs héritages limitrophes, et que l'incompétence a lieu alors même que la contestation sur la propriété n'est accompagnée d'aucun développement. Mais un troisième arrêt du 19 novembre 1845 (*Ibid*, no 68) a décidé qu'en matière de bornage, la contestation élevée par l'une des parties sur la contenance de sa propriété ne suffit pas pour dessaisir le juge de paix, alors que les titres ou la propriété ne sont pas contestés ; qu'en d'autres termes, contester la contenance, ce n'est pas élever une contestation sur les titres ou sur la propriété ; et spécialement, que le juge de paix est compétent pour connaître du bornage, bien que l'une des parties y mette pour condition qu'il ne devra avoir lieu

que conformément à sa possession actuelle et sans aucun retranchement, si d'ailleurs elle n'allègue pas avoir acquis par prescription une contenance supérieure à celle énoncée dans son titre, et si le juge de paix, dans son opération, n'a fait qu'attribuer à cette partie tout le terrain auquel ce titre lui donnait droit.

470. Quant aux auteurs, Carou et Curasson sont ceux qui étendent le plus la compétence des juges de paix en matière de bornage. Ce dernier, dans son ouvrage si remarquable, démontre de la manière la plus victorieuse, en se fondant principalement sur ce que la connaissance attribuée aux juges de paix est celle des *actions en bornage* que les Romains appelaient *finium regundorum*, que leur compétence ne consiste pas dans l'opération simplement matérielle d'un placement de bornes ; qu'ils ont été substitués aux tribunaux de première instance pour prononcer sur cette espèce d'action ; qu'ils ont le pouvoir, par conséquent, de reconnaître les limites des héritages à vue de titres et d'autres documents, et de fixer en conséquence la ligne de séparation sur laquelle les bornes doivent être placées. « Le juge de paix, ajoute-t-il, doit statuer sur toutes les difficultés et exceptions qui peuvent s'élever au sujet de la ligne délimitative ; sa compétence ne cesse que dans le cas où la contestation porte sur la propriété, et non lorsque, les titres étant reconnus, il ne s'agit que d'en faire l'application, pour savoir quelle est la contenance de chacune, s'il existe une anticipation, et de quel côté. Dans ce cas, la propriété des fonds n'est point contestée, il n'y a de contestation que sur la limite à déterminer par le bornage. »

On peut ajouter à ces autorités l'opinion de M. Delahaye, juge au tribunal de la Seine, et de M. Millet, juge de paix à Sissonne, auteur d'un *Traité sur le bornage*, développée dans les *Annales de la science des juges de paix*, année 1843, p. 41 et 279.

471. Si une question de propriété s'élevait en dehors de l'opération du bornage, si les titres étaient réellement contestés, le juge de paix devrait renvoyer purement et simplement la cause et les parties pour être statué sur le tout, même sur l'action en bornage, devant le tribunal compétent, puisque la connaissance de cette action ne lui est déférée par la loi que lorsque la propriété ou les titres qui l'établissent ne sont pas contestés.

472. La compétence des juges de paix en matière de bornage ne s'étend pas au bornage ou à la délimitation *générale* des bois soumis au régime forestier, tels que ceux de l'État et des communes ; voici les dispositions du Code forestier sur cette espèce particulière de bornage. C. for., art. 8, 9 et 10.

473. C'est devant le juge de paix de la situation des héritages que la citation en bornage doit être donnée. C. proc., 3.

474. S'il y a contestation de titres ou de propriété, le juge de paix n'a que la voie de conciliation. « Celui qui demande à borner, en vertu des titres ou de la possession actuelle, dit Curasson sur l'article 6, partie II, section I, n. 14, peut assigner à cette fin devant le juge de paix, en déclarant que l'assignation vaudra citation en conciliation pour le cas où une contestation sur la propriété ou les titres qui l'établissent nécessiterait le renvoi de la cause en justice ordinaire.

475. Si les parties ne contestent pas les titres, et qu'il s'agisse de borner suivant leur possession actuelle, ou en vertu des titres et autres indications, le juge de paix fixe un jour pour l'opération, et nomme un ou plusieurs experts, à moins que le mesurage ne soit assez simple pour qu'il puisse y procéder lui-même. Code proc., 41 et 42.

476. Sur les lieux, il consulte les titres, les contenances, les limites indiquées par les actes anciens ou nouveaux, le livre d'arpentement de la commune, le cadastre, la disposition des lieux, les témoins, etc.

Les ruisseaux, sentiers et passages qui séparent les héritages doivent être comptés pour moitié à chacun d'eux dans les contenances.

Il faut, au reste, se défier des contenances mentionnées dans les actes, et s'en rapporter plutôt aux limites.

Les terrains limitrophes en pente étaient anciennement, d'après quelques Coutumes, considérés comme appartenant à l'héritage du côté duquel ils s'inclinaient, sauf qu'on laissait au propriétaire supérieur un espace suffisant pour le garantir des éboulements.

477. On doit avoir égard aussi aux vestiges de fossés, de murs ou de haies.

478. Si les deux héritages à borner ont plus d'étendue que n'en portent les deux titres, on peut, suivant les circonstances, partager l'excédant intermédiaire, en donnant à chacun une partie proportionnelle à l'étendue de sa propriété, tout en respectant, cependant, la possession lorsqu'elle est bien établie.

479. La restitution des fruits doit être ordonnée, mais seulement à partir de la demande en bornage, puisque les fruits antérieurs à la demande ne peuvent être réclamés que contre le possesseur de mauvaise foi.

480. Lorsque les limites ont été bien fixées, le juge de paix fait poser les bornes, qui consistent ordinairement en deux pierres réunies, ou une seulement, placées à chaque extrémité ou dans les parties où la ligne de délimitation se brise. — Si l'on ne place qu'une seule pierre sur chaque point, on 'pose ordinairement, au-dessous, les morceaux d'une autre pierre qui puissent se réunir et faire distinguer la véritable borne de celles qui, par malice ou par hasard, se seraient trouvées placées dans le voisinage. Ces morceaux de pierre sont appelés *témoins*.

481. La plantation des bornes, qu'elle soit pratiquée par les parties elles-mêmes ou sous la surveillance du juge, doit être constatée par un procès-verbal très-détaillé, dûment signé, et même, au besoin, un plan doit y être joint, suivant l'importance des propriétés.

482. Le bornage doit être fait à frais communs, aux termes de l'article 646 du Code Napoléon déjà cité. M. Pardessus fait remarquer que cette disposition ne peut s'entendre que de la plantation des bornes ; quant aux frais de délimitation, il pense qu'ils doivent être supportés par chacune des parties, proportionnellement à l'étendue de sa propriété. — V. ANNALES DES J. DE PAIX, vol. de 1853, p. 135, et notre REPERT. GÉN. DES J. DE PAIX, v° *Bornage*.

FORMULE 97. — Jugement qui ordonne le bornage.

« ... Par ces motifs, nous, juge de paix, statuant en premier ressort, ordonnons qu'il sera procédé à l'arpentage (*lorsque cette opération n'est pas nécessaire, on supprime ce mot*) et au bornage des propriétés respectives ci-dessus désignées, et ce d'après les titres qui seront produits, et, à défaut, d'après la possession respective. Disons que cette opération aura lieu le... et nommons pour nous assister le sieur... ou les sieurs... géomètres, lesquels, avant de procéder, prêteront en nos mains le serment préalable, pour être statué ce que de droit, dépens réservés... »

FORMULE 98. — Procès-verbal de bornage et de mesurage.

Entre A... demandeur, d'une part,
Et B... défendeur, d'autre part ;
Par notre jugement contradictoirement rendu le... qui sera enregistré avec ou avant le présent, nous avons ordonné que cejourd'hui il serait, par nous, en présence des parties et d'après leurs titres, procédé au bornage de la pièce ci-après désignée de A... d'avec celle de B... et à cette fin, au mesurage de ces pièces ; le tout à l'aide des sieurs... arpenteurs à... experts que nous avons nommés d'office.

En exécution de ce jugement, nous, juge de paix, nous sommes transporté, accompagné de notre greffier, sur les pièces A... et B... sises au terroir de... lieu dit... aboutissant au chemin, conduisant à... où s'étaient déjà rendus les arpenteurs, et où se sont présentés devant nous A... et B... qui nous ont représenté leurs titres.

D'après ceux de A... qui consistent dans un contrat d'acquisition passé devant... notaire à... le... et dans un partage reçu par... notaire à... le... sa pièce doit contenir 25 ares.

Suivant les titres de B... qui consistent, entre autres, dans un acte de donation entre-vifs passé devant... notaire à... le... sa pièce doit avoir 31 ares.

Cet examen fait, et après avoir reçu des sieurs... le serment de bien et fidèlement remplir leur mission, nous avons, à leur aide, procédé aux opérations dont il s'agit.

Les pièces des parties ne sont séparées que par un sillon ; celle de A... qui d'abord a été mesurée, ne contient que 24 ares, en sorte qu'elle éprouve un déficit d'un are ; et la pièce de B... mesurée à son tour, contient 33 ares ou 2 ares de plus que la quantité indiquée par les titres.

Puis, pour opérer le bornage entre ces deux pièces et de manière qu'un are se trouve distrait sur toute longueur de la pièce de B... et réuni à celle de A... pour lui compléter 25 ares, nous avons placé deux bornes entre lesquelles la démarcation sera en ligne droite, l'une à l'extrémité nord, l'autre au bout vers le midi desdites deux pièces, et qui sont : la première à tant de distance de... et la seconde à tant de distance de... (*Points invariables autant que possible.*)

Ces deux bornes, en grès brut, sont enfoncées dans le sol de 50 centimètres, et au pied ont été mis des cailloux et des pierrailles.

Au moyen de ce bornage, la pièce de A... se trouve maintenant avoir 25 ares, quantité conforme à son titre, et la pièce de B... se trouve réduite à 32 ares, mesure qui excède encore celle portée dans le sien.

La mission des experts étant terminée, ils ont ici signé, après lecture. (*Signatures des experts.*)

Puis, nous, juge de paix, avons donné acte aux parties de ce qu'elles ont réciproquement déclaré adhérer au bornage tel qu'il vient d'être opéré, et au sieur B... de ce que A... consent qu'il fasse la récolte instante sur la portion de terrain distraite de sa pièce et réunie à celle de ce dernier.

Et, à l'égard des frais, attendu qu'ils doivent être supportés en commun ;

Avons condamné les parties à les supporter chacune par moitié ; lesdits frais taxés et liquidés à...

Ainsi fait et prononcé sur les lieux, par nous... juge de paix du canton de... assisté de... notre greffier, le... (*Signatures du juge et du greffier.*)

(*Si les parties ne sont pas d'accord, le juge de paix fixe seulement la place des bornes sans les faire placer ; il clôt son procès-verbal ainsi :*)

L'opération étant terminée, nous, juge de paix, renvoyons les parties à comparaître à notre audience de... pour y déduire leurs moyens et entendre la prononciation du jugement définitif. Le présent avertissement devant leur tenir lieu de citation, il sera statué tant en présence qu'en l'absence des parties.

Et de ce que dessus a été dressé le présent procès-verbal, qui a été signé par lesdites parties, par les experts, par nous et notre greffier, après lecture faite.

FORMULE 99. — Jugement définitif sur le bornage.

« Par ces motifs, nous, juge de paix, vidant le renvoi et statuant en premier ressort, vu ce qui résulte de notre procès-verbal de visite des lieux du... enregistré, disons et ordonnons que les bornes seront plantées aux lieux indiqués audit procès-verbal, et à cet effet commettons le sieur... un des experts, pour faire exécuter cette disposition, sous la foi du serment par lui déjà prêté ; condamnons chacune des parties en la moitié des dépens liquidés à... ensemble en la moitié de ceux du présent jugement et de l'opération des experts, y compris le coût des bornes ; et sur les autres demandes, fins et conclusions des parties, les mettons hors d'instance. »

CHAPITRE XIX. —Exceptions. — Caution à fournir par des étrangers. —Demande en garantie. —Exception dilatoire opposée par l'héritier, la veuve, la femme séparée de corps ou de biens.

ARTICLE 1. — *De la caution à fournir par les étrangers.*

483. « Tous étrangers, demandeurs principaux ou intervenants,

« sont tenus, si le défendeur le requiert, avant toute exception, de
« fournir caution de payer les frais et dommages-intérêts auxquels
« ils pourraient être condamnés. » C. proc., 166.

484. La caution à fournir par les étrangers, dite *caution judicatum
solvi*, est exigible devant quelque tribunal que la cause soit portée ;
il n'y a d'autre exception que celles résultant de l'article 16 du Code
Napoléon, ainsi conçu : « En toutes matières, autres que celles de
commerce, l'étranger qui sera demandeur sera tenu de donner caution pour le payement des frais et dommages-intérêts résultant du
procès, à moins qu'il ne possède en France des immeubles d'une
valeur suffisante pour assurer ce payement. »

Aussi tous les auteurs sont-ils d'accord que les articles 166 et 167
C. proc. s'appliquent aux affaires portées devant le juge de paix
(Carré, *Lois de la procédure*, n° 701 ; *Questions* de Lepage, p. 156),
et aussi aux affaires portées devant les tribunaux criminels de tout
genre. Carré, n° 705 ; Duranton, t. Ier, n° 161 ; Boncenne, t. III,
p. 187.

485. Devant les tribunaux de première instance, la demande de
la caution se forme par requête grossoyée, signifiée d'avoué à avoué ;
il y est répondu de la même manière (Tarif 75). Devant le juge de
paix, la réquisition est faite verbalement ou par conclusions prises
à l'audience et consignée sur la feuille ; mais il ne faut pas oublier
que la caution *judicatum solvi* doit être demandée *avant toute
exception;* ce sont les termes formels de l'art. 166, et par conséquent, à plus forte raison, avant toutes conclusions au fond.

486. Le jugement qui ordonnera la caution fixera la somme jusqu'à concurrence de laquelle elle sera fournie.

487. Le demandeur qui consignera cette somme, ou qui justifiera que ses immeubles situés en France sont suffisants pour en
répondre, sera dispensé de fournir caution. C. proc., 167.

488. La caution fournie sur ordonnance du juge de paix est reçue
au greffe de la justice de paix. Boncenne, 3, 189.

**FORMULE 100. — Jugement ordonnant qu'un étranger demandeur
sera tenu de fournir caution.**

Nous, juge de paix...

Attendu que le sieur A... est étranger, qu'il n'est point admis à exercer
en France les droits civils, et qu'il n'a pas en France de biens qui puissent
répondre des condamnations à intervenir contre lui sur la demande qu'il a
formée, et que cependant il n'a pas, par son exploit introductif d'instance,
offert caution de payer le montant desdites condamnations, comme il y était
obligé, aux termes de l'article 16 du Code Napoléon ;

Ordonnons, avant faire droit, que le sieur... sera tenu de, dans huitaine pour tout délai, donner bonne et solvable caution, jusqu'à concurrence de la somme de... pour sûreté des condamnations de frais, dommages-intérêts qui pourraient être prononcées au profit du défendeur contre lui, sur la demande formée par ledit sieur... suivant exploit de... huissier, en date du... dépens réservés ; sinon, et faute par ledit sieur... de fournir ladite caution dans le délai ci-dessus, déclarons par le présent jugement, et sans qu'il en soit besoin d'autre, le sieur... purement et simplement non recevable en sa demande, et le condamnons aux dépens.

Ainsi jugé, etc.

ARTICLE 2. — *De l'exception tendant à mettre garant en cause, et de l'appel en garantie.*

489. Le défendeur contre lequel la demande est formée peut avoir à exercer lui-même une demande en garantie contre un tiers, à appeler en cause un tiers pour le garantir : par exemple, un locataire ou un fermier sont troublés dans leur jouissance par suite d'une action possessoire, ils ont droit évidemment à appeler le propriétaire pour les garantir ; ils doivent même le faire sous peine de répondre à leur tour, vis-à-vis de celui-ci, de l'insuffisance des moyens de défense qu'ils auraient employés en son absence.

Cependant, il ne faut pas que l'action principale, que le jugement de la demande soit retardé outre mesure pour la mise en cause des garants. Pour obvier à un trop grand retard, la loi a voulu que les conclusions à fin de mettre garant en cause fussent prises par le défendeur à la 1re audience, et que le juge de paix accordât seulement un délai *suffisant*.

« Si, au jour de la première comparution, le défendeur demande « à mettre garant en cause, le juge accordera un délai suffisant, en « raison de la distance du domicile du garant ; la citation donnée au « garant sera libellée sans qu'il soit besoin de lui notifier le jugement « qui ordonne sa mise en cause. » C. proc., 32.

« Si la mise en cause n'a pas été demandée à la première compa- « rution, ou si la citation n'a pas été faite dans le délai fixé, il sera « procédé, sans délai, au jugement de l'action principale, sauf à « statuer séparément sur la demande en garantie. » C. proc., 33.

490. Le délai suffisant dont parle l'art. 32 se compose du temps nécessaire pour que le défendeur se rende lui-même ou envoie quelqu'un sur les lieux où demeure le garant, et pour que celui-ci vienne se présenter devant le juge de paix. On sait que l'art. 1033 du C. proc. civ. accorde, pour la distance, un jour à raison de trois myriamètres, et, quand il y a lieu à voyage ou à envoi et retour, le double, non compris le jour de la signification ni celui de l'échéance : cette règle devrait être observée ; il serait même juste d'accorder quelques jours de plus, pour donner au défendeur le temps de rencontrer le garant sur les lieux et pour permettre à celui-ci de ne pas partir brusquement et à l'instant. Il doit y avoir un jour au moins, d'après l'art. 5 C. proc., entre celui de la citation et celui de la comparution ; un jour donc, au moins, et plus suivant les circonstances, devra être accordé pour appeler le garant, outre le délai des distances.

491. Au reste, il n'est pas nécessaire que le défendeur attende la comparution devant le juge de paix pour citer le garant ; il peut, dès l'instant où il reçoit la citation du demandeur, la reporter en appelant en garantie, sauf à faire connaître, au jour de la comparution, la citation qu'il a donnée et à obtenir un délai en conséquence.

492. Sous la loi de 1790, la citation devait être autorisée par une cédule ; cette formalité n'est plus exigée par l'art. 32 du C. de proc.

493. Si, par suite du retard apporté à demander la mise en cause du garant, il est procédé en son absence au jugement de l'action principale, le défendeur peut se trouver privé du bénéfice de l'art. 181 C. proc., d'après lequel ceux qui sont assignés en garantie sont tenus de procéder devant le tribunal où la demande originaire est pendante.

494. Comme on le voit, le garant ne peut opposer l'incompétence du tribunal devant lequel il est appelé par le garanti, pour répondre aux conclusions du demandeur ; toutefois, les dispositions de l'art. 181 ne s'étendraient pas jusqu'à rendre compétent un tribunal incompétent à raison de la matière. Si même il paraissait, dit le même art. 181, par écrit ou par l'évidence du fait, que la demande originaire n'aurait été formée que pour traduire les garants hors de leur tribunal, ils devraient y être renvoyés.

495. Il pourrait arriver que le défendeur en garantie eût lui-même à exercer un recours contre un autre garant ; les règles des articles 32 et 33 devraient être appliquées à cette nouvelle action.

496. Après la demande en garantie formée, les parties doivent toutes se trouver en présence. Si le défendeur en garantie ne comparaissait pas, le juge de paix, tout en prononçant contradictoirement entre les comparants, donnerait défaut contre lui, en le condamnant à indemniser le garanti s'il y avait lieu, et si la demande en garantie paraissait fondée. Mais il pourrait arriver, soit que le défendeur en garantie comparût, soit qu'il ne comparût pas, qu'un avant faire droit, une enquête, une expertise, une visite des lieux, fût nécessaire : si cet avant faire droit ne concernait que le garant, celle des deux autres parties qui n'y aurait aucun intérêt pourrait être mise hors de cause, et ses conclusions même adjugées au demandeur, pour l'action être ensuite poursuivie et la procédure continuée entre les deux parties restantes.

FORMULE 101. — Jugement de citation d'un garant.

Entre le sieur A... demandeur... d'une part,

Et le sieur B... défendeur... d'autre part, lequel a dit qu'il a pour garant de l'action que le sieur A... intente contre lui, la personne du sieur D... (*prénoms, nom et profession du garant*), demeurant en la commune de... de ce canton (*ou bien* : hors de l'arrondissement de ce canton, en la commune « de... distante de la présente commune de... myriamètres) ; pourquoi requiert qu'il nous plaise lui accorder délai suffisant pour faire citer devant nous ledit sieur D...

Nous... considérant que la demande de mettre garant en cause a été formée en temps utile, avons remis la cause au... heure de... pour lesquels jour et heure le sieur B... sera tenu de faire citer à comparaître devant nous le sieur D... comme garant de l'action que le sieur A... a formée contre lui : sinon sera fait droit sur la demande principale, sauf au sieur B... à exercer, comme il avisera, son action en garantie par demande principale devant les juges qui en doivent connaître ; dépens réservés.

FORMULE 102. — Jugement refusant la remise non demandée à la première comparution, pour faire citer un garant.

Entre le sieur A... demandeur... d'une part,

Et le sieur B .. défendeur... d'autre part, lequel a dit... (*comme ci-dessus.*)

Nous... considérant que le sieur B... a déjà comparu dans la présente instance à l'audience... sans avoir égard à la demande qu'il vient de former cejourd'hui, ordonnons que les parties s'expliqueront sur l'objet de la demande principale, sauf au sieur B... à exercer son action en garantie contre le sieur D... comme il avisera par demande principale devant les juges qui en doivent connaître, et le condamnons aux dépens de l'incident.

FORMULE 103. — Citation en garantie. C. proc., 32 ; Tarif, 21, par analogie.
— Même coût que pour une citation, voir formule 4.

(*Copier l'exploit introductif d'instance, en tête.*)

L'an... à la requête du sieur B... demeurant à... lequel fait élection de domicile a... j'ai... huissier soussigné, etc., cité le sieur D... demeurant à... parlant à... à comparaître devant M. le juge de paix du canton de... le... heure... dans le local ordinaire de ses audiences ;

Pour, attendu que mondit requérant a été cité devant ce magistrat à la requête du sieur A... par exploit de... huissier, en date du... enregistré... ci-devant copie au long, pour s'entendre condamner à lui payer la somme de... que le sieur D... a garanti le payement de cette somme à mondit requérant qui a droit d'obtenir contre lui recours et garantie des condamnations à intervenir ;

Voir dire et ordonner qu'il sera tenu d'intervenir dans l'instance et de défendre à la demande du sieur A... et de faire cesser les poursuites dirigées contre mondit requérant, parce que, faute par lui de ce faire, il sera condamné par le jugement à intervenir, à garantir et indemniser ledit requérant de toutes les condamnations qui pourraient être prononcées contre lui au profit du sieur A... en principal, intérêts et frais ; s'entendre en outre condamner aux dépens de la présente demande, sous toutes réserves ;

Et à ce qu'il n'en ignore, je lui ai laissé copie tant du présent que de l'exploit introductif d'instance, parlant comme dessus.

Le coût est de...

FORMULE 104. — Jugement sur la demande principale et sur la demande incidente en garantie.

Entre le sieur A... (*prénoms, nom, profession et domicile du demandeur originaire*), demandeur aux fins de la citation du... enregistrée le... et le sieur B... défendeur aux fins de la même citation ;

Et encore entre ledit sieur B... demandeur en garantie aux fins d'une autre citation du ministère de... en date du... enregistrée le... tendant à ce que... et le sieur D... (*prénoms, nom, profession et domicile du défendeur en garantie*), défendeur aux fins de ladite citation ;

Oui le sieur A... demandeur originaire, lequel a dit qu'il...

Ouï le sieur B... lequel a conclu à être renvoyé de la demande contre lui formée par le sieur A... attendu que... et à ce que, dans le cas où le tribunal estimerait devoir accueillir en tout ou en partie la demande du sieur A... audit cas le sieur D... fût tenu de l'indemniser, aux termes de la demande sus-énoncée ;

Ouï le sieur D... lequel a conclu à être déchargé de la demande en garantie contre lui formée, attendu que...

Nous... considérant 1°... 2°... 3°...

D'une part, condamnons le sieur B... à payer au sieur A... la somme de... pour... ensemble les intérêts à compter du .. et les frais liquidés à...

Et, *d'autre part*, condamnons le sieur D... à... garantir et indemniser le sieur B... des condamnations prononcées contre lui par le présent jugement, en principal, intérêts et frais, et en outre aux frais faits à son égard, liquidés à...

FORMULE 105. — Jugement si la demande principale n'est pas accueillie.

Entre le sieur A... (*comme ci dessus*).

Nous... considérant 1°... 2°... 3°... renvoyons le sieur B... de la demande contre lui formée par le sieur A... ; en conséquence disons qu'il n'y a lieu à prononcer sur la demande en garantie formée par le sieur B... contre le sieur D... ; condamnons, en outre, le sieur A... en tous les dépens, tant de la demande principale que de la demande en garantie, liquidés à...

FORMULE 106. — Jugement si la demande en garantie est rejetée.

Entre (*comme ci-dessus*).

Nous... considérant 1°... 2°... 3°...

D'une part, condamnons le sieur B... à... etc. ; et, *d'autre part*, renvoyons le sieur D... de la demande en garantie formée contre lui à la requête du sieur B... et condamnons B... aux dépens envers toutes les parties, liquidés, savoir : ceux du sieur A... à la somme de... et ceux du sieur D... à la somme de...

FORMULE 107. — Jugement dans le cas où le juge de paix, prononçant sur la demande principale, se déclare incompétent pour prononcer sur la demande en garantie.

Considérant 1°... 2°... 3°... que la demande en garantie, formée par action principale, ne serait pas de notre compétence, attendu que... que nous sommes, par conséquent, incompétent à raison de la matière... condamnons, *d'une part*, le sieur B... envers le sieur A... à... ; et, *d'autre part*, pour être fait droit sur la demande en garantie, renvoyons le sieur B... à se pourvoir contre le sieur D... par demande principale devant les juges qui en doivent connaître ; condamnons en outre le sieur B... aux dépens envers toutes les parties, liquidés, savoir : ceux du sieur A... à la somme de... ceux du sieur D... à la somme de... y compris le coût du retrait et de la signification du présent jugement, etc.

ARTICLE 3. — *Exceptions dilatoires opposées par l'héritier, la veuve, la femme séparée de corps ou de biens.*

497. L'héritier, la veuve, la femme divorcée, ou séparée de biens, auront trois mois, du jour de l'ouverture de la succession, ou de la dissolution de la communauté, pour faire inventaire, et quarante jours pour délibérer. — Si l'inventaire a été fait avant les trois mois, le délai de quarante jours commencera du jour qu'il aura été parachevé. — S'ils justifient que l'inventaire n'a pu être fait dans les trois mois, il leur sera accordé un délai convenable pour le faire, et quarante jours pour délibérer ; ce qui sera réglé sommairement. C. proc., 174.

498. D'après le même article, l'héritier conserve, même après l'expiration de ces délais, la faculté de faire encore inventaire, et de se porter héritier bénéficiaire, s'il n'a pas fait d'ailleurs acte d'héritier, ou s'il n'existe pas contre lui de jugement passé en force de chose jugée, qui le condamne en qualité d'héritier pur et simple. Mais il ne peut opposer aux créanciers l'exception dilatoire après tous les premiers délais expirés, c'est-à-dire, après les trois mois pour faire inventaire, les quarante jours pour délibérer, et même le délai supplémentaire accordé en cas d'insuffisance des trois mois pour faire inventaire.

499. Pendant la durée des délais pour faire inventaire et pour délibérer, dit aussi l'art. 797 du Code Nap., l'héritier ne peut être contraint à prendre qualité, et il ne peut être obtenu contre lui de condamnation. S'il renonce, lorsque les délais sont expirés, ou avant, les frais par lui faits légitimement jusqu'à cette époque sont à la charge de la succession.

500. Après l'expiration des délais ci-dessus, dit encore l'art. 798, l'héritier, en cas de poursuites dirigées contre lui, peut exiger un nouveau délai que le tribunal saisi de la contestation accorde ou refuse suivant les circonstances.

501. On conçoit qu'un héritier, une veuve, une femme séparée de corps ou de biens, aient à opposer devant le juge de paix, comme devant tous autres tribunaux, l'exception dilatoire pour faire inventaire ou pour délibérer, soit qu'il s'agisse d'une action personnelle ou mobilière contre l'auteur de l'héritier, ou contre la communauté, etc. Le juge de paix ne pourrait, en pareil cas, se dispenser de remettre la cause jusqu'après l'expiration des délais.

502. Si le défendeur, cité comme héritier, prétendait que la qualité d'héritier lui aurait été donnée à tort, il y aurait lieu, non à une simple remise, mais à renvoi des parties devant le juge compétent pour prononcer sur la qualité.

503. L'exception de délai, pour faire inventaire et délibérer, se propose à la première audience et avant toute défense au fond. C. proc., 186. La défense au fond pourrait même être regardée comme acte d'héritier.

FORMULE 108. — **Jugement prononçant un renvoi sur exception dilatoire opposée par l'héritier.**

Nous, juge de paix, attendu que le sieur B... défendeur, assigné comme héritier du sieur D... son oncle maternel, a obtenu par jugement du tribunal de... en date du... enregistré... un délai de trois mois pour terminer l'inventaire de la succession dudit D... et quarante jours à partir de la confection de cet inventaire pour délibérer; attendu que lesdits trois mois et quarante jours n'écherront que le...

Par ces motifs, remettons la cause au... jour où les parties seront tenues de se présenter devant nous, sans nouvelle citation, dépens réservés.

Ainsi jugé en présence des parties, etc.

CHAPITRE XX. — De l'intervention.

504. L'intervention est volontaire ou forcée : volontaire, lorsqu'une partie ayant droit et qualité intervient de son propre mouvement dans une contestation pendante entre deux autres parties.

505. On a droit d'intervenir dans une contestation lorsqu'on y a intérêt; ainsi, peuvent intervenir : 1° celui dont la chose, les droits ou la qualité sont l'objet des prétentions respectives des parties ou l'occasion d'un procès, comme cela arrive si souvent dans les actions possessoires; 2° celui qui veut prévenir l'action en garantie à laquelle il est exposé; 3° les créanciers dans les instances où leurs débiteurs sont en cause. C. Nap., 1166, 882, 2225.

506. Le subrogé tuteur a qualité pour intervenir dans toutes les instances introduites par le tuteur dans l'intérêt du mineur ou de l'interdit; sa présence ne peut jamais nuire à ce dernier, et peut quelquefois lui être profitable. Grenoble, 12 février 1835.

507. L'intervention est recevable devant les justices de paix; elle doit être formée par exploit signifié au domicile réel des parties, et non au domicile élu. Carré, 1267; Thomine, n. 387.

508. L'exploit d'intervention doit énoncer les noms, profession et domicile de l'intervenant, et contenir les mentions exigées pour les autres exploits.

509. L'intervenant ne peut retarder le jugement de la cause principale lorsqu'elle est en état (C. proc., 340); il prend alors la procédure dans l'état où elle se trouve, et doit être prêt à plaider sur-le-champ. S'il ne l'est pas, il est obligé de laisser prononcer sur la contestation, sauf à se pourvoir par tierce opposition.

510. Mais lorsque la cause n'est pas en état, le tiers intervenant doit pouvoir, même en retardant la marche de la procédure, exposer et développer pleinement ses moyens, et opposer de nouvelles voies d'instruction à celles déjà existantes dans la cause. S'il en était autrement, on éluderait le but réel de la loi, qui n'a permis l'intervention que pour éviter des frais et des lenteurs ; le tiers intéressé, ne trouvant pas dans cette voie les garanties nécessaires, opterait toujours pour la tierce opposition. Thomine, n. 388.

FORMULE 109. — **Intervention par exploit au domicile réel des parties.**
C. proc., 339 ; Tarif, 21, par analogie.—Même coût que pour une citation, voir formule 4.

L'an... le... à la requête du sieur D... (*nom, prénoms, profession et domicile de l'intervenant*), demandeur en intervention dans la cause pendante devant M. le juge de paix du canton de... entre le sieur A... et le sieur B... lequel requérant élit domicile en la demeure de...
J'ai... huissier... soussigné,
Signifié : 1º au sieur A... demandeur en principal, et défendeur à l'intervention ;
2º Au sieur B... défendeur au principal, et défendeur à l'intervention ;
Attendu (*on expose les faits et les moyens*).
Que ledit sieur requérant intervient dans la cause d'entre lesdits sieurs... et que ses conclusions tendent à ce qu'il plaise à M. le juge de paix le recevoir partie intervenante ; et faisant droit tant sur ladite intervention que sur la cause principale, en ce qui touche le sieur B... défendeur au principal, donner acte audit sieur D... de ce qu'il entend prendre son fait et cause, et ordonner que ledit sieur B... sera, s'il le requiert, mis hors de cause ; et, à l'égard du sieur A... le déclarer purement et simplement non recevable dans la demande par lui formée contre le sieur B... par exploit du... ou en tout cas l'en débouter, et en outre le condamner en tous dépens, tant de la demande principale que de celle en intervention ; et il est, avec celle des présentes, donné copie de... (*énoncer les pièces justificatives de l'intervention*).
A ce que les sus-nommés n'en ignorent, je leur ai, en leur domicile et parlant à... laissé copie des pièces sus-énoncées et du présent dont le coût est de... non compris copie des pièces. (*Signature de l'huissier.*)

CHAPITRE XXI. — **Du désistement devant le juge de paix.**

511. Le désistement est la renonciation volontaire à un droit quelconque, faite par un individu capable de transiger.

512. Les auteurs distinguent deux sortes de désistement : 1º le désistement de l'action, par lequel celui qui se désiste s'interdit à jamais la faculté de l'intenter de nouveau ; 2° le désistement des poursuites. L'effet de ce désistement est seulement d'anéantir la procédure qui existait déjà, en laissant à celui qui s'est désisté la faculté de reproduire sa demande en justice.

513. Le désistement sur l'appel participe de l'un et de l'autre effet, lorsqu'il n'est pas restreint à un acte particulier dont on reconnaît la nullité. En effet, l'extinction de l'action est alors une suite nécessaire de l'anéantissement de la procédure, puisqu'en faisant cesser l'obstacle qui s'opposait à l'effet du jugement, on lui attribue l'autorité de la chose jugée en dernier ressort.

514. D'après le Code de procédure, le désistement consenti dans le cours d'une instance ne porte aucune atteinte à l'action, et anéantit seulement la procédure par laquelle elle a été intentée. C. proc., 402, 403.

515. Le désistement n'est irrévocable qu'autant qu'il a été accepté par la partie au profit de laquelle il a été consenti, et il emporte soumission de la part de celui qui se désiste de payer tous les frais jusqu'au jour du désistement ; avant l'acceptation, la partie qui avait donné son désistement peut le rendre sans effet, en annulant l'acte par lequel il a été consenti ; en un mot, le désistement judiciaire forme un véritable contrat synallagmatique, qui n'est parfait que par le consentement réciproque des parties contractantes. C. proc., 403.

516. Il faut avoir la libre disposition des droits dont on dispose pour pouvoir se désister ; il faut en un mot avoir la capacité de transiger ou d'acquiescer. Berriat, p. 367 ; Carré, 2, n. 1452, et Favard, *Rép.*, v° *Désistement.*

517. Le mineur, émancipé ou non, l'interdit, la femme mariée, l'individu pourvu d'un conseil judiciaire, les administrateurs de la fortune d'autrui ne peuvent se désister ou ne peuvent consentir à se désister qu'autant que l'objet pour lequel ils consentent un désistement rentre dans leur administration, et qu'après qu'ils ont rempli les formalités qui ont été exigées à l'égard les uns des autres. Bruxelles, 27 nov. 1823; Carré, *loc. cit.*; Pigeau, *Comment.*, 1, 690; Berriat, 1, 367; Demiau, p. 293; Favard, t. II, p. 79; Thomine-Desmazures, t. Ier, p. 618.

518. Le ministère public ne peut jamais par un désistement dessaisir la juridiction à laquelle a été transféré un fait répréhensible, parce qu'il n'a que l'exercice et non la disposition du droit de poursuite (Cass., 6 brum. an VII, 14 pluv. an XII, 20 nov. 1811, 25 février 1813, 17 déc. 1824). — Cette doctrine s'applique à toutes les juridictions.

519. La loi écarte du désistement toutes formalités superflues, et de simples actes d'avoué à avoué suffisent pour le former, bien entendu après constitution d'avoué de la part du défendeur ; car s'il l'était antérieurement, ou s'il n'y avait pas d'avoué en cause, comme devant les justices de paix, il faudrait bien qu'il fût notifié par exploit à partie. C. proc., 402.

520. Aux termes de cet article, la forme du désistement et de l'acceptation est facultative ; ils peuvent donc être faits de différentes manières ; par exemple, à l'audience, en présence du juge qui en peut décerner acte ; mais il faut que le demandeur et le défendeur se trouvent à l'audience en personne ou par des mandataires ayant pouvoir spécial de donner le désistement : alors leur présence est constatée par le juge et sans qu'il soit besoin de signatures (Cass., 12 mai 1813, Sirey, t. XIV, 1re part., p. 277 ; Pigeau, *Proc. civ.*, liv. II, part. 2, t. V, ch. III, sect. 1re, art. 3, § 3 ; Favard, t. II, p. 79 ; Desmazures, t. Ier, p. 620 ; et Boitard, t. II, p. 333) Si le mandataire de celui qui se désiste n'avait pas pouvoir spécial de formuler le désistement, la partie adverse pourrait et devrait le refuser, car elle ne serait pas suffisamment garantie.

FORMULE 110. — **Signification d'un acte de désistement.**
C. proc., 402, Tarif, 21.

L'an... le... à la requête du sieur A...
J'ai...
Signifié et déclaré au sieur B...
Que ledit sieur A... se désiste de la demande formée à sa requête par exploit de... huissier à... en date du... enregistré, ainsi que de toute la procédure qui a suivi ladite demande, sans cependant entendre préjudicier ni renoncer à ses droits relatifs à l'objet de ladite demande, se soumettant, en conséquence, ledit M... à payer tous les frais faits sur la demande dont il se désiste, conformément à la taxe qui en sera faite par qui de droit.
A ce que ledit sieur B... n'en ignore, je lui ai, à son domicile et parlant à...

FORMULE 111. — **Acceptation du désistement.** C. proc., 402 ; Tarif, 21.

L'an, etc... le... à la requête du sieur B...
J'ai...
Signifié et déclaré au sieur A...
Que ledit sieur B... accepte par ces présentes le désistement donné par le sieur A... suivant acte d'avoué à avoué, signifié le... de la demande par lui formée par exploit de... huissier à... en date du... contre ledit sieur B... se réservant de poursuivre la taxe et le payement des frais faits sur ladite demande. A ce que mondit sieur A... n'en ignore, je lui ai, en son domicile, parlant à...

FORMULE 112. — Acte d'un désistement donné à l'audience.

Par le demandeur a été dit qu'il déclare se désister purement et simplement de la demande formée à sa requête par exploit de... huissier à... en date du... enregistré, ainsi que de toute la procédure qui a suivi ladite demande, sans cependant entendre préjudicier ni renoncer à ses droits relatifs à l'objet de ladite demande, se soumettant, en conséquence, ledit sieur A... à payer tous les frais faits sur la demande dont il se désiste, conformément à la taxe qui en sera faite par nous.

Le défendeur a déclaré accepter ledit désistement.

En conséquence, nous, juge de paix, donnons acte au sieur A... demandeur, de son désistement, et au sieur B... défendeur, de l'acceptation par lui déclarée.

Ainsi prononcé, en présence des parties, les jour, mois et an que devant, et avons signé avec notre greffier.

CHAPITRE XXII. — De la reprise d'instance.

521. Le jugement de l'affaire qui sera en état ne sera différé ni par le changement d'état des parties, ni par la cessation des fonctions dans lesquelles elles procédaient, ni par leur mort, ni par les décès, démissions, interdictions ou destitutions de leurs avoués. C. proc., 342.

522. L'affaire sera en état lorsque la plaidoirie sera commencée; la plaidoirie sera réputée commencée quand les conclusions auront été contradictoirement prises à l'audience. — Dans les affaires qui s'instruisent par écrit, la cause sera en état quand l'instruction sera complète, ou quand les délais pour les productions et réponses seront expirés C. proc., 343.

523. Dans les affaires qui ne seront pas en état, toutes procédures faites postérieurement à la notification de la mort de l'une des parties seront nulles; il ne sera pas besoin de signifier les décès, démissions, interdictions ni destitutions des avoués; les poursuites faites et les jugements obtenus depuis seront nuls, s'il n'y a constitution de nouvel avoué. C. proc., 344.

524 Ni le changement d'état des parties, ni la cessation des fonctions dans lesquelles elles procédaient, n'empêcheront la continuation des procédures. — Néanmoins, le défendeur qui n'aurait pas constitué avoué avant le changement d'état ou le décès du demandeur sera assigné de nouveau, à un délai de huitaine, pour voir adjuger les conclusions, et sans qu'il soit besoin de conciliation préalable. C. proc., 345.

525. L'assignation en reprise ou en constitution sera donnée aux délais fixés au titre des *Ajournements*, avec indication des noms des avoués qui occupaient, et du rapporteur, s'il y en a. C. proc., 346.

526. L'instance sera reprise par acte d'avoué à avoué. C. proc., 347.

527. Si la partie assignée en reprise conteste, l'incident sera jugé sommairement. C. proc., 348.

528. Si, à l'expiration du délai, la partie assignée en reprise ou en constitution ne comparaît pas, il sera rendu jugement qui tiendra la cause pour reprise, et ordonnera qu'il sera procédé suivant les derniers errements, sans qu'il puisse y avoir d'autres délais que ceux qui restaient à courir. C. proc., 349.

529. Le jugement rendu par défaut contre une partie sur la demande en reprise d'instance, ou en constitution de nouvel avoué, sera signifié par un huissier commis : si l'affaire est en rapport, la signification énoncera le nom du rapporteur. C. proc., 350.

L'opposition au jugement sera portée à l'audience, même dans les affaires en rapport. C. proc., 351.

530. Telles sont les dispositions du Code de procédure civile sur la reprise d'instance ; elles sont applicables à la reprise d'instance devant les juges de paix, sauf ce qui est particulier à la procédure des tribunaux de première instance, comme la constitution d'avoué, et les actes d'avoué à avoué.

531. Ainsi, il est bien évident que l'instance interrompue devant le juge de paix ne pourra jamais être reprise que par exploit signifié à personne ou domicile.

FORMULE 113. — Assignation en reprise d'instance après le décès du défendeur. C. proc., 346, Tarif, 21.

L'an... à la requête du sieur... j'ai... cité le sieur... seul et unique héritier de... son père, demeurant à... etc.

Pour, attendu que le requérant a formé contre le défunt, devant M. le juge de paix du canton de... par exploit de... huissier, en date du .. une demande à fin de... (*rapporter l'objet de la demande*) ; sur laquelle demande avait été ordonnée une enquête et une descente sur les lieux contentieux, par jugement interlocutoire en date du... enregistré ; voir dire et ordonner que le sus-nommé sera tenu de reprendre l'instance introduite par le sieur... contre le sieur... par l'exploit susdaté, pour procéder sur icelle, suivant les derniers errements de la procédure ;

Sinon, et faute de ce faire, voir dire et ordonner, par le jugement à intervenir, que la cause sera tenue pour reprise, et qu'il sera procédé et passé outre à l'enquête, au jugement, suivant les derniers errements ; ce faisant, que les conclusions de l'exploit introductif d'instance seront adjugées au demandeur ; en conséquence, attendu (*reprendre les conclusions de la première demande*); et j'ai, etc. (*Signature de l'huissier.*)

FORMULE 114. — Assignation en reprise d'instance donnée par le défendeur après le décès du demandeur. C. proc., 346 ; Tarif, 21, par analogie.

L'an... à la requête du sieur...

J'ai... soussigné, donné assignation au sieur... seul et unique héritier du
sieur... demeurant à...

A comparaître, etc

Pour, attendu que par exploit de... huissier, en date du... le sieur... a
formé contre le requérant une demande tendant à... (*rapporter l'objet de la
demande*) ;

Attendu que, depuis plus d'un an que le sieur... est décédé, le sieur... n'a
pas encore repris ladite instance ;

Voir dire et ordonner que M... sera tenu de reprendre l'instance dont s'a-
git, introduite par son auteur contre le requérant, suivant exploit de...; sinon, et faute de ce faire, voir dire et ordonner par le jugement à intervenir,
et sans qu'il en soit besoin d'autre, que l'instance dont s'agit sera tenue pour
reprise entre les parties ; en conséquence, et statuant sur le fond, attendu
(*rapporter les conclusions*), se voir, ledit sieur... déclarer purement et simplement non recevable, ou, en tous cas, mal fondé dans ladite demande, et
se voir, en outre, condamner aux dépens ; à ce qu'il n'en ignore, etc. (*Signature de l'huissier.*)

CHAPITRE XXIII.— Du renvoi d'une justice de paix à une autre justice de paix.

552. Les art. 368 et suiv. du C. de proc. civ. déterminent les
causes de renvoi, soit en cas de parenté ou alliance, soit en cas de
récusation, soit lorsque les juges ou le tribunal tout entier se trouvent empêchés.

553. D'après l'art. 368, une partie peut demander le renvoi,
lorsque son adversaire a deux parents ou alliés jusqu'au degré de
cousin issu de germain inclusivement, parmi les juges du tribunal
de 1re instance saisi de la contestation, ou lorsque cet adversaire a
un parent à ce degré parmi les juges du tribunal dont il est lui-même
membre.

554. Il pourrait arriver qu'une partie fût parente à ce degré à
la fois du juge de paix et de ses suppléants, ou que les uns ou les
autres fussent empêchés, de telle sorte que l'affaire ne pût être jugée ; il y aurait alors lieu à se pourvoir en demande de renvoi.

555. On a prétendu toutefois que le renvoi pour cause de parenté ne peut s'appliquer aux juges de paix, à cause de la modicité
de leur compétence en dernier ressort (Rodière, 2, 12) ; mais la
compétence des juges de paix a été considérablement augmentée.
Avant même la loi de 1838, les juges de paix pouvaient prononcer,
au moins en premier ressort, sur des demandes fort importantes ;
nous ne comprenons donc pas qu'on ait repoussé à leur égard la
demande de renvoi, surtout lorsqu'on admettait la demande en récusation ou l'abstention.

556. C'est devant le tribunal de 1re instance dans l'arrondissement duquel est située la justice de paix que la demande en renvoi
doit être portée. Ce tribunal renvoie les parties devant le juge de

paix du canton le plus voisin (loi du 16 ventôse an XII, art. 1er); le jugement est rendu à la demande de la partie la plus diligente, sur simple requête (art. 2). La partie adverse est présente ou dûment appelée (*ibid.*). Le procureur impérial donne ses conclusions (*ibid.*). La distance d'une justice de paix à l'autre est réglée d'après celle de leurs chefs-lieux (art. 3).

FORMULE 115. — Assignation devant le tribunal compétent pour prononcer le renvoi. Loi du 16 ventôse an XII ; Tarif, 29.

L'an... le... à la requête du sieur... demeurant à... pour lequel domicile est élu à... en l'étude de Me... avoué près le tribunal de... lequel occupera sur l'assignation ci-après, j'ai (*immatricule de l'huissier*), soussigné, signifié, et avec celle des présentes laissé copie à M... demeurant à .. en son domicile, où étant et parlant à... d'une requête présentée par le requérant à MM. les président et juges du tribunal de... le... enregistrée, à ce qu'il n'en ignore.

Et à pareilles requête, demeure, élection de domicile et constitution d'avoué que ci-dessus, j'ai, huissier susdit et soussigné, donné assignation à mondit sieur... à comparaître et se trouver le... par-devant MM. les... président... composant la première Chambre du tribunal de... séant à... heure de... pour procéder sur et aux fins de la requête sus-énoncée, et, dans le cas de contestation, s'entendre condamner aux dépens : à ce qu'il n'en ignore, je lui ai, audit domicile et parlant comme dit est, laissé, sous toutes réserves, copie de ladite requête et du présent, dont le coût est de... (*Signature de l'huissier.*)

FORMULE 116. — Assignation devant le juge de paix devant lequel la cause a été renvoyée. Loi du 16 ventôse an XII ; Tarif, 25.

L'an... à la requête, etc.

J'ai... soussigné, signifié, et avec celle des présentes donné copie au sieur... etc., et à pareilles requête, demeure et élection de domicile que dessus, j'ai, huissier susdit et soussigné, cité ledit sieur... en son domicile et parlant comme dit est, à comparaître d'aujourd'hui à trois jours, outre un jour par trois myriamètres de distance, à l'audience du juge de paix du canton de...

Pour, attendu que, par le jugement sus-énoncé, les parties ont été renvoyées devant la justice de paix du canton de... pour être statué sur la demande formée par le requérant contre ledit sieur... par exploit de... en date du... dûment enregistré, voir dire et ordonner que la procédure de ladite demande sera continuée suivant les derniers errements ; ce faisant, que les conclusions prises par ledit sieur... en son exploit dudit jour... lui seront adjugées ; en conséquence (*reprendre les conclusions de cet exploit*) ; à ce que du tout le sus-nommé n'ignore, et je lui ai, en son domicile et parlant comme dessus, laissé copie tant du jugement sus énoncé que du présent, dont le coût est de... (*Signature de l'huissier.*)

CHAPITRE XXIV. — De l'abstention du juge de paix et de la récusation.

557. Le juge de paix est obligé de s'abstenir, de même que tout autre juge, lorsqu'il sait qu'il y a cause de récusation en sa personne. Cependant quelques auteurs pensent qu'il n'y a pas pour lui obli-

gation rigoureuse (Carré et Chauveau, n. 192 ; Favard, 4, 765) ; un arrêt de la Cour de cassation du 21 avril 1812 a jugé en ce sens ; mais le contraire résulte d'un arrêt de la même Cour du 14 octobre 1824. Selon Biret, il est tenu de s'abstenir aussi bien pour les causes énoncées en l'article 378 que pour celles prévues par l'article 44 ; c'est aussi notre avis. Il serait, en effet, contraire à la dignité de la justice et au respect qu'elle doit inspirer que le juge ne fût pas le premier à s'abstenir, lorsqu'il sait qu'il peut exister contre lui un motif réel de récusation.

538. Mais il faudrait que ce motif fût réel ; le juge de paix ne devrait pas condescendre au désir qu'aurait une partie de l'éviter comme juge.

539. Le juge de paix qui s'abstient d'office peut le faire de son propre mouvement, sans consulter le tribunal. Chauveau sur Carré, n. 192.

540. En cas d'abstention, la cause est jugée par le suppléant.

541. Les juges de paix pourront être récusés : 1° quand ils auront intérêt personnel à la contestation ; 2° quand ils seront parents ou alliés d'une des parties, jusqu'au degré de cousin germain inclusivement ; 3° si dans l'année qui a précédé la récusation, il y a eu procès criminel entre eux et l'une des parties, ou son conjoint, ou ses parents ou alliés en ligne directe ; 4° s'il y a eu procès civil existant entre eux et l'une des parties et son conjoint ; 5° s'ils ont donné un avis écrit dans l'affaire. C. proc., 44.

542. L'art. 44 du Code de procédure ne parle que des procès criminels ou civils qui auraient eu lieu entre le juge de paix et l'une des parties ou son conjoint ; il y aurait même motif de récusation, s'il y avait eu procès criminel ou civil entre la partie et la femme du juge de paix.

543. L'avis verbal donné par le juge de paix dans une affaire qui lui serait soumise équivaudrait à l'avis écrit dont parle l'art. 44, comme motif de récusation. Mais il faudrait que le juge de paix reconnût avoir donné cet avis verbal, pour que la récusation fût fondée. Par arrêt du 21 avril 1812, la Cour de cass. a jugé que, de ce qu'un juge de paix serait membre d'un bureau de bienfaisance, il ne s'ensuivrait pas qu'il fût personnellement intéressé au succès d'un procès soutenu devant lui par ce bureau, et qu'il y eût lieu à le récuser. Le même arrêt décide que le juge de paix n'est pas obligé de s'abstenir par cela seul qu'il est dans le cas d'être récusé, et qu'il faut de plus que la récusation ait été proposée.

544. Cependant, ainsi que nous l'avons dit plus haut, si un juge de paix savait qu'il y eût motif réel de récusation en sa personne, il devrait être le premier à se récuser ou à s'abstenir : « Tout juge, dit l'art. 380, qui saura cause de récusation en sa personne, sera tenu de le déclarer à la Chambre, qui décidera s'il doit s'abstenir. » Le juge de paix, seul sur son siége, ne peut ainsi s'en rapporter à ses collègues ; nous pensons donc qu'il doit, avant l'audience, prévenir son suppléant, qui le remplace pour cause d'empêchement légitime.

545. « La partie qui voudra récuser un juge de paix sera tenue « de former la récusation et d'en exposer les motifs par un acte « qu'elle fera signifier, par le premier huissier requis, au greffier « de la justice de paix, qui signera l'original. L'exploit sera signé, « sur l'original et la copie, par la partie ou son fondé de pouvoir « spécial. La copie sera déposée au greffe et communiquée immé- « diatement au juge par le greffier. » C. procédure, 45.

546. Si le récusant ne savait pas signer, il donnerait, par-devant notaire, un pouvoir spécial à un mandataire, qui signerait pour lui la récusation.

547. La loi autorise à faire signifier l'acte de récusation par le premier huissier requis. On sait qu'avant la loi du 25 mai 1838, l'huissier audiencier de la justice de paix pouvait seul notifier les actes de la justice de paix. Depuis la loi de 1838, ce droit appartient à tous les huissiers du canton ; l'art. 45 du Code de procédure l'étend à tous les huissiers de l'arrondissement. On a craint que les huissiers du ressort de la justice de paix eussent quelque répugnance à se charger d'un pareil exploit.

548. Après avoir reçu communication de la copie, le juge de paix sera tenu de donner au bas de cet acte, dans le délai de deux jours, sa déclaration par écrit, portant ou son acquiescement à la récusation, ou son refus de s'abstenir, avec ses réponses aux moyens de récusation. C. proc., 48.

Dès l'instant de la signification, la cause doit rester suspendue. Si le juge de paix acquiesce, il est remplacé par un de ses suppléants, qui connaît de l'affaire.

549. S'il refuse de s'abstenir, dans les trois jours de sa réponse, ou faute par lui de répondre, expédition de l'acte de récusation et de la déclaration du juge, s'il y en a, sera envoyée par le greffier, sur la réquisition de la partie la plus diligente, au procureur impérial près le tribunal de première instance dans le ressort duquel la justice de paix est située. La récusation y sera jugée en dernier ressort

11

dans la huitaine, sur les conclusions du procureur impérial, sans qu'il soit besoin d'appeler les parties. C. proc., 47.

Il n'est donc pas besoin d'appeler les parties, soit le récusant, soit le juge de paix; mais rien n'empêche qu'ils se rendent et assistent à l'audience, et y proposent leurs moyens.

550. L'instance qui a donné lieu à la récusation reste suspendue jusqu'à ce que le tribunal ait prononcé. Si la récusation est rejetée, la cause revient devant le juge de paix. Elle est jugée par un des suppléants si la récusation est admise.

551. La présence de la partie à l'audience et sa comparution avant d'avoir exercé la récusation la rendent, suivant quelques auteurs, irrecevable. La récusation devrait être, suivant eux, exercée avant la première audience à laquelle comparaît le récusant. L'arrêt de la Cour de cassation, cité plus haut, du 21 avril 1812, semble venir à l'appui de cette opinion. Ce ne serait cependant pas une raison pour que le juge de paix ne s'abstînt pas lui-même, si l'une des parties signalait à l'audience un motif sérieux de récusation.

FORMULE 117. — **Acte de récusation.** C. proc., 45; Tarif, 30. —Coût, à Paris, 3 fr.; ailleurs, 2 fr. 25, et pour la copie, le quart.

L'an... à la requête du sieur... demeurant à... lequel fait élection de domicile à... j'ai... huissier soussigné, signifié et déclaré à M... au nom et en sa qualité de greffier de la justice de paix du canton de... demeurant à... au lieu ordinaire du greffe, en parlant à lui-même,

Que mon requérant entend récuser, comme par ces présentes il récuse la personne de M... juge de paix dudit canton, dans la cause pendante devant lui entre mon requérant et le sieur... par le motif que M... juge de paix, est... qu'aux termes des articles... du Code de procédure civile, il y a lieu à récusation;

A ce que ledit sieur... greffier, n'en ignore et ait à communiquer la présente récusation à M... juge de paix, aux termes de la loi, je lui ai, en son domicile et parlant comme dessus, laissé copie du présent exploit, et a visé l'original, dont le coût est de... sous toutes réserves. (*Signatures de l'huissier et de la partie.*)

Vu le présent original, et reçu la copie à... l'an... le... (*Signature du greffier.*)

(*Le juge de paix fait au bas de cet acte sa déclaration en ces termes.*)

Nous, juge de paix du canton de... vu l'acte de récusation ci-dessus, à nous communiqué par notre greffier, déclarons acquiescer à ladite récusation, attendu qu'il est vrai que... et nous abstenir de juger la cause d'entre les sieurs... pendante devant notre juridiction.

(*Ou en ceux qui suivent:*)

Nous... (*comme dessus*), déclarons que les causes de récusation énoncées audit acte ne sont point fondées en droit (*énoncer les moyens s'il y a lieu*); que les faits allégués sont inexacts (*énoncer les faits reconnus*); qu'en conséquence nous refusons de nous abstenir de connaître de la cause pendante devant nous entre les sieurs... (*Signature du juge de paix.*)

FORMULE 118. — Réquisition d'envoi au procureur impérial de l'acte de récusation. C. proc., 17 ; Tarif, 27, par analogie, — Coût, Paris, 2 fr.; ailleurs, 1 fr. 50 ; pour la copie, le quart.

L'an... le... à la requête du sieur... demeurant à... pour lequel domicile est élu à... j'ai, huissier... sommé et requis le sieur... en sa qualité de greffier de la justice de paix du canton de... en son greffe, sis à... en parlant à... de transmettre dans le plus bref délai à M. le procureur impérial près le tribunal de première instance du ressort, l'expédition de l'acte par lequel mon requérant a déclaré qu'il entendait récuser M... juge de paix du canton de... dans la cause pendante devant son tribunal, entre le requérant et le sieur... signifié par exploit de mon ministère, en date du... enregistré... et visé par ledit greffier ; et d'y joindre la réponse faite par M... juge de paix, aux moyens de récusation, parce que, faute par lui de satisfaire à la présente sommation, le sieur... se pourvoira ainsi que de droit.

Et à ce qu'il n'en ignore, je lui ai, en son greffe, et parlant comme dessus, laissé copie du présent exploit, dont le coût est de...

CHAPITRE XXV. — De la prise à partie.

552. La prise à partie a lieu surtout en cas de déni de justice.

553. Le déni de justice est constaté par deux réquisitions faites au juge, en la personne du greffier, et signifiées de trois jours en trois jours au moins pour les juges de paix et de commerce, et de huitaine en huitaine au moins pour les autres juges. Tout huissier requis est tenu de faire ces réquisitions à peine d'interdiction. C. proc., 507.

554. Après les deux réquisitions, le juge peut être pris à partie. C. proc., 508.

555. La prise à partie contre le juge de paix, contre les tribunaux de commerce, ou de première instance, ou contre quelqu'un de leurs membres, est portée à la Cour impériale du ressort. C. procédure, 509.

556. Néanmoins, aucun juge ne peut être pris à partie sans permission préalable du tribunal devant lequel la prise à partie est portée. C. proc., 510.

557. Il est présenté à cet effet une requête signée de la partie, ou de son fondé de procuration authentique et spéciale, laquelle procuration sera annexée à la requête, ainsi que les pièces justificatives, s'il y en a, à peine de nullité. C. proc., 511.

558. Il ne pourra être employé aucun terme injurieux contre les juges, à peine, contre la partie, de telle amende, et contre son avoué, de telle injonction ou suspension qu'il appartiendra. C. proc., 512.

559. Si la requête est rejetée, la partie sera condamnée à une amende qui ne pourra être moindre de 300 fr., sans préjudice des dommmages et intérêts envers les parties, s'il y a lieu. C. pr., 513.

560. Si la requête est admise, elle sera signifiée dans trois jours au juge pris à partie, qui sera tenu de fournir ses défenses dans la huitaine. — Il s'abstiendra de la connaissance du différend ; il s'abstiendra même, jusqu'au jugement définitif de la prise à partie, de toutes les causes que la partie, ou ses parents en ligne directe, ou son conjoint, pourront avoir dans son tribunal, à peine de nullité des jugements. C. proc., 514.

561. La prise à partie sera portée à l'audience sur un simple acte, et sera jugée par une autre section que celle qui l'aura admise; si la Cour impériale n'est composée que d'une section, le jugement de la prise à partie sera renvoyé à la Cour impériale la plus voisine par la Cour de cassation. C. proc., 515.

562. Si le demandeur est débouté, il sera condamné à une amende qui ne pourra être moindre de 300 fr., sans préjudice des dommages-intérêts envers les parties, s'il y a lieu. C. proc., 516.

FORMULE 119. — Réquisition pour constater le déni de justice.
C. proc., 107 ; Tarif, 29. — Coût, 2 fr. orig. ; 50 c. copie.

L'an... le... à la requête du sieur... demeurant à... pour lequel domicile est élu en la demeure de... j'ai... soussigné, prié et requis, pour la première fois, M... juge de paix du canton de... en la personne de M... greffier dudit tribunal, en son greffe, sis à... en parlant à...

De répondre à la requête à lui présentée par ledit sieur... le... à l'effet d'obtenir l'indication des jour, lieu et heure auxquels le sieur... demeurant à... pourra être sommé de comparaître par-devant mondit sieur... pour convenir des pièces de comparaison dans une vérification d'écriture qui a été ordonnée par-devant lui, et pour laquelle il a été commis par jugement de la... Chambre du tribunal de... en date du... dûment enregistré ; à ce que mondit sieur... n'en ignore, et ait en conséquence à satisfaire à la présente réquisition, je lui ai, en la personne de Me... greffier, parlant comme dessus, laissé copie du présent exploit, dont le coût est de... (*Signat. de l'huissier.*)

CHAPITRE XXVI. — De l'exécution des sentences des juges de paix. — De l'interprétation. — De l'exécutoire de dépens. — De la réception des cautions.

ARTICLE 1er. — *De l'exécution et de l'interprétation.*

563. Les juges de paix, n'ayant pas la juridiction ordinaire, ne peuvent pas connaître de l'exécution de leurs jugements ; il n'existe cependant aucune disposition à cet égard dans le Code de procédure: lors de la discussion de ce Code, le Tribunat ayant proposé un article portant que les juges de paix ne connaîtraient point de l'exécution de leurs jugements, *même entre parties*, cet article fut rejeté :

Locré en conclut qu'ils doivent connaître de cette exécution ; d'après M. Favard, qui était membre du Tribunal, la disposition ne fut omise que parce que le principe était incontestable. Cependant, on a trouvé convenable d'exprimer la prohibition, relativement aux tribunaux de commerce, qui, comme les juges de paix, sont juges d'exception. D'après l'art. 553 C. proc., en effet, « les contestations « élevées sur l'exécution des jugements des tribunaux de commerce « seront portées au tribunal de première instance du lieu où l'exé- « cution se poursuivra. »

564. Quoi qu'il en soit, il a toujours été admis que les juges de paix n'ont pas la connaissance de leurs jugements ; et aucun doute ne peut plus s'élever à cet égard depuis la loi de 1838, puisqu'un art. 19, leur attribuant la connaissance des difficultés élevées sur cette exécution, fut rejeté de la nouvelle rédaction du projet soumis aux Chambres en 1837. « On a pensé, disait M. Persil, en présen- tant ce nouveau projet, que la règle qui défère aux tribunaux civils l'exécution des jugements émanés des juridictions extraordinaires, deviendrait sans force si elle éprouvait une exception dont l'appli- cation serait presque aussi fréquente que celle de la règle elle-même; qu'il n'existerait pas de motifs, dans ce cas, pour refuser d'attribuer aussi aux juridictions consulaires la connaissance des difficultés nées de l'exécution de leurs décisions ; qu'une telle innovation aurait infailliblement pour effet d'appeler, autour du tribunal de paix, ces praticiens sans titre reconnu, qu'il est si important d'en éloi- gner. »

565. Les juges de paix ne sont donc compétents pour connaître d'aucune des actions qui se rapportent à l'exécution des jugements, comme saisie-exécution, saisie immobilière, saisie-arrêt, poursuites de contrainte par corps, etc. Une exception cependant résulte des art. 3 et 10 de la loi de 1838 : c'est celle relative à la saisie- gagerie.

566. Par jugement du tribunal de Bourges du 18 mars 1847, il a été jugé que le droit d'ordonner la délivrance d'une seconde grosse d'un jugement rendu par le juge de paix, appartient non à ce juge de paix, mais au président du tribunal de première instance du res- sort (*Code de procédure*, 844 et 854). — Jugé de même par arrêt de la Cour de Cassation du 11 août 1847, relativement à la seconde grosse d'un jugement rendu par le tribunal de commerce. RÉPERT. GÉN. DES J. DE PAIX, t. III, p. 57.

567. Mais la prohibition doit être restreinte aux actes d'exécu- tion proprement dits. « On ne saurait, dit Curasson (sur l'art. 12,

n° 15), considérer comme tels l'instruction servant non-seulement à parvenir au jugement définitif, mais aussi celle qui devient nécessaire pour le compléter : ainsi, par exemple, que le juge de paix prononce des dommages-intérêts, ou une restitution de fruits à liquider, c'est devant lui qu'il doit être procédé ; qu'il ordonne la résolution d'un bail sur le défaut de payement des loyers et fermages, et, qu'au lieu d'exécuter son jugement, le preneur refuse de déguerpir, c'est à ce magistrat qu'il appartient d'ordonner l'expulsion des lieux et la mise des meubles sur le carreau ; qu'il prescrive le bornage sur telle ou telle base, c'est à lui à vérifier s'il a été exécuté conformément à sa disposition : il en séra de même en fait d'élagage, de plantation, de distance à observer, ou de constructions à effectuer pour certains établissements ; dans ces cas et autres semblables, la décision, quoique définitive, n'est complète qu'autant que les mesures qu'elle a prescrites étant accomplies, le juge extraordinaire a totalement exercé la juridiction que la loi lui conférait sur la matière. »

568. Quant aux demandes en validité d'offres réelles, si les offres étaient faites en vertu d'une condamnation même prononcée par le juge de paix, elles tiendraient à une exécution de jugement, et, par conséquent, le juge de paix n'en connaîtrait pas ; mais celles qui auraient lieu avant toute demande seraient, comme action personnelle et mobilière, de la connaissance du juge de paix, dans les limites de sa compétence ordinaire.

569. En général l'interprétation d'un jugement appartient au tribunal qui l'a rendu ; cette règle est applicable aux juges de paix, comme à tous les autres tribunaux. Curasson, tout en soutenant ce principe sur l'art. 12, n° 17, fait cependant une distinction : « Si c'est, dit-il, au sujet de l'exécution d'un jugement de justice de paix, sur l'opposition à une saisie ou contrainte, par exemple, qu'il s'agit d'interpréter, alors l'interprétation appartient au tribunal saisi de l'exécution ; mais dans tous les autres cas, nous ne voyons pas le motif pour lequel la demande en interprétation ne serait pas portée devant le tribunal qui a rendu la sentence. » — Il a été jugé par arrêt de la Cour de Caen, du 17 mai 1825, que les tribunaux même de commerce ont le droit d'interpréter leurs jugements : cet arrêt serait parfaitement applicable aux juges de paix, et nous pensons même que la véritable action en interprétation d'un jugement ne peut être portée que devant le tribunal qui l'a rendu ; si les tribunaux ordinaires sont compétents pour statuer sur le sens d'un jugement du juge de paix, en cas de poursuites en exécution, c'est que les termes ne présentent pas d'ambiguïté, et qu'alors ils ont en effet le droit de déclarer que ces termes sont clairs et précis.

570. Mais il faut qu'il se garde, en interprétant, de modifier en rien la chose jugée.

571. La demande en interprétation du jugement s'introduit par exploit en la forme ordinaire.

572. S'il y avait contrariété entre deux sentences de juges de paix différents, rendues en dernier ressort entre les mêmes personnes, et à raison du même fait, il y aurait lieu au pourvoi en cassation (C. proc., 504). Cela a été jugé dans le cas spécial où un juge de paix avait rétracté expressément un jugement définitif par lui précédemment rendu (Cass., 21 avril 1813). Une rétractation aussi expresse constituerait aujourd'hui l'excès de pouvoir exigé par l'art. 15 de la loi de 1838 pour que les sentences des juges de paix puissent être attaquées par la voie du recours en cassation.

ARTICLE 2. — *De l'exécutoire de dépens.*

573. On appelle *exécutoire de dépens* le mandement de payer ou de contraindre, délivré en forme d'expédition de jugement, et contenant l'énonciation de la taxe des dépens adjugés et de l'ordonnance du juge.

574. L'exécutoire n'est délivré que dans le cas où le jugement ne liquide pas les dépens. Décret 20 juillet 1806, art. 2 à 5 ; 16 févr. 1807, art. 5.

575 Si les dépens sont liquidés par le jugement, et leur montant énoncé dans la minute, l'expédition de ce jugement suffit ; cette liquidation se fait sur l'état soumis à la taxe du juge dans les vingt-quatre heures de la prononciation du jugement avant la signature de la feuille d'audience. Décret 16 févr. 1807, art. 1.

576. Si la liquidation n'a pas eu lieu par le jugement, on lève un exécutoire ; mais la partie condamnée peut, en pareil cas, et si la liquidation dans le jugement a été possible, si, par exemple, il ne s'agit pas de frais faits postérieurement au jugement, se refuser à payer le coût de l'exécutoire. Cass., 25 mai 1830 et 5 juin 1839.

577. En justice de paix, les dépens sont liquidés par le jugement qui les adjuge : la liquidation appartient au juge de paix, lorsqu'il ne l'a pas faite dans son premier jugement ; c'est ce que déclare d'une manière implicite l'art. 26 C. proc., lorsqu'il autorise le juge du pétitoire à fixer, pour cette liquidation, un délai après lequel l'action du pétitoire sera reçue.

578. Les exécutoires de dépens sont soumis à un droit proportionnel d'enregistrement de 50 centimes pour 100 francs (loi 22 frim. an VII, art. 69, § 2, n° 9) ; et ce droit ne peut jamais être inférieur à 1 franc. Instr. min. 429, § 4.

579. Les juges de paix ont, en outre, des attributions toutes particulières, dont nous parlerons en la seconde partie, ci-après, pour délivrer aux notaires, greffiers, huissiers et autres officiers publics, exécutoire pour le montant des droits d'enregistrement qu'ils ont avancés pour leurs clients.

FORMULE 120. — Exécutoire de dépens.

Nous, etc. ;

Vu notre jugement rendu à l'audience du... par lequel nous avons condamné le sieur B... à extirper les plantations par lui faites sur le terrain désigné en cette sentence, et démolir les bâtiments et murs qu'il y avait élevés ;

Vu la sommation qui lui a été faite à la requête de Paul A... demandeur, par exploit de Me... huissier à... en date du... enregistré, pour le mettre en demeure de satisfaire à ladite condamnation ;

Vu les quittances des sieurs Louis C... et Simon D... ouvriers chargés d'exécuter lesdits travaux, constatant qu'il leur a été payé par le sieur A... la somme de... ;

Vu un état des diverses autres dépenses pour la même cause s'élevant à la somme de... payée par le sieur A... ledit état certifié et signé par lui ;

Vu aussi l'article 27 du Code de procédure, disons que, par le premier huissier de ce requis, le sieur B... sera contraint par toutes voies de droit à payer au sieur A... la somme de... pour le remboursement de l'avance des susdites dépenses faites à la charge du sieur B...

Délivré à...

(Cet acte est mis au rang des minutes, et il en est délivré par le greffier une expédition revêtue de la formule exécutoire.)

ARTICLE 3. — De la réception des cautions.

580. Les articles 517 et suivants du Code de procédure tracent les formes à suivre pour la réception des cautions devant les tribunaux de première instance ; ces formes, en tant qu'elles peuvent s'appliquer aux justices de paix, doivent être suivies, selon plusieurs auteurs, la loi n'indiquant pas d'autres règles.

Dans la dernière discussion de la loi de 1838 à la Chambre des députés, M. Genoux ayant adressé à la Commission l'interpellation suivante : « Quel sera le mode de la réception de la caution ? La Commission n'entend pas, sans doute, que la réception de caution dont elle s'occupe dans l'art. 11, soit astreinte à l'observation de toutes les formalités du titre du Code de procédure ; comment veut-elle donc que la caution soit reçue par le juge de paix ? » A quoi le rapporteur répondit : *Le juge de paix recevra la caution à l'audience.*

581. Curasson, en faisant remarquer le laconisme et l'insuffisance de cette réponse, critique l'opinion des auteurs qui indiquent comme règles celles des articles 517 et suivants du Code de procédure. « Dans le silence de la loi, dit-il, on pourrait suivre plutôt les formes établies par les articles 440 et 441 pour les tribunaux de commerce. — Exploit de présentation avec sommation à la partie de prendre communication des titres déposés au greffe de la justice de paix ;— soumission au greffe, de la caution, si elle n'est pas contestée ; et, dans le cas contraire, le jugement de la contestation à l'audience indiquée par la sommation. »

Si même la condamnation à garantir par la caution est de peu d'importance, ajoute Curasson, le juge de paix, en ordonnant l'exécution provisoire, peut, à la même audience, recevoir la caution offerte, ou, si elle est présente, donner acte de sa soumission.

582. Le mode le plus simple est, sans contredit, de recevoir la caution à l'audience. Si elle n'est pas présentée au moment du jugement, celui qui doit la fournir assigne son adversaire à comparaître à l'audience indiquée par le juge de paix. S'il s'élève alors des contestations sur la solvabilité ou la capacité de la caution, le juge de paix statue.

583. La loi ne prescrit aucune formalité, aucune écriture ; elle n'exige pas le dépôt préalable, au greffe du juge de paix, des titres constatant la solvabilité de la caution. Benech, 375 ; Chauveau, n° 82 ; V. Foucher, 407, n° 413.

584. « Le débiteur obligé à fournir une caution doit en présen-« ter une qui ait la capacité de contracter, qui ait un bien suffisant « pour répondre de l'objet de l'obligation, et dont le domicile soit « dans le ressort de la Cour impériale où elle doit être donnée. » C. Nap., 2018.

585. « La solvabilité d'une caution ne s'estime qu'eu égard à ses « propriétés foncières, excepté en matière de commerce, ou lorsque « la dette est modique. On n'a point égard aux immeubles litigieux « ou dont la discussion deviendrait trop difficile par l'éloignement « de leur situation. » C. Nap., 2019.

586. « Toutes les fois qu'une personne est obligée par la loi ou « *par une condamnation* à fournir une caution, la caution offerte « doit remplir les conditions prescrites par les art. 2018 et 2019. « Lorsqu'il s'agit d'un cautionnement judiciaire, la caution doit, en « outre, être susceptible de contrainte par corps. » C. Nap., 2040.

587. « Celui qui ne peut trouver une caution est reçu à donner à « sa place un gage ou nantissement suffisant. » C. Nap., 2041.

588. « La caution judiciaire ne peut point demander la discussion « du débiteur principal. » C. Nap., 2042.

589. « Celui qui a simplement cautionné la caution judiciaire ne « peut demander la discussion du débiteur principal et de la cau- « tion. » C. Nap., 2043.

FORMULE 121. — **Réception de caution à la suite du jugement.**

Et à l'instant le sieur A... nous a présenté pour caution du montant des condamnations prononcées en sa faveur, et dont la restitution pourrait être ordonnée au profit du sieur B... en cas d'appel, la personne du sieur M... (*prénoms, nom, profession et domicile de la caution*), lequel a dit que par le jugement de la justice de paix de ce canton, en date du... sujet à l'appel, il avait été prononcé en faveur du sieur A... contre le sieur B... différentes condamnations ; que le sieur A... désirant, en cas d'appel, mettre provisoi- rement à exécution ledit jugement, l'avait présenté et fait recevoir pour cau- tion ; qu'en conséquence il fait présentement sa soumission et se rend caution envers le sieur B... de la restitution, en cas d'infirmation sur l'appel, du montant des condamnations auxquelles il serait contraint provisoirement de satisfaire en vertu du jugement susdaté.

Le sieur B... a dit (*moyens du défendeur*).

Nous, considérant... recevons la personne du sieur M... présent à notre audience, pour caution de la restitution, au cas d'infirmation sur l'appel, du montant des condamnations qui viennent d'être prononcées en faveur du sieur A... contre le sieur B... par le jugement ci-dessus.

Et a ledit sieur M... déclaré caution, signé (*signature de la caution*) avec nous et le greffier.

CHAPITRE XXVII. — De la tierce opposition.

590. La tierce opposition constitue une voie extraordinaire d'at- taquer les jugements ; elle n'est ouverte qu'à celui qui n'a pas été partie au jugement (C. proc., 474). Toute partie, dit l'art. 474 C. proc., peut former opposition à un jugement qui préjudicie à ses droits, et lors duquel ni elle ni ceux qu'elle représente n'ont été appelés.

591. La tierce opposition est principale ou incidente : — princi- pale, lorsqu'elle n'est précédée d'aucune contestation entre le tiers opposant et celui qui a obtenu le jugement attaqué ; — incidente, lorsqu'elle est formée contre un jugement produit dans une contes- tation par une partie qui en tire argument en faveur de sa préten- tion.

Ainsi, celui qui n'a pas été partie à un jugement qui préjudicie à ses droits peut en prévenir l'exécution à son égard, en l'attaquant par tierce opposition, soit principale, soit incidente.

592. Mais il n'est pas tenu de prendre cette voie : l'art. 474 C. proc. ne lui ôte pas la faculté de se borner à invoquer la maxime *res inter alios judicata aliis non nocet.* Cass., 11 mai 1840 ; Carré, n° 1722 ; Berriat, sur l'art. 474 C. proc.

593. Il n'est pas douteux que la tierce opposition ne soit admise contre les jugements des juges de paix. Cass., 15 mars et 22 févr. 1830 ; Berriat, *ibid.*; Carou, n° 662.

594. La tierce opposition principale est portée au tribunal, quel qu'il soit, qui a rendu le jugement. C. proc., 475.

595. La tierce opposition incidente se porte devant le tribunal saisi de la cause, s'il est égal ou supérieur à celui qui a rendu le jugement (C. proc., 476) ; et, dans le cas contraire, devant ce dernier tribunal. Ainsi lorsque, dans une cause pendante devant un juge de paix, on produit un jugement d'un tribunal de première instance, on doit aller à ce tribunal pour faire statuer sur la tierce opposition.

596. La tierce opposition principale se forme devant les tribunaux de paix par exploit de citation, et la tierce opposition incidente par forme de conclusions verbales, et à l'audience.

597. L'étranger qui forme tierce opposition principale doit donner caution ; il est demandeur principal ou intervenant. C. proc., 166.

598. Le tribunal devant lequel le jugement attaqué aura été produit pourra, *suivant les circonstances*, passer outre ou surseoir. C. proc., 477.

599. Mais lorsque le tribunal saisi de la cause principale est inférieur à celui qui a rendu le jugement auquel on forme incidemment tierce opposition, il ne peut en surseoir l'exécution (Paris, 7 janvier 1812). On s'adresse, pour cela, au tribunal qui a prononcé. C. proc., 476.

600. Les *circonstances* dans lesquelles le tribunal peut passer outre ou surseoir sont déterminées par l'article 478 C. proc.

« Les jugements passés en force de chose jugée, dit cet article, portant condamnation à délaisser la possession d'un héritage, seront exécutés contre les parties condamnées, nonobstant la tierce opposition et sans y préjudicier. — Dans les autres cas, les juges pourront, suivant les circonstances, suspendre l'exécution du jugement. »

601. Le jugement qui déclare la tierce opposition bien fondée doit rétracter le jugement contre lequel elle est dirigée ; mais seulement en ce qui concerne le droit et l'intérêt personnel de l'opposant. Cass., 23 germ. an VI, 15 pluv. an IX.

Cependant, il a été jugé que la tierce opposition, admise contre un jugement de dernier ressort, entraîne la rétractation du jugement même en faveur de ceux qui y ont été parties, si l'objet du jugement attaqué est tellement indivisible, qu'il y ait impossibilité d'exécuter le second jugement en conservant au premier ses effets. Cass., 6 fruct.

an X, 8 avril 1829; Nîmes, 18 févr. 1807; Besançon, 12 juillet 1828; Carré, n. 1733; Pigeau, *Comm.* 2, 66; Favard, 5, 615.

602. La partie dont la tierce opposition est rejetée doit être condamnée, sur la demande de l'adversaire, ou d'office (Carré, art. 479), à une amende, sans préjudice des dommages-intérêts de l'adversaire, s'il y a lieu. C. proc., 479, 1029.

603. L'amende ne doit pas être moindre de 50 fr. (C. proc., 479). Elle ne pourrait être exigée si, malgré l'obligation impérative imposée aux juges (Cass., 25 mars 1813; circ. minist. des fin., 4 mars 1826), ceux-ci omettaient de la prononcer.

FORMULE 122. — **Acte de tierce opposition par exploit.**
C. proc., 475; Tarif, 21, par analogie.

L'an... le... à la requête, etc., j'ai (*immatricule*), soussigné, signifié et déclaré au sieur... demeurant à... etc., que ledit sieur... se rend, par ces présentes, tiers opposant à l'exécution du jugement contradictoirement rendu entre ledit sieur... et le sieur... en la justice de paix du canton de... le... et signifié au requérant le... par exploit de... huissier à... à ce que le sus-nommé n'en ignore; et à pareilles requête, demeure et élection de domicile que dessus, j'ai, huissier susdit et soussigné, donné assignation audit sieur... domicile et parlant comme dessus, à comparaître, d'aujourd'hui à trois jours francs, délai de la loi... heures... par-devant M. le juge de paix du canton de... au lieu ordinaire de ses audiences, rue... séant à... au Palais de Justice, pour, attendu que par le jugement sus-énoncé ledit sieur... a été réintégré dans la possession d'une maison sise à... (*tenants et aboutissants*); attendu que ledit sieur... n'ayant pas été partie dans le jugement dont s'agit, quoique ayant dû y être appelé, a droit de l'attaquer par la voie de la tierce opposition; attendu, au fond, que c'est depuis plus d'un an et jour que le sieur... vendeur du sieur... requérant, possédait ladite maison... à titre de propriétaire et d'une manière paisible, publique et non interrompue; voir recevoir ledit sieur... tiers opposant à l'exécution du jugement rendu contradictoirement entre le sieur... et le sieur... par M. le juge de paix du canton de... le... ce faisant, voir dire et ordonner que le sieur... sera maintenu dans la possession et jouissance de la maison dont s'agit, et qu'il sera fait défense audit sieur... de l'y troubler à l'avenir; en conséquence, qu'il sera fait défense audit sieur.... d'exécuter ledit jugement en ce qui touche l'intérêt du demandeur, à peine de tous dommages et intérêts; et pour, en outre, répondre et procéder comme de raison à fin de dépens; et j'ai... etc. (*Signature de l'huissier.*)

FORMULE 123. — **Requête de tierce opposition.**

A M. le juge de paix du canton de...

Le sieur... demeurant à... demandeur aux fins de son exploit en date du... et tiers opposant par la présente requête à l'exécution du jugement dont est ci-après parlé...

Contre le sieur... demeurant à... défendeur à l'exploit sus-daté... et encore défendeur à la présente requête...

A l'honneur de vous exposer que... (*rappeler les faits et les moyens*).

Par tous ces motifs et autres à suppléer de droit et d'équité, il plaira à M. le juge de paix dire et ordonner qu'en venant plaider la cause d'entre les parties, elles viendront pareillement plaider sur la présente requête dont le

sieur... emploie le contenu pour fin de non-recevoir, et défenses contre le
sieur... et encore pour moyens à l'appui de sa tierce opposition ; ce faisant,
etc. (V. *les conclusions de la formule précédente.*)

CHAPITRE XXVIII. — De l'appel des jugements des justices de paix.

604. « L'appel des jugements des juges de paix ne sera rece-
« vable ni avant les trois jours qui suivront celui de la prononcia-
« tion des jugements, à moins qu'il n'y ait lieu à exécution provi-
« soire, ni après les trente jours qui suivront la signification, à
« l'égard des personnes domiciliées dans le canton.

« Les personnes domiciliées hors du canton auront pour interjeter
« appel, outre le délai de trente jours, le délai réglé par les art. 73
« et 1033 du C. proc. civ. » Loi 25 mai 1838, art. 13.

605. Ne sera pas recevable l'appel des jugements mal à propos
« qualifiés en premier ressort, ou qui, étant en dernier ressort,
« n'auraient point été qualifiés.

606. « Seront sujets à l'appel les jugements qualifiés en dernier
« ressort, s'ils ont statué, soit sur des questions de compétence, soit
« sur des matières dont le juge de paix ne pouvait connaître qu'en
« premier ressort.

607. « Néanmoins, si le juge de paix s'est déclaré compétent,
« l'appel ne pourra être interjeté qu'après le jugement définitif. »

Nous examinerons, dans ce chapitre, les délais de l'appel quant
aux jugements définitifs et interlocutoires ; les règles de l'acquiescement ; enfin la procédure de l'appel et les attributions du juge
d'appel.

ARTICLE 1er. — *Délai de l'appel quant aux jugements définitifs
et interlocutoires, et aux jugements par défaut.*

608. L'art. 13 défend, d'une part, d'interjeter appel des jugements des juges de paix avant les trois jours qui suivront celui de
la prononciation, à moins qu'il n'y ait lieu à exécution provisoire ;
d'autre part, il n'accorde que le délai de trente jours pour relever
appel. La première de ces dispositions a pour but d'empêcher les
appels téméraires ; la seconde, d'empêcher les appels tardifs. Loi du
25 mai 1838, art. 13.

609. L'art. 450 C. proc. dispose que « l'exécution des jugements
« non exécutoires par provision sera suspendue pendant la huitaine,
« à dater du jour du jugement. » Cette disposition cadre avec celle
qui défend d'appeler, avant l'expiration de la huitaine, des jugements des tribunaux de première instance : il semble donc que

l'exécution des jugements des juges de paix doit être aussi, par analogie, suspendue pendant les trois jours avant l'expiration desquels l'appel est interdit ; au moins l'exécution précipitée autoriserait l'appel, sans égard au délai de trois jours. Cass., 19 avril 1826.

610. L'interdiction d'appel avant les trois jours est-elle applicable aux jugements interlocutoires comme aux jugements définitifs ? La loi ne distingue pas ; mais comme aucun délai ne peut être assigné à l'exécution d'un jugement interlocutoire, c'est à ces jugements surtout que s'appliquerait la règle : que l'exécution dispense de tout délai d'appel.

Il faut, d'ailleurs, observer que la partie qui assiste à une enquête ou à une expertise est censée acquiescer par là même au jugement qui l'a ordonnée ; on ne peut donc, à la fois, autoriser l'exécution d'un jugement interlocutoire avant le délai de trois jours, et empêcher de relever appel avant ce même délai.

611. L'appel des jugements dont l'exécution provisoire n'a pas été ordonnée est suspensif. Soit qu'il s'agisse d'un jugement définitif, soit qu'il s'agisse d'un jugement interlocutoire, toute exécution doit donc être suspendue du moment de l'appel, et lors même qu'il aurait été relevé après le délai, le tribunal d'appel étant seul juge de cette nullité.

612. Il n'est pas douteux, au reste, que l'appel d'un jugement interlocutoire ne puisse être interjeté avant le jugement définitif, l'art. 31 C. proc. le dit positivement.

613. Quant aux jugements qui ont statué sur la compétence, l'appel, d'après l'art. 14, ne peut en être interjeté qu'après le jugement définitif ; cependant, si le jugement prononçant sur le déclinatoire est suivi d'un jugement interlocutoire, comme il est permis d'appeler de l'interlocutoire, tout porte à penser que l'on peut en même temps soumettre au juge d'appel la question de compétence : c'est l'opinion de Curasson sur l'art. 14, n. 10 ; elle ne nous paraît pas pouvoir être sérieusement contestée.

614. La loi fixe les jours de délai, après lesquels il est permis d'appeler ; la loi de 1838 les fixe à trente, au lieu des trois mois de l'art. 16 C. proc.

615. Il n'est plus nécessaire que le jugement soit signifié, pour faire courir le délai d'appel, par un huissier *commis*, ainsi que l'exigeait l'art. 16 du C. de proc., à défaut de l'huissier de la justice de paix. L'art. 16 de la loi de 1838 a aboli le droit exclusif de certains huissiers de notifier tous les actes relatifs à la juridiction des juges

de paix, pour transporter ce droit à tous les huissiers du canton ; et, afin de ne porter aucune atteinte à cette égalité de droits, la seconde Commission de la Chambre des députés supprima de l'art. 13 du projet, après ces mots : *qui suivront la signification*, ceux-ci : *faite par l'huissier commis par le jugement.*

616. Les personnes domiciliées hors du canton ont pour interjeter appel, outre le délai de trente jours, le délai réglé par les art. 73 et 1033 du C. proc. civ., c'est-à-dire que « le jour de la « signification ni celui de l'échéance du délai ne sont pas comptés ; « que le délai est augmenté d'un jour à raison de trois myriamètres « de distance » (art. 1033); et que « si celui qui est assigné demeure « hors de la France continentale, le délai est : — 1° pour ceux de- « meurant en Corse, dans l'île d'Elbe ou de Capraja, en Angleterre « et dans les États limitrophes de la France, de deux mois ; — « 2° pour ceux demeurant dans les Etats de l'Europe, de quatre « mois ; — 3° pour ceux demeurant hors d'Europe, en deçà du cap « de Bonne-Espérance, de six mois, et pour ceux demeurant au « delà, d'un an. »

617. D'après l'art. 446 C. proc., « ceux qui sont absents du ter- « ritoire européen de l'Empire pour service de terre ou de mer, ou « employés dans les négociations extérieures pour le service de « l'Etat, auront pour interjeter appel, outre le délai de trois mois « depuis la signification du jugement, le délai d'une année. » — Cet article est applicable à l'appel des jugements des juges de paix, ainsi que cela résulte d'une interpellation positive à ce sujet de M. Martin de l'Isère, et d'une réponse affirmative du rapporteur de la Chambre des députés : M. le rapporteur explique dans cette ré- ponse « que la Commission s'en est tenue aux termes du droit com- mun, et qu'elle n'a pas voulu déroger à l'art. du C. de proc. » — Ceux dont il est mention dans cet article ont donc, pour interjeter appel d'un jugement de justice de paix, outre le délai de trente jours de- puis la signification du jugement, le délai d'une année.

618. D'après l'art. 443 C. proc., relatif aux tribunaux de pre- mière instance, le délai d'appel des jugements par défaut rendus par ces tribunaux, ne court que *du jour où l'opposition n'est plus rece- vable :* cette disposition est-elle applicable à l'appel des jugements par défaut rendus par les juges de paix ? — L'art. 4, tit. III de la loi du 26 octobre 1790 défendait aux tribunaux de district « de re- « cevoir dans aucun cas l'appel d'un jugement du juge de paix, « lorsqu'il aurait été rendu par défaut » ; mais cette disposition n'est reproduite ni dans le Code de proc., ni dans la loi de 1838 ; au

contraire, le Code parle du droit d'appeler, et fixe le délai d'appel;
sans distinguer entre les jugements contradictoires et les jugements
par défaut : aussi était-il admis, sous le Code de proc., que les jugements par défaut étaient susceptibles d'appel, et que le délai d'appel
ne courrait que du jour où l'opposition n'était plus recevable (Cass.,
8 août 1815 et 7 nov. 1821); et dès lors aussi l'on reconnaissait que
la règle de l'art. 455, d'après laquelle « les appels des jugements sus-
« ceptibles d'opposition ne sont point recevables pendant la durée
« du délai d'opposition », était également applicable aux appels
des jugements des juges de paix.

Il n'est pas douteux que ces principes ne doivent encore être
appliqués sous la loi de 1838 : ainsi, aujourd'hui comme autrefois,
l'appel ne peut être interjeté pendant les délais de l'opposition, et
le délai pour appeler d'un jugement par défaut ne court que de
l'expiration du délai d'opposition.

Or, suivant l'art. 20 C. proc., « la partie condamnée par défaut
« peut former opposition dans les trois jours de la signification faite
« par l'huissier du juge de paix ou tel autre qu'il aura commis. »

Suivant l'art. 21, « si le juge de paix sait par lui-même, ou par
« les représentations qui lui seraient faites à l'audience par les pro-
« ches, voisins ou amis du défendeur, que celui-ci n'a pu être in-
« struit de la procédure, il pourra, en adjugeant le défaut, fixer,
« pour le délai de l'opposition, le temps qui lui paraîtra convenable;
« et dans le cas où la prorogation n'aurait été ni accordée d'office,
« ni demandée, le défaillant pourra être relevé de la rigueur du délai
« et admis à opposition, en justifiant qu'à raison d'absence ou de
« maladie grave il n'a pu être instruit de la procédure. »

619. La nullité provenant de ce qu'un acte d'appel a été signifié
après les délais doit être prononcée d'office : c'est là une nullité
d'ordre public. Rennes, 25 mai 1838.

620. Quant à l'appel prématuré, Curasson pense que la nullité
n'en doit pas être prononcée d'office, parce que, en ce cas, la partie
déclarée non recevable peut renouveler son appel. Cela est vrai si,
au moment où le jugement est prononcé, les délais d'appel ne sont
pas encore expirés. Quoi qu'il en soit, comme la disposition relative
à l'appel prématuré n'a été établie que pour arrêter l'appelant téméraire, elle n'a pas, en effet, le caractère d'ordre public, et la nullité
ne doit pas être suppléée d'office par le juge.

ARTICLE 2. — *De l'acquiescement au jugement.*

621. On ne saurait appeler d'un jugement auquel on a acquiescé :

l'acquiescement est donc une fin de non-recevoir contre l'appel.

L'acquiescement résulte ou d'une déclaration formelle par laquelle on se soumet à la condamnation, ou d'un acte qui fait présumer cette intention.

622. Payer tout ou partie de la somme à laquelle on est condamné, c'est exécuter la sentence, et par conséquent acquiescer, à moins que la condamnation ne fût exécutoire par provision, et que l'on ne fût sommé par commandement judiciaire et forcé par contrainte, auxquels cas encore il est prudent de faire toute protestation et réserves d'appeler. Il en serait de même du payement des dépens.

623. On acquiesce encore en paraissant et coopérant, sans protestation ni réserves, à une opération ordonnée par un jugement interlocutoire; et même, comme la loi permet d'appeler du jugement interlocutoire avant le jugement définitif, plusieurs auteurs ont pensé que les réserves ne sauveraient pas, en pareil cas, le droit d'appel.

624. La signification d'un jugement, sans réserve du droit d'appeler, emporterait aussi acquiescement.

625. Quant aux jugements qui prononcent sur un déclinatoire, l'article 14 ne permettant d'en appeler qu'après le jugement définitif, il s'ensuit évidemment qu'on n'acquiesce pas à la compétence en continuant de procéder devant le juge incompétent.

ARTICLE 3. —*Procédure de l'appel. — Attribution du juge d'appel.*

626. L'appel peut ne porter que sur une partie du jugement rendu ; et, lorsqu'il en est ainsi, il importe de l'exprimer dans l'exploit, pour éviter les dépens d'appel relativement à la partie bien jugée.

627. Les formes de l'acte d'appel et la procédure sur l'appel sont réglées par les articles 443 à 473 du Code de procédure, livre III, titre unique, *de l'appel et de l'instruction sur l'appel*, et par les articles 404 à 413 du même Code, titre XXIV du second livre, relatif *aux matières sommaires.*

628. Ainsi l'intimé peut interjeter incidemment appel en tout état de cause, quand même il aurait signifié le jugement sans protestation ni réserves. C. proc., 443.

629. Ainsi, « il ne doit être formé, en cause d'appel, aucune de-
« mande nouvelle, à moins qu'il ne s'agisse de compensation, ou que
« la demande nouvelle ne soit la défense à l'action principale. —
« Pourront aussi les parties demander des intérêts, arrérages, loyers

12

« et autres accessoires échus depuis le jugement de première instance,
« et les dommages et intérêts pour le préjudice souffert depuis ledit
« jugement. » C. proc., 464.

630. Ainsi, en cas d'appel d'un jugement interlocutoire, si le jugement est infirmé, et que *la matière soit disposée à recevoir une décision définitive*, les tribunaux d'appel peuvent statuer en même temps sur le fond, définitivement, par un seul et même jugement. Il en est de même dans les cas où les tribunaux d'appel infirment, soit pour vice de forme, soit pour toute autre cause, des jugements définitifs. C. proc., 473.

631. La matière *est disposée à recevoir une décision définitive*, lorsqu'il n'est besoin d'ordonner, avant faire droit, ni enquête, ni expertise, ni autre mesure préparatoire ou interlocutoire.

632. Au reste, l'évocation, hors les cas prévus par la loi, n'entraîne pas nullité d'ordre public; de telle sorte que la partie qui, après évocation par le tribunal d'appel, a conclu au fond, est non recevable plus tard à se prévaloir de la compétence : une espèce de prorogation de juridiction ayant lieu en pareil cas, autorisée par les art. 7, 168 et 169 du C. de proc. Cass., 24 décembre 1838.

633. C'est devant le suppléant de la justice de paix où le jugement a été rendu, ou au tribunal de paix d'un autre canton du même arrondissement, que la cause doit être renvoyée, lorsque le tribunal d'appel ne la retient pas, ou ne peut pas la retenir.

634. Le tribunal ne peut retenir la cause, même dans les cas où l'évocation lui est permise, si elle eût dû être portée devant le juge de paix d'un canton situé en dehors de l'arrondissement.

635. De même, il ne peut, lorsqu'il évoque, juger que dans les limites de la compétence du juge de paix, quoique, si la contestation eût été portée directement devant lui, elle fût rentrée dans les limites de sa propre juridiction.—Quand il annule une sentence, en se fondant sur ce que le juge de paix a prononcé sur un taux supérieur au dernier ressort, ou sur une question de propriété en dehors de sa compétence, il doit donc s'abstenir de retenir la cause, et renvoyer la partie devant le tribunal compétent. Cass., 11 avril 1837, et 26 déc. 1843; RÉPERT. GÉN. DES JUSTICES DE PAIX, tome Ier, page 246.

636. Si le juge de paix a cumulé le pétitoire avec le possessoire, le juge d'appel ne statuera encore que sur le possessoire, lors même que le pétitoire lui appartiendrait comme tribunal d'arrondissement.
—S'il ne pouvait, sans cumuler les deux espèces de juridiction, statuer sur le possessoire, il devrait renvoyer purement et simplement

au pétitoire. Cass., 29 août 1836 ; RÉPERT. GÉN. DES JUSTICES DE PAIX, tome Ier, page 249.

637. Les exceptions d'incompétence à raison de la matière peuvent être proposées, pour la première fois, en appel ; elles ne sont pas couvertes par la défense au fond devant le juge de paix. Cass., 22 juin 1808 et 20 mai 1829.

FORMULE 124. — Acte d'appel d'un jugement de juge de paix.
C. proc., 456 ; Tarif, 2. — Original, 2 fr. ; copie, 1 fr. 50.

L'an... le... à la requête de... pour lequel domicile est élu en l'étude de Me... lequel occupera pour le requérant sur l'appel et assignation ci-après ;

J'ai... soussigné, signifié et déclaré au sieur. . que le requérant est appelant comme de fait il déclare formellement interjeter appel d'un jugement (*Si le jugement est par défaut, non susceptible d'opposition, on met*: d'un jugement par défaut) rendu contre le requérant, par le tribunal, etc.

S'il y a eu jugement de débouté d'opposition à un premier jugement par défaut, on met: d'un jugement rendu par défaut contre le requérant, ainsi que d'un second jugement également par défaut (*ou contradictoirement rendu entre les parties*), lequel déboute ledit requérant de l'opposition par lui formée à celui-ci ; lesdits jugements rendus par... (*Voir pour les* PARLANT A... *les formules et règles des citations, ci-dessus, n.* 33 *et suivants*) contradictoirement rendu entre les parties, par le juge de paix du canton de... en date du... ledit jugement enregistré et signifié le... à ce qu'il n'en ignore ; et à mêmes requête, demeure, élection de domicile et constitution d'avoué que dessus, j'ai, huissier susdit et soussigné, donné assignation audit sieur... en parlant comme dessus... à comparaître d'aujourd'hui à huitaine franche, suivant la loi, à l'audience et par-devant MM. les président et juges composant la première Chambre du tribunal de...

Pour, — Attendu que le sieur... est débiteur envers le requérant d'une somme de... que c'est à tort que le juge de paix du canton de... a déclaré que cette créance était prescrite, etc...

Voir dire qu'il a été mal jugé, bien appelé dudit jugement ; ce faisant, que ledit jugement sera mis au néant ;

Emendant et faisant droit au principal, voir ordonner que le sieur... sera condamné à payer au requérant la somme de... pour les causes ci-dessus, et le condamner en outre aux dépens des causes principale et d'appel... et je... lui ai, à domicile et parlant comme dessus, laissé copie du présent, dont le coût est de... (*Signature de l'huissier.*)

CHAPITRE XXIX. — Du recours en cassation contre les jugements des juges de paix. — De la requête civile. — Du conflit et du règlement de juges.

ARTICLE Ier. — *Du recours en cassation.*

638. « Les jugements rendus par les juges de paix ne pourront « être attaqués par la voie du recours en cassation que pour excès de « pouvoir. » Loi du 25 mai 1838, article 15.

639. Diverses voies de recours sont ouvertes contre les jugements ; ainsi, nous avons vu, dans le titre qui précède, que l'on peut appeler, devant le tribunal de première instance, des jugements rendus

par les juges de paix dans les limites du premier ressort, et même de ceux rendus en dernier ressort, qui ont statué sur des questions de compétence, ou sur des matières dont le juge de paix ne pouvait connaître qu'en premier ressort.

640. Quant aux jugements rendus en dernier ressort par les juges de paix, dans les limites de ce dernier ressort et de leur juridiction, la loi ne permet contre eux le recours en cassation que s'il y a eu *excès de pouvoir.*

641. Le sens de ce mot *excès de pouvoir* est, dans l'acception ordinaire, fort étendu ; mais la discussion de la loi l'a restreint dans d'étroites limites. « Quant aux excès de pouvoir, disait M. Barthe, en présentant le projet de loi à la Chambre des pairs, en les distinguant des cas d'incompétence, ils *consistent non dans les actes par lesquels le juge de paix aurait empiété sur les attributions d'une autre juridiction,* mais dans ceux par lesquels *il aurait fait ce qui ne serait permis à aucune juridiction établie,* comme, par exemple, s'il avait disposé par voie réglementaire, fait un statut de police, taxé des denrées, défendu l'exécution d'une loi, d'un jugement, contrarié des mesures prises par l'administration : dans ces circonstances toujours rares, mais importantes, l'ordre général est troublé. L'annulation de l'acte illégal ne peut être demandée à une autorité trop élevée. Le pourvoi doit d'autant mieux rester ouvert, que l'appel ne serait pas permis à la partie publique qui n'est pas représentée auprès du tribunal de paix jugeant civilement, et que c'est dans un intérêt public que sont demandées ordinairement les cassations pour excès de pouvoir, en vertu d'un droit constitutionnel dont le principe est écrit dans l'article 80 de la loi du 27 ventôse an VIII. »

642. L'excès de pouvoir ne peut donc consister ni dans l'incompétence, qui donne toujours lieu à l'appel, ni dans la violation de la chose jugée, lors même que le juge de paix statuerait sciemment, et en le déclarant dans son jugement, contrairement à une décision judiciaire précédemment rendue sur les mêmes faits ; c'est au moins là l'opinion de Curasson; mais elle est contredite par un arrêt de la Cour de cassation du 6 avril 1813, qui a, sur le réquisitoire du procureur général et dans l'intérêt de la loi, cassé un jugement d'un juge de paix annulant un jugement contradictoire précédemment rendu par le même juge. — L'interprétation donnée à la loi par M. le garde des sceaux, dans son discours du 8 mai 1837, est si restrictive, qu'il nous paraît aussi que l'on doit borner le recours pour excès de pouvoir au cas où le juge de paix aurait empiété sur les attributions du pouvoir administratif, ou disposé par voie réglementaire (Code Nap., 50), ordonné, en un mot, ce qui est en dehors des attributions judiciaires, ou contraire à l'ordre public et aux bonnes mœurs. C. civ., 6.

643. La décision par laquelle un juge de paix, avant que l'interlocutoire par lui ordonné soit vidé, et sur les seuls renseignements par lui recueillis, condamne une partie défaillante, sans exprimer que le demandeur a justifié sa demande, n'est point entachée *d'excès de pouvoir* dans le sens de l'article 15 de la loi du 25 mai 1838, et, par suite, ne peut, quelque grosses que soient les irrégularités qu'elle renferme, être déférée à la Cour de cassation. Cass., 10 mars 1847; RÉP. GÉN. DES JUSTICES DE PAIX, v° *Excès de pouvoir*, n° 14.

Cependant, par arrêt du 16 janvier 1844, la Cour de cassation a cassé, pour *excès de pouvoir*, sur les poursuites du ministère public, dans l'intérêt de la loi, la sentence d'un juge de paix qui avait, en dehors de ses attributions, condamné un huissier à l'amende; RÉPERT. GÉN. DES J. DE PAIX, tom. III, p. 241 et suiv.

644. Ajoutons en terminant que, dans l'origine des justices de paix, tout recours en cassation était interdit contre les jugements rendus en dernier ressort par les juges de paix (art. 4 du décret du 27 novembre; 1er novembre 1790, constitutif du tribunal de cassation); mais que l'article 77 de la loi du 27 ventôse an VIII ouvrit la voie du recours, *seulement pour incompétence ou excès de pouvoir*, contre ces mêmes jugements en dernier ressort; qu'enfin l'art. 454 du Code de procédure est venu autoriser *l'appel* dans tous les cas d'incompétence. — Tel était l'état de la législation lors de la loi de 1838. V. ANNALES, vol. de 1851, page 93 et suiv.

ARTICLE 2. — *De la requête civile.*

645. « Les jugements contradictoires, rendus *en dernier ressort*
« *par les tribunaux de première instance et les Cours impériales*, et
« les jugements par défaut, rendus aussi *en dernier ressort* et qui *ne*
« *sont plus susceptibles d'opposition*, peuvent être rétractés sur la re-
« quête de ceux qui y ont été parties ou dûment appelés, pour les
« causes ci-après : 1° s'il y a eu dol personnel; 2° si les formes
« prescrites à peine de nullité ont été violées, soit avant, soit lors
« des jugements, pourvu que la nullité n'ait pas été couverte par les
« parties; 3° s'il a été prononcé sur des choses non demandées;
« 4° s'il a été adjugé plus qu'il n'a été demandé ; 5° s'il a été omis de
« prononcer sur l'un des chefs de demande; 6° s'il y a contrariété
« de jugements en dernier ressort entre les mêmes parties et sur les
« mêmes moyens, dans les mêmes Cours ou tribunaux ; 7° si dans

« un même jugement il y a des dispositions contraires; 8° si dans les
« cas où la loi exige la communication au ministère public, cette
« communication n'a pas eu lieu, et que le jugement ait été rendu
« contre celui pour qui elle était ordonnée; 9° si l'on a jugé sur piè-
« ces reconnues ou déclarées fausses depuis le jugement; 10° si de-
« puis le jugement il a été recouvré des pièces décisives et qui avaient
« été retenues par le fait de la partie. » C. proc., 480.

« L'État, les communes, les établissements publics et les mineurs
« seront encore reçus à se pourvoir s'ils n'ont été défendus, ou s'ils
« ne l'ont été valablement. » C. proc., 481.

646. Les auteurs ne sont pas d'accord sur le point de savoir si la
requête civile est applicable aux sentences des juges de paix : « La
requête civile, dit Pigeau, l'un des commissaires rédacteurs du projet du Code de procédure, n'a pas lieu contre les jugements des tribunaux *de paix ou de commerce*, l'article 480 du Code de proc. ne
parlant que des jugements rendus par les tribunaux *de première instance ou d'appel*. D'ailleurs, les tribunaux de paix ne prononcent
ordinairement que sur des objets peu considérables.

Merlin, après avoir embrassé cette opinion et l'avoir fait consacrer,
quant aux justices de paix, par un arrêt de la Cour de cassation du
6 avril 1813, soutient, dans ses additions au *Répertoire*, v° *Requête
civile*, que la requête civile peut être admise contre les jugements en
dernier ressort des tribunaux de commerce, et cite un arrêt de la
Cour de cassation du 24 août 1819, qui l'a décidé ainsi.

Henrion de Pansey (*Traité de la compétence*, c. XLVIII), veut que
les jugements en dernier ressort des juges de paix puissent être attaqués par la voie de la requête civile, hors cependant les cas des
numéros 2, 3, 4, 5 et 6 de l'article 480; les juges de paix prononçant sur des intérêts si minces, que l'on a peine à concevoir comment
il pourrait y avoir de la contrariété entre les dispositions de leurs
jugements, et comment ils pourraient adjuger plus ou moins qu'il
ne leur serait demandé.

Curasson, de son côté, se fondant sur ce que le recours en cassation a été restreint dans ses plus étroites limites, ce qui prouve l'intention du législateur d'interdire toutes voies extraordinaires aux
parties, et aussi sur la modicité du taux du dernier ressort en matière des justices de paix, rejette complétement la voie de la requête
civile. Pour nous, qui considérons la requête civile comme une voie
extraordinaire ouverte, non plus contre une fausse application de
la loi, mais contre une erreur palpable, une contrariété de jugements. le dol ou le faux, nous croyons que la requête civile est ou-

verte contre les sentences des juges de paix comme contre tous les autres jugements rendus *en dernier ressort*, en première instance ou en appel. Sans doute, les frais de la requête civile seront le plus souvent bien supérieurs à l'intérêt sur lequel les juges de paix peuvent prononcer en dernier ressort ; mais cette considération même arrêtera le plaideur téméraire ; et, dans tous les cas, les frais retomberont sur celui qui aura voulu profiter de l'erreur, ou qui aura exercé le dol et la fraude. Nous serions porté cependant à exclure des moyens de requête civile ceux qui ont rapport aux formes, le recours en cassation auquel donnerait lieu la violation des formes étant interdit, pour ce cas, par l'article 14 de la loi du 25 mai 1838.

647. Quant à la procédure en requête civile, elle est détaillée aux art. 482 et suivants, lesquels doivent être appliqués à la requête civile en justice de paix, suivant les modifications que comporte et qu'exige la constitution de ces tribunaux.

FORMULE 125.—**Assignation en requête civile devant le juge de paix.**
C. proc., 492, 495 ; Tarif, 21, par analogie.

L'an... le... à la requête du sieur... demeurant à... pour lequel domicile est élu en la demeure de... j'ai... (*immatricule*), soussigné, signifié, et avec celle des présentes donné copie à M... demeurant à... en son domicile, où étant et parlant à...

1° De la consultation en date du... dûment timbrée et enregistrée, à Paris, le... délibérée par MM... avocats, exerçant depuis plus de dix ans près le tribunal de...

2° De la quittance de M... receveur de l'enregistrement à... en date du... dûment timbrée, constatant le dépôt aux termes de la loi par le requérant de la somme de... pour l'amende et dommages et intérêts, exigé par l'art. 494 du Code de procédure.

A ce qu'il n'en ignore ; et à pareilles requête, demeure et élection de domicile que ci-dessus, j'ai... huissier susdit et soussigné, cité le sus-nommé, en parlant comme dit est, à comparaître d'aujourd'hui à trois jours francs, suivant la loi, heure de... à l'audience et par-devant M. le juge de paix du canton de... au lieu ordinaire de ses audiences, à... rue...

Pour, attendu que le jugement rendu par ledit juge de paix, en date du... par lequel le requérant a été condamné à payer au sieur... une somme de... a adjugé au défendeur plus qu'il n'avait demandé, ce qui constitue, aux termes de l'article 480, n. 8 du Code de procédure, une ouverture de requête civile ;

Attendu que le sieur... justifie de la consignation d'amende et de la consultation d'avocats prescrite par la loi ;

Donner acte au requérant de ce qu'il déclare se pourvoir par requête civile contre le jugement rendu par le juge de paix du canton de... contradictoirement entre l'exposant et le sieur... le... ; admettre et entériner ladite requête civile ;

En conséquence, voir ordonner que ledit jugement sera rétracté, et que les parties seront remises au même et semblable état où elles étaient avant ledit jugement ; voir pareillement dire et ordonner que la somme de... consignée aux termes de la loi pour être admis en requête civile, sera rendue au sieur... par le receveur de l'enregistrement, sur la présentation qui lui sera faite de l'expédition du jugement à intervenir ; à quoi faire, en vertu d'icelui, il sera contraint ; quoi faisant, bien et valablement déchargé ;

Et attendu qu'en exécution du jugement susdit, le sieur... a payé, comme forcé et contraint, audit sieur... une somme de... voir encore dire et ordonner que ledit sieur... sera condamné à rendre et à restituer, sans délai, ladite somme au sieur... avec les intérêts depuis le jour du payement, et le condamner, en outre, aux dépens ;

Et j'ai au sus-nommé, audit domicile et parlant comme ci-dessus, laissé copie, certifiée sincère et véritable, tant de la quittance, de la consultation, des requêtes et ordonnances sus-énoncées, que du présent, dont le coût est de... (*Signature de l'huissier.*)

Nota. Généralement, il faut deux jugements : — le premier admet la requête civile, c'est le but des conclusions de l'exploit d'assignation. — Après le premier jugement dûment signifié, on donne avenir à l'audience, pour, attendu que la requête civile a été admise, voir déclarer celui qui a obtenu gain de cause, non recevable dans ses prétentions (Thomine, n. 549). — On peut signifier en même temps des conclusions, pour développer les moyens qu'on prétend invoquer. — Cette procédure si dispendieuse et si compliquée rendra les requêtes civiles fort rares en justice de paix.

ARTICLE 3. — *Du conflit et du règlement de juges.*

648. Le conflit consiste dans la prétention de deux corps judiciaires, ou de deux tribunaux différents à retenir ou à revendiquer une contestation, ou à se déclarer incompétents pour en connaître.

649. Lorsque la prétention existe entre deux tribunaux de l'ordre judiciaire, le conflit se nomme *conflit de juridiction*, et donne lieu à un *règlement de juges.*

650. Lorsqu'il s'établit entre l'autorité judiciaire et l'autorité administrative, le conflit prend le nom de *conflit d'attribution.*

§ 1. — Du conflit de juridiction, ou règlement de juges.

651. « Si un différend est porté à deux ou à plusieurs tribunaux « de paix, ressortissant au même tribunal, le règlement de juges « sera porté à ce tribunal. — Si les tribunaux de paix relèvent de « tribunaux différents, le règlement de juges sera porté à la Cour « impériale.—Si ces tribunaux ne ressortissent pas à la même Cour « impériale, le règlement sera porté à la Cour de cassation. » C. proc., 363.

652. La demande en règlement de juges sur un conflit négatif (ou le refus de se déclarer compétent) entre un tribunal de paix et un tribunal de première instance, situés dans le ressort de la même Cour impériale, ne doit pas être portée devant cette Cour dont les deux juridictions en conflit ne relèvent pas également d'une manière immédiate, mais devant la Cour de cassation (Cass., 3 février 1818). — En pareil cas, il n'y a réellement lieu à règlement de juges que si c'est le juge de paix qui s'est déclaré incompétent après renvoi du tribunal de première instance ; car, si le tribunal de première instance a déclaré son incompétence après renvoi du juge de paix, le recours en cassation est ouvert, et remplace la demande en règlement de juges.

§ 2. — Du conflit d'attribution.

653. Le conflit d'attribution, ou celui qui s'élève entre l'autorité judiciaire et l'autorité administrative ne peut être formé, soit d'office, soit sur la réquisition des parties intéressées, que par les préfets des départements, ou, à Paris, par le préfet de police dans les limites de ses attributions. Ord. 1ᵉʳ juin 1828, art. 5 ; décret 16 frimaire an XIV.

654. Les formes du conflit sont réglées par l'ordonnance du 1ᵉʳ juin 1828 : lorsqu'un préfet estime que la connaissance d'une question portée devant un tribunal de première instance est attribuée par une disposition législative à l'autorité administrative, il peut, alors même que l'administration n'est pas en cause, demander le renvoi de l'affaire devant l'autorité compétente ; à cet effet, le préfet adresse au procureur impérial un mémoire sur lequel sont rapportées les dispositions législatives qui attribuent à l'administration la connaissance du litige ; le procureur impérial fait connaître, dans tous les cas, au tribunal la demande formée par le préfet, et requiert le renvoi si la revendication lui paraît fondée. Même ordonnance, article 7.

655. Après que le tribunal aura statué sur le déclinatoire, le procureur impérial adressera au préfet, dans les cinq jours qui suivront le jugement, copie de ses conclusions ou réquisitions et du jugement rendu sur la competence. — La date de l'envoi sera consignée sur un registre à ce destiné. Ord., art. 7.

656. Si le déclinatoire est rejeté, dans la quinzaine de cet envoi pour tout délai, le préfet du département, s'il estime qu'il y ait lieu, pourra élever le conflit. Si le déclinatoire est admis, le préfet pourra également élever le conflit dans la quinzaine qui suivra la signification de l'acte d'appel, si la partie interjette appel du jugement ; le conflit pourra être élevé dans ledit délai, alors même que le tribunal aurait, avant l'expiration de ce délai, passé outre au jugement du fond. Ord., art. 8.

657. L'ordonnance n'a pas prévu le cas où le conflit serait élevé dans une instance portée devant un juge de paix, ou devant un tribunal de commerce ; cependant, M. Duvergier (t. XXVIII, p. 183) pense que, dans le cas où il s'agirait d'une procédure devant le juge de paix ou devant un tribunal de commerce, prononçant sans appel, le préfet devrait observer toutes les formalités qui sont praticables, malgré l'absence du ministère public ; qu'en conséquence, si l'administration est en cause, elle doit proposer le déclinatoire avant d'élever le conflit ; que même lorsqu'elle ne sera pas partie au procès, elle devra adresser son mémoire au tribunal et attendre sa décision sur la compétence, avant de recourir à la voie extrême du conflit. M. Foucard (*Droit public et administratif*, t. III, p. 287) se range à l'avis de M. Duvergier ; mais M. Taillandier qualifie cette opinion d'erreur. « Ce n'est pas, dit-il, sans motif que, dans l'ordonnance de 1828 sur les conflits, les matières de la compétence en dernier ressort des justices de paix et des tribunaux de commerce ont été passées sous silence : la Commission chargée de préparer l'ordonnance s'est livrée à une controverse animée sur cette grande question, et la majorité a pensé que les cas dans lesquels les juges de paix prononcent sans appel sont trop minimes pour que le gouvernement ait un intérêt réel à élever le conflit.

« Quant aux matières commerciales, la seule idée d'un conflit pourrait jeter la terreur parmi ceux qui se livrent à ces transactions, si utiles pour la prospérité de l'État. » Il ajoute que la Commission avait formellement énoncé, dans l'avis proposé par M. de Cormenin et qu'elle a présenté au gouvernement, « qu'elle considérait la suppression des conflits, dans ces deux cas, comme une importante amélioration ». *Commentaire sur l'ordonnance de* 1828, p. 159 à 161.

Le Conseil d'État a adopté cette opinion, pour ce qui concerne les juges de paix, par ordonnances du 3 décembre 1828, du 5 septembre 1836 et des 28 juin et 4 avril 1837; RÉPERT. GÉN. DES J. DE PAIX, t. II, p. 79 et suiv.

658. Mais, sur l'appel formé tout à la fois contre le jugement rendu sur la compétence et sur le fond par le juge de paix, le préfet peut élever un conflit. Ord. Cons. d'Ét. 5 septembre 1836 ; *Ibid.*, page 80.

CHAPITRE XXX. — De la compétence des juges de paix pour ordonner l'exécution des jugements dans les cas urgents.

659. L'article 554 du Code de procédure civile, placé sous la rubrique *Règles générales sur l'exécution forcée des jugements et actes*, porte que : « Si les difficultés élevées pour l'exécution des

« jugements et actes requièrent célérité, le *tribunal du lieu* y statuera
« provisoirement, et renverra la connaissance du fond au tribunal
« d'exécution. » Carré élève sur cet article, n. 1915, une question
ainsi conçue : Peut-on, d'après l'art. 554, s'adresser à un juge de
paix pour faire statuer sur un cas urgent ? Il répond : « C'est notre
opinion, fondée sur ce que la loi se sert de l'expression générale
juge du lieu ; mais il faudrait que la difficulté exigeât une décision
tellement urgente que le recours au tribunal civil pourrait, à raison
du retard qui résulterait de la distance, causer un préjudice à la
partie. Le remède à tout inconvénient nous semble d'ailleurs dans
la disposition qui ne rend la décision que provisoire, et autorise à la
soumettre à l'examen du tribunal d'exécution.

M. Thomine-Desmazures (t. II, p. 54 et 55) exprime la même
opinion, et ajoute que ces mots : *le tribunal du lieu,* peuvent bien
désigner aussi le président du tribunal civil, jugeant en référé,
conformément à l'art. 806 C. proc.

M. Chauveau sur Carré (*Question* 1915) adopte aussi la compétence du juge de paix pour prononcer sur l'exécution en cas d'urgence. « Il y a d'autant plus lieu de penser ainsi, dit-il, que l'art.
553 ayant appris que le tribunal compétent est le tribunal de première instance du lieu de l'exécution, la disposition de l'art. 554 ne
serait qu'une redondance si elle désignait le même tribunal.

**FORMULE 126. — Ordonnance du juge de paix prononçant
en cas d'urgence.**

L'an... le...

S'est présenté devant nous, assisté de... notre greffier,

Le sieur...

Lequel nous a exposé que, sur cédule par nous délivrée ce jour, et par
exploit du ministère de... lesquels seront enregistrés avant la présente ordonnance, il a fait citer devant nous : 1° Me... huissier... 2° le sieur...(*le saisi*);
3° le sieur... (*le créancier saisissant*); que, par suite de saisie-exécution, les
meubles du sieur... vont être vendus, cejourd'hui, par le ministère dudit
Me... huissier, en la demeure du sieur... à... heures du...

Qu'au nombre de ces meubles se trouvent, 1° un coffret garni... (*décrire
les meubles revendiqués*), lesquels appartiennent à l'exposant ;

Qu'arrivant à l'instant même de voyage, il n'a pu être instruit de la susdite vente ;

Qu'il lui serait impossible, vu la distance, de se pourvoir en référé devant
M. le président du tribunal civil de... avant que la vente desdits objets fût
consommée ;

Qu'il nous requiert donc d'ordonner que, provisoirement, et sauf décision ultérieure du juge, les objets par lui revendiqués seront extraits de la
vente.

Et ont comparu également : 1° ledit Me... huissier, lequel a dit que lesdits
objets ayant été saisis sans aucune réclamation, et leur vente ayant été annoncée, il s'en rapportait à notre justice ; 2° le sieur... saisi, lequel a reconnu

que les droits du sieur... étaient fondés ; 3° le sieur... créancier saisissant, lequel s'est opposé à ce que, vu la réclamation tardive, lesdits objets fussent distraits de la vente.

Sur quoi, nous, juge de paix,

Attendu l'urgence, et vu la disposition de l'article 554 du Code de procédure civile,

Au principal, renvoyons les parties à se pourvoir ; et cependant, dès à présent et par provision, disons que, provisoirement, les objets ci-dessus décrits seront distraits de la vente.

Et notre ordonnance sera exécutée par provision, nonobstant appel, sous caution, sur minute, avant l'enregistrement, vu l'urgence.

Commettons... huissier, pour surveiller l'enregistrement de notre ordonnance et son dépôt au rang des minutes du greffe de la justice de paix.

Fait à... le... (*Signatures du juge de paix et du greffier.*)

TITRE II.

DES DÉLÉGATIONS OU COMMISSIONS ROGATOIRES.

CHAPITRE UNIQUE. — Des délégations et commissions rogatoires. — Enquêtes. — Descentes sur les lieux. — Expertise. — Serment des parties. — Vérification d'écriture ou des livres de commerce.

660. Quand il s'agira de recevoir un serment, une caution, de procéder à une enquête, à un interrogatoire sur faits et articles, de nommer des experts, et généralement de faire une opération quelconque en vertu d'un jugement, et que les parties ou les lieux contentieux seront trop éloignés, les juges pourront commettre un tribunal voisin, un juge, ou même un juge de paix, suivant l'exigence des cas ; ils pourront même autoriser un tribunal à nommer, soit un de ses membres, soit un juge de paix, pour procéder aux opérations ordonnées. C. proc., 1035.

661. Le juge de paix commis par un tribunal de première instance ou par une Cour, à l'effet d'entendre des témoins, doit procéder à l'enquête suivant la forme établie pour les enquêtes des tribunaux de première instance (Rennes, 5 avril 1808 ; Paris, 26 juin 1809 ; Limoges, 6 août 1822 et 4 juillet 1827 ; Cass., 17 décembre 1811, et 22 juillet 1828). Tous les auteurs embrassent la même opinion (Carré, et Chauveau sur Carré, *Questions* 163 et 985, n° 11 ; Boncenne, t. IV, p. 234). Le juge de paix représente le tribunal, lorsqu'il est commis par une enquête : il doit donc agir comme aurait agi le tribunal ; d'ailleurs, l'affaire ne change pas d'importance parce que l'enquête a lieu devant un juge de paix ; il ne peut donc dès lors être permis de la dépouiller des garanties dont la loi a voulu entourer l'instruction des affaires qu'elle soumet à la juridiction des tribunaux ordinaires.

662. Ainsi délégué par une Cour impériale ou un tribunal de première instance, le juge de paix suivrait donc toutes les formes prescrites par les art. 252 et suivants du Code de procédure civile ; il prendrait les attributions et encourrait la responsabilité du juge commissaire. En cas de transport, il percevrait les indemnités ; il taxerait les témoins, en vertu de l'article 167 du tarif, relatif aux enquêtes devant les tribunaux de première instance et des Cours impériales.

663. Si la délégation venait d'un autre juge de paix, le juge de paix délégué agirait, au contraire, suivant les art. 34 et suiv. du Code de procédure, et taxerait les témoins, en vertu de l'art. 24 du Tarif.

664. Les mêmes règles seraient suivies si la commission rogatoire avait pour objet de recevoir un serment, une caution, de procéder à un interrogatoire sur faits et articles, de nommer des experts.

665. Le juge de paix délégué ne peut refuser la commission qui lui est donnée, à moins qu'il ne soit commis pour remplir des fonctions pour lesquelles il serait essentiellement incompétent, ou pour procéder en dehors du ressort de sa juridiction.

666. Un juge de paix peut être désigné par une Cour impériale pour procéder à une enquête, alors même que l'enquête doit être faite au lieu où siége la Cour. Rennes, 21 décembre 1833.

667. S'il se présente sur une enquête des incidents qui ne tiennent pas à l'audition même des témoins, par exemple une demande à fin de prorogation de délai, pour faire la contre-enquête, le juge de paix doit se borner à renvoyer les parties à se pourvoir, au jour qu'il indique, devant le tribunal qui a ordonné l'enquête ; la décision d'une pareille demande ne peut, en effet, appartenir qu'au juge saisi du principal ; lui seul peut apprécier les circonstances qui peuvent militer en faveur de la prorogation. Besançon, 4 mai 1808 ; Carré, n°, 1096 ; Favard, v° *Enquête*, 353 ; Pigeau, 1, 332.

668. Le greffier du tribunal commis doit-il envoyer la minute ou seulement une expédition au tribunal commettant ? Pigeau (*Comment.*, t. II, p. 745) résout cette question au moyen d'une distinction : « Le greffier doit, dit cet auteur, envoyer la minute, s'il s'agit d'une enquête, d'un interrogatoire, d'un rapport d'experts, ou de toute autre opération où la vue de la minute peut jeter plus de jour sur l'affaire. Il doit envoyer une expédition seulement, s'il s'agit d'un serment, d'une réception de caution, d'une nomination d'experts, etc., où la vue de la minute est indifférente à la décision du juge. » M. Chauveau critique cette opinion : « Il nous paraît plus exact, dit-il (sur Carré, *Question* 3419 *ter*), et plus conforme aux véritables principes, de décider que, le tribunal commis ne remplissant pas son propre office, la minute doit être, dans tous les cas, envoyée au tribunal commettant, qui est censé avoir fait lui-même l'acte en question. » Carré émet la même opinion dans son *Traité des justices de paix*, t. IV, p. 113, n° 2074.

FORMULE 127. — Requête au juge de paix commis pour assigner les témoins. C. proc., 255 : Tarif, 76.

A M... juge de paix du canton de... commis à cet effet.

Le sieur... ayant Me... pour avoué,

A l'honneur de vous exposer que, par jugement rendu par le tribunal de... en date du... vous avez été commis pour procéder à l'enquête ordonnée par ledit jugement.

Pourquoi il vous plaira, monsieur le juge commis...

Autoriser l'exposant à faire assigner devant vous les témoins qu'il se propose de faire entendre dans ladite enquête, pour les jour, lieu et heure qu'il vous plaira indiquer, et ce sera justice. (*Signature de l'avoué.*)

FORMULE 128. — Ordonnance du juge de paix permettant de citer les parties et les témoins d'une enquête sur commission rogatoire.

Nous, juge de paix de... vu le jugement rendu entre C... et P... par le tribunal de... enregistré le... signifié le... etc., lequel jugement nous commet pour procéder à l'enquête qu'il ordonne ; vu la requête à nous présentée par Me... avoué de P... demeurant à... autorisons ledit P... à faire citer à comparaître devant nous, en notre prétoire, le... de ce mois... heures du... les témoins qu'il jugera convenable de faire entendre dans l'enquête dont il s'agit, à laquelle sera appelé le sieur C... demeurant à... défendeur, par acte signifié au domicile de son avoué, suivant la loi.

Fait en notre prétoire à... le... etc.

FORMULE 129. — Procès-verbal d'enquête sur commission rogatoire.

Aujourd'hui... 185... heures du... a comparu Me... avoué près le tribunal de... du sieur... demeurant à... lequel nous a représenté une expédition dûment en forme exécutoire d'un jugement contradictoire... (*ou par défaut*)... rendu le... par le tribunal de... entre ledit C... et le sieur P... demeurant à... par lequel il est ordonné que ledit P... fera preuve par témoins devant nous, juge commis et délégué à cet effet, que... (*exprimer l'objet de la preuve...*), lequel jugement a été signifié tant à avoué qu'à domicile au sieur C... ainsi qu'il appert d'un exploit de... huissier, en date du... enregistré le... dont l'original est joint à l'expédition dudit jugement. En conséquence, ledit Me... avoué, a requis qu'il nous plût déclarer présentement ouverte l'enquête ordonnée, et à cet effet lui délivrer au bas de la requête qu'il nous présente une ordonnance à l'effet de faire appeler les témoins qui doivent déposer sur les faits énoncés dans ledit jugement, et a signé sous toutes réserves. (*Signature de l'avoué.*)

Vu lesquels jugement, signification et requête sus-mentionnés, avons donné acte à Me... de ses comparutions, dires et réquisition, et lui avons délivré au bas de sa requête une ordonnance permettant d'assigner les témoins par-devant nous, au délai de la loi, et avons signé avec le greffier. (*Signatures du juge et du greffier.*)

Et le... à... heures du... devant nous, juge commis, nommé par le jugement susdaté, assisté du greffier, a comparu au prétoire Me... avoué de P... etc., lequel a dit qu'en vertu de notre ordonnance du... enregistrée le... il a, par exploit du ministère de... huissier à... enregistré le... fait citer le sieur... *(la partie adverse)* au domicile de Me... son avoué, à comparaître ces jour et heure, pour être présent à l'enquête ordonnée par le jugement dudit jour, et lui a en même temps notifié les noms et demeures des témoins que le comparant veut faire entendre, avec déclaration qu'il sera procédé, ces jour, lieu et heure, à leur audition ; que par autre exploit du ministère de... huissier, enregistré le... il a fait citer à comparaître devant nous les témoins ci-après nommés, pour déposer présentement sur les faits articulés par ledit jugement ; qu'au surplus, ayant rempli toutes les formalités voulues par les lois, il requiert qu'il nous plaise procéder à l'audition de ses témoins, tant en présence qu'en l'absence du sieur C... contre lequel il sera donné défaut en cas de non-comparution. *(Signature de l'avoué.)*

Est aussi comparu Me... avoué du sieur... lequel nous a déclaré qu'il ne s'opposait point, pour sa partie, à ce qu'il fût procédé à l'audition desdits témoins, et a signé sous toutes réserves. *(Signature de l'avoué.)*

Desquelles comparutions et déclarations nous avons donné acte aux parties ; après quoi, en présence desdits Me... et Me... nous avons procédé à ladite enquête et à l'audition des témoins, dans l'ordre qui suit :

PREMIER TÉMOIN.

Est comparu le sieur *(nom, prénoms, profession, âge, demeure)* ;

Lequel, après avoir prêté serment de dire vérité, et nous avoir déclaré qu'il n'est parent ni allié, serviteur ni domestique d'aucune des parties, et nous avoir représenté la copie de l'assignation à lui donnée, *a déposé* de vive voix, et séparément des autres témoins, ainsi qu'il suit : *(transcrire la déposition)* ;

Lecture faite au témoin de sa déposition, après lui avoir demandé s'il y persiste, a répondu y persister, comme contenant vérité ;

Demandé au témoin s'il requérait taxe, a répondu négativement ;

Et a ledit témoin signé avec nous, et le greffier soussigné. *(Signatures du témoin, du juge et du greffier.)*

DEUXIÈME TÉMOIN.

Le sieur *(nom, prénoms, etc., comme ci-dessus).*

CONSTATATION DE REPROCHES.

Avant qu'il fût passé outre à la déposition de ce témoin, Me... avoué du sieur... a proposé contre lui les motifs de reproches ci-après *(les énoncer).*

Ledit témoin a répondu, etc.

Sur quoi, nous, juge commis, avons donné acte audit Me... du reproche qu'il a proposé contre ledit témoin, et à ce dernier de ses réponses, pour être statué par le tribunal ce qu'il appartiendra. *(Signatures du juge et du greffier.)*

Et de suite nous avons entendu la déposition du sieur... lequel s'est exprimé de la manière suivante :

(Enoncer la déposition comme ci-dessus.)

DÉFAUT CONTRE L'UN DES TÉMOINS.

Après l'audition des témoins susnommés, Me... avoué du sieur... nous a requis, attendu la non-comparution du sieur... quoique dûment assigné, ainsi qu'il résulte de l'exploit susdaté, qu'il nous plaise donner défaut contre ledit témoin, et pour le profit, le condamner aux dommages et intérêts prononcés par la loi, et ordonner qu'il sera réassigné à ses frais, à tels jour et heure qu'il nous plaira indiquer. Et a signé sous toutes réserves. (*Signature de l'avoué.*)

Sur quoi, nous, juge commis susdit et soussigné, faisant droit à ladite réquisition, avons donné défaut contre ledit sieur... non comparant, lequel est condamné à 10 fr. de dommages et intérêts envers le sieur... et à 50 fr. d'amende, comme aussi autorisons ledit sieur... à le faire assigner de nouveau, à ses frais, à comparaître le...

Fait à... (*Signatures du juge de paix et du greffier.*)

CAS OU UN TÉMOIN FAIT PROPOSER SES MOTIFS D'EXCUSE.

Mᵉ... avoué du sieur... assigné pareillement à comparaître comme témoin par-devant nous, nous a exposé que depuis quinze jours ledit sieur... était absent pour affaire de son commerce, et qu'il ne serait de retour que dans cinq jours, et nous a requis de lui accorder ce délai pour comparaître.

Sur quoi, ayant égard aux observations dudit Mᵉ... nous avons accordé audit sieur... nouveau délai, et nous avons ordonné qu'il serait réassigné à comparaître par-devant nous, le... en conséquence, nous avons continué les opérations de ladite enquête, au... jour auquel les parties seront tenues de comparaître sans nouvelle assignation, et disons qu'il sera procédé à la nouvelle audition des témoins, tant en présence qu'en l'absence desdites parties.

De tout ce que dessus nous avons dressé le présent procès-verbal, lesdits jour, mois et an, et ont les parties et leurs avoués signé avec nous et le greffier soussigné. (*Sign. des parties, des avoués, du juge et du greffier.*)

NOUVEAU PROCÈS-VERBAL A LA SUITE DU PREMIER,

Lorsque l'enquête a été continuée dans la huitaine, ou prorogée à un délai plus éloigné.

Et le... 185... heure de... par suite de l'ajournement de nos opérations indiqué dans notre procès-verbal qui précède, par-devant nous, juge susdit et soussigné, assisté de...

Est comparu Mᵉ... avoué du sieur... lequel nous a dit qu'en vertu de notre ordonnance, énoncée au procès-verbal qui précède (*ou en vertu du jugement du, etc.*), il avait fait réassigner les sieurs, etc... et a signé sous toutes réserves. (*Signature.*)

Et à l'instant est aussi comparu Mᵉ... avoué du sieur... lequel a déclaré pour sa partie ne point s'opposer à l'audition desdits témoins réassignés, et a signé, sous toutes réserves. (*Signature.*)

Et est également comparu, 1° le sieur... lequel nous a représenté un certificat du docteur... constatant l'état de maladie qui l'avait empêché de comparaître le... et pourquoi il nous suppliait d'être déchargé de l'amende prononcée contre lui.

Sur quoi nous, juge commis, ayant égard à l'excuse légitime et justifiée dudit témoin, l'avons déchargé de l'amende et des dommages et intérêts prononcés contre lui, ainsi que des frais de la réassignation à lui donnée, et avons ordonné qu'il serait passé outre à son audition, ainsi qu'à celle du sieur...

Et à l'instant ils ont déposé ainsi qu'il suit :

1° Le sieur... 2° le sieur... (— V. *Modèle de déposition ci-dessus.*)

Et attendu qu'il ne s'est plus trouvé d'autres témoins cités, nous avons clos le présent procès-verbal, lesdits jour, mois et an, que lesdites parties et leurs avoués ont signé avec nous et le greffier soussigné. (*Signatures des parties, des avoués, du juge et du greffier.*)

FORMULE 130. — Requête au juge de paix commis pour demander l'ordonnance portant indication des jour, lieu et heure d'une descente sur les lieux, et ordonnance. C. proc., 297; Tarif, 76.

A M... juge de paix du canton de... commis pour la descente sur les lieux ci-après relatée...

Le sieur... demeurant à...

A l'honneur de vous exposer que, par jugement contradictoirement rendu entre les parties par la Chambre du tribunal... en la date du... dûment enregistré, il a été ordonné, avant faire droit, que la maison de l'exposant, sise à... serait par vous vue, visitée, et sa position constatée.

Pourquoi il vous plaira, monsieur le juge de paix, indiquer les jour, lieu et heure auxquels il vous plaira procéder auxdites opérations, et vous ferez justice. (*Signature de l'avoué.*)

(*Ordonnance comme ci-dessus pour l'enquête par le juge de paix commis, formule...*)

Nota. Avant la requête, ou plus tard, en la présentant, la partie requérante doit consigner au greffe les frais de transport. C. proc., 301.

Ils sont évalués approximativement par le greffier.

FORMULE 131. — Signification de l'ordonnance du juge de paix commis, portant indication. C. proc., 297 ; Tarif, 70.

A la requête du sieur... soit signifié, et avec celle des présentes donné copie à M... avoué du sieur M...

D'une ordonnance de M. le juge de paix du canton de... en date du... enregistrée, étant au bas de la requête à lui présentée le même jour, ensemble de ladite requête, à ce que ledit Me... pour sa partie n'en ignore ; lui faisant en conséquence sommation de comparaître et se trouver, et faire trouver sa partie, le... heure du matin, en une maison sise à Paris, rue... pour être présent, si bon lui semble, à la descente qu'y fera mondit sieur... juge commis à cet effet, et aux opérations ordonnées par le jugement du tribunal, en date du...

Lui déclarant qu'il sera procédé auxdites opérations tant en absence qu'en présence.

A ce qu'il n'en ignore. (*Signature de l'avoué.*)

(*Si la descente a été ordonnée par défaut, la signification des requête et ordonnance doit être faite à personne ou domicile.*)

FORMULE 132. — Requête au juge de paix commis, à l'effet d'obtenir son ordonnance portant indication du jour où le serment des experts sera prêté, et ordonnance. C. proc., 307 ; Tarif, 76.

A M. le juge de paix du canton de...

Le sieur... demeurant à... ayant pour avoué Me...

A l'honneur de vous exposer que, par jugement en date du... rendu entre l'exposant et le sieur... dûment enregistré et signifié, il a été ordonné qu'il serait procédé par les sieurs... commis à cet effet, aux opérations d'expertise énoncées audit jugement, après serment par eux préalablement prêté devant vous, délégué par le même jugement pour recevoir le serment.

Pourquoi il vous plaira, Monsieur le juge de paix, indiquer les jour, lieu et heure auxquels il vous plaira recevoir le serment desdits experts ; et vous ferez justice. (*Signature de l'avoué.*)

Ordonnance. — Nous, juge de paix, vu la présente requête, indiquons le... heure de... en notre prétoire, pour la prestation du serment dont s'agit.

Fait à... le... (*Signature du juge de paix.*)

13

FORMULE 133. — Procès-verbal de prestation de serment des experts devant le juge de paix commis.

L'an... le... heures du matin, par-devant nous, juge de paix du canton de... assisté de... greffier...

Est comparu M°... avoué au tribunal de... et du sieur... demeurant à... lequel nous a dit que, par jugement de la... Chambre du tribunal de... en date du... enregistré et signifié, contradictoirement rendu entre... il a été, entre autres choses, ordonné qu'aux requête, poursuite et diligence de... et en présence des autres parties, ou elles dûment appelées, il serait par... experts, par le tribunal commis à cet effet, serment préalablement prêté entre nos mains, procédé aux visite, prisée et estimation de... et que, par le même jugement, nous avons été délégué à cet effet.

Qu'en exécution de ce jugement, et en vertu de notre ordonnance... en date du... il a fait faire sommation, savoir : par exploit du ministère de... huissier à Paris, enregistré, aux sieurs... de comparaître et se trouver aux jour, lieu et heure par nous indiqués, pour prêter entre nos mains le serment de bien et fidèlement procéder aux visite, prisée et estimation de... et par acte de... huissier audiencier, en date du... enregistré, à M°... avoué du sieur... de comparaître et faire comparaître sa partie, si bon lui semblait, auxdits jour, lieu et heure, pour être présente à ladite prestation de serment.

Pour quoi ledit M°... audit nom, a requis défaut contre les non-comparants, et pour le profit, qu'il fût passé outre à ladite prestation de serment. (*Signature de l'avoué.*)

Est aussi comparu M°... avoué du sieur... lequel a dit qu'il comparaissait au désir de la sommation à lui faite, et ne s'opposait pas à la réception du serment de MM .. experts, et même en tant que de besoin la requérait, et a signé sous toutes réserves. (*Signature de l'avoué du défendeur.*)

Et à l'instant sont aussi comparus, 1° le sieur... architecte, demeurant à... 2° le sieur... 3° le sieur...

Lesquels nous ont dit qu'ils comparaissaient au désir de la sommation à eux faite, et offraient de prêter entre nos mains le serment de bien et fidèlement procéder aux opérations à eux confiées par le jugement susdaté, et ont signé. (*Signatures des experts.*)

Desquels comparutions, dires et réquisition, nous, juge de paix susdit et soussigné, avons donné acte aux parties et aux experts, ainsi que du serment prêté par ces derniers de bien et fidèlement remplir la mission qui leur est confiée, et de l'indication faite par eux du... heure de... défaut à... en une maison sise... pour procéder aux opérations à eux confiées par le jugement susdaté, et avons signé avec le greffier, les jour, mois et an que dessus. (*Signatures du juge de paix et du greffier.*)

Nota. Quand les parties ou leurs avoués comparaissent, il faut constater leur présence au procès-verbal, parce qu'alors l'indication faite par les experts du jour où ils procéderont à leurs opérations vaut sommation.

FORMULE 134. — Sommation à la partie de se trouver aux opérations quand elle n'a pas été présente au serment. C. proc., 315, Tarif, 70.

A la requête du sieur...

Soit signifié, et avec celle des présentes laissé copie à M°... avoué près le tribunal de... et du sieur...

D'une expédition, en forme et enregistrée, d'un procès-verbal dressé par M. le juge de paix du canton de... commis par jugement du... pour recevoir le serment des experts nommés par le même jugement, dans la cause d'entre le requérant et le sieur... lequel procès-verbal constatant la prestation de serment faite par MM... experts, de bien et fidèlement remplir la mission à eux confiée par jugement, etc., avec indication du jour auquel ils procéderont à ladite opération.

En conséquence, soit sommé ledit Me... audit nom, de comparaître et faire comparaître sa partie, si bon lui semble, le... heure de... défaut à... en une maison sise... lesdits jour, lieu et heure indiqués par les experts, à l'effet d'être présente, si bon lui semble, aux opérations dont il s'agit, lui déclarant que, faute par lui de satisfaire à la présente sommation, il sera donné défaut et procédé auxdites opérations, tant en absence que présence, à ce qu'il n'en ignore, dont acte. (*Signature de l'avoué.*)

FORMULE 135. — Assignation aux experts pour faire déposer au greffe leur rapport. C. proc., 320 ; Tarif, 29.

E'an... le... à la requête du sieur... ayant pour avoué Me... lequel occupera sur l'assignation ci-après, j'ai (*immatricule de l'huissier*), soussigné, donné assignation, 1° au sieur... architecte, demeurant à... 2° au sieur... 3° au sieur...

A comparaître d'aujourd'hui à trois jours... heures du matin, à l'audience et par-devant M. le juge de paix du canton de... pour...

Attendu que, désignés par le requérant et le sieur... pour procéder aux opérations énoncées au jugement rendu contradictoirement entre les parties, en la... Chambre du tribunal de... dûment enregistré, ils ont accepté ladite mission ;

Que cependant depuis le... jour auquel ils ont procédé aux opérations dont s'agit... mois se sont écoulés et qu'ils n'ont pas encore déposé au greffe de la justice de paix du canton de... leur procès-verbal de rapport ;

Se voir condamner solidairement, et même par corps, aux termes de l'article 320 du Code de procédure, à effectuer, dans les trois jours de la signification du jugement à intervenir, le dépôt au greffe de ladite justice de paix, du rapport de l'expertise par eux faite, conformément au jugement susdit, en date du... qui a commis M. le juge de paix du canton de... pour recevoir leur serment, aux offres qu'a toujours faites le sieur... et qu'il réitère de payer leurs vacations d'après la taxe qui en sera faite, en la manière accoutumée, lors du dépôt de leur rapport, et pour, en outre, répondre et procéder comme de raison à fins de dépens ; et je leur ai, à chacun séparément, laissé, auxdits domiciles et parlant comme dit est, copie du présent, dont le coût est de... (*Signature de l'huissier.*)

FORMULE 136. — Acte de dépôt, au greffe, d'un procès-verbal de rapport d'experts. C. proc., 319.

L'an... le... au greffe, est comparu M... architecte, demeurant à...

Lequel, conformément au jugement du tribunal de... en date du... qui a commis M. le juge de paix du canton de... pour recevoir le serment des experts, dans l'instance pendante devant ledit tribunal, entre le sieur... et le sieur... a déposé en ce greffe la minute d'un procès-verbal en date au commencement du... clos le... suivant, enregistré...

Ledit procès-verbal contenant le rapport dressé par les sieurs... experts, des visite, prisée et estimation par eux faites en exécution d'un jugement, etc.

D'une maison sise, etc. ;

Duquel dépôt il a requis acte, à lui octroyé, et a signé avec nous, greffier, après lecture. (*Signatures de l'expert et du greffier.*)

FORMULE 137. — Procès-verbal constatant le serment d'une partie reçu par le juge de paix commis.

L'an... le... heures du matin, par-devant nous, juge de paix du canton de... assisté de... greffier,

Est comparu M°... avoué au tribunal de... et du sieur... demeurant à... lequel nous a dit que, par jugement de la... Chambre du tribunal de... en date du... enregistré et signifié, contradictoirement rendu entre... il a été, entre autres choses, ordonné qu'aux requête, poursuite et diligence de... et en présence des autres parties, de celles dûment appelées, il serait, par... le sieur... affirmé par serment que... Et que par le même jugement nous avons été délégué à l'effet de recevoir ledit serment.

Qu'en exécution dudit jugement et en vertu de notre ordonnance, en date du... il a, par exploit du ministère de .. huissier audiencier, en date du... enregistré, fait sommation à M°... avoué du sieur... de comparaître et faire comparaître la partie, si bon lui semblait, auxdits jour, lieu et heure, pour être présente à ladite prestation de serment.

Pour quoi ledit M°... audit nom, a requis défaut contre les non-comparants, et, pour le profit, qu'il fût passé outre à ladite prestation de serment. (*Signature de l'avoué.*)

Est aussi comparu M°... avoué du sieur... lequel a dit qu'il comparaissait au désir de la sommation à lui faite, et ne s'opposait pas à la réception du serment du sieur... et même en tant que de besoin la requérait, et a signé sous toutes réserves. (*Signature de l'avoué du défendeur.*)

Après quoi, sur notre interpellation ainsi conçue... le sieur... a répondu : Oui, je le jure !

Desquels comparution, dires et serment, nous, juge de paix susdit et soussigné, avons donné acte aux parties et dressé le présent procès-verbal que nous avons signé avec le greffier, les jour, mois et an que devant (*Signatures du juge de paix et du greffier.*)

FORMULE 138.— Requête au juge de paix commis pour avoir permission d'assigner le défendeur, à l'effet de convenir des pièces de comparaison, en cas de vérification d'écriture. C. proc., 196 ; Tarif, 76.

A M... juge de paix du canton de... etc., commis pour la vérification d'écritures dont il sera ci-après parlé.

Le sieur... etc., expose que, par jugement contradictoire du... enregistré et signifié, il a été autorisé à faire devant vous, tant par titres et témoins que par experts, la vérification des écriture et signature d'une obligation, etc. ;

Que ladite obligation ayant été déposée au greffe de votre tribunal le... il s'agit aujourd'hui de convenir des pièces de comparaison à l'effet de parvenir à la vérification ordonnée par le susdit jugement.

Pour quoi, monsieur, il vous plaira indiquer les jour et heure auxquels le sieur... sera sommé de comparaître devant vous pour convenir des pièces de comparaison ; et vous ferez justice.

Ordonnance. Vu la requête ci-dessus, permettons, etc.

Nota. Le procès-verbal de la vérification se fait suivant la forme des procès-verbaux ci-dessus.

FORMULE 139. — Rapport du juge de paix délégué pour prendre connaissance des livres d'un commerçant et dresser procès-verbal de leur contenu.

1° Aujourd'hui, etc.
Nous, etc.

Sur la réquisition du sieur Charles A... négociant, demeurant à...

Vu l'expédition en forme authentique du jugement rendu par le tribunal de commerce de... en date du... enregistré, et par lequel nous sommes délégué pour vérifier le livre journal dudit sieur A... et en constater l'état.

2° En vertu de cette commission, nous nous sommes transporté au domicile dudit A... où étant, il nous a représenté le livre dont il s'agit, à l'examen duquel nous avons procédé comme il suit :

Le livre contient quatre cents feuillets, dont trois cent cinquante feuillets sont écrits et les autres en blanc.

Pour en garantir l'identité et assurer son état actuel, nous l'avons visé, coté et paraphé *ne varietur*, sur le revers du trois cent cinquantième feuillet, immédiatement après le dernier article écrit.

Après avoir parcouru tous les feuillets écrits, nous avons remarqué qu'il existe plusieurs ratures, surcharges, interlignes, renvois, notamment aux pages...

Nous portant à la page cent deuxième, où se trouve l'article qui donne lieu à la contestation, nous avons reconnu que ledit article est conçu en ces termes. (*Copier cet article.*)

De tout ce qui précède, nous avons dressé le présent procès-verbal pour valoir ce que de droit, et avons signé avec le greffier, à... les jour, mois et an susdits.

TITRE III.

DE LA CONCILIATION.

CHAPITRE UNIQUE. —Demandes soumises au préliminaire de la conciliation.— Juge de paix compétent. — Comparution volontaire.— Citation et comparution des parties, procuration. — Pouvoirs du juge de paix, serment déféré en conciliation. — Force des procès-verbaux, authenticité. — Amende pour non-comparution. — Effet de la citation, prescription interrompue, péremption.

ARTICLE 1.—*Demandes soumises au préliminaire de la conciliation.*

669. Aucune demande principale introductive d'instance entre parties capables de transiger, et sur des objets qui peuvent être la matière d'une transaction, ne sera reçue devant les tribunaux de première instance, que le défendeur n'ait été préalablement appelé en conciliation devant le juge de paix, ou que les parties n'y aient volontairement comparu. C. proc., 48.

670. Sont dispensées du préliminaire de la conciliation :

1° Les demandes qui intéressent l'Etat et le domaine, les communes, les établissements publics, les mineurs, les interdits, les curateurs aux successions vacantes. C. proc., 49.

2° Les demandes qui requièrent célérité. C. proc., 49.

3° Les demandes en intervention ou en garantie. C. proc., 49.

4° Les demandes en matière de commerce. C. proc., 49.

5° Les demandes de mise en liberté. C. proc., 49.

6° Celles en mainlevée de saisie ou opposition. C. proc., 49.

7° Les demandes en payement de loyers, fermages, arrérages de rentes ou pensions. C. proc., 49.

8° Celles des avoués en payement de leurs frais. C. proc., 49

9° Les demandes formées contre plus de deux parties, encore qu'elles aient le même intérêt. C. proc., 49.

10° Les demandes en vérification d'écriture, en désaveu, en règlement de juges, en renvoi, en prise à partie. C. proc., 49.

11° Les demandes contre un tiers saisi, et en général sur les saisies, sur les offres réelles. C. proc., 49.

12° Les demandes sur la remise des titres, sur leur communication. C. proc., 49.

13° Celles sur les séparations de biens, sur les tutelles et curatelles. C. proc., 49.

14° Enfin toutes les causes exceptées par la loi. C. proc., 49.

671. La demande en exécution de conventions arrêtées au bureau de conciliation doit-elle être portée en conciliation ? Il faut répondre négativement. Il y a déjà eu, en effet, conciliation, en pareil cas, sur l'objet de la demande, et le refus d'exécuter les conventions stipulées alors replace le demandeur dans la situation où il se serait trouvé si la conciliation n'avait pas eu lieu. Cette opinion, adoptée par Carré, tome I, page 113, et par Dalloz aîné, au mot *Conciliation*, était formulée dans le décret du 6 mars 1791.

ARTICLE 2. — *Juge de paix compétent, comparution volontaire.*

672. Le défendeur doit être cité en conciliation :

1° En matière personnelle et réelle, devant le juge de paix de son domicile ; s'il y a des défendeurs, devant le juge de l'un deux, au choix du demandeur. C. proc., 50.

2° En matière de société autre que celle de commerce, tant qu'elle existe, devant le juge du lieu où elle est établie. C. proc., 50.

3° En matière de succession, sur les demandes entre héritiers, jusqu'au partage inclusivement, sur les demandes qui seraient intentées par les créanciers du défunt avant le partage, sur les demandes relatives à l'exécution des dispositions à cause de mort, jusqu'au jugement définitif, devant le juge de paix du lieu où la succession est ouverte. C. proc., 50.

673. La citation en conciliation sur les demandes, entre héritiers, en rescision ou en garantie de partage, se porte, même après le partage définitif, devant le juge du lieu de l'ouverture de la succession (Argument de l'article 822 du Code Napoléon) ; alors l'existence légale du partage étant remise en question, c'est comme s'il n'y en avait pas eu. Bonceune, 2, 27.

674. Il n'y a pas lieu d'appliquer le troisième alinéa de l'article 50, lorsqu'il s'agit d'une demande formée contre un héritier unique : c'est devant le juge de son domicile qu'il doit être cité en conciliation. Boncenne, 2, 27.

675. L'incompétence du juge de paix serait couverte par la comparution du défendeur, sans réclamation de sa part. Rennes, 9 février 1813.

676. Du reste, les règles ci-dessus ne sont d'aucune application pour le juge de paix devant lequel les parties comparaissent volontairement : il a toujours pouvoir de les concilier, quel que soit leur domicile, et quelle que soit la situation des biens litigieux ; ainsi, par exemple, le procès-verbal de conciliation dressé par le juge du domicile du demandeur, devant lequel le défendeur a comparu, n'a pas moins de force que si cet acte avait été dressé par le juge du domicile du défendeur.

ARTICLE 3. — *Citation.* — *Délai.* — *Comparution des parties.*
— *Procuration.*

677. Lorsque les parties ne comparaissent pas volontairement, le délai de la citation doit être de trois jours francs au moins (Code de procédure, 51 et 1033), sauf, si la partie citée est domiciliée au delà de la distance de 3 myriamètres, l'augmentation d'un jour de délai par 3 myriamètres. C. proc., 1033.

678. La citation sera donnée par un huissier de la justice de paix du défendeur ; elle énoncera sommairement l'objet de la conciliation. C. proc., 52.

679. Les parties comparaîtront en personne ; en cas d'empêchement, par un fondé de pouvoir. C. proc., 53.

Il est dans le vœu de la loi que les parties comparaissent en personne au bureau de conciliation. C'est par cette raison que le décret du 6 mars 1791 avait autorisé le juge de paix à accorder un sauf-conduit (art. 23) à celui qui était exposé à l'exécution d'une prise de corps pour contrainte civile ; mais le Code de procédure ne contient aucune disposition pareille ; aussi est-il admis que le juge ne peut contraindre à la comparution personnelle, et que la partie qui se fait représenter par un fondé de pouvoir n'est pas tenue d'alléguer les motifs de l'empêchement. Voir ANNALES, vol. de 1851, p. 194 et suiv.

Le Code n'exclut pas non plus, comme l'avait fait la loi de 1791, les personnes attachées à l'ordre judiciaire. Mais la défense faite par l'article 18 de la loi du 25 mai 1838 à tout huissier d'assister comme conseil, ou de représenter les parties en qualité de procureur fondé, à peine d'une amende de 25 à 50 fr., qui sera prononcée sans appel par le juge de paix, s'étend-elle aux affaires portées au bureau de paix ou de conciliation ? Contrairement à l'avis de M. Benech, Curasson se prononce pour la négative, se fondant sur ce qu'au bureau de paix le juge n'exerce qu'une juridiction gracieuse ; l'huissier, d'ailleurs, est plus propre que personne à représenter ceux qui, éloignés de leur domicile, sont obligés de recourir à la tentative de conciliation.

Quoi qu'il en soit, l'interdiction ne pourrait être opposée à l'huissier qui représenterait un de ses parents au degré fixé par l'art. 86 du Code de procédure. Loi de 1838, art 18.

680. Pour prévenir toutes difficultés, il est prudent de remettre au fondé de pouvoir une procuration authentique. Dans l'usage, on se contente le plus souvent d'une simple procuration sous seing privé, sur papier timbré et enregistrée. Mais l'autre partie peut refuser d'en connaître l'écriture ; en ce cas, la partie absente ne se trouve plus valablement représentée, et encourt l'amende prononcée par l'article 56. Favard, *Rép.*, v° *Conciliation*.

681. La loi du 27 mars 1791 exigeait que la procuration de comparaître pour autrui au bureau de paix contînt des pouvoirs suffisants à l'effet de transiger. Pigeau, t. I, p. 43, estime que cette disposition est encore obligatoire, quoique non renouvelée par le Code de procédure, parce que l'essai de conciliation n'a d'autre but que d'amener les parties à un arrangement ; mais il fut observé par le Tribunat qu'il serait déraisonnable de contraindre les parties qui ne peuvent se présenter elles-mêmes de remettre à un tiers la disposition de leur fortune, quand, d'ailleurs, il dépend de ces mêmes parties de rendre sans objet la tentative de conciliation, en refusant de s'arranger (Berriat, t. I, p. 189 ; Carré, t. I, p. 106). On voit par là que la procuration pour comparaître au bureau de paix ne contient pas implicitement le pouvoir de transiger ; un tel pouvoir doit être spécial et exprès.

682. Le mari peut valablement représenter sa femme en conciliation, sans être muni de sa procuration, lorsqu'il s'agit d'actions purement mobilières et personnelles. Mais une procuration est indispensable s'il s'agit d'actions immobilières (arg. de l'art. 1428 C. Nap.; Carré, p. 105). Il est vrai que le mari pourrait se porter fort pour sa femme, et la représenter ainsi sans procuration au bureau de paix, même lorsqu'il s'agit d'une action immobilière ; mais la garantie du mari ne vaudrait, au moins en cas de conciliation, que si elle était acceptée par l'autre partie.

ARTICLE 4. — *Pouvoirs du juge de paix au bureau de conciliation. — Serment déféré. — Force du procès-verbal. — Authenticité.*

683. Lors de la comparution, le demandeur pourra expliquer, même augmenter sa demande, et le défendeur former celles qu'il jugera convenables ; le procès-verbal qui en sera dressé contiendra les conditions de l'arrangement, s'il y en a. Dans le cas contraire, il fera sommairement mention que les parties n'ont pu s'accorder. Les conventions des parties, insérées au procès-verbal, ont force d'obligation privée. C. proc., 54.

684. Si l'une des parties défère le serment à l'autre, le juge de paix le recevra, ou fera mention du refus de le prêter. C. proc., 55.

685. La comparution en conciliation ne doit pas être publique.

686. Le procès-verbal devait, d'après la loi des 16-24 août 1790, titre X, article 3, contenir les dires respectifs des parties, les interpellations qu'elles se sont faites, et leurs réponses ; mais l'article 54 du Code de procédure porte que, dans le cas *de non-conciliation*, il suffit d'indiquer *sommairement* que les parties n'ont pu s'accorder ; on en a conclu avec raison que le procès-verbal de non-conciliation doit énoncer seulement que les parties n'ont pu se concilier. Le vœu de la loi a été que les parties, en paraissant devant le magistrat conciliateur, aient la certitude que leur inexpérience ou leur ignorance des affaires ne pourra, dans aucun cas, préjudicier à leurs intérêts. Cette sécurité n'existerait pas si elles savaient que leurs déclarations dussent être enregistrées, et qu'elles pourront leur être opposées ultérieurement. D'ailleurs, un adversaire habile parviendrait, par des questions captieuses et détournées, à embarrasser l'autre partie, et amènerait ainsi des réponses et des déclarations compromettantes pour les intérêts de celle-ci. Boncenne, 2, 40 ; Boitard, 1, 148 ; Carré, art. 54 ; Victor Augier, 2, 150 ; Pigeau, 1, 90, note 2 ; Thomine, 1, 138. *Contrà*, Toullier, 8, 120.

Mais toutes les parties peuvent, d'un commun accord, charger le juge de paix de mentionner dans son procès-verbal leurs dires respectifs.

687. Un mandataire ne peut déférer le serment ou consentir, pour son mandant, à le prêter, que si son pouvoir contient mention expresse à ce sujet.

688. Lorsque le juge de paix reçoit le serment déféré à l'une des

parties, il doit en appliquer les effets tels qu'ils sont établis par les articles 1358 et suivants du Code Napoléon.

689. Le juge de paix ne peut ordonner la comparution personnelle de la partie à laquelle le serment est déféré, lorsque celle-ci est représentée par un mandataire ; seulement il constaterait, le cas échéant, que le mandataire est convenu avec l'autre partie du renvoi de l'essai en conciliation à tel jour, pour que le mandant vienne, s'il le juge convenable, s'expliquer sur l'offre qu'on lui fait de s'en rapporter à son serment. Boncenne, 2, 43.

690. La partie à qui le serment est déféré peut, sans contredit, le référer à l'autre. Carré, sur l'art. 55.

691. Le serment décisoire déféré au bureau de conciliation n'est pas un serment *déféré en justice.* Ainsi, la partie qui refuse de le prêter n'est passible d'aucune des conséquences prévues par l'article 1361 du Code Napoléon ; elle conserve le droit de le prêter ou de le déférer devant le tribunal civil. Cass., 17 juillet 1810. Boncenne, 2, 44.

692. La partie qui, devant le bureau de paix, a déféré le serment, peut, s'il a été refusé, se rétracter ensuite devant le tribunal.

693. Les conventions des parties insérées au procès-verbal de conciliation ont, dit l'article 54 du Code de procédure, force d'obligation privée ; on n'aurait pu attribuer à ces conventions, porte l'exposé des motifs, le caractère d'un acte public, sans porter une atteinte grave aux fonctions des notaires établis pour donner l'authenticité aux actes.

Cependant Pigeau, t. I, p. 43, et Favard, p. 631, pensent que les procès-verbaux sont des actes authentiques (arg. de l'art. 1317 C. Nap.) ; et que ce n'est qu'à certains égards qu'ils sont privés des priviléges de l'exécution parée.

Ils ne sont pas, en effet, revêtus de la formule exécutoire, et ils ne peuvent conférer hypothèque, parce que la loi n'attribue cet effet qu'aux jugements, ou aux actes reçus par notaires ; mais, sous tous les autres rapports, ces procès-verbaux sont authentiques. Toullier, tome X, page 409, qui considère les aveux faits au bureau de paix comme authentiques, sans leur donner cependant la qualité d'aveux judiciaires, semble partager la même opinion.— Il en résulterait qu'un procès-verbal de conciliation fait foi jusqu'à inscription de faux ; qu'il est valable, nonobstant le défaut des signatures des parties, s'il est fait mention de leur refus ou de leur impuissance de signer, et qu'enfin il n'est pas nécessaire d'en rédigér plus d'un original, lorsqu'il y a plusieurs parties. Voir dans le même sens, Boncenne, 2, 45.

Cette opinion est combattue par Berriat, t. I, p. 190 : « Quoique le juge qui préside au bureau de paix soit un officier public, dit-il, il n'a pas caractère pour recevoir des actes volontaires, ainsi que le remarque avec raison Merlin, *Rép.*, t. V, p. 830 et 863, quatrième édition, et que le donnent à entendre Treilhard et Faure, qui déclarent l'un et l'autre que lorsque la conciliation s'est opérée, et qu'on passe aux conditions de l'arrangement, la compétence et la juridiction de ce magistrat cessent sur-le-champ. » Dalloz incline à penser avec Carré, t. I, p. 112, que, s'il est vrai que le juge de paix soit sans caractère pour recevoir des actes volontaires, indépendamment de toute contestation, la loi lui donne qualité pour les constater lorsqu'ils se rattachent à quelque difficulté (Arm. Dalloz, v° *Conciliation*). Pour nous, nous pensons aussi que le procès-verbal de conciliation portant la signature du juge de paix et du greffier, outre celles des parties, a une véritable authenticité.

694. La cause qui empêcherait une partie de signer serait valablement constatée par le juge de paix, et suppléerait à la signature de cette partie. Ainsi, on a validé un compromis contenu dans un procès-verbal de conciliation, avec déclaration que les parties n'avaient pas pu signer (Cass., 11 février 1824 ; Levasseur, n. 217) ; Carré, sur l'article 54, exprime la même opinion ; elle est combattue par Chauveau sur Carré, n. 229.

695. Si l'une des parties refuse de signer un arrangement consenti, c'est qu'elle y renonce ; dès lors, il n'y a pas conciliation : le juge de paix doit se borner à constater le défaut de conciliation. Rennes, 13 mars 1837 ; Dall. 40, 22 ; Carrou, n° 816. *Contrà*, Favard, 1, 631.

696. La minute du procès-verbal est rédigée par le greffier, et reste au greffe ; il n'y a pas lieu à autant d'originaux qu'il y a de parties intéressées dans l'arrangement. Carré, *ibid*.

697. Les procès-verbaux de non-conciliation, et les mentions de non-comparution au bureau de paix, sont inscrits sur un registre particulier.

ARTICLE 5. — *Amende pour non-comparution.*

698. Celle des parties qui ne comparaîtra pas sera condamnée à une amende de 10 fr. ; et toute audience lui sera refusée jusqu'à ce qu'elle ait justifié de la quittance. C. proc., 56.

« Il résulte de cette disposition, porte une décision du ministre de la justice du 31 juillet 1808, que l'amende n'est pas encourue de plein droit, et qu'elle ne pourrait pas être exigée si la demande n'était pas portée au tribunal de première instance ; mais quand le demandeur poursuit devant le tribunal, et y obtient contre le défendeur un jugement qui le condamne au payement du principal et aux dépens, ce jugement, quoique par défaut, doit comprendre l'amende comme un accessoire de la condamnation principale, parce que c'est un véritable jugement définitif qui termine le procès, et qui, pour cette raison, doit contenir toutes les condamnations qui résultent de la loi, conséquemment celle portée par l'article 56 du Code judiciaire ; autrement ce serait violer la disposition formelle de cet article ; tel était également le vœu formel de la loi du 27 mars 1791. »

699. On voit, par cette décision, que ce n'est pas au juge de paix qu'il appartient de condamner à l'amende la partie qui ne comparaît pas ; le tribunal de première instance seul peut et doit prononcer cette condamnation (Pigeau, 1, 152 ; Favard, 1, 628). A l'appui de cette opinion, qu'il adopte, Carré cite un arrêt de la Cour de Rennes, du 2 septembre 1808. Un arrêt de la Cour de cassation du 8 août 1832 a jugé dans le même sens.

ARTICLE 6. — *Effets de la citation en conciliation. — Prescription.*
—Interruption. — Péremption.

700. La citation en conciliation interrompra la prescription, et fera courir les intérêts ; le tout, pourvu que la demande soit formée dans le mois, à dater du jour de la non-comparution ou de la non-conciliation. C. proc., 57.

701. En cas de non-comparution de l'une des parties, il en sera fait mention sur le registre du greffe de la justice de paix, et sur l'original ou la copie de la citation, sans qu'il soit besoin de dresser procès-verbal. C. proc., 58.

702. L'essai de conciliation est soumis à la péremption triennale de l'article 397 du C. de proc. : cela résulte des paroles prononcées par le rapporteur, lors de la discussion de l'article 57 au Conseil d'Etat : « On n'a voulu faire de la citation un moyen d'interrompre la prescription, que quand elle sera réellement le préliminaire de l'action à laquelle seule cet effet appartient : il ne faut pas que la partie puisse se borner à citer en conciliation, tous les trois ans, en éludant toujours de faire juger son droit. » Cette dernière opinion, qui, du reste, ne semble pas à l'abri de doutes sérieux, est professée par Favard, v° *Conciliation* ; par Boncenne, 2, 61.

FORMULÉ 140. — Citation en conciliation.

L'an 1854 et le... à la requête de P. N... propriétaire, demeurant à... où il fait élection de domicile ; J'ai... (*ici l'immatricule de l'huissier*), au sieur S... marchand, demeurant à... en parlant à sa personne (*ou portier, ou domestique*), donné citation à comparaître le... de ce mois, heure... devant le juge de paix de... en son prétoire, pour se concilier, si faire se peut, sur l'action que le requérant se propose de former contre ledit S... devant les juges compétents, pour le faire condamner à... (*écrire ici les conclusions du demandeur*), et en outre aux dépens ;

Attendu que... (*énoncer sommairement les motifs de la demande*). Se réservant ledit requérant de se pourvoir ainsi que de droit en cas de non-conciliation ou de non-comparution. Fait et délaissé copie du présent acte, dont le coût est de... au domicile déjà dit du sieur S... et parlant comme dessus, aux injonctions de droit, par moi... (*Signature de l'huissier, et enregistrement dans les quatre jours de la date de la citation.*)

FORMULE 141. — Procès-verbal de conciliation.

L'an 1854, et le... mars... heures du... devant nous, juge de paix de... assisté du greffier de la justice, étant dans notre prétoire ; — A comparu L. G... peintre, demeurant à... lequel a dit que, par citation de... huissier, en date du... de ce mois, il a fait citer devant nous, à ces jour, lieu et heure, le sieur D... rentier, demeurant à... pour se concilier, s'il y a lieu, sur l'action que lui comparant se propose d'intenter pour le faire condamner à... (*exprimer ici les conclusions de la demande*). Attendu que. . (*ici les motifs de cette demande*). En conséquence, il a requis la comparution dudit sieur D... aux fins de droit, et a signé.

A aussi comparu le sieur D... rentier, demeurant à... lequel a dit que... (*exprimer sommairement sa réponse*), et a signé.

A quoi il a été répondu par le sieur L. G... (*écrire aussi cette réponse*), et a signé.

En cet endroit les parties, s'étant rapprochées par notre médiation, sont convenues de ce qui suit :

Art. 1er. (*Rédiger les conventions par articles séparés s'il y en a plusieurs.*)

Art.... et dernier...

De tout quoi nous, juge de paix... sur la réquisition des comparants, avons dressé le présent procès-verbal qui a été signé par les parties, par nous et le greffier, après lecture. (*Suivent les signatures. Si les parties ne savent signer, ou l'une d'elles, il faut en faire mention.*)

FORMULE 142. — Procès-verbal en cas de serment déféré.

S'est présenté le sieur A... (*la comparution du citant comme ci-dessus*).

S'est aussi présenté le sieur B... (*prénoms, nom, profession et domicile du cité*),

Lequel a dit qu'il avait souscrit au profit du sieur A... le billet de cinq cent cinquante francs à lui représenté, mais que le... il avait payé à compte dudit billet la somme de cent soixante francs par lui remise au sieur M... qui s'était chargé de la rendre le même jour au sieur A... qu'ainsi, il ne devait plus que la somme de cent trente francs qu'il offrait payer présentement, déclarant s'en rapporter au serment du sieur A... sur le payement des trois cent soixante francs, et a signé. (*Signature du sieur B...*)

Et à l'instant, le sieur A... a juré et affirmé par-devant nous qu'il n'avait pas reçu les trois cent soixante francs dont il s'agit, du sieur M... ni au jour indiqué, ni depuis, et lui en avons accordé acte.

Le sieur B... s'est déterminé de payer en notre présence la somme entière de cinq cent cinquante francs audit sieur A... qui le reconnaît, et a signé. (*Signature du sieur A...*)

Fait à... lesdits jour et an. (*Signatures du juge de paix et du greffier.*)

(*Si le sieur A... ne veut pas prêter le serment, il en sera fait mention ainsi dans le procès-verbal.*)

Le sieur A... a refusé de prêter le serment à lui déféré par le sieur B... et a persisté à réclamer les cent cinquante francs contenus au billet par lui représenté.

N'ayant pu parvenir à concilier les parties, etc.

FORMULE 143. — Procès-verbal de conciliation, portant compromis et arbitrage.

(*Suivre la précédente formule jusqu'à ce qui suit :*)

En cet endroit les parties s'étant rapprochées par votre médiation, ont stipulé le compromis suivant :

Art. 1er. Il est convenu et accordé que la contestation ci-dessus énoncée, existant entre les parties, sera décidée par la voie de l'arbitrage, en dernier ressort (*ou en première instance*).

Art. 2. Les parties nomment pour leurs arbitres, savoir (*énoncer les noms, professions et demeures des trois arbitres ; et s'il n'en est nommé qu'un seul, on dit*) : Les parties ont nommé pour leur arbitre unique le sieur... demeurant à... auquel (*ou auxquels*) elles donnent les pouvoirs nécessaires pour les juger, comme il est dit ci-dessus.

Art. 3. Les arbitres seront tenus de prononcer leur jugement dans... mois, à peine d'annulation du présent ; à cet effet, les parties s'obligent à remettre à leurs arbitres, dans huitaine, leurs pièces et mémoires, faute de quoi ils pourront juger sans lesdites pièces.

Art. 4. Les arbitres sont dispensés d'observer les formalités de justice ; ils pourront même juger comme amiables compositeurs...

Fait et rédigé le présent procès-verbal, en présence des parties, auxquelles lecture en a été faite par le greffier, et ont lesdites parties signé avec nous. (*Signatures.*)

FORMULE 144. — Procès-verbal de non-conciliation.

L'an 1854 et le... mars... heures du .. devant nous... (*Suivre la première formule de procès-verbal de conciliation, et après avoir écrit les comparutions des parties, on dit*) :

Et n'ayant pu concilier les parties, nous les avons renvoyées à se pourvoir devant les juges compétents.

Fait et rédigé le présent procès-verbal... (*Le reste comme à la précédente formule.*) (*Signatures.*)

FORMULE 145. — Mention à mettre sur le registre en cas de non-comparution de l'une des parties.

Citation à comparaître cejourd'hui, donnée le. . à la requête du sieur... contre le sieur... Défaut contre le sieur... non comparant. (*Signatures du juge de paix et du greffier.*)

FORMULE 146. — Mention à mettre audit cas sur l'original ou la copie.

Le sieur... demandeur (ou défendeur) aux fins de la présente citation, a fait défaut. Cejourd'hui... l'an... (*Signature du juge de paix.*)

TITRE IV.

CHAPITRE I. — Compétence des juges de paix en matière d'octroi.

703. La loi du 2 vendémiaire an VIII porte :

« Art. 1er. Les contestations *civiles* qui pourront s'élever sur l'ap-
« plication du tarif ou sur la quotité des droits exigés par les rece-
« veurs des octrois municipaux et de bienfaisance créés par les lois
« existantes, ou qui pourront être créés dans les diverses communes
« de l'Empire, pour l'acquit de leurs dépenses locales, celles des
« hospices civils et secours à domicile, seront portées devant le
« juge de paix de l'arrondissement, à quelque somme que le droit
« contesté puisse s'élever. pour être par lui jugées sommairement et
« sans frais, soit en dernier ressort, soit à la charge de l'appel, sui-
« vant la quotité de la somme.

« Art. 2. Les *amendes* encourues en vertu desdites lois seront
« prononcées *par les tribunaux de simple police ou de police correc-*
« *tionnelle,* suivant la quotité de la somme.

« Art 3. Lorsqu'il y aura lieu à contestation sur l'application du
« tarif ou sur la quotité du droit exigé par le receveur, tout porteur
« ou conducteur d'objets compris dans le tarif sera tenu de consigner,
« entre les mains du receveur, le droit exigé ; il ne pourra être
« entendu qu'en rapportant au juge qui devra en connaître la quit-
« tance de ladite consignation. »

704. Cette loi contient, sur la compétence en matière d'octroi,
deux dispositions bien distinctes : l'une attribuant au *juge de paix*
la connaissance exclusive des contestations civiles qui pourront
s'élever sur l'application du tarif, soit en dernier ressort, soit à charge
d'appel, suivant la quotité de la somme.

L'autre réglant la compétence quant aux amendes encourues, et
les déférant, suivant leur importance, soit aux tribunaux de simple
police, soit aux tribunaux de police correctionnelle.

705. Une ordonnance du 9 décembre 1814 contient aussi (titre
IX, art. 75 et suivants) des dispositions sur le contentieux des
octrois ; mais il a été jugé que cette ordonnance n'avait porté aucune
atteinte aux règles de compétence telles qu'elles avaient été fixées
par les lois antérieures, et notamment par celle du 2 vendémiaire
an VIII (Rouen, 2 janvier 1819). — Les contestations civiles en
matière d'octroi doivent donc toujours être portées en premier
ressort devant le juge de paix, à la différence des contestations en

matière de droits-réunis, qui sont de la compétence des tribunaux de première instance (1).

706. Quant à la compétence, en matière d'octroi, des juges de paix, comme juges de simple police, elle est devenue nulle, par suite de l'élévation des amendes, qui toutes sont aujourd'hui supérieures à 15 fr. et excèdent par conséquent le taux de la simple police, ainsi que cela résulte de l'art. 8 de la loi du 29 mars 1822, et de l'art. 9 de la loi du 24 mai 1834, combinés avec les articles 27 et 46 de la loi sur les octrois du 28 avril 1816.

707. C'est donc par voie correctionnelle que l'administration poursuit la répression des contraventions ou délits en matière d'octroi; mais si devant le tribunal correctionnel le prévenu prétend que les objets qu'il est accusé d'avoir introduits en fraude ne sont pas soumis aux droits, le tribunal doit renvoyer devant le juge de paix pour prononcer sur cette question préjudicielle, et surseoir jusqu'à ce qu'il ait été statué. Cass., 27 juillet 1825, et 18 avril 1833.

708. Et ce n'est pas seulement dans ces cas que l'action civile peut être intentée ; ainsi, lorsqu'en vertu de l'article 3 de la loi du 2 vendémiaire an VIII, ou de l'article 81 du 9 décembre 1814, qui rappelle la même disposition, le porteur ou conducteur d'objets compris dans le tarif aura, en cas de contestation sur l'application du droit, consigné la somme exigée aux mains du receveur, il pourra appeler devant le juge de paix pour faire décider la question.

709. Les juges de paix sont compétents en matière d'octroi pour décider sur l'application du tarif, entre le fermier de l'octroi d'une commune et le maire réclamant relativement à du bois de chauffage acheté pour l'hôtel-de-ville. Cass., 20 décembre 1841.

710. A plus forte raison, sur une question semblable entre le fermier et un simple redevable.

711. Ou encore sur la question élevée entre une commune et des particuliers, de savoir si une ordonnance qui a imposé, à l'entrée d'une ville, des charbons destinés au commerce général, est inconstitutionnelle ; une pareille action peut être intentée contre la commune, sans autorisation préalable de plaider. Trib. civ. de

(1) Les juges de paix sont seulement chargés de déclarer exécutoires et de viser, sans frais, les contraintes décernées par le directeur ou le receveur de la *régie des contributions indirectes*, contre les redevables. — Ils ne peuvent refuser leur visa pour l'exécution, sous peine d'être responsables des valeurs pour lesquelles la contrainte aura été décernée. Décret du 1er germinal an XIII, art. 43 et 44.

Douai, 2 mai 1843; Cass., 26 novembre 1844, 19 septembre 1845 et 8 mars 1847.

CHAPITRE II. — De la procédure et des formes en matière d'octroi.

712. Les lois sur les octrois n'indiquant aucunes formes particulières pour la procédure devant le juge de paix, dans les contestations civiles en matière d'octroi, ces contestations sont soumises, soit en première instance, soit en appel, aux règles de la procédure ordinaire des justices de paix.

713. La compétence en dernier ressort des juges de paix ayant été portée de 50 fr. à 100 fr. par la loi de 1838, les juges de paix prononceront, sans appel, sur les contestations civiles en matière d'octroi, jusqu'à la valeur de 100 fr., comme sur les actions personnelles et mobilières.

FORMULE 147. — Jugement sur une affaire d'octroi.

Entre le sieur A... demandeur,
Et le sieur B... fermier de l'octroi de la ville de... défendeur.
Par le demandeur a été dit qu'au moment où il passait devant le bureau de l'octroi, situé au faubourg de Paris, en ladite ville, le préposé lui a demandé s'il portait quelque chose soumis aux droits d'octroi : à quoi le sieur... a répondu négativement, ajoutant néanmoins qu'il avait dans sa voiture deux hectolitres de... mais que cette denrée n'était pas soumise aux droits d'octroi. Le préposé ayant prétendu le contraire, le comparant, pour se conformer à la loi, a payé par forme de consignation une somme de... dont il nous a représenté la quittance. Mais, ne croyant pas devoir cette somme, il a cité ledit sieur... fermier de l'octroi, à se présenter devant nous, par exploit de... en date du... enregistré, en tête duquel a été donné copie de la susdite quittance.
Par ledit sieur... fermier de l'octroi, a été répondu que, d'après le tarif, etc.
Nous, juge de paix, vu la quittance à nous présentée,
Considérant...
Par ces motifs, statuant en... ressort, ordonnons que ledit sieur... fermier des droits d'octroi de la ville de... remboursera au sieur... la somme de... mal à propos perçue, et condamnons ledit fermier aux dépens.

TITRE V.

JUGEMENT SUR LES MATIÈRES DE DOUANE. — COMPÉTENCE DES JUGES DE PAIX. — PROCÉDURE. — FORME. — TRANSACTION. — PRESCRIPTION. — TIMBRE. — ENREGISTREMENT.

CHAPITRE I. — Compétence des juges de paix en matière de douane.

714. Les contraventions de douane sont poursuivies par la voie civile, toutes les fois qu'elles n'entraînent qu'une condamnation à l'amende, l'amende étant considérée comme réparation civile. Si la contravention entraîne la peine de l'emprisonnement ou autre peine

14

plus sévère, elle est de la compétence, suivant la durée de l'emprisonnement, ou des tribunaux de police, ou des tribunaux correctionnels, lesquels prononcent en même temps l'amende et la confiscation. Arrêté du 27 thermidor an IV.

715. La loi du 4 germinal an II a transporté des tribunaux de district aux juges de paix la connaissance des contraventions *civiles* en matière de douanes, sauf appel aux tribunaux de première instance.

716. La compétence des juges de paix en cette matière n'est même pas bornée aux contraventions et saisies : d'après l'article 10 de la loi du 14 fructidor an III, « ils connaissent également, en première « instance, des contestations concernant le refus de payer les droits, « le non-rapport des acquits-à-caution, et les autres affaires relatives « aux douanes. »

717. La loi du 17 décembre 1814 est venue mettre le complément aux règles de la compétence des juges de paix en matière de douane, par les articles 15, 16, 17, 18 et 29, ainsi conçus : « Toutes « marchandises prohibées à l'entrée, que l'on tenterait d'introduire « par terre ou par mer, seront confisquées, ainsi que les bâtiments, « chevaux, voitures et équipages servant au transport. Les proprié- « taires desdites marchandises, maîtres de bâtiments, voituriers et « autres préposés à la conduite, seront solidairement condamnés en « une amende de 500 fr., quand la valeur de l'objet de contrebande « n'excédera pas cette somme ; et, dans le cas contraire, en une « amende égale à la valeur de l'objet. » Art. 15.

« Les juges de paix du lieu de l'arrondissement du bureau où « l'objet de contrebande aura été déposé seront seuls compéten s « pour connaître de ces contraventions, sauf dans les cas prévus par « les articles suivants. — Les tribunaux de première instance con- « naîtront des appels qui seraient interjetés. » Art. 16.

« Si l'introduction d'objets prohibés est commise par une réunion « de trois individus et plus, il y aura lieu à l'arrestation des contre- « venants, et à leur traduction devant le tribunal correctionnel ; et « indépendamment des confiscations et des peines pécuniaires édic- « tées par l'article 15, ils seront condamnés en un emprisonnement « qui ne pourra être moindre de trois mois, ni excéder un an. » Art. 17.

« Dans le cas où, à l'égard d'un individu traduit devant le juge « de paix, en conformité de l'article 16, pour cause d'importation « prohibée, ce juge reconnaîtrait, soit par l'énoncé du procès-ver- « bal dûment rédigé, et non argué de faux, soit par le résultat de « l'instruction, que cet individu est en récidive, il s'abstiendra de

« prononcer, et renverra le prévenu et les pièces devant le tribunal
« correctionnel, qui prononcera contre lui les condamnations portées
« en l'article précédent, en modérant néanmoins la durée de la dé-
« tention à quinze jours au moins, et à trois mois au plus. » Art. 18.

718. « Les juges de paix de l'arrondissement seront seuls compé-
« tents, sauf appel, s'il y a lieu, pour connaître des contraventions
« à la loi du 24 avril 1806, et à tous les règlements relatifs à la per-
« ception de la taxe établie sur les sels, excepté dans les cas prévus
« par les articles suivants. — L'amende de 100 fr., prononcée par
« l'article 57 de ladite loi du 4 avril 1806, est individuelle. » Art. 29.

719. La loi sur les douanes du 28 avril 1816, titre V, ayant appliqué à la contrebande des peines autres que les lois précédentes,
et notamment des peines corporelles, il en est résulté, sous l'empire
de cette loi, quelques changements à la compétence des juges de
paix ; mais la loi de finances du 15 mars 1817, art. 2 et suivants, a
remis en vigueur la loi du 17 déc. 1814, et rétabli la compétence des
juges de paix, telle qu'elle était auparavant.

720. Ainsi les juges de paix ont le droit de prononcer, non-seulement sur tout ce qui tient aux saisies de marchandises ou autres
objets introduits en fraude, ou sur la sortie des mêmes objets, lorsqu'elle est défendue ; mais même, en cas de trouble, opposition à
l'exercice et mauvais traitements des employés, la connaissance de
l'action leur appartient, si la poursuite est exercée par l'administration et non par le ministère public. Cass., 10 janvier 1840.

721. Au reste, en matière de douane, la loi distingue deux espèces d'opposition à l'exercice des fonctions des employés : la première, qui est l'opposition simple, donne lieu, par la voie civile, à la
condamnation en une amende de 500 francs ; la seconde, qui est
l'opposition avec voies de fait, est justiciable des tribunaux criminels. Cass., 29 avril 1838.

Par suite, on ne doit pas confondre ces deux actions, et le juge de
paix, saisi de la première, ne peut se déclarer incompétent, sous le
prétexte que l'opposition a été accompagnée d'actes de violence qui
lui donnent un caractère criminel. Cass., 30 mars 1841 ; RÉPERT.
GÉN. DES J. DE PAIX, tome II, page 325.

722. Cependant, il est quelques exceptions à ces règles, résultant de lois ou dispositions spéciales ; ainsi les saisies de grains à
l'exportation, les saisies de tissus, exercées dans l'intérieur de la
France, doivent être portées devant le tribunal correctionnel, quoique n'entraînant que la confiscation des marchandises, avec amende
de 500 francs, les articles 65 et 66 de la loi du 28 avril 1816 (non

abrogés par la loi du 27 mars 1817) chargeant le procureur impérial près le tribunal correctionnel de ces espèces de poursuites.

723. Le juge de paix saisi d'une contravention en matière de douane est compétent pour prononcer si la suppression des douanes, dans une portion du territoire, influe sur l'exigibilité des droits dus avant cette suppression. Cass., 28 mai 1811.

724. C'est à lui également, et non à l'autorité administrative, qu'il appartient de statuer sur la question constitutionnelle de savoir si une ordonnance royale qui, dans certaines circonstances, a élevé le tarif des droits, est ou non obligatoire. Cass., 4 juillet 1827 ; 29 novembre 1842 et 24 mars 1847.

725. La compétence du juge de paix en matière de douane se reconnaît donc uniquement, sauf les rares exceptions que nous avons signalées, au caractère civil de la peine : si la contravention est punissable de l'amende et de la confiscation seulement, et si l'administration des douanes poursuit seule en demandant la réparation civile du délit, sans l'intervention du ministère public, l'action doit être portée devant le juge de paix. — Au contraire, si la contravention ou le délit est passible de peines correctionnelles, et que les poursuites soient intentées par le ministère public, elles doivent être portées devant le tribunal correctionnel ou même devant la Cour d'assises, selon leur gravité.

CHAPITRE II. — **Procédure en matière de douanes.** — **Formes de la saisie.** — **Procès-verbal ou rapport.** — **Affirmation.** — **Citation.** — **Jugement.**

ARTICLE 1er. — *Du procès-verbal ou rapport.* — *Saisie.* — *Citation.*

726. La saisie est assujettie à des formalités différentes, suivant qu'elle est faite dans l'étendue du rayon frontière, en rase campagne, ou qu'elle est faite à domicile, ou sur un navire. Nous ferons ressortir, ci-après, ces différences.

727. Les contraventions aux lois de douane sont constatées par un procès-verbal qui sert de base à toute la procédure en cette matière, et qui peut être rédigé par deux préposés des douanes, ou même par deux citoyens français, étrangers à l'administration (Loi du 9 floréal an VII, t. IV, art. 1er), auquel dernier cas, la preuve testimoniale, suivant Favard (*Rép.*, v° *Douanes*, § 1er, n° 2), peut être invoquée, soit contre les faits qu'il contient, soit à leur appui.

728. Ceux qui procèdent aux saisies font conduire dans un bureau de douane, et, autant que les circonstances le permettent, au plus prochain du lieu de l'arrestation, les marchandises, voitures, chevaux et bateaux servant au transport. Ils y rédigent de suite leur rapport. *Même loi*, art 2.

729. Les rapports énoncent la date et la cause de la saisie, la déclaration qui en aura été faite au prévenu ; les noms, qualités et demeure des saisissants, et de celui chargé des poursuites ; l'espèce, poids ou nombre des objets saisis ; la présence de la partie à leur description, ou la sommation qui lui aura été faite d'y assister ; le nom et la qualité du gardien ; le lieu de la rédaction du rapport et l'heure de sa clôture. *Même loi*, art. 3.

730. Les faits qui peuvent caractériser la saisie doivent être rapportés exactement ; mais la cause est suffisamment exprimée par la mention de la loi à laquelle il est contrevenu. Cass., 3 ventôse an X.

731. Il suffit que le procès-verbal constate qu'il a été dressé par tel ou tel, faisant partie de la brigade de tel endroit, la demeure d'un douanier étant au lieu où sa brigade est établie et ne dépendant pas de son domicile. Cass., 3 août 1827.

732. Dans le cas où le motif de la saisie portera sur le faux ou l'altération des expéditions, le rapport énoncera le genre de faux, les altérations ou surcharges.

733. Lesdites expéditions, signées et paraphées des saisissants, *ne varietur*, seront annexées au rapport qui contiendra la sommation faite à la partie de les signer (si elle est présente), et sa réponse. Art. 4.

Le rapport ou procès-verbal est nul, si la date n'est pas la même sur l'original et la copie. Cass., 22 juillet 1808.

734. Il sera offert mainlevée sous caution solvable, ou en consignant la valeur des bâtiments, bateaux, voitures, chevaux et équipages saisis pour autre cause que pour prohibition de marchandises dont la consommation est défendue ; et cette offre, ainsi que la réponse de la partie, sera mentionnée au rapport. Art. 5.

Si cette offre est refusée, l'administration, en vertu de la permission du juge de paix le plus voisin, peut procéder à la vente aux enchères des objets saisis. Il en est de même des objets de consommation sujets à dépérisssement (Décret du 18 septembre 1811, art. 1er). Dans tous les cas, le procès-verbal doit énoncer que les objets sont laissés provisoirement à la garde du receveur.

735. Si le prévenu est présent, le rapport énoncera qu'il lui en a été donné lecture, qu'il a été interpellé de le signer, et qu'il en a reçu de suite copie, et une citation à comparaître dans les vingt-quatre heures devant le juge de paix du canton.

En cas d'absence du prévenu, la copie sera affichée, dans le jour, à la porte du bureau.

Les rapports, citations et affiches devront être faits tous les jours indistinctement. *Même loi*, art. 6.

756. Il n'est pas nécessaire que la copie représentée par le prévenu énonce que la remise lui en a été faite, lorsque cette énonciation se trouve dans l'original. Cass., 22 mai 1834.

757. Un procès-verbal est nul : — 1° si la copie n'en a pas été délivrée au prévenu, encore bien que sa présence à la rédaction et à la lecture dudit procès-verbal ait été constatée (Cass., 1er févr. 1806).

— Il en est autrement : si le prévenu a refusé de recevoir une copie (Cass., 27 déc. 1834, 10 novembre 1836); ou si la mention de la remise de la copie n'a pas été constatée sur cette copie, mais sur l'original. Arg. Cass., 18 mai 1808, 22 mai 1834.

2° S'il n'y a pas eu autant de copies qu'il y a de prévenus. *Lett. administ.*, 25 février 1818.

3° Si les marchandises ont été laissées au saisi, au lieu d'être transportées au bureau voisin. Cass., 1er févr. 1806.

758. En cas de saisie à domicile dans l'étendue des frontieres de terre et de mer, les préposés, accompagnés du maire ou de l'adjoint, ou d'un conseiller municipal délégué (Cass., 21 août 1828), peuvent, dans l'étendue des frontières de terre et de mer, visiter, après le lever et avant le coucher du soleil, les maisons qui leur sont indiquées pour contenir et recéler des marchandises prohibées (L. 10 brum. an V, art. 11); ou celles dans lesquelles ils ont vu introduire la fraude qu'ils avaient poursuivie jusqu'au moment de l'introduction. L. 22 août 1791, t. XIII, art. 36.

759. Lorsque les préposés n'ont pas perdu de vue des marchandises qui ont franchi la limite du rayon, ils peuvent les arrêter : — 1° en pleine campagne, au moment où ils les atteignent ; 2° dans les maisons ou autres bâtiments où ils les ont vu introduire, en se faisant accompagner d'un agent municipal. L. 28 avril 1816, art. 39.

740. Les préposés sont tenus de constater qu'ils ont suivi, sans les perdre de vue, les objets introduits en fraude, lorsqu'ils les saisissent, soit dans l'intérieur d'une maison, soit hors du rayon frontière. L. 28 avril 1816, art. 39.

La poursuite à vue peut être constatée par un seul préposé.

741. Lorsqu'il y aura lieu de saisir dans une maison, la description y sera faite, et le rapport y sera rédigé. Les marchandises dont la consommation n'est pas prohibée ne seront pas déplacées, pourvu que la partie donne caution solvable pour leur valeur. Si la partie

— 215 —

ne fournit pas caution, ou s'il s'agit d'objets prohibés, les marchandises seront transportées au plus prochain bureau. Même loi, art. 7.

742. A l'égard des saisies faites sur les bâtiments de mer pontés, lorsque le déchargement ne pourra pas avoir lieu de suite, les saisissants apposeront les scellés sur les fermants et écoutilles des bâtiments. Le procès-verbal, qui sera dressé à fur et mesure du déchargement, fera mention du nombre, des marques et des numéros des ballots, caisses et tonneaux. La description en détail ne sera faite qu'au bureau, en présence de la partie, ou après sommation d'y assister : il lui sera donné copie à chaque vacation.

743. Au cas de saisie faite sur un navire étranger, les préposés ne sont pas forcés de se servir d'un interprète lors de la lecture de leur procès-verbal (Cass., 29 avril 1830) ; spécialement, lorsqu'il s'agit d'un navire espagnol louvoyant en mer dans les eaux françaises, et dont la saisie est faite en mer. Même arrêt.

744. L'apposition des scellés sur les portes, ou d'un plomb ou cachet sur les caisses ou ballots, aura lieu toutes les fois que la continuation de la description sera renvoyée à une autre séance ou vacation. Même loi, art. 8.

745. Les rapports ne sont dispensés de l'enregistrement qu'autant qu'il ne se trouvera pas de bureau dans la commune du dépôt de la marchandise, ni dans celle où est placé le tribunal qui doit connaître de l'affaire ; auquel cas, le rapport sera visé le jour de sa clôture, ou le lendemain avant midi, par le juge de paix du lieu, ou, à son défaut, par l'agent municipal. Même loi, article 9.

746. En dehors de ces exceptions, les procès-verbaux de saisie sont soumis, comme tous les autres actes, à la formalité de l'enregistrement, qui doit être remplie au plus tard dans les quatre jours de leur date. Loi du 22 frim. an VII, art. 20 ; Cass., 12 août 1835.

747. Les rapports seront affirmés au moins par deux des saisissants, devant le juge de paix ou l'un de ses suppléants, dans le délai donné pour comparaître ; l'affirmation énoncera qu'il en a été donné lecture aux affirmants. Art. 10.

748. Il suffit que deux des saisissants, quel que soit leur nombre, affirment la sincérité du procès-verbal. Cass., 10 févr. 1810.

749. L'affirmation peut être faite, dans tous les cas, devant le juge de paix du lieu de la rédaction. Cass., 15 frim. an X.

750. Le défaut d'affirmation dans le délai ne rend pas les rapports nuls, lorsqu'il provient uniquement d'une force majeure, telle que l'absence ou le refus du juge de paix. *Circ.* 13 avril 1837.

751. Il n'est pas indispensable que la partie saisie soit présente ou appelée à l'affirmation. Cass., 6 nivôse an VI ; 18 niv., 24 vent. an VIII ; 9 et 16 germ. an VII ; 11 flor. an IX.

752. Selon que le juge de paix, le tribunal correctionnel ou la Cour d'assises doivent connaître de la saisie, les procès-verbaux, dûment affirmés, sont déposés, dans le premier cas, au greffe de la justice de paix ; dans le deuxième, au parquet du procureur Impérial ; et enfin, dans le troisième, au parquet du procureur général. Arrêté 4e jour compl. an XI, art. 6.

753 Les préposés peuvent faire, pour les droits de la douane, les exploits et autres actes de justice que les huissiers ont coutume de faire, ou se servir de tel huissier que bon leur semble, sans être tenus, par exemple, de s'adresser à l'huissier de la justice de paix.

754. La forme de ces actes n'est pas soumise aux règles générales de la procédure ; il suffit qu'ils contiennent les énonciations prescrites par les lois spéciales. Ainsi est valable, 1° un exploit qui ne contient pas les noms, prénoms et domiciles des préposés qui le signifient (Cass., 7 brum. an VIII) ; — 2° un acte d'appel qui ne contient ni les motifs ni les conclusions de l'appelant. Cass., 19 frim. an VIII.

755. Le juge de paix doit être saisi des contraventions à la requête de l'administration et non du ministère public. Carou, n° 424 ; Cass., 8 déc. 1837.

756. Il est donné citation au saisi à comparaître dans les vingt-quatre heures, devant le juge de paix dans le ressort duquel se trouve le bureau de douane où la marchandise a été déposée.

757. C'est contre le préposé à la conduite des objets saisis, et non contre le propriétaire prétendu, que la citation doit être dirigée. Cass., 28 déc. 1835; Dal. 36, 1, 30.

758. La citation est donnée par le procès-verbal même de saisie, qui est remis au contrevenant s'il y assiste. En cas d'absence du prévenu, la copie est affichée, dans le jour, à la porte du bureau. Loi du 9 flor. an VII, titre IV, art. 6.

759. Est valable la citation donnée dans un procès-verbal, clos à midi, pour le lendemain neuf heures du matin. Cass., 3 juin 1806.

760. Le délai n'est pas augmenté à raison de la distance du domicile élu par la partie saisie à son domicile réel. Merlin, *Rép.*, v° *Douanes.*

761. Les jours de fêtes légales ne comptent pas dans ce délai. Ainsi la citation est valablement donnée le samedi pour le lundi suivant, et l'affirmation peut avoir lieu ce jour seulement. Cass., 3 vent. an X.

762. La citation doit être donnée par acte séparé aux personnes responsables du prévenu ; l'affiche du rapport ne tient pas lieu de cette citation. *Lettr. administ.*, 25 août 1836.

ARTICLE 2. — *Du jugement en matière de douanes.—De l'inscription de faux. — De l'amende et de la condamnation.*

763. Au jour indiqué pour la comparution, le juge entend la partie, si elle se présente, et est tenu de rendre son jugement (L. 9 floréal, an VII, tit. IV, art. 13), à moins que le préposé ne se présente pour obtenir jugement que quelques jours après celui indiqué pour la comparution, et que la partie assignée n'ait pas demandé défaut-congé.

764. Les rapports rédigés suivant les formes, et affirmés, sont crus jusqu'à inscription de faux.

765. Celui qui voudra s'inscrire en faux contre un rapport sera tenu d'en faire la déclaration par écrit, en personne ou par un fondé de pouvoir spécial passé devant notaire, au plus tard à l'audience indiquée par la sommation de comparaître devant le tribunal qui doit connaître de la contravention. Il devra, dans les trois jours suivants, faire, au greffe dudit tribunal, le dépôt des moyens de faux, et des noms et qualités des témoins qu'il voudra faire entendre ; le tout à peine de déchéance de l'inscription de faux.

Cette déclaration sera reçue et signée par le juge et le greffier, dans le cas où le déclarant ne saurait écrire ni signer. Même loi, art. 12.

766. L'inscription de faux est recevable, alors qu'elle est formée à la première audience, encore bien qu'elle ne soit proposée que postérieurement aux moyens du fond, si, d'ailleurs, aucune décision n'est intervenue sur ces moyens. Cass., 15 juin 1841.

767. Si les moyens de faux sont tels qu'en les supposant prouvés ils établissent l'existence de la fraude, le juge prononce l'admission de l'inscription de faux. Arrêté 4ᵉ jour compl. an XI, art. 9.

Si, au contraire, ils ne sont pas pertinents et admissibles, le juge les rejette et statue au fond. *Ibid.*

768. L'opposition à un jugement par défaut ne relève pas de la déchéance de l'inscription de faux. Cass., 4 et 23 juin 1817, Sir. 17, 297; Ch. civ., 9 mai 1838, Dev. 38, 440. — *Contrà*, Cass., 23 août 1830; Mangin, *Procès-verbaux*, 126, n° 5.

769. Si les circonstances de la saisie nécessitent un délai pour la prononciation du jugement, ce délai ne pourra excéder trois jours ; et, dans ce cas, le jugement de renvoi autorisera la vente provisoire des marchandises sujettes à dépérissement, et des chevaux saisis comme ayant servi au transport. Même loi, art. 13.

770. Le jugement prononce sur les actions des redevables ou de la régie, quant aux droits à percevoir et à leur quotité. — En cas de contravention, il ordonne la confiscation des objets prohibés, exportés ou importés en fraude des droits de la régie, ainsi que des moyens de transport. — Il condamne aussi les contrevenants à l'amende fixée par la loi, et, dans certains cas, à la prison. LL. 22 août 1790 ; 28 avril 1816 ; 21 avril 1818.

771. La confiscation des marchandises saisies est prononcée contre les préposés à leur conduite, sans que la régie soit tenue de mettre en cause les propriétaires, quand même ils lui seraient indiqués ; ces derniers peuvent intervenir. Loi du 22 août 1791, tit. XII, art. 1 ; tit. XIII, art. 20.

772. L'amende n'est pas considérée comme une peine, mais comme une réparation du préjudice causé à l'État par la fraude.— Les tribunaux civils peuvent, dans certains cas, la prononcer spécialement contre les pères et mères, civilement responsables du fait de leurs enfants (Cass., 6 juin 1811, 30 mai et 6 septembre 1828, 14 mai 1844 ; Favard, *Rép.*, v° *Douanes*). — Le cumul des amendes est admis, s'il y a conviction de plusieurs faits emportant différentes condamnations. nonobstant l'article 365 du Code d'instruction criminelle. Cass., 27 avril 1830.

773. Les condamnations contre plusieurs personnes, pour un même fait de fraude, sont solidaires tant pour la restitution du prix des marchandises confisquées, dont la remise provisoire a été faite, que pour l'amende et les dépens (L. 22 août 1791, tit. XII, art. 3 ; 4 germ. an II, tit. VI, art. 22),— excepté en matière de sels. L. 17 décembre 1814, art. 29.

774. La contrainte par corps a lieu pour les condamnations au payement des droits, à celui de la valeur des objets remis provisoirement et confisqués, ou de l'amende, lorsqu'il n'a pas été prononcé de confiscation, ou enfin à la restitution des sommes que la régie a été forcée de payer. — Même contre les cautions, pour le prix des choses confisquées. L. 22 août 1791, tit. XII, art. 6.

775. Lorsque la mainlevée des objets saisis pour contravention aux lois dont l'exécution est confiée à l'administration des douanes sera accordée par jugements contre lesquels il y aurait pourvoi en cassation, la remise n'en sera faite à ceux au profit desquels lesdits jugements auront été rendus, qu'au préalable ils n'aient donné bonne et suffisante caution de leur valeur. La mainlevée ne pourra jamais être accordée pour les marchandises dont l'entrée est prohibée. Loi du 9 floréal an VII, tit. IV, art. 15.

776. Lorsque la saisie n'est pas fondée, le propriétaire des marchandises a droit à un intérêt d'indemnité, à raison d'un pour cent par mois de la valeur des objets saisis, depuis l'époque de la retenue jusqu'à celle de la remise ou de l'offre qui lui en aura été faite. Il est expressément défendu aux juges d'excuser les contrevenants sur l'intention. *Ibid.*, art. 16.

777. Il est expressément défendu de faire aucune remise sur les confiscations et amendes pour contraventions à la loi du 10 brumaire an V, ni pour celles encourues pour introduction de marchandises prohibées ou en fraude des droits ; et dans les autres cas, la loi du 23 brumaire an III ne pourra être exécutée, lorsqu'il sera intervenu un jugement définitif. *Ibid.*, art. 17.

778. Les tribunaux ne sauraient admettre contre les procès-verbaux de contravention d'autres nullités que celles expressément prononcées par la loi ; ils ne peuvent autoriser la preuve testimoniale contre leur contenu, ni excuser les contrevenants sur leur ignorance ou leur bonne foi. LL. 6-22 août 1791, tit. X, art. 25 ; 9 flor. an XI, tit. IV, art. 11 ; arrêté 4e complém. an XI, art. 12 ; Cass., 22 juin 1842.

779. Ainsi, la contravention résultant de l'introduction de marchandises en France, sans avoir rempli les formalités exigées par les lois de douanes, ne peut être excusée sur le motif que le contrevenant n'avait pas l'intention de frauder. Cass., 19 juill. 1831.

780. Les individus préposés à la conduite de marchandises saisies ne peuvent être excusés sous prétexte de leur bonne foi, tirée de l'impossibilité de vérifier la fraude. Cass., 20 juillet 1831.

781. Il y a lieu d'annuler le jugement qui a ordonné la preuve de faits déjà constatés par un procès-verbal régulier et non argué de faux, ou contraires aux énonciations de ce procès-verbal. Cass., 14 avril 1841 ; 22 juin 1842.

782. Il est défendu aux juges de modérer les droits, confiscations et amendes, à peine d'en répondre personnellement. LL. 6-22 août 1791, tit. XII, art. 4 ; 4 germ. an II, tit. VI, art. 23 ; 9 flor. an VII, tit. IV, art. 17.

CHAPITRE III. — De l'opposition au jugement et de l'appel.

783. La signification d'un jugement rendu par le juge de paix en matière de douanes est valablement faite par un huissier qui n'est pas celui de la justice de paix : l'art. 6 C. proc. n'a pas dérogé aux lois spéciales à la procédure des douanes. LL. 22 août 1791, tit. XIII, art. 18 ; 14 fruct. an III, art. 6 ; Cass., 1er décembre 1830.

784. La signification des jugements rendus sur saisie, soit par le juge de paix, soit en appel, doit être faite au domicile du contrevenant, s'il en a un réel ou élu dans le lieu de l'établissement du bureau ; sinon, au maire de la commune.

785. Quant à l'opposition aux jugements par défaut rendus par les juges de paix en matière de douane, elle est assujettie aux dispositions du Code de procédure sur les jugements par défaut. Articles 19 et suivants du Code.

786. Un jugement par défaut ne peut être attaqué par appel, tant que l'opposition est recevable. Après le délai de trois jours, fixé par la loi pour l'opposition, l'appel peut être relevé. Cass., 1er fruct. an VIII.

787. L'opposition est formée dans le délai et suivant le mode indiqués par l'article 20 du C. proc.

788. L'appel est déféré au trib. civil dans le ressort duquel est situé le tribunal de paix. LL. 4 germ. an II, tit. VI, art. 16 ; 14 fruct. an III, art. 6 ; 9 flor. an VII, tit. IV, art. 44.

789. Il doit être notifié dans la huitaine de la signification du jugement (L. 14 fruct. an III, art. 6), sans citation préalable au bureau de conciliation ; après ce délai, il n'est point recevable, et le jugement est exécuté purement et simplement ; peu importe qu'il s'agisse de saisie ou de toute autre affaire (Cass., 23 févr. 1836). Le délai d'appel court du jour où l'opposition n'est plus recevable, si le jugement a été rendu par défaut. Arg. C. proc., 443.

790. La déclaration d'appel contient assignation à trois jours devant le tribunal civil dans le ressort duquel se trouve le juge de paix qui a rendu le jugement. L. 14 fruct. an III, art. 6.

791. Les trois jours sont francs. Cass. mess. an IX, 3 mess. an X.

Le délai de l'assignation est augmenté d'un jour par deux myriamètres de distance entre la commune où est établi le trib. de paix et celle où siége le trib. civil. L. 9 flor. an VII, tit. IV, art. 14.

792. Si l'appel est signifié à l'administration, il doit l'être à la personne et au domicile du receveur poursuivant ; s'il est signifié par l'administration, il l'est au domicile de l'intimé s'il en a un réel ou élu dans le lieu de l'établissement du bureau, sinon au domicile du maire de la commune où se trouve ce bureau. Arg. L. 14 fruct. an III, art. 11.

793. Le jugement doit être rendu dans les huit jours qui suivent la déclaration d'appel. L. 14 fruct. an III, art. 6.

CHAPITRE IV. — Des transactions en matière de douanes.

794. L'administration des douanes a le droit de transiger sur toutes les infractions aux lois de la matière, c'est-à-dire sur les contraventions, fraudes et contrebandes, et sur tous les procès y relatifs, quels que soient les juges compétents pour en connaître, soit avant, soit après le jugement. Arr. 14 fruct. an X, art. 1er.

795. Dans les affaires résultant de procès-verbaux de saisie ou de contravention, les transactions délibérées en Conseil d'administration sont définitives : 1° par l'approbation du directeur général, lorsque la condamnation n'excède pas 3,000 fr. ; 2° par l'approbation du ministre, lorsqu'il y a eu dissentiment entre le directeur général et le Conseil d'administration, et, dans tous les cas, lorsque le montant de la condamnation excède 3,000 fr. Ord. 30 janv. 1822, art. 10.

796. Les transactions consenties par l'administration des douanes n'embrassent pas seulement les peines pécuniaires ou les réparations civiles dues à l'État, elles ont aussi pour effet d'arrêter et d'éteindre l'action du ministère public, même pour les peines corporelles encourues par les délinquants. Cass., 30 juin 1820 ; Pau, 9 déc. 1833 ; Mangin, *De l'act. pub.* 1, 81.

797. Mais lorsqu'aux faits spéciaux de contravention, de fraude et de contrebande se trouvent joints des délits communs, tels que des faits de rébellion, de violence, de blessures graves ou de meurtre, aucune transaction ne peut être admise, à cet égard, par l'administration ; et celles qui auraient eu lieu n'arrêteraient pas les poursuites du ministère public. Circ. 16 avril 1813.

CHAPITRE V. — De la prescription en matière de douanes.

798. L'action de la régie en payement de droit se prescrit par un an, à moins qu'il n'y ait eu auparavant, soit par la régie, soit par les parties, contrainte décernée et signifiée, demande formée en justice, condamnation, ou obligation particulière, relative à l'objet répété. L. 22 août 1791, tit. XIII, art. 25.

799. L'action en restitution de droits et de marchandises, payements de loyers et appointements, se prescrit par deux ans.

800. La régie est déchargée, trois ans après chaque année expirée, de la garde des registres de recette, et autres, de ladite année ;

elle n'est pas tenue de les représenter, lors même qu'ils seraient nécessaires pour les instances encore subsistantes.

CHAPITRE VI. — **Du timbre et de l'enregistrement en matière de douanes.**

801. Les actes judiciaires dressés par les agents des douanes sont assujettis au timbre ordinaire. Loi du 28 avril 1816, art. 19.

802. Les procès-verbaux en matière de douanes sont visés pour timbre. L. 22 frim. an VII ; Ordonn. 22 mai 1816.

803. Les contraintes, sommations, assignations, significations, saisies-arrêts et autres actes ayant pour objet le recouvrement des droits dus à la régie, sont enregistrés gratis, lorsque la quotité de ces droits est inférieure à 25 fr. (LL. 22 frim. an VII, art. 70, § 2, 2° ; 16 juin 1824, art. 6). — L'enregistrement gratis n'a pas lieu, quelque modique que soit la somme, si elle fait partie d'une somme totale supérieure à 25 fr., ou en est le reliquat (arg. L. 16 juin 1824, art. 6 ; Cass., 2 déc. 1806). — Si la somme excède 25 fr., il est dû un droit fixe de 1 fr. L. 22 frim. an VII, art. 68, n° 30.

804. L'acte constatant l'affirmation des préposés est exempt de l'enregistrement. Loi 22 frimaire an VII, art. 7.

805. Les jugements qui ne prononcent ni confiscation, ni amende, sont assujettis aux mêmes droits d'enregistrement que ceux rendus entre particuliers. Loi du 28 avril 1816, art. 39.

806. Ceux qui prononcent confiscation et amende, sans énoncer la valeur des objets confisqués, sont enregistrés dans les vingt-quatre heures, aux droits réservés.

807. Les préposés sont tenus de faire procéder à l'estimation des marchandises, avant toute transaction avec les redevables, et de remettre aussitôt le résultat de l'évaluation au receveur.

808. Le droit est, dans ce cas, de 50 c. par 100 fr. de la valeur des marchandises et objets saisis, à moins que le jugement ne porte que c'est à titre de dommages-intérêts que la confiscation est prononcée : alors le droit est de 2 pour 100. Instruction 766.

FORMULE 148. — **Procès-verbal de saisie.**

L'an... (*jour, mois, heure*), à la requête de M. le directeur de l'administration des douanes, dont le bureau est à Paris, poursuite et diligence de M. le receveur principal (*nom, prénoms, domicile*), au bureau duquel il fait élection de domicile pour les suites du présent, nous, soussignés... (*noms, prénoms*), préposés au poste de la douane de... certifions que vers... heure du matin (*ou de relevée*) (1), nous avons... (*On expose les faits et toutes les*

---

(1) *Si la saisie est faite dans une maison, on met* : Étant accompagnés de M... juge de paix (*ou maire*) de... nous sommes rendus dans la maison

circonstances, on désigne le lieu où la saisie a été faite, sa distance de l'étranger. Si le prévenu évitait ou dépassait le premier bureau de la route auquel les déclarations et vérifications doivent être faites, s'il tenait un chemin oblique, si les marchandises étaient transportées par des voitures, chevaux, bateaux ou navires.)

Nous avons déclaré nos qualités au voiturier (*colporteur, batelier, maître ou capitaine de navire*), en l'interpellant de nous dire son nom; ce qu'il conduisait, à qui le chargement appartenait, d'où il venait, quelle était sa destination. (*Mentionner la réponse ou le refus de répondre.*)

Ayant voulu nous assurer du contenu desdites caisses (*ballots ou tonneaux*), nous les avons ouvertes (*ou avons sondé les tonneaux*), et ayant observé que... (*spécifier la contravention*), nous avons sommé ledit sieur... de nous accompagner avec son chargement, sa voiture et ses chevaux (*ou son bateau*) servant au transport, au bureau de la douane, à... (*lieu du bureau*), le plus voisin du lieu de la saisie (1), où nous procéderions a une vérification plus détaillée Y étant arrivés à.. heure de... nous avons, conjointement avec le sieur... receveur, et en présence du sieur... (*le conducteur*), immédiatement reconnu que son chargement consistait en... (*déterminer l'espèce, le poids, le nombre des objets saisis, et leurs marques.*)

Vu la contravention à l'art.. de la loi du... (*citer le texte, ou au moins la partie du texte relative à la contravention*), nous avons déclaré audit sieur... la saisie des . (*nombre*) ballots (*ou caisses, etc.*) de marchandises, suivant le dénombrement et la description mentionnes ci-dessus; desquels le receveur s'est chargé, après que nous avons eu apposé le cachet de l'un de nous sur chacun desdits ballots (*ou après que nous les avons eu plombés au coin de ce bureau, en invitant le sieur... d'y apposer son cachet, lequel a consenti (ou a refusé*); desquels cachets l'empreinte est en marge du présent);

Avons également déclaré la saisie desdites voitures, chevaux (*bateau ou bâtiment de mer*), comme ayant servi au transport, en vertu de l'art... du titre V de la loi du 22 août 1791 (*désigner la couleur du poil des chevaux, leur taille, leur espèce, et approximativement leur âge; si la voiture est à deux ou à quatre roues; ce qui est particulier aux bateaux et bâtiments de mer (2);*

Pour procéder aux fins de notre procès-verbal rédigé de suite, nous, susdits et soussignés d'autre part, avons assigné ledit sieur... à comparaître et se trouver, le jour de demain à... heure de... devant M. le juge de paix du canton de... en son audience à... pour entendre prononcer la confiscation

du sieur... située... où nous soupçonnions qu'il existait un entrepôt défendu par la loi. Déclaration faite de nos qualités et de l'objet de notre mission audit sieur... qui se trouvait dans ladite maison, nous l'avons sommé d'être présent à la recherche que nous allons faire chez lui avec M... juge de paix (*ou maire*); nous avons parcouru avec lui l'intérieur de la maison... et, entrés dans... avons trouvé (*détailler les objets*), pour le transport desquels objets ledit sieur... n'a pu, sur notre interpellation, nous représenter aucune expédition...; ayant sommé le prévenu de nous dire, etc.

(1) Énoncer les motifs graves qui empêcheraient le transport des objets saisis au bureau le plus voisin.

(2) *S'il y a lieu à remise des moyens de transport :* Attendu qu'il ne s'agit pas de marchandises prohibées, nous avons, conformément à l'ordonnance... au titre IV de la loi du 9 floréal an VII, offert audit sieur .. remise sous caution solvable, ou en consignant la valeur ; lequel a en effet consigné entre les mains dudit receveur la valeur des chevaux, voitures (bateau ou bâtiment de mer) ci-dessus désignés, estimés de gré à gré à la somme de...

des objets saisis, et se voir condamner à l'amende de... conformément à l'art... de la loi du... et aux dépens.

Avons donné lecture audit sieur... du présent procès-verbal, avec sommation de le signer, lequel y a consenti (*ou a refusé, ou déclaré ne savoir signer*).

Fait et clos en ladite douane de... à... heures de... le... et avons signé avec le sieur... receveur, constitué gardien ; et à l'instant donné et notifié copie du présent au sieur... (*Signatures des préposés.*)

FORMULE 149. — Affirmation d'un procès-verbal de saisie.

L'an... (*mois, jour et heure*) sont comparus devant nous (*noms, prénoms*), juge de paix du canton de... arrondissement de... département de... les sieurs (*noms, prénoms*), préposés de la douane de... saisissant, ainsi qu'il résulte du procès-verbal ci-dessus et d'autre part ; lesquels en ont affirmé tout le contenu sincère et véritable, après que lecture leur en a été faite, ainsi que du présent acte, et ont signé avec nous. (*Signatures des préposés et du juge de paix.*)

Nota. L'affirmation est mise au bas du procès-verbal de saisie.

FORMULE 150. — Remise sous caution.

Je soussigné (*nom, prénoms et domicile du prévenu*) reconnais que le sieur... (*nom, prénoms du receveur*) m'a remis les chevaux, voitures, bateaux, etc., saisis comme il est mentionné au rapport du... estimés à la somme de... laquelle somme je m'engage et promets solidairement avec le sieur... (*nom, prénoms, qualités et domicile de la caution*), ma caution, de payer entre les mains dudit receveur, aussitôt qu'il en sera ainsi ordonné par jugement, à quelle fin et pour lequel engagement ledit sieur... a signé avec moi.

Fait à... le... (*Signatures du prévenu et de la caution.*)

FORMULE 151. — Jugement qui valide la saisie.

L'an... le...

Audience du... tenue par... assisté de... greffier.

En la cause de M. le conseiller d'État directeur général de l'administration des douanes, dont le bureau central est à Paris, rue... poursuite et diligence du sieur... receveur des douanes à...

Contre le sieur B...

S'est présenté le sieur A... agissant en qualité de receveur des douanes à Béziers, y domicilié, lequel nous a dit qu'il résulte d'un procès-verbal du jour d'hier, dûment affirmé devant nous et enregistré, ledit procès-verbal dressé par... qu'étant en surveillance sur les routes de... à moins de quinze kilomètres de la mer, ils ont abordé, vers huit heures un quart du matin, un individu qui transportait, au moyen d'une charrette attelée de trois chevaux, diverses marchandises, parmi lesquelles se trouvait une certaine quantité de sucre qu'ils ont reconnu peser trois cents kilogrammes ; qu'interpellé par les préposés d'exhiber l'expédition des douanes autorisant le transport dudit sucre, le charretier a déclaré ne pas en avoir. Interrogé sur ses nom, prénoms, demeure et profession, il a répondu se nommer B... que le comparant, assisté des susdits préposés, et en présence du sieur B... a de nouveau déclaré saisie, en offrant mainlevée de tout sous caution solvable, ou bien en consignant la valeur des trois bêtes de trait, de la charrette, du sucre et des autres marchandises qu'elle contenait, consistant en... et droits de consommation, estimés à l'amiable à la somme de trois mille francs, ce qui a été accepté par le sieur B... lequel nous a représenté pour caution le sieur N... qui s'est engagé à payer entre les mains du sieur A... receveur de ladite douane, ladite somme de trois mille francs, montant des objets saisis, de plus tous les frais faits et à faire, et toute autre somme que l'administration exigerait pour ladite contravention ; qu'à la suite de la rédaction du procès-verbal, ledit B... a été assigné à comparaître à la présente audience pour entendre prononcer la confiscation des objets saisis, se voir en outre condamner à l'amende de... francs, avec le décime en sus, et de plus aux dépens par application de l'art... du décret du... et ce à quoi ledit A... comparant, a conclu à l'audience.

Le sieur B... défendeur, comparant, a dit que les trois cents kilogrammes de sucre avaient été introduits furtivement dans sa voiture, et il a demandé à être relaxé de la demande et de la prévention.

Nous, juge de paix, considérant que le procès-verbal dressé par les préposés a été légalement et régulièrement fait et affirmé ; qu'il est constant que trois cents kilogrammes de sucre se trouvaient dans la voiture, sans qu'il fût muni de l'expédition des douanes en autorisant le transport ; que les excuses ne sont pas d'ailleurs admises en matière de contravention de douane ; que dès lors il y a lieu de faire audit sieur B... l'application de l'art... du susdit décret ;

Par ces motifs, jugeant contradictoirement et à charge d'appel, et disant droit aux conclusions du sieur A... receveur des douanes, déclarons bonne et valable la saisie faite le 20 mai courant, au préjudice dudit B... ordonnons la confiscation des objets saisis, et condamnons ledit B... en l'amende... le décime en sus, et aux dépens liquidés à... aux frais d'enregistrement, de timbre, d'expédition et signification du présent jugement.

Ainsi jugé et prononcé... »

Nota. — Toutefois nous croyons devoir faire remarquer que ces jugements s'expédient rarement. La partie condamnée adresse un mémoire à l'administration, et il intervient presque toujours une transaction.

TITRE VI.

COMPÉTENCE DES JUGES DE PAIX EN MATIÈRE DE CHEMINS VICINAUX. —
PROCÉDURE. — FORMES.

CHAPITRE I. — Compétence des juges de paix et procédure pour la fixation de l'indemnité due aux propriétaires riverains, par suite d'un arrêté portant reconnaissance et fixation de la largeur d'un chemin vicinal.

809. La compétence des juges de paix en matière de chemins vicinaux est réglée par les art. 15, 16 et 17 de la loi sur les chemins vicinaux, du 21 mai 1836, ainsi conçus :

« Les arrêtés du préfet portant reconnaissance et fixation de la « largeur d'un chemin vicinal attribuent définitivement au chemin « le sol compris dans les limites qu'ils déterminent. — Le droit des « propriétaires riverains se résout en une indemnité, qui sera réglée « à l'amiable ou par le juge de paix du canton, sur le rapport d'ex- « perts nommés conformément à l'art. 17. » Art. 15.

810. « Les travaux d'ouverture et de redressement des chemins
« vicinaux seront autorisés par arrêté du préfet. Lorsque, pour l'exé-
« cution du présent article, il y aura lieu de recourir à l'expropria-
« tion, le jury spécial chargé de régler les indemnités ne sera composé
« que de quatre jurés. Le tribunal d'arrondissement, en prononçant
« l'expropriation, désignera, pour présider et diriger le jury, l'un de
« ses membres ou le juge de paix du canton. Ce magistrat aura voix
« délibérative en cas de partage. Le tribunal choisira, sur la liste
« générale prescrite par l'art. 29 de la loi du 7 juillet 1833, quatre
« personnes pour former le jury spécial, et trois jurés supplémen-
« taires. L'administration et la partie intéressée auront respective-
« ment le droit d'exercer une récusation péremptoire. Le juge recevra
« les acquiescements des parties ; — Son procès-verbal emportera
« translation définitive de propriété. Le recours en cassation, soit
« contre le jugement qui prononcera l'expropriation, soit contre la
« déclaration du jury qui réglera l'indemnité, n'aura lieu que dans
« les cas prévus et selon les formes déterminées par la loi du 7 juil-
« let 1833. » Art. 16.

811. « Les extractions de matériaux, les dépôts ou enlèvements
« de terre, les occupations de terrains, seront autorisés par arrêté
« du préfet, lequel désignera les lieux ; cet arrêté sera notifié aux
« parties intéressées, au moins dix jours avant que son exécution
« puisse être commencée. Si l'indemnité ne peut être fixée à l'amia-
« ble, elle sera réglée par le Conseil de préfecture, sur le rapport
« d'experts nommés l'un par le sous-préfet, l'autre par le proprié-
« taire. En cas de discord, le tiers expert sera nommé par le Conseil
« de préfecture. » Art. 17.

Le dernier de ces articles ne confère aux juges de paix aucune
compétence ; nous ne l'avons transcrit que parce qu'il contient une
des trois dispositions sur la propriété ou l'expropriation en matière
de chemins vicinaux.

812. Ces trois dispositions se rapportent, comme on l'a vu :
1° aux chemins déjà existants, et dont un arrêté du préfet porte
reconnaissance en en fixant la largeur ; 2° aux chemins dont l'ouverture ou le redressement sont autorisés ; 3° aux extractions de matériaux, aux dépôts ou enlèvements de terre, aux occupations tempo-
raires de terrains pour les travaux à opérer sur les chemins vicinaux.

Nous traiterons dans deux chapitres différents de la compétence
et de la procédure pour le règlement de l'indemnité : 1° en cas de
reconnaissance de chemins vicinaux ; et 2° en cas d'ouverture ou de
redressement.

CHAPITRE IX. — Compétence des juges de paix et procédure pour le règlement de l'indemnité en cas de reconnaissance de chemins vicinaux déjà existants.

813. Lorsqu'un arrêté du préfet a porté reconnaissance et fixé la largeur d'un chemin vicinal, le règlement des indemnités dues aux propriétaires riverains appartient aux juges de paix et aux experts, en vertu de la disposition toute spéciale de l'art. 15, ci-dessus cité, de la loi du 21 mai 1836.

814. Le juge de paix n'a nullement à se préoccuper, en ce cas, des questions de propriété ; il faut, pour qu'il y ait lieu à la fixation de l'indemnité, que le propriétaire dépossédé et l'administration municipale soient d'accord sur le terrain formant l'emplacement du chemin, ou sur les parties destinées à l'agrandissement de sa largeur, ou qu'un jugement ait prononcé.

815. Lorsque la question de propriété a été ainsi écartée, l'indemnité, dit l'art. 15, est réglée « à l'amiable, ou par le juge de « paix du canton, sur le rapport d'experts nommés conformément à « l'art. 17. » Or, suivant cet art. 17, rapporté plus haut, l'un des experts doit être nommé par le sous-préfet, l'autre par le propriétaire, et le tiers expert, en cas de désaccord, par le Conseil de préfecture. Se fondant sur les termes de cet article, M Victor Dumay, dans son *Commentaire de la loi du* 21 mai 1836, soutient que le tiers expert, dans le cas de l'art. 15, doit être aussi nommé par le Conseil de préfecture ; mais Curasson en attribue avec raison la nomination aux juges de paix, l'art. 15, en ordonnant que les experts seront nommés conformément à l'article 17, n'ayant entendu prescrire autre chose, sinon qu'il serait procédé, dans les cas prévus par les deux articles, de la même manière, c'est-à-dire que le tiers expert serait nommé par le juge chargé de régler l'indemnité.

816. Curasson pose cette autre question : Le juge de paix sera-t-il tenu de s'en rapporter à l'avis des experts ? — D'après l'art. 323 C. proc., « les juges ne sont point astreints à suivre l'avis des experts, « si leur conviction s'y oppose. » Or, dans la mission que lui confère l'art. 15 de la loi sur les chemins vicinaux, le juge de paix *décide* et *prononce ;* l'indemnité est *réglée* à l'amiable, dit l'article, ou *par le juge de paix du canton, sur le rapport d'experts* nommés conformément à l'art. 17. Le juge de paix rend donc un véritable *jugement,* il agit comme *juge,* et, dès lors, il ne doit pas être tenu d'entériner, *purement et simplement,* le rapport des experts.

817. L'action en règlement d'indemnité, étant dirigée contre une commune, doit être précédée d'un Mémoire au préfet, aux termes des art. 51 et suivants de la loi sur l'administration municipale, du 18 juillet 1837. Ce Mémoire expose les motifs de la réclamation ; il interrompt la prescription et toute déchéance ; le préfet en donne récépissé.

818. Citation est ensuite donnée au maire de la commune, devant le juge de paix, avec désignation d'un expert dans la citation, et sommation au maire d'en faire nommer un par le sous-préfet ; les experts prêtent serment au jour indiqué par le juge, et se livrent à l'opération, sans qu'il soit besoin que le juge de paix y assiste. — En cas de désaccord, le juge de paix nomme un tiers expert. Le procès-verbal des experts est déposé au greffe de la justice de paix ; puis le juge de paix prononce.

819. Les frais de l'expertise sont à la charge de la commune, de même que ceux du jugement, puisque c'est elle qui est débitrice de l'indemnité, et que le mode de règlement en justice est indiqué par la loi; cependant l'art. 40, § 3 de la loi du 7 juillet 1833, sur l'*expropriation pour cause d'utilité publique*, veut que, si l'indemnité est à la fois supérieure à l'offre de l'administration et inférieure à la demande des parties, les dépens soient compensés. Mais, pour qu'il en fût ainsi dans le cas prévu par cette loi, il a fallu une disposition particulière qui ne se trouve pas répétée dans la loi sur les chemins vicinaux. Toutefois, si la commune avait fait des offres réelles, si le Conseil municipal avait consenti à ces offres, si le préfet avait ordonné que la somme proposée par la commune fût portée à son budget, et si enfin la commune demandait que ces offres fussent déclarées valables, le demandeur qui n'obtiendrait qu'une somme égale ou inférieure à la somme offerte pourrait être condamné aux dépens. Curasson, *loc. cit.*, n° 12.

820. Nous avons dit plus haut que la décision du juge de paix prononçant sur le rapport d'experts est un véritable *jugement* : en effet, il a été jugé que ces décisions sont susceptibles d'appel, comme les sentences ordinaires des juges de paix (Cass., 10 décembre 1845 et 27 janvier 1847); différentes, en cela, des décisions du jury spécial qui prononce, aux termes de l'art. 16 de la loi, sur l'indemnité d'expropriation en cas d'ouverture ou de redressement des chemins vicinaux, lesquelles ne peuvent être attaquées, comme nous le verrons ci-après, que par le recours en cassation.

FORMULE 152. — Jugement qui règle l'indemnité à payer au propriétaire riverain d'un chemin vicinal.

Audience du... tenue par .. assisté de... greffier.

En la cause de A...

Contre la commune de... représentée par M... maire de ladite commune.

Vu l'arrêté de M. le préfet du département de... en date du... portant reconnaissance et fixation de la largeur du chemin vicinal allant de... à...

Vu le mémoire adressé par le sieur A... au préfet du département de... en date du... et le récépissé du préfet en date du...

Vu l'autorisation donnée à la commune de...

Vu la nomination du sieur C... expert désigné par arrêté de M. le sous-préfet de... en date du... du sieur... expert désigné par le sieur A... et du sieur K... tiers expert nommé par nous, lesquels ont, suivant procès-verbal en date du... prêté serment en nos mains de remplir fidèlement leur mission ;

Vu le rapport en date du... des sieurs C... et D... experts nommés, le premier, par M. le sous-préfet... et le second, par le sieur A... duquel il résulte que ledit sieur C... estime le terrain cédé par A... à raison de deux francs le mètre, et ledit sieur C... à raison de trois francs cinquante centimes le mètre carré ;

Vu également le rapport du sieur K... tiers expert nommé par nous... lequel estime les susdits terrains à la somme de deux francs, comme le premier expert ;

Vu la lettre de M. le sous-préfet de... qui nous invite à fixer l'indemnité relative au même terrain ;

Ensemble toutes les autres pièces du dossier ;

Nous, juge de paix, procédant en conformité de l'article 15 de la loi du 21 mai 1836 ;

Attendu que le tiers expert, adoptant l'avis d'un des experts, a fixé à deux francs la valeur du mètre carré du terrain cédé ;

Attendu que cette estimation est juste et conforme au prix moyen auquel sont vendus dans le pays les terrains de même nature ;

Par ces motifs... disons et ordonnons que l'indemnité pour l'abandon du terrain dont il s'agit est et demeure fixée à la somme de deux francs pour chaque mètre carré ; ce qui, à raison de cent vingt mètres cinquante centimètres, revient à la somme de deux cent quarante et un francs ; condamnons, en conséquence, la commune de... en la personne de M... maire de ladite commune, à payer au sieur A .. la somme de deux cent quarante et un francs, avec intérêts du jour de la demande ; disons également que les frais d'expertise seront à la charge de ladite commune, ainsi que ceux d'enregistrement, expédition et signification du présent jugement.

Ainsi jugé...

CHAPITRE III. — Compétence et procédure en cas de délégation du juge de paix pour présider et diriger le jury chargé de régler l'indemnité due aux propriétaires du terrain des chemins vicinaux nouvellement ouverts ou redressés.

821. Comme nous l'avons vu ci-dessus, n° 802, les travaux d'ouverture et de redressement des chemins vicinaux sont, aux termes de l'art. 16 de la loi du 21 mai 1836, autorisés par arrêté du préfet :

« Lorsque, pour l'exécution de cet article, il y a lieu de recourir à « l'expropriation, le jury spécial chargé de régler les indemnités

« n'est composé que de quatre jurés. Le tribunal d'arrondissement,
« en prononçant l'expropriation, désigne, pour présider et diriger
« le jury, l'un de ses membres *ou le juge de paix du canton*. Ce ma-
« gistrat a voix délibérative en cas de partage. Le tribunal choisit,
« sur la liste générale prescrite par l'art. 29 de la loi du 7 juillet
« 1833, quatre personnes pour former le jury spécial, et trois jurés
« supplémentaires. L'administration et la partie intéressée ont res-
« pectivement le droit d'exercer une récusation péremptoire. Le
« juge reçoit les acquiescements des parties. — Son procès-verbal
« emporte translation définitive de propriété. Le recours en cassa-
« tion, soit contre le jugement qui prononce l'expropriation, soit
« contre la déclaration du jury qui règle l'indemnité, n'a lieu que
« dans les cas prévus et selon les formes déterminées par la loi du
« 7 juillet 1833. » Art. 16.

822. La liste générale, prescrite par l'art. 29 de la loi du 7 juillet
1833, reproduite, avec quelques dispositions additionnelles, par la
loi du 3 mai 1841 sur l'expropriation pour cause d'utilité publique,
se compose de seize personnes, qui forment le jury spécial chargé
de fixer définitivement le montant de l'indemnité, et, en outre, de
quatre jurés supplémentaires.

823. La liste des jurés est transmise, par le préfet. au sous-préfet qui, après s'être concerté avec le magistrat directeur du jury,
convoque les jurés et les parties, en leur indiquant, au moins huit
jours à l'avance, le lieu et le jour de la réunion. La notification aux
parties leur fait connaître les noms des jurés. L. du 7 juillet 1833,
art. 31.

824. Tout juré qui, sans motifs légitimes, manque à l'une des
séances, ou refuse de prendre part à la délibération. encourt une
amende de 100 fr. au moins, et de 300 fr. au plus. L'amende est
prononcée par le magistrat directeur du jury. Il statue en dernier
ressort sur l'opposition qui serait formée par le juré condamné. Il
prononce également sur les causes d'empêchement que les jurés
proposent, ainsi que sur les exclusions ou incompatibilités, dont les
causes ne seraient survenues ou n'auraient été connues que postérieurement à la désignation faite en vertu de l'art. 30. Même loi,
art. 32.

825. Ceux des jurés qui se trouvent rayés de la liste, par suite
des empêchements, exclusions ou incompatibilités prévus par l'article précédent, sont immédiatement remplacés par les jurés supplémentaires, que le magistrat directeur du jury appelle dans l'ordre
de leur inscription. En cas d'insuffisance, le tribunal de l'arrondis-

sement choisit, sur la liste dressée en vertu de l'art. 29, les personnes
nécessaires pour compléter le nombre de seize jurés. Art. 33.

826. Lorsque le jury est constitué, chaque juré prête serment
de remplir ses fonctions avec impartialité. Art. 36.

827. Le magistrat directeur met sous les yeux du jury : 1° le tableau des offres et demandes notifiées en exécution des art. 23 et
24 ; 2° les plans parcellaires et les titres des autres documents produits par les parties à l'appui de leurs offres et demandes ; 3° les
parties ou leurs fondés de pouvoir peuvent présenter sommairement
leurs observations. Le jury pourra entendre toutes les personnes
qu'il croira pouvoir l'éclairer. Il pourra également se transporter
sur les lieux, ou déléguer à cet effet un ou plusieurs de ses membres. La discussion est publique ; elle peut être continuée à une
autre séance. Art. 37.

828. La clôture de l'instruction est prononcée par le magistrat
directeur du jury. Les jurés se retirent immédiatement dans leur
chambre pour délibérer, sans désemparer, sous la présidence de
l'un d'eux, qu'ils désignent à l'instant même. La décision du jury
fixe le montant de l'indemnité ; elle est prise à la majorité des voix.
En cas de partage, la voix du président du jury est prépondérante (1).
Art. 38.

829. Le jury prononce des indemnités distinctes en faveur des
parties qui les réclament à des titres différents, comme propriétaires, fermiers, locataires, usagers et autres intéressés. Dans le cas
d'usufruit, une seule indemnité est fixée par le jury, eu égard à
la valeur totale de l'immeuble. Le nu-propriétaire et l'usufruitier
exercent leurs droits sur le montant de l'indemnité au lieu de l'exercer sur la chose. L'usufruitier sera tenu de donner caution. Les père
et mère ayant l'usufruit légal de leurs enfants en seront seuls dispensés. Lorsqu'il y a litige sur le fond du droit ou la qualité des réclamants, et toutes les fois qu'il s'élève des difficultés étrangères à
la fixation du montant de l'indemnité, le jury règle l'indemnité indépendamment de ces difficultés, sur lesquelles les parties sont renvoyées à se pourvoir devant qui de droit. Art. 39.

830. Si l'indemnité réglée par le jury est inférieure ou égale à
l'offre faite par l'administration, les parties qui l'auront refusée seront condamnées aux dépens. — Si l'indemnité est égale ou supérieure à la demande des parties, l'administration sera condamnée

(1) L'article 16 de la loi du 21 mai 1836 fait vider le partage par le juge
de paix. Voir ci-dessus, n. 813.

aux dépens; si l'indemnité est à la fois supérieure à l'offre de l'administration et inférieure à la demande des parties, les dépens seront compensés, de manière à être supportés par les parties et l'administration dans les proportions de leurs offres ou de leurs demandes avec la décision du jury. Tout indemnitaire qui ne se trouvera pas dans le cas des art. 25 et 26 sera condamné aux dépens, quelle que soit l'estimation ultérieure du jury, s'il a omis de se conformer aux dispositions de l'art. 24 (1). Art. 40.

851. La décision du jury, signée des membres qui y ont concouru, est remise par le président au magistrat directeur qui la déclare exécutoire, statue sur les dépens et envoie l'administration en possession de la propriété, à la charge par elle de se conformer aux dispositions des art. 53, 54 et suivants (2). Le magistrat taxe les dépens. Un règlement d'administration publique, qui sera publié avec la mise à exécution de la présente loi, déterminera le tarif des dépens. La taxe ne comprendra que les actes faits postérieurement à l'offre de l'administration ; les frais des actes antérieurs demeurent, dans tous les cas, à la charge de l'administration. Art. 41.

852. La décision du jury ne peut être attaquée que par la voie du recours en cassation et seulement pour violation du premier paragraphe de l'art. 30 et des art. 31, 35, 36, 37, 38, 39 et 40. — Le délai sera de quinze jours pour ce recours, qui sera d'ailleurs formé, notifié et jugé comme il est dit en l'art. 20 : il courra à partir du jour de la décision. Art. 42.

853. Lorsqu'une décision du jury aura été cassée, l'affaire sera renvoyée devant un nouveau jury, choisi dans le même arrondissement. — Il sera procédé, à cet effet, conformément à l'art. 30. Article 44.

854. Les opérations commencées par un jury, et qui ne sont pas encore terminées au moment du renouvellement annuel de la liste générale mentionnée en l'art. 23, sont continuées jusqu'à conclusion définitive par le même jury. Art. 45.

855. Après la clôture des opérations du jury, les minutes de ses décisions et des autres pièces qui se rattachent auxdites opérations

---

(1) Article 24 : « Dans la quinzaine suivante, c'est-à-dire à partir de l'offre pour indemnité faite par l'administration, les propriétaires et autres intéressés seront tenus de déclarer leur acceptation, ou, s'ils n'acceptent pas les offres qui leur sont faites, d'indiquer le montant de leurs prétentions. »

(2) **Payement** préalable de l'indemnité, ou offres réelles et consignation.

— **233** —

sont déposées au greffe du tribunal civil de l'arrondissement. Article 46.

836. Le jury est juge de la sincérité du titre et de l'effet des actes qui seraient de nature à modifier l'évaluation de l'indemnité. Article 48.

837. Dans le cas où l'administration contesterait au détenteur exproprié le droit à une indemnité, le jury, sans s'arrêter à la contestation, dont il renvoie le jugement devant qui de droit, fixe l'indemnité comme si elle était due, et le magistrat directeur du jury en ordonne la consignation, pour ladite indemnité rester déposée jusqu'à ce que les parties se soient entendues, ou que le litige soit vidé. Art. 49.

838. Les maisons et bâtiments dont il est nécessaire d'acquérir une portion pour cause d'utilité publique seront achetés en entier, si les propriétaires le requièrent par une déclaration formelle adressée au magistrat directeur du jury, dans le délai énoncé en l'article 24 (1). Il en sera de même de toute parcelle de terrain qui, par suite de morcellement, se trouvera réduite au quart de la contenance totale, si toutefois le propriétaire ne possède aucun terrain immédiatement contigu, et si la parcelle, ainsi réduite, est inférieure à 10 ares. Art. 50.

839. Si l'exécution des travaux doit procurer une augmentation de valeur immédiate et spéciale au restant de la propriété, cette augmentation pourra être prise en considération dans l'évaluation de l'indemnité. Art. 51.

840. Les constructions, plantations et améliorations ne donneront lieu à aucune indemnité lorsque, à raison de l'époque où elles auront été faites, ou de toute autre circonstance dont l'appréciation lui est abandonnée, le jury acquiert la conviction qu'elles ont été faites dans la vue d'obtenir une indemnité plus élevée. Art. 52.

FORMULE 153. — Jugement qui déclare exécutoire la décision du jury fixant l'indemnité en cas d'expropriation pour ouverture de chemins vicinaux.

L'an... et le... à... heure... dans le prétoire de la justice de paix du canton de... en audience publique.

Nous, juge de paix du canton de... assisté de notre greffier, le sieur...

Vu : 1° le jugement rendu par le tribunal de première instance de... le... qui a prononcé l'expropriation, pour ouverture du chemin vicinal de grande.

(1) Voir, pour ce délai, la note du n. 823 ci-dessus.

communication, allant de... à... sur la poursuite de **M. le préfet de...** représentant le... d'un terrain situé dans le territoire de la commune de... quartier de... appartenant au sieur **A**... et nous a designé, aux termes de l'article 16 de la loi du 21 mai 1836, pour présider et diriger le jury spécial chargé, par le même article 16, de régler l'indemnité, en cas d'expropriation, par suite d'ouverture et de redressement des chemins vicinaux ;

2º Les publications et affiches faites en exécution de ladite loi, ensemble les transcriptions sous la date des... du mois de...

3º La sommation faite le... au sieur **A**... par exploit de... huissier à... de communiquer les titres de propriété dudit fonds, et de faire connaître les fermiers ou locataires dudit fonds exproprié, ceux qui ont sur le même fonds des droits d'usufruit, d'habitation ou d'usage, tels qu'ils sont réglés par le Code Napoléon, et ceux qui peuvent réclamer des servitudes sur tout ou partie de l'immeuble exproprié ;

4º L'expédition du procès-verbal dressé par le tribunal civil de... le... qui a choisi, sur la liste générale, quatre jurés titulaires et trois jurés supplémentaires, pour former le jury spécial chargé de régler l'indemnité due au propriétaire dépossédé du terrain sus-mentionné ;

5º Notre ordonnance en date du... qui a indiqué à ces jour, lieu et heure, la réunion des jurés et des parties pour procéder à la fixation des indemnités dues à raison desdites expropriations ;

6º L'original de la sommation faite par exploit de... huissier à... le... aux sieurs **A**... propriétaire, et **N**... fermier, de déclarer s'ils acceptaient les offres qui leur étaient faites :

7º Les originaux des sommations faites à la requête de **M. le préfet de...** (*noms et qualités*), par... huissier, le... du mois de... savoir, aux jurés choisis par le tribunal civil de... qui sont : 1º **M. D**... propriétaire, demeurant à... rue... ; 2º **M. E**... propriétaire, demeurant à... rue... ; 3º **M. F**... ancien notaire, demeurant à... rue... ; 4º **M. G**... médecin, demeurant à... rue... ; 5º **M. J**... architecte, demeurant à... ; 6º **M. K**... officier retraité, demeurant à... ; 7º **M. L**... négociant, demeurant à... les quatre premiers jurés titulaires, et les trois derniers jurés supplémentaires ;

Vu également les originaux des sommations signifiées à la requête de mondit sieur préfet, au propriétaire et au fermier du terrain exproprié le... du mois de... savoir : au sieur **A**... propriétaire, par exploit de... et au sieur **N**... fermier, par exploit de... de se trouver à ce jour, lieu et heure devant le jury spécial et devant nous ;

Toutes les formalités prescrites par la loi pour la convocation des parties et du jury ayant été régulièrement observées, nous avons déclaré ouverte et commencée l'audience publique des expropriations pour cause d'utilité publique ;

Les parties présentes, assistées de leurs conseils, nous leur avons déclaré qu'il allait être procédé à l'appel des noms de MM. les jurés.

Le greffier fait l'appel des noms de MM. les jurés, en suivant l'ordre établi par le procès-verbal de nomination, dressé par le tribunal de... ainsi qu'il suit : *jurés titulaires*, MM... *jurés supplémentaires*, MM...

A l'appel du nom de M. **F**... nous avons fait connaître qu'il a constaté par un certificat de médecin qu'il s'est trouvé dans l'impossibilité d'assister à la séance ; nous avons, en conséquence, accueilli ses excuses, et fait rayer son nom de la liste des jurés.

Les jurés titulaires n'étant plus qu'au nombre de trois, nous y avons fait entrer M. **J**... premier juré supplémentaire, et la liste définitive s'est ainsi trouvée composée de MM. D., E., G., J., jurés titulaires, et de MM. K. et L., jurés supplémentaires.

Nous avons fait de suite appeler l'affaire du sieur **A**... propriétaire d'un fonds de terre sis au quartier de... et du sieur **N**... fermier du même fonds.

Nous avons ensuite déclaré aux parties qu'à l'appel du jury, tel qu'il vient d'être constitué, l'administration d'une part, et le propriétaire et le fermier d'autre part, auraient le droit d'exercer chacun une récusation.

Nouvel appel du jury ayant été fait en conséquence par le greffier, aucune récusation n'a été élevée de part ni d'autre.

Puis, MM. D., E., G., J., jurés définitifs, ont, chacun à l'appel de son nom, juré en nos mains de remplir leurs fonctions avec impartialité.

Nous avons aussitôt mis sous les yeux du jury le tableau des offres et demandes de l'administration et des parties, ensemble les plans, titres et pièces produits.

M. X... conseil de l'administration, a soutenu que la demande du sieur A... était exagérée.

M. Z... conseil du sieur A... assisté de sa partie présente à l'audience, a persisté dans la demande qui avait été faite de... et il a développé les motifs qui servent de base à cette demande.

M. T... conseil de N... assisté de sa partie présente à l'audience, persiste dans la demande faite par le sieur N... d'une somme de...; il fait valoir les motifs d'après lesquels cette demande n'est point exagérée.

Après répliques et explications de part et d'autre, l'affaire étant suffisamment entendue, nous avons fait observer au jury spécial qu'il pouvait, s'il le jugeait nécessaire, se transporter sur les lieux ou y envoyer une Commission prise dans son sein. Sur la déclaration de vouloir s'y transporter, nous avons suspendu l'audience pendant... heures.

Le jury étant rentré en séance, et personne n'ayant réclamé la parole, nous avons invité MM. les jurés à se retirer avec nous dans la chambre du Conseil pour y délibérer, sans désemparer, sur les affaires qui viennent de leur être soumises.

La séance est suspendue de nouveau. A... heures... le jury rentre en séance, et nous avons immédiatement donné lecture publique de sa décision, conçue en ces termes, et qui restera annexée au present procès-verbal :

L'an...et le...à..heures..le jury constitué suivant la loi du 21 mai 1836 pour fixer les indemnités dues à raison des expropriations pour cause d'ouverture du chemin vicinal de grande communication de... et réuni dans la Chambre du Conseil de la justice de paix du canton de... a fixé, à la majorité des voix, les indemnités dues par l'administration :

1° Au sieur A... propriétaire du fonds de terre situé au quartier de... à la somme de...

2° Au sieur N... fermier dudit fonds, à la somme de...

Et ont MM. les jurés signé, les jour, mois et an que dessus. (*Signatures.*)

En conséquence, et en vertu des pouvoirs qui nous sont donnés par la loi, nous, juge de paix, président du jury susdit et soussigné, déclarons exécutoire la décision dont nous venons de donner lecture; envoyons l'administration en possession du fonds de terre désigné ci-dessus, ayant appartenu au sieur A... à la charge par l'administration de se conformer aux articles 53 et 54 de la loi du 3 mai 1841 ; et statuant sur les dépens, condamnons le sieur A... aux trois quarts, et l'administration à l'autre quart de ceux qui ont été faits entre eux, lesquels sont liquidés à... et le sieur N.. à tous ceux qui ont été faits en vue du règlement de sa demande, et dont la liquidation s'élève à...

Après quoi nous avons déclaré la session terminée, levé la séance, et fait et rédigé le présent procès-verbal et jugement que nous avons signé avec notre greffier, les jour et an que dessus. (*Signatures.*)

(*Si le juge de paix a participé à la délibération, en cas de partage, conformément à l'article 16 de la loi du 22 mai 1836, on dira :*)

« L'an... et le... à... heures, le jury institué s'étant trouvé partagé pour la fixation des indemnités dues par l'administration, deux de ses membres les ayant évaluées à... pour le propriétaire, et à... pour le fermier ; les deux autres les ayant portées à... pour le premier, et à... pour le second, ce partage a nécessité l'intervention de M. le juge de paix, président et directeur du jury, en vertu de l'article 18 de la loi précitée. Le juge de paix a adopté l'opinion des deux premiers jurés relativement à la fixation de l'indemnité due au sieur A... et l'opinion des deux mêmes jurés, quant à l'indemnité à allouer au sieur N... en conséquence, et à la majorité des voix, le jury a fixé les indemnités dues par l'administration, 1° au sieur A... etc. »

841. Les frais et dépens sont taxés et liquidés conformément au tarif du 18 septembre 1833, qui se trouve analysé dans notre article *Tarif du Répertoire général des justices de paix*, où est traité à fond tout ce qui se rapporte au tarif des actes de la justice de paix. Nous ne répétons pas ici cet article, pour ne pas faire double emploi.

DEUXIÈME PARTIE.

LIVRE III.

JURIDICTION NON CONTENTIEUSE DES JUGES DE PAIX. — CONSEIL DE FAMILLE. ÉMANCIPATION. — ADOPTION. — TUTELLE OFFICIEUSE. — SCELLÉS. — DIVERS AUTRES ACTES DE LA JURIDICTION NON CONTENTIEUSE DES JUGES DE PAIX, ACTES DE NOTORIÉTÉ, PROCÈS-VERBAUX DE CONSTATATION OU DE DÉCLARATION, SERMENT DES EMPLOYÉS, CONTRAINTE POUR LES DROITS DE TIMBRE ET D'ENREGISTREMENT, ACTES DE PROCÉDURE COMMERCIALE, ETC. — DU JURY DE RÉVISION DE LA GARDE NATIONALE. — ACTES DE GREFFE, GREFFIERS, RÉPERTOIRES, TRANSMISSION D'OFFICES.

TITRE I.

DU CONSEIL DE FAMILLE.

CHAPITRE I. — Attributions des Conseils de famille. — Mineur. — Mineur émancipé. — Tuteur à une substitution. — Curateur au ventre. — Mère tutrice qui se remarie. — Hypothèque de la femme mariée. — Poursuites en interdiction. — Conseil judiciaire. — Absence. — Enfant naturel. — Opposition au mariage du mineur. — Tuteur nommé en cas de désaveu d'un enfant.

ARTICLE 1ᵉʳ. — *Définition, et attributions ordinaires du Conseil de famille en cas de minorité.*

842. Le Conseil de famille est une réunion de parents dont le nombre et le choix sont déterminés par la loi, appelés à délibérer, sous la présidence du juge de paix, sur les affaires qui intéressent la personne ou les biens du mineur.

843. Les attributions du Conseil de famille sont principalement de nommer un tuteur et un subrogé tuteur au mineur non émancipé, resté sans père ni mère, ni tuteur élu par ses père et mère, ni ascendants mâles, comme aussi lorsque le tuteur légal ou élu par les père et mère se trouve ou dans le cas d'exclusion, ou valablement excusé. C. Nap., 405.

844. De régler par aperçu et selon l'importance des biens régis,

lors de l'entrée en exercice de toute tutelle autre que celle des père et mère, la somme à laquelle pourra s'élever la dépense annuelle du mineur, ainsi que celle d'administration de ses biens. C. Nap., 454.

845. De spécifier si le tuteur est autorisé à s'aider, dans sa gestion, d'un ou de plusieurs administrateurs particuliers, salariés, et gérant sous sa responsabilité. C. Nap., 454.

846. De déterminer positivement la somme à laquelle commencera, pour le tuteur, l'obligation d'employer l'excédant des revenus sur la dépense; cet emploi doit être fait dans le délai de six mois, passé lequel le tuteur doit les intérêts à défaut d'emploi. C. Nap., 455.

847. Le tuteur, même le père ou la mère, ne peut emprunter pour le mineur, ni aliéner ou hypothéquer ses biens immeubles. sans y être autorisé par un Conseil de famille. — Cette autorisation ne doit être accordée que pour une cause d'une nécessité absolue, ou d'un avantage évident. Dans le premier cas, le Conseil de famille n'accordera son autorisation qu'après qu'il aura été constaté, par un compte sommaire présenté par le tuteur, que les deniers, effets mobiliers et revenus du mineur sont insuffisants; le Conseil de famille indiquera, dans tous les cas, les immeubles qui devront être vendus de préférence, et toutes les conditions qu'il jugera utiles. C. Nap.; 457.

Les délibérations du Conseil de famille, relatives à cet objet, ne seront exécutées qu'après que le tuteur en aura demandé et obtenu l'homologation devant le tribunal de première instance, qui y statuera en la Chambre du Conseil, et après avoir entendu le procureur impérial. C. Nap., 458.

848. Les inscriptions ou promesses d'inscriptions au-dessus de 50 fr. de rente, appartenant à des mineurs, ne pourront être vendues par les tuteurs ou curateurs qu'avec l'autorisation du Conseil de famille, et suivant le cours du jour, légalement constaté; dans tous les cas, la vente peut s'effectuer sans qu'il soit besoin d'affiche ni de publication. Loi du 24 mars 1806, art. 3.

Les tuteurs ou curateurs des mineurs ou interdits, qui n'auraient en inscriptions ou promesses d'inscriptions de 5 pour 100 consolidés qu'une rente de 50 fr. et au-dessous, en pourront faire le transfert, sans qu'il soit besoin d'autorisation spéciale, ni d'affiche, ni de publication, mais seulement d'après le cours constaté du jour, et à la charge d'en compter comme du produit des meubles. Même loi, art. 1er.

Les mineurs émancipés qui n'auraient de même en inscriptions ou promesses d'inscriptions, qu'une rente de 50 fr. et au-dessous, pourront également les transférer avec la seule assistance de leurs curateurs, et sans qu'il soit besoin d'avis de parents ou d'aucune autre autorisation. Même loi, art. 2.

849. Les dispositions de cette loi du 24 mars 1806, relatives au transfert d'inscriptions de 5 pour 100 consolidés appartenant à des mineurs ou interdits, sont rendues applicables aux mineurs ou interdits, propriétaires d'actions de la Banque de France, toutes les fois qu'ils n'auront qu'une action ou un droit dans plusieurs actions, n'excédant pas en totalité une action entière. Déc. du 25 sept. 1813, art. 1er.

850. Le tuteur ne peut accepter ni répudier une succession échue au mineur, sans une autorisation préalable du Conseil de famille. L'acceptation n'aura lieu que sous bénéfice d'inventaire. C. Nap., 461.

851. Dans le cas où la succession répudiée au nom du mineur n'aurait pas été acceptée par un autre, elle pourra être reprise soit par le tuteur, autorisé à cet effet par une nouvelle délibération du Conseil de famille, soit par le mineur devenu majeur, mais dans l'état où elle se trouvera lors de la reprise, et sans pouvoir attaquer les ventes et autres actes qui auraient été légalement faits durant la vacance. C. Nap., 462.

852. La donation faite au mineur ne pourra être acceptée par le tuteur qu'avec l'autorisation du Conseil de famille. Elle aura, à l'égard du mineur, le même effet qu'à l'égard du majeur. C. Nap., 463.

853. Aucun tuteur ne pourra introduire en justice une action relative aux droits immobiliers du mineur, ni acquiescer à une demande relative aux mêmes droits, sans l'autorisation du Conseil de famille. C. Nap., 464.

854. La même autorisation sera nécessaire au tuteur pour provoquer un partage; mais il pourra, sans cette autorisation, répondre à une demande en partage dirigée contre le mineur. C. Nap., 465.

855. Le tuteur ne pourra transiger au nom du mineur qu'après y avoir été autorisé par le Conseil de famille, et de l'avis de trois jurisconsultes désignés par le procureur impérial près le tribunal de première instance. La transaction ne sera valable qu'autant qu'elle aura été homologuée par le tribunal de première instance, après avoir entendu le procureur impérial. C. Nap., 467.

856. Le tuteur qui aura des sujets de mécontentement graves sur la conduite du mineur pourra porter ses plaintes à un Conseil de famille, et, s'il y est autorisé par ce Conseil, provoquer la

réclusion du mineur, conformément à ce qui est statué à ce sujet au titre *De la puissance paternelle*. C. Nap., 468.

ARTICLE 2. *Attributions du Conseil de famille relativement au mineur émancipé.*

857. Le mineur resté sans père ni mère pourra, mais seulement à l'âge de dix-huit ans accomplis, être émancipé si le Conseil de famille l'en juge capable. En ce cas, l'émancipation résultera de la délibération qui l'aura autorisée, et de la déclaration que le juge de paix, comme président du Conseil de famille, aura faite dans le même acte, que le mineur est émancipé. C. Nap., 478.

858. Le compte de tutelle sera rendu au mineur émancipé, assisté d'un curateur qui lui sera nommé par le Conseil de famille. C. Nap., 480.

859. Le mineur émancipé ne pourra faire d'emprunts, sous aucun prétexte, sans une délibération du Conseil de famille, homologuée par le tribunal de première instance, après avoir entendu le procureur impérial. C. Nap., 483.

860. Il ne pourra non plus vendre ni aliéner ses meubles, ni faire aucun acte autre que ceux de pure administration, sans observer les formes prescrites au mineur non émancipé, c'est-à-dire sans l'autorisation du Conseil de famille, aux termes des articles 467 et suivants, 461 et suivants du Code Napoléon. A l'égard des obligations qu'il aurait contractées par voie d'achat ou autrement, elles sont réductibles en cas d'excès; les tribunaux prendront, à ce sujet, en considération la fortune du mineur, la bonne ou mauvaise foi des personnes qui auront contracté avec lui, l'utilité ou l'inutilité des dépenses. C. Nap., 484.

861. Tout mineur émancipé dont les engagements auraient été réduits, comme entachés d'excès, aux termes de l'article 484 du Code Napoleon, pourra être privé du bénéfice de l'émancipation, laquelle lui sera retirée en suivant les mêmes formes que celles qui auront eu lieu pour la lui conférer (Code Nap., 485), c'est-à-dire que le Conseil de famille prononcera comme dans le cas de l'article 478.

862. C'est encore le Conseil de famille qui, à défaut du père ou de la mère, autorise le mineur émancipé, âgé de dix-huit ans accomplis, à faire le commerce. C. com., 2. — Voir ci-après, tit. II, chap. II.

ARTICLE 3. — *Attributions en cas de choix d'un tuteur par une mère remariée.* — *En cas de second mariage de la mère, et autres cas divers.*

863. Le survivant des père et mère a le droit individuel de choisir, pour les enfants qu'il laisse à son décès, un tuteur parent ou même étranger. C. Nap., 397, 398.

Mais lorsque la mère remariée et maintenue dans la tutelle aura fait choix d'un tuteur aux enfants de son premier mariage, ce choix ne sera valable qu'autant qu'il sera confirmé par le Conseil de famille. C. Nap., 400.

Quand le Conseil de famille refuse de confirmer le choix de la mère, il n'est point obligé d'énoncer les motifs de son refus. Duranton, n. 438.

864. Si le Conseil n'adhère pas à la nomination faite par la mère, le tuteur qu'elle a désigné peut attaquer la délibération, quant à la forme, mais non quant au fond ; parce que la nomination n'est valable que sous la condition qu'elle aura été approuvée par le Conseil de famille. Duranton, n. 437.

865. Le Conseil de famille autorise encore le tuteur à consentir à l'enrôlement volontaire du mineur de moins de vingt ans. Loi du 21 mars 1832, art. 32.

866. C'est encore le Conseil de famille qui nomme le curateur chargé d'accepter une donation pour un sourd-muet qui ne sait pas écrire. C. Nap., 396 ;

867. Qui nomme le tuteur chargé de l'exécution d'une disposition entre-vifs, ou testamentaire, contenant substitution, lorsque ce tuteur n'aura pas été nommé par l'acte contenant la substitution même. C. Nap., 1055 (1).

A défaut de ce tuteur, il en sera nommé un à la diligence du grevé, ou de son tuteur, s'il est mineur, dans le délai d'un mois, à compter du jour du décès du donateur ou testateur, ou du jour où, de-

---

(1) La loi du 17 mai 1826, qui permettait d'étendre à deux degrés en ligne directe la substitution que l'article 1048 du Code Napoléon avait limitée au premier degré seulement, et qui étendait à toute personne le droit de substituer, a été abolie par la loi du 7 mai 1849 ; cette loi a purement rétabli le texte de l'article 1048 du Code Napoléon, tel qu'il était primitivement ; c'est-à-dire que les substitutions ne sont plus permises qu'en faveur des enfants nés ou à naître, au premier degré seulement, des donataires, et qu'elles ne peuvent être stipulées que dans les donations faites par les père et mère.

puis cette mort, l'acte contenant la disposition aura été connu.
C. Nap., 1056.

868. Si, lors du décès du mari, la femme est enceinte, il est nommé un curateur au ventre par le Conseil de famille. A la naissance de l'enfant, la mère en devient la tutrice, et le curateur est de plein droit le subrogé tuteur. C. Nap., 393.

Il faut bien remarquer que le curateur, en pareil cas, est un curateur au ventre, et non à l'enfant seul qui doit naître ; il doit non-seulement veiller aux droits de cet enfant, mais encore à ceux des personnes qui recueilleraient à son défaut la succession de l'époux décédé. Toullier, t. II, n. 1100 ; Duranton, t. III, n. 430

869. La mère n'est point tenue d'accepter la tutelle ; néanmoins, en cas qu'elle la refuse, elle doit en remplir les fonctions jusqu'à ce qu'elle ait fait nommer un tuteur (C. Nap., 394). Cette disposition de l'art. 394 est générale et s'applique à tous les cas de la tutelle légale de la mère.

870. Si la mère tutrice veut se remarier, elle doit, avant l'acte de mariage, convoquer le Conseil de famille, qui décide si la tutelle doit lui être conservée. — A défaut de cette convocation, elle perd la tutelle de plein droit, et son nouveau mari est solidairement responsable de toutes les suites de la tutelle qu'elle a indûment conservée. C. Nap., 395.

871. Lorsque le Conseil de famille, dûment convoqué, conservera la tutelle à la mère, il lui donnera nécessairement pour cotuteur le second mari, qui deviendra solidairement responsable, avec sa femme, de la gestion postérieure au mariage. C. Nap., 396.

· **872.** Une controverse s'est élevée sur l'interprétation de l'article 395 : cet article, en disant que la mère tutrice qui se remarie perd la tutelle de plein droit, si elle ne s'y fait maintenir avant de contracter le second mariage, entend-il que la tutelle ne pourra plus tard être rendue par le Conseil de famille à la mère déchue ; la mère remariée est-elle, par sa déchéance, rendue incapable ? Plusieurs arrêts ont déclaré que la déchéance de la mère était absolue, en ce sens que les actes faits par elle, comme tutrice, après le convol, ne peuvent être validés par sa nomination ultérieure, lorsqu'elle est rappelée à la tutelle par le Conseil de famille (Nîmes, 19 prairial an XIII). Un arrêt de la Cour de Limoges, du 17 juillet 1822, a, au contraire, validé les actes faits par la mère dans l'intérêt du mineur pendant la continuation de sa gestion. Il semble, d'un autre côté, résulter implicitement d'un arrêt de la Cour de cassation du 31 août 1815, que le convol rend la mère incapable. Cependant cet arrêt, sainement entendu, dit seulement que la mère ne peut, en pareil cas, empêcher que le Conseil de famille ne la remplace dans la tutelle : « Cette question, dit Carou (*De la juridiction civile des juges de paix*, t. III, p. 102, n. 860, 2e édition), se présente fréquemment; et, dans l'usage, le Conseil de famille, quand il n'a, d'ailleurs, aucun autre motif d'exclusion contre la mère, maintient celle-ci dans la tutelle, en nommant son mari cotuteur. Or, cet usage ne me paraît contraire à aucune disposition de la loi ; la mère a perdu, dans le cas que nous supposons, la tutelle légale qu'elle avait ; mais elle n'en est pas exclue : et si le Conseil de famille juge utile aux intérêts des enfants de la lui rendre, je ne trouve, encore une fois, dans la loi rien qui s'y oppose ; et ce système, au contraire, n'est pas seulement conforme à la raison, mais il se fonde, de plus, sur une puissante considération de moralité, parce qu'il est toujours fâcheux de consacrer un acte qui doit isoler la mère de ses enfants, et qui ne peut que relâcher les liens d'affection mutuelle qui devaient exister entre eux. »

Cependant, lors de la discussion de l'article 395 au Conseil d'Etat, il fut entendu que la tutelle serait perdue de plein droit et sans retour, sans qu'il fût permis à la famille de la rendre à la mère. C'est ce qui est attesté par M. Maleville, l'un des rédacteurs du Code, et par Locré, secrétaire général du Conseil d'Etat. Mais, du moment où aucune disposition formelle du Code ne s'y oppose, il semble que l'on peut suivre ce que semble indiquer l'intérêt de la famille.

ARTICLE 4. — *Attributions du Conseil de famille en cas de réduction de l'inscription hypothécaire du mineur ou de la femme mariée.*

873. Lors de la nomination du tuteur, le Conseil de famille peut consentir à ce que, pour l'hypothèque légale du mineur, il ne soit pris inscription que sur quelques-uns de ces immeubles (C. Nap., 2141); lorsque l'hypothèque n'a pas été restreinte par l'acte de nomination du tuteur, le Conseil donne son avis sur la demande en réduction formée ultérieurement par le tuteur, dont les immeubles excèdent notoirement les sûretés suffisantes pour sa gestion (C. Nap., 2143). La demande du tuteur est, en pareil cas, formée contre le subrogé tuteur. Même article.

874. Pourra pareillement le mari, du consentement de sa femme, et après avoir pris l'avis des quatre plus proches parents d'icelle, réunis en assemblée de famille, demander que l'hypothèque générale, prise sur tous ses immeubles, pour raison de la dot, des reprises et des conventions matrimoniales, soit restreinte aux immeubles suffi-

sants pour la conservation entière des droits de la femme. **C. Nap.,**
2144.

ARTICLE 5. — *Attributions du Conseil de famille en cas de poursuites*
en interdiction et de dation d'un Conseil judiciaire.

875. En cas de poursuites en interdiction et de demande portée
à cet égard devant le tribunal de première instance, le tribunal ordonnera que le Conseil de famille, formé selon le mode déterminé à
la section IV du chapitre II du titre *De la minorité, de la tutelle et de*
l'émancipation, donne son avis sur l'état de la personne dont l'interdiction est demandée. **C. Nap.,** 494 ; **C. proc.,** 892.

876. Après l'interdiction prononcée par un jugement du tribunal civil, s'il n'y a pas d'appel de ce jugement ou s'il est confirmé
sur appel, il est pourvu à la nomination d'un tuteur et d'un subrogé tuteur à l'interdit, suivant les règles prescrites au même titre
De la minorité, de la tutelle et de l'émancipation. **C. Nap.,** 505 ; **C.**
proc., 895.

877. La femme peut être nommée tutrice de son mari ; en ce cas,
le Conseil de famille règle la forme et les conditions de l'administration, sauf le recours devant les tribunaux de la part de la femme qui
se croirait lésée par l'arrêté de la famille. **C. Nap.,** 507.

878. L'interdit est assimilé au mineur, pour sa personne et pour
ses biens ; les lois sur la tutelle des mineurs s'appliqueront à la tutelle des interdits. **C. Nap.,** 509.

879. Les revenus d'un interdit doivent être essentiellement employés à adoucir son sort et à accélérer sa guérison, selon le caractère de sa maladie et l'état de sa fortune ; le Conseil de famille pourra
arrêter qu'il sera traité dans son domicile, ou qu'il sera placé dans
une maison de santé et même dans un hospice. **C. Nap.,** 510.

880. Lorsqu'il sera question du mariage de l'enfant d'un interdit, la dot ou l'avancement d'hoirie, et les autres conventions matrimoniales, seront réglés par un avis du Conseil de famille homologué
par le tribunal, sur les conclusions du procureur impérial. **C. Nap.,**
511.

881. L'interdiction cesse avec les causes qui l'ont déterminée :
néanmoins la mainlevée ne sera prononcée qu'en observant les formalités prescrites pour parvenir à l'interdiction, et l'interdit ne
pourra reprendre l'exercice de ses droits qu'après le jugement de
mainlevée. **C. Nap.,** 512 ; **C. proc.,** 896.

882. La loi des 30 juin-6 juillet 1838, sur les aliénés, donne encore quelques attributions au Conseil de famille : ainsi, d'après l'ar-

ticle 15, avant même que les médecins aient déclaré la guérison, toute personne placée dans un établissement d'aliénés cessera d'y être retenue, dès que la sortie sera requise par l'une des personnes ci-après désignées, savoir : 1° le curateur nommé à l'interdit, en vertu de l'article 38 de la même loi, en outre de l'administrateur provisoire ; 2° l'époux ou l'épouse ; 3° s'il n'y a pas d'époux ou d'épouse, les ascendants ; 4° s'il n'y a pas d'ascendants, les descendants ; 5° la personne qui aura signé sur la demande d'admission, à moins qu'un parent n'ait déclaré s'opposer à ce qu'elle use de cette faculté sans l'assentiment du Conseil de famille ; 6° toute personne à ce autorisée par le Conseil de famille ; s'il résulte d'une opposition notifiée au chef de l'établissement par un ayant droit qu'il y a dissentiment, soit entre les ascendants, soit entre les descendants, le Conseil de famille prononcera.

L'article prévoit ensuite le cas où l'état mental du malade pourrait compromettre l'ordre public ou la sûreté des personnes, cas dans lequel le maire du lieu peut ordonner immédiatement un sursis provisoire à la sortie, à la charge d'en référer dans les vingt-quatre heures au préfet. Le préfet est tenu de statuer et de donner ses ordres dans la quinzaine.

En cas de minorité ou d'interdiction, ajoute l'article, le tuteur pourra seul requérir la sortie.

883. L'article 32 de la même loi pourvoit à la nomination d'un administrateur provisoire aux biens de toute personne non interdite placée dans un établissement d'aliénés. Cette nomination, confiée comme celle d'un interdit au tribunal civil, n'aura lieu, dit l'article, qu'après délibération du Conseil de famille, et sur les conclusions du ministère public.

884. Les attributions du Conseil de famille s'étendent aussi à la nomination d'un Conseil judiciaire. La défense de procéder sans l'assistance d'un Conseil peut être provoquée par ceux qui ont droit de demander l'interdiction ; leur demande doit être instruite et jugée de la même manière. C. Nap., 514.

885. Cette défense ne peut être levée qu'en observant les mêmes formalités.

ARTICLE 6. — *Attributions en cas d'absence des père et mère. — Attributions relatives à l'enfant naturel. — Opposition au mariage d'un mineur. — Tuteur nommé en cas de désaveu d'un enfant.*

886. Il est encore des cas spéciaux où la loi exige l'avis du Conseil de famille : ainsi, les articles 141 et suivants du Code Napoléon, au titre *De l'absence*, règlent la surveillance des enfants du père qui a disparu, laissant des enfants mineurs issus d'un commun mariage ; la mère en aura la surveillance, et elle exercera tous les droits du mari, quant à leur éducation et à l'administration de leurs biens (C. Nap., 141). Six mois après la disparition du père, si la mère était décédée lors de cette disparition, ou si elle vient à décéder avant que l'absence du père ait été déclarée, la surveillance des enfants sera déférée, par le Conseil de famille, aux ascendants les plus proches, et, à leur defaut, à un tuteur provisoire. C. Nap., 142.

887. Il en sera de même dans le cas où l'un des époux qui aura disparu laissera des enfants mineurs issus d'un mariage précédent. C. Nap., 143.

888. Dans le cas d'absence du père, c'est donc la mère qui exerce la puissance paternelle ; si elle existe, il n'y a pas lieu à nommer de tuteur à ses enfants mineurs, ni même de l'instituer tutrice. Elle exerce tous les droits du mari de la même manière que celui-ci les aurait exercés lui-même ; ses biens ne sont pas frappés d'hypothèque légale ; il n'est pas nommé de subrogé tuteur ; la femme peut également, en pareil cas, administrer les biens de la communauté, même les biens propres de son mari. C. Nap., 124.

889. L'enfant naturel qui n'a point été reconnu, et celui qui, après l'avoir été, a perdu ses père et mère, ou dont les père et mère ne peuvent manifester leur volonté, ne pourra, avant l'âge de vingt et un ans révolus, se marier qu'après avoir obtenu le consentement d'un tuteur *ad hoc* qui lui sera nommé (C. Nap., 159). —Ce tuteur *ad hoc* doit nécessairement être nommé par le Conseil de famille. C. Nap., 405.

890. S'il n'y a ni père ni mère, ni aïeuls, ni aïeules, ou s'ils se trouvent tous dans l'impossibilité de manifester leur volonté, les fils ou filles mineurs de vingt et un ans ne peuvent contracter mariage sans le consentement du Conseil de famille (C. Nap., 160). —Le Conseil ne se borne point à autoriser le mariage, il nomme un tuteur *ad hoc* au mineur pour l'assister dans le contrat et dans le règlement des conventions matrimoniales. C. Nap., 1398.

L'impossibilité des père et mère, aïeuls ou aïeules, de manifester leur volonté, résulte, ou de leur interdiction, ou de leur absence, déclarée ou non, ou de leur disparition, ou de leur domicile inconnu.

891. L'article 174 du Code Nap. permet au frère ou à la sœur, à l'oncle ou à la tante, au cousin ou à la cousine germains, majeurs, de former, à défaut d'aucun ascendant, opposition à la célébration du mariage du mineur qui a contracté sans le consentement

du Conseil de famille, requis par l'article 160 précité, ou lorsque l'opposition est fondée sur l'état de démence du futur époux.

D'après l'article 175, dans ces deux cas, le tuteur ou curateur ne pourra, pendant la durée de la tutelle ou curatelle, former opposition qu'autant qu'il y aura été autorisé par un Conseil de famille, qu'il pourra convoquer.

Le tuteur qui a été ainsi autorisé à former opposition à la célébration pour cause de démence doit s'engager devant le tribunal à provoquer l'interdiction, et à y faire statuer dans le délai qui sera fixé par le jugement. C. Nap., 174.

892. De même que la loi ne lui permet pas d'autoriser seul, sans le consentement du Conseil de famille, le mariage du mineur, de même elle lui a imposé l'autorisation de ce Conseil pour former opposition à la célébration.

893. L'exécution des articles 267 et 302, qui permettent à la famille de demander que les enfants mineurs, en cas de demande de divorce ou de séparation de corps, ou après le divorce et la séparation de corps prononcée (C. Nap., 307), soient remis à celui des époux qui est le plus capable d'en prendre soin, ou même à une tierce personne, est encore confiée au Conseil de famille.

894. En cas de désaveu d'un enfant de la part du mari ou de ses héritiers, l'article 318 déclare non avenu l'acte extrajudiciaire contenant ce désaveu, s'il n'est suivi, dans le délai d'un mois, d'une action en justice, dirigée contre un tuteur *ad hoc*, donné à l'enfant. Mais, qui nomme ce tuteur ? Le Conseil de famille, sans contredit, dont la convocation est requise du juge de paix compétent par le mari désavouant.

895. C'est encore le Conseil de famille qui règle les conditions qui doivent être acceptées par le tuteur officieux, en cas de tutelle officieuse. C. Nap., 361. — Voir ci-après, tit. III, chap. II.

CHAPITRE II. — Qui convoque le Conseil de famille ? — Membres qui doivent le composer. — Exclusions.

896. Le Conseil de famille est convoqué, soit sur la réquisition et à la diligence des parents du mineur, de ses créanciers, ou d'autres parties intéressées, soit même d'office, par le juge de paix du domicile du mineur. — Toute personne peut dénoncer à ce juge de paix le fait qui donne lieu à la nomination d'un tuteur. C. Nap., 406.

897. Le Conseil de famille, appelé à nommer un nouveau tuteur,

doit être convoqué dans le lieu du *domicile naturel* du mineur, c'est-à-dire de celui qu'il avait lors de l'ouverture de la tutelle, et non dans le lieu du domicile du dernier tuteur. Cass., 29 novembre 1809, et 23 mars 1819; Toullier, t. II, n. 1114; Duranton, t. III, n. 453; Magnin, *Des tutelles*, t. I, n. 78; Favard de Langlade, *Rép.*, v° *Tutelle*, § 4, n° 4.

898. Le Conseil de famille est composé, non compris le juge de paix, de six parents ou alliés, pris tant dans la commune où la tutelle sera ouverte, que dans la distance de deux myriamètres, moitié du côté paternel, moitié du côté maternel, et en suivant l'ordre de proximité dans chaque ligne. — Le parent est préféré à l'allié du même degré; et, parmi les parents du même degré, le plus âgé à celui qui le sera le moins. C. Nap., 407.

899. Les frères germains du mineur, et les maris des sœurs germaines, sont seuls exceptés de la limitation de nombre posée en l'article précédent. — S'ils sont six, ou au delà, ils seront tous membres du Conseil de famille, qu'ils composent seuls, avec les veuves d'ascendants, et les ascendants valablement excusés, s'il y en a.— S'ils sont en nombre inférieur, les autres parents ne sont appelés que pour compléter le Conseil. C. Nap., 408.

900. L'observation de cet article 408 peut avoir pour effet de rompre la balance entre les deux lignes; ainsi, il arrivera souvent qu'il y aura plus d'ascendants dans une ligne que dans une autre; il se pourra même qu'il n'y en ait que dans une seule. Mais le texte de l'article 408 est trop positif pour que l'on puisse, en pareil cas, soit les exclure, soit appeler, pour contrebalancer leur nombre, des parents de l'autre ligne.

901. Lorsque les parents et alliés de l'une ou de l'autre ligne se trouveront en nombre insuffisant sur les lieux, ou dans la distance désignée par l'article 407, le juge de paix appellera, soit des parents ou alliés domiciliés à de plus grandes distances, soit, dans la commune même, des citoyens connus pour avoir eu des relations habituelles d'amitié avec le père ou la mère du mineur. C. Nap., 409.

902. Le juge de paix peut, lors même qu'il y a sur les lieux un nombre suffisant de parents ou alliés, permettre de citer, à quelque distance qu'ils soient domiciliés, des parents ou alliés plus proches en degré, ou de mêmes degrés que les parents ou alliés présents, de manière, toutefois, que cela s'opère en retranchant quelques-uns de ces derniers, et sans excéder le nombre réglé par les précédents articles. C. Nap., 410.

903. L'inobservation des règles prescrites pour la composition

des Conseils de famille n'entraîne pas de plein droit nullité des délibérations prises par le Conseil irrégulièrement composé. Les articles 407 et 409 du Code Nap. ne disposant pas à peine de nullité, on doit laisser à la sagesse et à la prudence des tribunaux le soin d'apprécier les circonstances particulières qui peuvent excuser des irrégularités exemptes de tout soupçon de dol ou de connivence. Cass., 30 avril 1834; 30 avril 1838; RÉP. GÉN. DES J. DE PAIX, vº *Conseil de famille*, § 11, nᵒˢ 58 et suiv.

904. Ne peuvent être tuteurs ni membres du Conseil de famille : 1º les mineurs, excepté le père ou la mère ; 2º les interdits ; 3º les femmes autres que la mère et les ascendants ; 4º tous ceux qui ont, ou dont les père ou mère ont, avec le mineur, un procès dans lequel l'état de ce mineur, sa fortune, ou une partie notable de ses biens sont compromis. C. Nap., 442.

Tout individu qui a été exclu ou destitué d'une tutelle ne peut non plus être membre d'un Conseil de famille. C. Nap., 445.

905. Outre ces exclusions, résultant de la loi des tutelles, il en est d'autres aussi formelles, attenantes à l'état ou à la capacité civile des citoyens. Ainsi, la mort civile rend celui qui en est frappé incapable d'être nommé tuteur, ni de concourir aux opérations relatives à la tutelle. C. Nap., 25 ; C. pén., 28, 34, 4º.

La dégradation civique entraîne l'incapacité de faire partie d'aucun Conseil de famille et d'être tuteur, curateur, subrogé tuteur, ou conseil judiciaire, si ce n'est de ses propres enfants, et sur l'avis conforme de la famille. C. pén., 34, 4º.

La condamnation à la peine des travaux forcés à temps, de la détention, de la réclusion ou du bannissement, emportera la dégradation civique ; la dégradation civique sera encourue du jour où la condamnation sera devenue irrévocable ; et, en cas de condamnation par contumace, du jour de l'exécution par effigie. C. pén., 28.

L'interdiction du vote et suffrage, dans les délibérations de famille, peut être aussi attachée à une peine correctionnelle : les tribunaux, jugeant correctionnellement, pourront, dans certains cas, dit l'article 42 du Code pénal, interdire, en tout ou en partie, l'exercice des droits civiques, civils et de famille suivants... 3º de vote et de suffrage dans les délibérations de famille.

906. Mais les tribunaux ne peuvent admettre d'autres causes d'exclusion que celles résultant d'une disposition formelle de la loi. Il a été jugé que les art. 442 et 445 du Code Napoléon ne sont pas démonstratifs, mais bien limitatifs, et qu'ils doivent être pris à la lettre. Cass., 13 oct. 1807.

Ainsi, les causes même d'exclusion de la tutelle ne sauraient être étendues à l'exclusion des Conseils de famille ; mais le juge de paix peut se dispenser d'appeler tel parent désigné par la loi, pourvu, toutefois, qu'il ne soit ni ascendant, ni frère ou sœur germain, ni mari de sœur germaine, s'il reconnaît que sa présence pourrait être nuisible ou même inutile dans le Conseil. L'article 40, en lui permettant de désigner même en dehors de la localité, et quoiqu'il y ait sur les lieux un nombre suffisant de parents ou alliés, des parents ou alliés de même degré que ceux présents, lui donne les moyens de composer presque toujours convenablement le Conseil de famille ; il ne faut pas qu'il en abuse, mais il peut en user.

CHAPITRE III. — Convocation du Conseil de famille. — Formes. — Absence des membres. — Excuses. — Amendes. — Délibération. — Majorité. — Refus de voter. — Procès-verbal.

907. Celui qui demande la convocation du Conseil de famille requiert cédule du juge de paix. Mais la cédule n'est pas nécessaire, quand tous les parents sont d'accord pour comparaître au jour indiqué par le juge de paix pour l'assemblée.

908. Le delai pour comparaître sera réglé par le juge de paix à jour fixe, mais de manière qu'il y ait toujours, entre la citation notifiée et le jour indiqué pour la réunion du Conseil, un intervalle de trois jours au moins, quand toutes les parties citées résideront dans la commune ou dans la distance de deux myriamètres. — Toutes les fois que, parmi les parties citées, il s'en trouvera de domiciliées au delà de cette distance, le délai sera augmenté d'un jour par trois myriamètres. C. Nap., 411.

909. Les parents, alliés ou amis, ainsi convoqués, sont tenus de se rendre en personne, ou de se faire représenter par un mandataire spécial. — Le fondé de pouvoirs ne peut représenter plus d'une personne. C. Nap., 412.

910. La procuration donnée au fondé de pouvoirs doit être enregistrée. Il n'est pas nécessaire qu'elle soit faite par acte devant notaire ; une procuration sous seing privé suffit. Cependant, il faut que le juge de paix puisse s'assurer que la signature, au bas de chaque procuration, est bien celle du membre cité ; on peut, à cet effet, la faire légaliser par le maire et par le sous-préfet.

911. Est-il nécessaire que la procuration mentionne la volonté du mandant, qu'elle exprime quel est l'objet de la délibération pour laquelle il est convoqué, qu'elle limite même et détermine les pouvoirs du mandataire, en spécifiant, par exemple, s'il s'agit de la nomination d'un tuteur, que le mandataire devra nommer telle ou telle personne ; ou bien, s'il s'agit d'autoriser le tuteur à faire tel ou tel acte, que cette autorisation devra ou ne devra pas être donnée? — Nous pensons que l'objet de la délibération doit être mentionné dans la procuration, de même qu'il l'est dans la cédule signifiée ; mais il n'est pas nécessaire de limiter les pouvoirs du mandataire. Il pourrait même être nuisible, en certaines occasions, de le faire, puisqu'on entraverait ainsi la délibération du Conseil de famille, et qu'on en rendrait le succès impossible par l'accord de tous les membres. Cependant il semble difficile d'empêcher un parent de préciser sa volonté dans la procuration qu'il donne.

912. L'article 409 n'autorise le juge de paix à permettre la convocation, à défaut de parents demeurant sur les lieux, que des amis du père ou de la mère du mineur habitant dans la commune même. Des amis domiciliés hors de la commune ne seraient donc pas tenus de se rendre à la convocation.

913. Tout parent, allié ou ami, convoqué, et qui, sans excuse légitime, ne comparaît point, encourt une amende qui ne pourra excéder cinquante francs, et sera prononcée sans appel par le juge de paix. C. Nap., 413.

914. S'il y a excuse suffisante et qu'il convienne, soit d'attendre le membre absent, soit de le remplacer ; en ce cas, comme en tout autre où l'intérêt du mineur semble l'exiger, le juge de paix peut ajourner l'assemblée ou la proroger. C. Nap., 414.

915. L'assemblée se tient de plein droit chez le juge de paix, à moins qu'il ne désigne lui-même un autre local. La présence des trois quarts au moins des membres convoqués est nécessaire pour qu'elle délibère. C. Nap., 415.

916. Le nombre légal des membres du Conseil de famille étant de sept personnes, six parents ou amis et le juge de paix, c'est sur ce nombre sept qu'il faut calculer les trois quarts. Or, les trois quarts de sept étant cinq un quart, il s'ensuit que le Conseil de famille ne peut délibérer qu'au nombre de six membres, cinq parents ou amis et le juge de paix ; car la présence du juge de paix ou d'un suppléant est toujours nécessaire, le Conseil de famille ne pouvant être présidé que par eux : « Le Conseil de famille est pré-

« sidé par le juge de paix, qui y a voix délibérative et prépondé-
« rante en cas de partage. » C. Nap., 416.

917. Quand les membres du Conseil de famille sont réunis en
nombre suffisant, sous la présidence du juge de paix, ce magistrat,
ou la partie requérante, expose les motifs de la convocation. Chaque
membre qui veut discuter, rejeter ou approuver la proposition,
peut le faire, et les autres membres peuvent lui répondre. Après la
discussion finie, ou s'il n'y en a point, on passe à la délibération, et
les voix sont recueillies par le président, qui en proclame le résultat
devant le Conseil.

918. Mais quel est le nombre de voix nécessaire pour former la
majorité? La loi ne s'explique pas positivement sur ce sujet. Mais
il résulte de l'article 416, qui accorde au juge de paix, en cas de
partage, la voix prépondérante, que c'est à la majorité simple des
voix que les délibérations se forment. En effet, cette voix prépondérante n'est nécessaire que pour établir la majorité relative.

Le projet de rédaction de l'article 416 du Code Napoléon portait, dans le principe, qu'en cas de partage, les membres du Conseil
devaient s'accorder sur le choix du départageant, et, à défaut par
eux de s'entendre sur ce choix, il enjoignait au juge de paix de faire
cette nomination. Sur l'observation de M. Tronchet, que ce mode
de départager pourrait entraîner des embarras et des longueurs, le
juge de paix fut chargé lui-même de départager. Partant de là, et
attachant peut-être au mot départager une importance plus grande
qu'il ne faudrait, M. Duranton (t. III, p. 458) y a vu la nécessité
pour le Conseil de se diviser, en cas de partage, en deux parties égales, et, par analogie de ce qui se pratique en pareil cas parmi les
juges d'un tribunal, il a voulu que s'il se formait dans le Conseil
plus de deux opinions sur le choix du tuteur, les membres plus
faibles en nombre fussent tenus de se réunir à l'une des deux opinions qui auraient été émises par le plus grand nombre. De cette
manière, le juge de paix n'aurait, en se décidant pour l'une des
deux opinions, qu'à faire pencher la balance pour compléter la majorité absolue, indispensable, selon l'auteur, pour la régularité de
la délibération. Nous devons ajouter que cette opinion a été suivie
par quelques arrêts. Bruxelles, 15 mars 1806 ; Metz, 16 février
1812 ; Aix, 10 mars 1840. C'est aussi l'avis de Rolland de Villargue,
v° *Conseil de famille*, n. 16; de Favard de Langlade, v° *Tutelle*, § 4,
n. 6.

Mais nous ne croyons pas devoir nous arrêter à l'argumentation
qui a séduit ces autorités, et nous pensons au contraire avec

M. Toullier (tome II, page 331) que la majorité absolue des suffrages n'est pas nécessaire pour former la délibération des Conseils de famille ; que la majorité relative suffit, parce que ce n'est qu'à cette majorité que peut se rapporter la prépondérance du juge de paix. — Si donc trois des six membres convoqués donnaient leurs voix à un candidat, deux autres à un second candidat, et le sixième à un troisième, le second serait nommé si le juge de paix lui donnait son suffrage.

Nous ajoutons enfin : 1° qu'il est des cas où l'opinion de M. Duranton sur la majorité absolue ne pourrait trouver son application ; 2° qu'entendre, comme le fait cet auteur, la faculté accordée au juge de paix, c'est créer pour les membres du Conseil une obligation qui n'est pas dans la loi.

Nous disons d'abord qu'elle ne pourrait s'appliquer à tous les cas. En effet, dans l'exemple cité par M. Duranton, le Conseil se compose de six membres, plus le juge de paix ; dès lors, il y a possibilité de partage égal entre ces six membres. Mais s'il arrive que le Conseil ne soit composé que de cinq membres, minimum des membres exigés pour qu'une délibération puisse être prise (Code Napoléon, 415), comment concevoir un partage égal autrement qu'en leur adjoignant le juge de paix, en lui accordant double vote, c'est-à-dire une voix comme membre du Conseil, qui servira à compléter les trois voix qui doivent établir la balance, plus une autre voix pour la faire pencher ? Or, ce double vote est précisément ce que le jurisconsulte avec lequel nous nous trouvons en opposition refuse au juge de paix. Qu'il nous dise comment ici la prépondérance pourra s'exercer autrement.

Nous répétons ensuite que ce serait arbitrairement imposer aux membres du Conseil les plus faibles en nombre l'obligation d'opter pour l'une des deux opinions principales, tandis que la loi a voulu leur laisser une complète liberté, et que, par l'article 883 du Code de procédure civile, elle a réservé formellement à chacun d'eux les droits de se pourvoir, pour faire réformer une délibération prise contrairement à leur opinion.

Ainsi, nous sommes d'avis, avec M. Toullier, déjà cité, et avec MM. Locré, *Esprit du Code Napoléon*, page 89 ; Dalloz, v° *Tuteur*, et Carré, *Des Justices de paix*, tome III, page 89, qu'il n'est pas possible d'étendre aux Conseils de famille les dispositions de la loi applicables aux délibérations des membres des tribunaux, sans abandonner le rôle d'interprète de la loi pour s'ériger en législateur,

et qu'en cette matière l'opinion de la majorité relative doit prévaloir, lorsqu'elle est appuyée par le juge de paix.

Comme partisan de l'opinion que nous venons de soutenir,
nous pouvons encore citer M. Taulier, professeur de droit civil à
la Faculté de Grenoble, auteur de la *Théorie raisonnée du Code
Napoléon* ; après avoir exposé un système absolument semblable à
celui que nous avons adopté, M. Taulier ajoute : « Il peut se présenter, toutefois, des hypothèses où toute majorité sera impossible;
par exemple, sur cinq membres, deux sont d'une opinion, deux
autres d'une seconde opinion, et le juge de paix adopte une troisième
opinion isolée ; ou bien deux opinions ont réuni chacune trois voix,
et une troisième opinion deux voix, y compris celle du juge de paix.
Alors, même en comptant sa voix pour deux, il y aura égalité
entre tous les avis. Il deviendra donc indispensable d'appeler,
non pas seulement un nouveau membre, mais deux membres pris
chacun dans une ligne différente, afin de vider le partage en maintenant l'égalité d'influence des deux lignes. »

919. Mais si la délibération était empêchée par un membre
convoqué qui, après avoir comparu, refuserait de voter, que
devrait-il être fait ? Le refusant serait-il passible de l'amende
énoncée en l'article 412?

A cette dernière question, la Cour régulatrice a répondu négativement. « Attendu que les peines ne se suppléent pas et ne peu-
« vent s'appliquer d'un cas à un autre ; qu'ainsi on ne doit point
« assimiler le refus de délibérer dans un Conseil de famille au refus
« d'y comparaître sans excuse légitime. » Cass., 10 décembre 1828.

920. Néanmoins, si, par le refus de voter, le Conseil de famille
ne se trouvait pas en nombre pour délibérer, il serait indispensable de faire remplacer le refusant, ou d'ajourner le Conseil, suivant les circonstances. Mais alors resterait la question de savoir si
le refusant ne serait pas passible des frais qu'il aurait occasionnés,
et même de dommages-intérêts envers le mineur ; question qui,
selon nous, se déciderait, suivant que le refusant aurait ou n'aurait
pas eu de motifs graves pour s'abstenir de voter.

921. Si la délibération du Conseil de famille est unanime, il
suffit d'en consigner le résultat dans le procès-verbal.

922. Toutes les fois que les délibérations du Conseil de famille
ne sont pas unanimes, l'avis de chacun des membres qui le composent doit être mentionné sur le procès-verbal (C. proc., 883);
cette mention est nécessaire, puisque le même article 883 donne

aux membres de la minorité le droit de se pourvoir contre la délibération.

CHAPITRE IV.—De l'homologation des délibérations de famille.

923. Il est certains cas où la loi ordonne que les délibérations des Conseils de famille soient soumises, avant d'être exécutées, à l'homologation du tribunal de première instance.

924. C'est le tuteur, lorsque le mineur n'est pas émancipé, le curateur, lorsque le mineur est émancipé, qui demande l'homologation. Le tribunal statue en la Chambre du conseil, après avoir entendu le procureur impérial. C. Nap., 458.

925. Dans tous les cas où il s'agit d'une délibération sujette à homologation, une expédition de la délibération est présentée au président, lequel, par ordonnance au bas de ladite délibération, ordonne la communication au ministère public, et commet un juge pour en faire le rapport à jour indiqué. C. pr., 886.

926. Le procureur impérial donne ses conclusions au bas de ladite ordonnance, la minute du jugement est mise à la suite desdites conclusions sur le même cahier. C. proc., 886.

927. Si le tuteur ou autre, chargé de poursuivre l'homologation, ne le fait dans le délai fixé par la délibération, ou, à défaut de fixation, dans le délai de quinzaine, un des membres de l'assemblée fait poursuivre l'homologation contre le tuteur, et aux frais de celui-ci, sans répétition. C. proc., 887.

928. Ceux des membres de l'assemblée qui croient devoir s'opposer à l'homologation le déclarent, par acte judiciaire, à celui qui est chargé de la poursuivre ; et s'ils ne sont pas appelés, ils peuvent former opposition au jugement. C. proc., 888.

929. Le tribunal, en homologuant une délibération, ne peut la modifier en quoi que ce soit, même sous le prétexte de l'intérêt du mineur. S'il le faisait, le tuteur pourrait interjeter appel du jugement ; et, à défaut du tuteur, le Conseil de famille serait admis à l'interjeter lui-même après une délibération préalable qui nommerait un de ses membres pour suivre l'appel. Colmar, 11 avril 1822.

930. Les jugements rendus sur délibération du Conseil de famille sont toujours sujets à l'appel. C. proc., 889.

931. En indiquant ci-dessus les actes sur lesquels le Conseil de famille est appelé à délibérer, nous avons indiqué quelles sont les délibérations sujettes à homologation. Celles que la loi n'assujettit pas à cette formalité en sont dispensées.

932. Au nombre des actes pour lesquels l'homologation est nécessaire, on remarque : 1° ceux qui sont pris en vertu des articles 457 et 458 du Code Napoléon, relativement aux ventes et aliénations des biens immeubles des mineurs ; 2° ceux qui ont lieu en vertu de l'article 467 pour autoriser le tuteur à transiger pour son mineur ; 3° ceux qui prononcent la destitution d'un tuteur ou d'un subrogé tuteur, mais seulement dans le cas où le destitué réclame contre la délibération ; 4° ceux qui autorisent un mineur émancipé à emprunter (art. 483 et 484) ; 5° ceux qui établissent la dot, les avancements d'hoirie et les stipulations du mariage d'un enfant d'un interdit (art. 511) ; 6° enfin ceux qui autorisent, pour le compte d'un interdit, des emprunts, des aliénations, des transactions. Art. 509.

933. Mais les nominations de tuteur et curateur, l'autorisation de vendre les biens meubles du mineur, et notamment les rentes sur l'Etat (V. ci-dessus, n° 822), les autorisations pour accepter une succession ou y renoncer, les délibérations sur l'administration de la tutelle, etc., ne sont pas sujettes à l'homologation.

CHAPITRE V. — De l'appel des délibérations des Conseils de famille.

934. Toutes les fois que les délibérations du Conseil de famille ne sont pas unanimes, l'avis de chacun des membres qui le composent est mentionné dans le procès-verbal. Le tuteur, subrogé tuteur ou curateur, même les membres de l'assemblée, peuvent se pourvoir contre la délibération ; ils forment leurs demandes contre les membres qui ont été d'avis de la délibération, sans qu'il soit nécessaire d'appeler en conciliation. C. proc., 883.

935. Plusieurs difficultés ont été soulevées sur cet article, soit relativement à l'intimation du juge de paix sur l'appel de la délibération, soit relativement au droit du juge de paix lui-même d'interjeter cet appel.

L'article 883 du Code de procédure civile, rapporté ci-dessus, donne au tuteur, au subrogé tuteur, au curateur, *même aux membres de l'assemblée*, le droit de se pourvoir contre la délibération du Conseil de famille. L'article dit : les *membres de l'assemblée*, sans distinction ; or, le juge de paix est de droit membre du Conseil de famille ; n'en doit-on pas conclure que le pourvoi lui appartient ?

La loi du 24 août 1790, titre VIII, article 2, refuse action au ministère public pour se pourvoir contre tout jugement civil : « Au civil, dit cet article, le ministère public exercera son ministère, non par voie d'action, mais seulement par voie de réquisition, dans les procès dont les juges auront été saisis. » Il importait donc d'autant plus d'attribuer aux juges de paix le droit de se pourvoir, que ce droit était interdit au ministère public. On sait, d'ailleurs, que le juge de paix est le membre principal du Conseil de famille ; il peut le convoquer d'office toutes les fois que l'intérêt du mineur l'exige : le droit d'actionner, en pareil cas, est une conséquence du droit de convoquer ; nous pensons donc qu'il appartient aux juges de paix de procéder par voie d'action, dans l'intérêt du mineur, contre la délibération du Conseil de famille.

Il est vrai que les auteurs et la jurisprudence ont repoussé l'action qui serait intentée par les autres membres du Conseil, *contre le juge de paix lui-même*, en nullité de la délibération prise par le Conseil de famille que le juge de paix aurait présidé. Quoique le juge de paix soit de droit membre du Conseil, a-t-on dit, il ne peut être intimé ; car il n'agit qu'à raison de son office, en sa qualité de juge ; or, la loi ne rend les juges responsables, à raison de leur ministère, que lorsqu'il y a dol et fraude de leur part, responsabilité qui ne peut être poursuivie que par la voie de la prise à partie. (Demiau-Crouzilhac, p. 389 ; Hautefeuille, p. 521 ; Favard de Langlade, t. I, p. 280 ; Thomine-Desmazures, t. II, p. 497 ; et un arrêt de la Cour de cassation du 29 juillet 1812). Cette opinion paraît on ne peut plus fondée ; mais de ce que le juge de paix ne pourrait être *intimé* sur le pourvoi, il ne s'ensuivrait pas qu'il ne pût se pourvoir lui-même ; sa qualité de membre du Conseil de famille l'y autorise, et l'intérêt du mineur peut l'exiger impérieusement, surtout dans les campagnes, où l'ignorance et les difficultés des formes judiciaires retiennent presque toujours les membres des Conseils de famille, et favorisent la négligence ou les malversations des tuteurs.

936. Les frais faits par un membre du Conseil de famille qui s'est pourvu contre la délibération sont passés en dépenses d'administration, même quand il succombe, à moins qu'on ne puisse lui reprocher une action sans aucun fondement, personnellement hostile ou haineuse, auquel cas les juges ont la faculté de déclarer qu'il supportera personnellement les dépens. C'est l'opinion de Locré (t. II, p. 207) ; de Toullier (t. II, p. 419) ; de Thomine-Desmazures (t. II, p. 492) ; elle peut s'appuyer, par analogie, sur l'article 441 du Code Nap.

937. Quant au juge de paix, il ne pourrait nécessairement, dans aucun cas, supporter ces dépens ; d'ailleurs, quand un juge agit d'office, l'administration de l'enregistrement fait l'avance de tous les frais, sauf recours. Instruction du directeur général de l'enregistrement, du 3 fructidor an XIII, n. 290, § 3. — Voir encore sur

17

le droit du juge de paix de se pourvoir, *Annales*, 1850, p. 131, et *Rép. gén. des J. de paix*, t. II, v° *Conseil de famille*, p. 96 et suiv.

CHAPITRE VI. —**Des fonctions du Conseil de famille dans l'admission des excuses, dans l'exclusion ou la destitution du tuteur.**

938. Les art. 427 et suivants du Code Nap. déterminent les causes qui dispensent de la tutelle. Si le tuteur nommé est présent à la délibération qui lui défère la tutelle, il doit sur-le-champ, et sous peine d'être déclaré non recevable dans toute réclamation ultérieure, proposer les excuses sur lesquelles le Conseil de famille délibère. C. Nap., 438.

939. Lorsque la nomination d'un tuteur n'aura pas été faite en sa présence, elle lui sera notifiée, à la diligence du membre de l'assemblée qui aura été désigné par elle ; ladite notification sera faite dans les trois jours de la délibération, outre un jour par trois myriamètres de distance entre le lieu où s'est tenue l'assemblée et le domicile du tuteur. C. proc., 882.

940. Si le tuteur nommé n'assiste pas à la délibération qui lui défère la tutelle, il peut faire convoquer le Conseil de famille pour délibérer sur les excuses. Les diligences à ce sujet doivent avoir lieu dans le délai de trois jours, à partir de la notification qui lui est faite de sa nomination, lequel délai est augmenté d'un jour par trois myriamètres de distance du lieu de son domicile à celui de l'ouverture de la tutelle, et passe ce délai il est non recevable. C. Nap., 439.

941. Si les excuses sont rejetées, il peut se pourvoir devant les tribunaux pour les faire admettre; mais il est, pendant le litige, tenu d'administrer provisoirement. C. Nap., 440.

942. S'il parvient à se faire exempter de la tutelle, ceux qui ont rejeté l'excuse sont condamnés aux frais de l'instance; s'il succombe, il est condamné lui-même. C. Nap., 441.

943. Outre les excuses, il est aussi des incapacités, des exclusions et destitutions de la tutelle. C. Nap., 442 et suiv. — Voir l'article 2 du présent chapitre.

Toutes les fois qu'il y a lieu à une destitution de tuteur, elle est prononcée par le Conseil de famille, convoqué à la diligence du subrogé tuteur, ou d'office par le juge de paix. Celui-ci ne peut se dispenser de faire cette convocation, quand elle est formellement requise par un ou plusieurs parents ou alliés du mineur, au degré de cousin germain ou à des degrés plus proches. C. Nap., 446.

944. Toute délibération du Conseil de famille qui prononce l'exclusion ou la destitution du tuteur est motivée, et ne peut être prise qu'après avoir entendu ou appelé le tuteur. C. Nap., 447.

945. Si le tuteur adhère à la délibération, il en est fait mention, et le nouveau tuteur entre aussitôt en fonctions. S'il y a réclamation, le subrogé tuteur poursuit l'homologation de la délibération devant le tribunal de première instance, qui prononce sauf l'appel. Le tuteur exclu ou destitué peut lui-même, en ce cas, assigner le subrogé tuteur, pour se faire déclarer maintenu en la tutelle. C. N., 448.

946. Les parents ou alliés qui ont requis la convocation interviennent dans la cause qui est instruite et jugée comme affaire urgente. C. Nap., 449.

CHAPITRE VII. — **De l'enregistrement des délibérations de famille et de quelques autres actes de justices de paix.**

947. Les cédules de juges de paix pour composer et convoquer un Conseil de famille, soit qu'elles soient délivrées sur la réquisition d'un parent ou d'un tuteur, soit que les magistrats les délivrent d'office, ne sont assujetties à aucun droit d'enregistrement, mais elles doivent être écrites sur du papier timbré; les notifications qui en sont faites par un huissier doivent le même droit que les citations.

948. La loi du 19 juillet 1845, portant fixation du budget des recettes de l'exercice 1846, contient les dispositions suivantes :

« Art. 5. A partir du 1er juin 1846, le droit d'enregistrement d'un franc, établi par l'article 68, § 1er, n° 30 de la loi du 22 frimaire an VII, pour les exploits relatifs aux procédures en matière civile devant les juges de paix, jusques et y compris les significations des jugements définitifs , sera porté à 1 fr. 50 cent. en principal.

« Le droit de 2 fr. établi par l'article 68, § 2, n°s 3 et 4 de la loi du 22 frimaire an VII, et par l'article 43, n° 3 de la loi du 20 avril 1816, pour les avis de parents, les procès-verbaux de nomination de tuteurs et de curateurs, et les procès-verbaux d'apposition, de reconnaissance et de levée de scellés, sera porté à 4 fr. en principal.

« Le droit de 5 fr. établi par l'article 68, § 4, n° 2 de la loi du 22 frim. an VII, pour les actes d'émancipation, sera porté à 10 fr. en principal.»

Conformément à l'art. 68, § 2, n° 3 de la loi du 22 frim. an VII, auquel se réfère l'article 5 de la loi du 19 juillet 1845, le droit de 4 fr. pour les procès-verbaux d'apposition, de reconnaissance et de levée de scellés, *est dû pour chaque vacation.* Celui de 10 fr. pour les actes d'émancipation *est dû par chaque émancipé,* suivant l'art. 68, § 4, n° 2 de la loi précitée.

On remarquera que les actes de notoriété passés devant les juges de paix restent soumis au droit de 2 fr., en vertu de l'article 43, n° 2 de la loi du 28 avril 1816. Il n'est point innové non plus à l'égard des actes de tutelle officieuse, tarifés au droit de 50 fr. par l'article 48, n° 1 de la même loi.

949. S'il y a plusieurs mineurs émancipés par le même acte, il est dû le même droit pour chacun. Ce droit est exigible aussi bien pour l'émancipation conférée par les père et mère que pour celle qui est accordée par le Conseil de famille. Mais lorsque la première est immédiatement suivie de la nomination d'un curateur à l'émancipé, il n'est dû aucun droit pour cette nomination, quoiqu'elle soit faite par le Conseil de famille.

950. La délibération de ce Conseil, qui fixe les dépenses et honoraires du tuteur, n'est passible que d'un droit simple, et non d'un droit proportionnel, attendu que ce règlement rentre dans celui de la dépense annuelle du mineur, qui doit avoir lieu à l'entrée en exercice de toute tutelle. Ainsi l'a décidé le ministre des finances.

951. Mais il est plusieurs autres délibérations du Conseil de famille qui sont sujettes à des droits proportionnels; ce sont celles qui ne sont pas pures et simples, et qui contiennent des conventions, des engagements, des autorisations assimilées à des obligations. Par exemple, la délibération qui permet au tuteur de retenir le reliquat de son compte après l'émancipation, à la charge d'en payer intérêt et fournir une hypothèque ou une caution pour la garantie du reliquat, est soumise au droit de 1 pour 100. Cass., 13 sept. 1820.

Par exemple encore, la délibération qui autorise le tuteur à employer pour la nourriture et l'entretien des mineurs la totalité des revenus, sans être tenu à en rendre compte, peut être passible de 5 1/2 pour 100, étant dans le cas d'être considérée comme une cession des revenus des mineurs pendant dix ans. Décision du ministre des finances du 9 mars 1818.

Pour connaître ces droits proportionnels et les divers cas d'application, voir les §§ 1er, 2, 3, 4, 5, 6, 7 et 8 de l'article 69 de la loi du 22 frimaire an VII et les articles 50, 51, 52, 53 et suivants de la loi du 28 avril 1816. Voir aussi les lois du 15 mai 1818 et 16 juin 1824, qui modifient plusieurs droits proportionnels d'enregistrement, et les dispositions ci-dessus, n° 922 de la loi du 19 juillet 1845.

952. L'autorisation d'un Conseil de famille, donnée au tuteur pour consentir à l'enrôlement volontaire du mineur, est exempte es droits de l'enregistrement, et les expéditions qui en sont déli-

vrées sont dispensées du timbre , pourvu toutefois que le juge ou le greffier énonce sur la minute et l'expédition de l'acte , la destination ou le but de la délibération. Décision du ministre des finances du 9 novembre 1832.

953. Les actes relatifs aux poursuites en interdiction suivies d'office par le ministère public doivent être visés pour timbre et enregistrés en débet. L. 22 frim. an VII ; ord. 22 mai 1816.

CHAPITRE VIII. — **De la communication et de l'expédition des minutes des délibérations de famille.** — **De l'expédition des procurations et annexes.**

954. Les minutes des actes des Conseils de famille n'appartenant pas à la publicité, les greffiers des justices de paix ne doivent pas en délivrer expédition à ceux qui n'y ont pas été parties : « Attendu, dit un arrêt de la Cour de cassation du 30 décembre 1840, que les délibérations du Conseil de famille ne sont ni des jugements ni des actes appartenant à la publicité ; attendu que le dépôt des minutes des actes émanés de ces Conseils aux greffiers de justices de paix a lieu dans l'intérêt des familles , et non pour livrer au public le secret des délibérations ; attendu que la loi n'a point ordonné la transcription de ces actes sur des registres publics, et que leur indication sommaire sur les registres de l'enregistrement contient la mention qu'il suffit au public de connaître. »

955. Les procurations annexées à un avis de parents doivent-elles être expédiées en même temps que l'avis de parents ? Oui , si l'avis de parents est destiné à être homologué , et si l'expédition est demandée pour l'homologation. Il faut, en effet, que le tribunal puisse vérifier si les procurations ont été données en bonne forme ; le tribunal est juge, non-seulement de la légalité de la délibération au fond, mais encore de la légalité dans la forme.

956. Mais, hors ce cas, il ne paraît pas nécessaire d'annexer les procurations. Il est admis d'ailleurs en principe que la copie entière des annexes ne doit pas toujours et de toute nécessité être portée sur les expéditions , mais que l'officier public est juge de cette nécessité ; que c'est lui qui, d'après les circonstances et l'usage que l'on veut faire de l'acte, décide si les annexes doivent être seulement mentionnées, analysées ou copiées.

FORMULE 154. — **Cédule de convocation d'un Conseil de famille à toutes fins, sur la réquisition d'un parent.** C. Nap., 405, 406, 409, 410, Tarif, 7.

Nous, juge de paix de... sur ce qui nous a été exposé par N... propriétaire, demeurant à... parent des mineurs ci-après nommés, que... (*Enoncer ici le*

— 262 —

fait ou la cause qui exige la convocation) ; ordonnons que le Conseil de famille des mineurs P... enfants de... et de... sera convoqué à comparaître devant nous, le... de ce mois... heures du... en notre prétoire (*ou en notre hôtel*), pour délibérer avec nous, sous notre présidence, sur... (*Ici on exprime la nomination ou la délibération proposée.*)

En conséquence, nous désignons pour composer ledit Conseil de famille : 1º... 2º... 3º... (*les noms et demeures des trois parents paternels les plus proches*), comme étant les plus proches parents du côté paternel; 4º.. 5º... 6º... (*les noms et demeures de parents maternels*), ces deux derniers étant, avec le sieur N... requérant et susnommé, les plus proches parents du côté maternel des mineurs. Enjoignons auxdits parents de comparaître en personne ou par fondés de pouvoir, en cas d'empêchement, à peine d'amende. Donné en notre prétoire, a... le... (*Signature du juge.*)

Nota. Cette cédule est notifiée à chaque personne convoquée, à la requête du parent ou du tuteur qui requiert le Conseil, par l'un des huissiers de la justice de paix. La notification s'écrit au bas de la cédule, et le tout est soumis à la formalité de l'enregistrement dans les quatre jours. (*Voir la formule de citation* ci-après, p. 264.)

(*S'il y avait lieu d'appeler d'autres parents que ceux se trouvant sur les lieux, aux termes de l'article 410 du Code Napoléon, on pourrait dire :*)
Il est à la connaissance de l'exposant que le sieur François Lambert, domicilié à... porte auxdits mineurs le plus grand intérêt, et qu'il les considère comme étant ses propres enfants. Il importe donc, quoiqu'il ne soit que le cousin germain de leur père, et qu'il existe sur les lieux mêmes d'autres parents au même degré, en nombre suffisant pour compléter le Conseil de famille, d'y appeler ledit sieur François Lambert.
En conséquence, et adoptant les motifs particuliers présentés par l'exposant, relativement audit François Lambert, avons autorisé ledit exposant à faire citer. (*La suite comme ci-dessus.*)
(*Si la demande de convocation était faite par un créancier, on dirait :*)
Sur ce qui nous a été exposé par le sieur... créancier de la succession de... dévolue aux mineurs ci-après dénommés, lequel a dit...

FORMULE 155. — Cédule de convocation d'une assemblée de famille pour la nomination d'un tuteur et d'un subrogé tuteur.

Nous... juge de paix du canton de... département de...
Sur ce qui nous a été représenté par... (*prénoms, nom, profession et domicile de celui qui fait convoquer l'assemblée de famille*), que le sieur Pierre Tulle, cultivateur, décédé en la commune de... dans l'arrondissement de notre canton, le... dernier, ainsi que le constate l'acte extrait des registres de l'État civil de... en date du... dont expédition nous a été représentée, a laissé Jean, enfant mineur, sans lui avoir nommé de tuteur; que Marie Podeur, épouse dudit Pierre Tulle, et mère dudit mineur, est prédécédée; qu'il ne reste audit mineur aucun ascendant dans l'une ou l'autre ligne; qu'ainsi, il importe de convoquer les parents et amis dudit enfant mineur pour lui être nommé un tuteur, même un subrogé tuteur; en conséquence, requiert qu'il nous plaise l'autoriser à citer à cet effet à comparaître devant nous, jour, lieu et heure qu'il nous plaira indiquer, les parents dudit mineur, savoir : 1º A... oncle paternel, demeurant à... 2º B... oncle paternel à cause de Catherine Véron, son épouse, demeurant à... 3º C... cousin paternel, demeurant à...; et, du côté maternel : 4º B... frère utérin dudit mineur, demeurant à... 5º E... oncle maternel, demeurant les cinq susnommés dans l'éten-

due de deux myriamètres de la commune de... où demeurait le défunt Pierre
Tulle ; et, à défaut d'un troisième parent maternel domicilié dans la même
étendue, 6° F... ami, demeurant à...

En conséquence, l'avons autorisé à faire citer les susnommés à comparaître devant nous, en notre demeure, le... heure de... à l'effet de délibérer
entre eux, conjointement avec nous, sur la nomination d'un tuteur au mineur Jean Tulle, même d'un subrogé tuteur.

Fait à... le... l'an... (*Signature du juge de paix.*)

FORMULE 156. — Cédule pour convocation d'office.

Nous... juge de paix du canton de... département de...
Etant informé que le sieur Pierre Tulle... (*Comme en la précédente.*)
Citons à comparaître devant nous, en notre demeure, le... heure de... à
l'effet de délibérer entre eux, et conjointement avec nous, sur la nomination
d'un tuteur, même d'un subrogé tuteur, les parents et amis dudit mineur,
savoir : 1°... 2°... 3°... etc.

FORMULE 157. — Cédule de convocation sur la déclaration du maire.

Nous, juge de paix de... vu la déclaration qui nous a été faite par M. le
maire de... (*ou son adjoint*), le... de ce mois, portant que J... et S... vivants
époux, et demeurant à... sont décédés le... et laissent... enfants mineurs ;
vu aussi l'article 406 du Code Napoléon, ordonnons que le Conseil de famille
desdits mineurs sera convoqué à comparaître devant nous le... (*Suivre pour
le reste la formule précédente.*)

FORMULE 158. — Cédule pour faire nommer d'office un subrogé tuteur.

Nous, juge de paix de... étant instruit que J... P... demeurant ci-devant
à... est décédé le... que de son mariage avec C... sa veuve survivante, il est
issu deux enfants mineurs auxquels ladite C... a négligé jusqu'à présent de
faire nommer un subrogé tuteur, encore qu'elle ait été invitée par nous à
convoquer un Conseil de famille à cet effet ; vu les articles 406, 407, 420 et
421 du Code Napoléon, nous ordonnons que le Conseil de famille desdits
mineurs sera cité à comparaître devant nous le... de ce mois... heures du...
en notre prétoire, etc. (*Suivre les précédentes formules, mais ajouter avant
la clôture ce qui suit :*)

Ordonnons aussi que ladite C... épouse survivante, sera appelée à comparaître au Conseil de famille les jour et heure ci-dessus, pour assister à la
nomination du subrogé tuteur, mais sans pouvoir y délibérer (1), et pour
être entendue ou interpellée sur la gestion qu'elle a faite ou pu faire, indûment, de la tutelle de sesdits enfants. Donné à... le... (*Signature.*)

FORMULE 159. — Cédule de convocation d'un Conseil de famille sur la réquisition d'une partie intéressée, pour faire nommer un subrogé tuteur au mineur.

Nous, juge de paix du canton de... sur ce qui nous a été exposé par le
sieur Hippolyte Barre, propriétaire, demeurant à... qu'il se propose d'intenter une action contre Jean Tulle, enfant mineur, sous la tutelle de Charles
Richer, son oncle, en revendication d'un immeuble vendu au défunt Jacques
Tulle, père dudit mineur, par ledit Charles Richer ; que le mineur aura, par

---

(1) Dans aucun cas, le tuteur ne peut voter pour la nomination du subrogé
tuteur. Art. 423 C. Nap.

conséquent, comme héritier dudit Jacques Tulle, un recours à exercer contre le vendeur, son tuteur, et que, par ce fait, le tuteur se trouvera en opposition d'intérêts avec le mineur ; que cependant le sieur Louis Vire, subrogé tuteur du mineur, étant décédé, le mineur Jean Tulle se trouve dépourvu de subrogé tuteur ; que, par ces motifs, il nous requiert de convoquer les parents et amis dudit mineur, pour le pourvoir d'un subrogé tuteur, et qu'il nous plaise l'autoriser à citer à cet effet... (*Suite comme ci dessus.*)

FORMULE 160. — Citation pour assister au Conseil de famille.

C. Nap., 406, 411 ; Tarif, 21.

L'an... et le... je... huissier...

A la requête de... en vertu de cédule de M. le juge de paix du canton de... en date du... qui est signifiée avec la présente, j'ai cité les sieurs... (*désigner ici les membres devant composer le Conseil*) à comparaître le... à... heures du... par-devant M. le juge de paix du canton de... et dans le lieu ordinaire de ses seances, à... pour délibérer en Conseil de famille, sous sa présidence et avec son concours, sur les objets qui leur sont soumis ; étant déclaré que, faute par eux de comparaître, ils seront condamnés à l'amende ; comme aussi, et par ce même exploit, et en vertu de la même cédule dont copie est également signifiée, j'ai sommé et requis le sieur... subrogé tuteur des susdits mineurs, d'assister, si bon lui semble, au susdit Conseil ; et j'ai, à chacun des susnommés, laissé copie de la susdite cédule et du présent exploit, à domicile, en parlant à...

FORMULE 161. — Procès-verbal de nomination d'un tuteur et d'un subrogé tuteur à des mineurs orphelins, sur la réquisition d'un parent. C. Nap., 406 ; Tarif, 4 et 16.

L'an... et le... heures du... devant nous, juge de paix du canton de... étant en notre prétoire, et assisté du greffier, a comparu le sieur H... demeurant à... oncle paternel (*ou autre parent*) des mineurs ci-après nommés ; lequel nous a dit qu'en vertu de notre cédule du... de ce mois, notifiée par... huissier, enregistrée le... il a fait appeler, à ces jour, lieu et heure, les parents par nous désignés par ladite cédule, pour former le Conseil de famille des enfants mineurs de feu G. R... et de défunte L. M... leurs père et mère décédés, qui demeuraient à... afin de nommer un tuteur et un subrogé tuteur auxdits mineurs.

En conséquence, il a requis qu'il soit à l'instant procédé auxdites nominations par le Conseil de famille, et a signé (*ou déclaré qu'il ne le sait faire*).

Sont ensuite comparus : 1°... 2°... (*noms, prénoms, qualités et demeures des deux plus proches parents paternels*) ;

3° A ces deux comparants s'est réuni ledit sieur H... ci-devant nommé et requérant, afin de compléter les trois membres de la ligne paternelle ;

4°... 5°... 6°... (*Enoncer ici les noms, prénoms, qualités et demeures des trois parents maternels convoqués par la cédule.*)

Tous lesquels parents nous ont déclaré qu'ils consentent à procéder aux nominations requises.

En conséquence, nous les avons déclarés légalement constitués en Conseil de famille, sous notre présidence. — Le Conseil, ainsi constitué, après avoir délibéré avec nous, a nommé à l'unanimité des voix (1), pour tuteur aux enfants mineurs de feu G. R... le sieur... l'un des membres du Conseil (*ou autre parent*), lequel a déclaré accepter cette fonction, et promis de la remplir fidèlement, sous les peines de droit.

---

(1) Si la délibération n'est pas prise à l'unanimité, on doit exprimer le vote particulier de chaque parent. C. proc., 883.

Et, procédant immédiatement, pour remplir le vœu de la loi, à la nomination du subrogé tuteur, le Conseil, à l'unanimité (*ou* à la majorité de...
voix contre... voix), a nommé pour remplir les fonctions de subrogé tuteur
aux mêmes mineurs, la personne de... l'un des membres du Conseil, lequel
a déclaré accepter cette nomination, et a promis de remplir ses fonctions avec
exactitude.

Dans la présente nomination, le sieur... tuteur, n'a voté ni pour ni contre
le subrogé tuteur, attendu que cela lui est interdit par la loi (1).

(*Si, après ces nominations, le tuteur ou le juge de paix, ou un parent,
propose un autre sujet de délibération, par exemple de délibérer sur l'acceptation d'une succession, on continue ainsi qu'il suit :*)

Sur la proposition du tuteur (*ou d'un membre*), le Conseil de famille, considérant qu'il y a lieu de délibérer sur l'acceptation ou la renonciation à la
succession de feu...échue aux mineurs ; considérant que cette succession paraît avantageuse, le Conseil autorise, à l'unanimité (*ou* à la majorité de...
voix), le tuteur desdits mineurs à accepter pour eux, mais sous bénéfice d'inventaire seulement, la succession dont il s'agit, en observant les formalités
prescrites par la loi (2). De tout quoi, nous, juge de paix, avons rédigé le
présent procès-verbal, dont lecture a été faite aux délibérants, qui ont signé
avec nous et le greffier (*ou* qui ont déclaré ne le savoir, de ce requis).

Nota. Si le tuteur n'était pas présent à la délibération et au moment de sa nomination, le Conseil désignerait un de ses membres
pour notifier au tuteur la nomination dans les délais prescrits par
l'article 882 du Code de procédure, c'est-à-dire dans les trois jours
de la délibération, outre un jour par trois myriamètres de distance
entre le lieu où s'est tenue l'assemblée, et le domicile du tuteur.

**FORMULE 162. — Nomination d'office, sur la réquisition du juge de paix,
d'un tuteur et d'un subrogé tuteur.**

L'an... et le... mai... heures du... vu par nous... juge de paix de l'arrondissement de... département de... la cédule par nous donnée le... de ce mois,
notifiée par... huissier, enregistrée le... par laquelle nous avons convoqué à
ces jour et heure par-devant nous, en notre prétoire, un Conseil de famille,
formé suivant la loi, pour nommer un tuteur et un subrogé tuteur à L... et
M...enfants mineurs orphelins de défunts L... et R... vivants époux, décédés
en la commune de... le... de ce mois ;

Avons procédé de la manière suivante, étant assisté du greffier de notre
justice, à la délibération dudit Conseil de famille : sont comparus devant nous :

(1) Le subrogé tuteur doit toujours être choisi dans la ligne différente de
celle du tuteur, hors le cas où il y a six frères germains ou plus.

(2) Si le Conseil de famille juge que la succession est plus onéreuse que
profitable au mineur, on dit : « Attendu que la succession dont s'agit est
notoirement chargée de dettes qui en absorbent la valeur (*ou d'autres motifs
péremptoires*), le Conseil, à l'unanimité, autorise le tuteur des mineurs...
à renoncer à ladite succession, en observant les formalités prescrites par la
loi. » (Dans l'usage, l'autorisation de renoncer à une succession n'est donnée
qu'après l'inventaire des meubles et effets de la succession, dont la valeur
est en général reconnue par cet acte : alors il y a une délibération de famille,
autre que celle de la nomination du tuteur.)

1°... 2°... 3°... *(énoncer ici les noms et demeures des trois parents paternels, convoqués par la cédule, ou des amis s'il y en a);*

Lesquels nous ont dit qu'en déférant à notre convocation d'office, ils consentent à délibérer sur les nominations proposées. En conséquence, nous les avons déclarés légalement constitués en Conseil de famille sous notre présidence.

Et étant ainsi constitué, le Conseil, après avoir délibéré avec nous... *(suivre pour le surplus la formule ci-dessus).*

FORMULE 163. — Excuses proposées par le tuteur présent.
C. Nap., 427, 438 et suiv.

(Immédiatement après la nomination du tuteur présent, on dit): En cet endroit le sieur... a déclaré qu'il ne peut accepter les fonctions de tuteur qui viennent de lui être déférées, attendu que...*(énoncer ici les motifs de la dispense).* En conséquence, il a requis le Conseil de famille de recevoir ses excuses, et a signé.

Le Conseil délibérant sur le refus dudit sieur... considérant que la dispense qu'il allègue est du nombre de celles qui sont autorisées par la loi, à l'unanimité décharge ledit... de la tutelle qui lui a été ci-dessus conférée. Et procédant à son remplacement...

FORMULE 164. — Excuses proposées par un tuteur absent lors de sa nomination Rejet de ces excuses à la majorité simple. C. Nap., 427, 438 et suiv.

L'an ... et le... heures de... devant nous... juge de paix de la ville de... étant en notre prétoire, assisté du greffier, a comparu le sieur T... marchand, demeurant à... lequel nous a dit : qu'ayant été nommé, par délibération prise devant nous, le... de ce mois, en Conseil de famille, tuteur des mineurs de défunts J... et V... vivants époux, décédés en la commune de... il ne peut accepter cette fonction, attendu que... *(exprimer les excuses ou dispenses que le comparant propose).* Et pour faire admettre ces excuses afin d'être déchargé de la tutelle, il a convoqué *(jour, lieu et heure),* devant nous, le Conseil de famille desdits mineurs, dont il nous prie de recevoir la délibération sous notre présidence et d'en rapporter acte, et a signé *(ou déclaré ne le savoir).*

Sont ensuite comparus... *(établir ici les prénoms, noms, qualités, demeures et degrés de parenté des personnes convoquées, en suivant le même ordre établi par les formules précédentes).* Lesquels ont dit... *(comme aux mêmes formules).*

Le Conseil ainsi constitué, après en avoir délibéré avec nous, sous notre présidence, attendu que les dispenses proposées ne sont point légales (à l'unanimité *ou* à la majorité de... voix contre... voix), rejette les excuses dudit sieur... et le charge d'entrer sans délai dans l'exercice de ses fonctions de tuteur dans lesquelles il est maintenu, à peine d'y être contraint suivant la loi. Dans la présente délibération P... R... S... T... ont voté pour le rejet des excuses, et L... et N... ont, ainsi que nous, juge président, voté pour l'admission.

Nota. Si au contraire le Conseil reconnaît valables les excuses du tuteur, il les approuve, le décharge de la tutelle, et procède à son remplacement à l'instant même. Pour cela on suit la cinquième formule qui précède, et on termine par la clôture du procès-verbal.

De tout quoi nous avons dressé le présent procès-verbal pour valoir ce que de droit. Lecture faite aux comparants, ils ont signé avec nous et le greffier (ou déclaré ne savoir signer, de ce interpellés).

FORMULE 165. — Délibération portant destitution du tuteur.
C. Nap., 442, 446 et suiv.; C. proc., 883 et suiv.

L'an...

A comparu le sieur Jacques Ortis... agissant comme subrogé tuteur de Jean Tulle... lequel a dit qu'en vertu de la cédule que nous avons délivrée, il a fait citer les membres composant le Conseil de famille dudit mineur et le sieur Charles Richer, son tuteur, pour délibérer sur la destitution dudit tuteur, fondée sur ce que... (exposer les motifs), et il a signé.

Sont en même temps comparus... (noms des membres du Conseil de famille comme ci-dessus).

Lesquels étant constitués en Conseil de famille, sous notre présidence, nous avons invité le tuteur à s'expliquer sur les faits à lui reprochés; et aussitôt ledit tuteur a dit... (réponse du tuteur), et après avoir signé, il s'est retiré de l'assemblée pour ne pas gêner la liberté des suffrages.

Après délibération, chaque membre du Conseil a donné son avis séparément.

Pierre Dru, Jacques Cor et Philippe Faure ont été d'avis que le tuteur doit être destitué de la tutelle à cause de sa inconduite et de l'application qu'il a faite à ses propres besoins et au payement de ses propres dettes d'un capital de... appartenant au mineur. D'autre part, Joseph Larmé, Hippolyte Mauduit et Henri Simier, ont été d'avis qu'il n'y avait pas lieu à la destitution. En conséquence, et à la majorité de quatre voix, y compris la nôtre, le Conseil déclare que ledit sieur Charles Richer est destitué de la tutelle du mineur Jean Tulle.

Et aussitôt le Conseil a nommé, à la même majorité, composée des mêmes voix, pour tuteur audit mineur, le sieur Louis Marec, avocat, demeurant à... lequel, n'étant pas présent, a été prié de se rendre à la délibération et a déclaré accepter ladite tutelle.

Après quoi l'assemblée a rappelé ledit sieur Charles Richer, et nous lui avons fait part de la résolution prise à son égard, en l'invitant à déclarer s'il adhère à la délibération.

A quoi ledit sieur Charles Richer a répondu que, sans reconnaître la réalité des faits qui lui sont imputés, il adhère à la décision prise par le Conseil, et il a signé.

Ou bien à quoi ledit sieur Charles Richer a répondu qu'il protestait contre les faits allégués, se réservant de se pourvoir contre la décision du Conseil par toutes les voies de droit, et a signé.

Ainsi fait et clos le présent procès-verbal.

FORMULE 166. — Nomination d'un subrogé tuteur sur la convocation d'office du juge de paix.

L'an... et le... etc., nous, juge de paix du... assisté du greffier : vu l'article 421 du Code Napoléon, portant que le tuteur légal devra, avant d'entrer en fonctions, convoquer un Conseil de famille, composé comme il est dit dans l'article 407, pour faire nommer un subrogé tuteur aux enfants mineurs de l'époux décédé, attendu qu'il nous a été déclaré par l'un des parents ci-après dénommés (ou par le maire de la commune de...), que Joseph est décédé le... de ce mois, à... qu'il a laissé une veuve survivante nommée H. S... et deux enfants mineurs, savoir J... âgé de... et P... âgé de... et que ladite veuve s'est immiscée dans leur tutelle sans avoir fait nommer un subrogé tuteur à sesdits enfants.

Par ces motifs, dans l'intérêt de ces derniers, et en vertu de l'article 421, nous avons, par une cédule du... de ce mois, notifiée par... huissier, convoqué à ces jour et heure devant nous, en notre prétoire, les plus proches parents paternels et maternels des enfants J... au nombre de trois dans chaque ligne, pour procéder à la nomination du subrogé tuteur dont est question ; avons convoqué aussi la veuve dudit Joseph pour assister à cette nomination.

A cet effet, sont présentement comparus devant nous : 1°... 2°... 3°... etc. (*suivre l'ordre établi dans les précédentes formules pour la comparution et l'énonciation des parents paternels et maternels convoqués*).

Lesquels nous ont dit, qu'en déférant à notre cédule, ils consentent, etc. En conséquence, nous les avons constitués en Conseil de famille, etc.

Le Conseil ainsi constitué, s'est présentée la dame **H. S...** demeurant à... laquelle a dit qu'étant convoquée par notre cédule ci-devant datée, elle désire assister simplement à la délibération de la famille, attendu qu'elle veut conserver la tutelle de ses enfants que la loi lui défère, et qu'elle n'a fait aucun acte qui puisse lui faire retirer cette tutelle, et a signé... (*ou déclaré ne le savoir*).

Nous avons donné acte à la dame veuve **H. S...** de sa comparution, en lui permettant d'assister au Conseil de famille, sans cependant pouvoir y voter, suivant la loi.

Délibérant ensuite sur l'objet de sa convocation ;

En ce qui concerne la veuve **H. S...** : attendu que si elle a été négligente à faire nommer un subrogé tuteur, il ne paraît pas du moins qu'elle ait agi frauduleusement envers ses enfants, le Conseil déclare qu'il n'y a pas lieu de lui retirer la tutelle.

Procédant ensuite à la nomination du subrogé tuteur, le Conseil, à l'unanimité (*ou à la majorité de... voix contre...*), a conféré au sieur N... ici présent, ladite fonction de subrogé tuteur aux mineurs J... et L... lequel nous a déclaré accepter cette fonction, et a promis de la remplir fidèlement. (*Si la délibération n'est prise qu'à la majorité, il faut exprimer le vote particulier de chaque délibérant, comme il a été observé dans d'autres formules.*)

Fait et clos le présent procès-verbal. Lecture faite, etc. (*comme aux précédentes finales*).

FORMULE 167. — Nomination d'un subrogé tuteur sur la réquisition de l'époux survivant.

L'an... et le... heures du... devant nous, juge de paix de... assisté du greffier de notre justice, a comparu en notre prétoire dame N. O... veuve de P. J... demeurant à... laquelle nous a dit que son mari est décédé le... de ce mois, et qu'il existe de leur mariage deux enfants mineurs, savoir P. A... et J... âgés de...; que, voulant exercer légalement la tutelle de ses enfants, elle a convoqué à ces jour, lieu et heure, devant nous, le Conseil de famille desdits mineurs pour leur nommer un subrogé tuteur. En conséquence, elle a requis qu'il nous plaise de recevoir et présider ledit Conseil de famille, de rapporter acte de la nomination qu'il fera, et a signé (*ou déclaré ne le savoir*).

Sont ensuite comparus : 1°... 2°... 3°... etc.

Le Conseil, ainsi constitué et après en avoir délibéré conjointement avec nous, à l'unanimité (*ou à la majorité de... voix contre...*), a déclaré qu'il nomme pour subrogé tuteur aux mineurs P... la personne du sieur... l'un des délibérants. Lequel a déclaré accepter cette fonction, et a promis de la remplir avec exactitude, conformément à la loi.

Fait et clos le présent procès-verbal, dont lecture a été faite aux délibérants qui ont signé avec nous (*ou déclaré ne le savoir*).

FORMULE 168. — Nomination d'un tuteur spécial aux mineurs qui ont des intérêts opposés dans un partage.

L'an...

A comparu le sieur Charles Richer... lequel a exposé que Jean Tulle et Marie Tulle sont héritiers, avec leurs deux frères majeurs Pierre et Joseph Tulle, de leur oncle maternel, Jacques Hardy; que, de plus, Marie Tulle a été instituée légataire à titre particulier, par testament dudit Jacques Hardy, en date du... et que son legs, consistant en la ferme de... est contesté par le motif que... qu'il y a donc lieu, en présence des intérêts opposés des deux mineurs, de nommer un tuteur spécial à Marie Tulle, et il a signé.

Ont, en même temps, comparu...

Lesquels constitués sous notre présidence, et après avoir délibéré avec nous sur la proposition ci-dessus, considérant... (*Motifs tirés de l'exposé ci-dessus*) ont nommé à l'unanimité pour tuteur spécial le sieur... l'un des membres délibérants, ici présent et acceptant.

Et de ce que dessus...

FORMULE 169. — Délibération qui autorise le tuteur à s'aider dans sa gestion d'un ou de plusieurs administrateurs salariés. C. Nap., 454.

L'an...

A comparu le sieur Charles Richer, tuteur... lequel a dit... (*Exposer la fortune du mineur, terres en exploitation, situées dans plusieurs départements éloignés les uns des autres, indication des prix de gestion demandés par chaque gérant, détails sur la fortune du mineur et sur les produits et rapports de chacune de ces exploitations.*)

Ont également comparu...

Préalablement le sieur Pierre Furne, subrogé tuteur du mineur, a été entendu et a émis un avis favorable.

Sur quoi le Conseil de famille, considérant...

Autorise, à l'unanimité, M. Charles Richer, tuteur, à s'aider dans sa gestion de trois administrateurs particuliers salariés, aux appointements de la susdite somme totale de... et gérant sous sa responsabilité.

Et avons dressé le présent procès-verbal...

FORMULE 170. — Nomination d'un protuteur. C. Nap., 417.

L'an...

A comparu le sieur Charles Richer... lequel a dit que ledit mineur possède en Algérie une concession considérable, et que, ne pouvant administrer les terres de cette concession, il a, conformément à l'autorisation verbale que nous lui en avons donnée, convoqué le Conseil de famille pour que l'administration spéciale de ces biens soit donnée à un protuteur.

En même temps ont comparu...

Le Conseil, après avoir pris connaissance des titres relatifs à la susdite concession, a, sous notre présidence, et conjointement avec nous, après délibération, nommé pour protuteur le sieur... notaire en la ville de Blidah, dans l'arrondissement de laquelle sont situés les biens de ladite concession, lequel protuteur sera indépendant du sieur Charles Richer, tuteur.

Et le sieur Charles Richer a été chargé par le Conseil de faire faire audit sieur... protuteur, la notification de la présente délibération.

De ce que dessus...

FORMULE 171. — Notification de la délibération du Conseil de famille au tuteur nommé, qui n'était pas présent à la délibération. C. pr., 882 ; Tarif, 21.

L'an... le... à la requête du sieur... désigné par la délibération du Conseil de famille ci-dessous énoncée aux fins de la présente notification, et pour lequel domicile est élu en sa demeure, j'ai (nom et immatricule de l'huissier), soussigné, notifié, et avec autant des présentes, laissé copie d'une délibération du Conseil de famille des mineurs... reçue par M. le juge de paix du canton de... le... dûment enregistrée... par laquelle ledit sieur... est nommé tuteur dudit mineur.

A ce qu'il n'en ignore et ait à tenir état du contenu de ladite délibération et ait à entrer en exercice de la tutelle à lui déférée, je lui ai, etc...

(Signature de l'huissier.)

FORMULE 172. Délibération qui refuse de conserver la tutelle à la mère qui veut se remarier. C. Nap., 195, 196.

L'an... et le... heures du... devant nous, juge de paix du canton de... etc., a comparu... laquelle a dit qu'elle a rempli les formalités voulues par la loi, au décès de son mari, en faisant nommer un subrogé tuteur à P... et G... ses enfants mineurs, et en faisant faire un inventaire régulier du mobilier de la communauté qui existait entre elle et feu son mari ; qu'à présent elle désire contracter un second mariage avec X... demeurant à... mais qu'auparavant elle désire se faire maintenir dans la tutelle de ses enfants, et qu'à cet effet elle a convoqué devant nous, après en avoir pris notre agrément, un Conseil de famille composé suivant la loi, nous priant de le recevoir et présider, de dresser acte de sa délibération, et a signé (ou déclaré ne le savoir).

Sont ensuite comparus... (Suivre les précédentes formules pour l'ordre de la comparution des parents, leur constitution en Conseil de famille, et écrire ce qui suit :) Le Conseil ainsi constitué, après en avoir délibéré avec nous, attendu que... (exprimer ici les motifs si le Conseil le veut, sinon il n'y est pas obligé) à l'unanimité (ou à la majorité de... voix contre...) déclare qu'il ne peut conserver à la veuve... la tutelle de ses enfants. En conséquence, il arrête qu'elle sera remplacée dans ladite tutelle aussitôt que son second mariage sera contracté ; à cet effet, le subrogé tuteur est en ce cas chargé de convoquer le Conseil sans retard. Fait et clos le présent procès-verbal, etc.

(Signatures.)

FORMULE 173. — Délibération qui conserve la tutelle à la mère en cas de secondes noces.

(Suivre la formule précédente jusqu'à ces mots : Le Conseil ainsi constitué.)

Le Conseil ainsi constitué, et après en avoir délibéré avec nous; attendu que la veuve E... a rempli les formalités voulues par la loi, lors de son entrée en tutelle, et qu'elle paraît avoir géré convenablement; attendu qu'elle a toujours montré de la tendresse pour ses enfants, et que le second mariage qu'elle se propose de contracter paraît convenable ; à l'unanimité, le Conseil déclare conserver à ladite veuve... la tutelle de sesdits enfants pendant son futur second mariage avec X... et lui adjoint ce dernier comme cotuteur, lequel, étant présent, a déclaré accepter cette qualité et se soumettre à répondre solidairement, avec la veuve... des suites de la tutelle. Fait et clos le présent, etc.

Nota. Quand les deux délibérations qui précèdent ne sont pas prises à l'unanimité, il faut énoncer les noms des votants pour la délibération, et les noms de ceux qui ont voté contre, afin que si la délibération est attaquée, on puisse connaître ceux qu'il conviendra de citer devant le tribunal. C. proc., 833.

FORMULE 174. — Délibération avec partage sur le choix du tuteur fait par la mère, par testament, après son second mariage, pour les enfants de son premier lit. C. Nap., 400, 401.

L'an...

A comparu le sieur Charles Richer... lequel nous a exposé que, par testament olographe en date du... enregistré le... déposé en vertu d'ordonnance de M. le président du tribunal de... dûment enregistré, en l'étude de M°... notaire à... dame Marie Corne, tutrice légale de Jean Tulle, son fils, maintenue dans la tutelle après son second mariage, a institué le comparant, tuteur dudit Jean Tulle, actuellement âgé de dix-sept ans ; que, pour accomplir les intentions de la testatrice, il a fait appeler, conformément à la cédule que nous lui avons délivrée, à comparaître à ces jour, lieu et heure, les parents par nous désignés en ladite cedule, pour délibérer sur la question de savoir si le choix fait par la mère tutrice doit être ou non confirmé, et il a signé.

A également comparu le sieur Henri Corne, notaire, demeurant à... second mari de la defunte, et subrogé tuteur du susdit mineur, lequel a déclaré n'avoir aucun moyen opposant au choix fait par la mère tutrice, et il a également signé

Sont ensuite comparus 1°... (*Noms des trois parents de la ligne paternelle et de deux parents de la ligne maternelle ; on constate l'absence du troisieme parent de la ligne maternelle, et, s'il y a lieu, le juge de paix prononce contre lui l'amende*) ;

Lesquels, constitués en Conseil de famille, sous notre présidence, ont délibéré avec nous sur le choix dudit tuteur.

Ladite proposition mise aux voix, les trois membres du côté paternel ont été unanimes pour rejeter le choix fait par la mère, et ont déclaré qu'ils n'entendaient nullement confirmer la nomination du sieur Charles Richer.

Les deux membres composant la ligne maternelle ont, au contraire, soutenu que le sieur Charles Richer offrait toutes les garanties désirables, soit par sa position, soit par son intégrité, soit par l'intérêt et l'affection qu'il porte audit mineur.

Nous, juge de paix, après avoir inutilement cherché à opérer une fusion parmi les membres délibérants, nous sommes réuni aux deux parents de la ligne maternelle ; et, vu l'article 416 du Code Napoléon, avons, à la majorité formée par la prépondérance de notre voix, confirmé purement et simplement le choix fait par la mère testatrice, en la personne dudit sieur Jean Richer, lequel, rappelé au sein du Conseil, a déclaré accepter les fonctions qui lui ont été confirmées.

De tout quoi nous avons rédigé le présent procès-verbal, etc.

FORMULE 175. — Nomination d'un curateur au ventre sur la demande de la veuve enceinte. C. Nap., 393.

Aujourd'hui... heures du... devant nous, juge de paix de... assisté du greffier, étant en notre prétoire, a comparu B. C... demeurant à... veuve de E... laquelle nous a dit que son mari est décédé le... et qu'il l'a laissée enceinte de... mois ; que par ce motif elle a convoqué, après en avoir pris notre agrément, un Conseil de famille composé des plus proches parents et amis dans les deux lignes, afin de nommer un curateur à sa grossesse. En conséquence, elle a requis qu'il nous plaise de recevoir et de présider ce Conseil de famille,

qui doit à l'instant comparaître à l'amiable devant nous, et a signé (*ou déclaré ne le savoir, de ce requise*).

Sont ensuite comparus : 1°...; 2°...; 3°...; lesquels nous ont dit qu'en
déférant à l'invitation de ladite veuve E... ils consentent à délibérer avec nous
sur l'objet de leur convocation. Alors, nous les avons déclarés en Conseil de
famille, sous notre présidence. Alors, nous les avons déclarés en Conseil de
famille, sous notre présidence.

Etant ainsi constitué, le Conseil de famille, après en avoir délibéré avec
nous, a déclaré à l'unanimité qu'il nomme pour curateur au ventre (*ou à la
grossesse*) de ladite veuve E... le sieur P... demeurant à... l'un des délibérants,
lequel a déclaré accepter cette fonction et a promis de l'exercer avec exactitude et fidélité.

Vu lesdites nomination et acceptation, nous, juge de paix, disons que le
sieur P... deviendra, de plein droit et sans autre formalité, subrogé tuteur
de l'enfant à naître de ladite veuve E... à compter du jour de sa naissance,
suivant la loi.

Fait et clos le présent procès-verbal, lecture faite, etc., etc. (*Signatures
des parents, du juge et du greffier.*)

Nota. Quand la nomination d'un curateur au ventre est requise
par un parent au lieu de la veuve, et si le Conseil de famille ne
se réunit pas volontairement, le juge de paix délivre une cédule de
convocation. On rédige ensuite le procès-verbal de la nomination du
curateur, sur la réquisition de ce parent.

Enfin, lorsque c'est le juge de paix qui poursuit d'office la nomination du curateur au ventre, il faut rédiger le procès-verbal en conséquence.

FORMULE 176. — Délibération qui règle la dépense annuelle du mineur.
C. Nap., 454, 455, 456.

L'an...

A comparu le sieur Charles Richer, tuteur, lequel a exposé qu'après levée
des scellés et inventaire des biens meubles desdits mineurs, il a fait vendre
les effets mobiliers avec les formalités requises ; que le produit de cette vente
s'est trouvé de quatre mille cinq cent cinquante-huit francs ; que les biens immeubles loués et affermés produisent annuellement un revenu de cinq mille
huit cents francs ; que de plus, le placement des capitaux, y compris le produit de la vente des susdits meubles, donne un intérêt annuel de cinq cents francs;
qu'en somme, les revenus des mineurs montent à... tous frais payés (*Etablir ensuite les détails donnés par le tuteur sur la dépense qu'occasionne
actuellement la nourriture, l'entretien et l'éducation de chacun des mineurs, et, s'il y a lieu, l'augmentation prochaine prévue*); qu'il a convoqué
le Conseil de famille desdits mineurs pour régler la dépense annuelle de chacun d'eux, et pour fixer la somme à laquelle commencera pour lui l'obligation
d'employer l'excédant des revenus sur la dépense.

Ont en même temps comparu...

Préalablement, le sieur Pierre Furne, subrogé tuteur, a reconnu l'exactitude de l'exposé que le tuteur vient de faire sur la situation de la tutelle, et
déclaré qu'il adhère à ses propositions.

Sur quoi, vu l'inventaire, le procès-verbal de vente, les baux-fermes et
autres pièces produites par le tuteur :

Considérant que les revenus des pupilles se portent annuellement à une
somme de...

Que les dépenses indispensables et de première nécessité s'élèvent à...;

que des éventualités, telles que des maladies, peuvent survenir et les augmenter ;

Le Conseil, à l'unanimité, règle la dépense collective des mineurs à une
somme de... avec faculté de l'étendre jusqu'à... lorsqu'il y aura lieu ; et arrête que les... francs d'excédant seront placés, chaque année, et dans les six
mois qui suivront les recettes, de la manière la plus avantageuse aux intérêts
des mineurs ; faute de quoi le tuteur sera responsable de l'intérêt des sommes
dont il aurait négligé de faire le placement.

Et de ce que dessus...

**FORMULE 177. — Délibération pour autoriser à faire vendre les meubles
échus au mineur, et à en conserver quelques-uns en nature.** C. Nap.,
452.

L'an...

A comparu le sieur Charles Richer, tuteur des enfants mineurs Jean et
Marie Tulle, lequel a dit que depuis son entrée en fonction il a fait procéder
à la levée des scellés antérieurement apposés, et à l'inventaire des objets mobiliers échus auxdits mineurs de la succession de leur père, Jacques Tulle ; que
son intention est de faire vendre aux enchères publiques les objets mobiliers
de ladite succession, mais qu'il importe de conserver en nature quelques-uns
de ces objets, savoir la bibliothèque du défunt, composée de livres anciens et
de choix, dont le prix ne peut diminuer, et d'un nombre d'autres livres et
pièces, la plupart annotés de la main du défunt, et également trois meubles
de prix, formant le mobilier du cabinet du sieur Tulle père, consistant en...;
que la fortune des mineurs leur permet de conserver tous ces objets en nature ; qu'en conséquence, le comparant a, sur l'autorisation que nous lui en
avons donnée verbalement, convoqué le Conseil de famille pour délibérer sur
sa proposition, ainsi que le subrogé tuteur pour donner son avis, et a signé.

Ont en même temps comparu...

Le Conseil, après avis conforme donné par le subrogé tuteur, considérant...
autorise le tuteur à conserver en nature et à ne pas comprendre dans la vente
aux enchères qu'il fera du mobilier des mineurs, la bibliothèque...

Et de ce que dessus...

**FORMULE 178. — Autorisation d'emprunter pour le mineur
et d'hypothéquer ses biens.**

L'an...

A comparu le sieur Charles Richer... agissant comme tuteur de... lequel a
exposé...

ː (*Établir ici les ressources du mineur, son revenu, les capitaux dont il
peut disposer, la somme à laquelle a été fixée sa dépense annuelle ; dire, d'un
autre côté, ce que doit le mineur, à qui, quelle somme, l'échéance des dettes,
la nécessité de payer sans prorogation, la proposition faite par un tiers de
prêter au mineur une somme de... sous condition d'une hypothèque conférée sur tel bien ; expliquer l'intérêt qu'a le mineur à hypothéquer plutôt
qu'à aliéner.*)

Qu'à cet effet le comparant a, sur l'autorisation que nous lui avons donnée,
convoqué, etc., et a signé.

Ont en même temps comparu...

Le subrogé tuteur entendu a déclaré que l'emprunt projeté lui paraissait
avantageux pour le mineur.

Sur quoi, vu les pièces soumises au Conseil par le tuteur et consistant en...

Le Conseil, à l'unanimité, autorise le tuteur à emprunter au nom du mineur, par obligation notariée, la somme de... payable dans le délai de six
années, avec intérêts à...; à consentir hypothèque sur les biens du mineur,

situés dans l'arrondissement de... département de... consistant en... le tout après homologation.

Et de ce que dessus...

L'an... etc., devant nous, etc.

A comparu le sieur... demeurant à... tuteur des mineurs... lequel nous a dit... (*Exposer ici les faits qui donnent lieu à la vente des biens, soit pour cause de nécessité, poursuites de créanciers, etc.; soit pour un avantage évident. Suivre ensuite les formules précédentes pour la comparution des parents, etc., et continuer comme il suit*) :

Le Conseil ainsi constitué, et après en avoir délibéré avec nous ; vu le compte sommaire, présenté par le tuteur, de sa gestion, et autres pièces justificatives; attendu qu'il est prouvé que les mineurs S... sont dans la nécessité de vendre et aliéner leurs immeubles.

Autorise le sieur... tuteur desdits mineurs, à faire vendre par justice, en observant les formalités prescrites, la maison de... située à... rue de... n°... (*ou le domaine de...*), laquelle (*ou lequel*) le Conseil désigne spécialement pour être vendue de préférence, sous les conditions et les charges suivantes... (*énoncer ici les charges et les conditions*). Et sera la présente délibération homologuée, avant de recevoir son exécution. De tout quoi, nous, juge de paix, avons dressé le présent procès-verbal, dont lecture a été faite aux délibérants, qui ont signé avec nous et le greffier.

L'an...

A comparu le sieur Charles Richer... lequel a dit que le sieur Alexandre Marion, oncle paternel dudit mineur, vient de décéder intestat, laissant trois héritiers, au nombre desquels ledit mineur. (*Exposer ici très-sommairement si la succession paraît opulente, et surtout si les dettes sont réputées considérables.*) Le comparant a cru, en conséquence, devoir convoquer le Conseil de famille pour l'autoriser à accepter s'il y a lieu, sous bénéfice d'inventaire, la succession dont il s'agit, et il a signé.

En même temps ont comparu, savoir, dans la ligne paternelle...

Après avoir entendu le sieur Pierre Furne, subrogé tuteur dudit mineur, lequel a déclaré qu'il considérait aussi comme avantageux pour le mineur d'accepter ladite succession ;

Le Conseil, considérant que le défunt laisse un avoir considérable, tant en meubles qu'en immeubles ; que sa succession ne paraît nullement grevée, est d'avis d'autoriser le tuteur à accepter ladite succession pour le compte du mineur, sous bénéfice d'inventaire, conformément à la loi, et de faire dans ce but tous actes utiles et nécessaires.

Et de ce que dessus...

L'an...

A comparu le sieur Charles Richer... lequel a dit que Etienne Furne, oncle maternel dudit mineur, vient de décéder intestat, ne laissant d'autre héritier naturel que ledit mineur. (*Exposer que la succession est très-embarrassée ; que l'expropriation forcée des biens était poursuivie avant le décès ; et qu'il paraît certain, vu le nombre des créanciers poursuivants et l'importance de leurs créances, que les dettes excèdent de beaucoup l'avoir.*)

Ont aussi comparu, etc.

Le subrogé tuteur a confirmé les détails donnés par le tuteur, et a déclaré qu'il partageait ses appréhensions.

Sur quoi, considérant... (motifs ci-dessus), qu'en acceptant, même sous bénéfice d'inventaire, il y a toujours quelques faux frais à exposer, ou tout au moins des diligences à faire, le tout en pure perte ;

Le Conseil, à l'unanimité, autorise le tuteur à se présenter au greffe du tribunal de... à l'effet de répudier, pour et au nom du mineur, la succession d'Étienne Furne, son oncle, et de faire dans ce sens tous actes requis et nécessaires...

Et de ce que dessus...

FORMULE 182. — Autorisation d'accepter une donation faite au mineur.
C. Nap., 463.

L'an... le...

A comparu le sieur Charles Richer... lequel a dit... (*Exposer que la dame... veuve sans enfant, tante paternelle du mineur, se propose de lui faire donation d'une terre qu'elle possede, située... d'une contenance de... avec sa maison d'habitation, et d'une valeur d'environ... que cette donation doit être pure et simple, et sans aucune charge; que ladite terre est, en outre, libre de toutes dettes et hypotheques; que le tuteur a, en conséquence, convoqué le Conseil de famille pour l'autoriser à intervenir dans l'acte même de donation, et à l'accepter pour le compte dudit mineur.*)

Ont en même temps comparu...

Sur quoi, considérant...

Le Conseil, à l'unanimité, autorise le tuteur à intervenir dans la donation projetée, à accepter pour le compte du mineur ladite donation, à laquelle une expédition de la présente délibération sera annexée; à faire transcrire ladite donation sur le registre des hypothèques de l'arrondissement; et à faire tous les autres actes requis et nécessaires.

Et de ce que dessus.

Nota. Si la donation a déjà été faite avant que l'autorisation de l'accepter soit demandée, on la mentionnera comme résultant d'un acte public en date du... reçu par M... et son collègue, notaires à... enregistré. L'on ajoutera tous les détails ci-dessus; l'on dira qu'il y a lieu d'accepter, et le Conseil autorisera le tuteur à se présenter devant tel notaire que bon lui semblera, et à déclarer, dans un acte public ou authentique, en tête duquel sera transcrite la présente délibération, qu'il accepte, pour et au nom du mineur, la susdite donation dans son contenu; à faire signifier au donateur ledit acte d'acceptation, conformément à la loi, et à faire transcrire le tout au bureau des hypothèques de l'arrondissement où se trouvent les biens donnés; comme aussi à prendre possession desdits biens pour et au nom du mineur, et faire en un mot tous autres actes requis et nécessaires.

FORMULE 183. — Délibération pour autoriser le tuteur à provoquer un partage. C. Nap., 465.

L'an, etc...

A comparu le sieur Charles Richer... lequel a dit que la succession échue

auxdits mineurs est grevée de dettes considérables, consistant en... qu'il y a
lieu de vendre, pour éteindre ces dettes, un immeuble ou des droits appartenant au mineur, indivis entre lui et les sieurs... ses cohéritiers ; que l'état
d'indivision où se trouvent ces biens ne permet pas d'en faire opérer la vente
pour le produit en être appliqué à cette libération ; qu'il y a donc lieu de demander préalablement le partage en justice, pour faire vendre ensuite le lot
qui écherra au mineur, ou telle partie de ce lot que le Conseil désignera.

En même temps ont comparu...

A aussi comparu le sieur Pierre Furne, subrogé tuteur, qui a déclaré
adhérer à la susdite proposition.

Le Conseil, considérant... (*motifs tirés de l'exposé ci-dessus*) :

Autorise, à l'unanimité, le tuteur à former en justice l'action en partage, et
à y procéder dans les formes légales.

Et de ce que dessus...

FORMULE 184. — Autorisation d'intenter une action en justice.
C. Nap., 464.

L'an, le...

A comparu le sieur Charles Richer... lequel a dit que lesdits mineurs sont
propriétaires du lieu de... situé commune de... que le sieur B... voisin de
ladite propriété, a fait divers ouvrages tendant à détourner le cours d'un
ruisseau qui arrose les prés dits...dépendant dudit lieu de...que les mineurs ont
le plus grand intérêt à intenter contre ledit sieur B... l'action possessoire ,
avant que la possession d'an et jour ait été acquise contre eux ; qu'en conséquence, le comparant, en vertu de cédule par nous délivrée, a convoqué
les membres composant le Conseil de famille, à l'effet de lui donner l'autorisation requise pour intenter ladite action.

Ont également comparu...

Le sieur Pierre Furne, subrogé tuteur, a été d'avis d'autoriser ladite
action.

Sur quoi, considérant que les droits du mineur sur le lieu de... et sur le
ruisseau qui arrose les prés de... sont établis par titres et par une possession
immémoriale.

Le Conseil autorise, à l'unanimité, le sieur... tuteur, à intenter contre ledit
sieur B... l'action possessoire ; à le faire citer devant le juge de paix compétent, et à faire dans ce but toutes poursuites et diligences nécessaires.

Et de ce que dessus...

Nota. S'il s'agissait d'une action au pétitoire, ou devant le tribunal de première instance, on ajouterait autorisation de constituer
tous avoués, de les révoquer, etc.

FORMULE 185. —Autorisation au tuteur d'acquiescer à une demande intentée contre le mineur.

L'an...

Le Conseil, considérant que l'action dirigée par... contre le mineur... est
fondée sur un titre ; qu'elle est justifiée en fait et en droit ; qu'il serait impossible d'y défendre ; qu'il y a donc lieu d'y acquiescer ;

Autorise, à l'unanimité, le tuteur à délaisser l'immeuble... et à payer les
frais faits jusqu'à ce jour.

FORMULE 186. — Autorisation au tuteur pour transiger.

L'an...et le... heures du... devant nous...etc., a comparu R...demeurant à...
tuteur des mineurs... lequel a dit qu'il existe entre ces mineurs et le sieur P...
une contestation pendante au tribunal de... au sujet de... (*expliquer sommaire-*

ment l'objet du procès) ; qu'il serait convenable aux intérêts desdits mineurs de transiger sur cette contestation, et que le sieur P... lui-même y paraît disposé ; que d'après cette disposition il a présenté requête à M. le procureur impérial du... afin d'obtenir la nomination de trois jurisconsultes pour donner leur avis sur la question de savoir s'il est avantageux aux mineurs de transiger ; que sur cette requête M. le procureur impérial a nommé... (*ici les noms et demeures des avocats nommés*) ; que ces jurisconsultes, après avoir examiné les pièces, ont donné leur avis le... de ce mois, portant que (*exprimer le résultat de la consultation*); qu'ayant communiqué cette consultation au sieur P... il y a donné son assentiment, de sorte qu'il ne reste à présent au comparant qu'à obtenir l'autorisation du Conseil de famille pour terminer la transaction; qu'à cet effet il a convoqué à l'amiable, après en avoir pris notre agrément (*ou en vertu de notre cédule du...*)., un Conseil de famille composé suivant la loi, requérant qu'il nous plaise de le recevoir, de le présider et d'y délibérer, et a signé... (*ou déclaré ne le savoir, de ce requis*).

Sont ensuite comparus : 1°... 2°... 3°... etc. (*Suivre pour les comparutions les formules précédentes, jusqu'à ce qui suit.*)

Le Conseil ainsi constitué, vu les pièces de la contestation dont il s'agit, les requêtes, nomination et consultation ci-dessus énoncées, après en avoir délibéré conjointement avec nous : attendu que... (*énoncer les motifs qui déterminent l'autorisation*); attendu que d'après cela il y a un avantage évident pour les mineurs... à conclure la transaction proposée ; à l'unanimité le Conseil de famille autorise ledit sieur... tuteur, à transiger par acte notarié avec le sieur P... de la manière et aux conditions exprimées dans la consultation ; à la charge par ledit... tuteur, de faire homologuer la présente délibération, ainsi que la transaction qui s'ensuivra. De tout quoi nous avons rédigé le présent procès-verbal, dont lecture a été faite aux délibérants, qui ont signé avec nous et le greffier (*ou ont déclaré ne savoir signer*).

FORMULE 187. — Délibération pour autoriser le mariage d'un mineur.
C. Nap., 160.

L'an 185... et le... heure de... à la requête du sieur B... demeurant à... au nom et comme tuteur aux personne et biens de... mineur, a été dit et exposé qu'il se présente un établissement avantageux pour ledit mineur, en la personne de mademoiselle... âgée de... fille de... et de... que la dot proposée est de la somme de... savoir : celle de... en deniers comptants; que le mariage est proposé sous le régime de la communauté ; et que les conditions dudit mariage, détaillées dans un projet signé dudit sieur B... tuteur, et par lui à l'instant remis en nos mains, lequel demeurera annexé à la minute des présentes, paraissent très-favorables ; pourquoi il requiert le Conseil de famille d'approuver lesdites conditions, et de donner son consentement au mariage proposé; ledit tuteur retiré, la matière mise en délibération, les sieurs D... E... G... ont été d'avis d'agréer lesdites propositions et de consentir au mariage; mais les sieurs L... M... et P... ont été d'avis contraire, et ont trouvé les conditions du mariage plus onéreuses que profitables audit mineur ; sur quoi nous, juge de paix, après avoir mûrement examiné lesdites conditions, les qualités, les familles et les fortunes des deux personnes dont il s'agit, nous sommes réuni à l'opinion des sieurs D... E... G...; en conséquence, il a été arrêté en Conseil de famille que les propositions annoncées par ledit sieur B... tuteur dudit mineur, sont et demeurent approuvées, et que le Conseil consent au mariage dudit mineur... avec la demoiselle... autorise ledit tuteur à passer le contrat de mariage, et y consentir pour le Conseil de famille, lui donnant à cet égard tout pouvoir; à l'effet de quoi il lui sera délivré expédition du présent. Fait en Conseil de famille, en notre domicile, à... les jour, mois et an que dessus, et ont lesdits parents signé avec nous, à l'exception des sieurs L... M... et P... lesquels out déclaré ne le vouloir faire. (*Signatures.*)

Nota. Cette délibération n'a pas besoin d'être homologuée, et les parents ou amis qui ont été d'avis contraire ne peuvent ni l'attaquer ni former opposition au mariage.

FORMULE 188. — Délibération autorisant le tuteur à provoquer la réclusion du mineur. C. Nap., 468, 376 et suiv.

L'an...
A comparu le sieur Charles Richer...
Lequel a dit que le susdit mineur... (*Exposer ici la conduite du mineur, en spécifiant les faits principaux, excès et griefs qui donnent lieu à la mesure provoquée*). (*Signature du tuteur.*)
Ont en même temps comparu...
Le Conseil, attendu que les faits exposés par le tuteur sont connus de tous les membres du Conseil, et qu'il est urgent, dans l'intérêt du mineur, d'en arrêter le cours par une sévère répression, autorise, à l'unanimité, le tuteur à requérir de M. le président du tribunal de... la détention dudit mineur, pendant un temps qui ne pourra excéder...
Et de ce que dessus...

FORMULE 189. — Autorisation au mineur de s'engager dans le service militaire. Loi du 21 mars 1832 (1).

L'an...
- A Comparu le sieur Charles Richer... lequel a dit que ledit mineur, Jean Tulle, demande l'autorisation nécessaire pour s'engager volontairement dans le service de l'armée de terre ; qu'il a, en sa qualité de tuteur, et conformément à notre autorisation, convoqué le Conseil de famille, pour délibérer sur cet objet, et il a signé.
Ont en même temps comparu...
Lesquels constitués, sous notre présidence, ont, conjointement avec nous, après délibération, et considérant que le mineur est âgé de dix-huit ans accomplis ; qu'il est d'une forte constitution, et qu'il a toujours montré du goût pour l'état militaire, autorisé, à l'unanimité, le tuteur à consentir à l'engagement volontaire dudit Jean Tulle, et à se présenter, à cet effet, devant tel maire ou autorité que besoin sera, et à faire tous actes requis et nécessaires.

FORMULE 190. — Autorisation pour restreindre l'hypothèque légale du mineur sur les immeubles du tuteur. C. Nap., 2143.

L'an...
A comparu le sieur Charles Richer... lequel a dit... (*Exposer ici que les immeubles du tuteur sont grevés, en totalité, d'une hypothèque légale au profit du mineur, en vertu de l'article 2121 du Code Napoléon ; que cette hypothèque générale paralyse, entre les mains du tuteur, des valeurs bien supérieures à celles qu'exige la garantie du mineur ; qu'un seul des domaines du tuteur, le domaine de... sis dans le territoire de la commune de... consistant en neuf cents hectares de terre, une maison d'habitation considérable... estimés valoir au moins neuf cent mille francs, libres et*

(1) Cet acte est exempt de droits d'enregistrement ; les expéditions qui en sont délivrées sont dispensées du timbre. Décision du ministre des finances, du 9 nov. 1832.

francs de toute autre hypothèque que celle du mineur, est plus que suffisant pour répondre de la gestion du tuteur, puisque les biens du mineur n'ont été estimés, dans la délibération de famille, en date du... enregistrée, valoir qu'une somme de trois cent cinquante mille francs; il y a donc lieu d'affranchir les autres biens du tuteur de l'effet de l'hypothèque légale); qu'il a, par conséquent, en vertu de l'article 2143 du Code Napoléon, convoqué, sur cédule, le Conseil de famille... et le subrogé tuteur dudit mineur, pour donner leur avis et délibérer sur la restriction de l'hypothèque légale qui grève tous ses biens.

Ont en même temps comparu...

Le Conseil, après avoir entendu le subrogé tuteur, lequel est d'avis que le domaine de... est plus que suffisant pour garantir la gestion tutélaire, et a signé.

Vu les titres de propriété du susdit domaine, consistant : 1° dans un acte de vente (*mentionner principalement les titres indiquant le prix de la propriété*)...

.. Vu le certificat négatif délivré par M. le conservateur des hypothèques de l'arrondissement de... où ladite propriété est située (*motifs tirés de l'exposé ci-dessus*).

Est d'avis, à l'unanimité, qu'il y a lieu de réduire l'hypothèque légale résultant de la tutelle, au susdit domaine de... et de déclarer, par conséquent, les autres immeubles du tuteur exempts et libres de ladite hypothèque.

Et de ce que dessus.

FORMULE 191. — Avis de parents pour restreindre l'hypothèque légale de la femme. C. Nap., 2144.

L'an... le... devant nous... a comparu R... demeurant à... époux de... lequel nous a dit que... (*Exposer ici les faits relatifs au mariage, à la date, à l'importance de la dot de la femme, aux immeubles du mari, les moyens de restreindre l'hypothèque légale*, etc.); qu'en conséquence il a, aux termes de l'article 2144 du Code Napoléon, convoqué quatre des plus proches parents de la femme, savoir... qu'il nous priait de présider cette assemblée de parents, et de dresser acte de sa délibération, et a signé...

Sont ensuite comparus... lesquels nous ont dit qu'en déférant à l'invitation du sieur... ils consentaient à délibérer sur l'avis qui leur était demandé. Alors nous les avons déclarés constitués en Conseil de famille sous notre présidence. Étant ainsi constituée, l'assemblée de parents, après en avoir délibéré avec nous; attendu que les immeubles appartenant au sieur... (*les désigner*) sont d'une valeur plus que suffisante pour garantir la dot, les reprises de sa femme et les autres droits qu'elle pourrait avoir à exercer contre son mari; que tels immeubles... (*les désigner*) sont suffisants pour la conservation entière des droits de la femme; qu'il importe au mari de rendre libres ses autres immeubles; est d'avis que l'hypothèque légale de la femme R..., pour raison de sa dot, de ses reprises et conventions matrimoniales, doit être restreinte aux immeubles susdésignés.

De tout quoi, nous, juge de paix, avons dressé le présent procès-verbal, dont lecture a été faite aux délibérants, qui ont signé avec nous et le greffier.

(*Signatures.*)

FORMULE 192. — Avis du Conseil de famille sur une demande en interdiction. C. Nap., 494; C. proc., 893.

L'an... etc... par-devant nous... juge de paix du canton de... arrondissement de... département de... en notre maison et domicile est comparu le sieur Joseph, propriétaire, demeurant à...

Lequel nous a exposé que le sieur Grégoire, son oncle paternel, demeurant à... est tombé dans un état de démence qui le rend incapable de gouverner sa personne et ses biens ; qu'il a cru qu'il était de son devoir et de la plus urgente nécessité de provoquer son interdiction ; à cet effet, il a présenté requête à M. le président du tribunal civil de... laquelle a été répondue d'un soit-communiqué au ministère public, et de nomination d'un des juges pour faire le rapport au tribunal, le... de ce mois.

Sur ce rapport et les conclusions de M. le procureur impérial, il a été ordonné, par jugement rendu le... du présent mois, et dont l'expédition est représentée, qu'un Conseil de famille serait formé pour donner son avis sur l'état dudit sieur Grégoire.

En exécution dudit jugement, et en vertu de notre cédule, du... il a fait convoquer ledit Conseil de famille en la manière ordinaire ; et a fait sommer (*ou* inviter) les parents, en nombre et qualités requis par la loi, de comparaître et de se trouver cejourd'hui, heure présente, par-devant nous, et à l'instant ledit sieur Joseph s'est retiré après avoir signé.

Sont aussi comparus lesdits parents (*les nommer*).

Le Conseil ainsi formé des parents (*alliés ou amis*) ci-dessus nommés, et de nous, juge de paix ; lecture faite, tant de la requête présentée par ledit sieur Joseph, contenant les faits de démence par lui articulés et détaillés, que des pièces y jointes, ensemble du jugement en date du... présent mois ; lesdits parents, après avoir examiné et délibéré, nous ont déclaré qu'ils connaissent parfaitement l'état de démence dans lequel se trouve ledit sieur Grégoire ; qu'ils sont intimement persuadés qu'il est incapable de gouverner sa personne ainsi que de régir et administrer ses biens, et qu'il y a tout lieu de craindre que l'on n'abuse de sa faiblesse pour l'en rendre victime ; par ces motifs, le Conseil a été unanimement d'avis qu'il soit procédé incessamment à l'interdiction dudit sieur Grégoire.

De tout ce qui précède nous avons donné acte auxdits comparants, qui ont signé avec nous et notre greffier le procès-verbal les jour et an ci-dessus.

FORMULE 193. — Nomination d'un tuteur et d'un subrogé tuteur à l'interdit. C. Nap., 505 ; C. proc., 895.

L'an...

A comparu le sieur A... ancien notaire, demeurant à... agissant en qualité d'administrateur provisoire des biens et de la personne de Charles Henriot, interdit ; lequel a dit que par jugement rendu par le tribunal civil de... le... enregistré, et par arrêt rendu sur appel du même jugement par la Cour de... le... l'interdiction du sieur Charles Henriot a été prononcée ; qu'un tuteur et un subrogé tuteur doivent être, en conséquence, nommés à l'interdit ; qu'à cet effet il a, d'après cédule que nous lui avons délivrée, et par exploit de... enregistré, fait citer... (*Suite comme pour la nomination d'un tuteur et d'un subrogé tuteur ordinaires, voir* formule 161.)

FORMULE 194. — Nomination de l'expert priseur, et prestation du serment, lorsque le père ou la mère, tuteur, veut conserver les meubles en nature.

L'an... devant nous, juge de paix du canton de... assisté de... notre greffier ;

A comparu le sieur Charles Richer, tuteur légal de ses enfants issus de son mariage avec défunte Marie Dubois ; qui a dit que le plus âgé desdits mineurs n'a pas atteint sa dixième année ; que le comparant, en sa qualité de père, a l'usufruit légal des biens desdits enfants jusqu'à dix-huit ans ; que son intention est de garder en nature les meubles appartenant à sesdits enfants ; qu'à cet effet il se propose de faire à ses frais une estimation à juste valeur, et que, pour se conformer à la loi, il a invité **M. Pierre Furne**, subrogé tuteur, ici présent, à nommer un expert priseur pour faire cette estimation.

A également comparu ledit sieur Pierre Furne, subrogé tuteur des susdits mineurs, qui reconnaît qu'il est avantageux de conserver en nature leur mobilier, et nomme pour expert le sieur Alexis Fabre, commissaire-priseur, lequel a prévenu celui-ci de se présenter pour prêter le serment requis.

A ces fins a comparu le sieur Alexis Fabre, expert priseur, qui a déclaré accepter la commission à lui déférée, et il a promis et juré de la remplir avec conscience.

Et de ce que dessus a été fait et dressé le présent procès-verbal, qui a été signé par les trois comparants, par nous et notre greffier, après lecture faite.

TITRE II.

DE L'ÉMANCIPATION ET DE L'AUTORISATION AU MINEUR DE FAIRE LE COMMERCE.

CHAPITRE I. — Quand y a-t-il lieu à l'émancipation ? — Formes.

957. Le mineur est émancipé de plein droit par le mariage. C. Nap., 476.

958. Le mineur, même non marié, peut être émancipé par son père, ou, à défaut de père, par sa mère, lorsqu'il aura atteint l'âge de quinze ans révolus. Cette émancipation s'opère par la seule déclaration du père ou de la mère, reçue par le juge de paix assisté de son greffier. C. Nap., 477.

La mère n'exerce le droit d'émancipation, du vivant du père, qu'autant que ce dernier est hors d'état de le faire, comme s'il est absent ou interdit. Duranton (t. III, p. 655) estime que, dans ce cas, il faut que l'enfant soit âgé de dix-huit ans et non de quinze ; car, dit-il, on ne peut priver le père de l'usufruit légal. Il argumente aussi de l'article 2 du Code de commerce ; mais il est douteux que cette considération secondaire fût de nature à paralyser une émancipation que la mère jugerait opportune, et que l'absence ou l'incapacité du mari pourrait rendre plus indispensable.

959. Le droit d'émancipation dérivant de la puissance paternelle, il s'ensuit qu'elle peut être accordée par le père dispensé, exclu ou destitué de la tutelle, ou contre lequel la séparation de corps a été prononcée. A défaut du père, la mère, dans les mêmes circonstances, et même la mère remariée, et non maintenue dans la tutelle, conserve le droit d'émanciper ses enfants. Colmar, 17 juin 1807 ; Bruxelles, 6 mai 1808 ; Bordeaux, 14 juillet 1838.

960. Le père et la mère peuvent se faire représenter à l'éman-

cipation par un mandataire pourvu d'une procuration spéciale et authentique.

961. Le mineur resté sans père ni mère peut aussi, mais seulement à l'âge de dix-huit ans accomplis, être émancipé, si le Conseil de famille l'en juge capable. En ce cas, l'émancipation résulte de la délibération qui l'aura autorisée, et de la déclaration que le juge de paix, comme président du Conseil de famille, aura faite, dans le même acte, que le mineur est émancipé. C. Nap., 478.

962. Lorsque le tuteur n'a fait aucune diligence pour l'émancipation du mineur, dont il est parlé dans l'article précédent, et qu'un ou plusieurs parents ou alliés de ce mineur, au degré de cousins germains ou à des degrés plus proches, le jugent capable d'être émancipé, ils peuvent requérir le juge de paix de convoquer le Conseil de famille pour délibérer à ce sujet. Le juge de paix doit déférer à cette réquisition. C. Nap., 479.

963. Le père et la mère d'un enfant naturel ont aussi le droit de l'émanciper. Limoges, 2 janvier 1821 ; Toullier, t. II, n° 128.

964. L'enfant admis dans un hospice peut, quand il a quinze ans révolus, être émancipé par le membre de la commission qui a été désigné tuteur. L. 15 pluv. an VIII, art. 4.

CHAPITRE II. — De l'autorisation à donner au mineur émancipé de faire le commerce.

965. Tout mineur émancipé de l'un ou de l'autre sexe, âgé de dix-huit ans accomplis, qui voudra profiter de la faculté que lui accorde l'article 487 du Code Napoléon, de faire le commerce, ne pourra en commencer les opérations ni être réputé majeur, quant aux engagements par lui contractés pour faits de commerce, 1° s'il n'a été préalablement autorisé par son père, ou par sa mère en cas de décès, interdiction ou absence du père, ou, à défaut du père et de la mère, par une délibération du Conseil de famille, homologuée par le tribunal civil; 2° si, en outre, l'acte d'autorisation n'a été enregistré et affiché au tribunal de commerce du lieu où le mineur veut établir son domicile. C. comm. 2.

966. Une autorisation particulière qu'il ne faut pas confondre avec la déclaration d'émancipation, doit être donnée au mineur, pour l'autoriser à faire le commerce, par les mêmes personnes qui ont le droit de lui conférer l'émancipation.

Cette autorisation indique si elle a pour objet le commerce en général, ou seulement certains actes de commerce en particulier.

967. Il a été jugé que, dans le premier cas, elle ne peut préciser le genre de commerce auquel le mineur devra se livrer, parce que, dans l'état actuel du commerce, où le plus souvent des opérations de diverse nature s'enchaînent les unes aux autres d'une manière imprévue et pourtant nécessaire, il ne serait pas sans inconvénient, dans certains cas, tant pour les tiers que pour les mineurs, que la capacité commerciale de ces derniers fût renfermée dans des limites trop fixes. Caen, 11 août 1828.

Cependant, il paraît incontestable que les parents, qui ont le droit d'accorder ou de refuser l'autorisation qui leur est demandée, sont fondés à y apposer les restrictions qu'ils jugent convenables, et par conséquent à la limiter à certaines branches de commerce, sauf, bien entendu, à déterminer, d'après l'usage, si les actes faits ultérieurement par le mineur rentrent dans le genre de commerce auquel il est autorisé à se livrer. Toullier, t. II, n°s 1292, 1308.

968. L'autorisation du père ou de la mère est valablement donnée devant un juge de paix, ou devant un notaire, même devant le greffier du tribunal de commerce ; si ces officiers ne connaissent pas personnellement celui qui se présente pour délivrer l'autorisation, ils doivent se faire attester son identité par deux témoins. Dans aucun cas on ne saurait se contenter d'une autorisation sous signature privée, rien ne constatant alors la sincérité des signatures.

969. L'autorisation du père ne peut être remplacée par celle de la mère ou du Conseil de famille que dans le cas où le père se trouve dans l'impossibilité de manifester sa volonté, par suite d'interdiction ou d'absence (C. comm., 2). Toutefois, il n'est pas nécessaire qu'il y ait absence déclarée; il suffit que le père ait abandonné son domicile, et qu'on n'ait pas de ses nouvelles. Pardessus, n° 57.

970. La Cour impériale de Douai a également jugé, le 21 juin 1827, que l'autorisation paternelle devait être remplacée par celle du Conseil de famille, lorsqu'il s'agissait de permettre à un mineur possédant des biens personnels de s'associer au commerce de son père. Il est, en effet, évident que l'autorisation est exigée dans l'intérêt du mineur, et que son père cesse de pouvoir le représenter quand il y a lui-même un intérêt personnel distinct, et peut-être opposé à celui de son fils.

971. L'autorisation, une fois donnée, ne peut plus être retirée isolément (Pardessus, n° 58). Mais elle peut être révoquée implicitement par la remise du mineur en tutelle, dans le cas où il abuse de sa position. En effet, la disposition de la loi, qui autorise à enlever le bénéfice de l'émancipation à tout mineur qui s'en montre indigne (Cod. Nap., 485), est évidemment applicable à celui qui a été autorisé à faire des actes de commerce, et la perte de cette capacité est une conséquence nécessaire du retrait de l'émancipation. Pardessus, n° 58.

972. Du reste, la révocation doit, dans ce cas, être rendue publique dans la même forme que l'autorisation, afin de ne pas induire les tiers en erreur. Pardessus, *ibid.*

973. Nous avons vu ci-dessus (n° 948) quels sont les droits à payer pour l'enregistrement de l'acte d'émancipation.

Le même droit est exigible pour les actes d'émancipation des enfants admis dans les hospices. Arg. L. 15 pluv. an XIII, art. 4 ; déc. min. fin., 8 févr. 1836.

974. L'acte de révocation de l'émancipation est passible du droit fixe de 4 fr. L. 28 avril 1816, art. 43, n° 21, et du 19 juillet 1845, art. 5.

975. L'acte par lequel le mineur est autorisé à faire le commerce est également soumis au droit fixe de 4 fr. Mêmes lois.

FORMULE 195. — Émancipation par le père ou la mère.
C. Nap., 477, 479.

L'an... le... par-devant nous (*nom, prénoms*), juge de paix de... assisté du sieur... (*nom, prénoms*), greffier de notre justice de paix ;

Est comparu (*nom, prénoms, profession et domicile du père ou de la mère*) lequel a déclaré que le sieur... (*nom, prenoms*), son fils, ayant quinze ans accomplis, ce qui résulte d'un extrait des registres de l'état civil de la ville de... et que reconnaissant en lui une capacité suffisante pour administrer sa personne et ses biens, il entendait profiter du droit que la loi lui donne de l'émanciper.

En conséquence, il a déclaré qu'il l'émancipait, et nous a requis de dresser le présent acte ; et a signé avec nous et le greffier, après lecture faite.

(*Signatures du père ou de la mère, du juge de paix et du greffier.*)

FORMULE 196. — Acte d'émancipation par le Conseil de famille.
C. Nap., 478, 479.

L'an... le... en l'hôtel de la justice de paix, sis à... devant nous...

Est comparu le sieur... (*nom, prénoms, qualité et domicile*), lequel, en sa qualité de tuteur du sieur... (*nom, prénoms*), a exposé que les père et mère dudit sieur... sont décédés;

Que celui-ci est âgé de dix-huit ans accomplis, ainsi qu'il résulte d'un extrait des registres de l'état civil de la ville de...

Que, par sa conduite antérieure, il offre toute espèce de garantie pour la bonne administration de sa personne et de ses biens ; que, par conséquent, il mérite qu'on lui confère le bénéfice de l'émancipation ;

Que, dans ces circonstances, et par suite de notre indication verbale à ce jour, il a convoqué par-devant nous les parents les plus proches en degré dudit mineur dans les lignes paternelle et maternelle, en nombre suffisant pour compléter le nombre de six, etc.

Le Conseil, délibérant sous notre présidence et conjointement avec nous, a été unanimement d'avis qu'il y a lieu d'émanciper le sieur... (*nom, pré-noms de l'émancipé*), et nous a autorisé en conséquence à prononcer son émancipation; et à l'instant même nous avons déclaré ledit sieur... émancipé.

En ce qui touche la nomination d'un curateur :

Le Conseil est d'avis, également à l'unanimité, que cette fonction soit dé-férée au sieur... (*nom, prénoms, qualité et domicile*), l'un de ses membres, lequel, ici présent, l'a acceptée et a promis de la remplir fidèlement.

Et de tout ce que dessus nous avons fait et rédigé le présent procès-verbal, que les membres du Conseil de famille ont signé avec nous et le gref-fier, après lecture faite. (*Signatures des membres du Conseil de famille, du juge de paix et du greffier.*)

FORMULE 197.—Autorisation donnée au mineur pour faire le commerce.
C. Nap., 487; C. com., 2.

L'an... le... par-devant nous... juge de paix du canton de... est comparu à l'hôtel de la justice de paix, sis à... M... (*nom, profession, domicile*) ;

Lequel a déclaré autoriser spécialement M... son fils, âgé de dix-huit ans, ainsi qu'il résulte de son acte de naissance, en date du... émancipé, sui-vant déclaration faite par lui... devant nous... ainsi qu'il résulte d'un pro-cès-verbal, en date du... à faire le commerce (*Énoncer si l'autorisation embrasse le commerce en général, ou si elle est restreinte à certains actes de commerce*);

Lesquels actes de naissance et procès-verbal d'émancipation nous avons lus et à l'instant rendus.

Pour faire publier ces présentes partout où besoin sera, tout pouvoir est donné au porteur de leur expédition.

Et de tout ce que dessus nous avons fait et rédigé le présent procès-verbal, que le sieur... a signé avec nous après lecture faite.

Fait et passé à... le... etc. (*Signatures du père, du juge de paix et du greffier.*)

FORMULE 198. — Révocation de l'émancipation par le père ou par la mère. C. Nap., 485.

L'an...

A comparu le sieur Pierre Tulle... lequel nous a dit que, suivant procès-verbal fait devant nous, le... enregistré, il a conféré l'émancipation à Jean Tulle, son fils, âgé de dix-sept ans ; mais que ce dernier abuse des droits que l'émancipation lui a donnés ; qu'elle tourne à son désavantage ; et que les en-gagements par lui contractés ont été déclarés réductibles pour cause d'excès, par jugement du tribunal de... en date du... enregistré, et dont une expédi-tion nous a été produite.

En conséquence, le comparant déclare révoquer, comme de fait il révoque formellement ladite émancipation, entendant que son fils rentre immédiate-ment en tutelle.

De laquelle déclaration nous, juge de paix, avons donné acte, dont lec-ture a été faite au comparant, qui a signé avec nous et notre greffier.

FORMULE 199.—Révocation de l'émancipation par le Conseil de famille.
C. Nap., 485, 477 et suiv.

L'an...

A comparu le sieur Joseph Tardif, curateur de Jean Tulle, fils de Pierre Tulle et de Marie Henri, ses père et mère décédés, mineur, âgé de dix-sept ans, émancipé suivant une délibération du Conseil de famille, en date du... enre-gistrée ; lequel Joseph Tardif a dit que le mineur Jean Tulle abuse de l'éman-cipation qui lui a été donnée ; que sa conduite devient de jour en jour plus répréhensible ; qu'il dépense ses revenus en frivolités, et que, par jugement du tribunal de... en date du... enregistré, des engagements par lui contractés envers... ont été déclarés réductibles ; que ledit curateur a en conséquence convoqué, en vertu de l'autorisation que nous lui avons donnée, le sieur Charles Richer, ancien tuteur, et les six membres composant le Conseil de famille dudit mineur, pour délibérer sur le retrait de ladite émancipation, et a signé.

Ont en même temps comparu...

Lesquels, constitués en Conseil de famille, sous notre présidence, ont délibéré avec nous ; et, considérant... (*Motifs tirés de l'exposé ci-dessus.*)

Le Conseil, à l'unanimité, révoque l'émancipation conférée au mineur Jean Tulle.

Vu cette résolution, nous, juge de paix, déclarons que l'émancipation accordée au mineur Jean Tulle est et demeure révoquée, et qu'en conséquence il rentrera en tutelle.

Et sans désemparer, ledit Conseil de famille, conjointement avec nous, a de plus, à l'unanimité, nommé, en ta nique de besoin, le sieur Charles Richer tuteur dudit mineur, et le sieur Jacques Ortis subrogé tuteur, lesquels, ici présents, ont déclaré accepter de nouveau lesdites fonctions.

Et de ce que dessus...

TITRE III.

ATTRIBUTIONS DES JUGES DE PAIX RELATIVES A L'ADOPTION ET A LA TUTELLE OFFICIEUSE.

CHAPITRE I — De l'adoption.

976. Les articles 343 et suivants du Code Napoléon fixent les cas dans lesquels l'adoption est permise, et les droits tant de l'adopté que de l'adoptant.

977. Les formes de l'adoption sont réglées par les articles 353 et suivants.

La personne qui se proposera d'adopter, et celle qui voudra être adoptée, se présenteront devant le juge de paix du domicile de l'adoptant, pour y passer acte de leurs consentements respectifs. Code Nap., 333.

978. Une expédition de cet acte sera remise, dans les dix jours suivants, par la partie la plus diligente, au procureur impérial près le tribunal de première instance dans le ressort duquel se trouvera le domicile de l'adoptant, pour être soumise à l'homologation de ce tribunal. C. Nap., 354.

979. Les articles suivants donnent la forme de la procédure devant le tribunal de première instance et devant la Cour.

980. Le droit d'enregistrement de l'acte d'adoption soit devant le jugé de paix, soit devant notaire, par testament, est de 1 fr. Loi 22 frim. an VII, art. 68, § 1, n. 9

CHAPITRE II. — De la tutelle officieuse.

981. Tout individu âgé de plus de cinquante ans, et sans enfants ni descendants légitimes, qui voudra, durant la minorité d'un individu, se l'attacher par un titre légal, pourra devenir son tuteur officieux en obtenant le consentement des père et mère de l'enfant, ou du survivant d'entre eux, ou, à leur défaut, d'un Conseil de famille : ou enfin, si l'enfant n'a point de parents connus, en obtenant le consentement des administrateurs de l'hospice où il aura été recueilli, ou de la municipalité du lieu de sa résidence. C. Nap., 361.

982. Le Code Nap., article 362 et suivants, règle les effets de la tutelle officieuse.

983. Le Conseil de famille admet ou refuse la tutelle officieuse. S'il l'autorise, il en règle les conditions qui doivent être acceptées par le tuteur officieux, car l'art. 364 C. Nap., tout en assujettissant la tutelle officieuse à certaines conditions déterminées en faveur du pupille, les prescrit *sans préjudice de toute stipulation particulière;* et ces stipulations particulières ne peuvent être évidemment acceptées ou réglées que par le Conseil de famille.

984. D'après l'article 363, le juge de paix du domicile de l'enfant dresse procès-verbal des demandes et consentements relatifs à la tutelle officieuse.

985. Le droit d'enregistrement des actes de tutelle officieuse est de 50 fr. — Voir ci-dessus, n. 948.

FORMULE 200. — **Acte d'adoption.** C. Nap., 343 et suiv

L'an... le... par-devant nous, juge de paix du canton de... arrondissement de... département de... assisté de M... greffier;
Sont comparus Pierre... propriétaire, demeurant à... célibataire, âgé de...
Et Paul... étudiant, demeurant à... âgé de...
Lesquels ont fait les déclarations suivantes :
1° M. Pierre, voulant donner à M. Paul une preuve de l'attachement qu'il a pour lui, a déclaré vouloir l'adopter, comme il l'adopte en effet par ces présentes, et nous a requis de recevoir l'acte de sa déclaration à cette fin;
2° M. Paul a également déclaré consentir à ladite adoption, et s'est engagé à remplir envers M. Pierre les devoirs qu'elle lui impose, etc.
(*Si l'adoptant a un conjoint, et si l'adopté a son père et sa mère, leur consentement est ainsi exprimé*); est aussi comparu... (*indiquer la personne dont le consentement est requis*) lequel a déclaré donner son consentement à l'adoption faite par...
Ou M... nous a remis l'acte dûment en forme, en date du... constatant le consentement de... (*indiquer la personne*) à l'adoption faite par... (*Si l'a-*

dopté a requis le conseil de ses père et mère, par un acte respectueux, Code Napoléon, 346 (1), on l'énonce de la même manière).

De tout ce que dessus a été dressé le présent acte dont nous avons donné lecture aux parties, après quoi elles l'ont signé avec nous et le greffier, à... les jour, mois et an susdits. *(Signatures.)*

FORMULE 201. — Procès-verbal de tutelle officieuse, convenue avec les parents de l'enfant. C. Nap., 361 et suiv.

L'an, etc... par-devant nous, juge de paix du canton de... sont comparus le sieur B... demeurant à... veuf sans enfants, d'une part ;

Et le sieur R... demeurant à... et M... son épouse, demeurant avec lui ;

Lesquelles parties ont fait les conventions suivantes :

Le sieur B... a requis ledit sieur R... et la dame M... son épouse, de lui accorder la tutelle de P... leur fils, âgé de onze ans, ainsi qu'il appert par son acte de naissance en date du... délivré par l'officier de l'état civil de la municipalité de... aux offres que fait ledit sieur B... de remplir toutes les obligations imposées aux tuteurs officieux par le Code Napoléon.

Et, de leur part, ledit sieur R... et la dame M... ont déclaré consentir et acquiescer à la demande dudit sieur B..., à la charge par lui de (*énoncer les conditions imposées par les père et mère*) ; auxquelles charges et conditions ledit sieur B... a déclaré souscrire, et a promis les accomplir et exécuter.

En conséquence, lesdits sieurs R... et dame M... ont accordé audit... ce requérant et acceptant, la tutelle officieuse de P... leur fils, aux charges, clauses et conditions ci-dessus énoncées, et acceptées par ledit sieur B..., ainsi qu'il est dit ; au moyen de quoi la personne dudit P... mineur, sera remise audit sieur R.. ; et de tout ce que dessus, nous, juge de paix susdit, avons fait et rédigé le procès-verbal, qui a été signé par les parties contractantes, par nous et notre greffier, les jour, mois et an que dessus. *(Signatures.)*

FORMULE 202. — Tutelle officieuse convenue avec le Conseil de famille. C. Nap., 361 et suiv.

L'an, etc... en l'assemblée de parents et amis de N... fils mineur des défunts N... et N... ses père et mère, convoqués à la réquisition de... tuteur dudit mineur... par-devant nous .. juge de paix du canton de... et où se sont trouvés, etc., s'est présenté le sieur A... demeurant à... lequel a requis lesdits parents et amis dudit mineur... de lui accorder la tutelle officieuse aux offres qu'il fait, et a signé et s'est retiré.

Sur laquelle demande lesdits parents et amis ayant délibéré, sous notre présidence et conjointement avec nous, ont été unaniment d'avis... (*énoncer les conditions imposées par le Conseil de famille*) ; et ledit A... rentré en l'assemblée, nous lui avons fait connaître le résultat de la délibération, et a ledit sieur A... déclaré accepter toutes les conditions que le Conseil de famille est d'avis de lui imposer, et a promis de les accomplir et exécuter ; en conséquence, nous, juge de paix susdit, de l'avis dudit Conseil de famille, avons accordé audit sieur A... la tutelle officieuse dudit...

De tout quoi nous avons fait et rédigé le présent procès-verbal, qui a été signé par les membres du Conseil de famille, par ledit sieur A..., par nous et notre greffier, mois et an que dessus. *(Signatures.)*

___

(1) Un seul acte respectueux suffit. Delvincourt, I, 99.

CHAPITRE III. — Obligations des subrogés tuteurs et des juges de paix relativement à la purge des hypothèques légales concernant les sociétés de Crédit foncier (1).

986. Pour purger les hypothèques légales connues, la signification d'un extrait de l'acte constitutif d'hypothèque au profit de la Société de crédit foncier doit être faite : — à la femme et au mari ; — au tuteur et au subrogé tuteur du mineur ou de l'interdit ; — au mineur émancipé et à son curateur ; — à tous les créanciers non inscrits ayant hypothèque légale. Loi des 27 mai, 10 juin 1853, article 19.

987. L'extrait de l'acte constitutif d'hypothèque contient, sous peine de nullité, la date du contrat, les nom, prénoms, profession et domicile de l'emprunteur, la désignation de la situation de l'immeuble, ainsi que la mention du montant du prêt.

Il contient, en outre, l'avertissement que, pour conserver vis-à-vis de la Société de crédit foncier le rang de l'hypothèque légale, il est nécessaire de la faire inscrire dans les quinze jours, à partir de la signification, outre les délais de distance. *Ibid.*, art. 20.

988. La signification doit être remise à la personne de la femme, si l'emprunteur est son mari.

Néanmoins, la signification peut être faite au domicile de la femme, si celle-ci, sous quelque régime que le mariage ait été contracté, a été présente au contrat de prêt, et si elle a reçu du notaire l'avertissement que, pour conserver vis-à-vis de la Société de crédit foncier le rang de son hypothèque légale, elle est tenue de la faire inscrire dans les quinze jours, à dater de la signification, outre les délais de distance.

L'acte de prêt doit faire mention de cet avertissement, sous peine de nullité de la purge à l'égard de la femme.

989. Si la femme n'a pas été présente au contrat, ou n'a pas reçu l'avertissement du notaire, et si la signification n'a été faite qu'à domicile, les formalités nécessaires pour la purge des hypothèques légales inconnues doivent, en outre, être remplies. *Ibid.*, art. 22.

990. Si l'emprunteur est, au moment de l'emprunt, tuteur d'un mineur ou d'un interdit, la signification est faite au subrogé tuteur et au juge de paix du lieu dans lequel la tutelle s'est ouverte.

Dans la quinzaine de cette signification, le juge de paix convoque le Conseil de famille en présence du subrogé tuteur.

---

(1) Voir le décret du 28 février 1852, rapporté dans nos ANNALES, volume 1852, page 120 ; et la loi des 27 mai et 10 juin 1853, ANNALES 1853, p. 204.

Ce Conseil délibère sur la question de savoir si l'inscription doit être prise. Si la délibération est affirmative, l'hypothèque est inscrite par le subrogé tuteur, sous sa responsabilité, par les parents ou amis du mineur, ou par le juge de paix, dans le délai de quinzaine de la délibération. *Ibid.*, art. 23.

991. Pour purger les hypothèques légales inconnues, l'extrait de l'acte constitutif d'hypothèque doit être notifié au procureur impérial près le tribunal de l'arrondissement du domicile de l'emprunteur, et au procureur impérial près le tribunal de l'arrondissement dans lequel l'immeuble est situé.

Cet extrait doit être inséré, avec la mention des significations faites, dans l'un des journaux désignés pour la publication des annonces judiciaires de l'arrondissement dans lequel l'immeuble est situé.

L'inscription doit être prise dans les quarante jours de cette insertion. *Ibid.*, art. 24.

992. La purge est opérée par le défaut d'inscription dans les délais fixés par les articles précédents.

Elle confère à la Société de crédit foncier la priorité sur les hypothèques légales.

Cette purge ne profite pas aux tiers, qui demeurent assujettis aux formalités prescrites par les articles 2193, 2194 et 2195 du Code Napoléon. *Ibid.*, art. 25.

TROISIÈME PARTIE.

TITRE Iᵉʳ.

DES SCELLÉS. — DÉFINITION ET ORIGINE DES SCELLÉS. — A QUELS MAGISTRATS
APPARTIENT LE DROIT D'APPOSER LES SCELLÉS. — EN QUOI CONSISTE CE
DROIT. — ÉTENDUE DE LA JURIDICTION TERRITORIALE DES JUGES DE PAIX
EN MATIÈRE DE SCELLÉS. — SUPPLÉANTS.

CHAPITRE I. — Définition et origine des scellés.

995. Le scellé est une bande de papier, ou un ruban attaché aux
deux extrémités avec de la cire sur les battants ou les serrures de
meubles ou de portes, par des magistrats compétents, avec empreinte, sur la cire ardente, d'un sceau particulier au magistrat.

A part de rares exceptions que nous ferons connaître par la suite,
c'est aux juges de paix et à leurs suppléants qu'il appartient d'apposer les scellés. Pouvoir, dit Carré (*Droit français considéré dans
ses rapports avec les justices de paix*, t. III, p. 231 de l'édit. de
1839), éminemment utile, pour prévenir les disputes, les soupçons,
les inimitiés que font naître les accusations, bien ou mal fondées,
de spoliation dans les maisons mortuaires, pour conserver intactes
les successions, pour établir une base fixe sur laquelle puissent reposer les comptes à rendre.

Le sceau particulier dont les juges de paix se servent doit, aux
termes de l'art. 908 Code procédure, rester entre leurs mains, et
l'empreinte en être déposée au greffe du tribunal de première instance.

L'usage des scellés, ont dit les auteurs de l'*Encyclopédie,* et avec
eux ceux du *Répertoire universel,* et depuis, tous ceux qui se sont
occupés de la matière, nous vient des Romains. Il en est parlé,
ajoutent ces mêmes auteurs, dans la loi dernière du *Digeste,* au
titre *De administratione tutorum,* et dans la loi *Scimus,* au Code
De jure deliberandi ; or, il est bien, dans ces lois, mention de l'*inventaire,* mais pas un mot des *scellés.* Peut-être y trouverait-on,
dans la loi 4 du titre XIX du livre III du Code théodosien, la constatation d'un usage qui aurait rapport aux scellés, relativement

à la conservation des objets de prix compris dans les successions appartenant aux mineurs ; mais encore cet usage, destiné à assurer aux mineurs la propriété de ces objets par l'apposition d'un sceau public, ne ressemblait-il pas aux scellés, tels qu'ils ont été établis depuis, et à leur destination.

Nous serions donc porté à croire que le scellé est originaire du moyen âge ; on le trouve dans plusieurs Coutumes : celles de Bourbonnais, d'Auvergne, de Clermont, de Sens, de Blois, de Bretagne, d'Anjou et de Maine.

Cependant, la plupart des règles qu'on suivait anciennement dans cette matière n'étaient fondées que sur les ordonnances, arrêts et règlements.

La loi du 16 août 1790 sur l'organisation judiciaire chargea, par l'article 11 de son titre III, les juges de paix de l'apposition des scellés. « Lorsqu'il y aura lieu à l'apposition des scellés, elle sera, « dit cet article 11, faite par le juge de paix, qui procédera aussi « à leur reconnaissance et levée, mais sans qu'il puisse connaître des « contestations qui s'élèveraient à l'occasion de cette reconnaissance. »

Le Code de procédure n'a fait, comme nous le verrons ci-après, que confirmer et répéter cette disposition.

Mais ce n'est pas seulement sur les objets dépendant d'une succession que les scellés peuvent être apposés. Il est plusieurs autres cas, et notamment en matière de faillite et en matière criminelle, où l'apposition des scellés est commandée par la loi.

CHAPITRE II. — *Du droit d'apposer les scellés.* — *A quels magistrats ce droit appartient.* — *Sceau du juge de paix.*

994. C'est aux juges de paix tout spécialement et à leurs suppléants que la loi accorde le droit d'apposer les scellés. « Lorsqu'il « y aura lieu à l'apposition des scellés après décès, elle sera faite par « les juges de paix, et à leur défaut, par leurs suppléants. » C. proc., 907.

995. Les articles 455, 457 et 458 du Code de commerce attribuent aussi aux juges de paix l'apposition des scellés en matière de faillite.

Il n'y a d'exception à cette règle que :

1° Relativement aux scellés apposés en cas de saisie-exécution sur les papiers du saisi (C. proc., 591) ; si l'huissier est assisté du commissaire de police, ou du maire, ou de l'adjoint, l'apposition doit être faite par ces officiers. Voir ci-après, titre II, chap. 1er, section VIII.

2° Relativement aux scellés et inventaires qui ont lieu après le décès des princes et princesses de la famille du chef de l'Etat. Ordonn. du 25 avril 1820, art. 7.—V., ci-après, tit. II, sect. III.

3° Relativement aux scellés en matière criminelle, qui peuvent être apposés sur les objets saisis comme pièces de conviction, ainsi que nous le verrons titre V, ci-après, par tous officiers de police judiciaire.

Mais c'est le fait même de l'apposition qui, hors ce petit nombre de cas exceptionnels, appartient aux juges de paix ; l'ordre d'apposer les scellés peut lui être donné par jugement ou arrêt, ou l'apposition a lieu à la diligence du procureur impérial, ou même à la réquisition des parties intéressées.

996. Si un juge de paix, se présentant d'office ou sur réquisition pour apposer les scellés dans les cas prévus par la loi, trouvait l'apposition déjà faite, comment devrait-il agir? Une circulaire du ministre de la justice du 4 avril 1791 autorise, dans ces cas, le magistrat à briser les scellés de sa propre autorité, pour les réapposer à l'instant lui-même ; mais nous croyons qu'il ne pourrait le faire que s'il y avait eu violation de pouvoir ou d'attributions manifeste et évidente ; que si, par exemple, les scellés avaient été apposés dans des cas extraordinaires, en vertu d'ordre et par un magistrat supérieur, ou, dans des circonstances de juridiction douteuse, par le juge de paix d'un canton voisin, ou, enfin, par un suppléant du canton de la situation des biens, le juge de paix devrait s'abstenir, ou pour le moins en référer.

997. L'opération commencée par le juge de paix peut être continuée par le suppléant, rien dans l'apposition des scellés ou dans leur levée n'étant indivisible ; le juge de paix pourrait même être remplacé par son suppléant en référé ; l'inconvénient serait d'autant moindre, que le commencement tout entier de l'opération, et tout ce qui se rapporte à l'incident, se trouve consigné sur le procès-verbal, et que ce procès-verbal est produit devant le président par le greffier qui accompagne le juge de paix. Il serait bon seulement de constater que le suppléant se présente parce que le juge de paix s'est trouvé empêché ; mais le remplacement ne devrait avoir lieu, en aucun cas, dans le cours de l'opération, que si le juge de paix se trouvait tout d'un coup dans l'impossibilité de continuer. V. REPERT. GEN. DES J. DE PAIX. tom. IV, v° *Scellé*, n° 5.

998. Nous venons de faire remarquer qu'en cas d'empêchement du juge de paix, et de son remplacement par le suppléant, il était bon de constater cette circonstance; il est vrai de dire, néanmoins, que le défaut de cette constatation ne frapperait pas de nullité les actes faits par le suppléant (Cass., 6 avril 1819) : « Attendu, porte cet arrêt, que la loi du 29 ventôse an IX, en déterminant par son article 2 les cas où les fonctions de juge de paix seront remplies par un suppléant, n'a prescrit aucune forme préalable pour cette subrogation, qui doit être toujours présumée légale, toutes les fois que le contraire n'a été prouvé... »; mais, nous le répétons, il est plus prudent de mentionner le motif d'empêchement; surtout lorsque le remplacement a lieu dans une opération commencée.

999. « Les juges de paix et leurs suppléants se servent, pour « l'apposition des scellés, d'un sceau particulier qui reste entre « leurs mains, et dont l'empreinte est déposée au greffe de pre- « mière instance. » C. proc., 908.

Nous avons dit plus haut, en définissant le scellé, les autres for- malités qui tiennent à l'acte d'apposition même, et comment elle s'opère.

Nous devons ajouter ici que la loi, sainement entendue, n'as- treint pas le juge de paix à faire lui-même l'application des bandes et l'empreinte du sceau, lorsqu'il appose les scellés ; elle veut seule- ment qu'il préside à l'opération et qu'elle ne se fasse que par le con- cours de sa volonté. C'est ainsi, du reste, qu'on procède à Paris. Cass., 17 mars 1812; Metz, 6 juin 1821.—V., ci-après, titre II, chap. IV.

CHAPITRE III. — **Etendue de la juridiction territoriale des juges de paix en matière de scellés. — Remplacement.**

1000. C'est le juge de paix du canton où sont situés les objets sur lesquels les scellés doivent être apposés qui procède à l'apposi- tion. « Le scellé ne pourra être apposé que par le juge de paix *des* « *lieux*, ou par ses suppléants. » C. proc., 912.

Dans l'ordre actuel de juridiction, tout magistrat ne peut instru- menter que dans le ressort de sa compétence ; les pouvoirs du juge de paix sont donc renfermés dans son canton. Déjà l'art. 7 de la loi du 6 mars 1791 avait aboli le *droit de suite*, d'après lequel les com- missaires du Châtelet de Paris, qui avaient apposé les scellés sur les effets d'une personne décédée à Paris, avaient le droit d'apposition sur tous les autres effets appartenant à cette même personne, en quel- que lieu qu'ils fussent situés.

1001. Si une propriété appartenant à une même personne était située en deux cantons différents, et que des objets mobiliers dépen- dant de cette propriété se trouvassent sur les deux cantons, les scellés dcvraient y être apposés, après le décès du propriétaire, par chacun des juges de paix des cantons respectifs.

1002. En cas de décès, d'absence, ou d'empêchement du juge de paix et de ses suppléants, il appartient au président du tribunal civil de commettre le juge de paix d'un canton voisin pour procéder à une apposition de scellés ; son ordonnance n'ayant pas le caractère d'un référé, mais bien d'une ordonnance sur requête, peut être valablement rendue hors la présence des parties adverses intéressées (Bourges, 16 mai 1842; *Rép. gén. des Justices de paix*, tom. **IV**, p. 338, n° 395).—« Attendu, porte cet arrêt, que dans l'espèce il ne s'agissait pas d'un litige entre deux justiciables, pour la solution duquel une attribution de juridiction était à donner, mais seulement d'une mesure provoquée pour assurer des droits invoqués ; que l'apposition des scellés est une mesure de précaution et de défiance qui doit être ordonnée, sans que ceux contre lesquels on veut l'exercer en soient prévenus à l'avance ; qu'en les appelant en référé devant le tribunal, ce serait agir contre le but qu'on se propose ; que des différentes dispositions du Code de procédure civile, il résulte qu'en cas d'urgence, le président du tribunal est investi d'un pouvoir discrétionnaire qui lui permet d'ordonner toutes les mesures conservatoires et de précaution que les circonstances exigent... »

TITRE II.

DES SCELLÉS EN MATIÈRE CIVILE.

CHAPITRE I. — **Cas dans lesquels les scellés peuvent être apposés en matière civile.**

1003. Les scellés, en matière civile, peuvent ou doivent être apposés *après décès*, suivant les circonstances ; par exemple, si l'un ou plusieurs héritiers sont absents, s'il y a parmi eux des mineurs dépourvus de tuteurs, si le défunt était dépositaire public, ou militaire d'un grade supérieur, ou titulaire d'une certaine cure. Ils peuvent l'être aussi *pendant la vie*, en cas d'absence présumée, de séparation de biens ou de corps, de demande en interdiction, de saisie mobilière, lorsque le saisi est absent et qu'il se trouve des papiers dans sa demeure, etc.

SECTION I. — De l'apposition des scellés après décès, lorsque le défunt n'a rempli aucune fonction extraordinaire.

1004 L'apposition des scellés après décès, dans les cas ordinaires, est obligatoire ou simplement facultative, c'est-à-dire qu'elle doit être, en certaines circonstances, opérée d'office par le juge de paix, tandis qu'en d'autres circonstances elle ne peut avoir lieu que sur la demande des parties intéressées ; et même il est des cas où elle ne peut être requise.

L'apposition des scellés est obligatoire, et le juge de paix doit agir d'office, lorsqu'il y a parmi les héritiers des mineurs dépourvus de tuteurs, et des absents.

L'apposition peut être demandée par les prétendants droit dans la succession ou dans la communauté, par les créanciers fondés en titre, ou dûment autorisés.

Enfin, il n'y a pas lieu à l'apposition en cas de décès, et elle ne saurait être opérée, lorsqu'aucun héritier, ayant droit, ou créancier ne la requiert, et qu'au nombre des héritiers et conjoints ne se trouvent ni absents, ni mineurs dépourvus de tuteurs.

Les scellés ne peuvent être apposés, au reste, que dans le *domicile* et sur les objets *appartenant au défunt ;* si celui-ci habitait avec une autre personne et que cette autre personne justifiât qu'elle est propriétaire des lieux, et que, depuis le décès, elle serait restée longtemps en possession, non-seulement de tout le mobilier existant dans la maison, mais encore des marchandises composant le fonds de commerce *exploité en son nom*, il n'y aurait pas lieu à l'apposition des scellés. Douai, 12 avril 1843. *Répert. gén. des J. de paix,* tome IV, v° *Scellé*, pag. 429, n° 384.

Nous examinerons, aux sections suivantes, comment ces divers droits s'exercent, et quand ils peuvent être invoqués.

SECTION II. —De l'apposition des scellés lorsque le défunt a été dépositaire public.

1005. C'est l'art. 911 C. proc. qui ordonne l'apposition des scellés, soit à la diligence du ministère public, soit sur la déclaration du maire ou adjoint de la commune, ou même d'office par le juge de paix, *si le défunt était dépositaire public.* D'après le même article, « le scellé ne doit être apposé que pour raison de ce dépôt et « sur les objets qui le composent. »

Ces objets restent sous les scellés jusqu'à ce qu'ils aient été remis officiellement et légalement à un autre dépositaire.

D'après l'art. 61 de la loi du 25 ventôse an XI, « immédiatement « après le décès des notaires ou autres possesseurs de minutes, les « minutes et répertoires seront mis sous les scellés par le juge de « paix de la résidence, jusqu'à ce qu'un autre notaire en ait été pro-

« visoirement chargé par ordonnance du président de la résidence.»

C'est, en général, aux frais de la succession que les scellés sont apposés sur les papiers ou objets mobiliers des dépositaires publics. Cependant, si le dépôt n'avait eu lieu que dans l'intérêt d'une ou de plusieurs personnes, si le dépositaire n'avait pas un caractère public, s'il s'agissait, par exemple, d'un séquestre conventionnel ou judiciaire, les frais de scellés seraient à la charge des requérants.

Il n'est même pas nécessaire qu'il y ait *décès* pour que les scellés soient apposés sur les papiers ou la caisse d'un dépositaire public ; la Cour de Bourges, par arrêt du 10 août 1836 (*Rép. gén. des J. de paix*, tom. IV, v° *Scellé*, page 430, n° 385), a jugé que le notaire qui prétend que son prédécesseur ne lui a pas remis tous les actes ou minutes de l'étude, peut requérir le juge de paix d'apposer les scellés sur un meuble qu'il indique comme contenant les actes retenus ; dans l'espèce, le notaire démissionnaire prétendait que le scellé ainsi apposé l'avait été illégalement ; il demandait, en conséquence, qu'on levât sans description, parce qu'on ne pouvait agir contre lui que par voie de plainte ou action en revendication. La Cour le débouta.

Il en serait de même, et à plus forte raison, en cas de disparition d'un notaire ou dépositaire public, de poursuite criminelle, etc.

SECTION III. — De l'apposition des scellés ou de leur levée dans les palais, châteaux, maisons de l'Etat et leurs dépendances.

1006. Quand il y a lieu d'apposer ou de lever les scellés, de faire des inventaires ou tous autres actes judiciaires dans l'intérieur des palais, châteaux, maisons de l'Etat et de leurs dépendances, les officiers de justice qui en seront chargés doivent se présenter au gouvernement, ou à celui auquel, en son absence, appartient la surveillance, lequel doit pourvoir immédiatement à ce qu'aucun empêchement ne leur soit donné, et leur faire prêter au contraire, si besoin est, tout secours et aide nécessaires, sauf les précautions qu'il croit devoir prendre, s'il y a lieu, pour la garde et la police desdits palais. Ordonn., 20 août 1817.

Avant 1848, lorsqu'il y avait lieu d'apposer les scellés après le décès (*comme dans tous autres cas*) d'un prince ou d'une princesse de la famille du chef de l'Etat, ils étaient apposés par le chancelier et levés dans la forme ordinaire. Les inventaires devaient être faits, en sa présence, par tous officiers à ce compétents. Il pouvait déléguer, tant pour l'apposition et la levée des scellés que pour l'inventaire, un conseiller d'Etat, lorsqu'il fallait, pour ces opérations, se transporter dans tout autre lieu que le palais où résidait le chef de l'Etat. Ordonn., 25 avril 1820.

Il n'y a plus de chancelier; les attributions qui lui étaient ainsi conférées doivent être, selon nous, exercées aujourd'hui par le ministre d'état, conformément à l'ordonnance ci-dessus citée.

Dans les cas dont il s'agit ici, il doit être procédé à l'apposition, à la levée des scellés et à l'inventaire, selon les règles prescrites par le Code de procédure civile.

SECTION IV. — De l'apposition des scellés après décès d'officiers supérieurs.

1007. D'après l'arrêté du 13 nivôse an X : « Aussitôt après le « décès d'un officier général ou officier supérieur de toute arme, d'un « commissaire-ordonnateur, inspecteur aux revues (aujourd'hui « intendant ou sous-intendant militaire), officier de santé en chef « des armées, retiré ou en activité de service, les scellés seront ap- « posés sur les papiers, cartes, plans et mémoires militaires autres « que ceux dont le décédé est l'auteur, par le juge de paix du lieu « du décès, en présence du maire de la commune ou de son adjoint, « lesquels sont respectivement tenus d'en instruire de suite le géné- « ral commandant la division et le ministre de la guerre.—Le général « commandant la division nommera, dans les dix jours qui suivront, « un officier pour être présent à la levée des scellés et à l'ouverture « de ces objets. » Art. 1 et 2.

L'art. 3 du même arrêté détermine à qui doivent être remis les papiers et objets divers lors de l'inventaire, et fixe les droits du gouvernement. Carré soutient que les scellés, en pareil cas, doivent être apposés sur tous les effets de la succession, et non pas seulement *sur ceux qui pourraient intéresser le gouvernement.* Il s'appuie sur une instruction du 8 mars 1823, d'après laquelle les effets reconnus appartenir au gouvernement doivent être *inventoriés séparément* et remis à l'officier présent, sur son reçu; mais cet auteur perd de vue l'arrêté de l'an X, qui n'ordonne d'apposer les scellés que « sur « les papiers, cartes, plans et mémoires militaires autres que ceux « dont le décédé est l'auteur. »

SECTION V. — De l'apposition des scellés après décès d'un évêque, d'un archevêque ou du titulaire d'une cure.

1008. Les art. 37 et 38 du décret du 6 novembre 1813 ordonnent l'apposition *d'office* des scellés aussitôt le décès d'un évêque ou d'un archevêque, dans son hôtel ou autre maison qu'il occupe.

De même, au décès du titulaire d'une cure, le juge de paix doit apposer les scellés d'office sur les meubles et effets qui dépendent de la cure ; mais cette opération se fait gratuitement ; le greffier réclame seulement ses déboursés. Même décret, art. 16.

SECTION VI. — De l'apposition des scellés après le décès d'un titulaire de majorat, d'un grevé de substitution.

1009. Les grevés de restitution sont obligés, par l'article 1058 du Code Napoléon, de faire inventaire. Pigeau, liv. III, tit. Iᵉʳ, chap. Iᵉʳ, n° 10, en tire la conséquence qu'ils sont tenus à assurer la conservation des objets *par le scellé*, jusqu'à l'inventaire ; si le grevé ne fait pas apposer le scellé, ajoute-t-il, les personnes auxquelles les art. 1057, 1060 et 1061 imposent l'obligation de faire faire inventaire à son défaut, peuvent, par argument tiré de ces articles, le faire apposer, pour conserver les objets sujets à restitution. Ces personnes sont : 1° le tuteur nommé pour l'exécution (1060), par le disposant (1055), ou par la famille (1056) ; 2° à son défaut, les appelés s'ils sont majeurs, sinon leurs tuteurs ou curateurs, s'ils sont mineurs ou interdits (1061 et 1057) ; 3° à leur défaut, tout parent des appelés majeurs, mineurs ou interdits (*ibid.*) ; 4° enfin le procureur impérial près le tribunal de première instance du lieu où la succession est ouverte, qui le peut d'office (1057).

Les substitués pouvant être regardés comme héritiers et ayant un droit dans la succession, nous ne doutons pas que le maire, le juge de paix, ne puissent également agir d'office si ces substitués sont mineurs, absents, ou s'ils ne sont pas encore nés.

1010. Mais il est une autre espèce de substitution qui exige encore plus impérieusement l'intervention du juge de paix comme magistrat des scellés, nous voulons parler des *majorats*.

Les majorats, créés par le décret du 1ᵉʳ mars 1803, ont été abolis, ou plutôt toute institution nouvelle a été interdite par la loi des 12-13 mai 1835 ; cette loi porte, article 2, que les majorats fondés jusqu'à sa date, *avec des biens particuliers*, ne pourront s'étendre au delà de deux degrés, l'institution non comprise. D'après l'article 4, les dotations ou portions de dotations consistant en biens *soumis au droit de retour en faveur de l'État*, continueront à être cédées et transmises conformément aux actes d'institution et sans préjudice des droits d'expectative ouverts par la loi du 5 décembre 1814.

Le droit des descendants privilégiés, ou le droit de l'État en cas de retour, impose nécessairement aux juges de paix l'obligation d'apposer les scellés d'office. D'autres mesures lui sont commandées : ainsi, depuis le décret du 4 mai 1809, articles 12 et 29, en cas de décès du titulaire d'un majorat, le juge de paix, le notaire ou autre officier public est tenu de faire représenter, *avant la levée des scellés*, le certificat constatant la notification du décès au procureur général du sceau des titres (aujourd'hui au secrétaire général du ministère de la justice, suivant une ordonnance du 31 octobre 1830, art. 3), et de faire mention dudit certificat dans l'intitulé du procès-verbal de levée ou de l'inventaire, à peine d'interdiction, si, bien entendu, la qualité du défunt est à la connaissance du juge de paix ou du notaire.

C'est par le maire que l'acte de décès du titulaire a dû être envoyé au ministère de la justice.

Si le certificat constatant la notification du décès n'est·pas représenté, le notaire peut faire lui-même cette notification. Lettre du procureur général du sceau des titres à la Chambre des notaires de Paris, 16 octobre 1809.

SECTION VII. — De l'apposition des scellés en cas de décès d'un greffier de justice de paix, du tribunal civil, de Cour impériale, et même d'un tribunal de commerce.

1011. Il est de règle générale que les scellés doivent être apposés après le décès des fonctionnaires, dépositaires publics.

« Le scellé, dit l'article 911 du Code de procédure civile, sera « apposé, soit à la diligence du ministère public, soit sur la décla-« ration du maire ou adjoint de la commune, et même d'office par « les juge de paix... 3° Si le défunt était dépositaire public; auquel cas « le scellé ne sera apposé que pour raison de ce dépôt, et sur les « objets qui le composent. »

Le greffier est dépositaire public ; et, cependant, nous ne croyons pas que, à moins d'exception, les scellés doivent être apposés sur ses papiers et minutes après son décès.

M. Massabiau, dans un ouvrage sur les parquets, fait remarquer qu'il n'y a pas lieu d'apposer les scellés sur un greffe après le décès du greffier, quoiqu'il soit bien réellement dépositaire public (n. 1088). Cet auteur ne dit pas sur quelles raisons il fonde son opinion ; nous tâcherons de suppléer à son silence.

Et d'abord nous dirons que l'opinion de M. Massabiau est peut-être un peu trop absolue.

Quant aux greffiers des tribunaux civils, à ceux des Cours impériales, et même des tribunaux de commerce, qui ont pour leur greffe un local tout particulier, dépendant d'un établissement public, aucune difficulté ne paraît devoir s'élever : les minutes, toutes les pièces du greffe sont placées dans ce local. Le greffier meurt, il est à l'instant remplacé par le commis-greffier, qui tient la clef du greffe, qui veille sur les minutes, qui fait suite, sans interruption aucune, à la personne du greffier. Le greffe, en pareil cas, n'étant pas la demeure du greffier ne dépendant même en rien de cette demeure, il est certain qu'il n'y a pas lieu à y apposer les scellés. Les minutes du greffe doivent être sans cesse à la portée et à la disposition du tribunal et des justiciables ; il ne faut pas, par des précautions inutiles, entraver le cours de la justice.

S'il arrivait qu'un greffier eût transporté chez lui les minutes ou autres actes du greffe, et qu'on les y trouvât après son décès, il y aurait lieu, non pas à y apposer les scellés, non pas à les mettre sous scellés, mais à les rétablir dans le local du greffe , sous la garde du commis-greffier et sur la réquisition de celui-ci, sauf, pour le cas où une opposition quelconque y serait faite, à se pourvoir en référé pour en faire ordonner le rétablissement par le président du tribunal civil.

Mais si les greffiers des tribunaux civils et les greffiers des tribunaux de commerce ont toujours un local pour leur greffe, il n'en est pas de même des greffiers des justices de paix : c'est là, sans doute, un vice, et un très-grand vice; mais il n'en existe pas moins. Malgré les dispositions de la loi du 26 frimaire an IV et de l'arrêté du 28 brumaire an VI, qui ordonnent aux communes chefs-lieux de canton de fournir aux greffiers un endroit convenable, il existe encore beaucoup de justices de paix où le greffier est forcé de prendre son greffe sur son habitation. On comprend tous les inconvénients qui peuvent en résulter; le moindre n'est pas de confondre les papiers et minutes du greffe avec les pièces et titres appartenant au greffier. Il pourrait y avoir lieu, en cas de décès du greffier dans une pareille commune, à l'apposition des scellés sur les pièces et papiers que l'on ne reconnaîtrait pas sur-le-champ comme minutes et actes dépendant du greffe.

Au reste, la loi a prévu les difficultés auxquelles pourrait donner lieu la démission ou le décès des greffiers. « En cas de mutation de greffiers, dit l'article 130 du décret du 18 juin 1811, on dresse un état des registres, papiers et minutes du greffe ; cet état, libellé sans frais par celui qui prend possession du greffe, en présence du juge de paix, est signé par ce dernier et le nouveau greffier, qui, en même temps, donne au bas de cet état une décharge à son prédécesseur ou à ses héritiers. »

SECTION VIII. — De l'apposition des scellés en cas de disparition d'une personne ou d'absence.

1012. L'article 114 du Code Napoléon charge le ministère public de veiller aux intérêts des personnes présumées absentes.

Les auteurs ont vu, dans cette disposition, un pouvoir suffisant donné au ministère public pour requérir l'apposition des scellés après la disparition de l'absent. Carré pense que le juge de paix, chargé d'une manière générale, par l'article 911 C. proc., de veiller à la conservation des droits des incapables, pouvait, sur la déclaration du maire ou adjoint de la commune, apposer lui-même les scellés d'office et sans réquisition. *Droit français*, n° 2217.

Si les scellés ont ainsi été apposés sur les biens d'un absent, ils ne pourront être levés pendant l'absence, sans description (C. proc., 940); et comme, d'après l'article 126 du Code Napoléon, le juge de paix peut être requis du procureur impérial pour assister à l'inventaire du mobilier et des titres de l'absent, après l'envoi en possession provisoire, il s'ensuit que, si les scellés ont été apposés, le juge de paix assistera à la levée en double qualité, comme procédant à cette levée, et comme représentant le procureur impérial dans l'inventaire, ce qui lui donnera, dit Carré, n° 2219, outre l'exercice de ses prérogatives, le droit de faire toute réquisition par rapport à l'inventaire.

SECTION IX. — De l'apposition des scellés en cas de demande en séparation de biens ou de corps.

1013. L'article 270 du Code Napoléon, au titre du *Divorce*, autorisait la femme commune en biens, demanderesse et défenderesse en divorce, en tout état de cause, à partir de l'ordonnance qui ordonnait la comparution des époux devant le juge, à requérir l'apposition des scellés sur les effets mobiliers de la communauté. D'après le même article, les scellés ne devaient être levés qu'en faisant inventaire, avec prisée, à la charge, par le mari, de représenter les choses inventoriées ou de répondre de leur valeur comme gardien judiciaire.

Le divorce a été aboli, mais la séparation de corps a été maintenue; on s'accorde généralement à penser que cet article est applicable à la femme demanderesse en séparation de corps, et qu'elle peut également, à partir de l'ordonnance de comparution, demander l'apposition des scellés.

1014. La demande en séparation de biens pourrait donner lieu à la même mesure. L'article 869 C. proc. dispose : « qu'il ne pourra

« être, *sauf les actes conservatoires*, prononcé sur une demande en
« séparation de biens qu'un mois après les formalités prescrites par
« la loi. »

Ces mots, *sauf les actes conservatoires*, ont paru à tous les auteurs
autoriser la femme à prendre toute mesure nécessaire pour la conservation des droits dont elle aurait à jouir après le jugement de
séparation ; par exemple, s'opposer par voie de saisie-arrêt au
payement des sommes dues à son mari, saisir les effets de la communauté dans les mains où ils auraient été frauduleusement remis,
à plus forte raison, faire apposer les scellés sur ces mêmes effets.
« Ce point, dit Carré (*Droit français*, n° 2220), est aujourd'hui sans
« difficulté. »

1015. Quant au moment où l'apposition pourra être requise en
cas de séparation de biens, il datera de l'autorisation de poursuivre,
donnée à la femme par le président du tribunal civil, aux termes
de l'article 865 C. proc.

1016. On nous a demandé : 1° si la femme commune en biens,
demanderesse ou défenderesse en séparation de corps, avait le droit
de requérir, pour la conservation de ses droits, l'apposition des
scelles sur les effets mobiliers de la communauté ; 2° si, non commune en biens, ou mariée sous le régime dotal avec stipulation de
société d'acquêts, elle pouvait également, en pareille circonstance,
prendre cette mesure conservatoire pour ses reprises et droits qu'elle
a à exercer contre son mari en vertu de son contrat de mariage ;
3° enfin, si le mari, dans les deux cas ci-dessus, avait les mêmes
droits que la femme.

Nous avons répondu, conformément à ce que nous venons de dire
ci-dessus, dans les termes suivants :

L'article 270 du Code Napoléon, au titre du *Divorce*, autorisait la
femme qui réclamait le divorce à faire apposer les scellés sur les effets
mobiliers de la communauté. Cette disposition ne se trouve pas reproduite au titre de la séparation de corps , mais il est reconnu généralement aujourd'hui que les articles du Code destinés à régir
cette importante matière sont incomplets, et que les mesures provisoires ou conservatoires auxquelles pouvait donner lieu une demande en divorce sont , sous certaines modifications, applicables
en matière de séparation de corps. Ici les mêmes motifs existent
pour étendre la sage disposition de l'article 270 à la séparation de
corps. Pendant l'instance, le mari demeure encore le chef et le
maître de la communauté ; il est donc à craindre qu'il n'abuse de
ses pouvoirs pour consentir des aliénations frauduleuses, et diminuer

ainsi la valeur de la part qui doit revenir à la femme dans la communauté. La séparation de corps entraîne la séparation de biens; or, l'article 869 du Code de procédure autorise la femme à faire des actes conservatoires quand la demande en séparation de bien est formée; pourquoi n'en serait-il pas de même à l'égard de la séparation de corps? La séparation de corps, comme le divorce, a pour résultat de faire cesser la communauté; sous ce point de vue, qui leur est commun, l'apposition des scellés est indispensable dans les deux cas pour assurer à celui des époux que la loi prive de l'administration des biens dont elle se compose, la jouissance de tous les droits qui lui seront acquis par suite de la dissolution de la communauté. Cette dissolution éventuelle, et le besoin de protéger la femme contre les effets possibles de la mauvaise foi du mari, sont des causes communes et identiques qui doivent étendre à la séparation de corps une mesure que le législateur a créée pour le divorce. — Mais les scellés ne doivent être apposés qu'autant que la femme est déterminée à poursuivre la séparation de corps; il faut donc qu'elle ait obtenu au préalable l'ordonnance du président, qui porte que les époux comparaîtront devant lui. Code de procédure, article 876. La jurisprudence est uniforme sur cette question (Bruxelles, 8 mai 1807 et 11 août 1808; Paris, 20 avril 1811; Bruxelles, 13 août 1812). — Parmi les auteurs, tous ceux qui ont traité cette matière se sont prononcés dans le même sens (Toullier, t. II, n. 776; Carré, *Lois de jurisprudenee*, t. III, quest. 2976; Demiau, p. 759; Duranton, t. II, n. 613, et Vazeille, *Traité du Mariage*, t. II, n. 578). — Lorsque la femme est défenderesse à la demande en séparation de corps, il doit lui être également permis de requérir l'apposition des scellés, car, les motifs qui font suspecter la fidélité de l'administration du mari à partir de cette époque, existent dans ce cas comme dans l'autre. — Quoique l'article 270 ne parle que des scellés à apposer sur les biens de la communauté, cette mesure conservatoire n'est pas seulement applicable au cas où le régime matrimonial des époux est celui de la communauté; elle peut encore être employée lorsque les époux sont non communs en biens, ou lorsqu'ils ont contracté sous le régime dotal et qu'une société d'acquêts a été stipulée entre eux; en effet, dans le premier cas, le mari conserve l'administration des biens meubles de la femme, et par suite le droit de percevoir tout le mobilier qu'elle apporte en dot, ou qui lui échoit pendant le mariage, sauf la restitution qu'il en doit faire après la séparation de biens qui serait prononcée par justice (article 1531); et dans le second cas, les biens qui entrent dans la société d'acquêts sont régis par les principes qui gouvernent la communauté. — Les motifs que nous avons donnés plus haut s'appliquent donc encore à ces deux hypothèses ; quant aux meubles que la femme s'est constitués en dot, ils ne pourront être mis sous le scellé que tout autant que la propriété n'en aura pas été transférée au mari (art. 1564) ; dans le cas où ce dernier en est devenu propriétaire, la femme n'a pas le droit d'empêcher qu'ils soient aliénés. Massol, *Traité de la séparation de corps*, p. 162.

Quant à la question de savoir si le mari a le même droit que la femme de faire apposer les scellés dans les cas que nous venons d'examiner, quoique cette question semble présenter plus de difficultés, elle doit néanmoins être résolue dans le sens de l'affirmative. Sans doute l'article 270 ne parle pas du mari, mais le silence de la loi est facile à expliquer. Le mari peut disposer à son gré de ce qui compose la communauté ; celui qui a la faculté de disposer possède, à plus forte raison, la faculté de faire des actes conservatoires ; il n'était donc pas besoin de donner au mari un droit qu'il tenait déjà de la loi. — Cette mesure, d'ailleurs, ne sera que rarement applicable. Elle est, en effet, sans objet si les époux vivent en commun au moment où la demande en séparation de corps est formée ; le mari reste nanti des effets mobiliers de la communauté si la femme est autorisée à résider hors du domicile conjugal ; le mari n'a donc pas besoin de recourir à l'apposition des scellés pour la conservation de ses droits ; mais s'il arrive qu'avant la demande la femme n'habite plus avec son mari, qu'il y ait depuis longtemps séparation de fait, alors, il faut, par analogie, décider que le mari peut se prévaloir de l'article 270 ; car la femme peut faire disparaître le mobilier qui est en sa possession, et empêcher qu'il n'en reste des traces. Massol, *Séparation de corps*, p. 171 ; Carré, t. III, p. 306, n. 1er. Angers, 16 juillet 1817. Mais si la femme était mariée sous le régime dotal, et que les immeubles qu'elle détient fussent paraphernaux, le mari n'aurait pas le droit d'exiger qu'on les mît sous les scellés. Massol, *loc. cit.*

1017. En cas d'opposition de l'époux détenteur des meubles, le juge de paix pourrait, s'il y avait urgence, passer outre provisoirement (Code proc., 921) ; s'il n'y avait pas urgence, il en référerait.

1018. Mais le président devra-t-il, nécessairement, ordonner de passer outre à l'apposition, quelque garantie qu'offre le mari et quoique aucune dilapidation ou soustraction de mobilier ne soit signalée ?

Nous ne pensons pas que l'apposition des scellés soit forcée dans

20

ce cas, comme lorsqu'il s'agit des intérêts d'un mineur dépourvu de tuteur, d'un héritier absent, etc.; la loi permet bien les actes conservatoires, mais dans une mesure raisonnable; et il ne doit pas être défendu au juge de s'enquérir, par exemple, des droits que la femme a à conserver, du régime sous lequel elle est mariée, des garanties que peut offrir le mari.

SECTION X. — De l'apposition des scellés au cas de demande en interdiction.

1019. Aucune disposition spéciale et formelle n'autorise à apposer les scellés en cas d'interdiction; mais comme il pourrait arriver que la personne, en cas d'interdiction, fût dans un état tel qu'elle ne pût veiller à la conservation de ses biens, et qu'aucune personne intéressée ne se trouvât auprès d'elle pour prendre ce soin, on pense que les scellés peuvent et doivent être apposés au moins jusqu'à la nomination de l'administrateur provisoire; car, aussitôt qu'un administrateur provisoire est nommé (Code Napoléon, 497), il veille sur les biens aussi bien que sur la personne du dément; il fait donc lever les scellés, s'ils ont été apposés. Pigeau; Carré, *Droit français*, n. 2229.

Mais comme aucun texte n'autorise à agir, le juge de paix ne devra apposer les scellés que s'il est évident que les biens du dément peuvent être enlevés; en pareil cas, le juge de paix doit agir d'office, ou à la requête des parents, et même, surtout s'il y a fureur dans la démence, à la requête du procureur impérial. Code Napoléon, 490, 491.

Carré (*loc. cit.*) ajoute que le juge de paix agirait prudemment en renvoyant le requérant devant le président du tribunal civil, qui apprécierait la cause de l'urgence et rendrait une ordonnance portant permission d'apposer les scellés.

1020. Mais les scellés une fois ainsi apposés peuvent-ils être levés sans description? Nul doute, si l'interdiction n'est pas prononcée et si c'est le défendeur qui requiert la levée; il n'y aura évidemment, en ce cas, lieu à description que s'il le demande; si c'est l'administrateur provisoire qui fait lever les scellés, la cause de l'apposition cessant, puisque le dément est pourvu d'un administrateur, il y a encore lieu à la levée sans description; mais si les scellés restent apposés jusqu'à la nomination du tuteur ou curateur de l'interdit, comme ce tuteur ou curateur est tenu de faire inventaire (Code Napoléon, 509 et 451), la description devra avoir lieu. Cependant, même dans ce dernier cas, si le mari était nommé tuteur de sa

femme interdite, les scellés n'ayant pu être apposés que sur les meubles, dont l'administration appartient au mari, ils pourraient, suivant les circonstances, être levés sans description.

SECTION XI. — De l'apposition des scellés en cas de saisie mobilière lorsque le saisi est absent.

1021. D'après l'article 591 C. proc., au titre des *Saisies-exécu-
tions*, « si le saisi est absent et qu'il y ait refus d'ouvrir aucune pièce
« ou meuble, l'huissier en requerra l'ouverture, et, s'il se trouve des
« papiers, il requerra l'apposition des scellés par l'officier appelé
« pour l'ouverture. »

1022. C'est le juge de paix, ou, à son défaut, le commissaire de
police, et, dans les communes où il n'y en a pas, le maire ou l'adjoint, en présence desquels est faite l'ouverture des portes. C. proc.,
587.

Ici le scellé peut donc être apposé par un autre magistrat que le
juge de paix.

Autrefois, dit Chauveau, sur *Carré*, l'huissier, après avoir
constaté que les portes étaient fermées et avoir établi gardien, s'il
l'estimait convenable, assignait le débiteur en référé, pour voir
ordonner l'ouverture ; procédure qui avait le double inconvénient
d'augmenter les frais et d'exposer au divertissement des meubles,
malgré la vigilance du gardien, pendant le temps qui s'écoulait entre
l'assignation et l'ordonnance d'ouverture. Autrefois encore, lorsque
l'ouverture était ordonnée, elle se faisait en présence du juge, qui
dressait un procès-verbal. Il est facile d'apprécier la sagesse de la
disposition de l'article 587, qui, par l'attribution qu'elle donne aux
officiers qu'elle indique, accélère l'exécution et économise les frais,
en voulant que tout ce qui concerne l'ouverture des portes ne fasse
qu'un seul et même acte avec le procès-verbal de saisie. Voir aussi
Pigeau, *De la procédure civile*, tom. II, pag. 88.

1023. On a demandé si l'officier qui se transportait pour faire
ouvrir les portes devait rester avec l'huissier, jusqu'à ce que celui-
ci eût achevé la saisie ?

La réponse affirmative n'est pas douteuse ; car c'est en sa présence
que doit avoir lieu l'ouverture des portes, même celles des meubles
meublants, au fur et à mesure de la saisie, et il doit d'ailleurs en signer le procès-verbal. Thomine-Desmazures, tom. II, pag. 101.
— Un arrêt de la Cour de Rennes, du 27 août 1835, l'a jugé ainsi,
en déclarant que lorsqu'en l'absence du saisi, le juge de paix avait

été requis pour l'ouverture des portes, ce magistrat devait assister à toute l'opération, à peine de *nullité*. C. proc., 587.

1024. La levée à la requête du saisi doit être évidemment faite sans description ; mais les frais en sont, ainsi que ceux d'apposition, à la charge du saisi, puisque c'est son absence qui y a donné lieu.

SECTION XII. — Apposition des scellés en cas de décès d'un étranger en France.

1025. On sait que, d'après l'article 9 du Code Napoléon (1), tout individu, né en France d'un étranger, peut, dans l'année qui suit l'époque de sa majorité, *réclamer* la qualité de Français, ce qui suppose que le germe de cette qualité existe en lui du moment de sa naissance ; or, après le décès d'un père étranger laissant des enfants mineurs, il s'agit uniquement de l'intérêt des enfants; la première chose à consulter, c'est donc cet intérêt ; et, si les enfants héritiers étaient Français, nous ne doutons pas que toutes les formalités relatives à la succession et à la tutelle ne dussent être remplies selon la loi française. Mais, à part même ces considérations, nous dirons, quant aux scellés, que le juge de paix doit, au décès d'un étranger, agir comme il le ferait au décès d'un Français, c'est-à-dire apposer les scellés s'il y a des héritiers absents et dans les autres cas d'apposition d'office, à moins qu'il n'ait été prévenu par l'agent de la légation du pays auquel appartient l'étranger. L'apposition des scellés est une mesure conservatoire qui jamais ne peut nuire et qui est toujours utile dans les cas prescrits par la loi.

Mais si le juge de paix sait que les mesures conservatoires ont déjà été prises ou vont être prises par le consul étranger, il doit s'abstenir, lorsque la succession ne concerne que des étrangers.

Il a été jugé, par arrêt de la Cour de Paris, du 26 septembre 1839, que le droit d'apposer des scellés et de faire inventaire, après le décès d'un Espagnol en France, appartient exclusivement, par réciprocité, au consul de sa nation, si la réquisition d'un Français créancier, héritier ou légataire du défunt, n'oblige pas l'autorité française à intervenir dans ces opérations. En conséquence, le juge de paix ne peut d'office apposer les scellés au domicile de l'étranger, où déjà ils l'ont été par le consul de la nation de ce dernier.

Jugé dans le même sens que dans le cas du décès d'un Portugais

---

(1) Voir aussi dans notre *Bulletin des lois des justices de paix*, la loi du 7 février 1851, qui a apporté de nouvelles extensions à l'article 9 du Code civil.

en France, c'est au consul seul de sa nation qu'il appartient d'apposer les scellés, alors même que l'apposition par les magistrats français compétents aurait été requise par quelques-uns des prétendants droit portugais. Paris, 21 août 1852.

CHAPITRE II. — De l'apposition des scellés d'office ou sur réquisition, et de l'opposition formée par le porteur d'un testament.

SECTION I. — De l'apposition d'office.

1026. « Le scellé sera apposé soit à la diligence du ministère « public, soit sur la déclaration du maire ou adjoint de la com- « mune, et même d'office par le juge de paix, si le mineur est sans « tuteur et que le scellé ne soit pas requis par un parent ; 2° si le « conjoint, ou si les héritiers ou l'un d'eux sont absents ; 3° si le « défunt était dépositaire public, auquel cas le scellé ne sera ap- « posé que pour raison de ce dépôt et sur les objets qui le compo- « sent. C. proc., 911.

On conçoit toute l'importance que peut avoir, dans ces divers cas, l'apposition des scellés ; il s'agit d'empêcher, au détriment d'absents, de mineurs ou d'un intérêt public, la soustraction d'objets sur lesquels le propriétaire ne peut veiller lui-même.

Un décret du 22 prairial an V ordonnait que, dans chaque commune, le maire, ou à son défaut, son adjoint, donnât avis au juge de paix, sans aucun délai, de la mort de toute personne qui laisserait pour héritiers des pupilles, des mineurs ou des absents. L'article 2 voulait que les maires et adjoints qui négligeraient cette partie de leurs devoirs fussent dénoncés au préfet, pour être procédé conformément à l'art. 194 de l'acte constitutionnel.

Nous passerons en revue, dans les paragraphes suivants, tous les cas d'apposition d'office.

§ 1. — De l'apposition d'office lorsque le mineur est sans tuteur.

1027. L'art. 819 du Code Napoléon paraissait avoir étendu l'obligation d'apposer le scellé en cas de minorité bien plus que ne l'a fait depuis l'art. 911 C. proc.; en effet, l'art. 819 ordonnait l'apposition des scellés « dans le plus bref délai, *s'il y avait parmi les héritiers des mineurs ou des interdits*, soit à la diligence du procureur impérial près le tribunal de première instance, soit d'office, par le juge de paix dans l'arrondissement duquel la succession est ouverte.»

L'art. 911, dont nous avons plus haut cité le texte, ne prescrit l'apposition d'office, relativement aux mineurs, que *si le mineur est sans tuteur*.

De là de grandes controverses, non pas tant pour mettre les articles d'accord (l'on reconnaît généralement que celui du Code Napoléon a été abrogé par celui du Code de procédure), mais pour apprécier le véritable sens de l'art. 911.

Ainsi, M. Biret, dans son recueil des attributions des justices de paix, prétend que, après le décès du père ou de a mère, le mineur doit être regardé comme étant *sans tuteur* tant que son tuteur légal, le père ou la mère survivant, *n'est pas entré en fonctions*. Or, l'art. 421 du Code Napoléon veut que tout tuteur légal, *avant d'entrer en fonctions*, fasse convoquer le Conseil de famille pour la nomination du *subrogé tuteur;* il en résulte, suivant M. Biret, que le juge de paix peut apposer les scellés d'office, jusqu'à ce que le subrogé tuteur ait été nommé. Cependant cet auteur conseille, vu les égards dus à l'époux survivant, de donner à celui-ci le temps de faire ses diligences pour la nomination du subrogé tuteur, et de n'en venir à l'apposition d'office que si le tuteur légal apporte à la convocation du Conseil de famille un retard extraordinaire, et s'il gère sans avoir fait nommer son contradicteur légal.

Nous ne saurions admettre ces interprétations : l'art. 911 ne parle nullement de *l'entrée en fonctions du tuteur, ni de la nomination du subrogé tuteur ;* dérogeant à l'art. 819 du C. Nap., il n'autorise l'apposition d'office, pour cause de minorité, *que si le mineur est sans tuteur ;* or, le propre de la tutelle est d'être et d'exister par la seule force de la loi ; « le père est, durant le mariage, administrateur des biens personnels de ses enfants mineurs (C. Nap., 389); après la dissolution du mariage, arrivée par la mort naturelle ou civile de l'un des époux, la tutelle des enfants mineurs ou non émancipés appartient de plein droit au survivant des père et mère. » C. Nap., 390.

La tutelle des père et mère commence donc à l'instant même du décès du prémourant et indépendamment de toutes formalités remplies ou non remplies.

Sous l'empire même de l'art. 819 du C. Nap., et avant la promulgation de l'art. 911 C. proc., des mesures avaient été prises pour empêcher que le juge de paix n'apposât les scellés d'office dans les maisons où le père ou la mère survivait.

Le ministre de la justice, ayant reçu des plaintes de toutes les parties de la France sur l'apposition des scellés en cas de survivance des ascendants, crut la question assez importante pour la remettre sous les yeux de l'Empereur ; son rapport fut envoyé au Conseil d'Etat, et le président de la section de législation lui fit, le 18 mars 1806, la réponse suivante :

« Sa Majesté ayant, sur votre proposition, renvoyé à la section
« de législation votre rapport tendant à ce que le Conseil d'Etat
« donnât son avis sur la question de savoir si les scellés d'office
« sont nécessaires quand les mineurs sont sous la tutelle de leur
« père ou de leur mère, la section pense, avec vous, qu'il n'a point
« été dans l'intention du Code Nap. de donner au juge de paix cette
« mission, et qu'il ne présente aucun texte assez précis pour qu'on
« doive en tirer l'induction. Il a paru qu'il était convenable de faire
« cesser toute difficulté par une disposition du Code de procédure
« civile, qui portera que le scellé pourra être apposé d'office *si le*
« *mineur est sans tuteur et que le scellé ne soit pas requis par un*
« *parent.* La tutelle appartenant de droit au père ou à la mère sur-
« vivant, le mineur n'est point sans tuteur au décès du premier
« mourant. »

Depuis, en effet, eut lieu la disposition de l'art. 911 C. proc., ainsi que l'annonçait le Comité de législation du Conseil d'Etat, et ce précédent suffirait seul pour fixer le sens de cet article s'il ren- . fermait quelque obscurité ; mais, à notre avis, la disposition relative aux mineurs sans tuteurs est claire, complète et précise, et l'on ne peut dire que le mineur, qui a *de droit* pour tuteur le père ou la mère survivant, soit sans tuteur.

Cependant, même après la promulgation du Code de procédure (le livre où est renfermé l'art. 911 a été promulgué le 2 mai 1806), le ministre de la justice crut devoir insister de nouveau sur le sens de cet article. Ecrivant au procureur général près la Cour de cas- sation, le 5 novembre 1808, il lui disait, après avoir rapporté tex- tuellement la réponse du Conseil d'Etat citée plus haut : « Voilà, monsieur, les motifs de l'art. 911 du Code de procédure qui eclaircit ce que le Code Napoléon pouvait avoir de douteux, et qui doit être, par conséquent, la règle invariable des juges de paix. Ces motifs sont encore très-bien expliqués dans le discours que fit M. le conseiller d'Etat Siméon, en présentant au Corps legislatif cette partie du Code judiciaire. Les tuteurs, dit-il entre autres choses, qui souvent sont les pères ou les mères, et qui toujours doivent en avoir les senti- ments, sont investis, comme les juges de paix, de la confiance de la loi ; les juges de paix, à cet égard, ne sont tuteurs que de ceux qui n'en ont point. » Merlin, *Répertoire*, au mot *Scellés*, § 3.

1028. S'il arrivait, suivant la supposition de M. Biret, que le tuteur légal gérât sans avoir, ainsi que la loi l'y oblige, convoqué le Conseil de famille et fait nommer le subrogé tuteur, le juge de paix y remédierait, non en apposant les scellés, mais en faisant lui-même, d'office, la convocation du Conseil de famille, conformément aux dispositions de l'art. 421 du C. Nap. ; ainsi, tous les droits seraient saufs et toutes les garanties données.

1029. L'apposition du scellé d'office n'aurait même pas lieu, quoique le père ou la mère survivant fût lui-même mineur : la minorité du père ou de la mère n'empêche pas qu'ils soient tuteurs de leurs enfants; l'art. 390 du Code Napoléon n'admet pas d'exception. L'enfant, malgré la minorité de son père ou de sa mère, n'est donc pas sans tuteur; il n'y a donc pas lieu à l'apposition d'office des scellés.

1030. Mais la tutelle légale ne se borne pas à celle des père et mère : l'art. 402 du Code Napoléon porte que « lorsqu'il n'a pas été « choisi de tuteur au mineur par le dernier mourant de ses père et « mère, la tutelle appartient de droit à son aïeul paternel; à défaut « de celui-ci, à son aïeul maternel », et ainsi en remontant, suivant certaines règles de préférence établies par le même article du Code et par les articles suivants. Peut-on conclure de là qu'au décès du père et de la mère le mineur tombe immédiatement sous la tutelle de l'ascendant, et qu'il n'y a pas encore, par conséquent, lieu à l'apposition des scellés d'office ? Des différences considérables existent entre la tutelle de l'ascendant et la tutelle des père et mère. Le tuteur nommé par le père ou la mère est préféré à l'ascendant; celui-ci n'est donc pas tuteur reconnu à l'instant du décès. D'un autre côté, si l'intérêt du père et l'intérêt de son fils mineur sont presque identiques, si le père est appelé à jouir des revenus de ses enfants mineurs, et si les enfants doivent succéder au père, si, par conséquent, il n'y a pas lieu de se défier de la surveillance et du désintéressement des père et mère tuteurs et de recourir à l'apposition des scellés d'office, en est-il de même lorsque le mineur, privé de ses plus proches soutiens, tombe sous la tutelle de l'ascendant ?

Ces considérations porteraient à décider en faveur de l'apposition d'office; mais il ne faut pas oublier que la loi n'a pas eu en vue le plus ou moins d'intérêt qu'elle suppose au tuteur; qu'elle n'autorise d'une manière générale l'apposition d'office que si le mineur *est sans tuteur :* or, la loi nomme tout aussi bien l'ascendant *tuteur*, que le père et la mère; l'ascendant est de plein droit tuteur lorsque le père et la mère n'existent plus; si un testament vient faire connaître un tuteur *nommé*, la tutelle passera à celui-ci, mais elle n'en aura pas moins, jusque-là, reposé sur la tête de l'ascendant; le mineur aura donc eu réellement un tuteur, et il n'y aura pas eu lieu à la nomination d'office. Aussi, dans la lettre du ministre de la justice, du 5 novembre 1808, écrite au procureur général près la Cour de cassation, et que nous avons fait connaître ci-dessus, page 311, le ministre parlait-il, en général, de l'apposition des scellés d'office lorsque les mineurs se trouvaient, par la mort de *leurs ascendants*, sous la tutelle légale du *survivant*. Il ne s'agissait donc pas seulement du survivant des père et mère, mais du survivant d'entre les ascendants. Voy. encore Merlin, *loc. cit.*

Carré, dans sa *Procédure civile, sur l'art.* 911, pose aussi la question relativement aux mineurs *placés sous la garde de leurs père, mère et autres ascendants indiqués par la loi.* Il ne fait aucune distinction entre ces diverses tutelles ; toutes lui paraissent exister de plein droit et empêcher l'apposition des scellés d'office.

, Telle est la doctrine que nous avons enseignée et soutenue dans la première édition de cet ouvrage.

1031. Cependant, il a été jugé, le 6 décembre 1850, par le tribunal civil de Versailles, que le père ou la mère survivant, tuteur légal des enfants mineurs nés de son mariage, ne peut, en certaines circonstances, exciper des termes de l'article 911 du Code de procédure civile pour empêcher le juge de paix d'apposer les scellés sur les valeurs dépendant ou présumées dépendre de la succession du prémourant; que le ministère public et ce magistrat sont seuls juges de l'opportunité de cette mesure, alors que l'intérêt des mineurs paraît la réclamer ; qu'enfin l'article 911 est seulement déclaratif et non limitatif.

Nous retraçons ci-après le texte de ce jugement; les faits sur lesquels il a prononcé révèlent une nécessité qui peut faire exception à la règle sur laquelle nous avions fondé notre opinion. Il peut, en effet, comme dans l'espèce qui nous occupe, se présenter des cas où le tuteur ne paraît pas disposé à défendre les droits du mineur, où l'on peut même croire qu'il a un intérêt actuel à ne pas constater ce qui appartient à la succession.

Voici donc les faits et le jugement du tribunal civil de Versailles :

La demoiselle D..., épouse du sieur H..., est décédée le 11 novembre 1850, en son domicile à Versailles, où elle tenait un magasin de lingerie et nouveautés, laissant trois enfants mineurs.

M. le juge de paix ayant mandé le sieur H... à l'effet de lui donner les renseignements nécessaires pour la convocation du Conseil de famille qui devait nommer un subrogé tuteur aux mineurs, celui-ci et le sieur D..., père de la défunte, se sont présentés, et ont déclaré que cette formalité et celle d'inventaire étaient inutiles, attendu que la succession de la dame H... et sa communauté ne comprenaient d'autres valeurs qu'un chétif mobilier et quelques hardes et effets à l'usage des époux ; que, sur l'observation qui leur fut faite qu'il existait un fonds de lingerie avec les marchandises, exploité, de notoriété publique, par la défunte dame H..., les sieurs D... et H... prétendirent que ce fonds n'appartenait pas à la défunte, mais bien aux sieurs et dame D..., ses père et mère, qui depuis 1844 lui en avaient laissé la jouissance, pour lui procurer les moyens d'élever sa famille ; mais qu'ils s'en étaient toujours réservé la propriété ; que toutefois ils convenaient que depuis 1844 c'était la dame H... seule qui exploitait ce fonds, achetait et vendait les marchandises, en faisait son profit, et que les loyers, impositions et patente étaient au nom de M. H..., et payés tant par lui que par sa femme.

Que, dans ces circonstances, ayant appris que les sieur et dame D... s'étaient mis en possession dudit fonds, M. le juge de paix avait cru devoir, dans l'intérêt des mineurs H..., se présenter au domicile desdits sieur et dame H..., pour y apposer les scellés, et que, sur l'opposition des sieurs D... et H..., un référé avait été introduit devant M. le président du tribunal, lequel, par son ordonnance du 4 décembre, avait renvoyé le référé à l'audience du 6, devant la première Chambre.

M. le juge de paix s'est présenté à cette audience, et a exposé au tribunal les faits ci-dessus.

Dans l'intérêt des sieurs D..., père de la défunte, et H..., son mari, Mᵉ P..., avoué de ces derniers, a soutenu que les mineurs H... se trouvant pourvus de leur tuteur légal en la personne de leur père, M. le juge de paix ne pouvait pas, en présence des termes précis de l'article 911, apposer les scellés tant au domicile privé des époux H... qu'au lieu d'exploitation dudit fonds de lingerie.

Le 6 décembre 1850, jugement par lequel,

« LE TRIBUNAL : statuant, etc... — Au principal, renvoie les « parties à se pourvoir ; et dès à présent, et par provision :

« Attendu que l'article 911 du Code de procédure civile est décla-« ratif et non limitatif des cas dans lesquels le juge de paix peut, « d'office, apposer les scellés ;

« Attendu que, dans l'espèce, le fonds de commerce dont il s'agit « était exploité par les époux H..., sans qu'ils fussent tenus de rendre « compte de leur gestion, et dans leur intérêt tout personnel ;

« Que la patente était même prise au nom du sieur H .. ;

« Que, dans ces circonstances, il est de l'intérêt des enfants mi-

« neurs H... que les scellés soient apposés sur tout ce qui dépend et
« peut dépendre de la succession de la dame H..., leur mère ; —par
« ces motifs, sans entendre rien préjuger sur la question de propriété
« dudit fonds de commerce prétendue par les époux D..., dit et or-
« donne que les scellés seront apposés sur les objets dépendant de la
« succession de la dame H..., et notamment sur ledit fonds de com-
« merce, lequel sera inventorié par distinction ; ce qui sera exécuté
« par provision. »

Il importe de faire remarquer que lorsque l'apposition d'office des
scellés sort ainsi des règles ordinaires, nous croyons qu'elle doit être
autorisée par le tribunal ou par le juge des référés ; et il n'en peut, au
reste, être autrement du moment où la moindre opposition se manifeste.

1052. *Quid*, si le mineur était émancipé ? Sauf l'exception dont
nous venons de retracer l'espèce, il n'y aurait pas encore lieu, dans
ce cas, à l'apposition des scellés d'office, quand même le mineur se
trouverait, par le décès, privé de son curateur, car la loi ne parle que
du mineur *sans tuteur*, expressions qui ne peuvent concerner le mineur émancipé qui n'a jamais de tuteur et qui est capable, d'ailleurs, par lui-même, de plusieurs actes d'administration, et notamment de requérir l'apposition des scellés. C. proc., 910.

Mais dans tous les cas où le mineur *non émancipé* n'aurait pas de
tuteur, il y aurait lieu à l'apposition d'office, quand même les cohéritiers du mineur, ou la famille demanderaient un très-court délai
pour la nomination d'un tuteur.

Il y a eu cependant contrariété d'opinions sur ce point.

Pour l'affirmative, on objecte que l'assentiment de la parenté est
une garantie suffisante ; que les parents réunis, tenus, par une pré-
disposition toute naturelle, de veiller aux intérêts du pupille que la
loi place sous leur protection, doivent avoir la préférence, et que,
s'ils croient que l'apposition des scellés est inutile, il ne faut pas s'y
livrer.

Pour la négative, on répond, au contraire, que partout où le législateur ne distingue pas, il n'est pas permis de distinguer ; qu'ainsi, l'art. 911 du Code de procédure civile laissant au juge de paix le
pouvoir d'intervenir avec les scellés quand le mineur est sans tuteur,
rien ne saurait arrêter l'impulsion qu'il reçoit de sa conscience.

C'est cette dernière opinion que nous adoptons « En attendant
qu'il soit donné un tuteur au mineur, dit Thomine-Desmazures,
Commentaire de la Procédure civile, n° 1075, son intérêt ne doit
pas souffrir de la négligence de ses parents qui ne songeraient point

à faire mettre les scellés : par conséquent, le juge de paix est son protecteur jusqu'à ce qu'il en ait un autre plus spécialement chargé de sa personne et de ses biens. Le tuteur représente le mineur dans tous les actes de la vie civile ; il doit administrer en bon père de famille, et, s'il ne le fait pas, l'article 450 du Code Napoléon le soumet à des dommages-intérêts. »

Or, en est-il de même de la famille ? Non certes ; si elle a l'inspection des actes de la tutelle, si le tuteur administre sous sa surveillance, elle n'est point responsable : donc ce seul motif suffit pour ne pas s'arrêter à l'obstacle qu'elle voudrait jeter dans l'apposition des scellés. On conçoit, sans peine, qu'administrateur comptable, soumis à la responsabilité, un tuteur puisse apprécier, comme il l'entend, l'actualité des circonstances, parce qu'il est préposé pour parer à tout événement ; mais qu'un parent, la parenté entière, sans prendre l'engagement formel de réparer le dommage, sans offrir des éléments durables de garantie et de solvabilité, veuillent arrêter le juge dans l'accomplissement de son ministère, lui faire partager une certitude qu'il ne partage point, et qu'il doit dès lors repousser, c'est chose impossible.

Carré (*Lois de la procédure civile*, quest. 3068) va jusqu'à penser que, par cette expression, *mineur sans tuteur*, il faut entendre en outre la non-présence du tuteur ; qu'il est nécessaire d'apposer les scellés, à moins que le tuteur n'ait laissé une procuration à l'effet de le représenter, avec clause de s'opposer à tout scellé, dans le cas de tel ou tel décès. Il nous semble, en effet, que c'est ainsi qu'il convient de le décider, parce que, là où la même cause existe, il y a même raison d'application. Si un juge de paix ne peut rien faire en dehors de la limite tracée par l'art. 911, il est évident qu'il peut tout entreprendre, s'il ne fait que s'y renfermer.

Nous terminerons par la remarque, que le Conseil de famille et le juge de paix ont chacun leurs droits et prérogatives ; que, dans le contact de la réunion, ni l'un ni l'autre n'exerce une priorité envahissante. Il a été décidé par la Cour de Rouen, le 29 novembre 1816, qu'un juge de paix qui, pour la composition d'une assemblée de famille, s'est conformé à la loi, ne peut être contraint par des parents plus proches de les admettre à concourir. Bon gré, mal gré, il conserve son libre arbitre, il ne reçoit d'impulsion que de lui-même et des circonstances, dans tous les actes qui tombent sous le lien de ses attributions. — Voir notre *Traité des Conseils de famille*, chap. III, V et IX.

Quoique le mineur eût un tuteur, les scellés pourraient être apposés d'office, si le tuteur n'était pas sur les lieux et qu'il n'eût pas laissé de procuration pour le représenter, dans la prévision du décès survenu ; les scellés pourraient, devraient même être apposés d'office, car, le mineur ne pouvant rien par lui-même, et n'agissant que par son tuteur, l'absence de celui-ci équivaudrait à l'absence de l'héritier et nécessiterait l'apposition d'office, suivant le second cas prévu par l'article 911, qui sera l'objet de notre second paragraphe.

§ 2. — De l'apposition d'office, lorsque le conjoint, les héritiers ou l'un d'eux sont absents, et lorsque parmi les héritiers se trouve un militaire absent.

1033. « Le scellé sera apposé soit à la diligence du ministère pu-« blic, soit sur la déclaration du maire ou adjoint de la commune, et « même d'office par le juge de paix... 2° si le conjoint, ou si les hé-« ritiers, ou l'un d'eux, sont absents. » C. proc., 911.

Le mot *absent* a deux acceptions légales : il signifie la personne qui a cessé de paraître au lieu de son domicile ou de sa résidence, et dont on n'a point de nouvelles (Code Napoléon, 115), et s'entend aussi de la personne *non présente*, qui n'est pas sur les lieux de son domicile habituel, mais dont on n'est pas sans nouvelles.

L'absent de l'article 911 C. proc. comprend ces deux acceptions : il suffit que l'un des héritiers, ou l'époux survivant, ne soit pas sur les lieux, pour que le juge de paix doive apposer les scellés d'office, quand même il ne devrait être absent que quelques jours. Cependant l'usage de ce pouvoir demande de la modération et une certaine circonspection : si, par exemple, un héritier absent est peu éloigné, s'il a été averti, si l'on compte sur son retour dans quelques heures, si l'on sait qu'il revient, et si, d'ailleurs, les circonstances n'indiquent pas de péril en la demeure, on peut attendre ; le juge de paix doit, dans ce cas, concilier les nécessités de la prudence qui lui commandent d'empêcher les soustractions, avec la crainte de faire ou d'occasionner des frais inutiles ; mais, en droit, la considération que l'héritier absent devrait arriver dans peu de jours, qu'on sait dans quel lieu il se trouve, qu'il est investi de la confiance de la maison du défunt, ne serait d'aucun poids en présence du motif qui a dicté la disposition de l'article 911, qui est impérieuse et n'admet pas d'exception.

1034. Si l'absent a laissé pouvoir pour le représenter, la présence de son mandataire empêche l'apposition d'office.

1035. En cas d'absence sans nouvelles, si l'absence avait été déclarée, et que les héritiers eussent été envoyés en possession provi-

soire (Code Napoléon, 120-121), leur présence sur les lieux empêcherait que les scellés fussent apposés d'office, eu égard à l'absence.

1036. Si l'héritier ou l'époux absent est un militaire, le juge de
paix doit, outre l'apposition d'office des scellés, se conformer aux
dispositions de la loi du 11 ventôse an II, c'est-à-dire, immédiatement après l'apposition, avertir le militaire absent, s'il sait à quel
corps ou armée il est attaché, et en instruire également le ministre
de la guerre. Les deux lettres doivent être copiées à la suite du procès-verbal d'apposition, avant de présenter ce procès-verbal à l'enregistrement, sans augmentation de droits.

1037. Le délai d'un mois expiré, si l'héritier ne donne pas de ses
nouvelles et n'envoie pas de procuration, le juge de paix du lieu du
décès convoque, sans frais, le Conseil de famille de l'absent, et fait
nommer, dans la forme ordinaire, un curateur à ses biens (*même loi*);
ce curateur provoque la levée des scellés, assiste à leur reconnaissance, fait procéder à l'inventaire et vente des meubles, en reçoit le
prix, à charge d'en rendre compte soit au militaire absent, soit à son
fondé de pouvoirs, et administre les immeubles en bon père de famille. *Même loi.* Voir aussi la seconde édition de notre *Traité des
Conseils de famille*, chap. XII, pag. 274.

1038. On s'était demandé si cette loi du 11 ventôse an II n'avait
pas été abrogée par les dispositions du Code Napoléon relatives aux
absents, ou par la loi du 13 janvier 1817, sur le mode de déclaration
d'absence des militaires absents de leur corps ; mais la loi de l'an II
doit toujours être observée ; elle a été déclarée subsistante par un
décret du 16 mars 1807, qui en a recommandé la publication et
l'exécution dans plusieurs départements, et par plusieurs arrêts de
la Cour de Cassation et des Cours impériales, qui ont décidé qu'elle
n'a été abrogée ni par le Code Napoléon ni par la loi du 13 janvier
1817 (Cassat., 9 mars 1819, 19 mars 1824 ; Poitiers, 15 juillet 1826 ;
Bourges, 29 novembre 1826 ; Nancy, 1er mars 1827 ; Orléans, 12 août
1829 ; Cass., 23 août 1837). Ce dernier arrêt de la Cour de cassation
est ainsi motivé : « Attendu que les dispositions de la loi du 11 ventôse an II, qui ordonnent la nomination d'un curateur aux militaires
appelés aux successions de leurs père et mère, l'inventaire et la vente
de leurs effets mobiliers et le versement des deniers qui en proviennent dans les mains de ce curateur, constituent en leur faveur un
droit spécial et exceptionnel, auquel il n'a pas été dérogé par le Code
Napoléon ; — Que cette dérogation ne résulte pas davantage de la
loi du 13 janvier 1817, uniquement destinée, ainsi que l'annonce
son titre, à déterminer le mode de constater le sort des militaires

absents ; que cette loi a établi des formalités particulières aux déclarations d'absence pour les militaires lorsque leurs parents, héritiers ou autres parties intéressées jugent convenable de faire déclarer leur absence ; mais qu'elle ne contient aucun changement sur le fond du droit lorsque cette absence n'est pas déclarée, et qu'elle n'exige pas que l'existence des militaires soit prouvée, à peine d'être privés du bénéfice de la loi de l'an II ; — Attendu que l'article 13 de la loi de 1817 porte que les dispositions du Code Napoléon relatives aux absents, auxquelles il n'est pas dérogé par ladite loi, continueront d'être exécutées ; qu'aucune disposition de cette loi n'étant relative aux effets de l'absence a l'égard des droits éventuels qui peuvent compéter aux militaires, ces droits et ces effets restent soumis aux dispositions du Code Napoléon et des lois antérieures, tels qu'ils étaient réglés avant la loi du 13 janvier 1817. »

§ 3. — De l'apposition d'office, en cas de décès d'un dépositaire public, d'un officier supérieur, d'un dignitaire ecclésiastique.

1039. Dans tous ces cas, le scellé doit être apposé d'office, soit aux termes de l'article 911 C. proc., soit d'après des lois spéciales sur les objets relatifs au dépôt confié au défunt, ou aux fonctions qu'il a remplies.

§ 4. — Des autres cas d'apposition d'office en matière civile.

1040. En parlant de l'apposition des scellés en cas d'absence sans nouvelles, et de démence, nous avons dit que les scellés peuvent être encore, dans ces circonstances, apposés d'office. Voir chap. I du présent titre, sections VIII et X.

1041. L'apposition des scellés sur les meubles du saisi, lorsque celui-ci est absent, donne encore lieu à une espèce d'acte *d'office*, soit de la part du juge de paix, soit de la part du commissaire de police ou du maire. Nous renvoyons encore, pour cette espèce d'apposition, à la section VIII du même titre, où nous l'avons traitée.

§ 5. — De l'apposition des scellés d'office, ou sur réquisition, dans le cas où une femme mariée déclare être enceinte au décès de son mari.

1042. D'après l'article 394 du Code Napoléon, si, lors du décès du mari, la femme est enceinte, il sera nommé un curateur au ventre par le Conseil de famille. A la naissance de l'enfant, la mère en deviendra tutrice, et le curateur en sera de plein droit le subrogé tuteur.

La déclaration de grossesse faite par la veuve suffit pour faire nommer un curateur au ventre; la loi ne l'oblige pas à justifier qu'elle est enceinte. Cette simple déclaration a donc pour effet de suspendre les droits des prétendants à la succession. Aix, 16 mars 1816.

« Il est nécessaire, dit Toullier, en attendant l'événement, de commettre un agent spécial à la conservation des droits des personnes qui pourront en avoir ; c'est cet agent que le Code nomme *curateur au ventre* et non *curateur à l'enfant à naître*, parce qu'il n'est pas seulement chargé de veiller aux intérêts de cet enfant, mais encore à ceux des personnes qui doivent recueillir les biens à son défaut. »

Ainsi, le curateur au ventre est nommé autant dans l'intérêt des héritiers que dans l'intérêt de l'enfant à naître ; d'où semblerait devoir se déduire la conséquence que, les héritiers ayant toujours dans ces cas un représentant sur les lieux mêmes, il n'y a pas lieu à apposer les scellés d'office.

Cependant, comme la nomination d'un curateur au ventre peut toujours entraîner un certain délai, comme l'apposition des scellés est une mesure conservatoire que l'article 911 ordonne de prendre d'office lorsque les héritiers sont absents, comme, même après la nomination du curateur, il pourra s'écouler encore quelque temps avant que l'on procède à l'inventaire, comme enfin la loi n'institue pas en propres termes le curateur au ventre représentant des héritiers, nous pensons que le juge de paix doit agir d'office pour conserver le droit des absents.

Quant aux héritiers présents, comme leurs droits ne peuvent être que suspendus par la déclaration de la femme, et comme, d'après l'article 909, l'apposition des scellés peut être requise par tous ceux qui *prétendent droit dans la succession ou dans la communauté*, nous pensons aussi que les scellés doivent être apposés, nonobstant toute déclaration de grossesse, lorsqu'ils le requièrent surtout avant la nomination du curateur au ventre.

SECTION II. — De l'apposition des scellés sur réquisition.

1043. « L'apposition des scellés peut être requise, 1° par tous ceux qui prétendent droit dans la succession ou dans la communauté ; 2° par tous créanciers fondés en titre exécutoire ou autorisés par une permission soit du président du tribunal de 1re instance, soit du juge de paix du canton où le scellé doit être apposé; 3° et, en cas d'absence soit du conjoint, soit des héritiers ou de l'un d'eux, par les personnes qui demeuraient avec le défunt et par ses serviteurs et domestiques. » C. proc., 909.

1044. « Les prétendants droit et créanciers mineurs émancipés peuvent requérir l'apposition des scellés sans l'assistance de leurs curateurs. — S'ils sont mineurs non émancipés, et s'ils n'ont pas de tuteur, ou si le tuteur est absent, elle pourra être requise par un de leurs parents. » C. proc., 910.

1045. Le juge de paix ne peut, sous aucun prétexte, se dispenser d'apposer les scellés, lorsqu'il en est requis, dans les cas prévus par l'article 909.

1046. En donnant ainsi le droit de réquisition aux personnes et dans les circonstances y désignées, le législateur entend évidemment obliger le juge à y déférer. Autrement la disposition serait inutile. Le juge de paix qui se refuserait à l'apposition des scellés, qui ne ferait pas droit à de justes réquisitions, manquerait à ses devoirs, et s'exposerait à être pris à partie par ceux qui auraient éprouvé quelque préjudice par suite de cette infraction; il compromettrait, en outre, les droits des greffiers et du trésor.

1047. Nous examinerons, sous les paragraphes suivants, les divers cas de réquisition, sans suivre l'ordre dans lequel ils sont rangés par le Code, parce que nous tenons à présenter d'abord ceux qui se lient avec l'apposition d'office, ou y suppléent. — Il faut remarquer, en effet, que parmi ceux auxquels la loi permet de requérir l'apposition des scellés, les uns sont directement intéressés dans la succession, les autres n'agissent que pour les intéressés; le pouvoir donné à ceux-ci est un auxiliaire de la surveillance recommandée au procureur impérial, au juge de paix, au maire, et ne s'exerce que quand les héritiers sont absents, ou mineurs non émancipés sans tuteurs présents.

1048. Le droit de requérir les scellés appartient encore, en certains cas, au tuteur, à l'exécuteur testamentaire; cette réquisition est commandée au conjoint ou à l'Etat qui succèdent, en cas de déshérence; ces divers cas de réquisition feront aussi l'objet d'autant de paragraphes.

§ 1. — De la réquisition des scellés, en cas d'absence du conjoint, ou des héritiers, ou de minorité.

1049. Les dispositions des articles 909 et 910, sur le droit de requérir l'apposition des scellés en cas d'absence du conjoint ou des héritiers, ou de minorité de ceux-ci, s'expliquent par elles-mêmes, et donnent lieu à peu de difficultés.

Si le juge de paix n'agit pas d'office, en cas d'absence soit du conjoint, soit des héritiers, ou de l'un d'eux, les personnes qui demeuraient avec le défunt, ses serviteurs et domestiques peuvent requérir l'apposition.

Si les prétendants droit et les créanciers sont mineurs non émancipés, et s'ils n'ont pas de tuteur, ou si le tuteur est absent, l'apposition pourra être requise par un de leurs parents.

Le parent peut agir non-seulement pour le mineur sans tuteur, créancier, mais aussi pour le mineur dont le tuteur est absent; l'article 910 le dit formellement. Or, remarquons que ce droit donné aux parents du mineur créancier n'est pas partagé par le juge de paix, c'est-à-dire que le juge de paix ne pourrait, d'office, apposer les scellés pour conserver les droits d'un mineur *créancier* sans tuteur.

Lorsque les personnes qui demeurent avec le défunt, ou ses serviteurs et domestiques, ou les parents des mineurs héritiers, sont autorisés à requérir l'apposition, ils peuvent agir sur-le-champ et sans attendre la démarche du maire ou de l'adjoint près du juge de paix.

§ 2. — Du droit de réquisition de ceux qui prétendent droit dans la succession ou dans la communauté.

1050. Les prétendants droit dans la communauté sont : l'époux survivant lui-même, ou les héritiers de l'époux décédé.

Les prétendants droit dans la succession sont : les héritiers, donataires à cause de mort, ou légataires. Remarquons ces expressions de la loi, *prétendants droit dans la succession :* elles sont plus générales que les mots *héritiers* et *légataires*, et comprennent nécessairement l'enfant naturel et même l'enfant adultérin ou incestueux (C. Nap , 756, 762), sauf toutefois les exceptions portées aux articles 761 et 764. Mais suffira-t-il de se dire héritier , légataire, donataire à cause de mort, ou enfant naturel du défunt, pour forcer à l'apposition ?

Quant à la qualité d'héritier, elle n'a pas besoin d'être prouvée ; si la partie requérante se présente au juge de paix comme ayant les droits d'*héritier*, le juge de paix ne peut lui refuser son ministère ; c'est l'opinion de Carré, *Justices de paix*, nº 2069; de Biret, nº 367. A moins toutefois, nous le pensons du moins, que la notoriété publique ne repousse l'héritier.

Quant aux donataires à cause de mort, comme ils doivent être porteurs de leurs titres (C. Nap., 894, 931), ils ne pourront réclamer l'apposition des scellés sans les produire.

1051. Mais suffirait-il, pour avoir droit à l'apposition des scellés, *d'alléguer* l'existence d'un testament en sa faveur ? M. Carré admet la négative, en s'appuyant sur un arrêt de la Cour de Bruxelles, du 18 mai 1807. Nous croyons qu'il faut distinguer entre le cas où l'allégation paraîtrait dénuée de toute espèce de fondement, et le cas où les circonstances rendraient cette allégation probable. L'article 917 porte que « *sur la réquisition de toute partie intéressée*, le juge de « paix fera, avant l'apposition du scellé, la perquisition du testa- « ment, dont l'existence sera annoncée. » Si toute partie intéressée a le droit, au moment de l'apposition, de faire faire cette perquisi- tion, pourquoi ne pourrait-elle pas, dans le même but, provoquer l'apposition même, surtout si quelque acte écrit, comme une lettre émanée du défunt, ou quelque papier de famille, ou même le té- moignage des gens de la maison, rendaient l'existence du testament probable ? Toutefois, il faut des bornes à l'exercice de ce droit ; le requérant pourrait, dans tous les cas, si le juge de paix refusait l'apposition sur sa demande, se pourvoir, comme les créanciers, devant le président du tribunal de première instance. C. proc., 909.

1052. Un héritier ne peut, lorsqu'il existe un acte d'incommu- nauté entre son auteur et l'un de ses enfants qui habitait la même maison, faire apposer les scellés sur tous les objets garnissant la maison du défunt ; l'inventaire ne peut comprendre que les objets indiqués dans l'acte d'incommunauté comme appartenant à son auteur, et ceux placés dans les appartements qu'il occupait en particulier ; dans le cas où une recherche est ordonnée dans les autres parties de la maison, pour trouver les papiers qui pourraient dépendre de la succession, cette recherche doit être faite par le juge de paix seul, hors la personne de l'héritier et du notaire. C. proc., 917. Caen, 8 mai et 19 août 1847 ; *Annales des Juges de paix*, vol. de 1848, pag. 222.

§ 3. — Du droit de réquisition des créanciers.

1053. Tous créanciers fondés en titre exécutoire ou autorisés par une permission, soit du tribunal de première instance, soit du juge de paix du canton où le scellé doit être apposé, peuvent encore, aux termes de l'article 909, requérir l'apposition.

Déjà l'article 820 du Code Napoléon avait autorisé les créanciers à requérir l'apposition des scellés en vertu d'un titre exécutoire ou d'une permission du juge.

On entend par *titre exécutoire* un acte authentique, c'est-à-dire par-devant notaire, ou un jugement ; les créanciers porteurs de pareils titres ne sont pas tenus de se faire autoriser ; Carré, n° 2066, semble borner à eux seuls le droit de réquisition ; mais c'est une erreur évidente, puisque l'article 909 ajoute : ou *autorisés par une permission*, etc. Ceux donc qui ne sont pas porteurs d'un titre exécutoire doivent se faire autoriser par le juge, et cette autorisation leur donne le droit de faire apposer les scellés, tout autant que si leur titre était exécutoire, et quand même ils n'auraient pas de titre.

Dans l'exposé des motifs de l'artilce 909, l'orateur du gouvernement disait : « On regarde comme ayant intérêt à faire apposer les scellés... les créanciers fondés en titre exécutoire, *et même ceux qui, sans un pareil titre*, en produisent un assez apparent pour que le président du tribunal d'arrondissement, ou le juge de paix, trouve convenable de faire apposer le scellé. »

1054. Nous avons ajouté que ce droit appartient même aux créanciers dépourvus de titre. Pigeau, qui adopte la même opinion, se fonde sur l'article 558 du Code de procédure, d'après lequel une saisie-arrêt peut être autorisée par le juge, quoiqu'il n'y ait pas de titre ; il ajoute qu'il ne serait même pas nécessaire que la créance fût liquide, ni qu'elle fût échue : c'est aussi l'interprétation que nous donnons à l'article 909 ; c'est au juge qu'il appartient de considérer si le droit du créancier paraît assez sérieux, si la créance est assez considérable pour donner lieu à une mesure qui porte toujours, il est vrai, un certain trouble dans la propriété, mais qui, d'un autre côté, est éminemment protectrice et conservatoire.

1055. Les auteurs étendent encore le droit de réquisition aux créanciers d'un créancier du défunt ou de son successeur. En effet, d'après l'article 1166 du Code Napoléon, les créanciers peuvent exercer tous les droits et actions de leurs débiteurs, à l'exception de ceux qui sont exclusivement attachés à la personne. Il est vrai qu'un arrêt de la Cour de Nancy, du 9 janvier 1817, a décidé, contrairement à cette doctrine, qu'en admettant les créanciers à requérir l'apposition des scellés, la loi se sert d'une expression générale, qui se rattache directement aux *seuls* créanciers de la succession, par le classement même des articles de la loi qui sont placés au titre des *Successions;* mais on a répondu avec raison que la généralité même des expressions de l'article 909 comprend les créanciers quels qu'ils soient. Les termes d'ailleurs de l'article 1166 du Code Napoléon ne laissent aucun doute ; le droit accordé aux créanciers par cet article a été appliqué à maintes et maintes circonstances par le Code même, et notamment à la faculté donnée aux créanciers d'un cohéritier, qui renonce à une succession, d'accepter du chef de ce cohéritier, en son lieu et place, la succession répudiée. La réquisition des scellés est un droit bien moins considérable que celui de l'acceptation d'une succession ; on doit donc croire que ce droit peut être exercé par les créanciers du cohéritier ; les auteurs, d'ailleurs, nous le répétons, sont sur ce point d'avis unanime. V. Merlin, aux mots *Succession* et *Créancier* ; Chabot, t. III, p. 96 ; Toullier, t. IV, n° 465 ; Pigeau, t. II, liv. III, tit. Ier, ch. 1er, section 1re.

1056. Quant aux créanciers des héritiers du défunt, Bourjon et Chabot prétendent qu'ils ne peuvent non plus que former opposition à la levée des scellés, afin d'être appelés au partage ; Carré, n. 362, et Pigeau, t. II, p. 617, leur accordent le droit de requérir l'apposition. Un arrêt de la Cour de Bourges, du 16 mai 1842 (RÉPERT. GÉN. DES J. DE PAIX, t. IV, p. 438), a jugé dans le même sens, et nous nous joignons aussi à ces dernières autorités ; non pas que nous prétendions que les créanciers des successeurs aient le droit de faire apposer les scellés pour opérer la séparation des patrimoines, qu'ils ne peuvent demander (C. Nap., 881), mais pour empêcher la dissipation jusqu'à l'inventaire. D'ailleurs, ils ont le droit d'intervenir au partage pour empêcher qu'il ne soit fait en fraude de leurs droits (*ibid.*, 882) ; ils ont donc intérêt de faire apposer les scellés, afin d'empêcher le divertissement jusqu'à l'inventaire, qu'ils auront droit de provoquer, à l'effet de faire constater le montant de la succession, et, par suite, la part qui reviendra à leur débiteur, sur laquelle ils auront droit.

1057. L'autorisation de faire apposer les scellés est demandée par une requête au président du tribunal, où le créancier énonce les titres ou expose les motifs sur lesquels il se fonde (Tarif, 78) ; ou bien par une simple réquisition au juge du paix, qui est inscrite en tête du procès-verbal d'apposition, et répondue sur le même procès-verbal. — Voir *Annales des juges de paix*, vol. de 1853, page 131.

§ 4. — Du droit de réquisition des mineurs émancipés ou des parents des mineurs non émancipés.

1058. Ce droit ne peut être l'objet d'aucune difficulté ; il appartient, d'après l'art. 910, aux mineurs émancipés prétendant droit dans une succession, ou aux mineurs émancipés créanciers de la succession ou des héritiers. Ces mineurs émancipés agissent, suivant le même article, sans l'assistance de leur curateur.

S'ils sont mineurs non émancipés, et s'ils n'ont pas de tuteur, ou si le tuteur est absent, l'apposition peut être requise par un de leurs parents. Même art. 910.

§ 5. — Du droit de réquisition du tuteur.

1059. Il n'est pas douteux que le tuteur n'ait le droit de requérir l'apposition des scellés lorsque le mineur est intéressé, sous un titre quelconque, dans une succession. M. Biret va jusqu'à dire, n. 969, qu'il est même *obligé* de provoquer cette apposition pour se mettre à l'abri de tout reproche, et pour empêcher les soustractions. Cette opinion nous paraît trop absolue. Si la loi avait voulu obliger le tuteur à provoquer l'apposition, elle aurait autorisé l'apposition d'office en tous les cas de minorité. Or, elle ne permet l'apposition d'office à raison de minorité (art. 911), que si le mineur est *sans tuteur*. Le tuteur doit donc, selon nous, être laissé seul juge de l'opportunité ou de la nécessité de l'apposition ; il aura, pour la provoquer, le même droit qu'aurait eu l'héritier mineur, si celui-ci avait été majeur.

Ajoutons que l'art. 451 n'oblige le tuteur qu'à faire procéder à l'inventaire.

§ 6. — Du droit de réquisition de l'exécuteur testamentaire.

1060. L'art. 1031 du C. Nap ordonne à l'exécuteur testamentaire « de faire apposer les scellés s'il y a des héritiers mineurs, interdits ou absents. » Quant au cas de minorité, cet article, de même que l'art. 819, a dû être modifié (Voir plus haut, tit. II, chap. II, sect. 1, § 1) par l'art. 911 C. proc., c'est-à-dire que la réquisition du scellé n'est plus obligatoire pour l'exécuteur testamentaire, si le mineur est pourvu d'un tuteur.

1061. Mais, indépendamment de ces divers cas de minorité, d'absence ou d'interdiction, l'exécuteur testamentaire a-t-il le droit, de son chef, de requérir l'apposition des scellés ? Oui sans doute, puisqu'il agit dans l'intérêt des légataires, qu'il doit, par conséquent, veiller à ce que toutes les forces de la succession puissent être bien établies ; que, d'ailleurs, il n'a pas toujours la saisine ; que les valeurs, que le mobilier peuvent donc être en d'autres mains que les siennes. C. Nap., 1026.

§ 7. — De la réquisition, en cas de déshérence, par l'époux survivant ou par les représentants de l'État.

1062. Lorsque le défunt ne laisse ni parents au degré successible, ni enfants naturels, les biens de sa succession appartiennent au conjoint survivant, et, à défaut de conjoint, à l'Etat. C. Nap., 767, 768.

Le conjoint survivant et l'administration du domaine, qui prétendent droit à la succession, sont tenus de faire apposer les scellés et de faire faire inventaire dans les formes prescrites pour l'acceptation des successions sous bénéfice d'inventaire. C. Nap., 769.

En pareil cas, la réquisition des scellés n'est donc pas seulement un droit, c'est de plus une obligation. Nous croyons qu'on en peut tirer la conséquence que si le conjoint et l'Etat n'agissaient pas, le juge de paix devrait agir d'office, car la déshérence ne se présume pas, et l'on peut toujours supposer que les héritiers sont absents. C. proc., 911.

SECTION III. — De l'opposition aux scellés formée par le porteur d'un testament. — Légataire universel.

1065. Le légataire universel porteur d'un testament authentique, ou même d'un testament olographe dont l'écriture n'est pas déniée, et qui aura été déposé, sur l'ordonnance du président du tribunal civil, suivant l'art. 1007 du C. Nap., aux mains d'un notaire commis, peut, en certains cas, s'opposer à ce que les scellés soient apposés.

Par exemple, si les scellés ont été requis par des héritiers non réservataires.

En conséquence, jugé que lorsqu'il y a un légataire universel par acte public, saisi aux termes de l'art. 1006 du Code Nap., les héritiers collatéraux du défunt n'ont pas le droit de requérir l'apposition des scellés. Trib. 1re instance de Paris, 1re section, 19 mess. an II.

Mais on comprend que s'il y a des héritiers à réserve, ou si le scellé a été requis par l'époux survivant ou par des créanciers de la succession, le légataire universel ne pourra s'y opposer.

Il faut, en outre, pour que l'opposition arrête le scellé, que le testament ait été notifié aux héritiers, même non réservataires; c'est, du moins, ce qu'a jugé la Cour d'Amiens par arrêt du 7 mai 1806, et Nîmes, 27 décembre 1810 (RÉPERT. GÉN. DES J. DE PAIX, t. IV, v° *Scellé*, n. 386 et 387); et en effet, les héritiers ne peuvent légalement connaître le testament que par cette notification. S'il s'agissait d'un testament olographe, il faudrait que l'ordonnance du président et le procès-verbal de dépôt chez le notaire fussent aussi notifiés.

Une inscription de faux contre le testament, ou même une demande en nullité, devraient nécessairement faire passer outre aux actes conservatoires, et par conséquent à l'apposition des scellés.

Si même il arrivait que les héritiers ou autres personnes intéressées prétendissent qu'il existe dans les papiers du défunt un autre testament annulant celui présenté, nous ne voyons pas que le juge de paix dût s'abstenir de l'apposition ; surtout si les circonstances, par exemple l'ancienneté du testament connu, rendaient l'allégation plausible et l'existence d'un autre testament probable.

CHAPITRE III. — Du moment ou les scellés doivent et peuvent être apposés.

1064. Le principal but des scellés étant de prévenir les soustractions, il importe quelquefois de les apposer aussitôt après le décès ; cependant, ordinairement on diffère jusques après l'inhumation ; le juge de paix ou les personnes intéressées apprécient l'urgence.

« Si le scellé n'a pas été apposé avant l'inhumation, le juge de « paix doit constater, par son procès-verbal, le moment où il a été « requis et les causes qui ont retardé soit la réquisition, soit l'appo « sition. C. proc., 913. »

Mais le scellé peut être apposé à toute époque, longtemps après le décès et tant que dure le droit d'hériter ou de se porter héritier. La prescription de trente ans à partir du décès peut-elle seule être opposée à une demande d'apposition ? — Aucune prescription particulière n'existant, on ne voit pas qu'on puisse en opposer une autre que celle de trente ans.

M. Longchampt, se fondant sur l'art. 880 du Code Napoléon, d'après lequel la séparation du patrimoine du défunt d'avec le patrimoine de l'héritier ne peut plus être demandée après trois ans (C. Nap., 880), pense que le droit de réquisition du scellé se prescrit par trois ans.

M. Augier est d'avis qu'il ne faut avoir aucun égard à cette disposition ; selon lui, les héritiers donataires et légataires conservent pendant trente ans, quelque confusion qu'il y ait eu entre le patrimoine de l'héritier et les objets de la succession, le droit de requérir l'apposition des scellés sur ces objets.

Chacune de ces opinions nous paraît trop absolue : sans admettre, en effet, que le terme fixé par l'art. 880 à la demande en séparation de patrimoine, pour les meubles, soit applicable à la demande d'apposition des scellés, nous ne saurions non plus reconnaître qu'après plusieurs années, et lorsque d'autres se sont mis ou ont été mis en possession des meubles d'une succession, les ont confondus avec les leurs, vendus ou dénaturés, un nouveau prétendant puisse venir ainsi jeter le trouble dans la propriété des premiers possesseurs ; en pareil cas, le juge de paix auquel l'apposition des scellés serait demandée devrait juger, ou le président du Tribunal de première instance, de la possibilité ou de l'opportunité ; et si les choses n'étaient plus entières, si, surtout, le premier héritier réel ou apparent, entré en possession, n'était pas suspect de mauvaise foi ou d'insolvabilité, la réquisition d'apposition des scellés devrait être rejetée.

1065. Cependant, si l'héritier qui se présenterait ainsi après plusieurs années ne voulait accepter que sous bénéfice d'inventaire, l'art. 794 du Code Napoléon lui imposerait l'obligation de faire faire l'inventaire. Mais, en pareil cas, il devrait, à moins que les meubles ne se trouvassent encore en lieu opportun, se borner à l'inventaire, la seule formalité, au reste, exigée par la loi.

1066. Il est, en outre, des circonstances où la loi défend l'apposition des scellés comme inutile et frustratoire. « Lorsque l'inventaire sera parachevé, dit l'art. 923 C. proc., les scellés ne pourront « être apposés, à moins que l'inventaire ne soit attaqué, et qu'il ne « soit ainsi ordonné par le président du tribunal. — Si l'apposition « des scellés est requise pendant le cours de l'inventaire, les scellés « ne seront apposés que sur les objets non inventoriés. »

L'inventaire peut être attaqué pour plusieurs causes, soit parce qu'il est infidèle, soit parce qu'il a été dressé en l'absence d'une partie intéressée non avertie, et au préjudice de ses droits. La partie intéressée adresse, en pareil cas, une requête au président du tribunal civil, en lui exposant les faits et en lui demandant l'autorisation de faire apposer les scellés. Le président répond par une ordonnance qui autorise ou refuse. Le juge de paix peut même, en pareil cas, apposer les scellés *d'office*, ainsi que l'a décidé la Cour de Bruxelles par arrêt du 28 mars 1810. Une veuve, le jour même du décès de son mari, avait fait faire un inventaire, acte informe, rédigé sur papier libre, lorsque le juge de paix se présenta pour apposer les scellés, en l'absence des héritiers; on lui opposa cet inventaire : il en référa : le président ordonna de passer outre; son ordonnance fut attaquée en appel, mais la Cour de Bruxelles la confirma : « Attendu que l'art. 923 C. proc. n'est applicable qu'au cas où il existe un inventaire en forme, et non un simulacre d'inventaire, précipité à dessein d'éluder l'apposition des scellés » ; mais, tout en infirmant, la Cour déclara qu'il avait été régulièrement procédé, et que le juge de paix avait été considéré comme partie au référé, et porté comme tel dans la qualité de l'ordonnance. Nous verrons, en effet, plus bas, que le juge de paix qui réfère doit se borner à remettre son procès-verbal au président, sans prendre de conclusions et sans établir un débat contradictoire.

1067. S'il y a lieu à apposition des scellés pendant l'inventaire, l'inventaire doit être entièrement suspendu ; le juge de paix, assisté de son greffier, appose les scellés, puis les lève et les réappose, conformément à l'art. 937 C. proc.

1068. Le juge de paix peut aussi apposer les scellés d'office *pendant le cours de l'inventaire,* dans les cas prévus par l'art. 911.

1069. Mais le scellé ainsi apposé ne peut-il être levé que trois jours après l'apposition, aux termes de l'art. 928 ? Nous pensons qu'il faut répondre affirmativement, puisque ce délai a été ordonné, *à peine de nullité,* pour laisser aux parties intéressées le temps d'examiner leurs droits et de comparaître pour les faire valoir.

Si l'apposition est requise pendant le cours de l'inventaire, il n'est pas besoin d'ordonnance du président ; la partie qui a droit de requérir le scellé le requiert purement et simplement, et il est appposé sur les objets non encore inventoriés.

Si l'on voulait faire apposer les scellés hors du ressort où la succession est ouverte, ce serait au président du tribunal du lieu, et non à celui de la succession, à l'ordonner, quoique celui-ci eût la connaissance des affaires de la succession, parce que le cas requiert célérité : argument de l'art. 554, qui veut que si les difficultés élevées sur l'exécution des jugements ou actes requièrent célérité, le tribunal du lieu y statue provisoirement, et renvoie la connaissance du fond au tribunal d'exécution. Pigeau, t. II, p. 621.

CHAPITRE IV. — **Apposition du scellé.** — **Forme.** — **Procès-verbal d'apposition.** — **Gardien.** — **Remise des clefs.** — **Testament ou paquet cacheté trouvé.** — **Référé.** — **Carence.** — **Registre d'ordre.**

SECTION I. — Du procès-verbal d'apposition. — Forme de l'apposition. — Serment. — Gardien. — Annexes.

1070. « Le procès-verbal d'apposition contiendra : 1° la date des an, mois, jour et heure ; — 2° les motifs de l'apposition ; — 3° les noms, profession et demeure du requérant, s'il y en a, et son élection de domicile dans la commune où le scellé est apposé, s'il n'y demeure ; — 4° s'il n'y a pas de partie requérante, le procès-verbal énoncera que le scellé a été apposé d'office ou sur le réquisitoire ou sur la déclaration de l'un des fonctionnaires dénommés dans l'art. 911 ; — 5° l'ordonnance qui permet le scellé, s'il en a été rendu ; — 6° les comparution et dires des parties ; — 7° la désignation des lieux, bureaux, coffres, armoires, sur les ouvertures desquels le scellé a été apposé ; — 8° une description sommaire des effets qui ne sont pas mis sous les scellés ;—9° le serment, lors de la clôture de l'apposition, par ceux qui demeurent dans le lieu, qu'ils n'ont rien détourné, vu ni su qu'il ait été rien détourné directement ni indirectement ; — 10° l'établissement du gardien présenté, s'il a les qualités requises, sauf, s'il ne les a pas, ou s'il n'en est pas présenté, à en établir un d'office par le juge de paix. » C. proc., 914.

1071. Outre ces formalités, nous avons vu que le procès-verbal doit constater encore (si le scellé n'a pas été apposé avant l'inhumation), le moment où le juge de paix a été requis de l'apposer, et les causes qui ont retardé, soit la réquisition, soit l'apposition.

1072. Lorsque la partie qui requiert le scellé est obligée d'obtenir la permission du juge de paix, comme le créancier non porteur d'un titre exécutoire (C. Nap., 820 ; C. proc., 909), la requête à fin de cette permission peut être remplacée par une réquisition en tête du procès-verbal.

1073. Un décret du 10 brumaire an XIV porte :

ART. 1. — Tous officiers ayant droit d'apposer des scellés, de les reconnaître et de les lever, de rédiger inventaire, de faire des ventes et autres actes dont la confection peut exiger plusieurs séances, sont tenus d'indiquer, à chaque séance, l'heure du commencement et celle de la fin.

ART. 2. — Toutes les fois qu'il y a interruption dans l'opération, avec renvoi à un autre jour, ou à une autre heure de la même journée, il en sera fait mention dans l'acte que les parties et les officiers signeront sur-le-champ pour constater cette interruption.

ART. 3. — Le procès-verbal est sujet à l'enregistrement dans le délai fixé par la loi.

ART. 4. Le droit d'enregistrement, fixé à 2 francs par vacation, est exigible par vacation, dont aucune ne peut excéder quatre heures.

Nous donnons textuellement ce décret, parce que, avec l'art. 914 du Code de procédure, il forme un droit complet sur le procès-verbal d'apposition. Nous renvoyons au chapitre VIII de ce titre pour ce qui concerne les droits d'enregistrement. — Quant à ce qui concerne l'apposition et la forme du procès-verbal, nous n'ajouterons que quelques observations.

1074. D'abord, si les parties ne savent, ne peuvent ou ne veulent *signer*, le juge de paix constatera leur impuissance ou leur refus.

1075. Les *motifs* de l'apposition consistent, le plus souvent, dans l'intérêt que la partie requérante a dans la succession ou dans la communauté : il suffit alors de mentionner la qualité d'héritier, de légataire, de donataire ou de conjoint survivant. Le juge de paix n'a à motiver l'apposition, ni sur la défiance que peut inspirer l'habitant du lieu, ni sur toute autre cause étrangère à la qualité des requérants. Ce n'est pas là ce que la loi entend par *motifs* de l'apposition.

1076. *L'élection de domicile* dans la commune où le scellé est apposée est exigée, afin que toutes significations et oppositions aux scellés puissent y être faites.

1077. Si le juge de paix agit d'*office*, il doit mentionner le cas d'absence, de minorité ou autre cause qui autorise l'apposition des scellés. C'est encore un des *motifs* dont parle l'art. 914.

1078. Il n'est pas nécessaire que la partie qui a requis le scellé assiste à l'apposition ; il suffit qu'elle ou son mandataire se présente au juge de paix qui dresse acte de la réquisition, si elle ne lui est présentée écrite, et ordonne à la suite son transport sur les lieux, sur-le-champ ou à une heure prochaine, afin qu'il indique d'y apposer les scellés, tant en présence qu'en l'absence du requérant.

1079. Les *dires* des parties comprennent toutes demandes de perquisition d'effets, toutes protestations, toutes demandes de référé, en un mot, toute observation dont on peut donner acte ; le juge de paix, après avoir consigné l'observation ou la protestation, doit faire signer le réclamant ou mentionner la cause qui empêcherait de signer.

1080. L'obligation d'apposer les scellés sur les bureaux, coffres, armoires et ouvertures ne permettrait pas au juge de se borner à sceller seulement les portes d'entrée et ouvertures principales. Tout meuble renfermant des objets susceptibles d'une appréciation sérieuse, ou des papiers, doit être mis sous clef et scellés ; s'il en est qui ne renferment que des objets inutiles et sans valeur, le juge de paix doit se borner à le déclarer.

Il faut, en un mot, que le juge ait le soin de rendre impossible tout accès dans l'intérieur des appartements et des meubles ; il peut faire transporter dans la pièce la plus commode à fermer, et faire mettre dans les armoires tous les objets de prix qui peuvent se déplacer facilement.

1081. Si des réclamations étaient faites par des tiers revendiquant des objets à eux appartenant, le juge de paix ne devrait y avoir égard ; c'est lors de la levée des scellés , et alors que toutes les parties intéressées auront été appelées, que les tiers pourront faire reconnaître valablement leurs droits.

1082. Les objets qui ne sont pas mis sous les scellés sont : le linge, l'argenterie, les provisions comestibles et autres nécessaires à l'usage de la maison. Le juge de paix en fait une description sommaire, ainsi que des meubles non susceptibles, par leur volume ou par leur nature, d'être renfermés. Les habitants de la maison ou le chef de la famille s'engagera à représenter, lors de la levée des scellés, les choses non fongibles qu'on leur laisse, et signent, s'ils savent signer, sauf mention en cas d'empêchement.

1083. Si le défunt était commerçant, et que le scellé fût apposé, non en cas de faillite, mais après décès, le juge de paix pourrait laisser en dehors du scellé les marchandises nécessaires pour la vente courante ou sujettes à dépérir, ainsi que les livres et le mobilier d'usage, en les décrivant seulement au procès-verbal.

1084. Si le serment était refusé, ou si, étant prêté, il faisait découvrir quelque soustraction, le juge de paix le constaterait et placerait les objets soustraits sous les scellés, ou, en cas d'impossibilité, les détaillerait dans son procès-verbal. Toutes les personnes habitant la maison ou l'appartement doivent être appelées à prêter le serment, sans distinction et sans égard pour leur rang ou qualité ; et le serment ainsi prêté n'empêcherait pas qu'il fût déféré plus tard aux mêmes personnes en justice sur le même fait par les parties intéressées ; ainsi l'a jugé avec raison la Cour de Turin, par arrêt du 7 février 1807.

1085. Mais le juge de paix doit-il faire prêter serment aux enfants ; à quel âge doit-il s'arrêter ? — Le Code d'instruction criminelle porte, article 79, que les enfants de l'un et de l'autre sexe pourront être entendus, dans l'instruction criminelle, par forme de déclaration et sans prestation de serment.

Cette règle, qui a été admise même pour les témoignages en Cour d'assises (malgré le silence de l'article 317 du même Code), par arrêts de le Cour suprême des 3 décembre 1812 et 9 janvier 1831, nous paraît devoir être appliquée également au serment en matière de scellés. Le juge de paix ne doit donc pas faire prêter le serment aux enfants au-dessous de quinze ans. Il pourra même s'abstenir de les interroger, à moins qu'en cas de suspicion, de disette ou d'absence d'autre déclaration, la leur ne paraisse nécessaire.

1086. On a beaucoup discuté sur les *qualités* requises pour que le gardien des scellés soit admissible. MM. Thomine-Desmazures, Rogron, Levasseur, Carré, se fondant sur les lois des 20 nivôse an II et 6 vendémiaire an III, dont la dernière surtout défendait qu'aucune femme fût établie gardienne des scellés, ont émis l'opinion qu'on ne doit accorder la charge de gardien ni aux femmes, ni aux mineurs, parce qu'on ne peut exercer sur eux la contrainte par corps ; d'autres ont pensé qu'il fallait appliquer les dispositions de l'article 598 du Code de procédure, qui défend d'établir comme gardiens de meubles *saisis*, le saisissant, son conjoint, ses parents et alliés, jusqu'au degré de cousin issu de germain inclusivement, et ses domestiques. Pour nous, nous croyons que les qualités requises dans le gardien des scellés sont : une réputation de probité bien connue, la capacité de s'obliger, et la solvabilité. Cependant, dans l'usage, on nomme souvent les domestiques, quoiqu'ils n'offrent pas grande garantie de solvabilité ; la confiance que leur accordait le défunt peut justifier leur nomination.

1087. Quant aux mineurs, ils ne pourraient être établis gardiens, surtout les mineurs non émancipés.

Aux termes de l'article 914, qui trace les formes de l'apposition des scellés, le gardien ne peut être établi par le juge de paix que s'il possède les *qualités requises*; le Code ne s'explique pas autrement sur ces qualités requises ; mais cette lacune apparente peut être facilement remplie par le rapprochement d'autres dispositions analogues de la loi. Il paraît juste, en effet, de ne constituer pour gardien que des individus qui réunissent les qualités exigées en cas de saisie-exécution. Les devoirs sont les mêmes, la responsabilité est la même ; il y a donc une analogie complète qui permet d'appliquer à la matière des scellés ce que la loi a prévu pour le cas de saisie-exécution. Or, le gardien d'une saisie est contraignable par corps (art. 603 C. proc.), et la contrainte par corps ne peut être prononcée contre les mineurs (art. 2063 du C. Nap.) ; la conséquence qu'on doit tirer de la combinaison de ces deux articles est donc qu'un mineur ne peut être établi gardien d'une saisie, et que, par analogie, il ne doit pas l'être non plus des scellés.

1088. Quant aux femmes, un décret (plus récent que ceux précités) du 21 vendémiaire an III paraît avoir réduit leur incapacité à la seule garde des scellés apposés sur les effets appartenant au gouvernement, ou de ceux apposés en matière criminelle. Voir ci-après, titre V.

Les qualités des gardiens des scellés ne sont point, au reste, prescrites à peine de nullité ; Biret conseille de rejeter seulement les mineurs, les femmes mariées et autres incapables, et les parents et alliés du juge de paix.

1089. Le gardien pourrait être remplacé s'il ne répondait pas aux devoirs de sa nomination ; les parties intéressées demanderaient au juge de paix sa révocation, en en présentant un autre ; le juge de paix pourrait même le révoquer d'office après avoir engagé les parties, si elles étaient sur les lieux, à faire une nouvelle présentation ; il relaterait le tout sur son procès-verbal, et sans même qu'il fût besoin, s'il y avait urgence, qu'il se transportât dans l'habitation.

1090. Le gardien nommé par le juge de paix est obligé d'accepter ; il serait au moins responsable des suites de son refus. Le juge de paix doit mentionner l'acceptation du gardien, qui doit être signée par celui-ci, à moins qu'il ne sache signer.

1091. Une décision ministérielle du 9 nivôse an **V** (29 décembre 1796) avait recommandé aux juges de paix, lorsqu'ils établissaient un gardien aux scellés qu'ils apposaient, de faire une description sommaire des effets laissés en évidence, et d'en donner copie au gardien, afin qu'il connût de quels effets il était chargé.

Cette mesure est rarement observée dans la pratique. — Pour nous, nous sommes porté à conseiller cette mesure de précaution, qui peut prévenir des suites toujours fâcheuses

1092. Le procès-verbal doit être rédigé au fur et à mesure de l'apposition ; c'est là une formalité essentielle. Cependant deux arrêts, l'un de la Cour de cassation, du 12 mars 1812, et l'autre de la Cour de Metz, du 6 juin 1821, ont décidé que la *nullité* ne résulterait pas de ce que la rédaction n'aurait pas eu lieu en même temps que l'apposition même : « Attendu, porte l'arrêt de la Cour de Metz, que la circonstance qu'un procès-verbal qui n'a pas été rédigé à l'instant même ne peut pas opérer la nullité des scellés, parce que le procès-verbal d'apposition ne peut être confondu avec les scellés eux-mêmes ; que l'apposition des scellés précède toujours le procès-verbal qui en est dressé ensuite, que le retard apporté à la rédaction de ce procès-verbal ne laisse pas moins subsister les scellés, et ne porte aucune atteinte à leur existence, à leur réalité. »

1093. Il résulte aussi du même arrêt que le juge de paix peut confier au greffier le soin de placer les bandes et d'y appliquer l'empreinte du sceau ; la loi veut seulement que ce magistrat préside à l'opération, et qu'elle ne se fasse qu'avec le concours de sa volonté.

1094. Le juge de paix doit annexer au procès-verbal d'apposition de scellés toutes les pièces qui en dépendent, comme l'ordonnance qui contient l'autorisation, si l'autorisation a été nécessaire, les procurations spéciales des mandataires des requérants, la déclaration du maire ou de l'adjoint, ou la réquisition du procureur impérial, si elles ont eu lieu, le jugement de déclaration de faillite, si les scellés sont apposés en cas de faillite, etc.

Cependant aucune disposition de loi n'oblige les juges de paix, à la différence des notaires, d'annexer les procurations ou autres pièces à leur procès-verbal ; mais ils ne doivent pas manquer de le faire toutes les fois que c'est possible, afin que ces pièces ainsi annexées puissent être invoquées au besoin. Nous disons, ci-après, chap. VI, sect. V, auquel du procès-verbal de levée des scellés ou de l'inventaire doivent rester annexées les procurations et autres pièces.

SECTION II. — De la remise des clefs. — De la défense d'entrer dans la maison où est le scellé, à moins de réquisition.

1095. « Les clefs des serrures sur lesquelles le scellé a été apposé restent, jusqu'à sa levée, entre les mains du greffier de la justice de paix, lequel fera mention, sur le procès-verbal, de la remise qui lui en aura été faite ; et ne pourront, le juge ni le greffier, aller, jusqu'à la levée, dans la maison où est le scellé, à peine d'interdiction, à moins qu'ils n'en soient requis, ou que leur transport n'ait été précédé d'une ordonnance motivée. » C. proc., 915.

1096. On entend par *la maison où est le scellé*, l'appartement qu'occupait le défunt : le juge de paix et le greffier pourraient donc fréquenter les autres appartements de la même maison, s'ils étaient occupés par d'autres habitants.

Il n'est pas nécessaire que le juge de paix, requis d'entrer dans la maison ou dans l'appartement, soit pour extraire des titres dont les héritiers ou les tiers auraient besoin, soit pour constater un bris de scellé, soit pour tout autre motif, se fasse autoriser préalablement par une ordonnance du président du tribunal civil. L'art. 915 dit : *A moins qu'ils n'en soient requis, ou que leur transport n'ait été précédé d'une ordonnance motivée.* La loi, comme on le voit, suppose le transport direct sur une simple réquisition, et celui précédé d'une ordonnance motivée ; cette ordonnance ne devient nécessaire que lorsque le juge de paix refuse de déférer à la réquisition de la partie intéressée.

L'ordonnance motivée dont parle l'article 915 peut être rendue par le juge de paix lui-même, à la suite de la réquisition faite par la partie en tête du procès-verbal, et même d'office, s'il y a lieu.

SECTION III. — Testament ou paquet cacheté trouvé dans les scellés.
Ce que doit faire le juge de paix. — Perquisition de testament sur requête des parties.

1097. « Si, lors de l'apposition, il est trouvé un testament ou
autre papier cacheté, le juge de paix en constatera la forme extérieure, le sceau et la suscription, s'il y en a ; paraphera l'enveloppe
avec les parties présentes, si elles le savent ou le peuvent, et indiquera les jour et heure où le paquet sera par lui présenté au président du tribunal de première instance. Il fera mention du tout
sur son procès-verbal, lequel sera signé des parties ; sinon mention
sera faite de leur refus. » C. proc., 916.

1098. « Sur la réquisition de toute partie intéressée, le juge de
paix fera, avant l'apposition des scellés, la perquisition du testament
dont l'existence sera annoncée, et, s'il le trouve, il procédera ainsi
qu'il est dit ci-dessus. » C. proc., 917.

1099. L'apposition des scellés ne doit se faire qu'en présence des
héritiers connus du défunt, ou des personnes de sa maison. Cependant, il semble résulter de l'article 917 du Code de procédure que
toute personne qui se prétend légataire a le droit de se présenter
pour requérir la perquisition du testament dont elle annonce l'existence. Mention doit être faite sur le procès-verbal de la comparution du légataire prétendu, de ses nom, prénoms, qualités, demeure
et élection de domicile dans la commune où se fait l'apposition, des
motifs de la réquisition, avec les faits ou indices à l'appui. Il signe
à la suite, à moins qu'il ne déclare ne le savoir faire. Le juge de
paix procède ensuite à la recherche ; si elle est infructueuse, il
ordonne au réclamant de se retirer, et continue l'apposition. Si le
testament est découvert, le juge de paix agit comme il est dit dans
l'article 916.

1100. Il peut se faire que le testament soit trouvé ouvert ; en ce
cas, le juge de paix constate également sa forme et le papier sur
lequel il est écrit, les mots par lesquels il commence, et ceux par
lesquels il finit ; il le paraphe avec les parties, ainsi qu'il est dit
pour l'enveloppe dans l'article 916, et agit ensuite de la même manière. C. proc., 920.

1101. Si l'on découvrait un testament déchiré, et qu'il fût déclaré que la lacération aurait été faite par d'autres que le défunt,
par accident ou par malice, le juge de paix devrait encore se conformer aux dispositions de l'article 916 ; détailler, en outre, sur son
procès-verbal, les dires des parties présentes, et dresser même, s'il

22

y avait crime ou délit, un procès-verbal séparé du fait, soit comme en ayant acquis la connaissance dans l'exercice de ses fonctions, aux termes de l'article 29 du Code d'instruction criminelle, soit à cause du flagrant délit, s'il y avait flagrant délit, aux termes de l'article 49 du même Code.

1102. Quel que fût le testament découvert au moment de l'apposition, olographe, mystique ou autre, le juge de paix n'en devrait pas moins agir d'après les prescriptions de l'article 916, quoi qu'en dise Carré, n. 2098, qui ne voit dans cet article qu'une espèce de conséquence du système adopté pour les testaments olographes et mystiques par l'article 1007 du Code Napoléon, et qui serait tenté de n'appliquer, par conséquent, l'article 916 qu'aux testaments mystiques ou olographes. — Cette opinion est complétement erronée. Les dispositions du Code de procédure sur la présentation des testaments sont toutes spéciales au juge de paix et aux scellés ; elles sont générales ; celles du Code Napoléon ne regardent que les testaments olographes ou mystiques, et les notaires ou particuliers aux mains desquels ils se trouvent déposés.

1103. Le juge de paix n'est point obligé de suspendre l'apposition des scellés pour faire la présentation du testament au président du tribunal de première instance ; il peut attendre que l'opération soit terminée, surtout s'il ne se trouve pas dans le lieu même où siége le tribunal.

1104. D'après l'article 1007 du Code Napoléon, « tout testament olographe sera, avant d'être mis à exécution, présenté au tribunal de première instance *de l'arrondissement dans lequel la succession est ouverte;* ce testament sera ouvert, s'il est cacheté; le président dressera procès-verbal de la présentation, de l'ouverture et de l'état du testament, dont il ordonnera le dépôt entre les mains du notaire par lui commis. — Si le testament est dans la forme mystique, sa présentation, son ouverture, sa description et son dépôt seront faits de la même manière. »

D'après cet article, c'est donc au tribunal de première instance de l'arrondissement dans lequel la succession est ouverte que les testaments olographes et mystiques doivent être présentés. Cependant il peut arriver que des scellés soient apposés et un testament trouvé par le juge de paix dans un autre arrondissement que celui où la succession est ouverte. Alors, comment le juge de paix le remettra-t-il au président, qui n'a sur son canton aucune juridiction ? Suivant Pigeau, Carré et M. Biret, le juge de paix, après en avoir constaté l'état extérieur, comme le porte l'article 916, l'enverra au greffe du tribunal du lieu de l'ouverture de la succession pour être présenté au président.

MM. Lepage et Hautefeuille pensent, au contraire, que la formalité de l'ouverture et du dépôt du testament tenant à l'opération de l'apposition des scellés, c'est au président du lieu où elle est faite que le juge de paix doit le présenter. Ce dernier avis, partagé par M. Augier, est aussi le nôtre. Nous pensons, en effet, que les règles de juridiction doivent être, avant tout, suivies ; un juge de paix ne peut exercer les actes de son ministère près d'un autre président que celui duquel il dépend hiérarchiquement. C'est donc à lui seul qu'il devra remettre le testament ; et l'envoyer par la poste ou par toute autre voie, serait commettre un acte de haute imprudence, et contraire d'ailleurs aux prescriptions formelles du Code, puisque l'article 916 ordonne au juge de paix d'indiquer les jour et heure où le paquet sera *par lui présenté au président du tribunal de première instance,* et que les articles suivants répètent, comme nous le verrons, la même disposition.

1105. « Aux jour et heure indiqués, sans qu'il soit besoin d'aucune assignation, les paquets trouvés cachetés seront présentés *par le juge de paix* au président du tribunal de première instance, lequel en fera l'ouverture, en constatera l'état et en ordonnera le dépôt, si le contenu concerne la succession. » C. proc., 918.

« Si les paquets cachetés paraissent, par leur suscription ou par quelque autre preuve écrite, appartenir à des tiers, le président du tribunal ordonnera que ces tiers seront appelés dans un délai qu'il fixera, pour qu'ils puissent assister à l'ouverture ; il la fera au jour indiqué, en leur présence ou à leur défaut ; et, si les paquets sont étrangers à la succession, il les leur remettra sans en faire connaître le contenu, ou les cachettera de nouveau pour leur être remis à leur première réquisition. » C. proc., 919.

Il y a, dans ces deux articles, des dispositions qui, comme on le voit, concernent uniquement le juge de paix, et d'autres qui s'appliquent au président du tribunal civil ; il importe de bien les distinguer : le juge de paix, en effet, n'a autre chose à faire qu'à présenter, aux jour et heure indiqués, les paquets trouvés cachetés ou le testament trouvé ouvert, au président du tribunal de première instance. Une fois cette présentation faite et le procès-verbal dressé par le greffier du tribunal de première instance, le juge de paix peut se retirer, il est *functus officio.* Tout ce qui suit est l'œuvre unique du président et de son greffier.

1106. Mais aussitôt la remise faite par le juge de paix, l'office d'une autre magistrature commence ; c'est au président seul qu'il appartient d'ouvrir le testament s'il est fermé, de dresser procès-verbal de sa présentation, de son ouverture et de son état, d'en ordonner le dépôt entre les mains du notaire par lui commis. L'article 922 du Code de procédure, portant que « dans tous les cas où « il sera référé par le juge de paix au président du tribunal, soit en « matière de scellés, soit en toute autre matière, ce qui sera fait et « ordonné *sera constaté sur le procès-verbal dressé par le juge de* « *paix* », ne s'applique qu'aux référés ; aussi est-il à la suite et en dehors des dispositions qui se rapportent à la découverte et à la présentation des testaments ; les référés, d'ailleurs, n'ont lieu que pour aplanir les difficultés qui touchent aux fonctions des juges de paix, au lieu que l'ordonnance sur le dépôt des testaments et l'ouverture des papiers cachetés sont dans les attributions exclusives des présidents des tribunaux civils.

1107. Les papiers appartenant aux tiers ne devraient pas être remis au président du tribunal civil s'ils étaient ouverts ; la loi ne parle que des papiers cachetés. Tous objets, papiers ou autres, appartenant à des tiers, devraient être placés sous les scellés, même malgré la revendication qui en serait faite, pour être délivrés seulement lors de la levée ; il y aurait tout au plus, en cas de réclamation persistante, lieu à référé.

1108. Si, au lieu du testament du défunt, le juge de paix trouvait le testament d'une autre personne, il devrait, selon Carré (n° 2105), se conformer à l'article 919. Nous croyons qu'il faudrait distinguer entre le cas où le testament serait trouvé ouvert et celui où il serait trouvé cacheté. S'il était cacheté, il y aurait lieu, sans aucun doute, à le présenter ; s'il était ouvert et que le testateur fût décédé, la présentation devrait encore en être faite; mais si le testateur n'était pas décédé, il faudrait laisser le testament sous les scellés au moins jusqu'à la levée.

1109. Le juge de paix n'est pas, avons-nous dit, obligé de suspendre les scellés pour remettre le testament au président du tribunal civil ; cependant, il pourrait arriver que le testament trouvé ouvert nommât un légataire universel et que ce légataire universel, en l'absence d'héritiers à réserves, requît la présentation immédiate pour se faire envoyer en possession et empêcher la continuation du scellé ; dans ce cas, le juge de paix suspendrait son opération pour présenter le testament et en référer, mais il établirait garnison.

1110. Nous avons aussi traité dans les *Annales* la question de savoir si le greffier doit accompagner le juge de paix pour la présentation du testament ; voir *Annales*, 1845, p. 109 et 290. Selon M. Pascalis, *Encyclopédie des juges de paix*, t. III, p. 314, et Leignadières, C. proc., 319, la présence du greffier n'est pas nécessaire lors de la présentation par le juge de paix au président du tribunal, des testaments et autres paquets cachetés. Cette opinion est combattue par MM. Victor Fons et Niel, dans leurs *Tarifs annotés ;* suivant ces auteurs, sur l'article 2 du tarif, la présence du greffier peut être nécessaire aux présentations des testaments ; « aux termes de la loi, disent-ils, le juge de paix a été obligé de constater dans son procès-verbal la forme extérieure, le sceau et la suscription du testament ou autres papiers trouvés cachetés, et d'indiquer les jour et heure de son transport devant le président du tribunal, pour que les parties puissent s'y présenter si elles le jugent nécessaire ; or, le président du tribunal peut vouloir (et nous croyons qu'il le doit, dans l'intérêt des parties) vérifier si le testament ou les papiers cachetés qui lui sont présentés sont tels qu'ils lui ont été décrits par le juge de paix dans son procès-verbal; le greffier, seul détenteur de cette pièce, doit accompagner le juge. »

Nous avons ajouté à ces considérations plusieurs autres dans nos articles traités dans nos *Annales*, aux endroits ci-dessus cités ; un nouveau motif nous frappe : c'est que la présence du greffier est parfois *indispensable* à la présentation du testament, par exemple, lorsque, comme nous le disons plus haut, un légataire universel nommé par le testament trouvé ouvert, réclame la suspension du scellé ; alors, l'apport du testament se trouve compliqué d'une véritable question de référé ; le tout est d'ailleurs à consigner sur le procès-verbal d'apposition ; il n'est donc pas douteux que le greffier ne doive, en ce cas, être présent.

Le juge de paix pourrait, et devrait même, s'il avait quelques craintes que le testament ne lui fût enlevé, requérir une escorte pour l'accompagner du lieu du scellé au chef-lieu.

SECTION IV. — Incident à l'apposition des scellés, obstacles. —
Référé.

1111. « Si les portes sont fermées, s'il se rencontre des obstacles à l'apposition des scellés, s'il s'élève des difficultés soit avant, soit pendant le scellé, il y sera statué en référé par le président du tribunal. A cet effet, il sera sursis, et il sera établi par le juge de paix garnison extérieure, même intérieure si le cas y échet, et il en référera sur-le-champ au président du tribunal. Pourra néanmoins le juge de paix, s'il y a péril dans le retard, statuer par provision, sauf à en référer ensuite au président du tribunal. » C. proc., 921.

« Dans tous les autres cas où il sera référé par le juge de paix au président du tribunal, soit en matière de scellés, soit en autre matière, ce qui sera fait et ordonné sera constaté sur le procès-verbal dressé par le juge de paix ; le président signera ces ordonnances sur ledit procès-verbal. » C. proc., 922.

Ces dispositions sur les référés ne s'appliquent pas seulement à l'apposition des scellés ; l'article 922 dit : *en matière de scellés* et même *en autres matières*. C'est qu'en effet le référé peut avoir lieu tout aussi bien à la levée des scellés qu'à l'apposition, et aussi dans l'exercice des autres fonctions du juge de paix, comme lorsqu'il agit pour constater une avarie survenue à une caisse renfermant des marchandises, ou qu'il faut ouvrir des portes fermées, etc.

Les incidents qui donnent lieu au référé sont les obstacles matériels, comme la fermeture des portes ou l'opposition des parties intéressées, ou les obstacles résultant de ce que le mobilier de la succession aurait passé en d'autres mains par une vente antécédente, ou aurait été saisi avec établissement d'un séquestre, ou aurait été compris dans un inventaire terminé postérieurement au décès, etc., ou enfin, et surtout, les contestations qui s'élèvent entre les parties pendant l'apposition, soit sur les qualités, soit sur leurs différentes prétentions.

Quoique les difficultés s'élèvent sur une partie d'opération terminée, mais cependant dans le cours de l'apposition ou de la levée, c'est encore à référé qu'il y a lieu ; le différend doit donc être porté devant le président, et non devant le tribunal civil. Bruxelles, 26 janvier 1832.

Cette décision est exacte et tout à fait judicieuse ; car nous ne comprendrions pas que l'appréciation d'une partie des difficultés relatives aux opérations d'apposition et de levée des scellés appartînt au tribunal entier, dont la procédure est toujours embarrassée de formalités, tandis que l'autre partie serait appréciée sommairement par le président, jugeant en état de référé.

Il est essentiel de bien comprendre que le juge de paix n'a, dans ces cas, aucune juridiction. Ce n'est pas en effet comme juge ou comme remplissant une fonction judiciaire que le juge de paix procède à l'apposition ou à la levée des scellés ; il remplit en cela des fonctions spéciales et qui lui sont tout particulièrement dévolues. C'est pourquoi l'article 921 ordonne de se pourvoir en référé, *dans tous les cas de difficulté*, devant le président. Ce n'est que quand il y a *péril dans le retard,* qu'il est permis au juge de paix de statuer par provision, et encore faut-il toujours ensuite qu'il en réfère.

Cet article 921 a été critiqué comme ne laissant pas au juge de paix des pouvoirs suffisants et comme donnant lieu à des déplacements et à des formalités dispendieuses. Ses dispositions, cependant, nous paraissent justifiées par l'utilité de séparer le pouvoir agissant du juge décidant. Le législateur, au reste, a paré à tous les inconvénients en autorisant le juge de paix à statuer provisoirement en cas de péril, et en le laissant maître d'apprécier l'urgence.

1112. On peut demander, dit Carré, n° 2111, quels seront l'objet et les effets du référé lorsque le juge de paix aura provisoirement statué lui-même et passé outre. Il faut répondre que le référé aura pour objet de faire confirmer ou réformer la décision du juge de paix. Si le président ne croit pas devoir confirmer, il ordonne que le scellé sera levé ; mais il peut aussi arriver qu'il ordonne que le scellé sera *croisé,* c'est-à-dire, que l'on placera un second scellé sur celui déjà existant.

1113. Il n'est pas douteux que le greffier ne doive assister le juge de paix dans tout ce qui se rapporte au référé. C'est lui qui écrit le procès-verbal ; l'article 1040 du Code de procédure veut que le juge soit toujours assisté du greffier, et l'on s'étonne qu'il ait fallu une décision ministérielle du 27 septembre 1808, pour fixer ce point qui paraît si clair ; cette décision se fonde, au reste, sur la dignité de la magistrature, la considération qui doit toujours environner le juge de paix pouvant être affaiblie s'il était obligé de tenir la plume lui-même.

1114. Quand le juge de paix sursoit à l'opération pour se pourvoir en référé, il doit établir sa garnison de manière à empêcher tout divertissement des meubles, papiers, titres, espèces monnayées ; il indique sur le procès-verbal le jour et l'heure de la comparution devant le président, en les faisant connaître aux parties présentes. Il expose seulement le fait au président, et, comme nous l'avons vu plus haut, il doit bien se garder de se porter comme partie, de formuler des conclusions ou de prendre qualité. Le président rend son ordonnance, qui est inscrite, aux termes de l'article 922, sur le procès-verbal.

Ces ordonnances ne font aucun préjudice au principal. Elles sont exécutoires par provision, sans caution, si le juge n'a ordonné qu'il en sera fourni une ; elles ne sont pas susceptibles d'opposition. L'appel peut en être interjeté, même avant le délai de huitaine à dater du jugement ; il n'est point recevable après la quinzaine, à dater du jour de la signification ; il est jugé sommairement et sans procédure. Art. 909 C. proc., *sur les référés.*

1115. Dans le cas où la levée des scellés apposés sur les meubles d'une succession est requise par deux prétendants à cette succession, le juge des référés, saisi du débat, doit accorder la préférence à la partie dont le droit est le plus apparent. C. proc., 930.

Ainsi, lorsque la succession d'un individu décédé en France, sans laisser des parents au degré successible, ni enfants naturels, ni conjoint survivant, est réclamée par l'État, en vertu de l'article 768 du Code Napoléon, et, en même temps, sous prétexte que cet individu serait étranger, par le consul de la nation à laquelle il appartiendrait, le juge des référés peut, en reconnaissant l'avantage du droit apparent à l'administration française, décider qu'elle a seule qualité, à l'exclusion du consul, pour requérir, en cas pareil, la levée des scellés. Cass., 28 juin 1852 ; *Annales*, vol. de 1853, pag. 53.

SECTION V. — Du procès-verbal de carence et de la description sommaire.

1116. « S'il n'y a aucun effet mobilier, le juge de paix dressera un procès-verbal de carence. — S'il y a des effets mobiliers qui soient nécessaires à l'usage des personnes qui restent dans la maison, ou sur lesquels les scellés ne puissent être mis, le juge de paix fera un procès-verbal contenant description sommaire desdits effets. » C. proc., 924.

Cet article contient deux dispositions bien distinctes : la première, relative au procès-verbal de carence ; la seconde, à la simple description sommaire des effets.

1117. Nous avons déjà vu que, dans l'apposition ordinaire des scellés, les meubles nécessaires au service de la maison peuvent être exclus du scellé et décrits sommairement. Il s'agit ici des cas où les meubles de la succession sont tous nécessaires aux personnes qui habitaient avec le défunt, et où par conséquent il n'y a pas lieu à l'apposition. « Il y a des circonstances, disait l'orateur du Tribunat, où l'apposition des scellés devient une formalité superflue, même en l'absence des héritiers ; par exemple, s'il n'y a aucun meuble dans la succession ; alors, un procès-verbal de carence est le seul qu'on puisse dresser. De même, si les effets mobiliers qui en dépendent sont nécessaires aux habitants de la maison, ou s'ils ne peuvent être renfermés sous les scellés, un procès-verbal de description sommaire suffit à leur conservation. »

1118. Il est rare que les juges de paix dressent des procès-verbaux de carence ; quand une personne meurt en état d'indigence, on ne remplit ordinairement aucune formalité ; la notoriété publique remplace alors ces procès-verbaux ; cependant, le procès-verbal de carence est nécessaire pour mettre le juge de paix à l'abri de tout reproche, lorsqu'il y a lieu de croire que des valeurs quelconques ont été laissées par le défunt.

1119. Les descriptions sommaires sont d'un usage bien plus fréquent ; on les a même étendues à tous les héritages de peu d'importance, et dont le produit serait absorbé par les frais de l'apposition des scellés. Ce n'est donc pas seulement quand tous les meubles d'une succession sont nécessaires aux habitants de la maison que le juge de paix se borne à la description sommaire. L'usage où sont les juges de paix d'agir ainsi est suffisamment justifié, dit Carré, par des raisons d'économie et de bienfaisance, et l'on ne pense pas que l'on pût citer d'exemple que les juges de paix aient, à cette occasion, encouru les reproches du ministère public ou des tribunaux.

M. Bousquet, se fondant sur ce que les états de description sommaire sont prescrits, ainsi que l'établit l'orateur du gouvernement, *afin d'éviter les lenteurs et les frais*, en conclut aussi que les juges de paix peuvent, lorsqu'ils en sont requis, dresser *avec prisée*, dans les successions pauvres, une description sommaire des effets laissés par le défunt, ce qui tient lieu de scellés et d'inventaire.

Nous avons nous-même été fort souvent consulté sur la légalité de ces descriptions sommaires, et nous avons toujours répondu dans le même sens, pourvu que la succession n'offre réellement qu'un léger avoir, et quand même l'apposition des scellés serait demandée par un créancier.

Cependant, les juges de paix ne doivent user qu'avec prudence de la simple description sommaire ; ils encourraient une grande responsabilité, s'il y avait dans la succession des objets ou papiers importants, des bijoux de prix, etc. ; on comprend que, laissés à la disposition des intéressés ou des tiers, ces papiers et ces bijoux pourraient disparaître.

1120. Les juges de paix sont dans l'habitude de faire ajouter par les greffiers, à l'état descriptif des meubles, une estimation, soit en masse, soit détaillée. Les greffiers qui se livrent à ces estimations, dans les lieux où il n'y a pas de commissaires-priseurs, peuvent percevoir en même temps leurs vacations comme greffiers et comme priseurs (V. ci-après, chap. VII). Mais on nous a demandé si, dans les lieux où il existe un commissaire-priseur, il était nécessaire que cet officier fût appelé pour l'estimation à joindre à la description sommaire. Nous pensons que si les objets sont de très-minime importance, on peut éviter *les frais* de la prisée ; seulement, alors, si le greffier ajoute à la description une estimation quelconque, il ne peut évidemment prendre d'honoraires pour cette estimation, sans empiéter sur les attributions des commissaires-priseurs.

Mais, soit qu'il s'agisse de carence ou de description, il faut qu'il fasse prêter aux personnes de la maison le serment prescrit par l'article 914, paragraphe 9.

1121. Des instructions du ministre de la guerre, du 15 novembre 1809, portent, article 123 du titre III :

« Lorsqu'un militaire appartenant à un corps viendra à décéder sur le territoire français, le juge de paix de l'arrondissement en sera aussitôt prévenu ; il mettra les scellés sur les effets du décédé ; le scellé sera levé dans le plus bref délai, en présence d'un officier chargé par le Conseil d'administration d'y assister, et de signer le *procès-verbal de désignation des effets.* La vente en sera faite avec les formalités requises par la loi, et le produit, déduction faite des frais constatés, remis au Conseil d'administration, qui le déposera dans la caisse du corps, et sera responsable du montant de la succession.

Mais ces instructions supposent l'absence des héritiers des militaires décédés, ce qui a presque toujours lieu en effet. — Si les héritiers étaient présents, ils seraient naturellement appelés à la levée.

Il y a, dit M. Biret, n. 1064, trois sortes de procès-verbaux différents de la levée des scellés apposés après le décès d'un militaire ; le premier a lieu lorsque les scellés ne portent que sur les papiers, cartes et plans présumés appartenir au gouvernement, dont la remise est faite à l'officier délégué et assistant (c'est le cas d'apposition en cas de décès d'un officier supérieur. Voir ci-dessus, tit. II, chap. i, sect. iii). Le second procès-verbal se fait en cas d'apposition des scellés sur tous les meubles des militaires, officiers supérieurs, officiers ou soldats décédés à leurs corps, et dont les héritiers sont absents, mais représentés par un officier du régiment chargé de faire vendre les meubles après que la description en a été faite par le juge de paix. Enfin, le troisième procès-verbal de levée a lieu quand tous les héritiers sont présents ; il se rédige suivant les formalités ordinaires, et comme aux autres levées.

SECTION VII. — De la déclaration de scellés par le greffier
sur le registre d'ordre.

1122. « Dans les communes où la population est de vingt mille âmes et au-dessus, il sera tenu au greffe du tribunal de première instance un registre d'ordre pour les scellés, sur lequel seront inscrits, d'après la déclaration que les juges de paix de l'arrondissement seront tenus d'y faire parvenir dans les vingt-quatre heures de l'apposition, 1° les noms et demeures des personnes sur les effets desquels le scellé aura été apposé ; 2° le nom et la demeure du juge qui a fait l'apposition ; 3° le jour et l'heure où elle a été faite. » C. proc., 925.

Cette mesure n'existait pas avant le Code de procédure ; elle a pour but d'avertir les parties intéressées de l'apposition des scellés.

1123. Il doit être fait, dit Carré, autant de déclarations d'apposition des scellés qu'il y a de lieux différents dans le même arrondissement du tribunal de première instance, où divers juges de paix ont procédé pour la même succession.

1124. Quoique l'article 925 semble imposer au juge de paix lui-même le soin de faire la déclaration, c'est le greffier qui doit la faire parvenir au greffe du tribunal de première instance ; l'article 17 du Tarif accorde aux greffiers une vacation à cet effet.

1125. Carré est d'avis que le délai de vingt-quatre heures n'est que comminatoire et non de rigueur. Il se fonde sur ce que la distance des lieux rendrait souvent impossible l'accomplissement de la formalité dans ce délai. Nous ajouterons que l'inobservation complète de l'article 925 ne saurait, à notre avis, vicier le scellé. Il ne s'agit pas, en effet, dans cette mesure, d'une formalité essentielle. L'article n'attache pas, d'ailleurs, la nullité du scellé à l'omission de la déclaration. Nous pensons donc qu'il y aurait seulement lieu à en prendre droit pour les parties lésées, et peut-être aussi, si l'omission était fréquente, à des poursuites disciplinaires contre le greffier. —Chauveau, *Lois proc. civ.*, est d'un sentiment opposé: « L'article 925, dit-il, dispose formellement que les juges de paix *seront tenus* de faire parvenir la déclaration dans les vingt-quatre heures, et ces expressions, ainsi que la détermination d'un délai si restreint, indiquent assez que la loi n'entend pas abandonner à l'arbitraire du juge de paix l'accomplissement de cette mesure. »

1126. Cette opinion est grave, sans doute ; néanmoins nous maintenons ce que nous avons dit ci-dessus, en ajoutant avec Carré que le juge de paix doit veiller à ce que la formalité de la déclaration soit remplie dans le temps le plus rapproché.

CHAPITRE V. — **Du bris des scellés.** — **De la pénalité.**

§ 1. — Considérations générales.

1127. Plusieurs articles du Code pénal, 249 à 256, punissent le bris des scellés. Ces articles distinguent, quant au bris, les scellés apposés *par ordre du gouvernement* ou *par ordonnance de justice*, des scellés apposés *en tout autre cas.* Des peines aussi sont portées contre les gardiens, soit pour complicité, soit pour négligence. A l'égard de toute autre personne, le *bris avec intention ou à dessein* est seul puni.

Le vol commis à l'aide du bris des scellés est aussi spécialement prévu et puni par ces articles.

1128. Dès qu'un bris de scellés lui est dénoncé, le juge de paix doit se transporter sur les lieux ; si le délit est déclaré avant que la levée des scellés soit requise ou ordonnée, il procède à leur réapposition et en rapporte procès-verbal, en constatant le fait matériel de la rupture, et les soustractions qui ont eu lieu, s'il découvre qu'il y en ait eu de commises. — Lorsque les scellés n'ont pas été apposés par le juge de paix qui en constate le bris, ce magistrat doit en prévenir sur-le-champ l'appositeur, pour qu'il vienne les rétablir, s'il est nécessaire ; mais, au besoin, il doit provisoirement apposer son sceau.

1129. Si le bris n'est découvert qu'au moment où le juge de paix se présente pour procéder à la levée, il constate également le fait matériel sur son procès-verbal de levée, et de plus encore les soustractions de pièces, de papiers, de titres ou de meubles, ou les traces de ces soustractions.

1130. Mais là ne se bornent pas les fonctions du juge de paix. Officier de police judiciaire, le juge de paix doit, par un procès-verbal séparé, constater toutes les circonstances qui parviennent à sa connaissance concernant le bris, telles que l'époque à laquelle il a été découvert, les faits qui s'y rattachent, l'état des altérations et ruptures, les effractions, s'il y en a, les soustractions qui ont pu s'ensuivre, et, en outre, si le meuble sur lequel le scellé était apposé se trouve vide, ou s'il y reste des effets, et quels sont ces effets. Le juge de paix s'empare ensuite, comme formant le corps du délit, des lambeaux du scellé et de ses empreintes, s'il en reste ; il les place sous une enveloppe qu'il scelle de son sceau, et sur laquelle il écrit une note indicative de ce qu'elle contient, note qu'il signe et fait signer aux parties en présence desquelles il procède. Enfin, si le délit est flagrant, ou réputé tel, le juge de paix procède à l'audition des témoins et aux actes d'instruction prescrits par l'art. 49 C. instr. crim. Biret, n. 1014.

1131. Dans notre ancienne législation, le bris de scellés pouvait établir la présomption d'une spoliation de succession, mais ne donnait lieu qu'à une action de dommages-intérêts, sauf le cas où il était suivi de faux ou de vol (Serpillon, C. crim., p. 949; Jousse, t. IV, p. 70). Le Code pénal de 1791 avait également omis de classer ce fait dans la catégorie des délits : une loi du 20 nivôse an II combla cette lacune ; mais cette loi, née dans des circonstances extraordinaires, avait poussé la sévérité si loin, que son application n'avait pu survivre à ces temps. Son article 5 était ainsi conçu : « Tout gardien de scellés, et tout individu qui sera convaincu d'avoir méchamment et à dessein brisé des scellés, sera, ainsi que les complices, puni de mort, en cas de bris de scellés apposés sur les papiers et effets de personnes prévenues de crimes révolutionnaires ; de vingt-quatre années de fers, en cas de bris de scellés apposés sur des effets ou papiers appartenant à la République ; de douze années de fers, en cas de bris de scellés apposés sur des effets ou papiers appartenant à des particuliers.

1132. Le Code pénal, répudiant cette excessive rigueur, a gradué la peine du bris de scellés, sur l'importance des objets mis sous les scellés, sur la qualité des personnes qui ont commis le bris, enfin sur les circonstances matérielles qui atténuent ou aggravent la criminalité de ce fait. C'est d'après ces distinctions que des degrés différents ont été établis dans la pénalité, suivant que les scellés brisés étaient apposés sur des effets quelconques, ou sur les effets d'un individu prévenu d'un crime emportant une peine perpétuelle ou la peine de mort ; suivant que le bris a été commis par un gardien ou par toute autre personne ; suivant enfin qu'il doit être imputé à la négligence, à la fraude, ou aux violences exercées par les agents.

1133. Le bris des scellés apposés par l'autorité publique sur des effets quelconques prend deux caractères distincts, suivant qu'il est commis par les gardiens ou par d'autres personnes ; et les gardiens en sont responsables, lors même qu'ils n'y ont pas participé. L'art. 249, qui prévoit cette dernière hypothèse, est ainsi conçu : « Lorsque des scellés apposés soit par ordre du gouvernement, soit par suite d'une ordonnance de justice rendue en quelque manière que ce soit, auront été brisés, les gardiens seront punis, pour simple négligence, de six jours à six mois d'emprisonnement. »

Cet article atteste qu'il ne s'agit que d'un attentat à la paix publique, d'un acte de rébellion envers l'autorité ; en effet, il n'incrimine pas le bris de tous les scellés, mais seulement des scellés apposés par ordre du gouvernement ou par suite d'une ordonnance de justice ; ce sont là les seuls scellés dont l'infraction constitue un délit, parce qu'ils portent le sceau de l'autorité publique, et que l'acte de les briser est un manquement envers cette autorité. C'est dans ces bornes qu'il faut restreindre l'application des articles suivants.

1134. Le fait que punit l'article 249 est la simple négligence du gardien, abstraction faite de tout acte de participation au bris des scellés. On pourrait croire, à la simple lecture de cet article, que par cela seul que les scellés ont été brisés, le gardien doit être réputé coupable de négligence, sans qu'il soit nécessaire d'en rechercher les preuves dans sa conduite ; mais, outre qu'il serait exorbitant de punir le gardien d'une faute que peut-être il n'a pas commise, il résulte du rapprochement de cet article avec l'article 260, que la loi n'a voulu atteindre que le gardien négligent. Ainsi la responsabilité ne naît qu'à la suite de la faute ; il ne suffit pas que les scellés aient été brisés, il faut que le fait de la négligence soit établi, pour que la peine qui la réprime soit encourue.

1135. Mais la négligence même établie suppose que le bris de scellés a été commis par des tiers ; or, il peut l'avoir été par le gardien lui-même. Ces deux cas sont prévus par l'article 252, qui déclare que, « à l'égard de tous autres bris de scellés, les coupables seront punis de six mois à deux années d'emprisonnement ; et que si c'est le gardien lui-même, il sera puni de deux à cinq ans de la même peine. » — Remarquons d'abord que ces mots *tous autres bris de scellés* se réfèrent à l'article qui précède et dans lequel est indiquée une espèce particulière de scellés ; le sens de ces termes est donc uniquement de s'étendre aux autres espèces de scellés, mais aux autres espèces du même genre, c'est-à-dire de scellés apposés par ordre du gouvernement ou par ordonnance de justice. Rien n'autorise, en effet, à déroger ici à la règle posée par l'article 249 ; c'est toujours la même matière, la même classe de délits, la même nature d'infractions. Ces diverses dispositions, par cela même qu'elles impriment en se déroulant des nuances diverses, se coordonnent entre elles, s'expliquent les unes par les autres, et sont l'application d'un principe unique que l'article 249 a clairement formulé.

Par suite de ce principe, la Cour de cassation a jugé, le 22 juillet 1813, que des héritiers qui brisent sciemment et sans le concours du juge de paix les scellés apposés sur les effets de leur auteur décédé, commettent un attentat à l'autorité publique, passible des peines portées par l'art. 252 C. pén., quoiqu'il n'en soit résulté aucun préjudice pour les intéressés. C'est qu'en effet, ce n'est pas précisément le préjudice qui constitue le délit, mais bien l'acte de désobéissance, le manquement envers l'autorité publique.

1136. Nous terminons ce paragraphe en faisant remarquer que le délit de bris de scellés ne peut consister, d'après les termes des articles 249 et suivants du Code pénal, que dans le fait matériel de l'enlèvement ou de la destruction des bandes et cachets apposés par l'autorité publique compétente sur la fermeture des portes et des meubles pour assurer la conservation à qui de droit des objets mobiliers existant dans les lieux où les scellés ont été mis. — Par suite, l'enlèvement d'un objet placé sous les scellés, alors même qu'il est commis par le gardien des scellés, ne constitue pas le bris des scellés, si le gardien s'est introduit, pour soustraire cet objet, par une ouverture autre que la porte sur laquelle les scellés sont demeurés intacts ; un pareil fait peut seulement avoir, suivant les circonstances, le caractère d'un vol, et donner lieu à une action civile. Cass., 1er octobre 1847; RÉPERT. GÉN. DES JUGES DE PAIX, t. IV, vo *Scellés*, p. 440, no 396.

CHAPITRE VI. — Opposition à la levée des scellés.

1137. L'opposition à la levée des scellés est définie par Carré, un acte conservatoire par lequel toute partie intéressée s'oppose à la levée des scellés, afin qu'on n'y procède qu'en sa présence, ou que l'on prenne, en la faisant, telles mesures ou précautions utiles à ses intérêts, ou qu'elle soit différée.

L'opposition à la levée des scellés peut être faite évidemment par toutes personnes intéressées à ce qu'ils ne soient pas levés hors de leur présence ; tels sont les héritiers, les légataires, etc.

Un texte spécial, l'art. 821 C. Nap., donne aux créanciers, lorsque le scellé a été apposé, le droit d'y former opposition, encore qu'ils n'aient ni titre exécutoire, ni permission du juge.

1138. Le créancier qui n'aurait *aucun titre* devrait, nous le pensons du moins, aux termes de l'article 909 C. proc., obtenir l'autorisation, soit du président du tribunal de première instance, soit du juge de paix du canton où le scellé a été apposé.

Biret reconnaît le droit d'opposition à ceux mêmes qui, sans être créanciers, ont des droits à exercer sur des objets dépendant de la succession.

1139. « Les oppositions aux scellés peuvent être faites, soit par une déclaration sur le procès-verbal de scellés, soit par exploit signifié au greffier du juge de paix. C. proc., 926.

1140. « Toutes oppositions à scellés contiendront, *à peine de nullité,* outre les formalités communes à tous les exploits, 1° élection de domicile dans la commune ou dans l'arrondissement de la justice de paix où le scellé est apposé, si l'opposant n'y demeure pas; 2° l'énonciation précise des causes de l'opposition. » C. pr., 927.

L'opposant peut donc se faire connaître pendant le cours même de l'opération, et alors il signe son opposition sur le procès-verbal, ou elle est signée de son fondé de pouvoir spécial, ou, s'il ne sait signer, il en est fait mention. — Il dénonce son opposition par exploit, ensuite, au greffier.

1141. Si l'opposition est tardive, c'est-à-dire si elle n'a |pas été faite assez à temps pour qu'il soit possible d'appeler l'opposant à la levée, le greffier du juge de paix, en recevant la copie, et en visant l'exploit (ce que l'article 1039 C. proc. l'oblige à faire dans tous les cas), doit constater le retard et indiquer la situation actuelle des opérations.

1142. Les formalités communes à tout exploit que doit contenir l'opposition aux scellés, consistent dans la date des jour, mois et an, les noms, profession et domicile de l'opposant, son élection de domicile, telle qu'elle est indiquée par l'article 926; les nom et demeure du greffier de la justice de paix entre les mains duquel elle est faite, et qui en vise l'original, la mention de la remise aux mains du greffier, l'énonciation précise de la cause de l'opposition et du titre sur lequel elle est fondée ; enfin, la mention que copie en a été laissée au greffier. C. proc., 927, 61, 1039.

Toutes ces formalités sont exigées à peine de nullité, l'article 927 l'exprime formellement.

1143. L'opposition doit être signifiée par l'huissier de la justice de paix au greffier du juge de paix auquel elle est adressée. Tarif, art. 21 ; loi du 25 mai 1838, art. 16.

1144. L'opposition aux scellés, qui a pour objet la conservation d'une créance contre la succession entière, fait obstacle à ce qu'il soit procédé à aucun partage, au préjudice de l'opposant, et ce, sans qu'elle ait dû être notifiée aux héritiers ; il suffit qu'elle ait été faite dans la forme prescrite par l'article 926 C. proc. Cass., 9 juillet 1838 ; *Annales*, 1838, p. 267.

« Attendu, en droit, porte cet arrêt, que, dans les oppositions aux scellés, il faut faire une distinction essentielle entre celles ayant pour objet la conservation des créances contre la maison ou contre l'un des ayants droit à la succession ; — Que, dans le premier cas, aucune partie de l'hérédité ne peut être distraite, et que, par conséquent, aucun partage ne peut avoir lieu au préjudice de l'opposition ; tandis que, dans le second cas, l'opposition, qui ne frappe que sur la portion de l'ayant droit, interdit seulement la disposition que celui-ci pourrait faire de cette portion, jusqu'à ce que les droits réclamés par l'opposant aient été jugés ; — Attendu qu'aucune disposition de la loi n'exige que l'opposition aux scellés, faite dans la forme prescrite par l'article 926 C. proc., soit notifiée aux cohéritiers ; — Que ceux-ci ne peuvent en ignorer l'existence dès qu'elle a été inscrite sur le procès-verbal des scellés, ou notifiée au greffier du juge de paix, et qu'ils ne peuvent, dès lors, faire aucun acte au préjudice des droits de l'opposant ; — Et attendu, en fait, que la dame Pothier de la Berthelière aîné a formé, par acte du 3 février 1836, opposition aux scellés apposés après le décès du sieur Forest de Lenguy, pour sûreté de 9,000 fr. qu'elle prétend lui être dus par le sieur de la Berthelière aîné, son mari, héritier en partie dudit sieur de Lenguy ; — Que l'arrêt attaqué, par son dispositif, en déclarant bonne et valable cette opposition, et, par suite, en confirmant le jugement du 13 février 1837, qui avait écarté le transport de droits successifs fait par le sieur de la Berthelière aîné à son frère, comme non valablement opposable à la dame de la Berthelière aîné, loin de violer les lois invoquées et les principes de la matière, en a fait au contraire une juste application. »

CHAPITRE VII. —De la reconnaissance et de la levée des scellés.

Nous traiterons, dans ce chapitre, du temps requis entre l'apposition du scellé et sa levée, de la levée provisoire ou accidentelle du scellé, de l'obligation de pourvoir les mineurs de tuteurs, ou les mineurs émancipés de curateurs avant la levée, des personnes qui peuvent requérir la levée des scellés apposés sur la succession d'un militaire absent, de la réquisition en cas de succession vacante, des formes de la réquisition et des personnes qui doivent être appelées, de celles qui peuvent assister à la levée, de la levée sans inventaire ou avec inventaire, de la représentation des absents ou des opposants, et de la nomination des notaires ou commissaires-priseurs, des formalités de la reconnaissance et de la levée, de la remise de

23

papiers ou objets appartenant à des tiers, enfin de la levée des scellés sans description.

SECTION I. — Du temps requis entre l'apposition des scellés et la levée.

1145. « Le scellé ne pourra être levé, et l'inventaire fait que trois jours après l'inhumation, s'il a été apposé auparavant, et trois jours après l'apposition, si elle a été faite depuis l'inhumation, à peine de nullité des procès-verbaux de levée des scellés et inventaires, et de dommages et intérêts contre ceux qui les auront faits et requis ; le tout à moins que, pour des causes urgentes et dont il sera fait mention dans son ordonnance, il n'en soit autrement ordonné par le président du tribunal de première instance. Dans ce cas, si les parties qui ont droit d'assister à la levée ne sont pas présentes, il sera appelé pour elles, tant à la levée qu'à l'inventaire, un notaire nommé d'office par le président. » C. proc., 928.

La principale des raisons qui ont porté le législateur à fixer un intervalle entre l'apposition des scellés et leur levée a été la nécessité de donner aux parties intéressées le temps d'examiner leurs droits, et de se mettre en état de comparaître pour les faire valoir. On comprend, en effet, que si le scellé pouvait être levé à la requête du premier ayant droit aussitôt après son apposition, cette formalité, si protectrice et essentiellement conservatoire, deviendrait tout à fait illusoire.

Il est admis par tous les auteurs, que dans le délai de trois jours, prescrit par l'article 928, on ne doit compter ni le jour de l'inhumation ou de l'apposition, ni le jour de la levée, c'est-à-dire que les trois jours doivent être francs.

Le juge de paix, dit Carré, qui se serait permis de lever les scellés avant l'expiration de ces délais, pourrait être pris à partie, seule voie ouverte pour obtenir contre lui les dommages et intérêts dont il se serait rendu passible.

1146. Le juge de paix doit donc refuser de lever les scellés quand les trois jours ne sont pas expirés ; il le doit encore s'il est requis par une personne qui ne justifie pas de ses droits, surtout lorsque cette personne lui est entièrement inconnue, et aussi, comme nous le verrons ci-après, lorsque parmi les héritiers il existe des mineurs non pourvus de tuteurs et non émancipés.

1147. Il faut de plus, pour que la levée des scellés puisse avoir lieu, que toutes les parties qui ont le droit d'y assister aient été dûment averties, ou qu'on ait pris, suivant les circonstances, les moyens indiqués par la loi pour les faire représenter.

Cependant l'article 928 permet, pour des causes urgentes, au président du tribunal de première instance, d'autoriser la levée des scellés avant l'expiration du délai ; et alors ce ne sont pas seulement les absents qui doivent être représentés par un notaire, ce sont aussi les mineurs non-pourvus de tuteurs.

1148. Il est bon de faire remarquer que le greffier de la justice de paix doit toujours emporter avec lui le procès-verbal d'apposition lorsqu'il va procéder à la levée des scellés. Il est au surplus impossible de faire autrement. Ce n'est, en effet, qu'à l'aide de ce procès-verbal qu'on peut reconnaître si les scellés sont intacts, si aucun n'a été enlevé, etc... Ce procès-verbal est en outre nécessaire pour reconnaître ceux qui ont le droit d'assister aux opérations ; car les oppositions aux scellés résultent souvent d'une simple déclaration consignée dans cet acte.

SECTION II. — De la levée provisoire, accidentelle et partielle.

1149. Il est rare que, hors le cas prévu par l'article 471 du Code de commerce pour l'extraction des livres du failli de dessous les scellés ou des effets a courte échéance, il y ait lieu à lever provisoirement les scellés ou une partie des scellés. Nous disons une partie, car la levée provisoire est toujours partielle.

1150. Cependant il pourrait arriver, ou que des objets mis sous les scellés fussent nécessaires a une instruction judiciaire, ou réclamés d'une manière urgente par des tiers ; la loi du 6 pluviôse an II a prévu les cas ; elle porte :

« ART. 1er. Les citoyens dont les titres, sentences ou procédures confiés aux notaires publics, ci-devant avoués, défenseurs officieux, huissiers, fondés de pouvoirs, agents d'affaires ou autres détenteurs, se trouvent sous les scellés, pourront requerir le juge de paix, ou tout autre officier public qui les aura apposés, de les lever *de suite*, pour leur remettre les pièces qu'ils réclament, en constatant cette remise par le procès-verbal.

« ART. 3. Les juges de paix ou autres officiers publics qui, étant requis, ne déféreraient pas promptement à cette réquisition, seront responsables des dommages-intérêts qu'aura occasionnes leur négligence ou leur refus. »

SECTION III. — De l'obligation de pourvoir les mineurs de tuteurs, ou les mineurs émancipés de curateurs avant la levée.

1151. « Si les héritiers ou quelques-uns d'eux sont mineurs non émancipés, il ne sera pas procédé à la levée des scellés qu'ils

n'aient été ou préalablement pourvus de tuteurs, ou émancipés. »
C. proc., 929.

1152. D'après l'article 451 du Code Napoléon, « le tuteur doit, dans les dix jours qui suivent celui de sa nomination, dûment connue de lui, requérir la levée des scellés, s'ils ont été apposés, et faire procéder immédiatement à l'inventaire des biens du mineur en présence du subrogé tuteur. »

Il résulte évidemment de cet article que le mineur intéressé dans une succession doit être pourvu non-seulement d'un tuteur, ainsi que le veut l'article 929 du Code de procédure, mais encore d'un subrogé tuteur, avant la levée des scellés.

Si cependant, dit Carré, n° 2145, la levée avait lieu en vertu d'une ordonnance d'urgence, on n'attendrait pas que les mineurs fussent, ou pourvus de tuteurs et de subrogés tuteurs, ou émancipés. On les ferait représenter par un notaire qui, en même temps, pourrait aussi représenter les intéressés connus qui ne seraient pas présents.

1153. La nomination du tuteur et du subrogé tuteur, ou l'émancipation, qui, conformément aux articles 451 du Code Napoléon et 929 du Code de procédure, sont exigées avant que le juge de paix lève les scellés, peuvent être requises par tous ceux qui ont intérêt à la levée, tels que les héritiers et les créanciers, les parents ou alliés du mineur, le tuteur ou le subrogé tuteur.

1154. Le mineur en âge ou en position d'être émancipé pourrait même de son propre chef requérir l'émancipation, et le juge de paix agir d'office dans son intérêt. Voir la *seconde édition de notre Traité des conseils de famille*, page 133.

1155. Cependant, le mineur émancipé lui-même doit être aussi pourvu d'un curateur (s'il n'en a déjà, comme cela arrive ordinairement à ceux qui sont émancipés par mariage); il ne pourrait, en effet, assister seul à l'inventaire qui sera fait lors de la levée, puisque cet inventaire servira de base au partage auquel l'émancipé ne peut coopérer valablement sans être assisté de son curateur (Code Napoléon, 840), et ce, quand même la succession ne serait composée que d'objets mobiliers ; car ces objets seront, pour l'émancipé, des capitaux dont il ne peut disposer. Pigeau, t. II, p. 643, 4e édition.

SECTION IV. — Des personnes qui peuvent requérir la levée. — Scellés apposés sur la succession d'un militaire absent. — De la réquisition en cas de succession vacante.

1156. « Tous ceux qui ont droit de faire apposer les scellés pourront en requérir la levée, excepté ceux qui ne les ont fait appo-

ser qu'en exécution du troisième paragraphe de l'article 909. »
C. proc., 930.

Les personnes désignées en l'article 909 sont celles qui demeuraient avec le défunt, ses serviteurs et domestiques. Il est bien certain que ces personnes n'ont eu d'autre droit, si d'ailleurs elles ne
sont ni créancières ni héritières, que de provoquer la mesure conservatoire qui a mis les meubles du défunt à l'abri de toute dilapidation.

Les autres personnes qui, pouvant requérir l'apposition des scellés, ont, par suite, le droit d'en requérir aussi la levée, sont, ainsi
que nous l'avons vu aux sections I et II du chapitre II de ce titre,
le ministère public, le maire ou adjoint de la commune, tous ceux
qui prétendent droit dans la succession ou dans la communauté,
l'exécuteur testamentaire, les créanciers fondés en titre exécutoire
et autorisés par une permission du président du tribunal de première instance ou du juge de paix, les tuteurs des mineurs prétendants droit ou créanciers.

1157. L'article 910 accorde aussi le droit de requérir l'apposition aux *parents* des mineurs, s'ils n'ont pas de tuteur, ou si le tuteur est absent. Malgré les expressions générales de l'article 930,
nous ne croyons pas que ces *parents* puissent, en aucun cas, requérir la levée ; car si le mineur n'a pas de tuteur, il faut qu'on lui en
nomme (C. proc., 929); si le tuteur est absent, comme la levée n'est
plus, ainsi que l'était l'apposition, une mesure d'urgence, rien n'empêche d'attendre son retour ou qu'il ait envoyé des pouvoirs.

1158. Nous en dirons autant du procureur impérial, du maire
et de l'adjoint, dans les cas surtout où le scellé n'aurait été requis
par eux que dans l'intérêt d'un mineur sans tuteur ; si, dans l'intervalle de cette réquisition à la levée, le mineur avait été pourvu, nul
doute qu'au tuteur seul appartiendrait le droit de requérir la levée,
et non au maire, à l'adjoint ou au ministère public.

1159. Nous avons vu, au § 2 de la section Ire du ch. II de ce titre,
que, conformément aux lois du 11 ventôse an II et 16 fructidor suivant, le juge de paix doit, si des militaires absents, officiers de santé
ou autres citoyens attachés aux armées, sont intéressés dans une
succession, les avertir, s'il sait à quel corps d'armée ils sont attachés, en instruire pareillement le ministre de la guerre, et inscrire
le double de ces lettres à la suite de son procès-verbal, avant de le
présenter à l'enregistrement, sans augmentation de droits.

1160. Le délai d'un mois expiré, si l'héritier ne donne pas de
ses nouvelles et n'envoie pas de procuration, l'agent national de la

commune dans laquelle la succession est ouverte doit convoquer sans frais, devant le juge de paix, la famille, et à son défaut les voisins et amis, à l'effet de nommer un curateur à l'absent. — Ce curateur provoque la levée des scellés, assiste à leur reconnaissance, fait procéder à l'inventaire et vente des meubles, en reçoit le prix, à la charge d'en rendre compte, soit au militaire absent, soit à son fondé de pouvoirs.

Ces lois sont encore en pleine vigueur, et cela doit être, puisque la nécessité existe aujourd'hui, comme elle existait autrefois, de protéger les militaires absents, employés à des guerres lointaines. Cependant M. Augier pense qu'il y aurait quelques modifications à apporter dans l'application ; que, par exemple, la convocation de la famille devrait être faite à la diligence des parents, ou d'office par le juge de paix (Code Napoléon, 406) ; que, d'un autre côté, si le militaire absent n'était pas unique héritier, on ne pourrait différer, au préjudice de ses consorts, la levée des scellés jusqu'à l'accomplissement des formalités ordinaires. Alors il y aurait lieu, dit cet auteur, de procéder comme l'indique l'article 113 du Code Napoléon, en faisant commettre un notaire pour représenter le militaire absent, lors de la levée des scellés et à l'inventaire. Nous ne saurions admettre une pareille distinction, au moins dans ces termes ; l'agent national est aujourd'hui remplacé par le maire, qui, nous le croyons, pourrait agir de concurrence avec les parents et le juge de paix pour convoquer le Conseil de famille. Quant à l'article 113 du Code Napoléon, il a rapport aux *absents* dont le sort est inconnu, et l'existence même douteuse, et ne concerne nullement par conséquent les militaires employés aux armées. Que le militaire éloigné de son domicile ait donc des cohéritiers ou qu'il n'en ait point, le juge de paix doit lui écrire, ainsi que le ministre de la guerre ; et si, au bout d'un mois, il n'a point de réponse, provoquer la nomination d'un curateur. Cette mesure peut se prendre promptement et presque sans frais ; quand au retard, s'il était trop préjudiciable, et s'il y avait urgence, on procéderait à la levée d'urgence, dans les formes ordinainaires, ce qui ne dispenserait pas de la nomination d'un curateur.

1161. En cas d'absence de l'héritier, sans nouvelles, le procureur impérial fait nommer un administrateur provisoire des biens de l'absent présumé ; c'est cet administrateur qui fait procéder à la levée des scellés. C. Nap., 112; Cour de Metz, 15 mars 1823.

1162. En cas de succession vacante ou de déshérence, c'est le curateur nommé (C. Nap., 811 et suiv.), ou l'administration du do—

maine, représentant l'État (C. Nap., 767 et suiv.), qui requièrent soit l'apposition des scellés, soit la levée.

1163. Si la levée n'est pas requise, parce qu'un militaire, seul héritier, est absent, on agit comme nous l'avons dit plus haut en cette même section.

Dans tous les cas, au reste, les créanciers peuvent requérir la levée des scellés, de même qu'ils ont pu requérir l'apposition.

> SECTION V. — Des personnes qui doivent être appelées à la levée des scellés, et des formes de la réquisition. — Annexation des procurations.

1164. « Les formalités pour parvenir à la levée des scellés sont : 1° une réquisition à cet effet, consignée sur le procès-verbal du juge de paix ; 2° une ordonnance du juge, indicative des jour et heure où la levée sera faite ; une sommation d'assister à cette levée, faite au conjoint survivant, aux présomptifs héritiers, à l'exécuteur testamentaire, aux légataires universels et à titre universel s'ils sont connus, et aux opposants. — Il ne sera pas besoin d'appeler les intéressés demeurant hors de la distance de cinq myriamètres, mais on appellera pour eux, à la levée et à l'inventaire, un notaire nommé d'office par le président du tribunal de première instance. — Les opposants seront appelés aux domiciles par eux élus. » C. proc., 930, 931.

1165. Les scellés ne peuvent être levés qu'à la requête des personnes indiquées aux art. 930 et 909, § 3 C. proc. C'est en leur nom que la réquisition est faite, ou au nom de leur mandataire ; car elles peuvent être représentées par un mandataire, l'article 94 du Tarif accorde même un droit aux avoués pour former cette réquisition.

1166. La réquisition est inscrite sur le procès-verbal de levée des scellés même, et en tête de ce procès-verbal ; elle est signée par le requérant ou par son mandataire, à moins qu'il ne sache signer, auquel cas il en sera fait mention.

1167. Si la levée des scellés se fait sans inventaire, la procuration ou les procurations des mandants resteront annexées au procès-verbal, surtout lorsqu'elles ne sont pas en forme authentique ou n'ont été passées qu'en brevet. Il pourrait arriver qu'elles fussent générales ; alors le juge de paix en ordonnerait le dépôt chez un notaire qui en délivrerait expédition ou extrait pour rester annexé.

1168. Mais lorsque la levée des scellés se fait avec inventaire, c'est à l'inventaire plutôt qu'au procès-verbal de levée que les procurations portant pouvoir de requérir la levée et d'y assister en même temps qu'à l'inventaire, doivent rester annexées. Cela résulte d'une circulaire de M. le garde des sceaux, du 3 avril 1827, d'après laquelle les procurations des héritiers absents doivent être annexées non au procès-verbal de la levée des scellés, mais à l'inventaire dressé par le notaire ; seulement le juge de paix peut en faire mention dans son procès-verbal.

1169. Cependant, quant à la procuration donnée pour requérir la levée même, il serait mieux que le juge de paix en ordonnât le dépôt chez un notaire, et qu'on en annexât un extrait ou une expédition, tant au procès-verbal de levée qu'à l'inventaire.

1170. A la suite de la réquisition, le juge de paix rend son ordonnance, dans laquelle, après avoir établi les droits et qualités des parties requérantes, il fixe, aux termes de l'art. 931, le jour et l'heure où la levée sera faite. S'il pensait qu'il n'y a pas lieu à faire droit à la réquisition, soit parce que les requérants n'avaient pas qualité, soit pour toute autre cause, le juge refuserait d'ordonner la levée en motivant sa décision.

1171. En vertu de l'ordonnance, sommation est faite aux parties intéressées d'assister à la levée et à l'inventaire : le conjoint survivant doit être appelé, alors même qu'il aurait été séparé de biens, ou qu'il n'y aurait pas eu communauté entre les époux. Mais, dit Carré, n° 2154, s'il y avait eu séparation de corps, on ne serait pas tenu à appeler le conjoint survivant, à moins qu'il ne fût fondé à réclamer le droit d'assister à un autre titre, comme s'il était créancier, donataire, etc.

1172. Au nombre des présomptifs héritiers, c'est-à-dire des successibles les plus proches, on doit comprendre les enfants naturels reconnus, s'il en existe : quoique la loi ne les admette pas comme héritiers (C. Nap., 756), elle leur accorde un droit sur les biens de leurs père et mère décédés (C. N., 757); ils doivent donc être appelés.

1173. Si, parmi les héritiers présomptifs, il y a des mineurs ou interdits, c'est aux tuteurs ou curateurs de ceux-ci que la sommation doit être faite.

L'exécuteur testamentaire doit être aussi nécessairement appelé.

1174. Quant aux légataires, la loi n'ordonne de faire la sommation qu'aux légataires *universels*, auxquels le défunt a laissé l'universalité de ses biens ; ou à *titre universel*, c'est-à-dire auxquels le défunt a laissé une quotité déterminée de ses biens ; le légataire *particulier* ne doit donc être appelé que s'il est opposant, et en vertu de la règle générale qui ordonne d'appeler les opposants.

1175. Si la levée était requise par le tuteur de mineurs intéressés dans la succession, il devrait faire la sommation au subrogé tuteur pour les mineurs. De même, si les intérêts du mineur étaient en opposition avec ceux du tuteur, ce serait, non ce dernier, mais le subrogé tuteur qui devrait être appelé. C. Nap., 420.

Nous n'avons pas besoin de dire que ces sommations d'assister à la levée des scellés ne sont pas au reste indispensables, et que l'on peut s'en passer toutes les fois que les parties intéressées ou leurs représentants conviennent de se rendre à l'heure dite et sans sommation à la levée ; seulement l'absence d'une seule d'entre elles empêcherait, en pareil cas, de procéder à l'opération ; le juge de paix ne pourrait donner défaut.

1176. Lorsqu'il y a des intéressés demeurant hors de la distance de cinq myriamètres, on fait, aux termes de l'art. 931 C. proc., nommer d'office, par le président du tribunal de première instance, un notaire pour les représenter. Il faut que le juge de paix, en rendant son ordonnance indicative des jour et heure où la levée se fera, tienne compte du temps nécessaire pour nommer ce notaire.

1177. Le notaire ainsi nommé doit être pris parmi ceux qui ont pouvoir d'exercer dans le canton. La loi, avons-nous dit, en indiquant la classe des notaires pour représenter les absents à la levée des scellés, à dû considérer le notaire dans sa qualité, dans son caractère ; le notaire, en effet, n'est *notaire*, aux yeux de la loi, que dans l'étendue de sa juridiction, il ne peut agir comme notaire que dans cette étendue.

Il est vrai qu'on peut dire qu'il ne s'agit pas ici de fonctions notariales, que la loi a voulu seulement indiquer une classe de citoyens à la confiance du magistrat ; que le notaire nommé pour représenter les absents à la levée des scellés n'est qu'un simple mandataire ; que ce mandat peut donc être rempli par quelque notaire que ce soit, pourvu qu'il ait été nommé par le président. N'ajouterait-on pas avec raison qu'il faut laisser au président du tribunal civil quelque latitude dans son choix, ce qui ne serait pas s'il ne pouvait sortir des limites du canton? Il est des cantons où les notaires sont peu nombreux ; l'un d'eux a déjà été choisi pour procéder à l'inventaire; borner le choix du président aux notaires restants, n'est-ce pas détruire en quelque sorte la faculté de choisir qui lui a été donnée?

On répondrait à cette dernière objection que le choix du président n'est pas restreint aux notaires du canton, puisqu'il peut nommer un notaire du chef-lieu d'arrondissement.

Quant à l'objection tirée de ce que le notaire nommé pour représenter les absents ne remplit pas des fonctions notariales, mais exerce un simple mandat, elle n'est pas sans gravité. Cependant, nous pensons qu'en bornant le choix du président à la classe des notaires, la loi a entendu parler des notaires ayant caractère, qualité pour exercer ; or, en dehors de sa juridiction, le notaire n'a réellement plus aucun caractère : nous sommes donc d'avis que le président est obligé d'avoir égard aux pouvoirs de juridiction du notaire qu'il nomme.

1178. Mais le juge de paix peut-il se refuser à la levée des scellés, en se fondant sur ce que le notaire nommé n'a pas juridiction dans le canton ? Nous croyons qu'il faut répondre négativement. En effet, le juge de paix n'a droit ni de réformer ni de faire réformer les ordonnances du président du tribunal civil ; du moment où un notaire se présente nanti de sa nomination comme représentant les absents, et que cette nomination est régulière dans la forme, le juge de paix peut, doit passer outre ; les parties intéressées seules seraient en droit de s'opposer à la levée si elles croyaient que les pouvoirs du notaire ne seraient pas suffisants, et alors il y aurait lieu, soit à demander par elles une nouvelle ordonnance au président du tribunal de première instance, soit, en certains cas, à en référer ; si, par exemple, les pouvoirs du notaire n'étaient contestés qu'au moment de l'opération ; mais le juge de paix ne saurait critiquer par lui-même, et d'office, la nomination faite par le président du tribunal de première instance.

1179. Outre les absents (non présents), il peut se trouver parmi les héritiers des *absents*, suivant le sens de l'article 112 et suivants du Code Napoléon, c'est-à-dire dont on ignore le domicile, même l'existence, dont on n'a pas de nouvelle. Suivant l'article 136, « s'il s'ouvre une succession à laquelle soit appelé un individu dont l'existence n'est pas reconnue, elle sera dévolue exclusivement à ceux avec lesquels il aurait eu le droit de concourir, ou à ceux qui l'auraient recueillie à son défaut. » — Cette espèce d'exclusion dispense-t-elle de représenter l'*absent* à la levée des scellés, ou ne doit-il être purement et simplement représenté que par le notaire nommé d'office comme fondé de pouvoirs des intéressés demeurant hors de la distance de cinq myriamètres ?

Cette question a été l'objet de nombreuses controverses. Ecartons d'abord l'opinion qui ferait représenter l'absent par le notaire représentant les héritiers éloignés. L'article 931 du Code de procédure ne parle évidemment que de ceux-ci ; ce serait donc ajouter à la loi que de le charger en même temps de représenter l'absent.

Quant à l'application de l'article 136, on a dit que cet article ne concernait que ceux dont l'absence avait été *déclarée*, et non les simples absents *présumés*. M. Biret se fonde sur cette distinction pour soutenir que *l'absent présumé* doit être représenté tout spécialement par un notaire. M. Augier dit fort laconiquement, « qu'à l'égard des absents dont il est parlé à l'article 113 du Code Napoléon, il faut, pour les représenter, un notaire spécial, auquel la sommation doit être également notifiée. » Nous concevons, en effet, qu'on « ne peut admettre qu'un homme qui n'a quitté son domicile que depuis un an, même six mois, soit exclu du droit de succéder, et qu'un étranger s'approprie sa succession avec l'assurance d'en faire les fruits siens, même dans le cas où il faudrait plus tard restituer cette succession audacieusement envahie. » La jurisprudence a beaucoup varié sur l'application de l'article 136 : quoi qu'il en soit, nous pensons qu'il faut tout simplement agir suivant les termes de l'article 113 du Code Napoléon, d'après lequel « le tribunal, à la requête de la partie la plus diligente, *commettra un notaire* pour représenter les *présumés absents*, dans les *inventaires*, comptes, partages et liquidations dans lesquels ils seront intéressés. »

De cette disposition rapprochée de l'article 136, il nous semble résulter évidemment que l'exclusion des successions ne s'applique qu'à ceux dont l'absence est *déclarée*, et nullement à ceux qui ne sont que *présumés absents*. Il faut donc, soit pour les scellés, soit pour les inventaires, faire représenter ceux-ci tout spécialement par un notaire.

Par arrêt du 17 avril 1828, la Cour de cassation a décidé que la nomination d'un notaire hors les cas prévus par la loi, pour représenter une ou plusieurs des parties intéressées à la levée des scellés, par exemple, des héritiers demeurant à la distance de moins de cinq myriamètres du lieu de l'ouverture de la succession, n'est pas une cause de nullité de l'opération, et que cette nomination pourrait seulement être considérée comme frustratoire, et par suite donnant lieu de mettre les frais qu'elle aurait occasionnés à la charge de celui qui l'aurait provoquée. — « Attendu, en droit, porte cet arrêt, que les cas où il y a lieu de commettre des notaires pour concourir à l'opération de la levée des scellés sont bien déterminés par le Code de procédure civile ; que cette nomination doit avoir lieu nécessairement (indépendamment de l'article 113 du Code Napoléon, relatif aux présumés absents) dans les cas suivants : 1° lorsque, pour des causes urgentes, il y a lieu d'abréger les intervalles fixés par la loi pour l'apposition et la levée des scellés, et que, dans ce cas, les parties qui ont droit d'assister à la levée ne sont pas présentes (C. proc., 928); 2° lorsque ceux des intéressés qui demeurent hors de la distance de cinq myriamètres ne comparaissent pas (*Ibid.*, 931); que l'article 942, s'occupant des formes de l'inventaire qui se lient à la levée des scellés (*Ibid.*, 937), lorsqu'ils ont été apposés, dispose que cet inventaire doit être fait en présence des parties indiquées aux paragraphes de cet article, ou elles dûment appelées, si elles demeurent dans la distance de cinq myriamètres ; que ce dernier article ajoute que si elles demeurent au delà, il sera appelé pour tous les absents un seul notaire, pour représenter les parties appelées et défaillantes ; que de cet ensemble de la législation, il ne résulte pas qu'il y ait nécessité de commettre un notaire pour représenter les intéressés qui demeurent dans la distance de cinq myriamètres ; que, dans l'intérêt de ces derniers, la loi paraît s'être reposée sur la présence et la foi du notaire rédacteur de l'inventaire ; mais que, par cela même que le vœu exprimé par la loi est que les parties appelées et défaillantes soient représentées par le notaire commis, lorsqu'il s'en trouve un présent, on ne peut déduire une cause de nullité de la présence d'un notaire commis pour représenter les parties appelées et défaillantes, lorsque le domicile de tous les intéressés est dans la distance de cinq myriamètres ; que cette mesure de nomination et de présence d'un notaire dans le cas où l'une et l'autre n'étaient pas impérativement commandées par la loi, peut bien être considérée comme une précaution surabondante dans l'intérêt des parties appelées et défaillantes ; qu'elle peut donner lieu au reproche de frais frustratoires, mais non servir de base à une cause de nullité que la loi, non-seulement n'a pas prononcée, mais qu'elle repousse par les derniers termes de l'article 942 du Code de procédure civile. »

SECTION VI. — Des personnes qui sont admises à assister à la levée des scellés.

1180. Il semblerait que toutes les personnes qui doivent être *appelées* à la levée du scellé devraient être admises à y assister. Cependant, une grande distinction est à faire. En effet, le Code de procédure permet aux uns d'assister *à toute la durée* de l'opération, tandis que les autres ne peuvent assister *qu'à la première vacation*, au moins individuellement : « Le conjoint, l'exécuteur testamentaire, les héritiers, les légataires universels et ceux à titre universel pourront assister à toutes les vacations de la levée du scellé et de l'inventaire, en personne ou par un mandataire. — Les opposants ne pourront assister, soit en personne, soit par un mandataire, qu'à la première vacation ; ils sont tenus de se faire représenter aux vacations suivantes par un seul mandataire pour tous, dont ils conviendront ; sinon, il sera nommé par le juge. Si parmi ces mandataires se trouvent des avoués près le tribunal de première instance du ressort, ils justifieront de leurs pouvoirs par la représentation du titre de leurs parties ; et l'avoué le plus ancien, suivant l'ordre du tableau, des créanciers fondés en titre authentique, assistera de droit pour tous les opposants : si aucun des créanciers n'est fondé en titre authentique, l'avoué le plus ancien des opposants fondés en titre privé, assistera. L'ancienneté sera définitivement réglée à la première vacation. » C. proc., 932.

1181. « Si l'un des opposants avait des intérêts différents de ceux des autres, ou des intérêts contraires, il pourra assister en personne, ou par un mandataire particulier à ses frais. » C. proc., 933.

1182. « Les opposants pour la conservation des droits de leurs débiteurs ne pourront assister à la première vacation, ni concourir au choix d'un mandataire commun pour les autres vacations. » C. proc., 934.

Ces dispositions s'expliquent d'elles-mêmes ; aussi n'ajouterons-nous que quelques observations.

1183. Le *juge* qui doit nommer le mandataire des opposants, à défaut par eux de s'entendre, ou s'ils ne sont pas représentés par des avoués, est le juge de paix et non le président du tribunal civil, quoi qu'en aient dit Pigeau et quelques auteurs ; M. Carré le démontre, n° 2166, par ce qui s'est passé à la préparation et à la discussion du Code de procédure ; la Cour d'Orléans ne faisait pas de doute que c'était au juge de paix qu'il appartenait de nommer le mandataire commun : elle demandait cependant qu'on l'exprimât pour lever l'équivoque que laissait l'expression vague de *juge.* Si le législateur n'a fait aucune addition à ce mot, c'est, dit Carré, parce qu'il a pensé que l'expression était par elle-même exclusive de l'attribution à donner au *président* seul. La pratique a confirmé cette interprétation ; quoique l'on convienne, en général, que le choix fait par le président du tribunal de première instance ne pourrait être annulé, c'est presque toujours le juge de paix qui désigne. On a vu, par les termes de l'article 932, que la préférence est accordée à l'avoué porteur d'un titre *authentique,* sur l'avoué porteur d'un titre *privé;* il y a même raison de décider en faveur de l'avoué porteur d'un titre *privé*, à l'exclusion de l'avoué d'un créancier *sans titre.*

1184. S'il y avait, dit Carré, n° 2168, concurrence entre plusieurs mandataires non avoués de créanciers authentiques ou de créanciers chirographaires, soit entre plusieurs mandataires de créanciers sans titre, le juge de paix, en cette circonstance, n'aurait pas à se déterminer par l'âge des mandataires ; il devrait choisir celui qu'il croirait le plus capable, ou qui lui inspirerait le plus de confiance.

1185. L'article 933 suppose que l'un des opposants peut avoir des intérêts différents de ceux des autres, ou des intérêts contraires On peut citer comme exemple de différence d'intérêts le cas où plusieurs opposants seraient légataires d'objets différents ; où l'un serait légataire universel, ou à titre universel, l'autre à titre particulier ; il y aurait contrariété d'intérêts si ces légataires défendaient le testament du défunt contre les héritiers légitimes ; si l'un des opposants avait une créance contestée par les autres ; dans tous ces cas et autres semblables, l'opposant qui le demande, et même toute partie intéressée appelée à la levée, et qui aurait des intérêts contraires à ceux des autres parties, pourrait assister en personne ou par un mandataire particulier à ses frais.

1186. La disposition de l'article 934 est digne de remarque ; nous avons émis ci-dessus, chapitre II de ce titre, section I⁰, § 3, l'opinion que le créancier d'un créancier du défunt peut provoquer l'apposition des scellés. Cependant, l'article 934 leur interdit d'assister à la première vacation de levée, et de concourir au choix du mandataire commun ; le législateur n'a pas voulu qu'ils apportassent à la place de leurs débiteurs une masse de suffrages ; ils ne peuvent donc concourir à la nomination du mandataire commun. Carré, n° 2174.

SECTION VII. — Délai dans lequel doit être notifiée la sommation d'assister à la levée des scellés.

1187. Une sommation d'assister à la levée des scellés sera faite, dit le § 3 de l'article 931 du Code de procédure civile, au conjoint survivant, aux présomptifs héritiers, à l'exécuteur testamentaire, aux légataires universels et à titre universel s'ils sont connus, et aux opposants.

Cet article doit être rapproché de l'article 928, ainsi conçu : Le scellé ne pourra être levé et l'inventaire fait que trois jours après l'apposition, si elle a été faite depuis l'inhumation, à peine de nullité des procès-verbaux de levée de scellés et inventaire, et des dommages et intérêts contre ceux qui les auront faits et requis ; le tout, à moins que, pour des causes urgentes et dont il sera fait mention dans son ordonnance, il n'en soit autrement ordonné par le président du tribunal de première instance. Dans ce cas, si les parties qui ont droit d'assister à la levée ne sont pas présentes, il sera appelé pour elles, tant à la levée qu'à l'inventaire, un notaire nommé d'office par le président.

Dans le rapprochement des deux articles se trouve la solution de la question posée ; en effet, les trois jours d'attente obligée pour la levée après l'apposition ne sont exigés qu'afin de donner aux héritiers le temps d'y comparaître. Cette intention du législateur résulte des termes mêmes de l'article 928 ; et la nécessité de la présence de toutes les parties intéressées dans la succession, soit par elles-mêmes, soit par un mandataire, commande même au juge de paix de refuser d'ordonner la levée, tant qu'il y a des absents non représentés ou non dûment avertis.

Mais il n'est pas besoin, ajoute l'article 931, d'appeler les intéressés demeurant hors de la distance de cinq myriamètres ; on appellera pour eux, à la levée et à l'inventaire, un notaire nommé d'office par le président du tribunal de première instance.

L'obligation d'appeler les parents ou intéressés qui sont dans le rayon des cinq myriamètres suppose aussi nécessairement l'obligation de leur laisser le temps légal nécessaire pour se présenter ; c'est-à-dire qu'en l'absence d'une disposition particulière, on doit leur accorder le délai des citations ordinaires devant la justice de paix, un jour au moins, un jour franc, augmenté d'un jour en outre, par trois myriamètres.

S'il y avait urgence déclarée par le président du tribunal civil, les parties absentes seraient, comme il est dit ci-dessus, représentées par un notaire; et alors, il n'y aurait nécessairement pas lieu d'attendre l'expiration des délais.

SECTION VIII. — De la levée des scellés sans inventaire ou avec inventaire.

1188. La levée des scellés est pure et simple , c'est-à-dire sans inventaire, ou bien elle est accompagnée de l'inventaire.

Nous avons, au titre VI ci-après, donné les principales règles et les principales dispositions qui concernent l'inventaire, nous n'ajouterons ici que quelques observations.

On conçoit toute la différence qui existe entre la levée des scellés sans description et la levée avec inventaire. La première ne garantit aucun droit ; la seconde, en constatant tout ce qui se trouve sous les scellés, objets mobiliers, valeurs, pièces, titres, etc., est une garantie pour tous les intéressés, héritiers, légataires, créanciers.

Aussi le juge de paix doit-il porter la plus grande attention à ne lever les scellés sans inventaire que quand le défaut d'inventaire ne peut nuire à personne.

Lorsque toutes les parties intéressées sont présentes ou représentées, et qu'elles consentent à la levée pure et simple, il n'existe aucun motif de ne pas la leur accorder, à moins toutefois qu'il n'y ait parmi elles des mineurs ; car, si des mineurs sont intéressés dans la succession, l'inventaire ordonné par l'article 451 du Code Napoléon doit être fait en même temps que la levée. Le juge de paix doit donc y veiller. (Voir ci-après, titre VI.)

1189. Les créanciers du défunt, dit Carré, peuvent s'opposer, même contre les héritiers majeurs et jouissant de leurs droits, à la levée des scellés sans inventaire, parce qu'ils ont la faculté de demander la séparation des patrimoines du défunt leur débiteur et de ses héritiers. S'il y avait eu opposition aux scellés, il faudrait le consentement de tous les opposants pour pouvoir les lever sans faire inventaire ; il faudrait même que tous ces opposants, pour donner un consentement utile, fussent majeurs et jouissant de leurs droits ; autrement ils ne sauraient faire le sacrifice de la sûreté qu'ils trouveraient dans l'inventaire *sans être pleinement désintéressés*.

1190. Le légataire universel n'aurait droit de s'opposer à l'inventaire que s'il n'était pas soumis à demander la délivrance, ou si, y étant soumis, il l'avait déjà obtenue. Quoique même non soumis à demander la délivrance, il ne pourrait encore exiger la levée des scellés sans inventaire, si le testament était seulement olographe ou mystique, avant de s'être fait envoyer en possession, aux termes de l'article 1008 du Code Napoléon.

1191. « Lorsque la cause de l'apposition cesse, soit avant que « les scellés soient levés, soit pendant le cours de leur levée, ils sont « levés sans description. » Tels sont les termes de l'article 940 du Code de procédure. Or, la cause de l'apposition cesse, par exemple, si le légataire qui a fait apposer les scellés est désintéressé, si les créanciers sont payés, ou s'ils déclarent accepter la garantie pure et simple des héritiers ; si ceux-ci acquittent sur-le-champ les legs ou remettent à l'exécuteur testamentaire une somme suffisante pour les acquitter ; si, lorsqu'il n'y a ni opposants, ni légataires, ni créanciers, ni héritiers mineurs, les causes de l'apposition ont cessé par le retour des absents ou par l'envoi de procurations autorisant à la levée sans inventaire, si la minorité a cessé pendant l'apposition, etc.

1192. Nous avons dit plus haut que le juge de paix ne doit pas consentir à la levée, sans description et inventaire, s'il y a des mineurs. Toutefois on s'est demandé si l'article 940 est applicable lorsque les scellés ont été apposés, non pour cause de minorité, vu que les mineurs intéressés étaient pourvus de tuteurs (C. proc., 911), mais à raison de l'absence d'un cohéritier majeur, qui se présente avant la levée. M. Carré discute longuement cette question, et met en regard l'opinion des divers auteurs qui s'en sont occupés. Il conclut que la *seule cause* de l'apposition ayant été l'absence d'un des héritiers, cette cause cessant, les scellés, malgré l'intérêt qu'y auraient des mineurs, peuvent être levés sans inventaire.

Nous ne saurions nous ranger à cet avis; l'inventaire est toujours une mesure obligatoire dans les successions où des mineurs sont intéressés. « Dans les dix jours qui suivront sa nomination, dûment connue de lui, le tuteur, dit l'article 451, requerra la levée des scellés, s'ils ont été apposés, et fera procéder *immédiatement* à l'inventaire des biens du mineur en présence du subrogé tuteur. » La loi ne s'occupe pas, dans cet article, du motif pour lequel les scellés auront été apposés; elle veut que l'on procède immédiatement à l'inventaire, et l'on conçoit cette disposition lorsque l'on considère que l'inventaire est une mesure conservatoire, indispensable en cas de minorité, et que les mineurs ne peuvent d'ailleurs accepter une succession que sous bénéfice d'inventaire, ce qui oblige encore à faire inventaire. — L'intérêt des mineurs exige que toutes les formalités voulues par la loi soient accomplies. Le tuteur et le subrogé tuteur n'ont pas le droit de renoncer aux précautions que la loi a jugées indispensables dans l'intérêt de leur pupille : dans ce cas, la forme est protectrice, elle est *d'ordre public*, et c'est au magistrat de paix à la faire respecter. A quoi servirait en effet une apposition de scellés, si ces scellés étaient levés ensuite sans description? Rien ne constaterait que le bien du mineur a été sauvegardé par son cohéritier et son tuteur, et l'on pourrait arriver ainsi à une spoliation partielle des biens du mineur.

D'ailleurs il est de l'intérêt même du majeur cohéritier du mineur, que les opérations se fassent régulièrement; sans cela, par la suite, et même après le partage opéré, le mineur, parvenu à sa majorité, pourrait attaquer ces opérations comme faites en fraude de ses droits. Code Napoléon, art. 819, 840 et 1314.

24

1173. La levée du scellé peut-elle être demandée sans inventaire par un mari, en qualité d'administrateur des biens de sa femme, héritière de son chef pour une partie de la succession, si ses cohéritiers y consentent? Cette question est résolue par Biret, n. 1024 ; il se prononce pour la négative. Cependant l'article 1401 du Code Napoléon répute les successions mobilières acquises à la communauté, dont le mari est le chef ; d'un autre côté, l'article 818 donne au mari la faculté de demander, *sans le concours de la femme*, le partage des successions qui tombent dans la communauté. Quoi qu'il en soit, nous ne pensons pas que le juge de paix pût, en pareil cas, refuser de lever purement et simplement les scellés, en donnant pour motif les intérêts de la femme.

1194. Plusieurs dispositions du Code rendent utile, même nécessaire, l'inventaire des successions échues à la femme mariée ; ainsi, d'après l'article 1503 du Code Napoléon, la femme, même mariée sous le régime de la communauté, a droit de reprendre la valeur de ce dont le mobilier qu'elle a apporté lors du mariage ou qui lui est échu depuis, excédait sa mise en communauté. D'après l'article 1504, le mobilier qui échoit à chacun des époux pendant le mariage doit être constaté par un inventaire ; à défaut d'inventaire du mobilier échu au mari, ou d'un titre propre à justifier de sa consistance et valeur, déduction faite des dettes, le mari ne peut en exercer la reprise ; si le défaut d'inventaire porte sur un mobilier échu à la femme, celle-ci ou ses héritiers sont admis à faire preuve, soit par titre, soit par témoins, soit même par commune renommée, de la valeur de ce mobilier.—En cas de communauté réduite aux acquêts, si le mobilier existant lors du mariage, ou échu depuis, n'a pas été constaté par inventaire ou état en bonne forme, il est réputé acquêt (Code Napoléon, 1499). — Enfin si les époux sont mariés avec conventions exclusives de la communauté, il doit encore être fait inventaire du mobilier qui échoit à la femme pendant le mariage. C. Nap., 1532.

Il est donc, comme on le voit, une foule de cas où l'inventaire des objets échus à la femme pendant le mariage est requis ; et si cette mesure est imposée pour la conservation des meubles, à plus forte raison doit-elle l'être pour la conservation des titres et des immeubles, et afin que le mari ne puisse pas faire disparaître les traces de droits mobiliers ou immobiliers, corporels ou incorporels, qui ne tombent pas dans la communauté.

1195. Ainsi que nous l'avons dit ci-dessus, Biret refuse au mari le droit de demander la levée des scellés sans inventaire ; les divers articles du Code, mentionnés plus haut, et les considérations qui s'y rattachent, font comprendre les motifs qui ont pu dicter cette opinion. S'ensuivrait-il que le juge de paix serait obligé de refuser la levée pure et simple des scellés à la demande du mari, et même que le mari la requît ou non, toutes les fois qu'une femme serait intéressée dans une succession ? Nous avons rejeté cette conséquence, d'une part, parce que l'article 1401 du Code Napoléon répute les successions mobilières acquises à la communauté dont le mari est chef ; d'autre part, parce que l'article 818 donne au mari la faculté de demander, sans le concours de la femme, le partage des successions qui tombent dans la communauté. Mais il est une troisième raison, c'est que les scellés n'ont pas principalement pour but de protéger les droits des femmes ; la loi, en effet, qui ordonne l'apposition d'office, toutes les fois que des mineurs dépourvus de tuteur ou des absents sont intéressés dans une succession, ne contient aucune disposition semblable, relativement aux droits des femmes mariées ; or, c'est surtout lorsque les scellés ont été apposés d'office, ou lorsqu'il y a lieu à apposition d'office, qu'il est de devoir rigoureux pour le juge de paix de s'opposer à la levée sans description et inventaire.

1196. Le juge de paix est le protecteur des mineurs et des absents, mais il ne l'est pas des femmes mariées ; celles-ci ont été placées par la loi sous l'autorité et sous la protection de leur mari. Il est certain que le mari n'est, en aucun cas, en sa qualité de mari, et parce que sa femme aurait des droits dans une succession, obligé de requérir l'apposition des scellés ; il est même douteux que la femme ainsi intéressée puisse faire cette réquisition sans son mari, à moins qu'elle ne fût dans une position exceptionnelle, et alors l'autorisation qui lui aurait été donnée de requérir l'apposition des scellés lui servirait aussi pour requérir l'inventaire.

1197. Mais lorsque les scellés n'ont pas été requis par la femme personnellement, et qu'il n'y a aucune opposition de sa part à ce que les scellés soient levés sans inventaire, nous ne croyons pas que le juge de paix puisse refuser d'obtempérer sur ce point à la demande du mari, ni qu'il soit même obligé d'en référer.

Telles sont les raisons qui nous ont fait dire, dans la première édition de cet ouvrage, que nous ne pensions pas que le juge de paix pût, lorsque le mari requérait la levée pure et simple des scellés, refuser, en donnant pour motif les intérêts de la femme.

1198. C'est à la suite de la réquisition de levée des scellés que le juge de paix, en rendant son ordonnance, exprime ordinairement si les scellés seront levés sans inventaire ou à charge d'inventaire. Cependant, quoiqu'il ait dit qu'ils seront levés avec inventaire, ils peuvent être levés plus tard purement et simplement, si les motifs de l'inventaire viennent à cesser.

1199. L'opération se fait au reste de la même manière, soit que la levée ait lieu purement et simplement, soit qu'elle ait lieu avec inventaire. Seulement, en cas d'inventaire, le juge de paix ne lève les scellés qu'au fur et à mesure de l'inventaire.

SECTION IX. — De la nomination du notaire qui doit procéder à l'inventaire, et du commissaire-priseur.

1200. « Le conjoint commun en biens, les héritiers, l'exécuteur testamentaire, les légataires universels ou à titre universel, pourront convenir du choix d'un ou deux notaires, et d'un ou deux commissaires-priseurs ou experts; s'ils n'en conviennent pas, il sera procédé, suivant la nature des objets, par un ou deux notaires, commissaires-priseurs ou experts, nommés d'office par le président du tribunal de première instance. Les experts prêteront serment devant le juge de paix. » C. proc.. 935.

1201. Est-ce le juge de paix lui-même, ou la partie la plus diligente, qui doit se présenter en référé devant le président du tribunal civil, pour faire nommer le notaire ou l'expert, lorsque les intéressés ne s'entendent pas sur cette nomination ?

Carré soutient que c'est au juge de paix à présenter le procès-verbal constatant la contestation et le renvoi en référé au président, qui appose son ordonnance sur le procès-verbal même. Cela est vrai, si les parties arrivent à la levée des scellés au jour indiqué pour cette levée, sans s'être entendues sur la nomination, ou sans avoir fait nommer elles-mêmes le notaire par le président; mais, le plus ordinairement, le juge de paix ne fixe le jour et l'heure de la levée que lorsqu'il s'est assuré si les parties sont d'accord. S'il ne peut parvenir à les accorder, il rend son ordonnance indicative des jour et heure. Dans l'intervalle, les parties peuvent se présenter en référé devant le président; ce n'est que si elles ont omis de se présenter avant le jour de la levée que le juge de paix se pourvoit lui-même en référé.

SECTION X. — Des formalités de la levée des scellés.

1202. « Le procès-verbal de levée des scellés contiendra : 1° la date; 2° les noms, profession, demeure et élection de domicile du requérant; 3° l'énonciation de l'ordonnance délivrée pour la levée; 4° l'énonciation prescrite par l'art. 931 ci-dessus; 5° les comparutions et dires des parties ; 6° la nomination des notaires, commissaires-priseurs et experts qui doivent opérer ; 7° la reconnaissance des scellés, s'ils sont sains et entiers ; s'ils ne le sont pas, l'état des altérations, sauf à se pourvoir ainsi qu'il appartiendra pour raison desdites altérations ; 8° les réquisitions à fin de perquisitions, le résultat desdites perquisitions, et toutes autres demandes sur lesquelles il y a lieu de statuer. » C. proc., 936.

Toutes ces mentions ne doivent être faites que si la mesure qu'elles sont destinées à constater ou à rappeler a réellement eu lieu; ainsi, les sommations prescrites par l'article 931 peuvent n'avoir pas été faites, si les parties, par exemple, se sont rendues sur simple avertissement. Lorsque les sommations ont été omises, le juge de paix ne peut donner défaut ; il doit alors renvoyer à un autre jour et à une autre heure pour que la partie défaillante puisse être sommée suivant les règles.

Quant aux autres mentions, elles sont plus ou moins nécessaires ; leur omission, par exemple celle de l'énonciation de l'ordonnance de levée, qui doit se trouver en tête du procès-verbal, n'aurait pas grande gravité. Pour faire comprendre, au reste, celle de ces mentions qui sont plus ou moins exigibles, nous ne saurions mieux faire que d'en indiquer le but et l'objet.

1203. La date doit être énoncée, non-seulement pour constater le moment de la rédaction de l'acte, mais encore afin de faire connaître si les scellés ont bien été levés après le délai de rigueur prescrit par l'article 928. Il faut l'exprimer par an, mois, jour et *heure*, parce qu'elle sert à vérifier quand la vacation a été commencée, et si l'on y a employé le temps prescrit.

1204. L'élection de domicile de celui qui a requis la levée des scellés a dû être faite dans la sommation d'assister à la levée ; elle est renouvelée dans le procès-verbal, ou, si elle n'a pas eu lieu précédemment, elle doit y être consignée.

1205. Les comparutions et dires des parties doivent nécessairement être énoncés, puisque, quant à la comparution, l'absence d'un des intéressés appelés à assister pourrait vicier l'opération ; quant aux dires, la partie dont on refuserait de constater les observations ou protestations pourrait en demander acte; selon les circonstances, il en serait référé.

1206. Si les notaires et commissaires-priseurs avaient été nommés par le président du tribunal civil, l'ordonnance serait présentée au juge de paix qui en mentionnerait la teneur sur son procès-verbal.

1207. Si la reconnaissance des scellés constatait quelque altération, ou soustraction, le juge de paix prendrait toutes les informations y relatives, interpellerait le gardien, s'entourerait de tous les
renseignements propres à faire découvrir le motif, l'auteur, l'étendue et les suites du délit ; il consignerait le tout sur son procès-
verbal ; il se pourvoirait, s'il le jugeait convenable, en référé devant
le président du tribunal civil pour avoir sa décision sur le
point de savoir s'il doit continuer la levée, ou prendre telles autres
mesures que le président indiquerait ; le référé serait nécessaire
surtout, si les altérations des scellés faisaient naître entre les parties
quelque incident sur lequel il ne serait pas permis au juge de prononcer.

1208. Si cependant, dit Carré, il paraissait que les scellés
n'eussent été brisés ou altérés que par inadvertance et sans prémédi-
tation ou dessein de nuire, il suffirait aux parties de faire des réserves et protestations générales, après lesquelles le juge de paix
passerait outre à la levée. Il n'y aurait, par exemple, aucune difficulté à y procéder, dans le cas où le bris aurait été amené par un
accident de force majeure, tel qu'un incendie, une inondation, s'il
eût été impossible d'en arrêter les progrès, sans pénétrer dans l'intérieur de la maison.

1209. Les perquisitions dont parle l'article 936 sont celles qui
seraient requises pour tâcher de découvrir les effets détournés,
égarés, ou ceux qui ne se trouveraient pas sous les scellés, et qu'on
prétendrait dépendre de la succession. Le juge de paix n'a évidemment pas le droit de faire des fouilles ou recherches en dehors de
la maison mortuaire, ou de l'appartement sur lequel les scellés ont
été apposés. MM. Carré et Biret discutent cette question qui nous
paraît à l'abri de toute espèce de doute ; ils accordent que si des
voisins ou tierces personnes consentaient à ce que des perquisitions
se fissent chez eux, le juge de paix pourrait s'y transporter ; ou bien
encore, s'il existait un acte de dépôt constatant que tels objets de la
succession seraient entre les mains de ces personnes. Nous ne croyons
pas que le juge de paix puisse ainsi se transporter en maison tierce
pour rechercher des meubles, papiers ou titres dépendant de la
succession. C'est aux héritiers ou ayants droit à réclamer les dépôts,
si des dépôts existent. Tout au plus, en cas de flagrant délit, et si
un bris de scellés et une soustraction avait lieu presque sous les
yeux du juge de paix, pourrait-il poursuivre ainsi les objets soustraits ; mais alors il n'agirait plus comme chargé de la levée des
scellés, mais comme officier de police judiciaire. On peut voir, au

reste, ce que nous avons dit en ce titre, chap. IV, sur les devoirs du juge de paix en cas de bris de scellés.

1210. « Les scellés seront levés successivement et au fur et à mesure de la confection de l'inventaire ; ils seront réapposés à la fin de chaque vacation. » C. proc., 937.

1211. On procède à la levée des scellés en levant les plaques ou les bandes de papier qui les ferment. L'article 937 veut que cette opération se fasse au fur et à mesure de l'inventaire, parce que, si on levait d'abord tous les scellés apposés, on laisserait aux assistants le moyen de soustraire les nombreux effets ou papiers qui meublent ordinairement les appartements. Il faut d'ailleurs que ces objets soient décrits dans le procès-verbal, ou dans l'inventaire au moment même où le scellé est levé, pour que l'identité puisse en être bien constatée.

1212. Les clefs doivent rester entre les mains du greffier jusqu'à la fin de la levée ; il ne devrait tout au plus remettre que celles des meubles ou pièces dont tous les effets auraient été inventoriés. La remise des clefs est constatée par le procès-verbal du juge de paix, ce qui vaut décharge pour le greffier. C'est par cette raison, dit Carré, n° 2187, *in fine,* que les vacations des levées de scellés doivent être signées par le notaire, tandis qu'il serait inutile que le juge de paix et son greffier signassent celles de l'inventaire.

1213. « On pourra réunir les objets de même nature pour être « inventoriés successivement suivant leur ordre; ils seront, dans « ce cas, replacés sous les scellés. » C. proc., 938.

C'est-à-dire que si l'on trouve telle espèce d'objets, des papiers et titres, par exemple, disséminés dans plusieurs pièces, meubles ou armoires, on peut les mettre en réserve pour les inventorier avec les autres objets de même espèce.

1214. « S'il est trouvé des objets et papiers étrangers à la succession, et réclamés par des tiers, ils seront remis à qui il appartiendra ; s'ils ne peuvent être remis à l'instant, et qu'il soit nécessaire d'en faire la description, elle sera faite sur le procès-verbal des scellés, et non sur l'inventaire. » C. proc., 939.

1215. Les papiers ou objets réclamés par des tiers ne peuvent être remis immédiatement que si aucune opposition ne s'élève parmi les assistants à leur remise. S'il y a opposition à la remise, le juge de paix doit en référer à la fin de l'opération, et le président du tribunal civil ordonne que ces objets seront remis aux tiers réclamants, ou renvoie les parties à se pourvoir. Mais comme il peut être décidé que les objets appartiendront à la succession, la description en est nécessaire; le juge de paix doit donc les faire priser provisoirement et les décrire sur le procès-verbal des scellés.

Ainsi le procès-verbal de levée des scellés, bien différent de l'inventaire, doit constater tous les actes du juge de paix pendant la levée; la comparution, les dires, les réclamations, les protestations des parties, les incidents, les réclamations des tiers; s'il y a lieu à référé, le juge de paix indiquera sur son procès-verbal l'objet et la cause et l'heure de la comparution devant le président du tribunal, et, ainsi que le veut l'article 922 du Code procédure, ce qui sera fait et ordonné pendant la comparution.

1216. C'est ordinairement une heure après celle indiquée pour la comparution des parties que le juge de paix donne défaut contre celles qui ont été bien et dûment citées; les parties qui ont besoin d'assister à l'inventaire peuvent se présenter à quelque moment que ce soit; leur arrivée est constatée sur le procès-verbal.

1217. A la fin de chaque vacation, le juge de paix désigne l'heure et le jour auxquels aura lieu la vacation suivante, et signe sur son procès-verbal avec le greffier et les parties présentes, si elles savent et peuvent signer; sinon il constate la cause qui les en empêche. Cet avertissement, donné aux parties, du jour et de l'heure de la continuation des opérations, vaut citation; le juge de paix peut donc donner défaut, après une heure d'attente, contre celles qui ne se présentent pas à la vacation suivante.

1218. Ce n'est pas seulement le commencement de l'opération qui doit être daté; on doit mentionner sur le procès-verbal de levée des scellés le jour et l'heure du commencement et *de la fin* de chaque vacation, et appeler les parties à signer lorsqu'elles le peuvent. Voir décret du 10 brumaire an XIV ci-dessus, p. 331.

1219. Décharge des clefs est donnée au greffier, à la fin du procès-verbal; décharge est donnée également par le juge de paix au gardien.

1220. Nous avons, dans le chapitre précédent, mentionné la plupart des accidents qui peuvent se présenter sur la levée des scellés; ils naissent, ou des prétentions des parties intéressées à assister à la levée, ou des réclamations des tiers, ou de la découverte d'objets et papiers étrangers à la succession, et des contestations sur la remise de ces objets, etc. Dans tous ces cas, le juge de paix, s'il y a contestation, doit en référer au président du tribunal civil.

Carré pense même que s'il s'élève quelques difficultés sur l'ordre à observer dans la levée des scellés, et que le juge de paix ne puisse

les aplanir, il doit encore en référer ; c'est peut-être pousser bien
loin l'obligation de référer imposée au juge de paix. Magistrat suprême et unique quant aux scellés, ne doit-il pas être laissé libre
de diriger, suivant sa prudence et sa volonté, l'apposition et la levée,
et le notaire, ainsi que les parties, ne sont-ils pas, sous ce rapport,
entièrement à sa discrétion ?

1221. Si un testament était découvert lors de la levée des scellés, le juge de paix agirait absolument suivant les prescriptions des
articles 916 et suiv. du Code de procédure, relatives aux testaments
trouvés lors de l'apposition. Il en serait de même s'il s'agissait de
papiers cachetés ; enfin, si les papiers cachetés paraissaient par
leur suscription, ou par quelque autre preuve écrite, appartenir à
des tiers, on se conformerait aux prescriptions des mêmes articles,
et notamment de l'art. 919.

1222. On nous a demandé si, lorsque les scellés ont été apposés
sur les meubles et papiers d'une succession où des mineurs figurent
comme héritiers, le juge de paix peut, de son autorité privée, lors
de la levée des scellés, autoriser le notaire qui procède à l'inventaire, à emporter tous les papiers pour terminer les opérations
d'inventaire en son étude, alors même que les parties présentes, et
notamment le tuteur datif de l'un des mineurs, déclarerait consentir
à ce qu'il soit procédé ainsi à la clôture dudit inventaire ?

On a vu ci-dessus, section VII de ce chapitre, que la levée des
scellés doit, selon les cas, être opérée avec ou sans description. Or,
si après la description du mobilier, toutes les parties intéressées
étant présentes, et notamment les représentants légaux du mineur,
demandent à faire porter les titres chez le notaire pour achever là
l'inventaire, nous ne voyons pas les motifs qui pourraient déterminer
le juge de paix à s'y opposer. La levée des scellés pourrait évidemment avoir lieu, en pareil cas, sans description ; à plus forte
raison, la présence du juge de paix et du greffier ne serait-elle plus
nécessaire après une grande partie de l'opération terminée. Mais
il faudrait que le mineur fût bien et dûment représenté ; l'absence
du subrogé tuteur, par exemple, ou de son mandataire, dans les
cas où sa présence est requise, nous paraîtrait un obstacle à ce que
les scellés fussent levés sans description, lors même que toutes les
parties y consentiraient.

**CHAPITRE VIII.—De l'enregistrement et du timbre en matière
de scellés.**

1223. L'article 7 de la loi du 22 frimaire an VII porte que les actes civils et extrajudiciaires seront enregistrés sur les minutes, brevets ou originaux.

Les actes judiciaires reçoivent cette formalité, soit sur les *minutes*, soit sur les *expéditions*, suivant les distinctions ci-après :

1224. Ceux qui doivent être enregistrés sur les *minutes* sont : les procès-verbaux d'apposition, de reconnaissance et de levée des scellés...; les oppositions à la levée des scellés par comparution personnelle...; les ordonnances et mandements d'assigner les opposants à scellés...

1225. D'après l'art. 8, il n'est dû aucun droit d'enregistrement pour les extraits, copies ou expéditions des actes qui doivent être enregistrés sur les minutes ou originaux.

1226. L'article 29 de la même loi porte que les droits des actes à enregistrer seront acquittés... par les greffiers pour les *actes*... qui doivent être enregistrés sur les minutes, aux termes de l'art. 7 de la présente.

1227. L'article 68 place au nombre des actes sujets à un droit fixe de 2 *francs*, 1° les inventaires de meubles, objets mobiliers, titres et papiers (il est dû un droit pour chaque vacation) ;

2° Les clôtures d'inventaires ;

3° Les procès-verbaux d'apposition, de reconnaissance et de levée des scellés ;

. . . .

6° Les ordonnances des juges des tribunaux civils, rendues sur requête ou mémoire ; celles de référé, etc. Paragraphe 2 du même article.

1228. Sont soumises au droit fixe de 1 *franc*, par le même article, les oppositions à la levée des scellés par comparence personnelle dans le procès-verbal, les ordonnances et mandements d'assigner les opposants à scellés, et généralement tous actes extrajudiciaires des huissiers ou de leur ministère, qui ne peuvent donner lieu au droit proportionnel. Nos 46 et 30 du paragraphe 1er du même article.

1229. Enfin, d'après l'article 20 de la même loi, les délais pour faire enregistrer les actes publics sont de quatre jours pour ceux des huissiers et autres ayant pouvoir de faire exploits et *procès-verbaux ;* de vingt jours pour les actes judiciaires soumis à l'enregistrement sur les minutes, et pour ceux dont il ne reste pas de minute au greffe ou qui se délivrent en brevet.

1230. Le décret du 10 brumaire an XIV, que nous avons déjà cité, porte, art. 3 : « Le procès-verbal d'apposition, de reconnaissance ou de levée de scellés, est sujet à l'enregistrement dans le délai fixé par la loi. — Art. 4. Le droit d'enregistrement, fixé à 2 francs par vacation, est exigible par vacation, dont aucune ne peut excéder quatre heures. »

On avait conclu de ces dernières expressions, que l'enregistrement du procès-verbal de chaque vacation devait précéder la vacation suivante ; mais un arrêt de la Cour de cassation, du 11 septembre 1811, a fait justice de cette prétention : « Considérant que le décret du 10 brumaire an XIV, et la décision ministérielle du 19 frimaire suivant, n'exigent la présentation à l'enregistrement des séances successives d'un procès-verbal non encore clos ni terminé, que dans le délai de la loi par rapport à chacune d'elles, et non pas qu'il ne puisse en aucun cas être procédé à une autre séance avant que la précédente soit enregistrée, et qu'ainsi il a été obéi au vœu de ce décret et de cette décision, quand chaque séance de ce procès-verbal a été enregistrée dans ce délai. »

1231. Nous nous bornerons à cette citation des textes qui concernent l'enregistrement en matière de scellés. On sait, au reste, que les greffiers et autres officiers publics ne doivent relater que des actes qui ont été enregistrés, et à ce propos nous rappellerons un arrêt de la Cour de cassation, du 11 novembre 1811, qui a décidé qu'un greffier de juge de paix qui reçoit et signe un procès-verbal de levée de scellés, en conséquence d'un acte de nomination du tuteur, non enregistré, encore que la levée des scellés soit le fait du juge de paix, est passible de l'amende de 50 francs.

« Attendu, porte cet arrêt, que l'art. 41, loi 22 frimaire an VII, défend, en termes généraux et formels, à tous greffiers, sous peine d'amende, de faire aucun acte en conséquence d'un autre soumis à l'enregistrement, sur la minute ou l'original, avant que celui-ci ait été enregistré, quand même le délai pour l'enregistrement ne serait pas encore expiré. »

1232. Tous les actes concernant les scellés doivent être portés sur papier timbré.

1233. L'article 23 de la loi du 16 juin 1824 défend de faire ni expédier deux actes à la suite l'un de l'autre sur la même feuille de papier timbré, nonobstant tout usage ou règlement contraire. — Mais sont exceptés..... les inventaires, procès-verbaux et autres actes qui ne peuvent être consommés dans un même jour et dans la même vacation, les procès-verbaux de reconnaissance et levée de scellés, qu'on pourra faire à la suite du procès-verbal d'apposition.

1234. Les procès-verbaux d'apposition et de levée des scellés sur les bureaux et caisses des comptables publics doivent être visés pour timbre et enregistrés gratis. — Cette proposition résulte d'une instruction de la Régie du 30 novembre 1846, ainsi conçue :

« L'article 1er de la loi des 11 août-17 octobre 1792, relative aux trésoriers, payeurs ou autres, comptables décédés ou en faillite, est conçu en ces termes : — « En cas de décès, faillite, évasion ou abandon pour toute autre cause des fonctions d'aucun des receveurs, trésoriers, payeurs, encore en activité, il sera, *pour la conservation des droits de la nation*, procédé, dans la ville de Paris, à la requête du procureur général syndic, et dans les autres départements, à la requête des procureurs syndics de district, à l'apposition des scellés et à l'inventaire des meubles, effets, titres et papiers desdits comptables, en la manière ordinaire. » — L'article 911 du Code de procédure civile porte : « Le scellé sera apposé, soit à la diligence du ministère public, soit sur la déclaration du maire ou adjoint de la commune, et même d'office par le juge de paix, 1°. . . . . 2° *Si le défunt était dépositaire public ;* auquel cas le scellé ne sera apposé que pour raison de ce dépôt, et sur les objets qui le composent. »

« Il s'est présenté la question de savoir si les procès-verbaux du juge de paix, constatant l'apposition et la levée des scellés, en vertu des dispositions ci-dessus, sur la caisse, les papiers et bureaux des comptables publics décédés en activité de service, sont sujets aux droits de timbre et d'enregistrement.

« Ainsi que l'exprime la loi du 11 août 1792, les scellés sont, dans le cas dont il s'agit, apposés pour la conservation des droits de l'État. Les frais de l'apposition et de la levée des scellés seront donc supportés par le Trésor public. Il semble, par conséquent, que les procès-verbaux du juge de paix relatifs à ces opérations doivent être visés pour timbre et enregistrés *gratis*. C'est ce qui a été décidé par M. le ministre des finances le 20 novembre courant.

« M. le garde des sceaux a reconnu, au surplus, le 12 mars 1846, que l'apposition des scellés après le décès d'un comptable, étant une mesure commandée par des motifs d'intérêt public, ne donne lieu à aucun émolument au profit du greffier de la justice de paix. »

TITRE III.

DES SCELLÉS EN MATIÈRE DE FAILLITE.

1235. La faillite est la cessation de payement d'un commerçant (C. com., 437). — La banqueroute est l'état du commerçant failli qui se trouve dans l'un des cas de dol ou de faute grave prévus par la loi. C. com., 438.

D'après ces définitions, il y a une différence positive entre l'*état de faillite* et la *banqueroute*, quoique dans l'usage on confonde souvent ces deux situations.

La faillite, en effet, est un malheur, et la banqueroute est toujours un délit.

Nous examinerons, sous ce titre, qui doit apposer les scellés en matière de faillite ; quand et à la requête de qui ils peuvent être apposés, et s'ils doivent toujours l'être ; quels sont les objets soumis à l'apposition ; les formalités qui l'accompagnent ; ce qui concerne l'extraction de certains objets de dessous les scellés, la levée des scellés et l'inventaire, et la manière de pourvoir aux frais en cas d'insuffisance de l'actif.

CHAPITRE I. — Qui doit apposer les scellés en matière de faillite. — Quand et à la requête de qui peuvent-ils être apposés ? — Doivent-ils toujours l'être ?

1256. C'est encore au juge de paix, e t à lui seul ou à ses suppléants, qu'il appartient d'apposer les scellés en matière de faillite.

1257. Les scellés sont apposés en cas de faillite, soit en vertu du jugement déclaratif, soit d'office par le juge de paix, soit sur la réquisition d'un ou de plusieurs créanciers, soit sur la réquisition des syndics.

1258. D'après l'article 455 du Code de commerce, « par le jugement qui déclarera la faillite, le tribunal ordonnera *l'apposition des scellés*, et le dépôt de la personne du failli dans la maison d'arrêt pour dettes, ou la garde de sa personne par un officier de police ou de justice, ou par un gendarme. Néanmoins, si le juge-commissaire estime que l'actif du failli peut être inventorié en un seul jour, il ne sera point apposé de scellés, et il devra être immédiatement procédé à l'inventaire. — Il ne pourra, en cet état, être reçu, contre le failli, d'écrou ou de recommandation pour aucune espèce de dettes. »

D'après l'article 457, « le greffier du tribunal de commerce adressera sur-le-champ au juge de paix avis de la disposition du jugement qui aura ordonné l'apposition des scellés. — Le juge de paix pourra, même avant ce jugement, apposer les scellés, soit d'office, soit sur la réquisition d'un ou de plusieurs créanciers, mais seulement dans le cas de disparition du débiteur, ou de détournement de tout ou partie de son actif. »

Enfin, d'après l'article 468, « si l'apposition des scellés n'avait pas eu lieu avant la nomination des syndics, ils **requerront** le juge de paix d'y procéder. »

1239. Sous la loi des faillites, antérieure à celle des 28 mai-8 juin 1838, le scellé devait toujours être apposé ; c'est par innovation que l'on a laissé au juge-commissaire le droit d'autoriser un simple inventaire ; cette exception a eu pour objet de procurer une économie de temps et de frais ; le petit nombre des objets et la promptitude de l'inventaire donnent d'ailleurs toute garantie contre les détournements.

1240. « L'inventaire, en pareil cas, dit M. Renouard dans son *Traité des Faillites*, se fait suivant celles des formes prescrites par l'article 480, qui sont compatibles avec la dispense d'apposition des scellés. Ainsi il est dressé en double minute. On a demandé si la présence du juge de paix y était nécessaire, comme dans les cas de l'article 480 : deux ordonnances de référé du président du tribunal civil de la Seine, des 4 et 7 août 1838, Dall. 38, 3, 212, ont résolu cette question négativement, par le motif que la présence du juge de paix à l'inventaire n'est ni requise, ni utile, lorsqu'il n'y a pas de scellés, et qu'elle augmenterait considérablement les frais. Cette solution, conforme à l'esprit de l'article 455, me paraît devoir être la règle de la pratique. » Tel est l'avis de M. Renouard. Nous avons, dans une consultation, voir *Annales*, 1844, p. 133, exposé les inconvénients de cette manière de procéder. En effet, on peut objecter le danger qu'il y aurait à laisser le syndic, seul, sans la surveillance d'aucun magistrat, procéder à l'inventaire. Dans l'inventaire ordinaire de la faillite, prescrit par l'article 480, la présence du juge de paix est une garantie pour les créanciers et pour toutes les parties intéressées. Si on l'exclut de l'inventaire à faire en vertu de l'art. 455, on retirera à tous les intéressés, outre la garantie du scellé, celle résultant de la présence du juge de paix et du greffier ; et cependant, il pourra arriver que des papiers importants, sinon de grandes valeurs, se trouvent chez le failli. Il faut bien remarquer que le juge-commissaire n'assiste pas à l'inventaire ; cet acte sera donc livré aux seuls soins du syndic, qui n'a aucun caractère public. N'est-il pas plus probable que le législateur de 1838 a voulu que l'inventaire qui peut se faire en un jour soit remis aux soins du juge de paix, qui agirait en ce cas comme dans ceux de l'article 924 C. proc., où il est autorisé à dresser un simple procès-verbal, contenant description sommaire des effets mobiliers nécessaires aux habitants de la maison mortuaire ; ou bien encore, comme lorsque le mobilier du défunt est trop peu considérable pour y apposer les scellés ? Plus nous approfondissons la question, plus nous trouvons anormal ce pouvoir donné au syndic *seul* de procéder à un inventaire. En tout cas, s'il en était ainsi, les juges-commissaires ne devraient qu'avec la plus grande circonspection autoriser cette manière de procéder.

1241. Si, contre la prévision du juge-commissaire, l'inventaire ne pouvait se faire en un seul jour, le juge de paix, dans le cas où il aurait été appelé, ferait placer tous les objets non encore inventoriés dans une pièce à part et apposerait jusqu'au lendemain les scellés sur cette pièce, en nommant un gardien.

1242. Dans le cas de l'article 455, ce n'est pas, au reste, une simple description sommaire, mais bien un inventaire qui doit être dressé.

1243. Une autre innovation consiste en ce que l'ancien article 549 C. com. voulait qu'une *expédition* du jugement déclaratif de faillite, qui ordonne l'apposition des scellés, fût adressée par le greffier du tribunal de commerce au juge de paix; l'article 457 actuel n'exige qu'un simple avis, formalité moins dispendieuse.

1244. Enfin, l'ancien article 450 donnait au juge de paix le pouvoir d'apposer les scellés d'office *sur la notoriété acquise ;* le législateur de 1838 a craint que ces expressions ne fussent trop vagues; il faut donc aujourd'hui, pour que les scellés puissent être apposés, soit d'office, soit sur la réquisition des créanciers, qu'il y ait disparition du débiteur ou détournement de tout ou partie de son actif. Dans ces cas extrêmes, il n'y a pas à craindre de blesser à tort le crédit d'un négociant ; on peut donc laisser au juge de paix la faculté d'agir. Mais ce magistrat n'est pas obligé d'apposer les scellés, même en cas de disparition ou de détournement, et sur la réquisition des créanciers ; la loi, dit M. Renouard, s'en rapporte à son appréciation ; elle dit, non qu'il *devra*, mais qu'il *pourra* apposer les scellés ; c'est donc à lui à apprécier la valeur de la réquisition, il n'est pas tenu d'y obtempérer.

1245. Mais il n'est pas nécessaire, pour que l'apposition d'office ou sur réquisition ait lieu, que le détournement soit du fait du failli lui-même ; il importait, en effet, d'empêcher toute distraction des objets ou des valeurs de la faillite, de quelque part qu'elles vinssent; aussi l'article 457 parle-t-il de *détournement* en général.

Ainsi, dès avant le jugement déclaratif de faillite, le juge de paix peut d'office, ou sur la réquisition des créanciers, se transporter au domicile du failli, et y apposer les scellés, si le failli a disparu de son domicile, ou s'il y a détournement de ses effets mobiliers.

1246. D'après l'article 457 ci-dessus cité, il suffit qu'il y ait détournement de tout ou partie de l'actif du failli, pour que le juge de paix puisse agir. Nous conseillons d'user de cette précaution; car s'il est facile de s'assurer de la véracité du fait de disparition du débiteur, il n'en est point de même du détournement de son actif.

1247. Lorsque les scellés n'ont pas été apposés avant le jugement déclaratif, l'apposition doit être ordonnée par ce jugement, et elle a lieu aussitôt qu'avis en a été donné au juge de paix par le greffier du tribunal de commerce, à moins que le juge-commissaire n'autorise à ne faire qu'un simple inventaire.

1248. Enfin, à part cette dernière exception, si l'apposition n'a eu lieu ni d'office, ni sur réquisition des créanciers, ni en vertu du jugement déclaratif, elle doit être requise par les syndics aussitôt qu'ils sont nommés. Si les syndics provisoires ne se sont pas acquittés de ce devoir, il passe aux syndics définitifs.

CHAPITRE II. — Objets soumis à l'apposition des scellés en cas de faillite. — Formalités. — Extraction de certains objets de dessous les scellés.

1249. « Les scellés seront apposés sur les magasins, comptoirs, caisses, portefeuilles, livres, papiers, meubles et effets du failli. — En cas de faillite d'une société en nom collectif, les scellés seront apposés, non-seulement dans le siége principal de la société, mais encore dans le domicile séparé de chacun des associés solidaires. — Dans tous les cas, le juge de paix donnera sans délai au président du tribunal de commerce avis de l'apposition des scellés. » C. com., 458.

1250. Cet article répète à peu près, quant aux objets sur lesquels les scellés doivent être apposés, les expressions de l'ancien article 451. L'énumération de ces objets n'est pas restrictive. Partout, dit M. Renouard, où se trouvera un objet quelconque appartenant à la faillite, on pourra mettre cet objet sous les scellés. Cela ne veut pas dire, ajoute cet auteur, que si des marchandises appartenant au failli se trouvent dans les magasins d'un tiers, on pourra mettre le scellé *sur ces magasins ;* ce sera uniquement *sur les marchandises du failli* qu'on l'apposera M. Renouard semble donc penser qu'on pourra aller apposer les scellés sur des marchandises en voyage, déposées, par exemple, dans un magasin de roulage, ou sur des marchandises en consignation. Nous ne croyons pas qu'il soit permis d'aller ainsi porter le trouble, soit chez un commissionnaire de roulage, soit chez un consignataire, même un dépositaire ordinaire. Si

la faillite a des droits à exercer en vertu d'un dépôt fait par le
failli, d'un contrat de commission, de consignation, ou de tout autre contrat commercial, ces droits seront exercés plus tard par les
syndics, au nom de la masse. Il n'y aurait donc lieu à apposer les
scellés sur des objets ainsi placés en dehors du domicile du failli,
que si l'on avait voulu les soustraire à la faillite, ou s'ils étaient déposés en un lieu loué par le failli, dépendant de son commerce ou de
ses propriétés.

1251. L'article 458 veut qu'en cas de faillite d'une société en nom
collectif les scellés soient apposés, non-seulement dans le siége principal de la société, mais encore dans le domicile séparé de chacun
des associés solidaires. Il en serait de même des divers établissements dépendant de la société, des succursales qu'elle pourrait avoir
en différents lieux ; mais il pourrait arriver que, soit les domiciles
des associés en nom collectif, soit ces établissements ou succursales,
fussent en divers cantons, même en divers arrondissements ou départements ; alors, évidemment, les scellés devraient être apposés
par le juge de paix de chacun de ces cantons. Mais serait-ce au juge
de paix du siége principal à avertir les autres juges de paix et à les
requérir ? Nous ne le pensons pas. Ce soin doit regarder le greffier
du tribunal de commerce ; c'est lui que l'article 457 charge d'adresser sur-le-champ au juge de paix avis de la disposition qui aura ordonné l'apposition des scellés ; et s'il omettait d'adresser cet avis à
tous les juges de paix des domiciles divers des associés ou des différents établissements, les syndics seraient obligés d'y pourvoir, en
vertu de leur droit de réquisition.

1252. Si, au contraire, plusieurs associés responsables et solidaires habitent le même canton, le juge de paix doit se transporter,
sans nouvelle réquisition, aussi bien chez les uns que chez les autres,
surtout si tous ces associés sont dénommés dans le jugement déclaratif, ou si leur qualité d'associés en nom collectif résulte de l'acte
de société ou de la notoriété publique.

1253. Les formalités de l'apposition des scellés en matière de
faillite sont absolument les mêmes que celles en matière ordinaire,
soit quant à l'apposition, soit quant aux incidents, soit quant au référé, etc. Nous renvoyons donc à ce que nous avons dit ci-dessus,
titre II, chapitre IV, section IX.

1254. Si les scellés sont apposés avant la déclaration de faillite,
ils doivent l'être sur tous les meubles, livres, comptoirs et papiers
du failli, suivant les termes de l'article 458 du Code de commerce.
— On pourrait tout au plus laisser en dehors du scellé les effets né-

cessaires à l'usage des personnes qui restent dans la maison. Code de procédure, 924.

1255. Si les scellés sont apposés en vertu du jugement déclaratif, il semble qu'il faille encore apposer les scellés sur la généralité des objets, sauf la même exception. Code de commerce, 458.

1256. Mais si l'apposition des scellés n'a lieu que sur la réquisition des syndics, « le juge-commissaire peut, sur leur demande, les dispenser de faire placer sous les scellés, ou si les scellés ont été apposés précédemment, les autoriser à en faire extraire : 1° les vêtements, hardes, meubles et effets nécessaires au failli et à sa famille, et dont la délivrance sera autorisée par le juge-commissaire, sur l'état que lui en soumettront les syndics; 2° les objets sujets à dépérissement prochain, ou à dépréciation imminente; 3° les objets servant à l'exploitation du fonds de commerce, lorsque cette exploitation ne pourrait être interrompue sans préjudice pour les créanciers. Les objets compris dans les deux paragraphes précédents seront de suite inventoriés, avec prisée par les syndics, en présence du juge de paix, qui signera le procès-verbal. » Code de commerce, 469.

1257. « Les livres seront extraits des scellés et remis par le juge de paix aux syndics, après avoir été arrêtés par lui ; il constatera sommairement, par son procès-verbal, l'état dans lequel ils se trouveront. Les effets de portefeuille à courte échéance ou susceptibles d'acceptation, ou pour lesquels il faudra faire des actes conservatoires, seront aussi extraits des scellés par le juge de paix, décrits et remis aux syndics pour en faire le recouvrement ; le bordereau en sera remis au juge-commissaire... » C. com., 471.

1258. La disposition qui dispense des scellés ou permet d'en extraire les objets servant *à l'exploitation du fonds de commerce* est une innovation conservatrice des intérêts de la masse. Elle était d'ailleurs nécessitée par la disposition, aussi nouvelle, de l'article 470, qui permet aux syndics de continuer l'exploitation du fonds de commerce sur l'autorisation du juge-commisssaire.

1259. Toutes ces dispositions, au reste, s'expliquent par elles-mêmes ; leur motif comme leur objet est facile à saisir.

1260. L'état des livres extraits des scellés ou dispensés de l'apposition est constaté par le juge de paix, quant à la manière dont ils ont été tenus, le nombre des pages en blanc et celui des pages écrites, que le juge cote par première et dernière; les feuillets même doivent être cotés et paraphés s'ils ne le sont; s'il y a des blancs ou des lacunes, soit dans les pages écrites, soit sur des pages entières, ils doivent être bâtonnés (C. proc., 943). Le caractère du magistrat donne de l'authenticité à ces constatations, dont l'effet est d'empêcher toute altération ultérieure.

1261. Quant aux effets de portefeuille à courte échéance, ou susceptibles d'acceptation, ou pour lesquels il faut faire des actes conservatoires, ils devaient être remis aux syndics avant les délais quelquefois longs de la levée, le moindre retard pouvant empêcher de faire en temps utile les diligences nécessaires pour assurer le payement de ces effets.

1262. La loi ne défend pas au magistrat de remettre aussi les effets à longue échéance, lorsqu'ils sont nécessaires aux syndics pour régler leurs comptes; l'orateur du Conseil d'Etat s'en était exprimé sur l'ancien article 463 C. com. — Tous les effets doivent être paraphés par le juge de paix avant leur remise.

Nous n'avons pas besoin de dire qu'il doit être dressé du tout procès–verbal, suivant les formes ordinaires. Ce procès-verbal est signé par les syndics; leur signature sert de décharge.

CHAPITRE III. — De la levée des scellés et de l'inventaire en matière de faillite.

1263. « Dans les trois jours, les syndics requerront la levée des scellés, et procéderont à l'inventaire des biens du failli, lequel sera présent ou dûment appelé. » C. com., 479.

Les trois jours dont parle l'article 479 courent de la nomination des syndics, si les scellés ont été apposés avant leur nomination; sinon, les trois jours ne courent que de l'apposition. C'est l'opinion de MM. Pardessus, t. V, n° 1152, et Renouard, t. Ier, p. 461. M. Lainné, p. 141, soutient que le point de départ n'a lieu que du jour de la nomination des syndics définitifs.

L'ancien article 486, auquel correspond l'article 479, voulait que la levée des scellés fût requise par les syndics aussitôt après leur nomination. Il y a dans toute espèce de faillite des syndics provisoires et des syndics définitifs ; les syndics provisoires sont nommés par le jugement déclaratif (C. com., 462). Les syndics définitifs sont nommés par le tribunal de commerce, sur la présentation ou avis des créanciers convoqués dans la quinzaine de la déclaration par le juge-commissaire (même article). Ce sont ces syndics définitifs qui doivent, dans les trois jours de leur nomination, requérir la levée des scellés. Les syndics provisoires ont pu, auparavant, faire extraire, aux termes des articles 469 et suivants, par le juge de paix, les meubles, marchandises, livres et effets de commerce autorisés par ces articles.

1264. Le failli doit être appelé pour assister à la levée des scellés et à l'inventaire ; mais il n'est pas nécessaire d'appeler, comme dans les inventaires en cas de décès (sauf le cas de déclaration de faillite après décès), d'autres intéressés, quand même ils auraient formé opposition comme créanciers ; il en serait autrement si ces oppositions étaient fondées sur la prétention à un droit de propriété en vertu duquel on voudrait empêcher que certains objets ne fussent compris dans l'actif de la faillite ; l'opposant aux scellés qui formerait une demande en distraction ou en restitution de dépôt ou de prêt à usage devrait être appelé à la levée des scellés. (Renouard, sur l'article 479). Le juge de paix, en cas de contestation ou du moindre doute sur la propriété de ces objets, se pourvoirait en référé.

1265. « L'inventaire sera dressé en double minute par les syndics, à mesure que les scellés seront levés, et en présence du juge de paix qui le signera à chaque vacation ; l'une de ces minutes sera déposée au greffe du tribunal de commerce dans les vingt-quatre heures ; l'autre restera entre les mains des syndics. Les syndics seront libres de se faire aider, pour sa rédaction comme pour l'estimation des objets, par qui ils jugeront convenable. — Il sera fait récolement des objets qui, conformément à l'article 469, n'auraient pas été mis sous les scellés, et auraient déjà été inventoriés et prisés. » C. com., 480.

1266. Ainsi, dans les inventaires de faillite il n'y a pas de notaire ; c'est le syndic qui en remplit l'office ; et cependant, qu'on le remarque bien, la signature du syndic ne suffit pas pour donner de l'authenticité à l'acte ; l'inventaire doit être fait en présence du juge de paix, qui le signe à chaque vacation. Les inventaires faits par les notaires ne sont pas ainsi signés par les juges de paix ; cette observation tend à faire penser de plus en plus que les syndics n'ont aucun caractère pour dresser par eux seuls un inventaire, et que par conséquent la présence du juge de paix est nécessaire, même lorsque l'inventaire se fait sans apposition de scellés, suivant l'article 455.

1267. Outre l'inventaire dressé par le syndic, le procès-verbal de levée des scellés doit être fait par le greffier de la justice de paix dans la forme ordinaire. Ce procès-verbal est déposé, comme tous autres de même nature, au greffe de la justice de paix. Mais ni le greffier, ni le juge de paix ne sont obligés de coter ou de parapher les titres et papiers du failli, l'article 480 sur la levée des scellés *définitive* ne répétant point la disposition de l'article 471, relative à la levée *provisoire*, et d'après laquelle les livres extraits des scellés doivent êtie arrêtés par le juge de paix.

1268. Des deux minutes de l'inventaire, l'une reste aux mains des syndics, l'autre est déposée au greffe du tribunal de commerce. « C'est, disait M. Renouard dans son rapport à la Chambre des dé-putés, sur la loi de 1838, pour éviter des frais d'expédition, que l'article 480 ordonne que l'inventaire soit dressé en double minute. L'une est destinée aux syndics, qui ont journellement besoin d'y re-courir; l'autre, déposée au greffe pour être communiquée à tous les intéressés, mais *sans déplacement.* Ce dépôt la mettra à l'abri de toute chance de perte. Une seule minute serait exposée à être éga-rée ou à des falsifications.

1269. Les syndics sont libres de se faire aider soit pour la *rédaction de l'inventaire,* soit pour l'estimation des objets, par qui ils jugeront convenable.

1270. Quant à la *rédaction,* ils peuvent en effet n'avoir ni les connaissances, ni l'habitude nécessaires pour un pareil acte; il est hors de doute que les personnes qu'ils emploieraient auraient droit au prix de leur coopération. Ce prix serait fixé par eux sous leur res-ponsabilité personnelle, et sauf l'approbation du juge-commissaire. Mais le greffier même qui rédige le procès-verbal de levée des scellés pourrait-il être employé par les syndics à la confection de l'inven-taire, et s'il l'était, aurait-il droit, outre ses honoraires comme gref-fier, à des honoraires, à raison de cette autre coopération? Nous ne voyons pas de motif d'empêcher cette espèce de cumul; les gref-fiers peuvent être, ainsi que nous l'avons dit plus haut, chapitre VII, employés à la fois dans une levée de scellés comme greffiers et pri-seurs. Pourquoi ne le seraient-ils pas également comme coopérant à l'inventaire en cas de faillite? Leur présence facilitera leur coopé-ration, et rendra moins dispendieuse la rédaction à laquelle les syn-dics auraient été obligés d'avoir recours.

1271. Quant à l'estimation des objets, les syndics peuvent aussi la faire par eux-mêmes, ou employer toute autre personne, même le failli ou le greffier ; mais s'ils s'adressent au greffier, comme ce sera de leur plein gré et sans y être forcés par la loi, ils auront évi-demment le droit de débattre avec celui-ci l'honoraire de sa coopé-ration comme priseur, et le greffier ne pourra invoquer à cet égard aucun tarif.

1272. « En cas de déclaration de faillite après décès, lorsqu'il « n'aura point été fait inventaire antérieurement à cette déclaration,

« ou en cas de décès du failli avant l'ouverture de l'inventaire, il y
« sera procédé immédiatement dans les formes du précédent arti-
« cle, et en présence des héritiers, ou eux dûment appelés. »
C. com., 481.

Cette disposition toute nouvelle de la loi de 1838 était nécessaire
afin, d'une part, de ne pas augmenter outre mesure les frais de la
faillite, et, d'autre part, de donner aux *héritiers* toutes les garanties
nécessaires.

1275. Si la faillite est déclarée après décès, et que l'inventaire
ait été fait précédemment, cet inventaire servira d'inventaire à la
faillite. Il n'y aura donc pas lieu de recommencer ; mais faudra-t-il
qu'il soit procédé à un récolement, comme dans le cas où des effets
du failli auraient été extraits ou dispensés du scellé ? M. Esnault,
dans son traité *des Faillites*, t. II, n. 329, regarde ce récolement
comme obligatoire, puisque, dit-il, l'article 481 renvoie aux formes
de l'article 480, qui, à cette occasion, prescrit le récolement. Il appuie, en outre, son opinion sur la discussion qui eut lieu à la Chambre des députés le 2 avril 1838 : « Si un inventaire a été fait légalement, disait M. le rapporteur de la Commission, il sera pris pour
base de l'inventaire de la faillite, *sauf récolement ;* on parviendra
ainsi à éviter des frais, et à rendre les opérations beaucoup plus
rapides. »

1274. Mais si l'inventaire n'a pas encore eu lieu, si les scellés n'ont
pas été apposés, et que la faillite vienne à être déclarée après décès,
l'apposition des scellés se fera suivant les formes prescrites par le
Code de commerce, ainsi que nous les avons ci-dessus détaillées, si ce
n'est que les héritiers devront être présents à la levée et à l'inventaire, ou dûment appelés L'appel des héritiers doit se faire à la
requête des syndics, dans les formes prescrites par les articles 931
et 942 du Code de procédure. C'est aux personnes mentionnées dans
ces articles, que la sommation doit être faite ; un notaire doit être
nommé pour représenter ceux qui demeurent au delà de cinq myriamètres, etc. Les droits des héritiers sont ainsi suffisamment conservés,
et la présence de mineurs ou de femmes mariées parmi eux ne com-
manderait même pas l'emploi de formes différentes; ainsi l'inventaire
sera fait également par les syndics, et non par un notaire.

1275. « L'intérêt des créanciers de la faillite, ajoutait encore le
rapporteur en la même séance du 2 avril 1838, devait passer avant
tous les intérêts, parce qu'il n'y a *d'héritiers* mineurs ou majeurs
qu'après que les dettes sont payées, et qu'il faut satisfaire de la manière la plus avantageuse à l'intérêt des créanciers, qui prévaut à

tous les autres. Quant à l'intérêt des héritiers, s'il reste quelque chose, ils pourront faire ce qu'ils voudront pour le règlement de leurs droits entre eux. Il sera alors satisfait, s'ils le veulent, aux dispositions de la loi civile ; mais d'abord, il s'agit de l'inventaire *de la faillite*, et c'est dans les formes indiquées par la législation sur les faillites qu'il doit être fait. »

1276. L'acceptation même sous bénéfice d'inventaire de la part des héritiers ne donnerait pas lieu à un autre inventaire qu'à celui réglé par l'art. 480.

1277. « Les officiers du ministère public pourront se transporter au domicile du failli et assister à l'inventaire. Ils auront le droit de réquérir communication de tous les actes, livres ou papiers relatifs à la faillite. » C. com., 483.

1278. Nous venons de dire que l'appel des héritiers doit se faire à la requête des syndics : cet appel doit être fait par *sommation*, comme il est dit sous l'article 931 du Code de procédure. Il est bon cependant de faire remarquer que les deux actes prescrits par cet article ne sont pas de la même nature : la sommation afin d'assister à la levée des scellés est un acte de la justice de paix, rédigé et taxé suivant les règles propres à cette juridiction. Mais lorsqu'il s'agit de l'inventaire, l'on rentre dans la règle générale, et c'est par une sommation en forme ordinaire que les parties doivent être appelées.

CHAPITRE IV. — **De la manière de pourvoir aux frais de la faillite en cas d'insuffisance de l'actif.**

1279. « Lorsque les deniers appartenant à la faillite ne pourront suffire immédiatement aux frais du jugement de déclaration de la faillite, d'affiche et d'insertion de ce jugement dans les journaux, d'apposition des scellés, d'arrestation et d'incarcération du failli, l'avance de ces frais sera faite, sur ordonnance du juge-commissaire, par le Trésor public, qui en sera remboursé par privilége sur les premiers recouvrements, sans préjudice du privilége du propriétaire. » C. com., 461.

Cet article a eu pour but de rendre possibles les premières opérations de la faillite, quelque peu de ressources que l'actif offrit. Cependant ces opérations peuvent être closes plus tard avant leur terme, et le tribunal de commerce peut en prononcer la clôture, si l'insuffisance de l'actif devient évidente. C. com., 527.

1280. Mais, pour arriver même à établir cette évidence, il faut que l'inventaire ait lieu, que les premiers préliminaires soient accomplis. , C'est surtout aux frais que ces premiers préliminaires occasionnent que l'on a voulu pourvoir. Une circulaire, adressée le 8 juin 1838 aux procureurs généraux par le ministre de la justice, indique le mode de constatation, de réclamation et de recouvrement des frais ainsi mis à la charge du Trésor. Comme MM. les greffiers des justices de paix peuvent avoir fréquemment à réclamer des frais d'apposition ou levée de scellés, de prisage, d'inventaire, etc., en matière de faillite, nous donnons ici toute la partie de cette circulaire qui peut les intéresser.

1281. « C'est aux premiers moments de la faillite que des précautions doivent être prises pour prévenir des détournements. Souvent alors les créanciers, incertains s'il existera un actif quelconque, s'arrêtent devant la crainte de n'être pas remboursés des frais qu'ils avanceraient, et le failli demeure libre, ou de s'approprier les fonds et les marchandises qui sont d'une disposition facile, ou de les employer à satisfaire ceux qu'il veut favoriser. L'article 461 remédie à cet inconvénient, en déclarant que l'avance des premiers frais sera faite par le Trésor public, lorsque les deniers appartenant à la faillite *ne pourront y suffire immédiatement.* Ces premiers frais seront ceux du jugement de déclaration de faillite, d'affiche de ce jugement et de son insertion dans les journaux, *d'apposition de scellés*, d'arrestation et d'incarcération. Puisque, dans ces circonstances, le Trésor fait les avances, il sera nécessaire de se conformer au décret du 18 juin 1811, relatif aux frais de justice criminelle. Ainsi, il devra être fourni un mémoire séparé pour chaque objet de dépense : savoir, 1° pour les frais du jugement de déclaration de la faillite; 2° *pour les frais d'apposition des scellés;* 3° pour les frais d'arrestation; 4° pour les frais d'incarcération; 5° pour les frais d'affiche ; et 6ᵃ pour les frais d'insertion dans les journaux.

« Ces frais seront payés par les receveurs de l'enregistrement, au moyen d'une ordonnance du juge-commissaire, qui sera apposée au bas de chacun des mémoires, dans la forme du modèle ci-joint, n° 1.

« Le juge-commissaire devra prendre les mesures nécessaires pour qu'il soit exactement tenu note au greffe des diverses sommes qu'il aura ordonnancées, afin que le greffier puisse dresser l'état de liquidation qui doit ultérieurement servir au recouvrement des frais avancés par le Trésor public. Ce recouvrement doit avoir lieu aussitôt que l'actif de la faillite présentera quelques ressources : tel est le vœu de l'article 461. Le juge-commissaire fera donc, sans retard, préparer l'état de liquidation au bas duquel il mettra son ordonnance, conformément au modèle ci-joint, n° 2. L'envoi de cet état sera fait au directeur de l'enregistrement et des domaines, qui demeurera chargé d'en faire payer le montant.

Les instructions ci-dessus ayant été communiquées à M. le ministre des finances, leur exécution n'éprouvera pas de difficultés.

Modèle n. 1. — Ordonnance à mettre au bas des mémoires.

« Nous, juge au tribunal (civil ou de commerce) séant à..., désigné pour remplir les fonctions de juge-commissaire dans la faillite du sieur... (désigner les nom et prénoms, la profession et le domicile);

« Vu le présent mémoire ;

« Vu l'article 461 de la loi du 28 mai 1838, sur les faillites et banqueroutes ;

« Vu enfin le décret du 18 juin 1811, sur les frais de justice criminelle ;

« Attendu que les deniers appartenant à la faillite ne suffisent pas, quant à présent, pour subvenir au payement des frais ;

« Mandons et ordonnons au receveur de l'enregistrement établi à... de payer au sieur N... la somme de... à laquelle nous avons réglé le susdit mémoire.

« Fait à... le... »

(Suivent le modèle n. 2, ou état de liquidation des frais avancés par le Trésor public, certifié véritable par le greffier du tribunal de commerce, et l'ordonnance du juge-commissaire, arrêtant cet état de frais et autorisant l'administration de l'enregistrement contre le failli, représenté par les syndics.)

1282. Le greffier ne peut, en cas de faillite, exiger que les frais de scellés soient consignés d'avance, lors même que l'apposition est requise par le syndic ; et la raison s'en tire de l'assurance qu'il a d'être soldé par le Trésor. Il en pourrait être autrement si l'apposition était réclamée par un créancier *avant* la déclaration de faillite. C. com., 457. (Voir ci-après, titre IV.)

TITRE IV.

DES VACATIONS, DES HONORAIRES ET DES FRAIS DE TRANSPORT DES JUGES DE PAIX ET DES GREFFIERS EN MATIÈRE DE SCELLÉS.

1283. D'après l'article 1er du Tarif de 1807, il était accordé au juge de paix, « pour chaque vacation d'apposition, reconnaissance et levée de scellés, qui sera de trois heures au moins : Paris, 5 fr. ;

villes où il y a tribunal de première instance, 3 fr. 75 c.; autres villes et cantons ruraux, 2 fr. 50 c. Dans la première vacation seront compris le temps du transport et du retour du juge de paix. S'il n'y a qu'une seule vacation, elle sera payée comme complète, encore qu'elle n'ait pas été de trois heures. Si le nombre des vacations d'apposition, reconnaissance et levée de scellés paraît excessif, le président de première instance, en procédant à la taxe, pourra le réduire. »

1284. D'après l'article 2, « s'il y a lieu à référé lors de l'apposition des scellés ou dans le cours de leur levée, ou pour présenter un testament ou autre papier cacheté au président du tribunal de première instance, les vacations du juge de paix lui seront allouées, comme celles pour l'apposition, la reconnaissance et la levée des scellés. »

1285. D'après l'article 3, « en cas de transport du juge de paix devant le président du tribunal de première instance, il lui est accordé par chaque myriamètre 2 fr., autant pour le retour, 2 fr. ; et par journée de cinq myriamètres, 10 fr. Il ne lui est accordé qu'une seule journée quand la distance ne sera pas de plus de deux myriamètres et demi, y compris sa vacation devant le président du tribunal. Si la distance est de plus de deux myriamètres et demi, il lui sera payé deux journées pour l'aller, le retour et la vacation devant le président du tribunal. »

Telles sont les dispositions qui réglaient les droits, vacations et frais de transport en matière de scellés. Comme on le voit, le transport et les frais de transport y sont entièrement confondus avec l'honoraire de l'apposition, de la reconnaissance et de la levée des scellés, c'est-à-dire que le temps employé au transport compte comme vacation, et est rémunéré de la même manière ; le juge de paix devait trouver ses frais dans cette rémunération.

1286. La même règle n'avait plus lieu lorsqu'il s'agissait d'un référé devant le président du tribunal de première instance, ou de la présentation d'un testament. Si la distance était de moins de deux myriamètres et demi, on accordait au juge de paix par chaque myriamètre 2 fr., autant pour le retour, et, en outre, l'honoraire de vacation. Si la distance était de plus de deux myriamètres et demi, la vacation devant le président du tribunal se trouvait absorbée dans l'honoraire ou les frais de transport.

1287. Ces dispositions du Tarif de 1807 ont été abrogées, relativement aux juges de paix, par la loi du 21 juin 1845. Cette loi porte, article 1er :

« Les droits et vacations accordés aux juges de paix sont suppri-
« més. — Il ne leur sera alloué d'indemnité de transport que quand
« ils se rendront à plus de cinq kilomètres du chef-lieu du canton. »

La même loi ordonnait, par son article 4, qu'elle serait exécutée
à partir du 1er janvier 1846, et qu'avant cette époque une ordonnance royale, portant règlement d'administration publique, déter-
minerait le montant de l'indemnité de transport, établie par l'article 1er.

Cette ordonnance a été rendue en effet le 6 décembre 1845 ; elle
est ainsi conçue :

« L'indemnité établie au profit des juges de paix par l'article 1er
« de la loi du 21 juin 1845 est fixée, en cas de transport à plus de
« cinq kilomètres du chef-lieu du canton, à 5 fr. ; en cas de transport
« à plus d'un myriamètre, à 6 fr.

« Si les opérations durent plus d'un jour, l'indemnité est fixée,
« suivant la distance, à 5 ou 6 fr. par jour. »

Cette ordonnance si laconique ne semble avoir prévu que le transport des juges de paix dans l'intérieur de leur canton. Les distances
de cinq kilomètres et d'un myriamètre ne supposent guère, en effet,
un voyage au delà de ces limites. Mais lorsque le juge de paix aura
à se transporter devant le président du tribunal de première instance, il pourra arriver qu'il ait à parcourir des distances beaucoup plus grandes, et alors, si l'opération peut se faire en un jour,
l'attribution de 6 fr. sera évidemment insuffisante. Nous avons eu
déjà, dans les *Annales*, l'occasion de signaler les vices de l'ordonnance du 6 décembre. Quoi qu'il en soit, on ne saurait y voir
d'autre indemnité en faveur des juges de paix, quelle que soit la distance qu'ils parcourent, que celle de 5 ou 6 fr. par jour.

1288. Les articles 1, 2, 3 du Tarif, abolis quant aux juges de
paix, sont encore en pleine vigueur quant aux greffiers ; les vacations, en effet, existent encore pour les greffiers ; or, l'article 16 du
Tarif de 1807 porte : « Il est alloué aux greffiers les deux tiers des
vacations des juges de paix pour assistance... aux appositions de
scellés, aux reconnaissances et levées de scellés, aux référés... Il est
encore alloué aux greffiers les deux tiers des frais de transport dans
les mêmes cas où ils sont alloués aux juges de paix. »

1289. Ici se présente une question provenant encore de l'obscurité et du laconisme de l'ordonnance de 1845. Comme on vient
e le voir, l'article 16 du tarif alloue aux greffiers les deux tiers des
rais de transport dans les mêmes cas où ils sont alloués aux juges

de paix. Or, le transport pour l'apposition, reconnaissance ou levée des scellés, est rétribué comme vacation par le Tarif de 1807; il est rétribué, suivant la distance, par l'ordonnance de 1845 ; le Tarif de 1807 accorde la vacation ou l'indemnité de transport, quelque minime qu'il soit; l'ordonnance de 1845 ne l'accorde que si la distance est supérieure à cinq kilomètres; c'est cette ordonnance que l'on applique à partir de 1846 aux juges de paix; sera-t-elle aussi, quant au transport, applicable aux greffiers ? Ainsi que nous l'avons dit dans une dissertation insérée aux *Annales*, année 1846, p. 29, la raison de douter viendrait de ce qu'à la Chambre des députés, après qu'il eut été décidé, dans la discussion de la loi du 21 juin, que le Tarif de 1807 resterait applicable aux greffiers, M. le garde des sceaux, en proposant de supprimer dans le projet de loi tout ce qu'il y avait de contraire à cette disposition, ajoutait : « Mais il est un dernier paragraphe qu'il faut conserver , c'est celui qui porte qu'une ordonnance royale déterminera le montant de l'indemnité de transport; *il faut bien l'accorder aux greffiers, puisque l'article 1er l'accorde aux juges de paix.* » *Monit.* du 25 mai 1845, p. 1437. Ainsi, dans la pensée de M. le garde des sceaux, l'ordonnance devait régler le montant de l'indemnité de transport pour les greffiers comme pour les juges de paix.

1290. Cependant, il est difficile de supposer que les greffiers sont en même temps soumis au Tarif de 1807 et à l'ordonnance de 1845, surtout lorsque l'on considère que cette ordonnance ne parle nullement d'eux, que la loi de 1846, d'un autre côté, n'applique réellement les droits de transport tout spéciaux, qu'elle détermine, qu'aux juges de paix.

Nous croyons donc que les greffiers restent purement et simplement soumis au Tarif de 1807; que le transport pour l'apposition, la levée et la reconnaissance des scellés doit leur être compté comme vacation, et qu'en cas de transport devant le président du tribunal de première instance, on doit leur appliquer, comme par le passé, l'article 3 du Tarif, combiné avec l'article 16.

1291. Si le juge de paix et le greffier se présentaient pour apposer les scellés d'office sur les biens d'un individu laissant à son décès des héritiers absents, ou mineurs sans tuteurs, et qu'ils en fussent empêchés par la production d'un testament authentique instituant un légataire universel, ou par toute autre cause, ils auraient le droit de réclamer leurs frais de transport, ou de procès-verbal, si procès-verbal avait été dressé.

1292. Les frais de scellés sont privilégiés comme tous les frais de justice (C. civ., 2102) ; mais ce privilége ne donne pas droit de suite sur les meubles.

1293. Comme il pourrait arriver que les forces de la succession fussent insignifiantes, le greffier, lorsque les scellés sont apposés *sur réquisition,* a droit d'exiger qu'une somme soit consignée d'avance entre ses mains, pourvu toutefois que la réquisition n'ait pas lieu en cas de *minorité,* ou pour sauvegarder les droits des *absents;* c'est-à-dire que les avances ne peuvent être exigées que si des héritiers ou créanciers, présents et maîtres de leurs droits, réclament l'apposition dans leur seul intérêt.

1294. D'après Favard de l'Anglade, v° *Inventaire,* et Carré, sur l'article 934, les frais d'inventaire, au nombre desquels sont les frais de scellés, doivent être avancés par le *requérant,* qui en est remboursé par privilége sur le prix des biens inventoriés ; cela n'est vrai pourtant que si les frais de scellés sont de plein droit à la charge de la succession, ainsi qu'il arrive, soit dans le bénéfice d'inventaire (C. Nap., 810), soit lorsque les scellés sont réclamés par l'exécuteur testamentaire. C. Nap., 1034.

Mais cette règle, dans les cas ordinaires, souffre exception ; ainsi, par arrêt du 7 mai 1823, la Cour de cassation a décidé que celui qui a requis l'inventaire des papiers et minutes d'un office doit en supporter les frais, ainsi que le payement des vacations du juge de paix qui a procédé à cet acte, attendu que l'héritier n'aurait pu être tenu que des frais d'un état sommaire.

1295. En cas d'apposition des scellés par suite de poursuites criminelles, et notamment sur les papiers d'un notaire destitué ou en fuite, les frais, si l'apposition a eu lieu à la requête du ministère public, sont payés comme frais de justice criminelle, suivant les formes et d'après les dispositions du décret du 18 juin 1811 (Tarif criminel).

1296. Si les scellés ont été apposés en l'étude d'un notaire prévenu d'un faux en écriture authentique, non pour rechercher les pièces de conviction, mais pour assurer la conservation des minutes et répertoires du notaire, celui-ci, quoique acquitté plus tard par le jury, n'en doit pas moins payer les frais de scellés, et ne peut les rejeter sur l'office. Cette opinion, que nous avons émise dans une consultation qui nous avait été demandée, fut néanmoins contestée ; le notaire, dans l'espèce, sommé de payer les frais de scellés, répondit qu'ils étaient dus par *le fisc.* C'était là une erreur, nous le pensons du moins. D'après l'article 61 de la loi du 25 ventôse an XI :
« immédiatement après le décès d'un notaire ou autre possesseur

« de minutes, les minutes ou répertoires seront mis sous les scellés
« par le juge de paix de la résidence, jusqu'à ce qu'un autre notaire
« en ait été provisoirement chargé par ordonnance du président
« du tribunal de la résidence. » — Remarquons-le bien, d'après
cet article, le juge de paix doit, d'office, faire apposer les scellés
sur les minutes du notaire décédé ; s'il ne le fait pas, le procureur
impérial peut lui en donner l'ordre ; mais cet ordre n'est pas une
requête ; les scellés, que cet ordre soit donné ou non, sont toujours
apposés d'office. — Il est inutile de dire que l'accusation qui arra-
che un notaire à son étude est absolument identique au décès, et
que le juge de paix a, dans ce cas, les mêmes devoirs à remplir pour
la conservation des droits du notaire et des tiers.

Il en découle nécessairement que si les scellés sont apposés dans
l'étude d'un notaire, non pour arriver à la découverte d'un faux,
mais pour garantir ses minutes de toute atteinte, les frais qu'ils
occasionnent ne devront pas être regardés comme frais de poursuites criminelles, la mesure conservatoire ne sera constatée par
aucune pièce faisant partie du dossier criminel ; ces frais ne seront
pas taxés par le président de la Cour d'assises, qui serait d'ailleurs
dans l'impossibilité de les taxer, n'ayant aucun élément pour y parvenir.

1297. Si ces frais ne font pas partie des dépens, le notaire auquel on les réclame ne peut opposer qu'il a été acquitté, et que tous
les dépens ont été mis à la charge de la partie publique. — Peut-
être serait-il juste de dire que les poursuites seules ayant nécessité
l'apposition des scellés, et l'accusé ayant été déclaré innocent, les
frais ne doivent pas être supportés par lui ; mais nos lois n'ont
donné à l'accusé, quelque innocent qu'il soit du crime ou du délit
qu'on lui impute, aucune action ni contre le ministère public ni
contre le fisc pour la réparation du dommage que les poursuites lui
causent ; il ne peut qu'être affranchi des dépens. Or, nous le répétons, l'apposition et la levée des scellés n'ayant pas été une mesure
prise dans l'intérêt des poursuites et de l'instance criminelle, les
frais n'ont pu être compris parmi les dépens.

1298. Si les scellés avaient été apposés *à la requête* du ministère
public, et si les frais en avaient dû être compris dans la liquidation
de ceux de l'instance, le procès-verbal n'aurait pas été sur papier
timbré ; il aurait été annexé aux pièces de la procédure.

Il faut donc dire que le juge de paix ne peut s'adresser au fisc,
puisque ce n'est pas à la requête du procureur impérial et pour la
découverte des pièces incriminées que les scellés ont été apposés ;

puisque surtout les frais de scellés n'ont pas été taxés, et n'ont pu être taxés dans les dépens de l'instance criminelle ; le notaire doit donc payer les frais, et ne peut prétendre que le fisc doive les acquitter, sous prétexte que les dépens auraient été mis à la charge de l'Etat.

De même si un légataire universel, sommé de produire le testament à l'appui de son opposition aux scellés, refuse de répondre et met le juge de paix dans la nécessité d'introduire un référé, il doit les frais de ce référé.

De même encore un héritier majeur, n'ayant pas droit à la réserve, qui persiste à requérir l'apposition des scellés au domicile d'une personne qui a disposé de toute sa fortune, lorsqu'on lui représente des actes qui le dépouillent, ne peut ensuite se refuser à payer les frais d'apposition de scellés, en déclarant qu'il n'accepte la succession qui lui serait dévolue que sous bénéfice d'inventaire.

1299. Le greffier de justice de paix n'a pas action solidaire contre tous les héritiers individuellement, pour le payement des frais de scellés.

La solidarité ne se présume pas; il faut qu'elle soit expressément stipulée ; cette règle ne cesse que quand la solidarité a lieu de plein droit en vertu d'une disposition de la loi. C. Nap., 1202. — Cependant un arrêt de la Cour de Rouen, du 17 mai 1808, a jugé que les héritiers qui succombent dans une instance qu'ils ont intentée cumulativement et indivisément peuvent être tenus solidairement aux dépens des frais, quoique le jugement n'ait pas prononcé la solidarité. Mais la solidarité en matière de frais et dépens paraît aujourd'hui moins que jamais admise par les auteurs et par la jurisprudence; on la rejette également lorsqu'elle n'a pas été prononcée par jugement, et l'on soutient que le juge ne peut la prononcer que lorsqu'elle est formellement autorisée par la loi, qu'elle a été stipulée, ou que l'obligation qui a donné lieu à la condamnation était indivisible.

1300. La taxe des frais dus au greffier, ainsi que de ceux dus au gardien des scellés, doit être faite par le juge de paix, soit que les scellés aient été apposés en cas de faillite ou par suite de décès. Ordonnance du 17 juillet 1825.

1301. L'action des greffiers en payement des frais d'apposition des scellés est purement personnelle, et par conséquent de la compétence des juges de paix, si elle est inférieure à 200 fr. *Annales,* 1842, p. 293.

Et, en effet, d'après l'article 1er de la loi du 25 mai 1838, « les juges de paix connaissent de toute action *purement personnelle* ou mobilière en dernier ressort, jusqu'à la valeur de 100 fr., et, à charge d'appel, jusqu'à celle de 200 fr. » Ce texte est positif ; nous ne connaissons aucun texte qui le contrarie ; car l'article 60 du Code de procédure, portant que « *les demandes* formées pour frais par les *officiers ministériels* sont portées au tribunal où les frais auront été faits », ne peut évidemment s'appliquer à l'espèce.

1302. Les greffiers délivrent des expéditions ou extraits des procès-verbaux d'apposition, de reconnaissance, de levée de scellés; mais ils ne peuvent délivrer d'expédition entière qu'autant qu'ils en sont expressément requis par écrit. Ils sont tenus de délivrer les extraits qui leur seront demandés, quoique l'expédition entière n'ait été ni demandée ni délivrée. Tarif, art. 16.

Les termes de la première partie de cette disposition sont formels ; cependant M. Bousquet (*Des fonctions des juges de paix*, n° 94) prétend que la réquisition par écrit n'est pas nécessaire quand la partie requérante ne sait pas écrire, et M. Augier adopte cet avis. Nous n'admettons pas ce sentiment, parce que, nous le répétons, les expressions de la loi sont impératives; et si la partie ne sait pas signer, le greffier doit exiger que la demande de l'expédition lui soit faite, soit en présence du juge de paix, soit en présence de deux témoins, et consigner ce fait au dos de l'expédition même.

1303. Il sera taxé au greffier du juge de paix, pour sa vacation à l'effet de faire la déclaration de l'apposition des scellés sur le registre du greffe du tribunal de première instance, dans les villes où elle est prescrite, les deux tiers d'une vacation du juge de paix. Tarif, art. 17.

Nous avons vu au chap. IV, section VII de ce titre, que cette déclaration, qui est faite au greffe du tribunal de première instance par le greffier de la justice de paix, était prescrite lorsque les scellés étaient apposés dans les communes où la population est de vingt mille âmes et au-dessus (C. pr., 925). Mais lorsqu'ils sont apposés dans une commune qui n'a pas cette population, le greffier n'est pas tenu d'en faire la déclaration. S'il la faisait, il n'en résulterait pour lui aucun émolument. Victor Fons, *Des tarifs*, p. 33.

1304. Il lui sera alloué, pour chaque opposition aux scellés qui sera formée par déclaration sur le procès-verbal de scellés : Paris, 50 cent.; villes où il y a tribunal de première instance, 40 c.; autres villes et cantons ruraux, 40 cent. Tarif, art. 18.

1305. Il ne lui sera rien alloué pour les oppositions formées par le ministère des huissiers, et visées par lui. Tarif, article 19.

1306. Il est alloué pour chaque extrait des oppositions aux scellés, par chaque opposition, à Paris, 50 cent.; villes où il y a tribunal de première instance, 40 cent.; autres villes et cantons ruraux, 40 c. Tarif, art. 20.

1307. On nous a demandé si les scellés peuvent être apposés la nuit, et si, en y vaquant la nuit, les greffiers des justices de paix peuvent exiger leurs vacations au taux ordinaire, ou bien si les vacations de nuit doivent donner lieu à une augmentation d'émolument ?

Il est certain que les juges de paix peuvent procéder à l'apposition des scellés la nuit comme le jour; il est même des cas d'urgence, dans lesquels il est nécessaire de les apposer la nuit. Mais l'apposition de nuit ne donne pas lieu à une augmentation du taux des vacations; le greffier pourrait seulement porter au compte des intéressés les frais de luminaire, s'il les avait payés.

1308. Lorsqu'en exécution de l'article 32 de la loi du 30 juin 1838, le procureur impérial provoque, conformément à l'article 497 du Code Napoléon, et d'office, la nomination d'un administrateur provisoire aux biens d'une personne *non interdite*, placée dans un établissement d'aliénés, il est dû au greffier des vacations pour la rédaction de l'avis de parents dressé à cet effet.

En pareil cas, si la personne dont l'aliénation est poursuivie n'est pas en état d'indigence, les frais doivent être payés par le tuteur ou l'administrateur provisoire nommé; si elle est dans un état d'indigence, et si le greffier ne peut autrement se faire solder ses vacations, il s'adresse au procureur impérial, qui fait payer sur les frais de justice.

1309. Enfin, si les scellés sont apposés d'office, ou d'après avis de l'autorité militaire, sur les papiers d'un officier général ou d'un officier supérieur décédé, aux termes de l'arrêté du 13 nivôse an X, c'est l'autorité militaire qui doit payer les frais, pourvu toutefois encore qu'il n'y ait eu aucun autre motif pour l'apposition des scellés, comme absence des héritiers, minorité, réquisition des créanciers ou personnes intéressées, etc.; et puis, le greffier présente la note des frais au ministère de la guerre, où elle est ordonnancée sans difficulté.

Dans tous les cas, lorsque les actes sont faits dans un seul intérêt d'ordre public, ils sont dressés sur papier libre et enregistrés en débet.

TITRE V.

DES SCELLÉS EN MATIÈRE CRIMINELLE.

1310. Ainsi que nous l'avons dit au commencement de cet ouvrage, le scellé, en matière criminelle, n'est pas dans les attributions exclusives des juges de paix. Il faut dire même que cette espèce de scellé est toute différente du scellé en matière civile. Les articles 35, 36, 37 et 38 du Code d'instruction criminelle le démontrent assez. En effet, après que les trois premiers de ces articles ont ordonné au procureur impérial, qui se transporte sur le lieu du délit, de se saisir des armes et de tout ce qui paraîtra avoir servi ou avoir été destiné à commettre le crime, ainsi que de tout ce qui paraîtra en avoir été le produit, de tout ce qui pourra servir à la manifestation de la vérité, et de s'emparer des papiers des prévenus, propres à conviction ou à décharge ; l'article 38 ajoute que « les objets saisis seront *clos et cachetés*, si faire se peut, ou s'ils ne sont pas susceptibles de recevoir des caractères d'écriture, ils seront mis dans un vase ou dans un sac, sur lequel le procureur impérial *attachera une bande de papier qu'il scellera de son sceau.* »

« Les opérations prescrites par ces articles seront faites en présence du prévenu, s'il a été arrêté ; et, s'il ne veut ou ne peut y assister, en présence d'un fondé de pouvoirs qu'il pourra nommer ; les objets lui seront présentés, à l'effet de les reconnaître et de les parapher, s'il y a lieu ; et, au cas de refus, il en sera fait mention au procès-verbal. » C. instr. crim., 39.

Par les articles 89 et 90 C. instr. crim., les dispositions des articles 35, 36, 37 et 38, que nous venons de citer, concernant la saisie des objets dont la perquisition peut être faite par le procureur impérial, dans le cas de flagrant délit, sont déclarées communes aux juges d'instruction.

Enfin, par les articles 48, 49 et 50, les mêmes pouvoirs et les mêmes attributions sont déférés aux juges de paix, aux officiers de gendarmerie, aux commissaires généraux de police, aux maires, adjoints des maires et commissaires de police, dits officiers de police auxiliaires du procureur impérial.

Mais dans toutes ces dispositions, nous ne voyons, nous le répétons, que le droit d'apposer *un sceau* sur des objets séparés, que l'on saisit, que l'on emporte pour être ensuite déposés dans les greffes et aux mains de la justice.

Cependant, il arrive quelquefois que des perquisitions nombreuses sont à faire, non-seulement sur le lieu même où le crime ou le délit a été commis, mais dans le voisinage; si l'officier public, ayant ainsi à visiter plusieurs domiciles, trouvait dans l'un ou dans l'autre beaucoup d'effets ou de papiers, et que le temps ou les circonstances ne permissent pas de les examiner tous, il pourrait les mettre sous sceau, et établir un gardien, même une garde militaire, afin de les préserver de toute soustraction, supposition ou altération, sauf à en reprendre l'examen dans un temps plus opportun (Schenck, *Traité sur les fonctions du ministère public*, t. II, p. 220). Cette mesure, qui pourrait être prise également sur le lieu même et dans l'habitation où aurait été commis le délit, est prévue d'ailleurs par les articles 37 et suivants du décret du 18 juin 1811, tarif des frais en matière criminelle.

1311. D'après ces articles, « dans les cas prévus par les articles 16, 35, 37, 38, 89 et 90 du Code d'instruction criminelle, il ne sera accordé de taxe pour la garde des scellés que lorsque le juge instructeur n'aura pas jugé à propos de confier cette garde à des habitants de la maison où les scellés ont été apposés. Dans ce cas, il sera alloué, pour chaque jour, au gardien nommé d'office, savoir : Paris, 2 fr. 50 c.; villes de quarante mille habitants et au-dessus, 2 fr.; autres villes et communes, 1 fr. » Art. 37.

1312. « En matière criminelle et correctionnelle, les femmes ne peuvent être constituées gardiennes des scellés, conformément à la loi du 6 vendémiaire an III, qui recevra, quant à ce, son exécution. » Art. 38.

1313. Une circulaire de la régie de l'enregistrement, du 7 fructidor an VIII, et une décision du ministre de la justice du 21 floréal an VIII, autorisaient les agents du Trésor à requérir l'apposition des scellés, pour assurer le remboursement des frais de justice, sur les effets mobiliers des individus accusés d'un crime ou d'un délit, lorsque ces individus ne possédaient pas de propriété immobilière suffisante pour le remboursement de ces frais et des indemnités envers ceux qui avaient souffert du crime ou du délit. Mais la loi du 5 septembre 1807 ayant donné au Trésor public un privilége sur les meubles et immeubles du condamné pour le remboursement des frais de justice criminelle, correctionnelle et de police, la décision du ministre de la justice a cessé d'être exécutée.

1314. Si un condamné venait à mourir après la condamnation prononcée, il est évident que le Trésor public qui aurait à réclamer les frais de la condamnation pourrait, comme *créancier*, requérir l'apposition des scellés. Il en serait de même en cas de condamnation à la mort civile. — Par la mort civile, le condamné perd la propriété de tous les biens qu'il possédait ; sa succession est ouverte au profit de ses héritiers, auxquels ses biens sont dévolus de la même manière que s'il était mort naturellement et sans testament (C. Nap., 25). L'Etat pourrait donc, afin d'assurer le payement des frais, requérir l'apposition des scellés sur les meubles et effets du mort civilement, mais seulement à compter du jour de la condamnation, soit réelle, soit par effigie ; car ce n'est que de ce jour que les condamnations emportent la mort civile, si elles sont contradictoires. « La mort civile n'est encourue pour les condamnations par contumace qu'après les cinq années qui suivent l'exécution du jugement par effigie, et pendant lesquelles le condamné peut se présenter. » C. Nap., 26 et 27.

Nous n'avons pas besoin d'ajouter que dans tous ces cas où les scellés peuvent être apposés généralement sur tous les meubles et effets des condamnés, le juge de paix seul est compétent pour procéder à l'apposition.

1315. Il a été jugé, sous l'ancienne loi des brevets d'invention, que les juges de paix, quoique dépossédés, par la loi du 25 mai 1838, de la connaissance des contestations en matière de brevets d'invention avaient néanmoins toujours qualité, comme officiers de police judiciaire, pour apposer les scellés sur les objets argués de contrefaçon. (Douai, 16 février 1844). Aujourd'hui, d'après la loi du 5 juillet 1844 sur les brevets d'invention, il y aurait lieu, non à l'opposition des scellés, mais à *saisie*, et les huissiers seraient seuls compétents pour y procéder. Art. 47 de la loi.

TITRE VI.

DES INVENTAIRES.

1316. Nous avons eu l'occasion de parler de l'inventaire dans les chapitres qui précèdent, et notamment à la section VII du chapitre VI du titre II : le titre qui va nous occuper complétera cette partie de la matière.

En général, on appelle inventaire tout acte dressé pour constater en détail la nature, le nombre et la qualité des meubles, effets, titres et papiers de quelqu'un ou d'une société.

1317. Appliqué aux successions, il contient en outre la description, avec prisée, à leur juste valeur, des objets mobiliers qui sont susceptibles d'estimation.

DIVISION.

§ 1. — De l'inventaire. — But de l'inventaire.

1318. L'inventaire est une mesure impérieuse, de nécessité absolue, toutes les fois que des incapables amendent de quelque chose ;
il n'a d'autre effet que de garantir, de conserver au profit de qui il
appartient la substance et les dehors des biens héréditaires. Favard
de l'Englade, *Répert.*, v° *Inventaire*, n° 1 ; Merlin, *Répert.*, v° *Inventaire*, § 5, n°s 1, 8 et 9 ; Bilhard, *Bénéfice d'inventaire*, p. 64.

A la règle générale des inventaires, il y a une exception en matière de communauté conjugale ; cette exception consiste en ce que
dans cet inventaire on décrit aussi les biens personnels des époux.
La justification de cette exception est facile à concevoir ; et, en effet,
à l'égard de l'époux décédé, l'inventaire n'a pas seulement pour
but de constater l'état de la communauté, mais encore l'état de la
succession : d'un autre côté, à l'égard de l'époux survivant, comme
des héritiers de l'époux décédé, il importe de constater les biens
propres ou personnels qu'ils retrouvent en nature, afin de connaître
leurs reprises et créances résultantes du déficit.

Dans un inventaire, il ne suffit pas de décrire les biens meubles,
il faut encore qu'ils y soient estimés, parce qu'une simple description n'est le plus souvent qu'un témoignage très-équivoque de l'état
d'un bien meuble, à moins qu'elle ne soit très-détaillée. Nous estimons donc que la prisée est nécessaire ; aussi est-elle requise pour
la validité de tout inventaire.

Les créances, les droits incorporels, les deniers comptants ne sont point prisés, par le motif qu'ils portent avec eux-mêmes leur propre estimation ; et quant aux biens-fonds, il suffit de décrire les titres et papiers qui constatent leur propriété ou possession en la personne ou en la communauté ou société dont il s'agit : les parties en font l'estimation par la liquidation même, si elles ont la capacité requise, et si elles sont d'accord ; dans le cas contraire, l'estimation en est faite par un procès-verbal de visite et expertise séparé et distinct de l'inventaire.

§ 2. — Forme de l'inventaire. — Ce qu'il doit contenir. — Méthode à observer.

1319. L'inventaire doit avoir la forme authentique, surtout dans les cas prévus par les articles 451, 1442, 1456 du Code Napoléon.

Il doit indiquer non-seulement la date du jour où l'on procède, mais aussi l'heure du commencement et celle de la fin. Décret du 10 brum. an XIV.

1320. Outre les formalités communes aux actes passés devant notaires, l'inventaire doit contenir : 1° les noms, professions et demeures des requérants, des comparants, des défaillants et des absents s'ils sont connus, du notaire appelé pour les representer, des commissaires-priseurs ou experts, et la mention de l'ordonnance qui commet le notaire pour les absents et défaillants ; 2° l'indication des lieux où l'inventaire est fait ; 3° la description et estimation des effets, laquelle est faite à sa juste valeur et sans crue ; 4° la désignation des qualité, poids et titre de l'argenterie ; 5° la désignation des espèces en numéraire ; 6° les papiers sont cotés par première et dernière, et paraphés de la main d'un des notaires ; s'il y a des livres et registres de commerce, l'état en est constaté, et les feuillets pareillement cotés et paraphés s'ils ne le sont pas ; s'il y a des blancs dans les pages écrites, ils sont bâtonnés ; 7° la déclaration des titres actifs et passifs ; 8° la mention du serment prêté, lors de la clôture de l'inventaire, par ceux qui ont été en possession des objets avant l'inventaire, ou qui ont habité la maison dans laquelle sont lesdits objets, qu'ils n'en ont détourné, vu détourner, ni su qu'il en ait été détourné aucun ; 9° la remise des effets et papiers, s'il y a lieu, entre les mains de la personne dont on convient, ou qui, à défaut, est nommée par le président du tribunal. C. proc., 943.

L'inventaire doit être signé à la fin par les parties, les experts, les témoins, les officiers publics ; il doit aussi l'être à l'intitulé et à chaque vacation.

1321. Pour procéder d'une manière méthodique dans la confection d'un inventaire, on commence par la description et la prisée du mobilier qui est en évidence. Ainsi, on inventorie d'abord les ustensiles de ménage, les denrées et les meubles meublants; ensuite on décrit les vêtements, puis le linge, puis les bijoux, puis l'argenterie, puis les deniers comptants. Ce n'est qu'après avoir décrit, dans cet ordre, tous les meubles corporels, qu'on procède à l'inventorié des papiers.

1322. L'ordre et la netteté doivent régner dans l'inventorié des papiers, qui doivent être classés et analysés d'une manière telle que, sur le simple dépouillement de l'inventaire, et sans visiter de nouveau les papiers, on puisse faire et rédiger facilement la liquidation de la communauté et de la succession, ou de la succession seulement, s'il n'y a point de communauté, ou si la femme ou ses héritiers y renoncent.

Pour bien classer les papiers, avant d'en faire l'analyse, le notaire qui rédige l'inventaire doit les examiner tous, les ranger sous diverses cotes, mettre dans une seule cote tous ceux qui ont trait à la même affaire, comme les titres de propriété d'une acquisition, et disposer les cotes dans l'ordre le plus conforme au plan qu'on se propose de suivre dans la liquidation même. On ne doit mettre dans l'analyse rien d'inutile, mais aussi n'omettre rien d'essentiel.

L'inventaire est surtout destiné à constater l'actif et le passif; c'est donc surtout en ce qui concerne l'actif et le passif qu'on doit analyser les papiers.

En matière de communauté, les reprises et prélèvements dus aux époux sont une sorte de passif; il faut donc ne point omettre dans l'inventaire ce qui sert à constater ces reprises et prélèvements, soit en nature, soit en deniers. Ainsi, l'on doit faire l'analyse du contrat de mariage, et des partages de successions échues aux époux.

En matière de succession, les rapports dus par les enfants ou par les héritiers en général sont, à l'égard des cohéritiers, autant de dettes actives; il faut donc aussi inventorier, autant qu'il est possible, les contrats de mariage des enfants ou autres héritiers dotés par le défunt, ou les actes de donations qui leur ont été faites.

Il arrive souvent que ces contrats de mariage, ces partages et autres actes, qu'il serait bon d'inventorier, ne se trouvent point dans les papiers du défunt; mais le notaire doit inviter les parties à les lui procurer; il n'a pas néanmoins de voie coactive pour les y contraindre.

Enfin, quand les papiers trouvés ou représentés ne suffisent pas pour établir tout l'actif et le passif, ce qui peut arriver très-fréquemment, surtout à raison du passif, dont les titres sont entre les mains des créanciers de la succession, et même à raison de quelques créances actives pour lesquelles souvent le défunt n'avait point de titres, les notaires, en ce cas, complètent et terminent l'inventaire par les déclarations des parties. Ainsi, après l'inventorié des papiers, les parties déclarent d'abord ce qu'elles savent être dû à la communauté ou à la succession, indépendamment des titres inventoriés, et ensuite ce qu'elles savent être dû par la communauté ou par la succession. Lorsqu'il y a un époux survivant, c'est ordinairement lui qui fait ces déclarations.

Lorsqu'il y a un époux survivant, la première pièce qu'on inventorie est son contrat de mariage avec l'époux décédé ; car c'est cette pièce qui sert de base aux droits respectifs des époux ; c'est elle qui constate s'il y a eu communauté entre eux, ou séparation de biens, ou s'ils se sont mariés sous le régime dotal ; c'est par elle que l'on voit ce qu'ils ont apporté en mariage, et ce qu'ils ont droit de reprendre, soit en nature, soit en deniers. — On inventorie ensuite tous les titres des biens et créances apportés en mariage par la femme, puis ceux des biens et créances apportés par le mari.

Si parmi les biens apportés par la femme ou par le mari quelques-uns ont été aliénés ou quelques rentes remboursées, à la place des titres de ces biens ou rentes, on inventorie les pièces qui constatent les aliénations ou remboursements ; et si elles ne se trouvent point dans les papiers du défunt, on fait faire à l'époux survivant la déclaration du bien aliéné ou de la rente remboursée, du jour de l'aliénation, de celui des payements ou remboursements, et enfin des valeurs avec lesquelles ils ont été faits.

Ensuite on inventorie les pièces constatant les biens échus à la femme pendant le mariage. Si au nombre de ces pièces il se trouve un inventaire et des cotes de cet inventaire, au lieu d'analyser les papiers compris sous ces cotes, on inventorie très-sommairement l'inventaire ; après quoi l'on fait sur cet inventaire le récolement des cotes, et on dit seulement les papiers qui sont en déficit.

Après l'inventorié d'un partage, on fait immédiatement celui des titres des biens et créances échus par cet acte, des papiers constatant les aliénations ou remboursements qui ont été faits, et l'on reçoit de l'époux survivant les déclarations supplétives.

Lorsque l'analyse de tous les papiers et les déclarations concernant les biens échus à la femme ont été ainsi faits, on procède de la même manière à l'inventorié de ce qui concerne les biens échus au mari pendant le mariage.

On s'occupe ensuite des papiers constatant l'actif de la communauté, et des pièces concernant le passif.

1323. *Veuve survivante.* — Il y a nécessité de faire inventaire pour la veuve survivante qui veut conserver la faculté de renoncer à la communauté. Cod. Nap., 1456, 1459.

Cet inventaire doit être fait dans les trois mois du décès du mari, contradictoirement avec les héritiers de ce dernier ou eux dûment appelés. *Ibid.*

Les dispositions de l'article 1456 sont applicables aux femmes de morts civilement, et les trois mois ne courent qu'à partir du moment où la mort civile a été prononcée et non pas encourue.

Néanmoins le délai de trois mois n'est pas de rigueur; car la femme peut, selon les circonstances, obtenir du tribunal de première instance une prorogation de délai, mais contradictoirement avec les héritiers du mari.

La veuve qui a fait l'inventaire avant l'expiration de trois mois conserve incontestablement la faculté de renoncer, pourvu qu'elle ne se soit pas immiscée dans l'administration, et qu'il n'existe pas contre elle de jugement passé en force de chose jugée, qui la condamne en qualité de commune en biens.

Mais si elle n'a pas fait inventaire dans les délais prescrits, elle ne peut plus renoncer à la communauté.

1324. *Tuteur.* — Dans les dix jours qui suivent sa nomination dûment connue de lui, le tuteur doit requérir la levée des scellés, s'ils ont été apposés, et faire procéder immédiatement à l'inventaire des biens du mineur, en présence du subrogé tuteur. C. Nap., 451.

Il importe beaucoup au tuteur que cet inventaire soit fidèle, puisqu'il doit servir plus tard de base à la reddition de son compte, et le soustraire à la responsabilité que son omission pourrait lui faire encourir.

Il doit faire connaître dans l'inventaire s'il lui est dû quelque chose de la part du mineur; sans quoi il demeure déchu, vis-à-vis du mineur, de toute créance préexistante à la tutelle. Cette déclaration doit être faite sur la réquisition de l'officier public appelé pour recevoir l'inventaire. Code Napoléon, *ibid.*

Cependant si, par omission ou par négligence, cette réquisition n'était pas faite au tuteur, il n'y aurait pas lieu à la déchéance prononcée par l'article 451 du Code Napoléon ; le tuteur, en effet, a pu faire involontairement un oubli, et d'ailleurs s'en rapporter aux devoirs de l'officier public, qui est formellement obligé d'interpeller le tuteur. Pau, 6 août 1834.

1325. *Subrogé tuteur.* — Il peut arriver des cas où le subrogé tuteur doit se mettre au lieu et place du tuteur ; or, si ce dernier n'a point fait faire inventaire, le subrogé tuteur est obligé de le requérir et de le faire faire en présence du tuteur, ou lui dûment appelé.

La solidarité encourue, d'après l'article 1442 du Code Napoléon, par le subrogé tuteur qui n'a pas obligé le tuteur à faire inventaire, est tellement rigoureuse, qu'elle ne peut être restreinte par justice à une partie seulement des condamnations prononcées. Metz, 24 janvier 1843 ; Dalloz, 44-2-91.

« Attendu, porte cet arrêt, que l'article 1442 ne s'inquiète pas de la question de savoir si le tuteur qui a négligé de faire inventaire est solvable ou insolvable ; dans tous les cas, il rend le subrogé tuteur solidairement responsable envers les mineurs, sauf le recours contre le tuteur s'il vient à acquitter sa dette ; — Attendu que l'inventaire par commune renommée tient lieu de l'inventaire régulier auquel le subrogé tuteur aurait dû faire procéder, et que, dès lors, la responsabilité de ce dernier doit s'étendre subsidiairement aux condamnations qui peuvent intervenir contre le tuteur, et qui prennent leur source dans l'inventaire par commune renommée ; — Attendu qu'en effet, par cette expression *condamnation*, l'article 1442 n'a entendu et n'a pu entendre que les condamnations qui sont la conséquence immédiate et nécessaire du défaut d'inventaire, que les condamnations, en un mot, auxquelles l'inventaire par commune renommée doit servir de base et d'éléments, etc... »

1326. *Enfant naturel.* — L'enfant naturel reconnu qui, à défaut de parents au degré successible, est appelé à recueillir les biens de la succession, est tenu de faire apposer les scellés et de *faire faire inventaire* dans les formes prescrites, sous peine de dommages et intérêts envers les héritiers, s'il s'en présente. Code Napoléon, 773, 771 et 772.

Il doit demander l'envoi en possession au tribunal de première instance dans le ressort duquel la succession est ouverte (Code Napoléon, 770) ; il est tenu de faire emploi du mobilier, et de donner caution suffisante pour en assurer la restitution, au cas où il se présenterait des héritiers du défunt, dans l'intervalle de trois ans ; après ce délai, la caution est déchargée. *Ibid.*, 771.

1327. *Conjoint survivant.* — Il est tenu de faire faire inventaire dans les formes prescrites pour l'acceptation des successions sous bénéfice d'inventaire (Code Napoléon, 769) ; de donner cautions, de faire emploi du mobilier, et ensuite de se faire envoyer en possession. Il est également passible des conséquences du défaut d'inventaire.

1328. *Domaine.* — Lorsque le défunt ne laisse ni parents au degré successible, ni légataires, ni enfant naturel reconnu, ni conjoint, les biens de sa succession sont acquis à l'État. Code Napoléon, 767, 768. Or, aux termes de l'article 769, l'administration des domaines est tenue de faire faire inventaire dans les formes prescrites, sous peine de dommages-intérêts. Après avoir fait inventaire, le domaine doit demander l'envoi en possession ; l'État étant toujours considéré comme solvable, il n'est pas obligé de donner caution.

1329. *Exécuteur testamentaire.* — Non-seulement il a le droit de requérir l'inventaire, mais c'est pour lui une obligation d'y faire procéder, en présence ou avec le concours des héritiers présomptifs ou légataires, ou eux dûment appelés. Code Napoléon, 1031.

L'exécuteur testamentaire a le droit d'appeler les officiers dont le ministère est utile pour la confection de l'inventaire ; mais il ne peut empêcher les héritiers d'en adjoindre d'autres.

S'il y a plusieurs exécuteurs testamentaires, un seul peut agir au défaut des autres ; ils sont solidairement responsables du compte du mobilier qui leur a été confié, à moins que le testateur n'ait divisé leurs fonctions, et que chacun d'eux ne se soit renfermé dans celle qui lui est attribuée. Code Napoléon, 1033.

1330. *Usufruitier.* — L'usufruit est le droit de jouir des choses dont un autre a la propriété, comme le propriétaire lui-même, mais à la charge d'en conserver la substance. Code Napoléon, 578.

L'usufruitier prend les choses dans l'état où elles sont, mais il ne peut entrer en jouissance qu'après avoir fait dresser, en présence du propriétaire, ou lui dûment appelé, un inventaire des meubles et un état des immeubles sujets à l'usufruit. Code Napoléon, 600.

Cette disposition ne s'applique pas à l'époux survivant, puisqu'il continue nécessairement la jouissance des objets dépendant de la communauté ; cependant il résulte de cet article l'obligation de faire procéder à l'inventaire, et cette obligation naît de celle où se trouve l'usufruitier de conserver la substance et la forme de la chose, ou, si elle est fongible, d'en rendre pareille quantité, qualité et valeur, ou l'estimation à la fin de l'usufruit. Code Napoléon, 578 et 587.

Le défaut d'inventaire, dans le délai de la loi, après le décès de l'un des époux communs en biens, opère déchéance irrévocable, pour le survivant, de l'usufruit légal des biens des enfants mineurs issus du mariage, à ce point que l'inventaire fait plus tard ne peut faire cesser la déchéance, même pour l'avenir (Code Napoléon, 1442 ; Douai, 15 nov. 1838). « Considérant, porte cet arrêt, que la déchéance prononcée par l'article 1442 du Code Napoléon, contre l'époux qui n'a point fait inventaire, s'applique indifféremment à toute communauté, soit légale, soit conventionnelle ; — que, de plus, et en conformité de cette maxime, *frustra impletur defecta semel conditio*, cette déchéance une fois opérée, devient irrévocable, et ne peut être écartée par un tardif inventaire que la loi présume frauduleux. »

M. Toullier, tom. XIII, n° 17, et M. Duranton, tom. III, n° 389, ont adopté cette opinion, contraire à celle de M. Proudhon, de *l'Usufruit*, tom. Ier, n° 173 et suiv.

Il est cependant bon de faire remarquer que l'article 1442 du Code Napoléon ne prononce la déchéance que faute d'avoir fait inventaire ; et en admettant que, d'après les autres dispositions du Code Napoléon, on doive penser que l'inventaire doit en général être fait dans les trois mois à partir du jour du décès, sauf le cas de prorogation autorisée, ne semble-t-il pas bien rigoureux qu'on doive toujours prononcer la déchéance du droit à l'usufruit, alors surtout que l'inventaire aurait eu lieu quelques jours seulement après les délais prescrits par la loi ? En pareil cas, s'il est établi que l'inventaire a été fait avec la plus grande fidélité, de manière à tout constater, il nous semble en effet que ce serait par trop sévère de priver de l'usufruit.

1331. *Curateur.* — Aux termes de l'article 811 du Code Napoléon, lorsque après l'expiration des délais pour faire inventaire et pour délibérer il ne se présente personne qui réclame la succession, et qu'il n'y a pas d'héritiers connus, ou lorsque les héritiers connus ont renoncé, la succession est réputée vacante ; il y a lieu à nommer un curateur.

Le curateur à une succession vacante est tenu d'en faire constater l'état par un inventaire, si déjà il n'a été fait, et de faire vendre les meubles et immeubles dans les formes prescrites en matière de succession bénéficiaire. Code Napoléon, 813 et suiv. ; C. proc. civ., 1000 et 1001.

Il exerce et poursuit les droits de la succession, répond aux demandes formées contre les biens du défunt. Il ne peut, pas plus que le tuteur, transiger et compromettre. Cass., 5 oct. 1808.

Il doit verser le numéraire qui se trouve dans la succession, ainsi que les deniers provenant du prix des meubles et immeubles vendus, à la caisse du receveur de l'enregistrement, pour la conservation des droits, et à la charge de rendre compte à qui il appartiendra. Code Napoléon, 813.

Le curateur n'est tenu de verser que ce dont il est comptable après la déduction des frais privilégiés, c'est-à-dire de ceux funéraires, de dernière maladie, de scellés, d'inventaire et de vente du mobilier. A l'égard du prix des immeubles, il ne consigne que ce qui lui reste après le payement des créances privilégiées et hypothécaires inscrites en ordre utile. Circ. min. just., 12 mess. an XIII.

1332. *Faillite.* — Les biens des faillis doivent être inventoriés par les syndics, en présence du failli, ou lui dûment appelé. C. com., 479.

Cet inventaire doit être dressé en double minute, à mesure que les scellés sont levés, et en présence du juge de paix, qui le signe à chaque vacation. L'une de ces minutes est déposée au greffe du tribunal de commerce, dans les vingt-quatre heures ; l'autre reste entre les mains des syndics. *Ibid.*, 480.

En cas de déclaration de faillite après décès, lorsqu'il n'a pas été fait d'inventaire antérieurement à cette déclaration, ou en cas de décès du failli avant l'ouverture de l'inventaire, il doit y être immédiatement procédé dans les formes du précédent article, et en présence des héritiers ou eux dûment appelés. *Ibid.*, 481.

L'inventaire terminé, les marchandises, l'argent, les titres actifs, les livres et papiers, meubles et effets du débiteur, sont remis au syndic, qui s'en charge en le déclarant au bas de l'inventaire. *Ibid.*, 484.

1333. *Héritier.* — L'héritier qui entend ne prendre cette qualité que sous bénéfice d'inventaire doit en faire la déclaration au greffe du tribunal de première instance dans l'arrondissement duquel la succession s'est ouverte. Code Napoléon, 713.

Cependant cette déclaration n'a d'effet qu'autant qu'elle est précédée ou suivie d'un inventaire fidèle et exact des biens de la succession. *Ibid.*, 794.

L'héritier a trois mois pour faire inventaire, à compter du jour de l'ouverture de la succession. Il a de plus un délai de quarante jours pour délibérer sur son acceptation ou sa renonciation ; ce dernier délai commence à courir du jour de l'expiration des trois mois donnés pour l'inventaire, ou du jour de l'inventaire s'il a été terminé avant les trois mois. *Ibid.*, 795.

Outre ces délais, en cas de poursuites dirigées contre lui, l'héritier peut encore demander un nouveau délai, que le tribunal saisi de la contestation accorde ou refuse, suivant les circonstances. *Ibid.*, 798.

§ 4. — Des personnes qui doivent assister, ou qu'il convient d'appeler à l'inventaire.

1554. L'inventaire doit être fait en présence du conjoint survivant, des héritiers présomptifs, de l'exécuteur testamentaire, si le testament est connu ; des donataires et légataires universels ou à titre universel, soit en propriété ou en usufruit, s'ils demeurent dans la distance de cinq myriamètres ; s'ils demeurent au delà, il est appelé pour tous les absents un seul notaire, nommé par le président du tribunal de première instance, pour représenter les parties appelées et défaillantes. C. proc., 942.

1555. L'enfant naturel légalement reconnu doit être appelé à l'inventaire. Quelques jurisconsultes avaient cru que cela n'était pas de rigueur. Selon les uns, par le motif que l'article 756 du C. Nap. ne le répute pas héritier, et, selon d'autres, parce qu'il ne se trouve point compris dans l'énumération de l'article 942 C. proc.; mais c'est une erreur selon nous, car si l'enfant naturel n'est pas héritier, il a cependant des droits à la succession de son auteur. Paris, 14 fruct. an XI ; D. P., 6-1-433 ; Carré, *Lois de la proc.*, 3143 ; Favard, *Répert.*, v° *Invent.*, § 1er, n. 2 ; Bilhard, *Bénéf. d'invent.*, p. 76.

1556. Il a été décidé par la Cour d'Amiens, le 25 fév. 1809, qu'il n'était pas nécessaire d'appeler à l'inventaire les créanciers de la succession. Pigeau, *Traité de la proc.*, t. II, p. 597, enseigne aussi qu'ils n'ont pas le droit d'y assister, bien qu'ils l'aient requis.

Mais c'est encore là une erreur, et pour le démontrer il suffit de se reporter à l'article 937 qui exprime que les scellés seront levés successivement au fur et à mesure de l'inventaire, et qu'ils seront réapposés à la fin de chaque vacation. Un créancier qui fait opposition aux scellés doit dès lors être mis en demeure d'assister à l'inventaire, et peut, en outre, s'il n'a pas fait d'opposition, intervenir jusqu'à sa clôture, pourvu qu'il se trouve dans l'un des cas prévus par l'article 909.

A la vérité, le Code Napoléon n'avait rien statué à cet égard ; et en présence des doutes qui existaient dans l'ancienne jurisprudence, sur la nécessité d'appeler les créanciers à l'inventaire, on pouvait penser que le silence de la loi nouvelle avait eu pour effet de les écarter implicitement. Mais depuis la promulgation du Code de proc., il en a dû être autrement. Il est bien vrai que l'article 942 énumère tous ceux qui doivent être présents ou appelés à l'inventaire, et n'y comprend pas les créanciers de la succession. En faut-il conclure, avec la Cour d'Amiens et M. Pigeau, qu'ils n'y doivent pas assister ? On serait, sans doute, tenté de le penser, si les créanciers ne pouvaient faire reposer leur droit, à cet égard, que sur cet article ; mais il s'en faut qu'il en soit ainsi. En effet, l'article 909, n. 2, leur permet de faire apposer les scellés ; l'article 930 les autorise à en requérir la levée ; l'article 931 exige qu'on interpelle les opposants par sommation directe aux domiciles par eux élus ; l'article 932 leur enjoint de s'accorder, après la première vacation, sur le mandataire qui devra les représenter ultérieurement; l'article 933 leur permet de concourir individuellement s'ils ont des intérêts contradictoires. De cet ensemble de dispositions il résulte bien évidemment que les créanciers doivent être appelés, que leur droit d'assistance est certain, et que pour le leur enlever il faudrait pouvoir invoquer, non pas le silence que garde à leur égard l'article 942, mais une disposition bien nette et bien précise. Bérial Saint-Prix, p. 700, *note* 4 ; Carré, *Lois de la proc. civ.*, t. III, n. 3142 ; Merlin, *Répert.*, v° *Inventaire*, § 4, n. 6 ; Favard, *Répert.*, v° *Inventaire*, § 1er, n. 2.

1337. L'inventaire, par suite de déclaration d'absence, doit être fait en présence du procureur impérial, ou d'un juge de paix par lui requis. Code Napoléon, 126.

1338. L'inventaire doit avoir lieu en présence du subrogé tuteur, s'il y a mineur non émancipé ou autre incapable (Code Nap., 451); en présence du tuteur à la restitution, si l'inventaire est requis par le grevé. Code Napoléon, 1059.

1339. Ceux qui ont droit d'assister à l'inventaire peuvent, en général, s'y faire représenter par un fondé de procuration. Mais un tuteur et un subrogé tuteur pourraient-ils se faire représenter par un mandataire? Pothier, *Traité de la Communauté*, n. 797, répond affirmativement. Quant à nous, nous sommes d'avis, au contraire, que le tuteur et le subrogé tuteur ne peuvent se dispenser d'assister en personne à l'inventaire : le tuteur a deux sortes d'actes à faire ; les uns, il est vrai, peuvent l'être aussi bien par un mandataire que par lui, sans nuire à l'intérêt du mineur, comme lorsqu'il s'agit de recevoir les deniers, etc.; les autres exigent une surveillance personnelle qu'il ne peut jamais exercer par un autre aussi parfaitement que par lui-même : or, l'inventaire est de ce nombre. Un mandataire peut n'avoir pas sur la succession les mêmes renseignements que le tuteur ; il peut ne pas porter la même affection que celui-ci aux intérêts du pupille, ne pas prendre en conséquence les mêmes informations, ni faire les mêmes démarches que le tuteur, pour veiller à ce que rien ne soit détourne ni omis. L'inventaire fait hors de la présence du tuteur et du subrogé tuteur, représentés par des mandataires moins instruits et moins affectionnés qu'eux, peut être inexact, infidèle même, par l'ignorance, l'incurie ou la mauvaise foi. Mais un motif dominant et qui nous semble bien donner quelque poids à notre opinion, c'est que le tuteur et le subrogé tuteur ayant promis avec serment de veiller aux intérêts du mineur, de ne rien laisser détourner ni omettre dans l'inventaire, comment pourraient-ils assurer que cet acte est exact, lorsqu'ils n'y ont point assisté ?

§ 5. — Des officiers publics qui peuvent faire l'inventaire.

1340. Les notaires seuls ont été désignés pour procéder aux inventaires. L. 27 mars 1791, art. 10; C. proc., 943. C'est cet officier que la loi du 25 ventôse an XI, art. 1er, a en effet institué pour donner aux stipulations des parties le caractère d'authenticité qu'on attache aux actes de l'autorité publique. Il suit de là que sans l'intervention notariale et l'observation des règles prescrites, l'état, la désignation, l'estimation des meubles et effets héréditaires manquent d'authenticité, de prépondérance, et sont considérés comme n'existant pas. Favard, *Répert.*, v° *Invent.*, n° 1 ; Bilhard, *Bénéf. d'inv.*, p. 61.

Sous l'ancien droit, l'usage autorisait, dans certains pays, les inventaires par acte sous seing privé ; la Cour de cassation a même décidé, le 1er juillet 1828, D. P., 1-28-303, qu'un inventaire sous seing privé qui n'est pas contesté au fond par la partie intéressée, fait foi contre elle, quoiqu'elle ne l'ait pas signé, alors surtout qu'elle en a reconnu l'exactitude et la sincérité.

Cependant nous sommes d'avis que les inventaires doivent nécessairement être faits par actes authentiques. En effet, un inventaire a pour but de constater les forces de la succession à l'égard des tiers; rédigé sous seing privé, il ne pourrait leur être opposé, parce que, pour le faire, les parties ont dû s'immiscer dans les biens et les affaires de la succession, et qu'elles ont pu n'y insérer que ce qu'elles ont jugé convenable. D'ailleurs, un pareil acte ne pourrait mériter la foi due à un inventaire fait devant un homme public; il ne serait point, comme celui-ci, accompagné d'un serment de la part de ceux qui sont restés dans la maison du défunt depuis le décès; serment qui a surtout pour but d'empêcher les personnes tentées de recéler ou divertir quelques effets.

Ainsi, un héritier présomptif qui aurait fait un pareil inventaire ne pourrait l'opposer aux créanciers, ni à ceux qui voudraient en faire faire un dans la forme légale. De même, la veuve qui a été en communauté, et qui peut, en y renonçant, se libérer des dettes vis-à-vis des créanciers de cette communauté, en leur présentant un inventaire fidèle et exact, n'y parviendrait point par un tel acte, l'article 1456 du Code Napoléon exigeant que cet inventaire soit par elle affirmé sincère et véritable lors de la clôture devant l'officier public qui l'a reçu.

C'est conformément à ces principes que la Cour de cassation, section civile, avait déjà décidé, le 5 frimaire an VIII, que sous la loi du 27 mars 1791, aux notaires seuls appartenait le droit de faire les inventaires, à l'exclusion des juges de paix et greffiers des justices de paix; « Attendu, porte cet arrêt, que l'article 10 de la loi du 27 mars 1791, qui fixe, dans l'espèce, le dernier état de la législation, attribue exclusivement aux notaires le droit de procéder à la confection des inventaires. »

§ 6. — Des personnes qui peuvent requérir l'inventaire.

1341. L'inventaire peut être requis par ceux qui ont le droit de requérir la levée des scellés. C. proc., 941.

Il suit de là que ce texte doit se compléter par un rapprochement. En effet, l'article 930 ajoute que tous ceux qui ont le droit de faire apposer les scellés peuvent en requérir la levée, excepté ceux qui ne les ont fait apposer qu'en exécution du n° 2 de l'article 909. C'est donc dans ce dernier article qu'il faut puiser les éléments

27

d'instruction, et en conclure que tous ceux qui prétendent droit dans la succession ou dans la communauté, et tous créanciers fondés en titre exécutoire ou autorisés par une permission soit du président du tribunal de première instance, soit du juge de paix du canton où les scellés ont été apposés, sont recevables à requérir l'inventaire. Duranton, *Cours de Droit franç.*, t. VIII, n. 23. — Voir ci-dessus chap. II.

1542. Le droit de requérir l'inventaire n'appartient pas à l'époux survivant s'il n'était pas commun en biens et s'il n'a pas de répétition à exercer contre la succession; il peut seulement demander que l'inventaire soit fait en sa présence, pour empêcher qu'on n'y comprenne ses propres biens. Arg. C. proc., 930, 941.

1543. Toutes les fois que l'inventaire est demandé avec quelque apparence de raison, il doit y être procédé, par le motif surtout qu'il ne préjuge rien, qu'il ne nuit à personne; et que dans le cas d'un refus, au contraire, le demandeur est censé rester sous le poids de quelque chance dommageable. Bruxelles, 9 mars 1811 ; Sirey, 11-2-255.

§ 7. — Délai dans lequel doit être fait l'inventaire.

1544. Aux termes de l'article 174 du Code de procédure, l'héritier, la veuve, la femme divorcée ou séparée de biens ont trois mois à partir du jour de la succession, ou dissolution de la communauté, pour faire inventaire.

1545. Il est accordé le même délai aux légataires universels et à titre universel, qui ne voudraient accepter que sous bénéfice d'inventaire. Carré, *sur l'art.* 174 C. proc.

1546. Si l'on justifie que l'inventaire n'a pu être fait dans les trois mois, le délai peut être prorogé. C. proc., 174.

1547. Le défaut d'inventaire dans les trois mois, dans le cas où il y a des enfants mineurs, n'entraîne pas contre le survivant la déchéance de l'usufruit légal si le retard provient d'une maladie grave. C. Nap., 1442 ; Caen, 18 août 1833.

1548. Jugé encore que l'inventaire n'est point nul parce qu'il ne contient pas la déclaration détaillée des titres actifs et passifs, si cette omission n'est pas le résultat de la fraude. C. proc., 943; même arrêt.

1549. Dans tous les cas, le défaut d'inventaire des biens de la communauté ne fait perdre au survivant que la communauté des biens *actuels* des enfants; il ne peut lui enlever ses droits sur les successions qui leur sont survenues depuis la dissolution de la communauté. C'est en ce sens que doit s'interpréter l'art. 1442 du C. N.

1330. Le tuteur d'un mineur ou d'un interdit doit faire procéder à l'inventaire dans les dix jours qui suivent celui de sa nomination dûment connue de lui. C. Nap., 509.

La disposition de ce dernier article, qui assimile l'interdit au mineur, nous paraît trop absolue. Il existe sans doute des rapports entre la position du mineur et celle de l'interdit ; mais il y a aussi de notables différences que nous avons signalées en notre RÉPERT. GÉN. DES J. DE PAIX, V° *Interdict.*, n° 14.

1331. L'usufruitier doit faire procéder à l'inventaire avant son entrée en jouissance (*ibid.*, 600); les syndics provisoires d'une faillite, aussitôt après leur nomination (C. com., 486); le curateur à une succession vacante, avant toute opération (C. proc., 1000); l'exécuteur testamentaire, dans l'année du décès, puisqu'il doit rendre compte à l'expiration de ce temps.

1332. Après décès l'inventaire ne peut être fait que trois jours après l'inhumation ou trois jours après l'apposition des scellés si elle a eu lieu, à peine de nullité des procès-verbaux de levée des scellés et d'inventaire, et dommages-intérêts contre ceux qui les auront faits et requis. C. proc., 928.

Cependant, dans certains cas, il y a danger imminent d'attendre l'expiration des trois jours ; ce qui se rencontre, par exemple, chez les banquiers, chez les marchands, lorsqu'il existe des billets qui viennent chaque jour à échéance, ou des marchandises importantes qu'on ne peut conserver jusqu'au lendemain : le président du tribunal de première instance est alors juge de la célérité ; dans sa décision il mentionne les causes de l'urgence, et immédiatement, sans observer aucun délai, on s'occupe de l'inventaire, soit que les scellés aient été ou non apposés. Si les parties ne sont pas présentes sur les lieux, ou si elles ne veulent point comparaître, la même ordonnance commet d'office un notaire à leur place. *Ibid.*

§ 8. — Cas où il s'élève des difficultés lors de l'inventaire, ou après l'inventaire.

1333. Lorsqu'il y a eu apposition du scellé, les difficultés qui s'élèvent lors de l'inventaire, ainsi que les réquisitions et les demandes faites par les parties, pour l'administration de la communauté ou de la succession, ou pour autres objets, sont constatées sur le procès-verbal dressé par le juge de paix lors de la levée des scellés. C. proc., 936, n° 8.

1334. Lorsqu'il n'y a pas eu apposition du scellé, si, lors de l'inventaire, il s'élève des difficultés, ou s'il est formé des réquisitions pour l'administration de la communauté ou de la succession, ou pour autres objets, et qu'il n'y soit déféré par les autres parties, les notaires délaissent les parties à se pourvoir en référé devant le président du tribunal de première instance ; ils peuvent en référer eux-mêmes, s'ils résident dans le canton où siége le tribunal ; dans ce cas, le président met son ordonnance sur la minute du procès-verbal. *Ibid.*, 944.

Ainsi que l'exprime l'article 944 du C. de proc., il faut que les réquisitions soient faites lors de l'inventaire, pour que les notaires puissent en référer ; car ces difficultés ou ces réquisitions étant un obstacle, l'officier peut alors en référer au juge pour le faire lever, afin qu'il puisse continuer son opération, qui est retardée ; mais si le réquisitoire était fait à la fin, le notaire, ayant rempli son ministère, n'aurait plus qualité pour en référer ; et, en ce cas, ce serait aux parties à aller chez le juge, sur une soumission faite par une d'elles aux autres. C'est pour ce motif qu'on laisse presque toujours au moins une vacation à faire après cette réquisition.

1355. Lorsque les parties sont délaissées à se pourvoir en référé, on procède dans la forme ordinaire. — Lorsque ce sont les notaires qui en réfèrent eux-mêmes, ils se présentent seuls devant le président, lui communiquent la minute de l'inventaire, sur laquelle le président met son ordonnance, à la suite de la vacation, sans autres formalité ni procès-verbal.

1356. Mais si le juge de paix procède à la levée des scellés en même temps que le notaire à l'inventaire, comme c'est dans le procès-verbal de levée que les réquisitions, dires et protestations doivent être inscrits, ainsi que l'ordonnance du juge, c'est alors le juge de paix seulement qui doit faire le référé. Bousquet, p. 156 ; Carré, procédure civile, sur l'art. 944.

§ 9. — Précautions que doit prendre le notaire avant la clôture
de son procès-verbal.

1357. Il est essentiel, dit M. Bilhard, *Du bénéfice d'inventaire*, p. 99, que les notaires apportent une grande attention au contexte de l'inventaire ; car tout y est obligatoire, et la moindre énonciation peut, étant mal interprétée, avoir pour eux, et pour les parties agissantes, des conséquences fâcheuses.

Peu de mots feront sentir toute l'évidence de cette proposition ; ils démontreront sans équivoque qu'un acte pareil, bien qu'il apparaisse sous l'emblème d'une mesure tutélaire, entièrement inof-

fensive, est dans le cas, par les déceptions, les inadvertances qui
s'y glissent, de jeter le désordre et la confusion dans les affaires de
l'hérédité.

1358. *Intitulé.* — Les noms, les qualités des héritiers, leur degré de parenté avec le défunt, et la ligne à laquelle ils appartiennent, sont des objets qui doivent exciter la plus vive sollicitude. On
donne presque toujours aussi la qualité d'héritier présomptif, d'habile à se dire et se porter héritier, avec réserve de prendre par la
suite, dans la succession, telle autre qualité qu'on jugera à propos.
On applique la même règle aux femmes communes en biens, dans
tout inventaire de communauté. En procédant de la sorte, l'intitulé
étant signé des parties, il est donc arrivé que, par un défaut de
précaution imputable au notaire, on en déduit des qualités tout à
fait incompatibles, diamétralement opposées à l'intention que les
parties avaient eue, et destructives de tout bénéfice d'inventaire.

1359. *Description.* — Les meubles et effets sont quelquefois, par
un vice de rédaction, désignés de manière à ne pouvoir être reconnus. Il est pourtant avantageux aux personnes intéressées, notamment en matière d'association bénéficiaire, puisque la succession est
réputée insolvable, qu'on ne puisse point substituer un meuble défectueux à un meuble de prix. Il en est de même des titres et papiers, sous ce rapport qu'une erreur de date, une énonciation irré-
fléchie, sont susceptibles d'occasionner un dommage. L'exacte
justice veut donc que, dans un but de conservation, on se montre
prévoyant et minutieux dans la nomenclature des valeurs héréditaires.

1360. *Déclarations.* — Le silence gardé par une partie, en présence de celle qui est sa débitrice, peut être considéré sous un as-
pect défavorable, si, postérieurement, l'action juridique est engagée.
Une énonciation inscrite dans l'inventaire, sur l'existence d'une
dette passive, peut, si elle est mal conçue, aggraver la condition
des héritiers. Un tuteur qui est créancier de son pupille doit, aux
termes de l'article 451 du Code Napoléon, en faire la déclaration,
sous peine de déchéance. Le notaire est tenu de l'interpeller à ce
sujet ; d'où il suit que s'il ne le fait pas, si le procès-verbal n'en
fait pas mention, il compromet sa responsabilité, dans le cas où la
déchéance serait acquise.

1361. *Clôture.* — Le serment est prescrit aux inventaires ; c'est un appel à la conscience de ceux qui y assistent, pour que s'ils ont été en possession de la succession, ils s'expliquent avec franchise et loyauté sur sa consistance. Il est de règle, quoique l'article 943 du Code de procédure civile n'en parle pas, que le notaire fasse lui-même l'interpellation. Il doit, en effet, constater que le serment a été prêté, et qu'il n'a rien été détourné. Le défaut de mention du serment, tout comme la mention faite sans serment, peuvent devenir très-dommageables.

On en trouve un exemple frappant dans les articles 792 et 801 du Code Napoléon. Tout héritier qui a diverti ou recélé les effets d'une succession est déchu de la faculté d'y renoncer ; il demeure héritier pur et simple, nonobstant l'acceptation bénéficaire et la renonciation, et il perd tout droit au partage des objets recélés ou divertis. Avec le serment à l'inventaire, on prévient le recel, le détournement de tout ou partie de la succession.

Ce principe est encore dans les articles 1460 et 1477, en matière de communauté de biens. Tout époux qui a disposé illicitement d'un meuble, d'un objet mobilier quelconque, est privé de concourir à son partage. La femme est réputée commune, passible des dettes qui existent, malgré la renonciation par elle déclarée au greffe. Il est donc très-important de l'interpeller à l'inventaire, et de lui laisser entrevoir, avant qu'elle prête serment, tous les embarras qu'un faux serment peut lui susciter.

§ 10. — Des frais d'inventaire.

1362. Les frais d'inventaire sont à la charge de la succession (C. Nap., 810), ou de la communauté (C. Nap., 1482). En cas de renonciation de la femme à la communauté, le mari les supporte entièrement.

Les frais d'inventaire de la communauté sont à la charge de la communauté, alors même que cet inventaire a été fait à la réquisition de la femme, qui a depuis renoncé à la communauté. C. Nap., 1456 ; Rouen, 1er juillet 1841.

Mais celui qui aurait requis l'inventaire comme héritier, doit en supporter les frais, s'il est ensuite reconnu qu'il n'a pas cette qualité.

Le chapitre des recettes comprend tout ce que l'héritier bénéficiaire a perçu, tel que les sommes trouvées lors de l'inventaire, etc. — Le chapitre des dépenses comprend les frais funéraires, les frais de scellés et d'inventaire, les droits de mutation, enfin toutes les dépenses faites légitimement.

L'héritier ne peut rien réclamer pour ses peines et soins ; car, en se chargeant de l'administration, il a fait ses propres affaires aussi bien que celles des créanciers.

TITRE VII.

DES PRISÉES DE MEUBLES.

1363. On entend par prisée, l'estimation, la valeur que l'on met à tel ou tel objet. Il y a deux modes de prisée : la prisée qui a lieu en même temps que l'inventaire, et la prisée qui se fait en dehors de l'inventaire.

Dans tous les cas où la loi a prescrit de procéder à l'inventaire des meubles, il faut que la prisée, ou estimation, en soit faite par un officier public compétent. — La disposition de l'article 943 du Code de procédure, exigeant la description et l'estimation des effets à juste prix, est une formalité applicable à tout eespèce d'inventaire ; et pour que ce dernier acte soit légal et régulier, il doit être accompagné de toutes les conditions que prescrit la loi ; il doit donc contenir l'estimation des objets.

§ 1. Des officiers publics qui ont le droit de procéder aux prisées,
à l'exclusion de tous autres.

1364. Le droit de procéder à la prisée ou estimation des meubles, dans les inventaires et en tous autres cas, appartient exclusivement aux commissaires-priseurs, notaires, huissiers et greffiers des justices de paix, selon les attributions et priviléges de ces officiers-priseurs les uns à l'égard des autres.

Cette proposition, qui ne devrait être l'objet d'aucun doute, a cependant été controversée.

Nous devons donc établir d'abord les textes des lois qui attribuent exclusivement aux commissaires-priseurs, notaires, greffiers et huissiers, le droit de prisée.

Dès les temps les plus anciens, le droit de priser les objets mobiliers, et de les vendre publiquement aux enchères, constitua un droit exclusif appartenant à des officiers publics, et un privilége.

L'édit de 1556 créa des *maîtres priseurs* ayant le droit de faire, privativement à tous autres, l'estimation et les ventes forcées ou volontaires des biens meubles.

Ces *maîtres priseurs* furent bientôt réunis aux *sergents royaux* et aux *huissiers*, pour ne former avec eux qu'une seule corporation ; puis on les sépara de nouveau ; un édit du mois d'octobre 1696 rétablit la première organisation des *maîtres priseurs*, sous le nom de *jurés-priseurs*.

Un édit du mois de février 1771 accorda définitivement aux *jurés-priseurs* le droit de faire toutes les prisées et ventes de biens meubles quelconques, à l'exclusion des notaires, greffiers et huissiers.

La loi du 21 juillet 1790 abolit les offices de *jurés* ou d'*huissiers-priseurs* créés par l'édit de février 1771. L'article 6 de cette loi porte que les notaires, greffiers et huissiers sont autorisés à faire les ventes de meubles dans tous les lieux où elles étaient ci-devant faites par les *jurés-priseurs*.

Le décret du 17 septembre 1793 ajoute, par son article 1er, le droit de faire les prisées au droit de vendre les meubles : « les notaires, greffiers et huissiers sont autorisés à faire *les prisées* et ventes de meubles dans toute l'étendue de la république. »

La loi du 27 ventôse an IX, qui créa les commissaires-priseurs à Paris, leur donna, par son article 1er, le droit exclusif de faire les *prisées de meubles* et ventes publiques aux enchères d'effets mobiliers qui auront lieu à Paris. — Il est défendu, par l'article 2 de la même loi, à tous particuliers, à tous officiers publics, de s'immiscer dans lesdites opérations qui se feront à Paris, à peine d'amende qui ne pourra excéder le quart du prix des objets prisés ou vendus.

L'article 37 du décret du 14 juin 1813, sur l'organisation des huissiers, porte « que dans les lieux pour lesquels il n'est point établi de commissaires-priseurs exclusivement chargés de faire les prisées et ventes publiques de meubles et effets mobiliers, les huissiers, tant audienciers qu'ordinaires, continueront de procéder, concurremment avec les notaires et les greffiers, *auxdites prisées* et ventes publiques, en se conformant aux lois et règlements qui y sont relatifs. »

Enfin la loi du 28 avril 1816, dont l'article 89 a autorisé l'établissement des commissaires-priseurs dans les départements, dit que « les attributions de ces commissaires-priseurs seront les mêmes que celles des commissaires-priseurs établis à Paris par la loi du 27 ventôse an IX ; qu'ils n'auront, conformément à l'article 1er de ladite loi, de droit exclusif que dans le chef-lieu de leur établissement ; qu'ils auront dans tout le reste de l'arrondissement la con-

currence avec les autres officiers ministériels, d'après les lois existantes.

Il résulte de tous ces textes que le droit de prisée, aussi bien que
le droit de vente, appartient exclusivement aux commissaires-priseurs, notaires, greffiers et huissiers, selon les règles de leurs attributions.

§ 2. — Prisées après décès.

1365. La loi ne distingue pas entre la prisée faite après décès
ou dans un inventaire et tout autre cas de prisée.

Cependant l'article 453 du Code Napoléon, en autorisant les père
et mère, tant qu'ils ont la jouissance propre et légale des biens de
leurs enfants mineurs, à garder les meubles de ces enfants en nature, leur impose l'obligation d'en faire faire à leurs frais une *estimation* à juste valeur par un *expert*, qui sera nommé par le subrogé
tuteur et prêtera serment devant le juge de paix.

Les articles 935 à 943 C. proc., relatifs à la prisée des objets
d'une succession, lors de la levée des scellés et de l'inventaire, di-
sent, le premier, que « le conjoint commun en biens, les héritiers,
l'exécuteur testamentaire et les légataires universels ou à titre universel pourront convenir du choix d'un ou deux notaires et d'un ou
deux commissaires-priseurs ou *experts ;* que s'ils n'en conviennent
pas, il sera procédé, suivant la nature des objets, par un ou deux
notaires, commissaires-priseurs ou *experts*, nommés d'office par
le président du tribunal de première instance ; qu'enfin *les experts
prêteront serment devant le juge de paix.* Le second, que, « outre
les formalités communes à tous les actes devant notaires, l'inventaire contiendra, 1° les noms, professions et demeures des requérants, des comparants, des défaillants et des absents, s'ils sont connus du notaire appelé pour les représenter, des commissaires-priseurs
et experts...

Comme on le voit, ces articles font mention de commissaires-priseurs ou *experts;* l'article 463 du Code Napoléon ne parle que de
l'expert; on trouverait la même mention dans l'article 825. Ces articles supposent que *l'expert* devra *prêter serment* avant de commencer ses opérations ; or, ni le commissaire-priseur, ni le notaire,
ni le greffier, ni l'huissier, fonctionnaires assermentés, n'auraient à
renouveler leurs serments ; de là on a conclu qu'il s'agissait dans
ces articles d'un *expert ordinaire, d'un simple particulier.*

Cette opinion, qui accorde à tous les experts, officiers publics ou
non, le droit de procéder à la prisée des objets mobiliers, dans les

inventaires, et de ceux dont les père et mère des mineurs voudront
se réserver la jouissance, est professée par M. Dalloz aîné, v° *Expertise*, section 1re, art. 2, n° 1, et consacrée par deux arrêts, l'un
de la Cour de Rennes, du 14 janvier 1835, l'autre de la Cour de
Nîmes, du 22 février 1837.

1366. Pour nous, nous croyons que l'on doit observer, avant
tout, les lois générales sur les attributions des officiers priseurs et
vendeurs. Ces lois ont établi un système semblable à celui qui existait sous l'ancien droit ; ce système, fondé par la loi du 17 septembre 1793, a été continuellement répété depuis, et notamment dans
la loi du 27 ventôse an IX, dans l'article 89 de la loi du 28 avril
1816, et dans l'ordonnance qui a suivi. Le Code Napoléon et le
Code de procédure ont employé l'expression *expert* ou *commissaire-
priseur*, sans se préoccuper de ces lois générales d'attributions, et
nous ne comprenons pas comment on verrait dans les articles cités
de ces Codes une abrogation de la loi d'attributions, entièrement
indépendante. Cependant on fait une distinction entre les *prisées
pour inventaire*, celles destinées à *former titre*, comme l'estimation
des meubles des mineurs, que les père ou mère veulent garder en
nature, et les *estimations de meubles* demandées par les parties pour
régler certains droits, ne se rattachant à aucune formalité, ou bien
qui sont ordonnées par le juge pour éclairer sa religion. Ces deux
dernières espèces d'estimations sont généralement considérées
comme pouvant être faites par tout expert, mais il n'en est pas de
même des premières. Cette distinction, a-t-on dit, résulte même
de l'article 825 du Code Napoléon, d'après lequel, en cas de partage, « l'estimation des meubles, s'il n'y a pas eu *prisée dans un inventaire régulier*, doit être faite par *gens à ce connaissant*, à juste
prix et sans crûe » ; différence de terme qui indiquerait distinction
entre la prisée *à l'amiable* et celle faite par des *officiers préposés à
ces fonctions*.

1367. Quant aux deux expressions *commissaire-priseur* et *expert*, contenues dans l'article 935 du Code de procédure, elles se
concilient parfaitement avec le droit, puisque, lorsqu'il se trouve
parmi les meubles à priser des objets qui excèdent les connaissances
du commissaire-priseur, on appelle, ou celui-ci peut appeler un
expert pour les estimer. Cette opinion, distinguant les deux espèces
de prisées, est professée par Benou, *Manuel du Commissaire-
Priseur*, t. Ier, p. 30 ; par Favard de Langlade, *Répertoire*, v° *Commissaire-Priseur*, n° 6 ; par Merlin, *Répertoire*, v° *Expert*, n° 2 ;
par Rolland de Villargues, v° *Prisée*, nos 17, 18 ; Thomine-Desma-

zures, *Comment. de proç. civ.*, n° 1103. C'est aussi la règle qui avait été adoptée par le projet de loi sur les *prisées et ventes publiques de biens meubles*, présenté à la Chambre des députés en 1840, qui n'est pas arrivé à l'état de loi, mais qui avait été l'objet d'un rapport très-remarquable de M. Hébert ; l'article 4 du projet approuvé par la commission était ainsi conçu : « En matière de succession, de tutelle, d'absence, de séparation de biens, d'usufruit, et dans tous les cas autres que le cas de faillite, où la loi prescrit un *inventaire régulier*, ou une *estimation à juste valeur*, la *prisée* ne pourra être faite que par les commissaires-priseurs, notaires, huissiers et greffiers des justices de paix, chacun selon l'ordre de ses attributions, à peine, pour tout contrevenant, de l'amende, etc. »

1368. L'officier priseur est, bien entendu, libre, dans tous les cas, de recourir, pour s'éclairer sur le prix des objets qui demandent des connaissances particulières, à tel expert qu'il veut choisir. La Cour de cassation, par arrêt du 19 décembre 1838, a décidé qu'un notaire chargé de procéder à l'inventaire après décès peut être éclairé sur la valeur et la prisée des objets mobiliers, par un expert appelé par les parties ; qu'il n'y a de la part de l'expert ainsi appelé nul empiétement sur les attributions des officiers priseurs, *si c'est le notaire qui, d'après les renseignements de l'expert, a fait lui-même les estimations et prisées ;* qu'enfin le serment prêté par l'expert entre les mains du notaire doit être regardé comme inutile, et n'a pu, non plus, vicier l'opération.

1369. Si l'on employait pour la prisée un simple particulier (quelque illégal que cela fût à notre avis), son serment devrait être reçu, non par le notaire, mais par le juge de paix, ainsi que l'a décidé une lettre du ministre de la justice, du 4 juillet 1810 : « La loi, porte cette lettre, attribuant aux juges de paix le droit de recevoir le serment des experts, on ne peut communiquer ce droit aux notaires, qui n'ont aucune qualité pour cela ; les dispositions des articles 453 du Code Napoléon, et 935 du Code de procédure, sont formelles à cet égard.

1370. Dans les villes où il n'y a pas de commissaire-priseur, le greffier de paix peut à la fois assister le juge de paix comme greffier à la levée des scellés, et à l'inventaire, remplir les fonctions d'expert priseur, et recevoir, outre ses vacations comme greffier, des vacations comme priseur.

Ce que nous venons de dire touchant le greffier peut aussi s'appliquer au notaire ; de même que le greffier, il pourrait, dans les lieux où il a le droit de procéder aux prisées, cumuler avec ses fonctions de notaire celles de priseur. Il existe au reste sur le droit qu'ont les notaires et les greffiers de cumuler avec leurs fonctions celles de priseurs, un arrêt trop important de la Cour de Grenoble, du 5 décembre 1839, pour que nous n'en rapportions pas les considérants suivants :

« En ce qui concerne le droit contesté aux *notaires* et aux *greffiers* de procéder à la prisée d'effets mobiliers en même temps qu'ils en font l'inventaire : Attendu que le droit de priser les effets mobiliers a été attribué par les lois des 26 juillet 1790 et 22 pluviôse an VII aux notaires et greffiers, dans les termes les plus généraux et sans exclusion des cas où ces fonctionnaires agiraient en même temps, à l'égard des mêmes objets, en leurs qualités habituelles et principales de rédacteurs d'actes, et qu'aucune disposition postérieure ne leur a défendu ce cumul; — Attendu que la prohibition contenue dans la loi du 28 ventôse an XI n'est relative qu'au cumul permanent sur la même tête des charges de notaire et de commissaire-priseur, et non à la réunion accidentelle des fonctions de rédacteur et de priseur qu'offrirait un notaire estimant des meubles en même temps qu'il en dresse l'inventaire; qu'on ne peut déduire prohibition de la désignation distincte des notaires, commissaires-priseurs ou experts dans les articles 935, 937 et 943 du Code de procédure, parce que ces articles, disposant pour les cas divers où les inventaires peuvent avoir lieu dans la résidence des commissaires-priseurs ou dans d'autres localités, ont dû énumérer tous les fonctionnaires qui, suivant cette distinction, sont aptes à y procéder, — Attendu que ce cumul, loin d'être préjudiciable aux intérêts des parties, peut souvent leur offrir une voie plus économique et plus prompte, car celui qui, comme notaire ou greffier, procède à la description et énumération d'objets mobiliers, les soumet déjà par là à une investigation à laquelle il lui restera peu à ajouter pour déterminer un jugement sur leur valeur, tandis qu'un expert étranger aurait à répéter le même travail d'investigation et d'examen. »

Comme on le voit, cet arrêt juge la question dans les termes les plus formels, et s'appuie sur des raisons qui paraissent sans réplique. Déjà, avant cet arrêt, une circulaire du ministre de la justice, en date du 6 avril 1835, s'était prononcée en ce sens. — V. cette circulaire à sa date, dans notre *Bulletin des lois des justices de paix.*

1371. Lorsqu'il est fait inventaire par suite d'une levée de scellés, le notaire a-t-il le droit, après avoir décrit et estimé le mobilier dans l'inventaire, d'emporter les titres et papiers pour en faire le dépouillement et l'analyse dans son étude, ou le juge de paix peut-il exiger,

au contraire, que ces titres et papiers soient analysés sur les lieux
et en sa présence ? Il faut répondre dans ce dernier sens ; non-seulement le juge de paix *peut*, mais il *doit* l'exiger, au moins si la levée des scellés avec description et l'inventaire sont obligatoires à
cause de la présence, parmi les parties intéressées, de mineurs ou
d'autres personnes non maîtresses de leurs droits, héritiers béné-
ficiaires, etc.

1372. Si l'inventaire n'était pas obligatoire, et que les parties,
maîtresses de leurs droits, fussent toutes d'accord pour que la levée
des scellés se fît sans description, ou que les papiers ne fussent pas
décrits au fur et à mesure de la levée, nul doute que le notaire ne
pût, avec leur consentement, emporter les papiers dans son étude
pour les analyser ; mais alors c'est que la cause de l'apposition des
scellés aurait cessé, et qu'il y aurait lieu à l'application de l'article 940 du Code de procédure.

§ 3. — De la prisée requise par les père et mère.

1373. Ainsi que nous l'avons dit ci-dessus, page 253, les père
et mère, tant qu'ils ont la jouissance propre et légale des biens du
mineur, sont dispensés de vendre les meubles, s'ils préfèrent les
garder pour les remettre en nature. Dans ce cas, ils en feront faire à
leurs frais une estimation à juste valeur, par un expert qui sera
nommé par le subrogé tuteur, et prêtera serment devant le juge de
paix. Ils rendront la valeur estimative de ceux des meubles qu'ils ne
pourraient représenter en nature. C. Nap., 453.

« Cette disposition, dit Boileux, est une exception à la règle tracée par l'article 452 du Code Napoléon. On n'eût pu mettre les père
et mère dans l'obligation de vendre les meubles, sans les priver implicitement du droit d'en jouir : la loi se borne à en assurer la restitution ; à cet effet, elle exige qu'ils soient estimés par un expert,
qui doit être en ce cas nommé par le subrogé tuteur, et non contradictoirement avec le tuteur, parce que ce dernier aurait intérêt à ce
que les meubles fussent estimés au prix le plus bas. »

§ 4. — Des prisées judiciaires.

1374. On entend par prisées judiciaires celles qui sont ordonnées
par justice, ou celles qui, ayant lieu par suite de la volonté et des
conventions des parties, ont eu, faute d'accord entre elles, besoin
de l'intervention de la justice, soit pour leur exécution, soit pour la
nomination de l'officier public qui doit y procéder.

Ainsi, lorsqu'il a été jugé que des objets soustraits, ou qui ont servi de pièces de conviction, seront rendus ou déposés d'après une estimation, afin d'indemniser d'autant la partie lésée, l'expert ou le commissaire-priseur commis pour l'estimation procède en vertu d'un arrêt ou d'un jugement.

Ainsi encore, lorsque par une des clauses d'un acte de société il est dit qu'en cas de décès de l'un des associés il sera fait une estimation du matériel et des marchandises composant l'établissement du fonds de commerce, par deux experts, l'un choisi par les héritiers du décédé, et l'autre par les associés survivants, et que les parties ne peuvent s'entendre sur le choix, les experts sont nommés d'office par le tribunal ou par le juge, pour être procédé à cette prisée.

Enfin, si lors de la vente d'un immeuble il a été stipulé dans le contrat, ou dans le cahier des charges, que l'acquéreur devra prendre certains meubles d'après l'estimation qui en sera faite, c'est encore le juge qui commet un ou deux experts, lorsque les parties ne sont pas d'accord sur le choix.

TITRE VIII.

MODÈLES DE FORMULES DES ACTES CONCERNANT LES SCELLÉS, LES INVENTAIRES ET LES PRISÉES.

§ 1. — Modèles de formules concernant les scellés.

FORMULE 203. — Modèle d'apposition de scellés d'office.
C. proc., 914 ; Tarif, 1, 3, 16.

Nous... juge de paix du canton de... étant informé que le sieur A... (*prénoms, nom, profession et domicile du défunt*) est décédé le matin, et que son héritier présomptif est le sieur B... demeurant à... son... (*énoncer la parenté*), lequel n'est pas présentement en ce pays (*ou bien : est le sieur B... son... mineur, n'ayant pas de tuteur, ou servant dans les troupes, armée de...*) ; nous, pour la conservation des droits dudit héritier, nous sommes transporté d'office avec notre greffier, à l'effet d'apposer les scellés sur les meubles et effets du défunt, cejourd'hui... l'an... heure de... en sa maison, sise en la commune de... canton de... rue de... n°... tenant à...

Arrivés à la maison sus-désignée (*si l'apposition a lieu avant l'inhumation, on commence par constater la présence du corps*), entrés en (*désigner la pièce, l'étage, sa vue*), nous avons trouvé le corps dudit défunt gisant sur un lit.

Se sont présentés devant nous (*énoncer les personnes trouvées dans la maison, veuve ou autre maître, et les domestiques*), auxquels nous avons fait part du sujet de notre transport, lesquels ont déclaré ne point s'opposer à l'apposition de nos scellés.

Et, de suite, nous avons apposé nos scellés par plusieurs bandes de papier scellées en cire rouge, empreinte de notre sceau, ainsi qu'il suit, savoir :

Dans la chambre à coucher du défunt, sise au premier étage, ayant vue par... croisées sur...

1° Une bande de papier sur l'ouverture de chacun des quatre tiroirs, deux grands et deux petits, d'une commode de noyer... fermant tous les quatre avec la même clef ; et, après avoir fermé lesdits tiroirs, avons remis la clef audit sieur... notre greffier, pour rester en ses mains jusqu'à la levée ;

2° Trois bandes, en haut, bas et milieu, sur les deux battants d'une armoire de... fermant à bascule, haut et bas, au milieu une serrure fermant à tour et demi, avec sa clef, que nous avons remise audit sieur... notre greffier, pour rester en ses mains jusqu'à la levée.

Dans un cabinet attenant à ladite chambre à coucher, ayant vue par deux croisées sur...

3° Trois bandes, placées en haut, bas et milieu, à l'intérieur, sur l'ouverture de chacune des deux croisées ;

4° Trois bandes, en haut, bas et milieu, placées à l'extérieur, sur l'ouverture de la porte du cabinet donnant dans la chambre à coucher, fermée à deux tours et demi avec la clef que nous avons remise audit sieur... notre greffier, pour rester en ses mains jusqu'à la levée.

Dans... 5°... 6°... 7°... (*Suit la description des effets laissés en évidence.*)

L'argent comptant trouvé monte à la somme de... laquelle a été placée... dans... sous nos scellés, à l'exception de celle de... laissée à... pour les dépenses courantes de la maison.

Lesquels lieux et effets sus-désignés sont tous ceux qui nous ont été indiqués pour avoir été occupés par le défunt et pour lui avoir appartenu.

Se sont de nouveau présentés devant nous... (*dénommer la veuve, autres maîtres et les domestiques de la maison*), desquels nous avons séparément reçu de chacun le serment qu'ils n'avaient rien pris ni détourné, qu'ils n'avaient rien vu prendre ni détourner, et qu'ils n'avaient pas connaissance qu'on eût rien pris ni détourné des meubles, effets et papiers dépendant de la succession dudit défunt, et ont signé en cet endroit. (*Signatures.*)

Avons établi pour gardien de nos scellés, et des effets laissés en évidence, la personne de... qui a déclaré s'en charger, pour les représenter à qui il appartiendra, et a signé en cet endroit. (*Signature du gardien.*)

Fait en ladite maison, lesdits jour et an, depuis l'heure de... jusqu'à celle de... (*Signatures du juge de paix et du greffier.*)

FORMULE 204. — Procès-verbal d'apposition de scellés sur réquisition.

L'an 1853... le... heure de... nous... juge de paix du canton de... assisté de... notre greffier, étant requis, nous nous sommes transporté rue... n°... en la maison occupée par le sieur Pierre, marchand ; où étant, est comparue dame Marie Benoît, laquelle nous a dit que ledit sieur Pierre, son mari, vient de décéder, et qu'elle nous requiert, pour la conservation de ses droits, d'apposer le scellé tant sur les effets et papiers qui sont en ladite maison, délaissés par le décès de son mari, que dans tous autres lieux où il pourrait s'en trouver, et a signé.

Sur quoi, nous, juge susdit, avons donné acte à ladite dame veuve Pierre de son réquisitoire ; et étant entré, assisté de notre greffier, dans une chambre au rez-de-chaussée, avons trouvé le corps dudit sieur Pierre gisant sur un lit, et ladite dame veuve Pierre a remis deux clefs qu'elle nous a dit, et que nous avons vérifié être, l'une celle de l'armoire, et l'autre celle de la commode, étant toutes deux en ladite chambre et ci-après désignées ; nous avons apposé notre sceau particulier dont l'empreinte a été déposée au greffe du tribunal de première instance, dans les lieux et sur les objets ci-après indiqués.

Dans la chambre du rez-de-chaussée,

1° Sur les extrémités de deux bandes de papier portant sur l'ouverture de chacune des deux portes d'une armoire en bois de noyer, de la hauteur de trois mètres, largeur d'un mètre et demi ;

2° Sur quatre tiroirs d'une commode en bois d'acajou, couverte en marbre veiné, de la hauteur de... largeur de... (*On décrit ainsi chaque meuble sur lequel est apposé le scellé.*)

Dans le cabinet dudit sieur Pierre, attenant à ladite chambre, etc.'

Ensuite, étant monté dans une chambre au second étage de ladite maison, suivant l'indication à nous faite par ladite veuve Pierre, et nous préparant à apposer le scellé sur une armoire, ladite veuve Pierre nous a déclaré que, pour l'usage de la maison, jusqu'à la levée du scellé et ses suites, elle se chargerait de la quantité de trois douzaines de serviettes de toile blanche, de la grandeur d'un mètre, marquées en bleu des lettres C. et P., initiales des noms du défunt ; plus, etc. (*Décrire tout ce qu'on laisse.*) Lesquels objets ayant été retirés par ladite veuve Pierre, elle s'en est chargée et a promis de représenter le tout quand il appartiendra, et a signé.

Cela fait, nous avons apposé notre sceau sur l'ouverture des portes de ladite armoire, laquelle est en bois de chêne, hauteur de... largeur de...

Après quoi, nous disposant à apposer le scellé sur un bureau qui était dans ladite chambre, ladite dame veuve Pierre nous a requis de faire l'ouverture du tiroir du milieu dudit bureau, et de constater les espèces qui y sont ; l'ouverture ayant été faite, à l'aide de la clef qu'elle nous a remise, il s'est trouvé dans ledit tiroir la somme de 1,859 fr. 75 c.; savoir, 1,255 fr. en pièces de 5 fr., 4 fr. en pièces de 1 fr., 600 fr. en trente pièces d'or de 20 fr. chacune, et 75 c. en petite monnaie ; laquelle somme de 1,859 fr. 75 c. avons laissée à ladite veuve Pierre, sur sa demande, et elle s'en est chargée, tant pour fournir au payement des frais de maladie et d'enterrement, que pour satisfaire à la dépense de la maison ; le tout à titre d'acte conservatoire, de surveillance et d'administration provisoire, et sans que cela puisse lui attribuer d'autre qualité que celle qu'elle jugera à propos de prendre, et a signé. (*Suit l'évidence.*)

Dans ladite chambre, s'est trouvé en évidence un lit composé de, etc. (*L'apposition faite et l'évidence constatée, on clôt comme il suit :*)

Lesquels lieux et effets ci-dessus désignés sont tous ceux à nous indiqués par ladite veuve Pierre, laquelle, après serment par elle fait devant nous qu'elle n'a rien détourné directement ni indirectement, s'est, desdits scellés et effets, volontairement chargée, et a promis de représenter le tout quand et à qui il appartiendra, et a signé avec nous et notre greffier, auquel ont été remises, au fur et à mesure que l'apposition a été faite, toutes les clefs des serrures sur lesquelles le scellé a été apposé, et il s'en est chargé jusqu'à la levée desdits scellés.

Nota. D'après les dispositions de l'article 7 de la loi du 12 décembre 1798 (22 brumaire an VII), le procès-verbal d'apposition de scellé, ainsi que celui de levée, doivent être enregistrés sur minutes.

— S'il n'y a aucun effet mobilier, le juge de paix devra dresser un procès-verbal de carence. C. proc., 924. — Voir formule 216 ci-après, d'un procès-verbal de carence.

FORMULE 205. — **Autre modèle de procès-verbal d'apposition de scellés avec opposition et référé, et présentation d'un paquet trouvé en apposant les scellés, ou d'un testament.**

Le, etc.

Nous... juge de paix du canton de... assisté de M... greffier de notre justice de paix...

En exécution de notre ordonnance du... et obtempérant à la réquisition qu'elle contient, accompagné du sieur B... requérant, nous sommes transporté à la maison qui était habitée par le sieur C... où étant arrivé et monté au premier étage, dans une chambre servant de... nous avons trouvé la dame... veuve dudit sieur C... à laquelle nous avons expliqué... et nous l'avons invitée, en conséquence, à nous indiquer tous les lieux qui composaient l'appartement occupé par elle et son défunt mari.

Ladite veuve C... nous a dit que le sieur B... qui avait requis l'apposition des scellés, n'étant pas le créancier sérieux de son défunt mari, elle entendait s'opposer à ce que nous procédassions à aucune apposition de scellés, et requérant qu'il en fût référé devant qui de droit, et a signé sous toutes réserves. (*Signatures.*)

A quoi le sieur B... a répondu à l'instant qu'il ignorait sous quel prétexte la dame C... prétendait qu'il n'était pas créancier sérieux de son défunt mari, puisqu'il était porteur de...; que cependant il ne s'opposait nullement à ce qu'il en fût référé à M. le président du tribunal civil; mais en même temps qu'il nous requérait d'établir garnison intérieure et extérieure pour empêcher le divertissement des effets de la succession, et a ledit sieur B... signé. (*Signatures.*)

Sur quoi, nous, juge de paix, avons donné acte aux parties de leurs dires et réquisitions ci-dessus; et attendu l'opposition faite par Mme veuve C... disons qu'à l'instant même nous allons nous transporter devant M. le président du tribunal de première instance, à... au Palais de Justice et en son cabinet, pour être par lui statué sur l'obstacle survenu à l'apposition des scellés; et considérant que la maison où nous sommes a plusieurs issues, et qu'il serait facile d'emporter des meubles et effets pendant notre absence, avons établi à chacune des portes d'entrée de ladite maison un gardien, savoir : à la porte sur la rue de... le sieur... demeurant... et à la porte sur le jardin, le sieur... demeurant... lesquels ont tous deux accepté cette garde, et ont signé le présent procès-verbal avec nous, les parties et le greffier. (*Signatures.*)

Et étant arrivés à... devant M. D... président du tribunal de première instance, séant audit lieu, nous lui avons fait notre rapport, et après avoir entendu les parties, il a rendu l'ordonnance suivante... (*Texte de cette ordonnance.*) (*Signatures.*)

Et le...

En conséquence de l'ordonnance qui précède, nous nous sommes transporté au domicile du sieur C... où nous avons relevé de leur garde les gardiens provisoires, après avoir pris d'eux serment qu'ils n'ont vu ni su qu'il ait été, pendant notre absence, détourné aucuns effets; après quoi, ladite veuve C... nous a requis de faire, avant notre apposition des scellés, perquisition du testament qu'elle sait que son mari a fait il y a... ans environ, et a signé.

Et par le sieur B... a été dit qu'il n'empêchait pas cette perquisition, et a signé.

Ce à quoi obtempérant, nous avons fait perquisition dans tous les secrétaires, bureaux et armoires qui nous ont été indiqués par ladite veuve C... comme devant contenir le testament annoncé, et nous avons trouvé dans un meuble placé dans... ayant vue au midi, un paquet carré, cacheté de... et portant pour suscription ces mots : *Ceci est mon testament*, signé C... avec paraphe; l'enveloppe duquel paquet nous avons paraphée avec ledit sieur B... et la dame veuve C... et nous avons indiqué .. prochain... mars mil huit cent... heure de midi, pour nous transporter devant M. le président du tribunal de première instance de... à l'effet de lui présenter le paquet dont il s'agit, pour qu'il en fasse l'ouverture et ordonne le dépôt du testament qui y

28

est renfermé, et nous avons signé en cet endroit avec les parties comparantes. (*Signatures.*)

(*Si au lieu d'un testament ce sont des papiers cachetés sans suscription, on procède de la même manière, en indiquant que le paquet est sans suscription.*)

Et ensuite nous avons commencé ladite apposition des scellés, ainsi qu'il suit :

Dans une salle à manger ayant vue au couchant, nous avons appliqué deux bandes de ruban, l'une portant d'un bout sur... et portant d'autre bout sur...; l'autre bande portant d'un bout sur... et d'autre bout sur... aux extrémités de chacune desquelles bandes nous avons mis nos scellés en cire rouge molle, portant pour empreinte notre cachet de juge de paix.

Les objets existant dans cette chambre, qui n'ont pas été mis sous les scellés, sont : 1°...; 2°... etc. (*Dans chaque chambre l'évidence se fait ainsi au fur et à mesure avant de passer d'une piece dans une autre.*)

Dans le... nous avons trouvé la somme de... en pièces de cinq francs et monnaie de billon; laquelle somme nous avons laissée à ladite dame veuve qui s'en est chargée pour servir à fournir aux dépenses de la maison, et sans que cela puisse lui attribuer d'autre qualité que celle qu'elle jugera à propos de prendre par la suite, et a signé. (*Signatures.*)

Lesquels lieux et effets ci-dessus désignés sont tous ceux à nous indiqués par les comparants, et notamment par la dame veuve C... laquelle, après serment par elle fait devant nous, et par ses domestiques, qu'ils n'ont rien détourné, vu ni su qu'il eût été rien détourné, directement ou indirectement, des meubles et effets, et biens de ladite succession, s'est, desdits scellés et de tout ce que dessus, volontairement chargée, et a promis de représenter le tout quand et à qui il appartiendra.

Ce fait, le sieur B... elisant domicile en la demeure de N... habitant de cette commune, a requis qu'il fût délivré expédition du présent procès-verbal, et il a été remis au greffier dix clefs des serrures sur lesquelles notre scellé a été apposé; il a été vaqué à tout ce que dessus, depuis ce matin neuf heures jusqu'à... heures après midi, et avons signé avec les comparants et le greffier.

A... etc.

Et le... par-devant M. D... président du tribunal de première instance de... en son cabinet à... en présence du sieur B... requérant, et de ladite dame veuve C... nous avons fait notre rapport, et présenté le paquet trouvé lors des opérations d'apposition de scellés; et après avoir entendu lesdits B... et C... M. le président a rendu l'ordonnance suivante... (*Texte de l'ordonnance du président.*)

FORMULE 206. — Découverte d'un testament ouvert.

... Et nous avons trouvé un papier plié, mais non cacheté, commençant par ces mots : *Je soussigné*, et finissant par ceux-ci : *fait à... le... Jean-Jacques Merle.* Ce papier est le testament du défunt, en forme olographe, sur une feuille de papier timbré de 70 centimes, dont trois pages écrites, contenant, la première quinze lignes, la deuxième dix-huit lignes, la troisième douze lignes y compris la signature. Il ne présente ni blancs, ni interlignes, ni ratures, ni surcharges; et nous n'y avons remarqué aucun autre signe particulier. Les parties nous ayant invité à leur en donner connaissance, nous leur en avons fait lecture ; ensuite, et en leur présence, nous l'avons couvert d'une enveloppe, dont nous avons scellé les bouts au moyen d'un cachet en cire rouge et ardente, sur lequel nous avons apposé notre sceau. Nous avons écrit sur l'enveloppe ces mots : *Paraphé par nous, juge de paix, soussigné, cejourd'hui vingt mars mil huit cent cinquante*, et par les parties ici présentes, sachant signer. (*Suivent les signatures.*)

Nous, juge de paix, nous nous sommes emparé dudit testament, et avons déclaré aux parties qu'il sera par nous présenté à M. le président du tribunal civil de l'arrondissement, demain, à dix heures du matin...

FORMULE 207. — Opposition à ce que les scellés soient apposés, référé, continuation ou discontinuation de l'opération.

S'est présenté le sieur A... (*prénoms, nom, profession et domicile du comparant*), lequel nous a dit que par testament olographe, en date du... qu'il nous représente, le défunt l'a constitué légataire universel de tous ses biens meubles et immeubles. Qu'aucun héritier à réserve n'existant, il se trouve saisi de tous les objets de la succession de plein droit et sans être tenu de demander la délivrance ; pour quoi il s'oppose à ce que l'apposition commencée soit par nous continuée, requiert même la levée de ceux déjà apposés, et a signé. (*Signature de l'opposant.*)

Le sieur B... a répliqué qu'en qualité d'oncle paternel du défunt, il était habile à se dire son héritier ; que le testament opposé n'a encore reçu aucune authenticité, puisqu'il n'a pas été présenté à M. le président du tribunal civil ; qu'il est d'ailleurs dans l'intention d'attaquer le testament par le motif que... En conséquence, il nous requiert de continuer l'opération commencée, et a signé. (*Signature du requérant.*)

Sur quoi nous, juge de paix susdit, pour être fait droit sur l'opposition ci-dessus, nous avons ordonné qu'il en serait par nous référé sur-le-champ (*ou* le jour de demain au président du tribunal de première instance, séant... Jusqu'à l'ordonnance à intervenir en référé, nous avons établi, pour la conservation des droits de qui il appartiendra, dans les lieux sus-désignés, les sieurs... gardiens, pour empêcher qu'il ne soit soustrait ou enlevé aucun effet, jusqu'à ce qu'il ait été statué sur l'apposition ci-dessus. (*Signature du juge de paix et du greffier.*)

(*L'ordonnance rendue en référé est consignée sur le procès-verbal du juge de paix ; il s'y conforme de suite, le jour même, ou le lendemain.*)

(*S'il est ordonné que l'apposition aura lieu.*)

Et de suite, nous, juge de paix susdit, obtempérant à ladite ordonnance, et à la réquisition ci-dessus, nous nous sommes transporté de nouveau, accompagné de notre greffier, avec ledit sieur B... en la maison du défunt susdésignée, où étant arrivé, nous y avons trouvé le sieur A... auquel nous avons donné connaissance de l'ordonnance de M. le président, qui ordonne de passer outre ; ce que voyant, le sieur A... a déclaré réserver tous ses droits pour les faire valoir en temps et lieux, et n'assister à nos opérations que sous toutes réserves. Nous avons ensuite commencé l'opération ainsi qu'il suit :

(*S'il est ordonné que l'apposition n'aura pas lieu.*)

Et de suite, nous, juge de paix susdit, obtempérant audit jugement, et à la réquisition ci-dessus, nous sommes transporté de nouveau, accompagné de notre greffier, avec ledit sieur B... en la maison du défunt susdésignée, où étant arrivé (*s'il y a déjà des scellés apposés*), nous avons levé les scellés par nous apposés sur les portes, fenêtres et meubles désignés en notre procès-verbal ci-dessus : nous avons ordonné aux sieurs... et... établis gardiens, de se retirer ; et (*s'il y a lieu*), après avoir fait remettre audit sieur A... les clefs de... dont nous avions chargé notre greffier, nous nous sommes retiré : et, a ledit sieur A... signé le présent avec nous et notre greffier. (*Signatures.*)

FORMULE 208. — Réquisitoire sur le procès-verbal de scellés, tendant à être autorisé à la gestion d'une succession, en conservant droit de renonciation.

Après l'apposition de nos scellés, le sieur... présomptif héritier, a dit, qu'attendu qu'il ne veut nullement s'immiscer dans les affaires de la succession, qu'il est cependant urgent de pourvoir à son administration, il requiert d'être autorisé à recevoir ce qui est dû, payer telles sommes, débiter en détail les marchandises du fonds de commerce, donner congés, en recevoir, fournir aux dépenses journalières, etc. (*On énonce ainsi tous les objets sur lesquels doit porter l'autorisation*). Et a signé.

Duquel réquisitoire nous avons audit... donné acte, et avons ordonné qu'il en sera par nous référé, le... heure de... à M. le président du tribunal de première instance, en son hôtel, auxquels lieu, jour et heure les parties sont averties de se trouver sans sommation. Et ont les parties signé avec nous et notre greffier.

Nota. Sur le réquisitoire, soit qu'il s'agisse de succession, soit qu'il s'agisse de communauté, on va en référé. L'ordonnance du président est rendue sur le procès-verbal des scellés. Cependant, s'il y avait péril dans le retard, le juge de paix peut statuer, sauf à en référer ensuite au président. — Si le réquisitoire est accueilli, le juge accorde l'administration à celui qui la requiert ; et s'il y en a plusieurs, à celui qu'il est plus convenable de nommer.

FORMULE 209. — Ordonnance de référé portant autorisation.

Et ledit jour... heure de... nous, juge susdit, nous sommes transporté devant M. le président du tribunal de... en son hôtel, rue... où étant, M. le président, après avoir entendu notre rapport et les parties contradictoirement, attendu que... a ordonné que, sans attribuer au sieur... *(le présomptif héritier) ou* à la dame veuve.. *(si c'est la veuve)*, d'autre qualité que celle qu'il *ou* qu'elle jugera à propos de prendre dans ladite succession ou communauté, ledit... *ou* ladite est autorisé à... *(on énonce tous les objets de l'autorisation)*. Et M. le président a ordonné que sa présente ordonnance sera exécutée nonobstant opposition ou appel, et sans y préjudicier, avec ou sans caution, et a signé avec nous et notre greffier.

FORMULE 210.—Procès-verbal constatant que les portes sont fermées: référé, ouverture et apposition.

L'an... etc., par-devant nous... juge de paix du canton de... est comparu en notre demeure, sise... le sieur Paul, etc., lequel nous a dit qu'étant créancier du sieur Pierre de la somme de... suivant obligation exécutoire du... passée devant... la grosse de laquelle il nous a représentée, il nous requiert de nous transporter en la maison qu'occupait le sieur Pierre, sise... et d'apposer nos scellés sur les effets et papiers dudit sieur Pierre, qui vient de décéder, et a signé.

Duquel réquisitoire nous avons donné acte audit sieur Paul. En conséquence, assisté de notre greffier, nous nous sommes transporté en ladite maison, où étant arrivé à l'heure de... et ayant trouvé la porte fermée, et notre greffier ayant frappé à différentes reprises sans que personne ait répondu, avons établi pour garnison à ladite porte le sieur... lequel, présent en personne, nous avons chargé de veiller à ce qu'il ne sorte personne ni aucuns effets et papiers de ladite maison, jusqu'à ce qu'il ait été relevé de ladite commission qu'il a promis de bien et fidèlement remplir, et a signé.

Cela fait, nous avons ordonné qu'il serait sursis à l'apposition requise par ledit sieur Paul, jusqu'à ce qu'il ait été statué par M. le président du tribunal de... en son hôtel, sis... le... heure... auxquels jour et heure ledit sieur Paul a promis de se trouver, et a signé.

Et ledit jour... heure... nous, juge susdit, assisté de notre greffier, nous étant présenté devant M. le président de... en son hôtel, sis... où s'est trouvé ledit sieur Paul, M. le président, après avoir entendu notre rapport et ledit sieur Paul, a ordonné qu'attendu que le sieur Paul est créancier en vertu du titre exécutoire sus-énoncé, qu'en cette qualité la loi l'autorise à faire apposer le scellé, et que le refus d'ouverture des portes n'est nullement justifié, il sera par nous procédé et passé outre à l'apposition du scellé requis ; à l'effet de quoi, après que la garnison par nous établie aura été relevée, si le cas y échet, les portes de ladite maison seront ouvertes en notre présence par telles personnes qu'il nous plaira indiquer, et que nous nous ferons assister, si besoin est, de la force armée, et a ordonné au surplus que sa présente ordonnance sera exécutée par provision, sans caution, ou avec caution, nonobstant opposition ou appel, et sans y préjudicier, et a signé.

En conséquence, nous, juge susdit, assisté de notre greffier, nous sommes transporté au devant de ladite maison, où étant arrivé ledit jour, heure-de... avons trouvé le sieur Paul, lequel nous a requis de procéder à l'exécution de ladite ordonnance, et a signé.

A l'instant s'est présenté le sieur... gardien précédemment établi par nous, lequel nous a dit qu'en notre absence personne n'a paru ni n'est sorti, qu'il n'a rien vu sortir de ladite maison, et a demandé d'être déchargé de ladite garde, ce que nous avons accordé. Et il a signé avec nous et notre greffier.

Cela fait, ledit sieur... ayant frappé par nos ordres à la porte de ladite maison, et personne n'ayant répondu, nous avons fait venir le sieur... serrurier, et ladite porte ayant été ouverte par lui en notre présence, nous sommes entré et avons apposé notre sceau particulier, etc. (*Le reste comme dans le procès-verbal d'apposition du scellé.*)

FORMULE 211. — Procès-verbal constatant que les portes sont fermées ; l'ouverture ordonnée par le juge, l'apposition des scellés et référé.

L'an, etc. (*comme dans le procès-verbal ci-dessus, jusqu'à ces mots inclusivement :* « ayant frappé à différentes reprises sans que personne ait répondu. ») Attendu qu'il est trop tard pour aller en référé chez M. le président du tribunal ; que ledit référé ne peut avoir lieu que demain, heure de... que d'après les localités, la garnison qui serait établie à l'extérieur ne serait pas une garantie suffisante des divertissements qu'on pourrait faire, et qu'il est par conséquent urgent d'apposer le scellé, avons ordonné qu'il serait à l'instant procédé à l'ouverture de ladite porte, et par provision à l'apposition du scellé, et que notre ordonnance serait exécutée par provision, avec ou sans caution, nonobstant opposition ou appel, et sans y préjudicier. A l'effet de quoi nous avons fait venir le sieur... serrurier, etc. (*Le reste comme à la fin du procès-verbal ci-dessus ; et l'on termine comme au procès-verbal du scellé, en ajoutant qu'il en sera référé au président, tels jour et heure.*)

FORMULE 212. — Obstacle à la mise des scellés resultant d'une saisie exécutoire.

L'an...

Arrivé en la maison ci-dessus désignée, a comparu le sieur M... E... huissier, assisté de ses deux témoins, lequel nous a dit qu'il procède en ce moment même à la saisie des meubles et effets mobiliers garnissant la maison du défunt, à la requète du sieur Henri Prèle, son créancier, en vertu d'un jugement rendu par le tribunal civil de... en date du... que cette saisie a été commencée hier, alors que le débiteur vivait encore ; que, nonobstant son décès survenu pendant l'exécution, il a cru devoir la continuer, et que nous arrivons au moment même où il allait clore son procès-verbal.

Ladite dame Benoît a prétendu que la saisie à laquelle on avait procédé était nulle ; que le titre, exécutoire contre le débiteur *vivant*, ne l'était plus contre le débiteur *décédé* ; en conséquence, qu'il y avait lieu de passer outre, sans nous arrêter à la prétendue saisie ; et elle nous a requis de nouveau de placer nos scellés, sous toutes protestations de droit.

Nous, juge de paix, avons donné acte aux comparants de leurs dires, réquisitions, oppositions et protestations ; et attendu qu'il ne nous appartient pas de statuer sur la validité ou la non-validité de la saisie, nous ordonnons qu'il sera sursis à l'apposition des scellés, pour en être référé devant M. le président du tribunal civil de l'arrondissement, et qu'en attendant la décision de ce magistrat, les meubles et effets saisis ne seront pas déplacés ; et nous avons invité la partie requérante et le sieur M... E... huissier, représentant le saisissant, à comparaître devant M. le président du tribunal civil le... à... heures du matin, pour voir statuer sur ledit référé, étant déclaré qu'il sera statué tant en absence que présence. Et à la conservation des meubles et effets de la succession, nous avons établi gardien autour de la maison, le sieur... avec ordre de veiller à ce qu'aucun effet ou papier n'en sorte.

Et de ce que dessus... (*Après l'ordonnance de référé, on continue ainsi :*)

Étant entré dans la susdite maison, nous y avons trouvé le sieur M... E... huissier, et le sieur Henri Prèle, auxquels nous avons représenté l'ordonnance de M. le président, qui ordonne de passer outre ; ce que voyant, lesdits sieurs E... et Prèle ont dit ne plus s'opposer à la mesure requise, mais qu'ils se réservaient tous leurs droits pour les faire valoir en temps et lieu, et qu'ils n'assisteraient à nos opérations que sous cette réserve, et ils ont signé. (*Signatures.*)

Nous, juge de paix, avons donné acte aux parties comparantes de leurs dires et consentements, et avons, en leur présence, procédé comme suit...

FORMULE 213. — Ordonnance du président du tribunal civil, qui vide un référé.

Nous... président du tribunal civil de l'arrondissement de...
Vu le procès-verbal ci-dessus ;
Ouï le rapport de M... juge de paix ;
Ouï les parties intéressées dans leurs dires et observations respectives ;
Considérant que le scellé est une mesure conservatoire ; que le sieur...
Ordonnons qu'il sera procédé et passé outre ;
Auquel effet, ordonnons que les portes de ladite maison seront ouvertes par telles personnes qu'il plaira à M. le juge de paix requérir, et l'autorisons à se faire assister, si besoin est, de la force armée ; disons que la présente ordonnance sera exécutoire par provision, nonobstant toutes oppositions quelconques.

Variante. En cas de refus du président d'ordonner l'apposition des scellés, son ordonnance porterait :

Considérant que la partie requérante est sans droit, sans intérêt et sans qualité pour requérir la mesure du scellé ; que, dans l'espèce, M. le juge de paix n'est pas tenu de procéder d'office ;
Ordonnons qu'il n'y a pas lieu de passer outre, et que M. le juge de paix retirera le gardien par lui établi.

Donné à... le... (*Signatures du président et du greffier.*)

FORMULE 214. — Revendication pendant l'apposition des scellés.

S'est présenté le sieur Charles Hardy, marchand brocanteur, demeurant à... lequel a dit que, dans le nombre des effets du défunt doivent se trouver six couverts d'argent, marqués des lettres C. H., qu'il avait prêtés au défunt six jours avant sa mort, et qui ne lui ont pas été rendus.

Nous ont été représentées à l'instant par M... domestique du défunt, six cuillers et six fourchettes d'argent, marquées desdites lettres **C. H.**, comme étant celles réclamées par le comparant, et que ledit comparant a reconnues être les siennes, et ont, lesdits Hardy et M... signé en cet endroit. (*Signatures.*)

Nous, juge de paix susdit, avons donné au sieur Hardy acte de sa déclaration, pour lui valoir d'opposition à la levée des scellés, lors de laquelle il fera valoir sa réclamation.

FORMULE 215. — **Procès-verbal contenant description sommaire en cas de succession composée d'objets de peu de valeur.**

L'an... le...

Nous, juge de paix du canton de... étant informé que le sieur A... est décédé ce matin, et que le sieur B... son héritier présomptif, demeurant à... n'est pas présentement dans ce pays, nous sommes transporté d'office, avec notre greffier, etc. (*comme ci-dessus, formule 203*).

Arrivé en la maison sus-désignée, s'est présenté devant nous le sieur Joseph Nique, voisin et ami du défunt, lequel nous a dit que le défunt habitait un appartement composé de deux pièces seulement ; qu'il vivait très-modestement, sans domestique ; que les meubles et effets mobiliers laissés par lui sont de peu de valeur.

Nous, juge de paix, étant entré dans ledit appartement, composé de deux chambres, au deuxième étage, prenant jour sur... avons en effet reconnu que le mobilier qui garnit lesdites chambres est de peu de valeur, et qu'il n'y a pas lieu d'y apposer les scellés.

Nous nous sommes, en conséquence, borné à en faire la description sommaire comme suit...

FORMULE 216. — **Procès-verbal de carence.** C. proc., 924 ; Tarif, 1, 3, 16.

L'an 1854... etc. (*comme le procès-verbal de scellé, jusqu'à ces mots inclusivement :* « vient de décéder »),

Et qu'elle nous requiert de constater que ledit sieur Pierre ne laisse aucuns effets, papiers ni argent, ou que les effets et papiers qu'il laisse sont de trop peu de valeur pour nécessiter l'apposition des scellés. Et a signé.

Sur quoi nous, juge susdit, avons donné acte à ladite dame veuve Pierre de son réquisitoire, et étant entré, assisté de notre greffier, dans une chambre au premier étage, avons trouvé le corps dudit sieur Pierre gisant sur un lit, et, perquisition faite, n'avons rien trouvé, *ou* n'avons trouvé que tels effets, de trop peu de valeur pour mériter l'apposition d'un scellé. Ce fait, ladite dame veuve Pierre a affirmé devant nous qu'elle n'a rien détourné, vu ni su qu'il ait été rien détourné directement ni indirectement, et avons laissé lesdits effets en la garde de ladite dame Pierre, qui a promis de les représenter quand et à qui il appartiendra, et a signé avec nous et notre greffier.

Nota. La loi n'exige pas de serment pour le procès-verbal de carence ; cependant, comme cet acte tient tout à la fois lieu de procès-verbal de scellé et d'inventaire, pour lesquels le serment est une formalité essentielle, nous pensons qu'il doit aussi être affirmé ; nous conseillons même de ne pas omettre cette précaution ; c'est le moyen de prévenir d'inutiles difficultés.

FORMULE 217. — Apposition des scellés chez un dépositaire public, tel que notaire, receveur des droits d'enregistrement, percepteur, etc. C. proc., 911.

L'an... nous... assisté...

Informé que le sieur... (*mettre ici la qualité du défunt*) est décédé cejourd'hui, nous nous sommes transporté, avant l'inhumation, à son domicile, à l'effet d'apposer les scellés sur les minutes, registres, répertoires et autres objets dépendant du dépôt public dont le défunt était chargé. (*S'il s'agit d'un percepteur ou receveur de deniers publics, on mentionnera la caisse.*)

Etant entré chez le défunt, après avoir conféré de l'objet de notre transport avec M. A... son plus proche parent (*ou son premier commis, ou son serviteur et domestique*), nous avons, en sa présence, procédé comme suit.

Nous avons d'abord visité toutes les pièces de la maison occupée par le défunt, et nous nous sommes assuré que tous les objets, titres ou papiers dépendant du dépôt public dont il était chargé, se trouvaient dans une pièce qui lui servait de cabinet, située au premier étage... ce qui nous a été affirmé par serment par ledit sieur A... (*Procéder ensuite comme dans les cas ordinaires.*)

FORMULE 218. — Apposition des scellés après le décès d'un militaire.
Arrêté du 13 nivôse an X, art. 7.

L'an...

Informé que M... intendant militaire de la 8e division, est décédé ce matin en son hôtel, rue... nous nous sommes transporté d'office en sa demeure, conformément à l'arrêté du 13 nivôse an X, à l'effet d'apposer les scellés sur les papiers, cartes, plans et mémoires militaires et autres objets qui se trouvent en la possession du défunt, et qui pourraient appartenir à l'Etat.

Nous avons préalablement invité M. le maire de la commune de... d'assister à notre opération ; et en sa présence et celle du sieur A... frère du défunt, auquel nous avons fait part de l'objet de notre transport, nous avons procédé comme suit :

Nous avons d'abord visité toutes les pièces de l'hôtel, et avant d'arriver au cabinet du défunt, nous n'avons trouvé aucuns papiers, cartes, plans ou mémoires militaires.

Arrivé dans le cabinet occupé par le défunt, nous avons fait l'inspection, et nous nous sommes assuré que tous ses papiers militaires, cartes, plans ou autres, se trouvent dans une grande armoire dudit cabinet. Nous avons, en conséquence, apposé le scellé sur cette armoire, dont la clef a été remise au greffier. Ledit sieur A... nous ayant assuré, avec serment, qu'il n'existe pas d'autres papiers appartenant à l'Etat, nous lui avons donné acte de son serment et l'avons établi gardien de notre scellé, laquelle fonction il a déclaré accepter ; et avons dressé ce procès-verbal, qui a été signé par ledit sieur A... par M. le maire, par nous et notre greffier, après lecture.

FORMULE 219. — Apposition des scellés après le décès d'un curé ou desservant. Décret du 6 novembre 1813, art. 37, 38.

L'an... nous... assisté de... notre greffier.

Informé que M... curé (ou desservant) de la paroisse de... dépendant de notre canton, est décédé ce matin, nous nous sommes transporté d'office, avant l'inhumation, en sa demeure, à l'effet d'apposer les scellés sur le mobilier dépendant de ladite cure et de la fabrique, conformément au décret du 6 novembre 1813.

Etant sur le lieu, a comparu M... trésorier de la fabrique, qui nous a désigné les objets dépendant du dépôt public, et nous avons procédé en sa présence de la manière suivante. (*On procède comme dans les cas ordinaires, si ce n'est qu'on sépare les objets dépendant de la cure et de la fabrique et qu'on appose les scellés sur ces seuls objets.*)

FORMULE 220.— Opposition à la levée des scellés, faite sur le procès-verbal d'apposition des scellés. C. proc., 926; Tarif, 18.

Et le... en notre demeure et par-devant nous... juge de paix du canton de... assisté de notre greffier, est comparu le sieur Louis Antoine, propriétaire, demeurant à Paris, rue de... lequel nous a déclaré qu'il est opposant à la reconnaissance et levée de nos scellés, apposés par nous après le décès du sieur Pierre, suivant procès-verbal ci-dessus et des autres parts; attendu qu'il est créancier de la succession dudit sieur Pierre, suivant son obligation passée devant... notaire à... le... enregistrée le... par... qui a reçu... Et a signé.

Nota. Aux termes de l'article 927 du Code de procédure, l'on doit énoncer la cause de l'opposition, à peine de nullité.

FORMULE 221. — Opposition par exploit à la reconnaissance et à la levée des scelles. C. proc., 1039, 928; C. civ., 921; Tarif, 19, 21.

L'an, etc, à la requête du sieur Louis Robert, propriétaire, demeurant à Paris, etc.; je, etc., soussigné, ai signifié et déclaré à Me, greffier de la justice de paix du canton de... demeurant à... parlant à... que ledit sieur Robert est opposant à la reconnaissance et levée des scellés apposés par M. le juge de paix du canton de... après le décès du sieur Pierre, suivant son procès-verbal du... attendu qu'il est créancier de la succession dudit sieur Pierre, suivant son billet du... échu le... enregistré par... qui a reçu... Et ai audit Me... laissé copie.

Nota. Le greffier doit viser cette opposition (C. proc., 1039); mais il ne lui est rien alloué pour ce visa. Tarif, art. 19.

FORMULE 222. — Opposition en sous-ordre à la reconnaissance et à la levée des scellés.

L'an, etc., à la requête du sieur Louis, etc., je, etc., ai signifié et déclaré à Me... greffier de la justice de paix de... etc., 1° que ledit sieur Louis étant créancier du sieur Paul de la somme de... suivant son obligation du... etc., lequel sieur Paul est lui-même créancier du sieur Pierre, suivant son obligation du... ledit sieur Louis, au nom et comme exerçant les droits de son débiteur, est opposant à la reconnaissance et levée des scellés apposés par M. le juge de paix après le décès dudit sieur Pierre, suivant le procès-verbal du... 2° que ledit sieur Louis, en sa qualité de créancier dudit sieur Paul, est opposant en sous-ordre sur lui à ladite reconnaissance. Et ai audit Me... laissé copie du présent.

FORMULE 223. — Requête à fin de levée des scellés sans description, avant les trois jours.

A M. le président du tribunal de... supplie humblement Jean Paul, majeur, seul fils et héritier de feu Louis Paul :

Qu'il vous plaise, attendu, d'une part, que le bail des lieux occupés par le feu sieur Louis Paul, rue... n°... expire le... suivant qu'il résulte de l'expédition ci-jointe dudit bail passé devant... notaires à... le... qu'il est urgent de lever le scellé apposé dans lesdits lieux après le décès dudit sieur Paul, le jour d'hier, par le juge de paix de... suivant son procès-verbal dudit jour, afin de vider et rendre promptement lesdits lieux ; attendu, d'une autre part, que le suppliant est seul héritier du défunt, suivant l'acte de notoriété ci-joint, à lui délivré le... devant... et qu'il accepte la succession purement et simplement ;

Permettre au suppliant de faire lever ledit scellé dès à présent et sans attendre le délai de trois jours après l'inhumation, et ce, sans description, les parties intéressées appelées ; et vous ferez justice.

Nota. Dans le cas où le juge permet la levée des scellés avant le délai, son ordonnance doit faire mention des causes urgentes. Code proc., 928.

FORMULE 224. — Ordonnance.

Vu la requête ci-dessus, les bail et acte de notoriété y annexés ; attendu 1° qu'il est urgent de rendre les lieux dont il s'agit le... et à cet effet de lever ledit scellé ; 2° que le suppliant, majeur, est seul héritier et accepte la succession purement et simplement ; permis de faire lever ledit scellé sur-le-champ par le juge de paix qui l'a apposé, et ce, sans description, en sa présence et du consentement des parties intéressées, appelées à cet effet. Fait à...

FORMULE 225. — Réquisition de levée des scellés.

L'an, etc., le... par-devant nous, juge susdit, assisté de notre greffier, est comparu le sieur... lequel nous a requis de lever le scellé par nous apposé après le décès de... suivant notre procès-verbal ci-dessus ; et, à cet effet : 1° de lui délivrer notre ordonnance indicative des jour et heure où la levée sera faite ; qu'il lui soit délivré, par notre greffier, extrait des opposants audit scellé ; à quoi obtempérant, nous lui avons délivré notre ordonnance portant indication à tel jour, telle heure, et mandement d'y appeler les parties intéressées et les opposants, dont l'extrait lui a été délivré par notre greffier. Et a ledit... signé avec nous et notre greffier.

FORMULE 226. — Ordonnance indicative des jour et heure.

Nous, juge de paix du canton de... conformément à notre ordonnance, mandons au sieur... huissier, sur ce requis à la requête de... demeurant... de sommer et donner assignation à tous ceux qui lui seront indiqués, et aux opposants à la levée et reconnaissance des scellés par nous apposés sur les effets délaissés après le décès de... à comparaître le... heure de... en la maison où est décédé ledit... sise... pour, en exécution de notre présente ordonnance, être présents, si bon leur semble, auxdites reconnaissance et levée de scellés, et à l'inventaire, prisée et description de ce qui se trouvera ; leur déclarant que, faute d'y comparaître, il y sera procédé tant en absence qu'en présence ; et, qu'en cas d'absence des intéressés demeurant hors de la distance de cinq myriamètres, on appellera pour eux, à la levée et à l'inventaire, un notaire nommé par M. le président du tribunal de première instance. De ce faire, nous donnons pouvoir. Fait et délivré le...

FORMULE 227. — Sommation aux intéressés d'assister à la levée du scellé et à l'inventaire.

L'an, etc., en vertu de l'ordonnance de M. le président du tribunal civil de... du... enregistrée (*s'il y a notaire commis*) et de celle de M. le juge de paix de... du... enregistrée, etc., et à la requête du sieur Louis Paul, présomptif héritier de Jean Paul, son père, etc., demeurant... je, etc., ai sommé : 1º le sieur Denis Paul, aussi présomptif héritier dudit Jean Paul, demeurant, etc.; 2º Me... notaire, commis par ladite ordonnance de M. le président du tribunal de... à l'effet de représenter les intéressés à la succession dudit feu Paul, demeurant hors la distance de cinq myriamètres ; demeurant ledit Me... en son domicile, parlant à... etc.; 3º le sieur Remy, au domicile par lui élu en la maison de, etc.; 4º le sieur André, au domicile par lui élu, etc.; lesdits Remy et André, tous opposants à la levée du scellé apposé après le décès dudit feu Jean Paul, suivant l'extrait des opposants délivré par le greffier de M. le juge de paix de... de se trouver le... heure de... en la maison où ledit scellé a été apposé, sise... pour, conformément à l'ordonnance sus-énoncée de mondit sieur juge de paix, assister à la reconnaissance et levée dudit scellé, et à l'inventaire, prisée et description de ce qui se trouvera sous icelui ; leur déclarant que, faute d'y comparaître, il y sera procédé tant en absence qu'en présence. Et leur ai à chacun laissé copie, tant de ladite ordonnance de M. le juge de paix que du présent ; et de plus, ai laissé audit Me... notaire, copie de la requête présentée à M. le président du tribunal de... et de l'ordonnance sus-énoncée qui commet ledit Me... lequel a visé le présent.

FORMULE 228. — Cédule à notifier aux opposants pour assister à la levée des scellés.

Nous... juge de paix du canton de...

Sur ce qui nous a été représenté par le sieur A...(*prénoms, nom, profession et domicile du comparant*), habile à se dire héritier pour moitié du sieur B... (*prénoms, nom et profession du défunt*), décédé en sa maison, commune de... le... dernier, présentement en ce pays, logé en la maison du défunt, comme étant son seul cousin germain paternel ; que le... il a été par nous procédé, à sa requête, à l'apposition des scellés sur les meubles, effets et papiers dudit défunt B... trouvés en sa maison ; que, pour procéder à la reconnaissance et levée de nos scellés, il désire faire citer à comparaître devant nous, en ladite maison, à tels jour et heure qu'il nous plaira indiquer, pour assister, si bon leur semble, à ladite reconnaissance et levée, les parties intéressées, savoir : 1º la dame... veuve du défunt, demeurant en ladite maison ; 2º le sieur D... demeurant à... département de... habile à se dire héritier pour un quart dudit défunt, comme étant son cousin germain maternel, étant présentement sur les lieux, logé en la maison du défunt ; 3º le sieur P... notaire à... nommé d'office par l'ordonnance du président du tribunal de première instance de... pour défendre les droits du sieur E... demeurant à,.. habile à se dire héritier, pour le dernier quart, dudit défunt, comme son cousin germain maternel, attendu son défaut de présence sur les lieux et son domicile au delà de cinq myriamètres ; et, en outre, les opposants qui sont, 4º... 5º... etc. Citons à comparaître devant nous, en la maison du défunt, sise en la commune de... de notre arrondissement, rue... nº... tenant... le... heure de... tous les susnommés, à l'effet d'assister, si bon leur semble, à la reconnaissance et levée de nos scellés.

Donné à... le... l'an... (*Signature du juge de paix.*)

FORMULE 229. — Requête pour faire nommer un notaire pour représenter des absents. C. proc., 931, 942; Tarif, 77.

A M. le président du tribunal de...

Louis Paul a l'honneur de vous exposer qu'après le décès de feu Jean Paul, son père, dont il est présomptif héritier, le scellé a été apposé, et que

ceux qui ont droit d'assister à la levée dudit scellé et à l'inventaire demeurent hors de la distance de cinq myriamètres ;

Cela considéré, monsieur le président, il vous plaise nommer un notaire
pour représenter lesdits intéressés lors desdits levée et inventaire ; et vous
ferez justice.

FORMULE 230. — Ordonnance.

Vu la requête ci-dessus, nous nommons Me... notaire à... à l'effet de représenter, aux levée de scellé et inventaire, les intéressés non présents, et
demeurant hors de la distance de cinq myriamètres. Fait ce...

**FORMULE 231. — Demande en distraction de certains effets placés
sous les scellés. C. proc., 915.**

L'an... le... devant nous, juge de paix du canton de... assisté de notre
greffier, est comparu le sieur... fils du sieur... dénommé, qualifié et domicilié au procès-verbal d'apposition des scellés des autres parts, lequel nous a
dit qu'il est à sa connaissance que son père était porteur d'un billet de la
somme de... environ, souscrit par le sieur... demeurant à... qu'il croit que
ledit billet est payable demain ; qu'il doit se trouver dans le secrétaire placé
à... sur lequel nous avons apposé nos scellés ; que pour en obtenir le payement, ou le faire protester s'il y a lieu, il requiert notre transport dans les
lieux où nous avons apposé nos scellés, pour que nous puissions lever celui
mis sur le secrétaire en question et y faire perquisition du billet, afin de le
lui remettre pour en toucher le montant ou le faire protester faute de payement ; et a signé. (*Signature du requérant.*)

Sur quoi nous, juge de paix susdit et soussigné, attendu qu'il importe de
pouvoir présenter au payement le billet dont il s'agit, attendu qu'il y aurait
péril dans le retard, et vu l'article 915 C. proc., disons que nous allons nous
transporter à l'instant avec notre greffier dans la maison... où est décédé ledit sieur... et où nous avons apposé nos scellés, pour faire perquisition du
billet dont il s'agit dans le secrétaire placé dans... et sur lequel nous avons
apposé nos scellés ; et avons signé avec le greffier. (*Signatures.*)

Et étant arrivé avec notre greffier en la susdite maison... et introduit dans
la chambre à coucher dudit defunt... nous avons reconnu sains et entiers
les scellés que nous avions apposés sur le secrétaire étant dans ladite chambre, et comme tels levés et ôtes, et ensuite à l'aide de la clef du secrétaire
restée entre les mains de notre greffier, nous avons ouvert ledit secrétaire,
fait perquisition du billet annoncé y être enfermé, et nous avons trouvé en
effet un billet en date du... de la somme de... souscrit par le sieur... demeurant à... à l'ordre du sieur... le billet causé... et stipulé payable au...
présent mois, et nous avons remis présentement ce billet au sieur... qui le
reconnaît et s'en charge pour en toucher le montant ou le faire protester s'il
y a lieu, et nous avons aussitôt réapposé nos scellés sur le secrétaire, et nous
nous sommes retire après avoir signé avec ledit sieur... et notre greffier.

**FORMULE 232. — Sommation à un tiers d'être présent à l'ouverture
d'un paquet qui, par sa suscription, paraît lui appartenir. C. proc.,
919; Tarif, 29, par analogie.**

L'an... le... à la requête du sieur... demeurant à... créancier sérieux et
légitime du sieur... décédé à... et ayant fait apposer les scellés sur les meubles et effets, titres et papiers dépendant de sa succession, pour lequel sieur...
domicile est élu chez Me... avoué, etc., j'ai (*immatricule*), soussigné, signifié, et avec celle des présentes donné copie au sieur... demeurant à... en
son domicile et parlant à...

D'une ordonnance de M. le président du tribunal de première instance de... en date du... enregistrée, tant ensuite du procès-verbal de l'apposition des scellés faite après le décès dudit sieur... et en date au commencement du... aussi enregistré; à ce que du contenu en ladite ordonnance le susnommé n'ignore; et à pareilles requête, demeure et élection de domicile que dessus, de comparaître (*jour, date*), heure du matin, par-devant M. le président du tribunal de... en son cabinet à... au Palais de Justice.

Pour, si bon lui semble, assister à l'ouverture qui sera faite, par M. le président, d'un paquet, etc.; ledit paquet trouvé lors de l'apposition des scellés faite après le décès dudit sieur, pour, après lecture prise par M. le président du contenu, ce paquet être remis au sieur... (*si les papiers qui y sont renfermés sont étrangers à la succession dudit sieur ..*) a ce que pareillement le sus-nommé n'en ignore, lui déclarant que, faute par lui de comparaître, il sera procédé à l'ouverture dudit paquet tant en absence que présence, et statué ce qu'il appartiendra ; et j'ai au sus-nommé, en son domicile et parlant comme dessus, laissé copie certifiée de l'ordonnance susénoncée du présent exploit, dont le coût est de... (*Signature de l'huissier.*)

FORMULE 233. — Procès-verbal de reconnaissance et levée des scellés avec inventaire. C. proc., 936; Tarif, 1, 2, 3, 16.

Ledit jour... heure de... nous... juge de paix du canton de... assisté du sieur... notre greffier, en conséquence de l'ordonnance délivrée par nous le... et du réquisitoire du sieur Louis Paul, ci-après nommé, nous nous sommes transporté en la demeure où est décédé ledit sieur Jean Paul, sise à... où étant arrivé, sont comparus :

Le sieur Louis Paul, etc., présomptif héritier dudit sieur Jean Paul, en cette qualité ayant fait apposer les scellés après décès. et requérant actuellement leur levée ;

Lequel, assisté dudit Me A... nous a remis l'original de l'exploit de... huissier, du... enregistré le... contenant sommation à sa requête... à (*désigner les noms des personnes sommées*) de comparaître aux jour, lieu et heure susdits, pour être présents aux reconnaissance et levée de nos scellés, et à l'inventaire des effets, titres et papiers dépendant de la succession dudit sieur Jean Paul, ensemble à l'estimation des objets qui y sont sujets, par les officiers choisis par les parties ou nommés d'office ; laquelle sommation est demeurée ci-annexée, nous requérant en conséquence de procéder aux reconnaissance et levée de nos scellés, pour qu'il soit de suite, et au fur et à mesure, procédé à l'inventaire de tout ce qui se trouvera sous lesdits scellés et en évidence. Et a signé avec ledit Me A... son avoué.

Est ensuite comparue, assistée de Me B... son avoué, dame Marie Benoît, veuve dudit sieur Jean Paul, demeurant à... stipulant à cause de la communauté qui a existé entre elle et son défunt mari, suivant leur contrat de mariage, et qu'elle se réserve d'accepter ou de répudier.

Laquelle nous a dit qu'elle ne s'oppose pas, et requiert qu'il soit par nous procédé aux reconnaissance, levée de scellés et inventaire, et qu'elle nomme pour notaire la personne de Me A... et pour commissaire-priseur Me O... offrant de représenter les scellés sains et entiers, ainsi que les meubles et effets en évidence confiés à sa garde. Et a signé.

Est aussi comparu Me C... notaire à... y demeurant, rue... nommé par ordonnance de M. le président du tribunal de première instance de... en date du... enregistrée le... à l'effet de représenter aux reconnaissances, levée des scellés, inventaire et vente du mobilier, les sieurs Denis et Réné Paul, habiles à se dire et porter héritiers, chacun pour un quart, dudit défunt sieur Jean Paul, lequel M. G... audit nom, nous dit qu'il ne s'oppose pas. et requiert même qu'il soit procédé aux reconnaissance, levée des scellés et inventaire; mais il déclare choisir pour notaire Me... et pour commissaire-priseur

Me... requérant, dans le cas où ladite dame veuve Paul persévérerait dans sa nomination, qu'il en soit référé. Et a signé.

Est aussi comparu Me E... avoué au tribunal de première instance de... et du sieur Henry, marchand, demeurant à...

Lequel a dit que le sieur Henry est créancier de la succession et communauté, de la somme de 600 fr., pour le montant d'un billet signé Paul, du... enregistré à... par... qui a reçu... et déclare qu'il requiert qu'il soit en sa présence, comme avoué plus ancien des opposants, procédé aux reconnaissances et levée desdits scellés. Et a signé.

Est également comparu Me... avoué au même tribunal, et du sieur Germain, propriétaire, demeurant à...;

Lequel a dit que le sieur Germain est créancier desdites succession et communauté, d'une somme de 4,000 fr. pour le montant d'une obligation passée devant Me... notaire à... le... enregistrée le... etc. pour sûreté de laquelle ledit sieur Germain a formé opposition aux reconnaissance et levée des scellés; et requiert qu'il soit procédé à ladite levée en sa présence, comme avoué du seul opposant qui ait un titre authentique. Et a signé.

Desquels comparution, offres, dires, réquisitions et remises, avons aux sus-nommés donné acte; et attendu ce que dessus, avons ordonné qu'il en sera référé par nous à M. le président du tribunal, le... heure de... en la Chambre du conseil dudit tribunal, où les parties ont promis de se rendre. Et elles ont signé avec le greffier.

Et le... heure de... au Palais de Justice, en la chambre du conseil du tribunal de première instance de... et devant M. le président dudit tribunal, en présence de: 1° Me... avoué du sieur Louis Paul, requérant la levée des scellés; 2° Me... avoué de la dame veuve Paul; 3° Me... avoué de M. C... notaire commis pour représenter lesdits sieurs... 4° Me... avoué du sieur... opposant.., 5° et Me... avoué du sieur... autre opposant, nous avons fait notre rapport à M. le président, des difficultés ci-dessus; et, après avoir entendu les avoués des parties, M. le président a ordonné:

En ce qui concerne le choix des officiers, qu'attendu l'opposition d'intérêts qui existe entre la dame veuve et les héritiers Paul, résultant de ce qu'elle est belle-mère desdits héritiers, les notaires et commissaires-priseurs nommés par les parties procéderont auxdits inventaire et prisée, le... heure... et jours suivants, auxquels les parties seront tenues de se trouver sans nouvelle sommation; 2° en ce qui concerne la concurrence entre les avoués des opposants, qu'attendu que le sieur... est porteur d'un titre privé, et le sieur... porteur d'un titre authentique, Me... avoué de ce dernier, restera comme avoué plus ancien. Ce qui sera exécuté nonobstant l'appel, et sans y préjudicier. Et a M. le président signé.

Et le... heure de... nous, juge de paix susdit, assisté de... notre greffier, en conséquence de l'indication faite ci-dessus par M. le président, nous sommes transporté en la demeure où est décédé ledit Jean Paul, rue... où étant arrivé, sont comparus:

Ledit sieur Louis Paul, ci-devant nommé, qualifié et domicilié, lequel, assisté de Me... avoué, nous a requis de procéder auxdites reconnaissance et levée de scellés, afin qu'il soit aussi procédé à l'inventaire de tout ce qui se trouvera sous les scellés et en évidence, et à la prisée par les notaires et commissaires-priseurs nommés à cet effet par l'ordonnance sur référé ci-dessus. Et a le sieur Louis Paul signé avec ledit Me... son avoué.

La dame Marie Benoît, veuve Paul, demeurant rue... stipulant à cause de la communauté de biens qui a existé entre elle et son défunt mari, suivant leur contrat de mariage, et qu'elle se réserve d'accepter ou de répudier;

Laquelle assistée de Me... son avoué, nous a requis de procéder auxdites reconnaissance et levée de nos scellés, qu'elle était prête et offrait de nous représenter sains et entiers; comme aussi de procéder aux inventaire et prisée des meubles et effets dépendant des succession et communauté. Et a signé.

Est aussi comparu Me...

Est aussi comparu Me... notaire à... y demeurant, rue... nommé par ordonnance de M. le président du tribunal de première instance de... en date du... dûment enregistrée, pour représenter aux reconnaissance, levée de scellés, inventaire et vente mobilière dont il s'agit, les sieurs Denis et Réné Paul, absents ; lesdits sieurs Louis, Denis et Réne Paul, présomptifs héritiers, chacun pour un tiers, dudit défunt Jean Paul, leur père ;

Lequel a dit qu'il comparaît pour assister auxdites reconnaissance, levée de scellés et inventaire, et a signé.

Enfin, est comparu Me... avoué au tribunal de première instance de... et du sieur Germain, dénommé ci-dessus, et encore ledit Me... comme avoué plus ancien des opposants ;

Lequel a dit qu'il comparaît pour, en sadite qualité, assister aux opérations dont il s'agit, et a signé.

Sur quoi, nous, juge de paix susdit et soussigné, avons donné acte aux parties de leurs comparutions, dires, réquisitions et offres ; en conséquence, disons qu'il va être par nous procédé aux reconnaissance et levée des scellés, à l'effet d'être de suite procédé par les officiers ci-devant nommés à l'inventaire dont il s'agit, et à la prisée des objets qui y sont sujets, le tout à la conservation des droits des parties et de tous autres qu'il appartiendra ; et avons signé avec le greffier.

En conséquence, il a été par nous et par lesdits officiers procédé ainsi qu'il suit :

Ayant reconnu sains et entiers, comme tels, levé et ôté les scellés apposés sur une armoire placée dans la salle au rez-de-chaussée, et fait ouverture de ladite armoire avec la clef qui était entre les mains de notre greffier ;

Il a été procédé à l'inventaire, description et prisée des effets qu'elle renfermait.

(On désigne tous les meubles sur lesquels on leve les scellés au fur et à mesure comme suit. — Lorsque l'inventaire est fait, on termine ainsi le procès-verbal :) Cela fait, les scellés étant entièrement levés, et ledit inventaire achevé, ledit... est et demeure décharge de la garde desdits scellés, et des effets et papiers, lesquels, avec les clefs qui étaient entre les mains de notre greffier, ont été remis à... le tout suivant qu'il est dit audit inventaire, auquel il a été procédé, ainsi qu'à ces présentes, depuis... heure de... jusqu'à celle de... Et toutes les parties ont signé avec nous et le greffier.

FORMULE 234. — Procès-verbal de levée des scellés sans description.

L'an... devant nous... juge de paix, assisté de...

A comparu le sieur Jacques Ortès, marchand, demeurant à... qui nous a dit que, depuis l'apposition des scellés par nous faite en la demeure de Jacques Faure, rentier, sise à... décédé... il s'est écoulé plus de trois jours ; que lesdits scellés ayant été apposés à cause de l'absence de Marie Dormoy, l'une des héritières du défunt, ils deviennent maintenant sans objet, puisque ladite Marie Dormoy est présente ; en conséquence le comparant nous prie de nous transporter sur le lieu du scellé à l'effet d'en faire la levée sans description, et il a signé. (Signature.)

Nous, juge de paix, déférant à la réquisition ci-dessus, disons que nous nous rendrons cejourd'hui même, à trois heures de relevée, en la maison du défunt pour procéder aux fins requises, en présence et du consentement des parties intéressées. (Signature du juge et du greffier.)

Cejourd'hui... à trois heures de relevée, nous... juge de paix, assisté de notre greffier,

En vertu de l'ordonnance ci-dessus, nous sommes transporté en la demeure dudit Jacques Faure, rue... où étant, ont comparu :

1° Ledit Jacques Ortès, qui a persisté dans les déclarations ci-dessus ;

2° Ladite demoiselle Marie Dormoy, ouvrière, domiciliée à... qui nous a dit qu'elle était absente lors du décès de Jacques Faure, son oncle ; qu'elle et son cousin Jacques Ortès sont les seuls héritiers dudit Jacques Faure, et qu'ils sont tous deux d'accord pour demander la levée des scellés, sans description et sans inventaire.

3° Le sieur Joseph Lucet, gardien des scellés et des objets laissés en évidence, lequel a offert de représenter le tout.

Nous, juge de paix, avons donné acte aux susdites parties de leurs comparution et consentement.

Et considérant que lesdites parties sont maîtresses de leurs droits ; qu'elles sont seules héritières du défunt Jacques Faure ; qu'elles ne doivent compte à personne de la succession ; qu'il n'a été d'ailleurs fait aucune opposition aux scellés ; avons examiné les localités et reconnu que les effets laissés en évidence sont exactement dans le même état où nous les avions laissés, et que les scellés par nous apposés, au nombre de... sont sains et entiers ; les avons levés comme tels, sans description ni inventaire.

Avons déchargé le gardien de la garde desdits scellés et des effets laissés en évidence, avons également déchargé notre greffier des clefs à lui remises et qu'il a rendues, et avons de ce que dessus dressé le présent procès-verbal, auquel il a été vaqué depuis trois heures jusqu'à cinq heures de relevée, et qui a été signé par les sus nommés, par nous et par notre greffier, après lecture.

FORMULE 235. — Ordonnance à mettre au bas des mémoires.

Nous, juge au tribunal civil (ou de commerce) séant à... désigné pour remplir les fonctions de juge-commissaire dans la faillite du sieur... (*Désigner les nom et prénoms, la profession et le domicile.*)

Vu le présent mémoire ;

Vu l'article 461 de la loi du 28 mai 1838, sur les faillites et banqueroutes ;

Vu enfin le décret du 18 juin 1811, sur les frais de justice criminelle ;

Attendu que les deniers appartenant à la faillite ne suffisent pas, quant à présent, pour subvenir au payement des frais ;

Mandons et ordonnons au receveur de l'enregistrement établi à... de payer au sieur N... la somme de... à laquelle nous avons réglé le susdit mémoire.

Fait à... le... »

FORMULE 236. — Procès-verbal d'apposition de scellés d'office, en cas de faillite. C. com , 457, Tarif, 1, 16.

L'an... nous... juge de paix, assisté de...

Informé que le sieur A... banquier, a disparu, et qu'il a suspendu ses payements, nous nous sommes transporté dans son domicile, situé rue..., où étant, a comparu le sieur B... son premier commis, auquel nous avons fait part de l'objet de notre transport ; ledit sieur B... a répondu qu'en effet le sieur A... était parti sans laisser aucun mandat pour le représenter, mais qu'on espérait qu'il pourrait faire face à sa situation ; qu'au surplus il s'en remet à ce que nous trouverons utile de faire.

Nous, juge de paix, avons donné acte au comparant de ses observations, et vu que la déconfiture dudit sieur A... est notoire, avons apposé les scellés sur ses bureaux, comptoir, caisse, portefeuille, livres, papiers, meubles et effets, comme suit :

1° Dans une pièce au rez-de-chaussée, servant de bureau, et prenant

Jour... nous avons décrit et laissé en évidence... (*Désigner sommairement les objets.*)

Dans le même bureau nous avons trouvé cinq livres de commerce :

1° Le livre-journal, commencé à la date du... Il contient... feuilles, est régulièrement visé et paraphé par M. le président du tribunal de commerce, et tenu par ordre de dates, sans blancs ni ratures. Les écritures s'arrêtent à la cent cinquième page, au bas de laquelle nous avons écrit de notre main ces mots : *Vu et arrêté par nous... juge de paix du canton de... procédant à l'apposition des scellés, cejourd'hui...*

2° Le livre de copie de lettres... etc.

3° Le livre... etc.

Tous lesquels livres nous avons fait déposer dans une armoire se trouvant dans ledit bureau, et dont la clef a été remise à notre greffier. (*Constater ensuite l'état de la caisse, mettre la correspondance en liasse et sous clef, continuer le procès-verbal comme dans les cas ordinaires.*)

Il a été vaqué depuis... heures du matin, jusqu'à... heures du soir, etc.

FORMULE 237. — Procès-verbal d'apposition sur la demande d'un créancier. C. com., 457; Tarif, 1, 16.

L'an... devant nous...

A comparu M. X... demeurant à... commis de la maison de banque Ch... et Cᵉ, sise en la même ville de... lequel fait élection de domicile dans cette ville, chez... qui a exposé que le sieur A... négociant, demeurant en cette ville, rue... doit à la maison qu'il représente une somme de trente mille francs, par compte courant ; qu'aujourd'hui même des effets de commerce pour une somme de six mille cinq cents francs, dont la maison Ch... et Cᵉ était porteur, ont été protestés suivant exploits que ledit sieur X... nous a représentés ; que ledit A... a disparu, et qu'il a même détourné une partie des marchandises qui se trouvaient dans ses magasins, privant ainsi ses créanciers du seul gage sur lequel ils comptaient. En conséquence, le comparant, en vertu d'une procuration à lui délivrée en brevet, reçue par M. G... notaire, enregistrée et légalisée en date du... qu'il a représentée et de suite retirée comme contenant d'autres pouvoirs, demande qu'il nous plaise, vu l'article 657, § 2 du Code de commerce, nous transporter au plus tôt dans le domicile dudit sieur A... pour apposer les scellés sur ses magasins, comptoirs, caisses, portefeuilles, livres, papiers, meubles et effets, et il a signé.

Nous, juge de paix, déférant aux réquisitions ci-dessus, nous sommes aussitôt transporté en la demeure dudit sieur A... rue... où étant, a comparu ledit sieur X... qui a dit persister dans les réquisitions ci-dessus.

A également comparu la dame Caroline P... épouse du sieur A.. qui a dit qu'en effet son mari éprouve quelque embarras par suite de la crise financière ; qu'il s'est absenté sans laisser de procuration, mais qu'il sera bientôt de retour ; protestant, ladite dame, contre les réquisitions du sieur X... et l'apposition des scellés.

Nous, juge de paix, vu les réquisitions ci-dessus, vu les protestations de la dame A... dont nous lui donnons acte ; vu l'article 457 du Code de commerce ; considérant que la déconfiture dudit sieur A... est notoire, et qu'il y a nécessité de pourvoir à la conservation des intérêts de la masse des créanciers, avons procédé à l'apposition des scellés ainsi qu'il suit :

1° Dans le magasin... (*Suite comme en la formule précédente.*)

FORMULE 238. — Apposition des scellés après le jugement déclaratif de la faillite. C. com., 457, 458; Tarif, 1, 16.

L'an... nous, juge de paix... assisté de... greffier ;

Vu l'avis à nous transmis par M. Charles H... greffier du tribunal de commerce de... contenant le dispositif du jugement du même tribunal qui déclare le sieur A... en état de faillite, nous nous sommes transporté en la demeure dudit sieur P... et étant entré dans un magasin ouvrant sur la rue de... nous y avons trouvé le sieur B... commis dudit sieur A... auquel nous avons fait connaître le sujet de notre transport; il nous a dit que le sieur A... est absent; qu'à sa connaissance, il n'a pas laissé de procuration, et a signé.

A également comparu le sieur Paul G... agissant comme syndic provisoire de la faillite, qui a requis l'apposition desdits scellés dans l'intérêt des créanciers, et il a signé.

Nous, juge de paix, avons donné acte aux comparants de leurs comparution, consentement et réserves. (*Suite comme aux formules précédentes, si ce n'est que les scellés ne doivent pas être apposés sur les objets mentionnés en l'art. 469 C. com., lorsque, sur la demande des syndics, le juge-commissaire aura autorisé à les laisser en dehors de l'apposition. Le juge de paix fera, en pareil cas, état de l'ordonnance du juge-commissaire. Les objets ainsi dispensés de l'apposition seront de suite inventoriés, avec prisée par les syndics; voir la formule qui suit*)

FORMULE 239. — Procès-verbal relatif à l'extraction de certains objets mis sous les scellés. C com., 471: Tarif, 1, 16.

L'an... nous... assisté ..

En vertu de l'autorisation donnée par M... juge-commissaire de la faillite du sieur A... nous nous sommes transporté au lieu du scellé, au domicile du failli, rue... à la réquisition des sieurs... syndics de ladite faillite, où étant, ont comparu lesdits syndics qui nous ont invité à procéder à la reconnaissance et levée des scellés apposés... (*désigner la pièce où sont les objets à extraire*) pour extraire... (*désigner les objets*), et ils ont signé.

Ont également comparu le sieur... gardien des scellés, qui a offert de représenter le tout sain et entier, et le sieur Charles N... expert priseur, choisi par les syndics pour la prisée des objets à extraire.

Nous, juge de paix, avons donné acte des comparutions et réquisitions ci-dessus, nous avons reconnu sain et entier le scellé par nous apposé sur l'armoire du bureau, sis au rez-de-chaussée... l'avons levé; notre greffier a ouvert les portes avec les clefs remises en ses mains. Messieurs les syndics ont extrait des scellés les objets compris dans l'autorisation accordée par M. le juge-commissaire de la faillite, savoir :

1° Le livre-journal, commencé à la date du... (*Description comme en la formule 236 ci-dessus*);

2° Le livre de copies de lettres, etc.

6° Sept effets en portefeuille (*effets à courte échéance ou susceptibles d'acceptation ; ils doivent être décrits dans le procès-verbal du juge de paix. — Un bordereau en est remis au juge-commissaire*).

7° Des vêtements, hardes, meubles et effets nécessaires au failli et à sa famille, consistant en...

8° Des objets sujets à dépérissement prochain, et autres servant à l'exploitation du commerce du failli, tels qu'ils sont désignés dans le procès-verbal de M. le juge-commissaire de la faillite, desquels objets lesdits syndics ont dressé inventaire sous la prisée du sieur Charles N... expert priseur, nommé à ces fins, lequel a préalablement prêté en nos mains le serment requis; le tout a eu lieu en notre présence.

Messieurs les syndics ayant terminé leurs opérations, dont ils ont dressé procès-verbal que nous avons signé, nous avons fait refermer les portes et avons, en leur présence, replacé nos scellés. Notre greffier a repris les susdites clefs. Nous avons de nouveau confié la garde de nos scellés audit sieur... et avons dressé le présent procès-verbal, qui a été signé par lesdits sieurs...

syndics, par l'expert priseur, par le gardien des scellés, par nous et notre greffier, après lecture faite, ayant vaqué depuis... jusqu'à...

FORMULE 240. — Procès-verbal de levée des scellés sur la réquisition des syndics. C. com., 479, 480; Tarif, 1, 16.

L'an... devant nous... etc.

Ont comparu le sieur H... demeurant à... rue... et le sieur N... demeurant à... rue... syndics de la faillite du sieur A... suivant un jugement du tribunal de commerce de cette ville, en date du... dont l'expédition nous a été représentée, lesquels nous ont exposé que nous avons apposé d'office les scellés sur les magasins, comptoirs, caisse, portefeuille, livres, papiers, meubles et effets dudit sieur A... failli, suivant notre procès-verbal en date du... enregistré ; que, désirant faire opérer la levée desdits scellés, ils demandent qu'il nous plaise leur désigner les jour et heure de cette levée, à laquelle ils sommeront le failli de se trouver, et qui sera faite en notre présence ; et ont les comparants signé. (*Signatures.*)

Nous, juge de paix, disons qu'il sera par nous procédé à la reconnaissance et levée desdits scellés demain mardi, sept du courant, à neuf heures du matin, en présence des parties intéressées, ou elles dûment appelées, et suivant les formes légales, et avons signé avec notre greffier.

Ledit jour... à neuf heures du matin, nous, juge de paix, assisté de notre greffier, nous sommes transporté dans la demeure dudit sieur A... où étant, ont comparu les susdits syndics qui ont persisté dans leurs réquisitions, et ils ont signé.

Ledit sieur A... quoique sommé par exploit d'hier, du ministère de... n'a pas comparu (*ou bien* : a également comparu ledit sieur A... qui a dit n'entendre s'opposer à ce qu'il soit procédé, sauf toutes réserves légales, et il a signé.)

Le sieur... gardien de nos scellés, a offert de représenter le tout sain et entier, et il a signé.

Nous, juge de paix, avons donné acte aux parties de leurs comparutions, dites et consentements, et avons reçu le serment du sieur... expert priseur, commis par les syndics pour procéder à la prisée des meubles, marchandises et autres objets, couverts par nos scellés, après quoi nous avons procédé comme suit :

1° Dans le magasin au rez-de-chaussée donnant sur... nous avons reconnu sain et entier un premier scellé par nous placé sur un comptoir : ce meuble ayant été ouvert avec la clef que notre greffier a rendue, les susdits syndics ont décrit et inventorié, en notre présence, les objets y renfermés, sous la prisée du susdit expert.

2°...

(*Suite comme en cas de levée ordinaire des scellés ; voir ci-dessus, formule 232°; la mention de l'inventaire est faite pour tous les articles comme pour le premier; pour les livres, effets de commerce et titres, voir la formule 236.*)

§ 2. — Modèles de formules concernant les inventaires.

FORMULE 241. — Modèle d'inventaire.

L'an... le... de relevée, à la requête de dame Marie Benoît, veuve du sieur Pierre, marchand à Paris, demeurant... etc., à cause de la communauté de biens qui a été entre elle et ledit défunt, laquelle elle se réserve le droit d'accepter ou répudier quand il appartiendra ; et en présence du sieur Louis Pierre, marchand à Paris, fils majeur dudit défunt et de ladite dame sa veuve, seul et unique habile à se dire et porter héritier dudit sieur..., son père, demeurant ledit sieur Louis, etc.

A la conservation des droits des parties et de qui il appartiendra, sous toutes réserves et protestations de droit ; il va être, par Me D... et son confrère, notaires soussignés, en la demeure sus-désignée de ladite dame veuve Pierre, fait inventaire et description de tous les meubles meublants, ustensiles de ménage, deniers comptants, titres, papiers, renseignements et autres effets de la communauté et de la succession dudit sieur Pierre, étant dans l'appartement et dépendances qu'il occupait au jour de son décès, en une maison sise... où il est décédé ; le tout suivant la représentation qui sera faite par ladite dame veuve Pierre, gardienne desdits effets, et suivant la prisée et estimation qui seront faites des effets appréciables par Me... commissaire-priseur à Paris, y demeurant, rue...'à ce présent, choisi à cet effet par les parties, après que M. le juge de paix de... a procédé à la levée et reconnaissance des scellés par lui apposés sur lesdits effets et papiers, depuis le décès dudit sieur Pierre. Et ont signé.

Dans une salle par bas, servant de cuisine, etc.

Premièrement. (*On met ensemble plusieurs choses de même espèce, lorsque chacune fait un prix modique.*)

Le tout prisé, estimé ensemble la somme de... ci... (*On décrit tous les meubles en indiquant, comme on voit ici en tête, l'endroit de la maison où ils ont été trouvés.*)

Suivent les habits (*On fait la description et l'estimation des linges et vétements du défunt.*)

Suit l'argenterie. (*Indiquer les pièces, le poids, et en faire l'estimation.*)

Suivent les deniers comptants. (*Billets de banque, espèces.*)

Suit la bibliothèque. (*Désigner les principaux ouvrages.*)

Suivent les papiers.

Premièrement, l'expédition du contrat de mariage entre lesdits sieurs et dame Pierre, passé devant Me... et son confrère, notaires à... le... par lequel il a été stipulé... (*Il est d'usage de relater les conventions qui y sont portées, et l'apport des époux, afin qu'on trouve dans l'inventaire même toutes les instructions nécessaires pour faire une liquidation si on en fait une*) ; ladite expédition cotée, paraphée et inventoriée une.

Idem, six pièces ; la première, etc. (*On désigne chaque pièce, que l'on cote et paraphe ainsi*) :

Première, inventoriée deux, etc.

Suivent les déclarations actives.

Plus, déclare ladite dame veuve Pierre qu'il est dû auxdites succession et communauté les sommes qui suivent, etc.;

1° Par le sieur... la somme de... pour telle chose, etc.

Suivent les déclarations passives.

Plus, déclare ladite dame veuve Pierre qu'il est dû par lesdites succession et communauté :

1° Au sieur... telle somme, pour telle chose.

(*Les parties intéressées se réservent d'examiner la vérité de ces déclarations lorsqu'elles ne sont pas étayées de preuves, et font des protestations que l'on rédige ainsi.*)

Contre lesquelles déclarations ledit sieur Pierre fait toutes réserves et protestations nécessaires. Et a signé.

Il a été vaqué à tout ce que dessus, depuis ladite heure de... par simple (*ou double*) vacation. Et ne s'étant plus rien trouvé à décrire, comprendre ni déclarer au présent inventaire, ladite dame veuve Pierre a affirmé ès mains des notaires soussignés n'avoir rien détourné, vu ni su qu'il ait été détourné aucuns objets desdites communauté et succession. Ce fait, tous les objets mobiliers, argenterie, argent, billets et papiers compris au présent inventaire sont, du consentement dudit sieur Pierre fils, demeurés en la garde et possession de ladite dame veuve Pierre, laquelle s'en charge, pour les représenter quand et à qui il appartiendra. Et ont ladite dame veuve Pierre et ledit sieur Pierre signé avec les notaires ces présentes, demeurées en la possession de Me... l'un d'eux.

FORMULE 242. — Intitulé d'inventaire après décès, à la requête de la veuve, tant en son nom, à cause de la communauté, que comme tutrice de ses enfants, en présence du subrogé tuteur, et lorsqu'il n'y a point de scellés.

L'an mil huit cent... le jeudi... janvier, neuf heures du matin ;

A la requête de dame Marie Cordier, veuve de Pierre Rosoy, demeurant à... rue... n°... à ce présente;

Tant en son nom, à cause de la communauté de biens qui a existé entre elle et son mari, aux termes de leur contrat de mariage, passé en minute devant Me... notaire à... et son confrère, le... dûment enregistré, et dont l'analyse sera faite ci-après, lors de l'inventorié des papiers ; laquelle communauté elle se réserve d'accepter ou de répudier, selon qu'elle avisera par la suite ;

Et encore au nom et comme tutrice légale 1° de Paul Rosoy ; 2° de Jacques Rosoy; 3° et de Céleste Rosoy, tous trois ses enfants mineurs, nés de son mariage avec ledit sieur Pierre Rosoy ;

En présence de Claude Rosoy, avocat, demeurant à... rue... n°... oncle paternel desdits mineurs, et leur subrogé tuteur nommé à cette qualité, qu'il a acceptée, par délibération du Conseil de famille tenu sous la présidence de M....juge de paix de... et reçue par lui suivant son procès-verbal en date du... dûment enregistré, et dont une expédition représentée aux notaires soussignés a été par eux à l'instant rendue;

Lesdits mineurs Paul Rosoy, Jacques Rosoy et Céleste Rosoy, habiles à se porter héritiers, chacun pour un tiers, dudit défunt sieur Pierre Rosoy, leur père ;

A la conservation des droits des parties et de tous autres qu'il appartiendra, il va être, par Mes... notaires, résidant à... soussignés, procédé à l'inventaire fidèle et description exacte de tous les meubles et objets mobiliers, deniers comptants, titres, papiers et renseignements dépendant de ladite communauté et de la succession dudit feu Pierre Rosoy, qui seront trouvés dans les lieux ci-après désignés, faisant partie d'une maison sise à... rue... n°... appartenant à M... et où est décédé Pierre Rosoy, le... suivant son acte de décès, en date aux registres de la mairie de... du... et dont une copie délivrée par... le... a été représentée aux notaires soussignés, et par eux à l'instant rendue.

Sur la représentation qui sera faite de tous ces objets par la dame veuve Rosoy, qui a promis de tout montrer et indiquer, sans en rien cacher ni détourner, et ce sous les peines de droit qui lui ont été expliquées par les notaires soussignés, et qu'elle dit bien comprendre.

La prisée des choses qui y sont sujettes sera faite par Me... commissaire-priseur (ou par M... expert convenu entre les parties), demeurant à... rue... n°... à ce présent, qui a promis de faire cette prisée en conscience, à juste valeur, *sans crue*, et en ayant égard au cours du temps.

Et les comparants ont signé avec le commissaire-priseur et les notaires, après lecture à eux faite.

FORMULE 243. — Intitulé d'inventaire après décès, à la requête de la veuve, tant en son nom, à cause de la communauté, que comme tutrice de ses enfants mineurs, et, en outre, à la requête d'autres enfants majeurs, en présence d'un subrogé tuteur, et lorsqu'il y a scellés.

L'an mil huit cent... le vendredi... février, trois heures de relevée.

A la requête de dame Marie Cordier, veuve de Pierre Rosoy, demeurant à... rue... n°... à ce présente ;

Tant en son nom, à cause de la communauté de biens qui a existé entre elle et son mari (*quelquefois la veuve est donataire, par son contrat de mariage, d'une quotité de biens de son mari ; dans ce cas, on ajoute ici : et comme sa donataire, à titre universel, de telle portion, c'est-a-dire de la moitié ou du quart, etc., de ses biens en usufruit ou en propriété*) ; le tout aux termes de leur contrat de mariage passé en minute devant Me... notaire à... et son confrère, le... jour, dûment enregistré, ainsi que ladite veuve Rosoy le déclare ; laquelle communauté elle se réserve d'accepter ou de répudier, selon qu'elle avisera par la suite ;

Et encore comme tutrice légale de Paul Rosoy et Jacques Rosoy, tous deux ses enfants mineurs, nés de son mariage avec ledit défunt Pierre Rosoy ;

Plus, à la requête de Jean-Baptiste Rosoy, majeur, demeurant à... rue .. n°... à ce présent ;

Et de Charles Ledoux, propriétaire, demeurant à... aussi à ce présent, au nom et comme maître des droits et actions mobiliers et possessoires de dame Céleste Rosoy, son épouse, avec laquelle il déclare être commun en biens ;

En présence de M. Claude Rosoy, avocat, demeurant à... rue... n°... oncle paternel desdits mineurs, et leur subrogé tuteur, nommé à cette qualité, qu'il a acceptée, par délibération du conseil de famille, tenu sous la présidence de M... juge de paix de... et reçue par lui, suivant son procès-verbal en date du... dûment enregistré, et dont une expédition en bonne forme, représentée aux notaires soussignés, a été par eux à l'instant rendue.

M. Jean-Baptiste Rosoy, la dame Ledoux, et lesdits mineurs Paul Rosoy et Jacques Rosoy, seuls habiles à se dire et porter héritiers, chacun pour un quart, de feu M. Pierre Rosoy, leur père.

A la conservation des droits des parties et de tous autres qu'il appartiendra, il va être, par Mes... notaires, résidant à... soussignés, procédé à l'inventaire fidèle et description exacte de tous les meubles et objets mobiliers, deniers comptants, titres, papiers et renseignements, dépendant desdites communauté et succession, et qui seront trouvés dans les lieux ci-après désignés, faisant partie d'une maison sise à... rue... n°... dont M... est propriétaire, et où est décédé ledit sieur Pierre Rosoy, le...

Sur la représentation qui sera faite de tous ces objets, tant par (*prénoms, nom, qualité et demeure du gardien des scellés*), à ce présent, gardien des scellés dont il sera ci-après parlé, que par la dame veuve Rosoy, lesquels ont promis de tout montrer et indiquer, sans en rien cacher ni détourner, et ce, sous les peines de droit qui leur ont été expliquées par les notaires soussignés, et qu'ils ont dit bien comprendre.

Ces objets seront représentés et inventoriés à mesure que les scellés apposés par M... juge de paix de... suivant son procès-verbal en date du... auront été par lui reconnus, levés et ôtés.

La prisée des choses qui y sont sujettes, etc. (*Le reste comme ci-dessus.*)

Et tous les comparants ont signé avec le commissaire-priseur (*ou* l'expert) et les notaires après lecture à eux faite.

FORMULE 244. — Intitulé d'inventaire après une séparation de biens, lorsque les scellés ont été apposés.

L'an mil huit cent... le jeudi... août, huit heures du matin.

A la requête de **M. A.** (*prénoms, nom et qualité du mari*), et de dame (*prénoms et nom de la femme*), son épouse, demeurant à... rue... n°... à ce présents ;

Séparés quant aux biens, par jugement rendu au tribunal civil de première instance, séant à... le tel jour, dûment enregistré, signifié, lu et exposé ;

Duquel jugement une grosse en bonne forme a été représentée par les comparants aux notaires soussignés, qui la leur ont à l'instant rendue ;

Et à la conservation des droits des parties et de tous autres qu'il appartiendra, il va être, par Mes... notaires, résidant à... soussignés, procédé à l'inventaire fidèle et description exacte de tous les meubles, objets mobiliers, deniers comptants, titres, papiers et renseignements dépendant de la communauté qui a existé entre les sieur et dame A., ou pouvant servir à établir le compte de leurs reprises respectives, et qui seront trouvés dans les lieux ci-après désignés, composant leur demeure, et faisant partie d'une maison sise à... rue... n°... dont M... est propriétaire.

Sur la représentation qui sera faite de tous ces objets par **M. A.**, qui a promis de tout montrer et indiquer, sans en rien cacher ni détourner.

Ces objets seront représentés et inventoriés à mesure que les scellés apposés par M... juge de paix de... suivant son procès-verbal en date, au commencement de tel jour, auront été par lui reconnus, levés et ôtés.

La prisée des choses qui y sont sujettes sera faite par Me... commissaire-priseur (*ou par M..., expert convenu entre les parties*), demeurant à... rue... n°.. a ce présent, lequel a promis (*si c'est un expert, on met :* lequel a prêté serment entre les mains des notaires soussignés) de faire cette prisée en sa conscience, à juste valeur, et en ayant égard au cours du temps;

Le tout sous la réserve que fait Mme A., d'accepter la communauté ou d'y renoncer, selon qu'elle le jugera convenable.

Et les comparants, après lecture à eux faite, ont signé avec le commissaire-priseur (*ou* l'expert) et les notaires.

FORMULE 245. — **Intitulé d'inventaire à la requête d'une femme, après séparation de corps et de biens, pour cause determinée, le mari étant représenté par un notaire appelé pour son absence, et les scellés ayant été apposés.**

L'an mil huit cent... le mercredi.. juillet, huit heures du matin.

A la requête de dame Marie Lenoir, demeurant à... rue... n°... à ce présente ;

Femme séparée de corps et de biens d'avec Pierre Leblanc, par jugement rendu au tribunal civil de... le... dûment enregistré, signifié, lu et exposé; duquel jugement la grosse en bonne forme a été représentée par la dame Lenoir aux notaires soussignés, qui la lui ont à l'instant rendue ;

En son nom, à cause de la communauté de biens qui a existé entre elle et M. Leblanc, aux termes de leur contrat de mariage, passé en minute devant Me... et son confrère, notaires, résidant a... le... dûment enregistré, ainsi que ladite dame Lenoir le déclare;

Laquelle communauté elle se réserve d'accepter ou de répudier, ainsi qu'elle avisera par la suite ;

En présence de Me (*prénoms et nom du notaire appelé pour l'absence du mari*), notaire, demeurant à... rue... n°... appelé par M. le président du tribunal de première instance, séant à... pour représenter ledit sieur Pierre Leblanc, absent (*ou* dûment appelé au défaillant), suivant l'ordonnance de monsieur le président, en date du... étant au bas de la requête à lui présentée à cet effet, en date du même jour, le tout demeuré ci-annexé, après qu'il a été fait en marge mention de l'annexe par les notaires soussignés (*si l'ordonnance est annexée à la minute du procès-verbal de scellés, au lieu de ces mots :* demeuré ci-annexé, etc., *ou met :* demeuré annexé à la minute du procès-verbal d'apposition, reconnaissance et levée de scellés ci-après daté et énoncé);

Et à la conservation des droits des parties et de tous autres qu'il appartiendra, il va être, par M^{es}... notaires, résidant à... soussignés, procédé à l'inventaire fidèle et description exacte des meubles et des objets mobiliers, deniers comptants, titres, papiers et renseignements dépendant de ladite communauté, ou appartenant à M. Leblanc, qui seront trouvés dans les lieux ci-après designés, composant sa demeure et faisant partie d'une maison sise à... rue... n°... dont M... est propriétaire.

Sur la représentation qui sera faite de tous ces objets par Jacques-Nicolas Leroux, domestique au service dudit sieur Leblanc, demeurant dans ladite maison, gardien desdits scellés, et à ce présent, lequel a promis de tout montrer et indiquer, sans en rien cacher ni détourner, et ce, sous les peines de droit qui lui ont été expliquées par les notaires, et qu'il a dit bien comprendre.

Ces objets seront représentés et inventoriés à mesure que les scellés apposés par M... juge de paix de... suivant son procès-verbal en date au commencement de tel jour, auront été par lui reconnus, levés et ôtés.

La prisée des choses qui y sont sujettes sera faite, etc. (*Le reste comme ci-dessus.*)

Et la requérante a signé avec le gardien des scellés, le commissaire-priseur et les notaires, après lecture à eux faite.

FORMULE 246. — Inventaire à la requête de la veuve séparée de biens, tant en son nom, à cause de ses créances et droits matrimoniaux, que comme tutrice de ses enfants mineurs, et en outre à la requête de ses enfants majeurs, etc.

L'an mil huit cent... le (*jour de la semaine et date du mois*), heures du ..

A la requête de dame A. (*prénoms et nom de famille de la veuve*), veuve de M. B. (*prénoms, nom et qualité du défunt*), d'avec lequel elle était séparée quant aux biens, suivant leur contrat de mariage, passé devant M^e tel et son confrère, notaires à... le... dûment enregistré (*si c'est par jugement que la veuve était séparée de biens, au lieu de ces mots :* suivant leur contrat de mariage, *on met :* par jugement rendu au tribunal civil de première instance séant à, etc., le... dûment enregistré, signifié, lu et exposé), ladite dame demeurant à... à ce présente ;

Tant en son nom personnel, à cause de ses droits matrimoniaux et créances contre la succession de son mari, lesquels résultent de leur contrat de mariage, passé en minute devant M^e... notaire à... en présence de deux témoins, le... dûment enregistré, et dont l'analyse sera faite ci-après, lors de l'inventorié des papiers ;

Qu'au nom et comme tutrice légitime de (*prénoms et noms des enfants mineurs; quelquefois on ajoute leur âge*), ses enfants mineurs, nés de son mariage avec M. B.;

Plus, à la requête de M. C... (*prénoms, noms, qualités et demeures des enfants majeurs*);

En présence de M. D... (*prénoms, nom, qualité et demeure du subrogé tuteur*), au nom et comme subrogé tuteur desdits mineurs, nommé à cette qualité, qu'il a acceptée, par délibération, etc. (*comme dans l'inventaire précédent*).

Lesdits... (*répéter ici les prénoms et noms des enfants*), habiles à se dire et porter héritiers chacun pour... de M... leur père.

(*S'il y a des petits-enfants, comme ils arrivent à la succession par re-*

présentation de leur père ou mère, enfants du décédé, pour ne point mettre de confusion dans l'énonciation des qualités, on exprime d'abord séparément les qualités des enfants vivants ; puis, dans une autre phrase, on exprime ainsi celles des petits-enfants : et lesdits... habiles à se dire et porter héritiers conjointement, pour *telle portion,* ou chacun pour *telle portion,* dudit sieur B... leur aïeul paternel *ou* maternel, par représentation de leur père *ou* mère décédé) ;

Et à la conservation des droits des parties et de tous autres qu'il appartiendra, il va être, par M^{es}... notaires, résidant à... soussignés, procédé à l'inventaire fidèle et description exacte de tous les effets mobiliers, deniers comptants, titres, papiers et renseignements dépendant de la succession de M. B... et qui seront trouvés dans la maison ci-après désignée, sise à... rue... n°... qu'il habitait, et où il est décédé le...

Sur la représentation qui sera faite de tous ces objets par la dame sa veuve (*s'il y a des scellés, on ajoute ici*): et par le sieur (*prénoms, nom, qualité et demeure du gardien des scellés*), à ce présent, comme gardien des scellés dont il sera ci-après parlé, lesquels ont promis, etc. (*le reste comme ci-dessus*), qui a promis de tout montrer et indiquer sans en rien cacher ni détourner, et ce, sous les peines de droit qui lui (ou leur) ont été expliquées par les notaires soussignés, et qu'il a (*ou*) qu'ils ont dit bien comprendre.

(*S'il y a des scellés, on met ici* : ces objets seront représentés et inventoriés, à mesure que les scellés apposés par M... juge de paix du canton de... suivant son procès-verbal, en date au commencement de *tel jour,* auront été reconnus par lui sains et entiers, et comme tels, levés et ôtés).

La prisée des choses qui y sont sujettes, etc. (*Le reste comme ci-dessus.*)

OBSERVATIONS GÉNÉRALES.

Afin de ne pas surcharger nos pages, nous nous bornerons, pour récapituler ce que nous avons dit, à faire remarquer que tout ce qui concerne les intitulés d'inventaires peut être divisé en neuf parties.

La première contient la date de l'année, du jour, du mois et de l'heure auxquels la vacation est commencée.

On commence cet acte par la date, parce que c'est la forme consacrée pour les procès-verbaux, et que l'inventaire est un procès-verbal. On constate le jour, c'est-à-dire si c'est un lundi, un mardi, un mercredi, etc., parce que, les inventaires participant en quelque sorte de la juridiction contentieuse, il n'est pas permis d'y procéder les dimanches ou jours de fêtes. Il est donc bon de constater que c'est un autre jour de la semaine qu'on y a procédé.

La deuxième partie contient les noms, qualités et demeures de ceux à la requête desquels se fait l'inventaire.

La troisième partie contient les noms, qualités et demeures de ceux en présence de qui il se fait.

La quatrième partie exprime pour quelle portion chacun est habile à se porter héritier, ou a droit dans la succession.

Dans *la cinquième partie,* on annonce la nature de l'opération, par quels officiers elle va être faite, de quelle personne on va décrire les meubles et papiers, et dans quels lieux ou quelle maison se trouvent ces meubles et papiers.

Dans *la sixième partie,* on dit quelle personne fera la représentation de ces objets.

S'il y a des scellés, on annonce dans *la septième partie* que les objets seront représentés ou inventoriés à mesure que les scellés apposés par... etc., seront par lui reconnus et levés.

Dans *la huitième partie,* on dit par quel commissaire-priseur ou expert la prisée sera faite.

Dans *la neuvième partie,* on constate la signature, les déclarations de ceux qui n'ont point signé, et la lecture faite du tout.

S'il n'y a point de scellés, ces neuf parties se réduisent à huit, et les huitième et neuvième deviennent les septième et huitième. S'il n'y a pas d'autres personnes présentes à l'inventaire que les requérants, la troisième partie se supprime, et l'intitulé n'est alors composé que de sept ou huit parties, suivant qu'il n'y a pas ou qu'il y a scellés.

Ainsi, l'esquisse d'un intitulé d'inventaire est composée comme il suit :

1° L'an... etc.

2° A la requête, etc.

3° En présence de... etc.

4° Lesdits sieurs... habiles à se porter héritiers, chacun pour... de feu P...

5° Et à la conservation des droits des parties, etc., il va être, par, etc., procédé à l'inventaire des meubles, etc., dépendant de la succession (*ou de ladite communauté et de la succession*) du sieur P... qui seront trouvés dans les lieux ci-après désignés, etc.

6° Sur la représentation qui sera faite de ces objets par, etc., qui a prêté serment, etc.

7° *S'il y a des scellés* : Ces objets seront représentés et inventoriés à mesure que les scellés apposés par, etc., suivant son procès-verbal, etc., auront été par lui reconnus et levés.

8° La prisée des choses qui y sont sujettes sera faite par, etc.

9° Et les comparants ont signé, etc., après lecture faite.

Ordinairement les inventaires se font par simples ou doubles vacations, c'est-à-dire que la vacation étant de trois heures consécutives, on n'y travaille ordinairement que trois ou six heures consécutives. Lorsque les trois ou six heures, qui forment la simple ou double vacation, sont écoulées, on fait la clôture de la séance, et tous les comparants signent cette clôture avec le notaire et les témoins.

Lorsque la rédaction de l'intitulé d'inventaire et les dires et déclarations des parties sur le procès-verbal du juge de paix occupent la double vacation tout entière, on met la clôture suivante :

Il a été vaqué par double vacation pour accélérer, depuis huit heures du matin jusqu'à deux heures après midi (*ou depuis trois heures de relevée jusqu'à neuf heures du soir*), tant à la rédaction de l'intitulé d'inventaire ci-dessus, qu'à recevoir les dires et déclarations des parties sur le procès-verbal du juge de paix. Cela fait, lesdits scellés et les objets à inventorier sont restés en la garde du sieur... (*nom du gardien des scellés*), qui continue d'en demeurer chargé, pour les représenter quand et à qui il appartiendra ; et la vacation pour la continuation du présent inventaire a été remise, du consentement de toutes les parties, à mardi, huit heures du matin (*ou trois heures de relevée*), cinq du présent mois ; et les comparants ont signé avec le commissaire-priseur et les notaires (*ou les témoins et le notaire*), après lecture faite du tout.

S'il n'était procédé que par simple vacation, c'est-à-dire trois heures seulement, on met : Il a été vaqué par simple vacation, depuis... heures jusqu'à... heures, tant à la rédaction, etc. (*Comme ci-dessus.*)

Lorsqu'il n'y a pas de scellés, au lieu de ces mots : Lesdits scellés et objets à inventorier sont restés en la garde, etc., *on met* : Les objets à inventorier ont été mis à la garde et possession de M... qui le reconnaît et s'en charge pour les représenter quand et à qui il appartiendra, et la vacation pour la continuation du présent inventaire, etc. (*Le reste comme ci-dessus.*)

§ 3. — Modèles de formules concernant les prisées.

FORMULE 247. — Modèle d'un procès-verbal de prisée.

L'an... le... à la réquisition de M. B... demeurant à... agissant 1° comme ayant été commun en biens avec dame M... son épouse, décédée à... le...

aux termes de leur contrat de mariage reçu par... notaire à... en date du...;

2º Comme tuteur naturel et légal de... ses enfants mineurs, issus de son mariage avec ladite dame M... habiles à se dire et porter héritiers chacun pour... de ladite feue dame, leur mère;

Et en présence de M... demeurant à... au nom et comme élu subrogé tuteur desdits mineurs, suivant délibération du Conseil de famille de ces derniers, reçue et présidée par M. le juge de paix de... ainsi qu'il résulte du procès-verbal qui en a été dressé le... qualité qu'il a acceptée aux termes du même procès-verbal.

Nous... commissaire-priseur à... demeurant à... expert spécialement choisi par ledit sieur... subrogé tuteur, à l'effet de faire la prisée à juste valeur des meubles et effets mobiliers dépendant de la communauté qui a existé entre lesdits sieur et dame B... et de la succession de cette dernière, attendu la déclaration faite par ledit sieur B... qu'il entend, conformément aux dispositions de l'article 453 du Code Nap., conserver le tout en nature; laquelle mission d'expert nous avons agréée, ainsi que le constate le procès-verbal dressé par le juge de paix de... en date du... dont expédition demeure ci-annexée, devant lequel nous avons, en tant que de besoin, réitéré (1) le serment de procéder à ladite expertise en notre âme et conscience, et au cours du jour...

Nous sommes transporté au domicile dudit sieur B... à... où étant, sur la représentation qui nous sera faite par ledit sieur B...

Il va être par nous procédé auxdites opérations de description et de prisée desdits objets mobiliers, à juste valeur et sans crue, ainsi qu'il est requis aux termes de la loi.

En présence de 1º M... (noms et prénoms, domiciles et professions);
2º M... tous deux témoins exprès requis (2), lesquels ont signé avec nous commissaire-priseur, les sieurs B... père et tuteur, et M... subrogé tuteur, après lecture faite (Suivent les signatures.)

(Suit la prisée du mobilier.)

Le montant de la prisée est de la somme de... (En toutes lettres et en chiffres, en marge.)

Lesquels objets estimés ci-dessus, que le sieur B... a affirmé être les seuls dépendant desdites communauté et succession, sont restés en sa possession, du consentement du subrogé tuteur, pour en compter auxdits mineurs, ainsi qu'il appartiendra.

Il a été vaqué à tout ce que dessus depuis ladite heure de... jusqu'à celle de... par... vacation.

De tout ce que dessus nous avons rédigé le présent procès-verbal, que M. B... tuteur, et M... subrogé tuteur, sous toutes réserves et protestations de droit, ont signé avec nous, commissaire-priseur et nos témoins, après lecture. (Si une des parties ne savait ou ne pouvait pas signer, il doit en être fait mention en indiquant le motif.)

---

(1) Nous disons réitéré en tant que de besoin, parce que le commissaire-priseur, qui a déjà prêté son serment, pourrait se dispenser de le prêter de nouveau; néanmoins, pour se conformer à la lettre de l'article 453, il est bon qu'il le réitère, mais en tant que de besoin.

(2) On entend par témoins instrumentaires ceux dont la présence est nécessaire pour l'authenticité de l'acte. A vrai dire, les commissaires-priseurs ne sont tenus de se faire assister de deux témoins dans leurs procès-verbaux de prisée, en vertu d'aucune loi spéciale; pourtant nous croyons que cette marche est préférable à toutes autres, par analogie avec la loi du 27 pluviôse an VII.

FORMULE 248. — Modèle d'un procès-verbal de prisée judiciaire.

L'an mil huit cent... et le... (*telle heure*), en vertu d'un jugement rendu par... ou d'un arrêt, ou d'une ordonnance du juge... dont la grosse, dûment en forme exécutoire, est demeurée annexée aux présentes (ou nous a été représentée et par nous a été à l'instant rendue); lequel porte que, par nous commissaire-priseur à ce commis, il serait procédé. (*Analyser le dispositif.*)

Et à la requête de... (*Si les parties sont présentes, ou si l'une d'elles seulement est requérante.*)

Nous nous sommes transporté à... où étant, nous avons trouvé M... auquel nous avons fait part de la mission que nous avons reçue par le jugement ou arrêt, et nous l'avons invité à nous représenter tous les objets en question.

Ce à quoi ledit sieur... ayant consenti, il va être par nous procédé à l'estimation desdits effets, de la manière et ainsi qu'il suit :

En présence de 1° N...; 2° N... témoins par nous exprès requis, lesquels, ainsi que les susnommés, ont signé avec nous, commissaire-priseur, après lecture. (*Signatures.*)

Prisée. — Dans... (*Le lieu où se trouvent les effets.*) Voir ci-dessus le modèle du procès-verbal de prisée.

(Si les parties ont des observations à faire, le commissaire-priseur reçoit sur son procès-verbal tous dires, contre-dires, protestations et réserves. Ces dires se mettent dans le corps du procès-verbal, au milieu même de la prisée, si la difficulté s'élève sur un objet. Mais si des contestations générales étaient soulevées sur la manière de procéder, telles qu'une opposition, des réserves, etc., il serait plus convenable de faire les dires, soit avant, soit après la prisée, et avant la clôture.)

Il a été vaqué... (La clôture est semblable à celles ci-dessus indiquées pour les autres procès-verbaux; seulement, s'il a été fait des réserves, il est bon d'ajouter, après, ces mots :) « Et ont les parties signé sous les réserves les plus amples de tous leurs droits et protestations. »

(S'il y avait lieu à faire la remise des objets à qui il aurait été ordonné, la mention devrait en être faite dans le procès-verbal, afin d'opérer la décharge du gardien ou du dépositaire. — Cette mention se fera ainsi :)

Et tous les effets ci-dessus décrits et prisés ont été remis au sieur... qui le reconnaît et s'en charge ; en conséquence, le dépositaire ou gardien en demeure déchargé.

De tout ce que dessus nous avons dressé le présent procès-verbal, que les témoins ont signé avec nous commissaire-priseur, après lecture.

FORMULE 249. — Modèle d'un procès-verbal de prisée volontaire.

L'an mil huit cent... le... à... (*telle heure.*)

A la requête de... (*nom, prénoms et domicile du requérant*), il va être par nous... (*nom, prénoms et domicile*), commissaire-priseur à... (*tel département ou telle ville*), procédé à la prisée des meubles et effets ci-après garnissant une maison ou un appartement dépendant de telle maison sise à... rue...

Desquels meubles le requérant a désiré connaître la valeur... (*ici on indique le motif*), conformément à l'une des clauses contenues au contrat de vente reçu par M**... (*tels notaires*), le... enregistré... par laquelle M... (*le nom de l'acquéreur*) doit prendre lesdits meubles sur le pied de l'estimation qui en sera faite par nous.

(*Ou bien, si ce procès-verbal est requis par une future dont le contrat de mariage doit contenir séparation de biens :*)

Desquels meubles il est nécessaire pour la requérante de faire constater la valeur, pour être mentionnée au contrat de mariage projeté entre elle et M... lequel contrat doit porter exclusion de communauté.

(*Et ainsi de suite.*)

Cette prisée aura lieu à juste valeur et sans crue, aux termes de la loi, au fur et à mesure de la représentation qui nous sera faite par... (*le requérant*), le tout ainsi et de la manière qui suit.

Et ont le requérant et les sieurs... (*un tel et un tel*), témoins par nous exprès requis... (*profession, noms, prénoms et domicile*), signé avec nous commissaire-priseur, après lecture faite. (*Suivent les signatures.*)

(Ensuite on fait la prisée et on termine ainsi :)

Il a été vaqué à tout ce que dessus depuis ladite heure de... jusqu'à celle de... par double *ou simple* vacation.

Ce fait, ne s'étant plus rien trouvé à comprendre dans le procès-verbal, tous les objets ci-dessous décrits et prisés ont été remis et laissés en la garde et possession de... (*du propriétaire ou de tel autre, suivant la convention des parties*), qui le reconnaît et s'en charge.

(*Si la prisée n'est pas terminée, et qu'il y ait lieu à continuer, on l'indique comme suit.*)

Ce fait, les objets prisés et ceux qui ne le sont pas encore sont restés en la possession de M... et la vacation pour la continuation de l'estimation a été remise à... (*Jour et heure.*)

De tout ce que dessus nous avons dressé le présent procès-verbal, que les susnommés ont signé avec nous, après lecture faite.

Notre intention avait été de consacrer ici un chapitre au tarif des notaires, greffiers et huissiers pour les prisées et pour les ventes de meubles ; nous y renonçons, parce que nous avons expliqué ce point d'une manière complète dans notre *Tarif des commissaires-priseurs* et dans notre volume des *Lois des commissaires-priseurs*, ouvrages auxquels nous renvoyons.

QUATRIÈME PARTIE.

TITRE I.

ACTES DIVERS DE LA JURIDICTION DES JUGES DE PAIX.

1375. Outre les attributions détaillées dans les titres et livres précédents, les juges de paix sont encore chargés, dans l'ordre civil, de divers actes et constatations, soit par le Code Napoléon, soit par le Code de procédure civile, soit par le Code forestier, soit par les lois générales, soit même par l'usage.

CHAPITRE I.—Attributions extrajudiciaires des juges de paix résultant du Code Napoléon.

SECTION I. — Actes de notoriété pour suppléer à l'acte de naissance ou aux actes de décès des ascendants, en cas de mariage, ou pour constater l'absence de l'ascendant dont le consentement est nécessaire au mariage.

1376. L'officier de l'état civil, avant de célébrer un mariage, doit se faire remettre l'acte de naissance de chacun des futurs époux ; celui des époux qui serait dans l'impossibilité de se le procurer peut le suppléer, en rapportant un acte de notoriété délivré par le juge de paix du lieu de sa naissance, ou par celui de son domicile. C Nap., 70.

1377. L'acte de notoriété contiendra la déclaration faite par sept témoins de l'un ou de l'autre sexe, parents ou non parents, des prénoms, noms, profession et domicile du futur époux, et de ceux de ses père et mère, s'ils sont connus ; le lieu, et, autant que possible, l'époque de sa naissance et les causes qui empêchent d'en rapporter l'acte. Les témoins signeront l'acte de notoriété avec le juge de paix, et s'il en est qui ne puissent ou ne sachent signer, il en sera fait mention. C. Nap., 71.

1378. L'acte de notoriété sera présenté au tribunal de première instance du lieu où doit se célébrer le mariage ; le tribunal, après avoir entendu le procureur impérial, donnera ou refusera son homologation, selon qu'il trouvera suffisantes ou insuffisantes les déclarations des témoins et les causes qui empêchent de rapporter l'acte de naissance. C. Nap., 72.

1379. Un avis du Conseil d'Etat du 4 therm. an XIII porte :

« Il n'est pas nécessaire de produire les actes de décès des pères et mères des futurs mariés, lorsque les aïeuls ou aïeules attestent ce décès ; et, dans ce cas, il doit être fait mention de leur attestation dans l'acte de mariage ; — 2° si les pères, mères, aïeuls ou aïeules, dont le consentement est requis, sont décédés, et si l'on est dans l'impossibilité de produire l'acte de leur décès, ou la preuve de leur absence, faute de connaître leur dernier domicile, il peut être procédé à la célébration du mariage des majeurs, sur leur déclaration à serment que le lieu du décès et celui du dernier domicile de leurs ascendants leur sont inconnus. Cette déclaration doit être certifiée aussi par serment des quatre témoins de l'acte de mariage, lesquels affirment que, quoiqu'ils connaissent les futurs époux, ils ignorent le lieu du décès de leurs père et mère et leur dernier domicile. Les officiers de l'état civil doivent faire mention, dans l'acte de mariage, desdites déclarations. »

1380. Un autre avis du Conseil d'Etat, du 30 mars 1808, dispose : « Dans le cas où le nom de l'un des futurs ne serait pas orthographié, dans son acte de naissance, comme celui de son père, et dans celui où l'on aurait omis quelqu'un des prénoms de ses parents, le témoignage des pères et mères ou aïeux, assistant au mariage et attestant l'identité, doit suffire pour procéder à la célébration du mariage. Il doit en être de même dans le cas d'absence des pères et mères ou aïeux, s'ils attestent l'identité dans leur consentement donné en la forme légale. En cas de décès des pères, mères ou aïeux, l'identité est valablement attestée, pour les mineurs, par le Conseil de famille, ou par le tuteur *ad hoc*, et, pour les majeurs, par les quatre témoins de l'acte de mariage. » — « Enfin, dans le cas où les omissions d'une lettre ou d'un prénom se trouvent dans l'acte de décès des pères, mères ou aïeux, la déclaration à serment des personnes dont le consentement est nécessaire pour les mineurs, et celle des parties et des témoins pour les majeurs, doivent aussi être suffisantes, sans qu'il soit nécessaire, dans tous ces cas, de toucher aux registres de l'état civil, qui ne peuvent jamais être rectifiés qu'en vertu d'un jugement. Les formalités susdites ne sont exigibles que lors de l'acte de célébration, et non pour les publications, qui doivent toujours être faites conformément aux notes remises par les parties aux officiers de l'état civil. — En aucun cas, conformément à l'article 100 C. Nap., les déclarations faites par les parents ou témoins ne peuvent nuire aux parties qui ne les ont point requises et qui n'y ont point concouru. »

1381. Si les témoins appelés au mariage ne connaissent pas le décès des pères et mères des futurs mariés, on peut y suppléer par un acte de notoriété dressé par le juge de paix en présence de quatre témoins, comme dans le cas de constatation de l'absence de l'ascendant auquel doit être fait un acte respectueux. Voir le numéro qui suit.

1382. En cas d'absence de l'ascendant auquel eût dû être fait un acte respectueux dans les cas où, aux termes des art. 148 et suivants du C. Nap., le fils et la fille ne peuvent contracter mariage sans le consentement de leurs père et mère ou autres ascendants, il peut être passé outre à la célébration du mariage, en représentant le jugement qui aurait été rendu pour déclarer l'absence ; ou, à défaut de ce jugement, celui qui aurait ordonné l'enquête ; ou, s'il n'y a point encore eu de jugement, un acte de notoriété, délivré par le juge de paix du lieu où l'ascendant a eu son dernier domicile connu. Cet acte contiendra la déclaration de quatre témoins appelés d'office par un juge de paix. C. Nap., 155.

1383. Lorsqu'un individu qui a besoin d'un acte de notoriété pour contracter mariage se trouve dans l'indigence, il y est procédé gratuitement. Le demandeur établit sa proposition en produisant : 1° un certificat du percepteur, justifiant qu'il ne paye pas l'impôt ; 2° un certificat d'indigence délivré par le maire ; il les adresse au procureur impérial, avec une demande en dispense de frais. Le procureur impérial transmet ensuite ces pièces au juge de paix, avec ses réquisitions ; et sur le vu de ces actes, celui-ci dresse l'acte de notoriété sur papier non timbré ; le procès-verbal est enregistré gratis.

1384. On trouvera ci-après quelques autres espèces d'actes de notoriété ou d'individualité, également délivrés par le juge de paix, suivant des dispositions de lois particulières, autres que celles du Code Napoléon.

FORMULE 250. — Acte de notoriété pour suppléer un acte de naissance.
C. Nap., 70 et 71 ; Tarif, 5 et 46.

L'an mil huit cent... le premier janvier, par-devant nous, juge de paix du canton de... assisté du sieur... notre greffier ;

Sont comparus les sieurs... (*noms, prénoms et domiciles des sept témoins.*)

Lesquels nous ont déclaré que le sieur Pierre... est fils légitime de Paul... et de Françoise...; qu'il est né à *tel* endroit, à *telle* époque; qu'ils l'ont vu constamment être l'objet des soins les plus empressés de la part desdits sieur et dame Paul... et Françoise... dont il a constamment été considéré et publiquement reconnu comme l'enfant légitime ; que s'il ne produit point l'acte constatant son état civil, c'est par *telle* circonstance (*indiquer les motifs qui empêchent de rapporter l'acte.*)

De tout quoi nous avons dressé le présent acte de notoriété, pour tenir lieu audit sieur Pierre... de son acte de naissance, conformément à l'art. 70 du Code Napoléon, après homologation dans la forme légale.

Et ont, les témoins susnommés, persisté dans leurs déclarations, qu'ils ont signées avec nous et notre greffier, après que lecture en a été faite. (*Signatures.*)

FORMULE 251. — Acte de notoriété pour suppléer aux actes de décès des père et mère et autres ascendants d'un futur époux majeur.
Avis du Cons. d'Et. du 24 mess. an XIII; Tarif, 5 et 13.

L'an... le...
Par-devant nous, juge de paix...
Est comparu le sieur Pierre...
Lequel, après avoir prêté serment en la forme ordinaire, nous a déclaré qu'il ignore le lieu du décès, ou du dernier domicile du sieur... son père; qu'il requiert que nous entendions le témoignage des sieurs... (*quatre témoins*), à l'appui du fait par lui allégué, et que du tout nous lui accordions acte pour suppléer l'acte de décès dudit sieur... son père, conformément à l'avis du Conseil d'Etat du 27 messidor an XIII.
A quoi obtempérant, nous avons reçu le serment et l'affirmation desdits sieurs... sur l'exactitude du fait déclaré par ledit sieur Pierre, et avons rédigé le présent procès-verbal, qui a été signé par ledit sieur Pierre, par les sieurs... par nous, et par notre greffier. (*Signatures.*)

FORMULE 252. — Acte de notoriété pour suppléer un acte respectueux.
C. Nap., 155; Tarif, 5 et 16.

L'an... le...
Par-devant nous, juge de paix du canton de...
Sont comparus 1° le sieur... 2° le sieur... 3° le sieur... 4° le sieur...
Lesquels nous ont déclaré et affirmé que le sieur Pierre, père du sieur Paul, est absent de son domicile depuis *tant* d'années, sans qu'on sache le lieu de sa résidence actuelle.
Pourquoi le sieur Paul est dans l'impossibilité de lui demander, par acte respectueux, son consentement au mariage qu'il se propose de contracter avec demoiselle...
Pourquoi aussi, et pour lever cette difficulté, il a, en conformité de l'article 155 du Code Napoléon, provoqué le présent procès-verbal, que lesdits comparants ont signé avec nous et notre greffier. (*Signatures.*)

SECTION II. — Rectification des actes de l'état civil.

1385. Quand la rectification des actes de l'état civil sera demandée, il y sera statué, sauf appel, par le tribunal compétent, et sur les conclusions du procureur impérial; les parties intéressées seront appelées s'il y a lieu. C. Nap., 99.

1386. Celui qui voudra faire ordonner la rectification d'un acte de l'état civil présentera requête au président du tribunal de première instance. C. proc., 855.

1387. Il y sera statué sur rapport, et sur les conclusions du ministère public. Les juges ordonneront, s'ils l'estiment convenable, que les parties intéressées seront appelées, et que le Conseil de famille sera préalablement convoqué. C. proc., 856.

**FORMULE 253. — Procès-verbal de la délibération de famille
pour la rectification d'un acte de l'état civil.**

L'an...

A comparu le sieur Charles Richer, tuteur de Marie-Anne Révil ;

Lequel nous a exposé que, dans l'acte de naissance de Marie-Anne Révil, elle a été désignée sous le nom de *Ménil* ; qu'étant de la plus haute importance de faire rectifier cette erreur, il a présenté requête au président du tribunal de première instance de... qu'avant de statuer, le tribunal a ordonné, par jugement du... enregistré, et dont expédition nous a été représentée, que le Conseil de ladite mineure sera préalablement convoqué pour donner son avis sur la rectification demandée ; qu'en conséquence il a, sur notre autorisation, convoque le Conseil de famille devant nous, aux jour et heure de... ainsi que le subrogé tuteur le sieur Jacques Ortis.

Et a signé.

Ont aussi comparu...

Le Conseil, considérant qu'il est à sa connaissance que la mineure Marie-Anne est la fille unique de Pierre Révil et de Jeanne Berni, sa légitime épouse, tous deux décédés ; qu'elle a toujours été reconnue comme telle ; d'où suit que l'erreur de nom est bien certaine, est d'avis, à l'unanimité, qu'il y a lieu de remplacer le nom *Ménil* par le nom *Révil*, dans l'acte de naissance de ladite mineure.

De tout quoi a été dressé le présent procès-verbal... (*Voir ci-dessus les formules de délibérations de famille*, 161 *et suivantes.*)

SECTION III. — Assistance du juge de paix à l'inventaire du mobilier
et des titres d'un absent, après l'absence déclarée.

1388. Après l'absence déclarée, ceux qui auront obtenu l'envoi en possession provisoire, ou l'époux qui aura opté pour la continuation de la communauté, devront faire procéder à l'inventaire du mobilier et des titres de l'absent, en présence du procureur impérial près le tribunal de première instance, ou d'un juge de paix requis par ledit procureur impérial. C. Nap., 126.

Le juge de paix ne dresse pas l'inventaire ; il ne fait que signer. Sa présence doit être constatée.

SECTION IV. — Nomination d'un Conseil par le père à la mère survivante.

1389. Le père est autorisé, par l'article 391 du Code Nap., à nommer à la mère survivante et tutrice un Conseil spécial, sans l'avis duquel elle ne pourra faire aucun acte relatif à la tutelle. — Si le père spécifie les actes pour lesquels le Conseil sera nommé, la tutrice sera habile à faire les autres sans son assistance.

Cette nomination du Conseil ne pourra être faite que de l'une des manières suivantes : 1° par acte de dernière volonté ; — 2° par une déclaration faite ou devant le juge de paix, assisté de son greffier, ou devant notaire. C. Nap., 392.

FORMULE 254. — Nomination d'un Conseil de tutelle à une mère, par le père encore vivant. C. Nap., 392.

L'an... le...

Par-devant nous, juge de paix du canton de...

Est comparu le sieur Salignon, demeurant à...

Lequel, par ces présentes, déclare nommer, pour conseil de tutelle à Mme H. Favier, son épouse, dans le cas où elle lui survivrait, et où elle décéderait avant que tous leurs enfants (*ou* qu'un ou plusieurs de leurs enfants) fussent majeurs, M. Edmond Saladin, ancien notaire à.. qu'il prie de vouloir bien assister son épouse et l'éclairer de ses *sages* avis dans tous les actes qu'elle fera relativement aux faits de la tutelle de leurs enfants (*ou bien :* dans tous les actes de la tutelle autres que ceux de simple perception de fruits et revenus, et d'acquit, ou décharge des mêmes objets).

Desquelles déclaration et nomination. nous, juge de paix susdit, avons fait dresser le présent acte, qui a été signé par ledit sieur Salignon, par nous et le greffier, les jour, mois et an mentionnés ci-dessus.

Fait, etc.

SECTION V. — De la prestation de serment de l'expert chargé d'estimer les meubles que les père et mère veulent conserver en nature.

1390. Les père et mère, tant qu'ils ont la jouissance propre et légale des biens du mineur, sont dispensés de vendre les meubles, s'ils préfèrent les garder pour les remettre en nature. — Dans ce cas, ils en feront faire, à leurs frais, une estimation à juste valeur, par un expert qui sera nommé par le subrogé tuteur, et prêtera serment devant le juge de paix. Ils rendront la valeur estimative de ceux des meubles qu'ils ne pourraient représenter en nature. C. Nap., 453.

FORMULE 255. — Nomination d'un expert pour estimer les meubles que les père et mère veulent conserver en nature.

L'an... le...

Devant nous, juge de paix du canton de... assisté de... notre greffier, s'est présenté le sieur Charles Richer, tuteur de ses enfants mineurs... lequel, désirant garder, pour les remettre en nature, les meubles échus à ses enfants de la succession de leur mère, a requis le sieur Jacques Ortis, subrogé tuteur desdits enfants, de nommer un expert pour faire l'estimation desdits meubles à juste valeur.

S'est également présenté le sieur Jacques Ortis, qui a dit que, sur réquisition du tuteur, il a nommé, pour procéder à l'estimation, le sieur Jean Valin, demeurant en cette ville, rue...

Et nous ont, lesdits sieurs Charles Richer et Jacques Ortis, requis de recevoir le serment dudit sieur Jean Valin, et ont signé. (*Signatures.*)

A l'instant le sieur Jean Valin a prêté en nos mains le serment de faire l'estimation desdits meubles à juste valeur.

Dont acte...

Et ont, lesdits sieurs Richer, Ortis et Valin, signé avec nous et notre greffier, lesdits jour, mois et an que devant. (*Signatures.*)

SECTION VI. — Testament reçu par le juge de paix, en cas de peste ou de maladie contagieuse.

1391. Les testaments faits dans un lieu avec lequel toute communication sera interceptée à cause de la peste, ou autre maladie contagieuse, pourront être faits devant le juge de paix, ou devant l'un des officiers municipaux de la commune, en présence de deux témoins. C. Nap., 985.

Cette disposition aura lieu, tant à l'égard de ceux qui seraient attaqués de ces maladies, que de ceux qui seraient dans les lieux qui en sont infectés, encore qu'ils ne fussent pas actuellement malades. C. Nap., 986.

Les testaments mentionnés aux deux précédents articles deviendront nuls six mois après que les communications auront été rétablies dans le lieu où le testateur se trouve, ou six mois après qu'il aura passé dans un lieu où elles ne seront point interrompues. C. Nap., 987.

FORMULE 256. — Testament reçu par le juge de paix.

L'an... le...

Devant nous, juge de paix du canton de... assisté de notre greffier,

A comparu le sieur... qui a dit que, vu la maladie contagieuse qui règne dans la présente ville de... et les communications interceptées, il nous prie de recevoir ses dispositions testamentaires, conformément à la loi, en présence des sieurs... (*noms, prénoms, professions et demeures des deux témoins*).

Nous, juge de paix, déférant à cette réquisition, et attendu que les communications sont officiellement interrompues, avons reçu et littéralement dicté à... notre greffier, qui les a écrites, les dispositions testamentaires dudit sieur... telles qu'il les a lui-même prononcées, et au fur et à mesure qu'il les a exprimées, sain d'esprit et de corps (*ou malade de corps mais sain d'esprit*), ainsi qu'il suit :

Je donne et lègue... (*transcrire les dernières dispositions du testateur*).

Le présent testament a été fait, depuis le commencement jusqu'à la fin, en présence des deux témoins sus-dénommés ; et il en a été fait lecture en entier au testateur et aux témoins, en présence les uns des autres; ledit testateur a déclaré, toujours en présence desdits témoins, que ledit testament est en tout point conforme à sa volonté, et qu'il y persiste; et il a signé avec lesdits témoins, nous et notre greffier. (*Signatures.*)

Ou : et le testateur a déclaré ne savoir écrire ni signer, de ce par nous interpellé en présence desdits témoins ; et ont les témoins signé avec nous et notre greffier, après lecture de tout ce que ci-dessus. (*Signatures.*)

SECTION VII. — Attributions des juges de paix en cas d'action pour vices rédhibitoires.

1392. La loi du 20 mai 1838, relative aux vices rédhibitoires, dans les ventes et échanges d'animaux domestiques, impose aux juges de paix l'obligation de faire des constatations par experts :

1° *Pour le cheval, l'âne ou le mulet*, dans le cas de fluxion périodique des yeux, d'épilepsie ou de mal caduc, de morve, de farcin, des maladies anciennes de poitrine, ou vieilles courbatures, d'immobilité, de pousse, de cornage chronique, de tic sans usure des dents, de hernies inguinales intermittentes, de boiterie intermittente pour cause de vieux mal ;

2° *Pour l'espèce bovine*, dans les cas de phthisie pulmonaire, d'épilepsie, de mal caduc, des suites de la non-délivrance, après le part chez le vendeur, de renversement du vagin ou de l'utérus, après le part chez le vendeur ;

3° *Pour l'espèce ovine*, dans le cas de clavelée (cette maladie, reconnue chez un seul animal, entraîne la rédhibition de tout le troupeau. La rédhibition n'a lieu que si le troupeau porte la marque du vendeur) ; de sang-de-rate (cette maladie n'entraîne la rédhibition du troupeau qu'autant que, dans le délai de la garantie, sa perte constatée s'élève au quinzième au moins des animaux achetés ; dans ce dernier cas, la rédhibition n'a lieu également que si le troupeau porte la marque du vendeur). Art. 1er.

1393. L'action en réduction du prix, autorisée par l'art. 1644 du Code Napoléon, ne peut être exercée dans les ventes et échanges d'animaux énoncés dans l'art. 1er ci-dessus. Art. 2.

1394. Le délai pour intenter l'action rédhibitoire est, non compris le jour fixé pour la livraison, de trente jours pour le cas de fluxion périodique des yeux, et d'épilepsie ou mal caduc, et de neuf jours pour tous les autres cas. Art. 3.

Si la livraison de l'animal a été effectuée, ou s'il a été conduit, dans les délais ci-dessus, hors du lieu du domicile du vendeur, les délais sont augmentés d'un jour par cinq myriamètres de distance du domicile du vendeur au lieu où l'animal se trouve. Art. 4.

1395. Dans tous les cas, l'acheteur, à peine d'être non recevable, est tenu de provoquer, dans les délais de l'art. 3, la nomination d'experts chargés de dresser procès-verbal ; la requête est présentée au juge de paix du lieu où se trouve l'animal. Ce juge nomme immédiatement, suivant l'exigence des cas, un ou trois experts qui doivent opérer dans le plus bref délai. Art. 5.

1396. La demande est dispensée du préliminaire de conciliation, et l'affaire instruite et jugée comme matière sommaire. Art. 6.

1397. Si, pendant la durée des délais fixés par l'article 3, l'animal vient à périr, le vendeur n'est pas tenu de la garantie, à moins que l'acheteur ne prouve que la perte de l'animal provient de l'une des maladies spécifiées dans l'art. 1er. Art. 7.

1398. Le vendeur est dispensé de la garantie résultant de la morve et du farcin pour le cheval, l'âne et le mulet, et de la clavelée pour l'espèce ovine, s'il prouve que l'animal, depuis la livraison, a été mis en contact avec des animaux atteints de ces maladies. Art. 8.

FORMULE 257. — Requête et ordonnance pour un cas rédhibitoire.

A M. le juge de paix du canton de... expose le sieur Pierre Chaly, fermier, demeurant à... que le samedi 26 avril courant, il a acheté au marché de... du sieur Jean Bastard, marchand de chevaux, y domicilié, une jument au prix de six cents francs ; que l'exposant a reconnu que ladite jument est affectée de boiterie intermittente pour cause de vieux mal, maladie qui constitue un vice rédhibitoire. En conséquence, il demande qu'il vous plaise nommer un ou trois experts pour visiter ledit animal et en constater l'état dans le plus bref délai.

A... le... 1854. (*Signature.*)

Nous, juge de paix...

Vu la requête ci-dessus et la loi du 20 mai 1838,

Nommons d'office le sieur Saillour, vétérinaire, domicilié en cette ville, lequel, informé de cette commission, s'est présenté, a déclaré l'accepter, a prêté en nos mains le serment requis, et s'est immédiatement rendu au lieu où se trouve le susdit animal, pour en constater l'état, et dresser du tout son rapport ; et a, ledit vétérinaire, signé avec nous.

Cejourd'hui 24 mars 1854. (*Signatures.*)

FORMULE 258. — Requête, ordonnance et procès-verbal relatifs à la constatation d'un vice rédhibitoire, par un seul acte.

L'an .. et le... devant nous, juge de paix du canton de... assisté de... notre greffier,

A comparu le sieur Pierre Chaly, fermier, demeurant à... lequel nous a exposé que, le samedi 26 avril courant, il a acheté au marché de... du sieur Jean Bastard, marchand de chevaux, y domicilié, une jument, au prix de six cents francs ; que le comparant a reconnu que ladite jument est affectée de boiterie intermittente pour cause de vieux mal, maladie qui constitue un vice rédhibitoire ; en conséquence, il nous prie de nommer un ou trois experts pour visiter, en notre présence, ledit animal et en constater l'état, et il a signé. (*Signature.*)

Nous, juge de paix, nommons d'office, pour procéder aux fins requises, le sieur Saillour, demeurant en cette ville, rue... lequel s'est transporté avec nous et notre greffier à la ferme du sieur Chaly, où étant, après avoir reçu le serment préalable de l'expert, ledit sieur Chaly a représenté une jument sous poil brun, tondue de la moitié supérieure du corps, avec cicatrices sur les deux épaules, âgée de six ans, taille de un mètre quatre-vingts centimètres. Ledit vétérinaire a fait atteler ladite jument, et l'a soumise à un exercice ; et nous a rapporté que... cependant, elle se trouve exempte de maladies aiguës; desquelles circonstances ledit vétérinaire a conclu que ladite bête était atteinte de boiterie intermittente pour cause de vieux mal, vice rédhibitoire signalé dans l'article ** de la susdite loi du 20 mai 1838.

Cette constatation ainsi terminée, nous avons accordé taxe audit expert, sur sa demande, d'une somme de 5 fr.; avons autorisé le sieur... à garder la susdite jument en fourrière pendant le litige et avons dressé le présent procès-verbal qui à été signé par le sieur Chaly et par le vétérinaire, par nous et par le greffier, après lecture faite. (*Signatures.*)

SECTION VIII. — Du procès-verbal à dresser par le juge de paix en cas de refus du conservateur des hypothèques d'opérer une inscription ou mutation.

1599. Dans aucun cas les conservateurs des hypothèques ne peuvent refuser ni retarder la transcription des actes de mutation, l'inscription des droits hypothécaires, ni la délivrance des certificats requis, sous peine de dommages et intérêts des parties ; à l'effet de quoi, procès-verbaux des refus ou retardements seront, à la diligence des requérants, dressés sur-le-champ, soit par un juge de paix, soit par un huissier audiencier du tribunal, soit par un autre huissier ou un notaire assisté de deux témoins. C. Nap., 2199.

FORMULE 259. — **Procès-verbal pour constater le refus d'un conservateur des hypothèques.**

Cejourd'hui... par-devant nous, juge de paix, etc., s'est présenté le sieur Brun (*prénoms, profession, domicile*), lequel nous a exposé que le conservateur des hypothèques de l'arrondissement refuse (*ou* retarde) la transcription d'un acte de mutation qui lui a été remis (*fixer l'époque*) par l'exposant (*ou* l'inscription des droits hypothécaires, *ou* la délivrance des certificats dont il a été requis par l'exposant) ; et comme ce refus (*ou* cette négligence) peut causer un préjudice notable audit sieur Brun, il nous a requis de le (*ou* la) constater, aux termes de l'article 2199 C. Nap., et a signé.

Nous, dit juge de paix, obtempérant à cette demande, nous sommes immédiatement transporté au bureau de la conservation des hypothèques, où étant, nous avons fait part à M. le conservateur de la réclamation du sieur Brun, à quoi il a été répondu (*énoncer les motifs du refus ou du retard*).

De tout quoi nous avons dressé procès-verbal pour servir et valoir ce que de raison, etc.

CHAPITRE II. — **Attributions extrajudiciaires des juges de paix, résultant du Code de procédure.**

SECTION I. — Déclaration d'un tiers saisi devant le juge de paix de son domicile.

1400. Le tiers saisi assigné fera sa déclaration, et l'affirmera au greffe, s'il est sur les lieux, sinon devant le juge de paix de son domicile, sans qu'il soit besoin, dans ce cas, de réitérer l'affirmation au greffe. C. proc., 571.

La déclaration et l'affirmation pourront être faites par procuration spéciale. C. proc., 572.

1401. La déclaration énoncera les causes et le montant de la dette ; les payements à compte, si aucuns ont été faits ; l'acte ou les causes de libération, si le tiers saisi n'est plus débiteur, et, dans tous les cas, les saisies-arrêts ou oppositions formées entre ses mains. C. proc., 573.

1402. Les pièces justificatives de la déclaration seront annexées à cette déclaration ; le tout sera déposé au greffe, et l'acte de dépôt sera signifié par un seul acte contenant constitution d'avoué. C. proc., 574.

1403. Le tiers saisi qui a fait la déclaration devant le juge de paix, en lève une expédition et l'envoie à l'avoué qu'il doit constituer près le tribunal saisi de la demande, lequel en fait le dépôt au greffe, ainsi que des pièces justificatives. Les frais de cette expédition doivent être ensuite remboursés au tiers saisi par la partie qui succombe. Chauveau sur Carré, *question* 1962 *quater*.

FORMULE 260. — Déclaration et affirmation d'un tiers saisi.
C. proc. , 570 et suiv. — Droit d'expédition pour le greffier.

L'an,.. devant nous... a comparu le sieur Jacques Faure, agriculteur, domicilié à... lequel a dit qu'il a été fait, entre ses mains, une saisie-arrêt, par exploit de... pour une somme de... et qu'il a été cité depuis en déclaration, par autre exploit du... desquels exploits il a représenté les copies ; requérant qu'il nous plaise recevoir sa déclaration et affirmation, et il a signé.

Il nous a déclaré ensuite, qu'en vertu de la procuration du sieur... passée devant Mᵉ... etc., il a touché de divers... la somme de... Mais que, par suite des pavements faits audit sieur... en date des... (*les énoncer*) il ne reste plus son débiteur que de la somme de... qu'il est prêt et offre de payer à qui par justice sera ordonné, sous la réserve de retenir par ses mains les frais de la présente déclaration et ses suites, dont il sera en tout cas payé par privilège. (*Si des oppositions existent dans ses mains, il ajoute :* il déclare en outre qu'à la requête du sieur... il a déjà été formé une saisie-arrêt pour sûreté d'une somme de... par exploit du ministère de... en date du...) A l'appui de la présente déclaration, qu'il affirme sincère et véritable, le comparant a produit la procuration, les quittances et l'exploit de saisie-arrêt du sieur... dont il est parlé ci-dessus ; et a, ledit sieur Faure, signé avec nous et notre greffier. (*Signatures.*)

SECTION II. — Assistance du juge de paix à l'ouverture des portes, en cas de saisie-exécution.

1404. Si les portes sont fermées, ou si l'ouverture en est refusée, l'huissier qui procédera à une saisie-exécution pourra établir gardien aux portes pour empêcher le divertissement : il se retirera sur-le-champ, sans assignation, devant le juge de paix, ou, à son défaut, devant le commissaire de police, et, dans les communes où il n'y en a pas, devant le maire, et, à défaut, devant l'adjoint, en présence desquels l'ouverture des portes, même celles des meubles fermants, sera faite au fur et à mesure de la saisie. L'officier qui se transportera ne dressera point de procès-verbal ; mais il signera celui de l'huissier, lequel ne pourra dresser du tout qu'un seul et même procès-verbal. C. proc., 587.

1405. Si le saisi est absent, et qu'il y ait refus d'ouvrir aucune pièce ou meuble, l'huissier en requerra l'ouverture ; et, s'il se trouve des papiers, il requerra l'apposition des scellés par l'officier appelé pour l'ouverture. C. proc., 591.

L'apposition ne doit pas être, comme l'ouverture des portes, pièces et meubles, constatée seulement par le procès-verbal de la saisie; il est, en effet, nécessaire que le fonctionnaire dresse séparément celui d'apposition, afin de se guider dans la levée qu'il aura à faire des scellés, dès que le saisi l'en requerra.

Cette levée des scellés se fait sans description, mais aux frais du saisi, puisque c'est dans son intérêt qu'ils ont été apposés.

1406. Le procès-verbal se fait, en pareil cas, dans la forme ordinaire. Voir les formules ci-dessus, titre VIII, pag. 430 et suiv.

SECTION III. — Etablissement d'un gérant à l'exploitation en cas de saisie d'animaux et d'ustensiles.

1407. En cas de saisie d'animaux et ustensiles servant à l'exploitation des terres, le juge de paix pourra, sur la demande du saisissant, le propriétaire et le saisi entendus ou appelés, établir un gérant à l'exploitation. C. proc., 594.

FORMULE 261. — Procès-verbal d'établissement du gérant.

L'an...
Devant nous... assisté de...
A comparu le sieur Pierre Lamarre, propriétaire, domicilié à... lequel a exposé qu'en vertu du jugement en date du... il a fait pratiquer une saisie-exécution contre le sieur Jacques Harec, agriculteur, fermier du domaine de la Rive, situé commune de... y domicilié ; que l'exploitation dudit domaine est fort importante; que des difficultés se sont élevées sur la saisie; qu'il est à craindre qu'on ne puisse de longtemps procéder à la vente, et qu'il importe pour les créanciers et le saisi lui-même qu'un gérant soit établi pour l'exploitation; qu'en conséquence il a, par exploit de... fait citer devant nous le sieur Jacques Harec pour voir nommer un gérant.
A également comparu ledit sieur Jacques Harec, fermier, lequel a dit que, quoique malade depuis longtemps, il pouvait cependant faire faire les labours de ses fermes.
Sur quoi, nous, juge de paix, vu le procès-verbal de saisie, et procédant en vertu de l'article 594 du Code de procédure civile ;
Nommons à l'exploitation du domaine de la Rive le sieur Pierre Ducis, agriculteur, domicilié en ladite commune, et ce, jusqu'au jour de la vente ou de la levée des oppositions ou saisies, avec toutes les attributions attachées à cette qualité, et moyennant un salaire de cinq francs par jour, laquelle fonction ledit sieur Pierre Ducis, ici présent, a déclaré accepter, et il a prêté en nos mains le serment de la bien remplir.
Et ont les sieurs Lamarre, Harec et Ducis signé avec nous et notre greffier, après lecture faite. (*Signatures.*)

CHAPITRE III. — Attributions extrajudiciaires des juges de paix, résultant du Code de commerce, ou se rapportant aux matières commerciales.

SECTION I. — Attributions du juge de paix en cas de refus ou contestation pour la réception d'objets transportés, entre le destinataire et le voiturier.

1408. En cas de refus ou contestation pour la réception des objets transportés, leur état est vérifié et constaté par des experts nommés par le président du tribunal de commerce, ou, à son défaut, par le juge de paix, et par ordonnance au pied d'une requête. Le dépôt ou sequestre, et ensuite le transport dans un dépôt public, peuvent en être ordonnés. La vente peut en être ordonnée en faveur du voiturier, jusqu'à concurrence du prix de la voiture. C. com., 106.

Ces dispositions sont communes aux maîtres de bateaux, entrepreneurs de diligences et voitures publiques. C. com., 107.

FORMULE 262. — Requête et ordonnance pour constatation, dépôt et vente de marchandises.

A M... le juge de paix du canton de...

Expose le sieur Pierre Hugues, voiturier, qu'il a transporté pour le compte du sieur Lucas, marchand de cette commune, depuis la ville de... jusqu'a... huit balles, pesant ensemble... et déclarées contenir... suivant la lettre de voiture ci-jointe;

Qu'il a fait rendre, dans le délai fixe par ladite lettre de voiture, lesdites marchandises au devant du magasin dudit sieur Lucas, lequel a refusé de les recevoir, sous prétexte qu'il ne les a pas demandées.

En cet état, comme il importe à l'exposant d'être déchargé desdites marchandises et de toucher le montant de sa voiture, il demande qu'il vous plaise vous transporter au lieu où se trouve la marchandise, pour en constater l'état avec experts nommés d'office, en ordonner le dépôt, et autoriser la vente d'une partie jusqu'à concurrence du montant de la voiture, et des frais à faire. (*Signature*)

Nous, juge de paix,

Vu la requête ci-dessus, et la lettre de voiture y jointe, procédant en vertu de l'article 106 du Code de commerce;

Nommons d'office, pour nous assister dans la visite et constatation des susdites balles, le sieur... (*nom et qualités de l'expert*); disons que cette opération aura lieu cejourd'hui même, à deux heures après midi, en présence du sieur Lucas, ou lui dûment appelé, pour, après la constatation, être statué ce qu'il appartiendra. (*Signature.*)

FORMULE 263. — Constatation de l'état des marchandises et ordonnance de vente.

L'an... nous... assisté... en vertu de l'ordonnance ci-dessus, nous sommes transporté à... où étant, a comparu ledit sieur Hugues, qui a persisté dans ses réquisitions; a également comparu le sieur Hardy, expert, qui a offert de procéder, et a prêté le serment requis; a également comparu ledit sieur

Lucas, qui a dit qu'il n'a pas fait la demande de ladite marchandise, et a persisté à la refuser.

En conséquence, nous avons vérifié les susdites huit balles, et avons reconnu, conjointement avec l'expert, qu'elles sont en bon état et complétement exemptes d'avaries ; nous avons ordonné qu'elles seraient déposées chez... où elles ont été immédiatement transportées, pour y rester aux risques de qui il appartiendra. Desquels dépôt et séquestre celui-ci s'est chargé pour les représenter en temps et lieu ; attendu que le voiturier ne peut ni ne doit attendre l'issue de la contestation, pour recevoir le montant de sa voiture, nous avons fait ouvrir une balle, de laquelle il a été extrait... (*désigner les objets*); nous avons fait recoudre et ficeler ladite balle, et avons ordonné que lesdites marchandises extraites seront vendues par M. le commissaire-priseur, que le prix servira à payer : 1° le montant de la voiture ; 2° les frais de transport desdites balles au lieu du dépôt ; les frais faits et à faire, et que le surplus, s'il y en a, sera remis entre les mains du dépositaire des effets, qui représentera le tout à qui de droit.

Et avons signé avec les susdites parties, l'expert et le greffier, après lecture faite. (*Signatures.*)

SECTION II. — Déclaration de francisation d'un navire.

1409. Tout armateur, en présentant congé et titres de propriété d'un bâtiment nouvellement construit, sera tenu de déclarer, en présence d'un juge de paix, et signer sur le registre des bâtiments français, qu'il est propriétaire du bâtiment, qu'aucun étranger n'y est intéressé directement ni indirectement, et que sa dernière cargaison d'arrivée des colonies, ou comptoirs français, ou sa cargaison actuelle de sortie pour les colonies, ou comptoirs français, n'est point un armement en commission, ni propriété étrangère. Décret des 21-24 septembre 1793, art. 2.

1410. D'après l'art. 12 de la loi du 27 vendémiaire an II (21 septembre 1793), le serment à prêter par le propriétaire avant la délivrance des congé et acte de francisation, sera en cette forme : — ... (*nom, état, domicile*), jure et affirme que (*nom du bâtiment, du port auquel il appartient*), est un (*espèce, tonnage du bâtiment, et description suivant le certificat du mesureur-vérificateur*), a été construit à... (*lieu de construction*), en... (*année de construction ; s'il a été pris ou confisqué, ou perdu sur la côte, exprimer le lieu, le temps des jugements et vente*); que je suis seul propriétaire dudit bâtiment, ou conjointement avec... (*nom, état, domicile des intéressés*), et qu'aucune autre personne quelconque n'y a droit, titre, intérêt, portion ou propriété; que je suis citoyen de France, soumis et fidèle à la constitution des Français, ainsi que les associés ci-dessus (*s'il y en a*); qu'aucun étranger n'est directement ou indirectement intéressé dans le susdit bâtiment.

1411. La loi du 13 mai 1791 et celle du 27 vendémiaire an II, encore en vigueur aujourd'hui, s'opposent également à ce que des étrangers puissent être propriétaires pour une portion quelconque de navires français. Mais une modification y a été apportée par l'art. 11 de la loi du 9 juin 1845, qui exige seulement, pour qu'un navire soit réputé français, que la moitié au moins appartienne à des Français.

FORMULE 264. — Procès-verbal de serment en cas de francisation d'un navire.

L'an... le...

Est comparu devant nous... juge de paix du canton de... arrondissement de... département de... le sieur... armateur patenté de... classe, le... sous le n°... demeurant à...

Lequel nous a déclaré : 1° avoir fait construire le... à... un navire, du port de... tonneaux, auquel il a été donné le nom de... et qui est commandé par le sieur...; 2° avoir fait procéder au jaugeage dudit navire par le sieur... jaugeur juré à... dont il nous représente l'attestation vérifiée et approuvée par les contrôleur et visiteur des douanes de... en date du... enregistrée le... à...; et, voulant être reconnu armateur de ce navire, dont il nous a représenté le congé et le titre de propriété, et le faire naviguer sous pavillon français, tant au grand et au petit cabotage, qu'au long cours (*ou à l'un de ces objets seulement*), il nous a demandé de le recevoir à la prestation de serment prescrite en pareil cas, et a signé. (*Signature.*)

Vu le certificat ci-dessus daté et représenté, lequel est ainsi conçu... (*copier littéralement le certificat de jaugeage*), au pied duquel certificat est écrite l'approbation suivante : (*copier la vérification et l'approbation de la douane.*)

Nous, juge de paix du susdit canton de... attendu qu'il est constant que le sieur... est citoyen français;

Avons pris et reçu de lui le serment qu'il a présentement fait devant nous, la main levée, de se conformer aux lois sur les armements; en ajoutant, toujours sous la foi de son serment, que son navire est de construction française.

De tout quoi nous avons dressé le présent, pour valoir au besoin, les jour, mois et an susdits, et avons signé avec notre greffier.

FORMULE 265. — Déclaration en cas de perte des premières lettres de francisation.

L'an... le...

Lequel nous a déclaré qu'il est propriétaire du navire le... capitaine *un tel*, du port de... jaugeant *tant* de tonneaux, pour lequel il avait obtenu les passe-ports nécessaires pour le faire naviguer au grand et au petit cabotage, et au long cours, en vertu d'un acte de francisation délivré par... le...; mais que, par *tel accident*, tous ses papiers ont été perdus, ce qui oblige le comparant à franciser une seconde fois son navire; c'est pourquoi il l'a fait jauger de nouveau le... par... dont le certificat, qu'il nous représente, est approuvé par les contrôleur et visiteur des douanes de... et enregistré à... le...

En conséquence, après nous avoir présenté le congé et les titres de propriété dudit navire, le comparant a requis qu'il nous plût le recevoir à la prestation du serment prescrit en pareil cas, et a signé (*relater sa signature*).

(*Le surplus comme plus haut.*)

SECTION III. — Autorisation au capitaine de navire de mettre en gage ou de vendre la cargaison pour les besoins du navire en cours de voyage.

1412. Si, pendant le cours du voyage, il y a nécessité de radoub, ou d'achat de victuailles, le capitaine, après l'avoir constaté par un procès-verbal signé des principaux de l'équipage, peut, en se faisant autoriser, en France, par le tribunal de commerce, ou, à défaut, par le juge de paix ; chez l'étranger, par le consul français, ou, à défaut, par le magistrat des lieux, emprunter sur le corps et quille du vaisseau, mettre en gage ou vendre des marchandises, jusqu'à concurrence de la somme que les besoins constatés exigent. Code com., 234.

FORMULE 266. — Requête et ordonnance pour autoriser le capitaine à emprunter, mettre en gage ou vendre.

A M. le juge de paix du canton de... expose le sieur Surcouf, capitaine du brick *le Harpon*, amarré dans ce port, qu'ayant éprouvé en mer une avarie considérable, il a été forcé de faire relâche pour faire les radoubs nécessaires ; et, comme ce contre-temps a entraîné la consommation des vivres dont il était approvisionné, ainsi que le prouve le procès-verbal ci-joint, signé des principaux de son équipage, l'exposant demande qu'il vous plaise l'autoriser à emprunter sur le corps et quille de son navire (*ou* à mettre en gage, *ou* à vendre des marchandises) jusqu'à concurrence de la somme de... estimée indispensable. (*Signature.*)

Nous, juge de paix,

Vu la requête ci-dessus et le certificat y joint ;

Procédant en vertu de l'article 234 du Code de commerce ;

Autorisons le sieur Surcouf, capitaine du brick *le Harpon*, à emprunter sur le corps et quille dudit (*ou* à mettre en gage, *ou* à vendre) jusqu'à concurrence de la somme de...

Donné à... le... (*Signature.*)

SECTION IV. — Rapport d'un capitaine à l'arrivée au port de destination, ou dans un port de relâche, ou après un naufrage.

1413. Le capitaine est tenu, dans les vingt-quatre heures de son arrivée au port, de faire viser son registre, et de faire son rapport. — Le rapport doit énoncer le lieu et le temps de son départ, la route qu'il a tenue, les hasards qu'il a courus, les désordres arrivés dans le navire, et toutes les circonstances remarquables de son voyage. C. com., 242.

Le rapport est fait au greffe, devant le président du tribunal de commerce. Dans les lieux où il n'y a pas de tribunal de commerce, le rapport est fait au juge de paix de l'arrondissement. Le juge de paix qui a reçu le rapport est tenu de le renvoyer, sans délai, au président du tribunal de commerce le plus voisin.

Dans l'un et l'autre cas, le dépôt en est fait au greffe du tribunal de commerce. C. com., 243.

1414. Si, pendant le cours du voyage, le capitaine est obligé de relâcher dans un port français, il est tenu de déclarer au président du tribunal de commerce du lieu les causes de sa relâche. Dans les lieux où il n'y a pas de tribunal de commerce, la déclaration est faite au juge de paix du canton. Si la relâche forcée a lieu dans un port étranger, la déclaration est faite au consul de France, ou, à son défaut, au magistrat du lieu. C. com., 245.

1415. Le capitaine qui a fait naufrage et qui s'est sauvé seul ou avec partie de son équipage, est tenu de se présenter au juge du lieu, ou, à défaut de juge, devant toute autre autorité civile, d'y faire son rapport, de le faire vérifier par ceux de son équipage qui se seraient sauvés et se trouveraient avec lui, et d'en lever expédition. C. com., 246.

1416. Pour vérifier le rapport du capitaine, le juge reçoit l'interrogatoire des gens de l'équipage et, s'il est possible, des passagers, sans préjudice des autres preuves. Les rapports non vérifiés ne sont point admis à la décharge du capitaine et ne font point foi en justice, excepté dans le cas où le capitaine naufragé s'est sauvé seul dans le lieu où il a fait son rapport. La preuve des faits contraires est réservée aux parties. C. com., 247.

1417. Le capitaine ne peut abandonner son navire pendant le voyage, pour quelque danger que ce soit, sans l'avis des officiers et principaux de l'équipage; et, en ce cas, il est tenu de sauver avec lui l'argent et ce qu'il pourra des marchandises les plus précieuses de son chargement, sous peine d'en répondre en son propre nom. Si les objets ainsi tirés du navire sont perdus par quelque cas fortuit, le capitaine en demeure déchargé. C. com., 241.

FORMULE 267. — Rapport d'un capitaine de navire à l'arrivée dans un port.

L'an mil huit cent... le... par-devant nous, président du tribunal de commerce de... (ou juge de paix de... ou consul de France à...)

A comparu M... capitaine du navire le... appartenant à M... armateur, demeurant à...

Lequel nous a représenté son livre de bord, qui s'est trouvé sans blancs ni lacunes, commencé à la page... pour le présent voyage, et finissant à la page... sur lequel registre il nous a requis d'apposer notre visa, ce que nous avons à l'instant exécuté.

Ce fait, M... nous a rapporté qu'après être parti le... du port de... il s'est dirigé vers... lieu de sa destination, en passant par... et qu'il y est arrivé le... sans que son voyage d'aller ait été marqué par aucun événement.

Qu'après avoir vendu et livré sa cargaison de... et avoir pris un chargement nouveau de... il a mis à la voile pour le retour, le... par un vent de... et a tenu *telle route.*

Qu'arrivé à la hauteur de... le... il a éprouvé tel coup de vent et a été obligé de relâcher le... à... comme le constate le procès-verbal du... que dans ce port il a fait faire à son navire *telle* réparation dont l'urgence a été constatée par procès-verbal du... que pour subvenir à cette dépense il a été autorisé par décision de M... consul de France, au port de... à vendre quinze pièces d'huile, faisant partie de sa cargaison et appartenant à... suivant le connaissement dont le comparant est porteur.

Qu'il est reparti de... le... et est arrivé le... à... par un vent de... qu'il y a rencontré... pilote lamaneur de la nation de... qui l'a entré dans la rade... à.. heures du matin.

Duquel rapport il nous a requis acte, que nous lui avons octroyé.

Et ledit sieur... a signé avec nous après lecture. (*Signatures.*)

FORMULE 268. — Déclaration du capitaine en cas de relâche forcée.

(*Suivre la formule précédente jusqu'à la mention de la relâche, comme suit :*)

Il s'est vu obligé de relâcher dans le présent port, où il se propose de faire faire au navire les radoubs nécessaires ; déclarant le comparant faire la présente déclaration pour se conformer à l'art. 245 du Code de commerce.

Dont acte, et a le comparant signé avec nous et notre greffier, après lecture faite. (*Signatures.*)

FORMULE 269. — Rapport du capitaine et interrogatoire des gens de l'équipage et des passagers, après le naufrage.

L'an... devant nous... a comparu le sieur Surcouf, capitaine du navire *le Harpon*, qui nous a déclaré qu'il est parti de... qu'il a tenu la route de... qu'arrivé à la hauteur de... il a été assailli par une tempête qu'il n'a pas été possible de gouverner, et qu'il a échoué sur des brisants ; qu'en vue de faire vérifier ces faits, il a invité les gens de son équipage et passagers qui ont pu se sauver avec lui à faire procéder à leur interrogatoire, et il a signé. (*Signature.*)

Nous, juge de paix, avons donné acte au comparant de son rapport, et aussitôt avons procédé à l'interrogatoire des gens de mer et passagers, ainsi qu'il suit :

1° A comparu le sieur (un des officiers), lequel, après avoir prêté serment de dire la vérité, a déclaré se nommer... (*nom, prénoms, âge, qualité et demeure*) ; interpellé sur les faits relatifs au naufrage, il a déclaré...

Lecture faite au témoin de sa déclaration, il a dit persister, et il a signé avec nous et le greffier ;

2°...

Et, de tout ce que dessus, avons fait et dressé le présent procès-verbal, et l'avons signé avec notre greffier. (*Signatures.*)

FORMULE 270. — Rapport d'un capitaine, après abandon de son navire.

L'an... devant nous... juge de paix du canton de... assisté de... notre greffier,

A comparu le sieur... demeurant à... capitaine du navire le... du port de... armé par le sieur... jaugeant... tonneaux.

Lequel nous a déclaré qu'il est parti le... du port de... pour la destination de... qu'il a suivi la route de... que, par le résultat de... (*tel accident*), son navire ayant été mis dans l'impossibilité de tenir la mer, il s'est vu obligé de l'abandonner, après avoir pris l'avis des officiers et des principaux de l'équipage ; qu'il n'a pu sauver que *telle* somme (*ou telles marchandises*), et qu'il est arrivé en ce port cejourd'hui...

Duquel rapport nous avons dressé le présent acte, qui a été signé par ledit capitaine, par nous et notre greffier, après lecture faite. (*Signatures.*)
(*Interrogatoire des gens de l'équipage et des passagers comme ci-dessus.*)

SECTION V. — Etat des pertes et dommages en cas de jet à la mer.

1418. Si, par tempête ou par la chasse de l'ennemi, le capitaine se croit obligé, pour le salut du navire, de jeter en mer une partie de son chargement, de couper ses mâts ou d'abandonner ses ancres, il prend l'avis des intéressés au chargement qui se trouvent dans le vaisseau et des principaux de l'équipage. S'il y a diversité d'avis, celui du capitaine et des principaux de l'équipage est suivi. Code com., 410.

1419. Le capitaine est tenu de rédiger par écrit la délibération, aussitôt qu'il en a les moyens. La délibération exprime les motifs qui ont déterminé le jet, les objets jetés ou endommagés. Elle présente la signature des délibérants, ou les motifs de leur refus de signer. Elle est transcrite sur le registre. C. com., 412.

1420. Au premier port où le navire abordera, le capitaine est tenu, dans les vingt-quatre heures de son arrivée, d'affirmer les faits contenus dans la délibération transcrite sur le registre. Code com., 413.

1421. L'état des pertes et dommages est fait dans le lieu du déchargement du navire, à la diligence du capitaine et par experts. Les experts sont nommés par le tribunal de commerce, si le déchargement se fait dans un port français. Dans les lieux où il n'y a pas de tribunal de commerce, les experts sont nommés par le juge de paix. Ils sont nommés par le consul de France, et, à son défaut, par le magistrat du lieu, si la décharge se fait dans un port étranger. Les experts prêtent serment avant d'opérer. C. com., 414.

FORMULE 271. — **Requête et ordonnance pour la nomination d'experts dans le cas de jet à la mer.**

A M. le juge de paix du canton de...
Expose le sieur Surcouf, capitaine du navire dit *le Harpon*, qu'étant en proie à la tempête, et pour sauver son navire, il s'est vu forcé, après avoir pris l'avis des intéressés au chargement et des principaux de l'équipage, de jeter à la mer une partie de son chargement, laquelle consistait en... ainsi qu'il résulte de la délibération transcrite sur son registre et dûment enregistrée.
En conséquence, et pour se conformer aux dispositions de la loi, l'exposant demande qu'il vous plaise nommer trois experts pour estimer les pertes et dommages qui ont été le résultat de l'événement ci-dessus. (*Signatures.*)
Nous, juge de paix,
Vu la requête ci-dessus et la déclaration y énoncée;
Procédant en vertu de l'article 414 du Code de commerce;

Nommons pour experts aux fins requises les sieurs... lesquels, informés de cette commission, se sont présentés, ont déclaré l'accepter, ont prêté en nos mains le serment requis, et déclaré qu'ils allaient immédiatement procéder Et ont lesdits experts signé avec nous.
Cejourd'hui... (*Signatures.*)

CHAPITRE IV. — *Attributions extrajudiciaires des juges de paix, résultant de diverses lois.*

SECTION I. — Certificats de propriété ou actes de notoriété pour transferts de la dette publique, par suite de succession, donation, etc.

1422. En cas de mutation de rente sur l'État autrement que par la vente du titre, le nouvel extrait d'inscription est délivré à l'ayant droit, sur le simple rapport de l'ancien état d'inscription, et d'un certificat de propriété ou d'un acte de notoriété contenant ses nom, prénoms et domicile, la qualité en laquelle il procède, l'indication de sa portion dans la rente, et l'époque de sa jouissance. — Le certificat qui est rapporté, après avoir été dûment légalisé, est délivré par le notaire détenteur de la minute, lorsqu'il y a eu inventaire et partage par acte public, ou transmission gratuite, à titre entre-vifs ou par testament. Il l'est par le juge de paix du domicile du décédé, sur l'attestation de deux citoyens, lorsqu'il n'existe aucun desdits actes en forme authentique. Si la mutation s'est opérée par jugement, le greffier dépositaire de la minute délivre le certificat. Loi du 28 floréal an **VII**, art. 6.

FORMULE 272. — *Certificat de propriété en cas de transfert de rentes sur l'État.*

Nous... juge de paix du canton de... arrondissement de... département de... certifions, conformément à la loi du 28 floréal an VII, art. 6, et sur l'attestation des sieurs... (*prénoms, noms, qualités et demeure de deux citoyens*), que le sieur Charles Riter, rentier, demeurant à... est décédé *intestat* dans cette ville, le... qu'après son décès il n'a pas été fait d'inventaire, et que Louis et Eugénie Riter, majeurs, propriétaires, demeurant à... ses deux seuls enfants et ses seuls héritiers naturels, sont seuls propriétaires de la rente inscrite au livre de la dette publique, sous le nom dudit feu Charles Riter, série... n°...; que le sieur Louis et la demoiselle Eugénie Riter ont droit chacun pour une moitié à la propriété de ladite rente.
Et ont lesdits témoins signé avec nous le présent acte, qui a été fait à... le... 18... (*Signatures.*)

SECTION II. — Certificats d'individualité pour toucher une rente ou pension due par le Trésor.

1423. Les propriétaires de rentes ou pensions dues par le Trésor, qui en recevront eux-mêmes les arrérages, seront tenus de

31

justifier d'un certificat d'individualité, conforme au modéle annexé au présent décret ; ce certificat, expédié sur papier au timbre de vingt-cinq centimes, sera délivré sans frais par les maires des communes, ou les juges de paix du canton, dont les signatures seront dûment légalisées. Décret du 26 fructidor an XIII, art. 1er (1).

FORMULE 273. — Certificat d'individualité à délivrer par un Maire ou juge de paix au créancier d'une pension sur le Trésor.

Je soussigné, maire de la commune de... département de... (*ou juge de paix du canton de.. département de...*), certifie que... (*mettre les nom et prénoms*), ici présent, demeurant à... canton de... et porteur d'un extrait d'inscription 5 pour 100 consolidés (*ou d'un extrait d'inscription viagère, ou d'un certificat d'inscription de pension*), delivre en son nom pour la somme annuelle de... sous le n°... est véritablement l'individu ci-dessus dénommé, pour m'être parfaitement connu, et a signé avec moi, après lecture faite, à... le... (*Signatures.*)

SECTION III. — Justification à faire par les héritiers des officiers décédés, pour obtenir le payement des sommes acquises à ces militaires à l'époque de leur décès.

1424. Les heritiers des officiers décédés doivent, pour obtenir le payement des sommes acquises par ces militaires à l'époque de leur décès, à titre de solde d'activité, solde de retraite, traitement de réforme, ou autres attributions d'un service personnel, faire les justifications prescrites par les articles suivants. Décret du 1er juillet 1809, art. 1er.

Si l'officier décédé n'a point fait de dispositions testamentaires, les héritiers présentent, avec l'acte de décès du titulaire, un acte de notoriété dressé par le juge de paix du domicile de l'officier décédé, sur l'attestation de deux témoins. Cet acte constate que ceux qui se présentent sont seuls et uniques héritiers du défunt. Art. 2.

1425. Si le défunt n'a pas laissé d'enfants, et qu'il existe un testament par-devant notaire, portant nomination d'un héritier ou d'un légataire universel, l'héritier, ou le légataire, rapportera un extrait de ce testament, qui lui aura été délivré par le notaire. Art. 3.

1426. Si le testament est olographe, ou mystique, l'héritier ou le légataire rapportera l'expédition d'envoi en possession qui aura

---

(1) Aujourd'hui les rentes sur l'Etat se payent sans certificat d'individualité au porteur du titre ; et les pensions, sur un certificat de vie délivré exclusivement par les notaires. Décret du 21 août 1806 ; ord. des 30 juin 1814 et 6 juin 1839.

été délivrée par le président du tribunal de première instance, conformément à l'art. 1008 du Code Napoléon. Art. 4.

1427. Les formes voulues par les articles ci-dessus seront aussi suivies à l'égard des pensions, ou soldes de retraite des sous-officiers et soldats décédés. Art. 5.

FORMULE 274. — **Attestation pour obtenir des sommes dues à des militaires décédés.**

Nous... juge de paix du canton de... arrondissement de... département de... certifions, conformément au décret du 1er juillet 1809, et sur l'attestation des sieurs... (*prénoms, noms, qualités et demeure de deux citoyens*), que le sieur... capitaine au 52e régiment d'infanterie (en activité *ou* en retraite), est décédé intestat dans cette ville, le... qu'après son décès il n'a pas été fait d'inventaire et que... (*noms, prénoms, qualités et demeure des héritiers*) sont ses seuls héritiers, et qu'en cette qualité ils ont droit, par égales parts et portions, à toucher tout ce qui était dû au défunt, pour solde d'activité (*ou* pour solde de retraite, *ou* pour traitement de réforme, *ou autres attributions du service personnel*); et ont lesdits témoins signé avec nous le présent acte, qui a été fait à... le... 1850. (*Signatures.*)

SECTION IV. — Remboursement des cautionnements des titulaires d'offices, décédés ou interdits.

1428. La Caisse d'amortissement est autorisée à rembourser les cautionnements des titulaires décédés, des interdits, aux héritiers et ayants droit, sur simple rapport : 1º du certificat d'inscription ou des titres constatant le payement du cautionnement ; 2º des certificats de *quitus* d'affiche et de non-opposition prescrits par les lois des 25 nivôse et 6 ventôse an XIII ; 3º et d'un certificat ou d'un acte de notoriété contenant les noms, prénoms et domicile des héritiers et ayants droit, la qualité en laquelle ils procèdent et possèdent, l'indication de leurs portions dans le cautionnement à rembourser, et l'époque de leur jouissance.

1429. Ce certificat devra être délivré par le notaire détenteur de la minute, lorsqu'il y aura eu inventaire ou partage par acte public, ou transmission gratuite à titre entre-vifs ou par testament.

1430. Il le sera par le juge de paix du domicile du décédé, sur l'attestation de deux témoins, lorsqu'il n'existera aucun desdits actes en forme authentique.

1431. Si la propriété est constatée par jugement, le greffier dépositaire de la minute délivrera le certificat.

1432. Les certificats seront assujettis au simple droit d'enregistrement de 1 franc, devront être légalisés par le président du tribunal de première instance, et conformes aux modèles annexés au présent décret. Décret du 18 septembre 1806.

FORMULE 275. — Certificat pour remboursement de cautionnement de titulaires décédés.

Je soussigné... (*nom, prénoms*), juge de paix du canton de... arrondissement de... département de... certifie, conformément au décret du 18 septembre 1806, et sur l'attestation de... (*noms, prénoms, qualités et résidences des deux témoins*), que le sieur... (*nom, prénoms et qualité du titulaire*) est décédé à... le... *intestat* ; qu'après son décès il n'a pas été fait d'inventaire, et que dame... sa veuve, demeurant à... *ou que tel ou tels* (*mettre les noms, prénoms, qualités et résidences*), son seul héritier (*ou* ses seuls héritiers), est propriétaire (*ou* sont propriétaires) du capital et des intérêts du cautionnement que ledit sieur... a fourni en sa susdite qualité, et qu'il a droit (*ou* qu'ils ont droit) d'en recevoir le remboursement.

Ce certificat énonce la portion afférente à chacun des ayants droit ; et, s'il y a des mineurs, les noms des tuteurs qui ont droit de toucher pour eux.)

· Fait à... (*Ce certificat doit être légalisé.*)

SECTION V.—Exécutoire pour remboursement des droits d'enregistrement et de timbre aux officiers publics qui ont fait l'avance.

1433. Les notaires, greffiers, huissiers et autres ayant pouvoir de faire des exploits, qui sont forcés de faire pour leurs clients l'avance des droits d'enregistrement, peuvent prendre exécutoire du juge de paix de leur canton pour leur remboursement. Loi 22 frim. an VII, art. 29, 30.

1434. Il en est de même pour les droits de timbre et les amendes. Arg. art. 76, loi 28 avr. 1816, qui a autorisé la voie de contrainte pour ces sortes de droits.

1435. Mais l'exécutoire ne peut comprendre les honoraires : ils forment une créance distincte des déboursés.

1436. Le droit des officiers publics à l'exécutoire peut être exercé par leurs héritiers ou ayants cause. Bousquet, n° 627.

1437. L'exécutoire est délivré contre chacune des parties qui a figuré dans l'acte. Il y a solidarité entre elles pour le remboursement de ce qui est dû à l'officier ministériel. Cass., 26 juin 1820.

1438. Ce mode de contrainte n'est toutefois que facultatif, et les officiers publics peuvent prendre la voie d'action, s'ils le préfèrent. Toullier, 7, n° 156 ; Rolland, v° *Exécutoire*, n° 5.

Ainsi, lorsque les avances ne s'élèvent pas à 200 fr. (art. 1er, loi 25 mai 1838), ils ont le droit de se pourvoir par action ordinaire devant le juge de paix, et ils obtiennent une hypothèque qu'ils ne pourraient trouver dans l'exécutoire.

1439. L'exécutoire se délivre au bas d'une requête présentée au juge de paix et à laquelle on joint copie de la quittance des droits payés. La minute de cette quittance doit en outre être représentée, et la mention de cette représentation constatée dans l'exécutoire. La requête est mise au rang des minutes du greffe ; elle ne forme qu'un seul acte avec l'exécutoire dont le greffier expédie une grosse. Victor Fons, 15, n° 28.

1440. L'opposition et toutes contestations sur un pareil exécutoire sont jugées suivant les formes particulières aux instances poursuivies au nom de la regie, c'est-à-dire par le tribunal civil , sur simples mémoires respectivement signifiés, et sans autres frais que ceux du timbre, enregistrement et signification de jugement. Loi 22 frim. an VII, art. 30 et 65.

1441. L'exécutoire est soumis au timbre (loi 13 brumaire an VII, art. 12); mais il peut être mis ensuite et sur la même feuille de papier timbré que l'état des avances, suivi de la requête. Instr. gén. 23 juill. 1811, n° 533.

1442. L'exécutoire est soumis à un droit de 50 cent. par 100 francs. Le droit ne peut pas être au-dessous de 1 franc. L. 28 frim. an VII, art. 68, § 1, n° 59, § 2 , n° 9.

Les 50 cent. par 100 francs sont dus par chaque debiteur séparé. Mais il n'y a lieu qu'à percevoir le droit fixe de 1 franc lorsque les droits proportionnels n'excèdent pas cette somme. Déc. min. fin. 28 oct. 1818.

FORMULE 276. — Exécutoire pour contraindre au remboursement d'avances faites pour le droit d'enregistrement.

L'an... le... par-devant... est comparu le sieur A... (*prénoms, nom et profession du requérant*).
Lequel nous a dit qu'en sa qualité de... il avait été obligé de faire pour le sieur B... (*prénoms, nom, profession et domicile de celui pour qui l'avance a été faite*) l'avance des frais de l'enregistrement de... (*énoncer l'acte*) montant à... suivant la quittance du sieur... préposé à l'enregistrement au bureau de... étant au bas dudit acte à nous représenté ; pour quoi de nous requiert exécutoire du montant de ladite somme.
Nous, juge de paix susdit, vu l'acte du... au bas duquel est la relation du préposé en date du... contenant mention du payement de la somme de... pour les droits d'enregistrement, disons qu'par le premier huissier sur ce requis, le sieur B... sera contraint par toutes voies de droit de payer au sieur A... la somme de. . pour remboursement de l'avance par lui faite des droits d'enregistrement de l'acte sus-énoncé. (*Signature du juge.*)
La partie requérante se fera expédier cet acte en forme exécutoire.

SECTION VI. — Ordonnance du juge de paix pour autoriser les receveurs de l'enregistrement à délivrer extrait de leurs registres.

1443. Les receveurs de l'enregistrement ne peuvent délivrer d'extraits de leurs registres que sur une ordonnance du juge de paix, lorsque ces extraits ne sont pas demandés par quelqu'une des parties contractantes ou leurs ayants cause. Loi 22 frim. an VII, art. 58.

FORMULE 277. — Ordonnance pour avoir extrait des registres du préposé aux droits d'enregistrement.

L'an... le... par-devant... est comparu... lequel nous a dit que dans l'instance pendante entre lui et le sieur .. il a intérêt de prouver... ; que pour y parvenir il lui serait nécessaire d'avoir extrait des registres du préposé aux droits d'enregistrement au bureau de .. dans l'arrondissement de notre canton, en ce qui concerne..., mais que n'étant ni partie, ni héritier, ni successeur des parties contractantes audit acte, il a besoin de notre autorité pour avoir expédition de ladite pièce, et a signé. (*Signature.*)

Nous, juge de paix susdit, autorisons le requérant à se faire délivrer par le sieur A... receveur des droits d'enregistrement, au bureau de... extrait de ses registres en ce qui concerne l'acte du...

Donné à... les jour et an susdits. (*Signature du juge.*)

SECTION VII. — Visa du juge de paix pour rendre exécutoires les contraintes des receveurs de l'enregistrement et des contributions indirectes.

1444. En matière de contributions indirectes, la contrainte décernée par le directeur ou le receveur de la régie, contre les redevables en retard, doit être visée et déclarée exécutoire, sans frais, par le juge de paix du canton où le bureau de perception est situé. Décret 1er germ. an XIII, art. 44.

1445. Il en est de même des contraintes décernées par les receveurs de l'enregistrement pour le payement des peines et amendes prononcées pour contravention en cette matière. Loi 22 frimaire an VII, art. 62.

1446. Si le juge de paix refuse de viser la contrainte pour être exécutée, il se rend responsable des valeurs pour lesquelles la contrainte aura été décernée. Décret 1er germ. an XII, art. 44.

FORMULE 278. — Visa et exécutoire des contraintes de la régie de l'enregistrement et des contributions indirectes.

Vu la contrainte ci-dessus délivrée contre le sieur... nous, juge de paix du canton de... ordonnons qu'elle sera exécutée selon sa forme et teneur.

Fait à.. ce... 18... (*Signature.*)

SECTION VIII. — Vérification des registres de l'état civil.

1447. Une ordonnance du 27 novembre 1823 charge le procureur impérial de la vérification des registres de l'état civil, prescrite par l'art. 53 C. Nap., dans les quatre premiers mois de chaque année. Le procès-verbal doit être divisé par cantons et subdivisé par communes et par nature de registres. — Il désigne les actes défectueux par le numéro correspondant du registre dont ils font partie, et doit indiquer les contraventions en énonçant les articles du Code Napoléon dont les dispositions auront été violées.

1448. Les procureurs impériaux peuvent, lorsqu'ils le jugent nécessaire, se transporter sur les lieux, et vérifier les registres de l'année courante. Ils peuvent, dans le même cas, déléguer le juge de paix du canton dans lequel sera située la commune dont les registres devront être vérifiés. Même décret, art. 5.

Le décret du 26 novembre 1823 trace, comme suit, les formes de la vérification et la formule.

FORMULE 279. — Procès-verbal de vérification annuelle (ou accidentelle) des registres de l'état civil.

Justice de paix de...
Département de...
Arrondissement de...
L'an... le... nous... juge de paix du canton de..., délégué par M. le procureur impérial près le tribunal de... agissant en exécution de l'article 53 du Code Napoléon et de l'ordonnance royale en date du 26 novembre 1823, et après avoir fait transporter du greffe dans..., sous notre récépissé, les registres de l'état civil des communes de l'arrondissement pour l'année... nous avons procédé à la vérification des actes inscrits auxdits registres, et, en conséquence de cette opération, reconnu et constaté les contraventions dont le détail suit :
Canton de... commune de...
Registre des naissances...
(*Indiquer*) : — 1° S'ils sont tenus, conformément aux articles 40 et 52 du Code Napoléon, et s'ils ne sont pas inscrits sur des registres timbrés, ainsi qu'il est prescrit par les lois du 13 brumaire an VII (3 nov. 1798) et 28 avril 1816 ; — 2° le numéro de l'acte où se trouverait quelque contravention ; — 3° si l'inscription des actes a été faite sur une feuille volante et autrement que sur les registres à ce destinés ; s'il s'y trouve des indices de faux ou d'altération (art. 52 C Nap.);—4° si l'inscription des actes ne s'est pas faite sur les deux registres, ou ne s'y est pas faite d'une manière uniforme (art. 40 C. Nap.); — 5° si l'on a laissé des blancs ou des intervalles sur les registres; si les renvois et les ratures n'ont pas été approuvés et signés de la même manière que le corps de l'acte, si l'on s'est servi d'abréviations, de dates en chiffres (art. 41 et 42 C. Nap.); — 6° si l'on a omis des paraphes, et d'annoncer les pièces produites, d'en faire mention à la marge (art. 44, 49, 98 et 101 C Nap. ; de faire les tables (L. du 20 septembre 1792 et décret du 20 juillet 1807); — 7° si l'on a omis d'énoncer l'année, le jour et l'heure où les actes ont été reçus; les prénoms, nom, âge, profession et domicile de tous ceux qui y sont dénommés (art. 34 et 57 C. Nap); — 8° si la déclaration a été faite tardivement ou par des personnes non préposées ou non autorisées ; si l'on a omis de présenter l'enfant, d'indiquer son sexe; si l'acte renferme des énonciations proscrites et illégales (art. 35, 36, 55, 56, 57 C. Nap.),—9° si l'acte a été rédigé tardivement, en l'absence du nombre de témoins requis, ou devant des témoins incapables par leur âge ou par leur sexe, ou non choisis par les parties intéressées (art. 37, 56 C. Nap.), — 10° s'il n'a pas été fait de lecture et de mention de lecture de l'acte; s'il n'a été signé ou fait mention que tels n'ont pu signer (art. 38 et 39 C. Nap.);—11° s'il n'a pas été dressé procès-verbal de remise d'un enfant trouvé et de ses vêtements et effets; si l'on n'a pas énoncé les circonstances du temps et du lieu où il a été trouvé, et *in-*

diqué l'autorité à laquelle il a été remis (art. 58 C. Nap.); — 12° si l'on n'a pas inscrit sur les registres l'acte de naissance d'un enfant né sur mer ou à l'armée (art. 61, 62, 93, 98 C. Nap.), ou l'arrêt qui aurait confirmé une adoption (art. 359 C. Nap.).

Registres des publications de mariage.—Voy. ci-dessus les formalités matérielles et générale des actes. (*Indiquer, en outre, pour les formalités spéciales*) : — 1° s'il n'y a pas eu d'affiches, si les publications étaient anticipées ou surannées, si elles ont été faites un autre jour que le dimanche et ailleurs qu'à la porte de la mairie ; si le mariage a été célébré sur une seule publication, sans preuve qu'on ait obtenu de dispenses (art. 63, 64 et 65 C. Nap.); — 2° s'il n'a pas été fait mention des oppositions, des jugements ou actes de mainlevée, d'annexe de pièces requises (art. 66 et 67 C. Nap.).

Registre des mariages. — Voy. ci-dessus pour les formalités matérielles et générales des actes.

Indiquer, en outre, pour les formalités spéciales, si l'on a omis de faire mention : — 1° des deux publications dans les divers domiciles, ou des dispenses de la deuxième publication (art. 76, 165, 166, 167, 168 et 169 C. Nap.); — 2° de la mainlevée d'opposition, ou de l'énonciation qu'il n'y a point eu d'opposition (art. 68, 69 et 76 C. Nap.); 3° des dépenses d'âge ou de parenté obtenues (art. 144, 145, 163 et 164 C. Nap.); — 4° de la remise des actes de naissance des futurs ou des actes de notoriété homologués, d'indication des lieux de naissance et domicile des époux (art. 70, 71, 72, 74, 76 et 147 C. Nap.); — 5° du consentement, soit des ascendants, soit du Conseil de famille ou du tuteur *ad hoc* ; soit, à défaut de consentement obtenu, des actes respectueux qui ont dû être faits (art. 73, 76, 148, 149, 150, 151, 152, 153, 154, 155, 158, 159, 160 C. Nap.); — 6° de la célébration publique du mariage à la mairie, ou dans une maison ouverte, le cas échéant, en présence de quatre témoins (art. 73, 75 et 76 C. Nap.); — 7° de la lecture du chap. vi C. Nap., au titre du mariage (art. 73); — 8° de la déclaration réciproque des futurs (art. 75, 76 C. Nap.). — 9° du prononcé de l'union par l'officier de l'état civil (art. 75 et 76 C. Nap.); — 10° de la déclaration de quel côté et à quel degré les témoins produits sont parents ou alliés des parties pour le cas où ils ne sont pas étrangers (art. 76 C. Nap.); — 11° de la légitimation d'enfants naturels légalement reconnus, s'il y a lieu (art. 331 C. Nap.); — 12° si l'on a omis de transcrire sur les registres les actes de célébration de mariage reçus à l'armée ou à l'étranger (art. 95, 98 et 171 C. Nap.).

Registre des décès. — Voyez ci-dessus pour les formalités matérielles et générales des actes.

(*Indiquer, en outre, pour les formalités spéciales* :—1° si les déclarations ont été faites par d'autres personnes que celles qui sont chargées de les faire (art. 77, 78, 80, 82, 83, 84, 96 C. Nap.); — 2° si l'état civil du défunt n'a pas été déclaré ; si l'on n'a pas énoncé les nom et prénoms du conjoint, s'il y a lieu, le lieu de la naissance, les noms des père et mère, la qualité des déclarants, leur degré de parenté (art. 79 C. Nap.); — 3° si les actes contiennent quelques mentions illégales et prescrites, relatives au genre de mort (art. 85 C. Nap.); — 4° si l'on a omis d'inscrire sur les registres les actes de décès envoyés d'ailleurs (art. 86, 87, 96 et 98 C. Nap.).

Et après avoir vérifié successivement lesdits registres et actes dans l'ordre ci-dessus établi, nous avons, par une lettre d'instruction par nous adressée à l'officier de l'état civil de la commune de... indiqué celles des irrégularités ci-dessus relevées qui peuvent et doivent être réparées, tant par son fait que par celui des parties, déclarants et témoins, sans nuire à la substance des actes : avons aussi rappelé à l'exécution des mesures propres à prévenir le retour des contraventions à la loi : de tout quoi nous avons rédigé et clos le présent procès-verbal. — Clos et arrêté en la mairie de... à... le... 1854 et avons signé.

SECTION IX. — Serment des gardes champêtres, gardes particuliers, employés des contributions indirectes et autres.

1449. Les juges de paix reçoivent le serment des gardes champêtres et des gardes particuliers (loi 28 septembre et 6 octobre 1791); celui des préposés de la régie des contributions indirectes (décret du 1er germinal an XIII); celui des employés de l'octroi (loi du 7 frimaire an VIII); à moins qu'il n'y ait un tribunal civil dans le lieu où ils exercent (ordonnance du 9 décembre 1814); celui des employés de l'administration des postes. Loi du 26 août 1790.

Dans les cantons dont le territoire est contigu au Rhin, les juges de paix reçoivent le serment des préposés ou employés au service de la surveillance du fleuve, ou à la perception des droits de navigation, des experts chargés de visiter les embarcations, des membres des commissions de surveillance chargés de la police des ports d'embarquement ou de débarquement. Loi du 21 avril 1832.

Ils reçoivent, chacun dans sa juridiction, le serment des gardes du canal du Midi. Loi du 21 vendémiaire an V.

1450. Par arrêt du 10 juin 1843, la Cour de cassation a jugé que la loi du 31 août 1830, qui ordonnait aux gardes champêtres, comme à tous les autres fonctionnaires, de prêter le serment politique devant le tribunal civil de leur arrondissement, avait par là même abrogé la disposition précitée de la loi de 1811, qui les obligeait à remplir cette formalité devant le juge de paix. Les actes du gouvernement actuel sont conformes à cette jurisprudence. Cette observation rectifie ce que nous avions dit à propos du décret du gouvernement provisoire du 1er mars 1848, qui avait aboli le serment politique.

FORMULE 280. — **Prestation de serment des préposés et employés,** **devant le juge de paix.**

Le... l'an. . est comparu devant nous... juge de paix du canton de... département de... le sieur... (*prénoms, nom et domicile du comparant*) nommé à (*énoncer la place ou commission à laquelle il est nommé, et le titre en vertu duquel il la remplit*), lequel a prêté devant nous le serment de bien et fidèlement remplir les fonctions attachées à la place (*ou commission*) sus-énoncée, et a signé avec nous et notre greffier.

(*Le greffier certifie, sur la commission même de l'employé, la prestation de serment en ces termes* :)

Il résulte d'un procès-verbal en date du... dressé par M. le juge de paix du canton de... que M... a prêté le serment exigé par la loi : ledit procès-verbal enregistré le...

Certifié véritable par le greffier soussigné, ce... 1851. (*Signature, et à côté le sceau de la justice de paix.*)

4451. Les juges de paix recevaient autrefois le serment des débitants de tabac. Leur serment doit être prêté, aujourd'hui, devant le tribunal civil de l'arrondissement, de la manière suivante :

« Je jure de bien et fidèlement remplir les fonctions qui me sont confiées ; je promets, en outre, de distribuer sans altération, et aux prix fixes, les tabacs qui me seront confiés par l'administration ; de faire connaître à la régie les fraudeurs et les contraventions qui viendraient à ma connaissance, et de coopérer à tous procès-verbaux, saisies et arrestations de contrevenants, dès que j'en serai requis par les préposés ou agents publics ayant droit de verbaliser. — En outre, je jure obéissance à la Constitution et fidélité à l'Empereur. »

SECTION X. — Affirmation des procès-verbaux.

1432. C'est devant le juge de paix que sont affirmés les procès-verbaux des préposés des douanes et des préposés de l'octroi (loi du 22 août 1791, art. 18) ; des employés des impositions indirectes (décret du 1er germinal an XIII, art. 25 et 26) ; des gardes champêtres (loi du 22 juillet 1791) ; des gardes forestiers (*Code forestier*, 165) ; des gardes-pêche, des conducteurs des ponts et chaussées, des employés des ponts à bascule, des gendarmes.

1433. Les juges de paix sont au nombre des officiers que la loi charge de rédiger les procès-verbaux des gardes illettrés. Loi du 25 décembre 1790, art. 1er.

FORMULE 281. — Affirmation d'un procès-verbal devant le juge de paix.

Par-devant nous, juge de paix du canton de . arrondissement de... département de... s'est présenté aujourd'hui... à... heure, le sieur (*prénoms, nom et qualité de l'affirmant*), lequel nous a remis le procès-verbal dont la teneur précède, qu'il a affirmé sincère et véritable, en requérant acte de cette affirmation, que nous lui avons octroyé, après lui avoir donné lecture du tout. Et a ledit sieur... signé ici avec nous. (*Signatures.*)

FORMULE 282. — Procès-verbal dressé sur la déclaration d'un garde champêtre qui ne sait pas écrire.

Cejourd'hui... l'an... est comparu devant nous... juge de paix du canton de... département de... (*prénoms, nom et demeure du comparant*), garde champêtre de la commune de...

Lequel nous a dit que, ne sachant écrire, il nous prie de rédiger et d'écrire le rapport qu'il nous a fait dans les termes suivants :

Cejourd'hui (ou le jour d'hui) heure de... (*mettre la déclaration du garde champêtre sur le délit dont il s'agit*) ; et a ledit... affirmé devant nous la déclaration ci-dessus, et a signé avec nous (*ou bien* a déclaré ne savoir signer), après lecture faite... (*Signatures.*)

SECTION XI. — Des procès-verbaux et de la foi qui leur est due.

1454. La foi due aux procès-verbaux varie suivant la nature des faits qu'ils sont destinés à constater, et suivant le caractère et la compétence de l'officier public de qui ils émanent. Les uns font foi de leur contenu, à tel point que les tribunaux sont contraints de tenir pour vrai ce qu'ils attestent, tant qu'ils ne sont pas attaqués par la voie de l'inscription de faux ; les autres, bien que faisant foi des faits qu'ils rapportent, ne conservent leur force probante que tant que la preuve contraire n'a pas été administrée. Il en est enfin qui, dressés par un officier public incompétent, ou viciés par quelque nullité, ne font pas foi de leur contenu et ne valent que comme simples renseignements. RÉPERT. GÉN. DES JUGES DE PAIX, t. IV, vᵒ *Procès-verbal*, § 2, nᵒ 4 et suiv.

1455. Le même agent n'imprime pas toujours la même autorité à tous les procès-verbaux qu'il rédige, ni même à toutes les parties d'un même procès-verbal. C'est ainsi que la foi attachée aux procès-verbaux des gardes forestiers et des employés des administations fiscales, lorsqu'ils constatent seulement des contraventions en matière de contributions ou de délits forestiers, n'est plus aussi grande lorsque leurs procès-verbaux constatent, soit des actes de rébellion, soit des voies de fait ou des injures. Dans ce dernier cas, les prévenus peuvent toujours administrer la preuve contraire. Merlin, RÉP., vᵒ *Procès-verbal*, § 4, et § 6, nᵒ 16.

1456. C'est ainsi que le procès-verbal d'un garde forestier, constatant un délit de chasse commis dans un bois, n'a pas la même force probante que celui qu'il rapporte pour constater un véritable délit forestier. Mangin, nᵒ 31. — V. aussi notre RÉP. GÉN., vᵒ *Procès-verbal*, § 2.

1457. Les procès-verbaux dressés en matière criminelle, auxquels la loi confère le privilège de faire foi en justice jusqu'à inscription de faux, sont : 1ᵒ ceux des agents forestiers, c'est-à-dire des conservateurs, inspecteurs, sous-inspecteurs et gardes généraux des forêts ; 2ᵒ ceux des simples gardes forestiers ou brigadiers.

1458. Les procès-verbaux des gardes des bois et forêts des particuliers ne font foi que jusqu'à preuve contraire.

Les procès-verbaux qui ne font foi que jusqu'à preuve contraire sont :

1ᵒ Ceux des juges d'instruction et des procureurs impériaux, et de leurs substituts ;

2ᵒ Ceux des juges de paix, des commissaires de police, maires et. adjoints, et des officiers de police judiciaire en général. — Ces procès-verbaux ne doivent pas être affirmés.

Lorsqu'un procès-verbal de commissaire de police constate l'existence d'une contravention, les contrevenants ne peuvent être renvoyés de la poursuite sans que le procès-verbal ait été débattu par la preuve contraire. Cass., 15 juin 1844; REPERT. GEN. DES JUGES DE PAIX, t. 1er, p. 410, n° 10, et t. IV, p. 249.

Les procès-verbaux dressés par les maires ou leurs adjoints ne font foi que jusqu'à preuve contraire.—En conséquence, le tribunal ne peut, sous le prétexte que le procès-verbal fait foi jusqu'à inscription de faux, refuser de faire droit aux conclusions du prévenu, qui demande à établir par témoins la fausseté des énonciations de ce procès-verbal. Cass., 13 décembre 1821; 30 mai 1835, 10 mai, 1845.

Jugé que les procès-verbaux des juges de paix et des gendarmes constatant : l'un que le prévenu avait été conduit devant le juge de paix, l'autre que ce juge a ordonné son arrestation, font foi jusqu'à preuve contraire. Cass., 28 avril 1836.

3° Ceux qui sont dressés par la gendarmerie. Ces procès-verbaux sont dispensés des droits d'enregistrement.

4° Ceux des gardes forestiers et gardes-pêche des particuliers. Quant à ceux de ces agents qui sont attachés, soit à l'administration, soit aux communes, il faut remarquer que lorsque ces gardes dressent un procès-verbal, non comme agents ou préposés de l'administration, mais comme officiers de police judiciaire, le procès-verbal ne fait foi, dans tous les cas, que jusqu'à preuve contraire. C'est ce qui arrive lorsqu'en vertu de l'article 16 du Code d'instruction criminelle les gardes forestiers des bois de l'Etat, des communes ou des établissements publics, constatent des délits ou contraventions dans les bois des particuliers.

Depuis la loi du 3 mai 1844, les procès-verbaux des gardes forestiers et gardes-pêche, qui constatent des délits de chasse, ne font plus foi que jusqu'à preuve contraire, sans distinction; sous la législation antérieure, de semblables procès-verbaux faisaient foi jusqu'à inscription de faux.

5° Ceux des gardes champêtres; et il n'y a aucune distinction à faire à cet égard entre les gardes communaux et les gardes champêtres des particuliers.

Les procès-verbaux des gardes champêtres doivent être affirmés. Cette formalité est régie par l'article 11 de la loi du 28 floréal an X, qui porte: « L'affirmation des procès-verbaux des gardes champêtres continuera d'être reçue par le juge de paix; les suppléants pourront néanmoins la recevoir pour les délits commis dans la commune où ils résideront, lorsqu'elle ne sera pas celle de la résidence du juge de paix; les maires et, à défaut des maires, leurs adjoints, pourront recevoir cette affirmation, soit par rapport aux délits commis dans les autres communes de leur résidence respective, soit même par rapport à ceux commis dans les lieux où résident le juge de paix et les suppléants, quand ceux-ci seront absents. »

Les procès-verbaux des gardes champêtres qui constatent des délits de chasse doivent être affirmés dans les vingt-quatre heures du délit, à peine de nullité, devant le juge de paix ou l'un de ses suppléants, ou devant le maire ou l'adjoint, soit de la commune de leur résidence, soit de celle où le délit a été commis. Loi du 3 mai 1844, art. 24.

Mangin (n° 112) pense, avec raison, que lorsqu'un procès-verbal de garde champêtre contient l'indication de l'heure à laquelle il a été clos, l'affirmation doit avoir lieu dans les vingt-quatre heures, à partir de celle de la clôture; mais que, lorsque l'heure de la clôture n'a pas été indiquée, il suffit que le procès-verbal soit affirmé le lendemain.

6° Ceux dressés, en matière de voirie, par les agents voyers, ingénieurs ou conducteurs des ponts et chaussées, cantonniers, préposés aux ponts à bascule, etc. Ces procès-verbaux doivent être affirmés devant le juge de paix. Ceux qui constatent des contraventions à la police des routes peuvent être affirmés devant le maire. Ils ne sont point enregistrés. Ordonn. 29 août 1821.

1459. On doit ranger parmi les procès-verbaux qui, ne faisant pas foi en justice, ne peuvent valoir que comme simples renseignements, ceux qui sont dressés par les agents de police.

1460. Jugé ainsi que les rapports des agents de police ne font pas foi en justice; que, dès lors, ils peuvent être entendus comme témoins sur les faits relatés dans leurs procès-verbaux. Cass., 7 août 1829.

1461. De même, un simple rapport dressé par des sergents de ville ne fait pas foi jusqu'à preuve contraire. Dès lors, le prévenu d'une contravention constatée par un semblable rapport peut être renvoyé de la plainte, alors même que, n'avouant pas la contravention, il se borne à dire qu'il ignore si elle a eu lieu, et que, d'ailleurs, aucun témoin n'a été produit. Cass., 15 octobre 1842.

SECTION XII. — De la prescription de l'action publique et de l'action civile résultant des contraventions.

1462. L'action publique et l'action civile, pour une contravention de police, seront prescrites après une année révolue, à compter du jour où elle aura été commise, même lorsqu'il y aura eu procès-verbal, saisie, instruction o i poursuites, si, dans cet intervalle, il n'est point intervenu de condamnation ; s'il y a eu un jugement définitif de première instance, de nature à être attaqué par la voie de l'appel, l'action publique et l'action civile se prescriront après une année révolue, à compter de la notification de l'appel qui en aura été interjeté. C. instr. crim., 640.

1463. Lorsqu'une année s'est écoulée sans qu'il ait été statué définitivement, soit en première instance, soit en appel, sur les contraventions de police, l'action publique est prescrite. Cass., 1er juillet 1837.

1464. La prescription des contraventions imputees à des individus leur est irrévocablement acquise, et nulle condamnation ne doit être prononcée contre eux lorsqu'il s'est écoulé plus d'une année entre le jour où le tribunal de répression a été saisi en vertu du renvoi prononcé par la Cour de cassation, après l'annulation d'un premier jugement, et le jour où ledit tribunal a rendu son jugement. Cass., 15 mars 1845 ; REPERT. GENER. DES JUGES DE PAIX, tom. IV, pag. 223, n° 196.

1465. La prescription court du jour où la contravention existe, et non de celui où elle a été constatée par un procès-verbal. Cass., 14 déc. 1844 ; REPERT. GENER. DES JUGES DE PAIX, t. IV. p. 223, n° 197.

1466. La loi du 28 septembre-6 octobre 1791 (tit. Ier, sect. VII; art. 8), sur les délits ruraux, n'est pas aussi précise que l'article 640 du Code d'instruction criminelle. La date du délit doit donc servir également de point de départ, précisément par le motif que la loi n'en a pas établi d'autre. REP. GEN., t. IV, p. 223, n° 199.

Jugé dès lors : que la prescription des délits ruraux prévus par la loi du 28 septembre-6 octobre 1791. court à compter du jour de leur perpétration, et non du procès-verbal qui les a constatés. Cass., 13 mai 1830 ; RÉPERT., ibid., n° 200 et suiv ;

Ou bien du jour où ils ont été commis, et non de celui où ils ont été connus et constatés. Bourges, 15 juillet 1830.

1467. Cependant la prescription d'une contravention, résultant de ce qu'il a été trouvé dans la boutique d'un marchand épicier des paquets de chandelles n'ayant pas le poids fixé par un règlement de police, court, non à partir du jour de la vente qui en aurait été faite à ce marchand, mais bien du jour où un procès-verbal constate que les paquets de chandelles ont été trouvés chez ce dernier. Cass., 15 juin 1839 ; REP. GENER , t. IV, p. 223, n° 201.

1468. Il en est des contraventions comme des crimes et délits, c'est-à-dire qu'elles peuvent être successives ou se composer de plusieurs faits qui se renouvellent et mettent le coupable dans un état permanent de contravention ; alors la prescription ne commence à courir que du dernier de ces faits (Mangin, *Action publique*, t. II, n° 320 et suiv. ; Faustin Hélie, *Instr. crim.*, t. III, p. 713). Ainsi l'action publique pour une contravention de police remontant à plus d'un an avant la citation ne peut être considérée comme prescrite, lorsque la contravention s'est continuée jusqu'au jour du jugement. Cass., 25 novembre 1837 ; REPERT. GENER. DES JUGES DE PAIX, t. IV, p. 224, n° 205 et suiv.

1469. Mais, quoiqu'il se soit écoulé plus d'une année depuis le procès-verbal constatant l'existence de réparations confortatives faites en contravention à un règlement de police, le tribunal ne peut refuser de déclarer l'action prescrite, soit par le motif que le plan d'alignement a attribué à la voie publique le sol sur lequel les rparations ont eu lieu, et que la voie publique est imprescriptible ; soit parce que le fait incriminé étant permanent, la prescription ne peut commencer à courir tant qu'il subsiste Cass., 23 mai 1835 ; REPERT. GENER. DES JUGES DE PAIX, t. IV, p. 224, n° 214, et aussi p. 237. n° 371 et suiv.

SECTION XIII. — Ouverture de ballots, malles, caisses, paquets
et autres objets non réclamés dans les six mois.

1470. Les ballots, caisses, malles, paquets et tous autres objets remis à des entrepreneurs, soit de roulage, soit de messageries par terre ou par eau, lorsqu'ils n'auront pas été réclamés dans le délai de six mois, à compter du jour de l'arrivée au lieu de leur destination, seront vendus par voie d'enchère publique, à la diligence de la régie de l'enregistrement, et après l'accomplissement des formalités suivantes. Décret du 13 août 1310, art. 1er.

A l'expiration du délai qui vient d'être fixé, les entrepreneurs de messageries et de roulage devront faire aux préposés de la régie de l'enregistrement la déclaration des objets qui se trouveront dans le cas de l'article précédent. Même décret, art. 2.

Il sera procédé par le juge de paix, en présence des préposés de la régie de l'enregistrement et des entrepreneurs de messageries ou de roulage, à l'ouverture et à l'inventaire des ballots, malles, caisses et paquets. Même décret, art. 3.

Les articles suivants du décret indiquent les formalités à suivre pour la vente et pour la publicité à lui donner.

FORMULE 283. — Requête et ordonnance pour ouverture de caisses ou colis.

A M. le juge de paix du canton de...

Expose le sieur Hue, directeur des messageries générales, dont le siége est à Paris, rue Saint-Honoré, n°... demeurant à... rue... que, pendant le mois de janvier 1854, il a reçu, savoir : le 1er une balle de marchandises à l'adresse de... (*désigner les divers objets reçus chaque jour du mois de janvier, avec les adresses*) ; que les destinataires ne s'étant pas présentés pour retirer les balles et colis à leur adresse, l'exposant se mit en devoir de les faire prévenir ; mais, nonobstant ses démarches réitérées, il n'a jamais pu les découvrir dans cette ville, ni personne de leur nom.

En conséquence, et vu les dispositions du décret du 13 août 1810, l'exposant demande qu'il vous plaise désigner les jour et heure auxquels il sera par vous procédé à l'ouverture desdits colis et à l'inventaire des objets y contenus, en présence de M. le receveur de l'enregistrement. (*Signature.*)

Nous, juge de paix,

Vu la requête ci-dessus et le décret du 13 août 1810,

Ordonnons qu'il sera par nous procédé à l'ouverture et à l'inventaire des colis désignés en la requête ci-dessus, le... à... heures du... en présence de M. le receveur de l'enregistrement, ou lui dûment appelé.

Donné à... ce... (*Signature.*)

NOTA. En vertu de cette ordonnance, citation est donnée au préposé de l'enregistrement, et, aux jour et heures indiqués, le juge de paix rédige le procès-verbal.

FORMULE 284. — Procès-verbal d'ouverture de caisses ou colis.

L'an... nous...

En vertu de la susdite ordonnance enregistrée, nous nous sommes transporté dans l'établissement du sieur Hue, directeur en cette ville des messageries générales, dont le siége est à Paris, rue Saint-Honoré, n°... où nous avons trouvé ledit sieur Hue et M... receveur de l'enregistrement au bureau de cette ville, qui ont requis tous deux l'ouverture et l'inventaire de ladite caisse. En même temps, le sieur Hue, directeur, nous a présenté les feuilles et registres sur lesquels sont inscrits (*mentionner chaque article relatif à chaque colis, et aussi la représentation des colis avec leurs adresses; constater que les colis sont entiers et intacts*). Et, attendu qu'ils n'ont pas été réclamés dans le délai de six mois, à compter du jour de l'arrivée à leur destination, nous en avons fait faire l'ouverture en présence des sus-nommés, et en avons extrait les objets suivants, que nous avons inventoriés comme suit :

(*Décrire le contenu de chaque caisse, 1°... 2°... 3°... en mentionnant l'adresse.*)

L'inventaire étant terminé, nous avons laissé les caisses et lesdits effets au sieur Hue, qui s'en est chargé comme dépositaire de justice, jusqu'au moment où il sera procédé à la vente à la diligence de M. le receveur de l'enregistrement.

Et avons du tout dressé procès-verbal, qui a été signé par le sieur Hue, par le receveur, par nous et le greffier, après lecture faite.

SECTION XIV. — Echenillage. — Contrainte pour les frais d'échenillage.

1471. Dans le cas où les propriétaires ou fermiers négligent l'échenillage, les maires et adjoints le font faire aux dépens de ceux qui l'ont négligé, par des ouvriers qu'ils choisissent. L'exécutoire de ces dépens leur est délivré par le juge de paix, sur les quittances des ouvriers, sans que ce payement puisse les dispenser de l'amende. L. du 26 vent. an IV, art. 7.

FORMULE 285. — Exécutoire pour frais d'échenillage.

Nous, juge de paix du canton de...
Vu l'arrêté de M. le maire de... en date du... par lequel il était enjoint au sieur Pierre Tanguy, propriétaire au même lieu, de faire écheniller ses propriétés dans le délai de huitaine ;
Vu la réquisition de ce magistrat au sieur Marly, journalier, de procéder audit échenillage à défaut du sieur Tanguy, qui n'a pas obtempéré audit arrêté ;
Vu la quittance en date du... donnée par ledit Marly ;
Mandons et ordonnons, conformément à la loi du 26 ventôse an IV, art. 7, à tout huissier requis, de contraindre le sieur Tanguy par les voies ordinaires, à restituer à M... maire de la commune de... la somme de... qu'il a payée au sieur Marly, pour ses travaux d'échenillage dans la propriété du sieur Tanguy.
Fait à... le...

SECTION XV. — Saisie de bestiaux et instruments de labour par les gardes forestiers.

1472. Dans le cas de saisie de bestiaux, instruments de labour, voitures et attelages par les gardes forestiers, les juges de paix peuvent donner mainlevée provisoire des objets saisis, à la charge du payement des frais de séquestre, et moyennant une bonne et valable caution. — En cas de contestation sur la solvabilité de la caution, il est statué par le juge de paix. C. forest., 168.

1473. Si les bestiaux saisis ne sont pas réclamés dans les cinq jours qui suivent le séquestre, ou s'il n'est pas fourni bonne et valable caution, le juge de paix en ordonne la vente à l'enchère, au marché le plus voisin. Il y est procédé à la diligence du receveur des domaines, qui la fait publier vingt-quatre heures d'avance. — Les frais de séquestre et de vente sont taxés par le juge de paix, et prélevés sur le produit de la vente ; le surplus reste déposé entre les mains du receveur des domaines jusqu'à ce qu'il ait été statué en dernier ressort sur le procès-verbal. — Si la réclamation n'a lieu qu'après la vente des bestiaux saisis, le propriétaire n'a droit qu'à

32

la restitution du produit net de la vente, tous frais déduits, dans le cas où cette restitution est ordonnée par le jugement. C. for., 169.

FORMULE. 286. — Ordonnance. — Mainlevée provisoire, à charge de caution, des objets saisis par les gardes forestiers.

Nous...

Sur le rapport qui nous a été fait par les sieurs Jean Barry et Jacques Lebras, gardes forestiers dans cette commune ; vu leur procès-verbal de ce jour, dûment affirmé, constatant la saisie de (*décrire les bestiaux, instruments, voitures et attelages saisis*):

Vu l'art. 168 du Code forestier,

Attendu que le sieur... propriétaire desdits objets, demande la mainlevée provisoire, à charge du payement des frais de séquestre, et propose pour caution le sieur... demeurant en cette commune...

Attendu que ladite caution est bonne, valable et solvable ;

Ordonnons que lesdits objets seront remis provisoirement audit sieur...

Fait à... ce... *(Signature)*

FORMULE 287. — Ordonnance. — Vente de bestiaux et instruments saisis, en cas de non-réclamation.

Nous... juge de paix...

Sur le rapport (*comme ci-dessus*).

Vu l'art. 169 du Code forestier ;

Attendu que lesdits objets n'ont été réclamés par personne dans les cinq jours qui en ont suivi le séquestre (*ou* attendu qu'il n'a pas été fourni bonne et valable caution) ;

Ordonnons qu'ils seront immédiatement vendus à l'enchère, au marché le plus voisin, à la diligence du receveur des domaines, que le produit de la vente restera déposé, frais de séquestre et de vente prélevés, entre les mains dudit receveur, jusqu'à ce qu'il ait été statué par le juge compétent.

Fait a... ce... *(Signature.)*

SECTION XVI. — Ordonnance. — Vente de gibier saisi.

1474. Dans chaque département il est interdit de mettre en vente, de vendre, d'acheter, de transporter et de colporter du gibier pendant le temps où la chasse n'y est pas permise. En cas d'infraction à cette disposition, le gibier sera saisi, et immédiatement livré à l'établissement de bienfaisance le plus voisin, en vertu soit d'une ordonnance du juge de paix, si la saisie a lieu au chef-lieu du canton, soit d'une autorisation du maire, si le juge de paix est absent, ou si la saisie a été faite dans une commune autre que celle du chef-lieu. Cette ordonnance ou cette autorisation sera délivrée sur la requête des agents ou gardes qui auront opéré la saisie, et sur la présentation du procès-verbal régulièrement dressé. La recherche du gibier ne pourra être faite à domicile que chez les aubergistes, chez les marchands de comestibles et dans les lieux ouverts au public. Loi sur la chasse du 3 mai 1844, sect. 1re, art. 4.

FORMULE 288. — Ordonnance en cas de saisie de gibier.

Nous... juge de paix...

Sur le rapport qui nous a été fait par les sieurs Jean Barry et Jacques Lebras, gardes champêtres dans cette commune ;

Vu leur procès-verbal de ce jour, dûment affirmé, constatant la saisie de... (*décrire les pièces de gibier*) ;

Vu l'art. 4 de la loi du 3 mai 1844 :

Ordonnons que lesdites pièces de gibier seront immédiatement livrées à l'administration de l'hospice de la présente ville, sur le récépissé de l'agent comptable de cet établissement, qui sera joint au présent acte.

Délivré à... ce... ·   (*Signature.*)

SECTION XVII. — Saisie de poissons.

1475. Le poisson saisi pour cause de délit est vendu sans délai dans la commune la plus voisine du lieu de la saisie, à son de trompe et aux enchères publiques, en vertu de l'ordonnance du juge de paix ou de ses suppléants, si la vente a lieu au chef-lieu du canton; ou par-devant le maire ou l'adjoint, soit de la commune de leur résidence, soit de celle où le délit a été commis ou constaté, le tout sous peine de nullité. Ces ordonnances ou autorisations sont délivrées sur le rapport des agents ou gardiens qui ont opéré la saisie, et sur la présentation du procès-verbal régulièrement dressé et affirmé par eux. Dans tous les cas, la vente a lieu en présence du receveur des domaines, ou, à défaut, du maire ou adjoint de la commune, ou du commissaire de police. Loi du 15 avril 1829, art. 42.

FORMULE 289. — Ordonnance en cas de saisie de poissons.

Sur le rapport qui nous a été fait par les sieurs Jean Barry et Jacques Lebras, gardes-pêche dans cette commune ;

Vu leur procès-verbal de ce jour, dûment affirmé, constatant la saisie de... (*décrire la quantité de poissons*) ;

Ordonnons que ledit poisson sera immédiatement vendu par les soins et à la diligence du receveur de l'enregistrement et des domaines résidant en cette ville (*ou par les soins de M. le maire, ou l'adjoint, ou le commissaire de police*), et que le produit de la vente sera versé dans la caisse dudit receveur des domaines, qui en délivrera récépissé.

Fait à... ce...   (*Signature.*)

SECTION XVIII. — Jury de révision de la garde nationale.

1476. Il est formé, à la diligence du juge de paix, dans chaque canton, un jury de révision composé du juge de paix, président, et de douze jurés désignés par le sort, sur la liste de tous les officiers, sous-officiers, caporaux et gardes nationaux sachant lire et écrire, et âgés de plus de vingt-cinq ans. Il est dressé une liste par com-

mune de tous les officiers, sous-officiers, caporaux et gardes nationaux ainsi désignés : le tirage définitif des jurés est fait sur l'ensemble de ces listes pour tout le canton. Loi du 22 mars 1831, art. 23.

1477. Le tirage des jurés est fait par le juge de paix, en audience
publique. Les fonctions de juré et celles de membre du Conseil de
recensement sont incompatibles. Les jurés sont renouvelés tous les
six mois. Même loi, art. 24.

1478. Ce jury prononce sur les réclamations relatives, 1° à l'inscription ou à la radiation sur les registres matricules, ainsi qu'il est
dit art. 14; 2° à l'inscription ou à l'omission sur le contrôle du
service ordinaire; sont admises les réclamations des tiers gardes nationaux sur qui retomberait la charge du service (même loi, art. 25);
3° aux cas de remplacement et de dispense (art. 27, 28 et 29 de la
loi); 4° aux réclamations élevées sur l'inobservation des formes prescrites pour l'élection des officiers et sous-officiers, ou sur les conditions d'éligibilité. Art. 54.

1479. Le jury ne peut prononcer qu'au nombre de sept membres au moins, y compris le président. Ses décisions sont prises à
la majorité absolue et ne sont susceptibles d'aucun recours. Même
loi, art. 26.

1480. Comme le juge de paix, lorsqu'il préside le jury de révision, sort de ses attributions ordinaires, il doit être en costume
civil. Décis. minist. 7 nov. 1831.

Cependant, s'il présidait en costume, il n'en résulterait pas
nullité.

FORMULE 290. — **Décision d'un jury de révision de la garde nationale.**

Jury de révision du canton de...
Audience du...
Le jury de révision, composé de M. le juge de paix, président, et de
MM... (*noms des jurés au nombre de six au moins*) et assisté du sieur...
greffier de la justice de paix ;
A comparu le sieur... (*nom, profession, domicile*), suivant citation à lui
donnée... à fin de répondre... (*objet de la citation*).
Le jury, après avoir entendu le sieur... en ses explications, et après en
avoir délibéré ;
Considérant...
Dit et déclare, à la majorité de... voix contre... que les formes prescrites
par l'article... pour l'élection dudit officier n'ont pas été observées; en conséquence, casse ladite élection; dit qu'elle sera comme nulle et non avenue.
Et ont signé le président et les membres du jury avec le greffier, les jour,
mois et an que devant.   (*Signatures.*)

CHAPITRE V. — **Attributions des juges de paix dans la composition de la liste du jury.**

§ 1. — Conditions requises pour être juré.

1481. Nul ne peut remplir les fonctions de juré, à peine de nullité, s'il n'est âgé de trente ans accomplis, s'il ne jouit des droits politiques, civils et de famille, et s'il est dans l'un des cas d'incapacité ou d'incompatibilité prévus par les deux articles suivants. Loi des 10 mai, 4 juin 1853, art. 1er.

1482. Sont incapables d'être jurés : 1° les individus qui ont été condamnés, soit à des peines afflictives et infamantes, soit à des peines infamantes seulement ; 2° ceux qui ont été condamnés à des peines correctionnelles pour fait qualifié crime par la loi; 3° les militaires condamnés au boulet ou aux travaux publics; 4° les condamnés à un emprisonnement de trois mois au moins ; 5° les condamnés à l'emprisonnement, quelle que soit sa durée, pour vol, escroquerie, abus de confiance, soustraction commise par des dépositaires publics, attentats aux mœurs, prévus par les articles 330 et 334 du Code pénal, outrage à la morale publique et religieuse, attaque contre le principe de la propriété et les droits de la famille, vagabondage ou mendicité, pour infraction aux dispositions des articles 38, 41, 43 et 45 de la loi du 21 mars 1832 sur le recrutement de l'armée, et aux dispositions des articles 318 et 423 du Code pénal, et de l'article 1er de la loi du 27 mars 1851 ; 6° les condamnés pour délit d'usure ; 7° ceux qui sont en état d'accusation et de contumace ; 8° les notaires, greffiers et officiers ministériels destitués ; 9° les faillis non réhabilités ; 10° les interdits et les individus pourvus d'un conseil judiciaire; 11° ceux auxquels les fonctions de juré ont été interdites, en vertu de l'article 396 du Code d'instruction criminelle et de l'article 42 du Code pénal; 12° ceux qui sont sous mandat d'arrêt et de dépôt; 13° sont incapables, pour cinq ans seulement, à dater de l'expiration de leur peine, les condamnés à un emprisonnement d'un mois au moins. *Ibid.*, art. 2.

1483. Les fonctions de juré sont incompatibles avec celles de :

Ministre, président du Sénat, président du Corps législatif, membre du Conseil d'Etat, sous-secrétaire d'Etat ou secrétaire général d'un ministère, préfet et sous-préfet, conseiller de préfecture, juge (1), officier du ministère public près les Cours et les tribunaux de première instance, commissaire de police, ministre d'un culte reconnu par l'Etat, militaire de l'armée de terre ou de mer en activité de service et pourvu d'emploi, fonctionnaire ou préposé du service actif des douanes, des contributions indirectes, des forêts de l'Etat et de la couronne, et de l'administration des télégraphes, instituteur primaire communal. *Ibid.*, art. 3.

1484. Ne peuvent être jurés : — les domestiques et serviteurs à gage, ceux qui ne savent pas lire et écrire en français ; ceux qui sont placés dans un établissement public d'aliénés, en vertu de la loi du 30 juin 1838. *Ibid.*, art. 4.

1485. Sont dispensés des fonctions de jurés : — 1° les septuagénaires ; 2° ceux qui ont besoin pour vivre de leur travail manuel et journalier. *Ibid.*, art. 5.

§ 2. — De la composition de la liste annuelle.

1486. La liste annuelle est composée de deux mille jurés pour le département de la Seine ; de cinq cents pour les départements dont la population excède trois cent mille habitants ; de quatre cents pour ceux dont la population est de deux à trois cent mille habitants ; de trois cents pour ceux dont la population est inférieure à deux cent mille habitants. *Ibid.*, art. 6.

1487. Le nombre des jurés pour la liste annuelle est réparti, par arrondissement et par canton, proportionnellement au tableau officiel de la population. Cette repartition est faite par arrêté du préfet, pris en Conseil de préfecture, dans la première quinzaine du mois d'octobre de chaque année. — A Paris et à Lyon, la répartition est faite entre les arrondissements. — En adressant au juge de paix l'arrêté de répartition, le préfet lui fait connaître les noms des jurés du canton désignés par le sort pendant l'année précédente et pendant l'année courante. *Ibid.*, art. 7.

1488. Une Commission composée, dans chaque canton, du juge de paix, président, et de tous les maires, dresse des listes préparatoires de la liste annuelle. Ces listes contiennent un nombre de noms

---

(1) Cette qualification comprend les juges de paix ; les suppléants peuvent être jurés, parce qu'ils n'exercent leurs fonctions que momentanément, et dans des cas particuliers. — Quant aux greffiers des justices de paix , rien n'indique dans la loi leur exemption ; cependant, nous sommes d'avis que la nature de leurs fonctions devrait leur faire obtenir au moins la dispense. (Voir à cet egard nos *Annales*, vol. de 1851, p. 73.)

triple de celui fixé pour le contingent du canton par l'arrêté de répartition, *Ibid.*, art. 8.

1489. La Commission est composée, à Paris, pour chaque arrondissement, du juge de paix, du maire et de ses adjoints. Elle est composée de la même manière dans les cantons formés d'une seule commune. — A Lyon, la Commission est composée, pour chaque arrondissement, du maire, de ses adjoints et des juges de paix qui ont juridiction dans l'arrondissement. Elle est présidée par le juge de paix le plus ancien. — Font partie du troisième arrondissement de la ville de Lyon, pour la formation des listes, les communes de Villeurbanne, Vaux, Bron et Venissieux. Les maires de ces communes sont membres de la Commission. — Dans les communes divisées en plusieurs cantons, il n'y a qu'une seule Commission ; elle est composée de tous les juges de paix et des maires des cantons. Elle est présidée par le juge de paix le plus ancien. *Ibid.*, art. 9.

1490. Les Commissions chargées de dresser les listes préparatoires se réunissent au chef-lieu de leur circonscription, dans la première huitaine du mois de novembre, sur la convocation spéciale du juge de paix, delivrée en la forme administrative. — Les listes dressées sont signées séance tenante, et envoyées au préfet pour l'arrondissement chef-lieu de département, et au sous-préfet pour chacun des autres arrondissements. *Ibid.*, art. 10.

1491. Une Commission, composée du préfet ou du sous-préfet, président, et de tous les juges de paix de l'arrondissement, choisit sur les listes préparatoires le nombre de jurés nécessaire pour former la liste d'arrondissement, conformément à la répartition établie par le préfet. — Neanmoins, elle peut élever ou abaisser, pour chaque canton, le contingent proportionnel fixé par le préfet. — L'augmentation ou la réduction ne peut, en aucun cas, excéder le quart du contingent cantonal, ni modifier le contingent de l'arrondissement. — Les décisions sont prises à la majorité ; en cas de partage, la voix du président est prépondérante. — A Paris et à Lyon, la Commission est composée du préfet, président, et des juges de paix. *Ibid.*, art. 11.

1492. Cette Commission se réunit au chef-lieu d'arrondissement, sur la convocation faite par le préfet ou le sous-préfet, dans la quinzaine qui suit la réception des listes préparatoires. — La liste d'arrondissement définitivement arrêtée est signée séance tenante, et envoyée, sans délai, au secrétariat général de la préfecture, où elle reste déposée. *Ibid.*, art. 12.

1493. Une liste spéciale de jurés suppléants, pris parmi les jurés de la ville où se tiennent les assises, est aussi formée, chaque année, en dehors de la liste annuelle du jury. — Elle est composée de deux cents jurés pour Paris, de cinquante pour les autres départements. — Une liste préparatoire de jurés suppléants est dressée en nombre triple dans les formes prescrites par les articles 8, 9 et 10 de la présente loi. — Néanmoins, dans les villes divisées en plusieurs cantons, et dans celles qui font partie d'un canton formé de plusieurs communes, la Commission n'est composée que des juges de paix du chef-lieu judiciaire, du maire et des adjoints de la ville. — La liste spéciale des jurés suppléants est dressée sur la liste préparatoire par une Commission composée du préfet ou sous-préfet, président, du procureur impérial et des juges de paix du chef-lieu. *Ibid.*, art. 13.

1494. Le préfet dresse immédiatement la liste annuelle du département, par ordre alphabétique, sur les listes d'arrondissement. Il dresse également la liste spéciale des jurés suppléants. — Ces listes, ainsi rédigées, sont, avant le 15 décembre, transmises au greffe de la Cour ou du tribunal chargé de la tenue des assises. *Ibid.*, art. 14.

1495. Le préfet est tenu d'instruire immédiatement le président de la Cour ou du tribunal des décès ou des incapacités légales qui frapperaient les membres dont les noms sont portés sur la liste annuelle. — Dans ce cas, il est statué conformément à l'article 390 du Code d'instruction criminelle. *Ibid.*, art. 15.

CHAPITRE VI. — Attributions extrajudiciaires des juges de paix résultant de l'usage.

1496. En dehors des attributions réglées par les lois, les juges de paix sont souvent chargés de dresser des procès-verbaux de constatation de lieux, du dommage causé par tel ou tel fait accidentel.

1497. Dans plusieurs polices d'assurance contre l'incendie on trouve cette clause, que l'assuré qui aura éprouvé un sinistre devra se présenter, dans les vingt-quatre heures, devant le juge de paix du lieu, pour faire la déclaration du dommage éprouvé.

1498. Toutes ces diverses fonctions des juges de paix ont un caractère volontaire. Aucune loi n'oblige les juges de paix à les remplir. Dans l'usage et dans la pratique, ils ne se refusent pas à faire ces constatations. Quand ils s'y prêtent, ils doivent suivre les formes nécessaires pour que les droits de toutes les parties soient saufs; car leurs procès-verbaux, sans avoir force probante jusqu'à inscription de faux et même nonobstant la preuve contraire, peuvent avoir beaucoup d'influence sur l'état des faits.

1499. Dans les procès-verbaux qu'ils rédigent en pareilles circonstances, les juges de paix sont nécessairement assujettis aux lois du timbre et de l'enregistrement; ils ne peuvent notamment mentionner aucun acte qui n'ait été enregistré. Le contrat d'assurance contre l'incendie doit être rédigé par écrit, d'où la Cour de cassation a tiré la conséquence qu'un notaire ne peut mentionner ce contrat dans un acte comme obligation *verbale*, sans porter atteinte aux articles 23 et 42 de la loi du 22 frimaire an VII (Cass., 30 novembre et 15 décembre 1846). De récents jugements de plusieurs tribunaux ont également condamné les huissiers aux peines portées par ces articles, pour avoir donné assignation en payement de primes sans citer une police écrite et enregistrée. Une loi de juin 1850 impose, dans les termes les plus rigoureux, l'obligation du timbre pour toutes les polices d'assurance ; tous autant de motifs qui doivent rendre les juges de paix très-circonspects et les conduire à se faire représenter dans tous les cas des polices écrites, et à mentionner le timbre et l'enregistrement.

1500. Nous donnerons quelques formules qui serviront de règles pour les cas particuliers où les juges de paix sont appelés à faire des constatations, à recevoir des déclarations, etc.

FORMULE 291. — **Requête et ordonnance à fin de constatation de l'état des lieux.**

A M. le juge de paix du canton de...
Expose le sieur Charles Baillif, propriétaire, demeurant à... qu'il a verbalement loué une maison et un jardin sis en la présente ville, rue... au sieur Farcy ; que le bail a pris fin aujourd'hui même à midi ; que ledit sieur Farcy ayant vidé les lieux, le sieur Baillif s'est aperçu que beaucoup de dégradations ont été faites à ladite maison. C'est pourquoi il vous prie, monsieur le juge de paix, de vouloir bien désigner jour et heure pour vous transporter en ladite maison, avec un expert par vous nommé d'office, à l'effet de constater lesdits dommages en présence du sieur Farcy, ou lui dûment appelé.
A... le... *(Signature.)*

FORMULE 292. — **Ordonnance relative à une constatation de lieux.**

Nous, juge de paix,
Vu la requête ci-dessus,
Disons et ordonnons qu'il sera par nous procédé à la constatation requise, le... à. . heure du... en présence de... partie adverse, ou elle dûment appelée.
Donné à... le... *(Signature.)*
(Si l'opération exige la présence d'un homme de l'art, on ajoute :)
Disons et ordonnons qu'il sera par nous procédé à la constatation requise, avec le concours du sieur... architecte, domicilié à... par nous nommé d'of-

fice, et qui prêtera serment en nos mains avant l'opération. (*Le reste comme dessus.*)

1501. Cette ordonnance est signifiée à la partie et à l'expert, avec citation pour comparaître aux jour, lieu et heures désignés. Alors il est fait un procès-verbal en ces termes :

FORMULE 293. — Procès-verbal de constatation des lieux.

L'an... et le... à... heures... devant nous... juge de paix du canton de... assisté de... greffier,

En exécution de notre ordonnance en date du... enregistrée, laquelle a été notifiée par exploit du... également enregistré, nous nous sommes transporté... (*désigner le lieu*), où étant, a comparu le sieur... qui a représenté ladite ordonnance et ledit exploit, a persisté dans ses réquisitions et offert de nous indiquer les localités, et il a signé. (*Signature.*)

Est aussi comparu le sieur... qui a déclaré ne pas s'opposer à la constatation requise, sous la réserve de tous ses droits. (*Signature.*)

Est également comparu le sieur Charles Boudet, architecte, domicilié à... expert par nous nommé d'office, lequel a offert de procéder, et a préalablement prêté en nos mains le serment requis. (*Signature.*)

Nous, juge de paix, avons donné acte aux parties de leurs comparution, dires, consentement et réserves, et avons procédé comme suit :

(*Décrire exactement les lieux, faire faire le plan par l'architecte, si les parties le réclament, expliquer tous les faits que l'une ou l'autre des parties a intérêt de faire constater, etc.*)

De tout quoi nous avons dressé le présent procès-verbal, et avons signé avec les susdites parties, l'expert et le greffier, après lecture faite, les jours, mois et an que dessus. (*Signatures.*)

FORMULE 294. — Procès-verbal de constatation des lieux contenant la requête de l'ordonnance.

L'an... a comparu le sieur Charles Baillif, lequel nous a exposé qu'il avait verbalement loué une petite maison sise en la présente ville, rue... au sieur... que le bail a pris fin aujourd'hui même à midi ; que ledit sieur... ayant fait beaucoup de dégradations à ladite maison, le comparant requiert qu'il nous plaise nous y transporter immédiatement, avec un expert par nous nommé d'office, à l'effet de constater et apprécier lesdits dommages, et il a signé. (*Signature.*)

Nous, juge de paix, déférant à la réquisition ci-dessus, avons nommé d'office, pour l'appréciation des dommages allégués, le sieur... lequel, informé, s'est présenté, a déclaré accepter la commission à lui déférée, a prêté en nos mains le serment préalable ; et nous étant transporté avec ledit expert et notre greffier dans la maison ci-dessus désignée, où s'est trouvé ledit sieur Baillif, nous avons parcouru et examiné toutes les parties de ladite maison et avons remarqué... (*Prendre l'avis de l'expert pour la fixation des dommages.*)

De tout quoi nous avons dressé...

FORMULE 295. — Procès-verbal de constatation des lieux sans ordonnance.

L'an...

Nous... juge de paix du canton de... assisté de... notre greffier... procédant à la réquisition du sieur... nous nous sommes transporté sur le chemin vicinal menant de la commune de... dans la commune de... dans la partie de ce chemin qui traverse le domaine dit des Closeries, entre deux pièces de terre désignées sous le nom de Longchamp et de Bas-Pré, le tout commune de... où étant, nous avons constaté que, dans une longueur d'environ soixante mètres, ledit chemin est entièrement envahi par les eaux qui, n'ayant pas d'écoulement, séjournent sur ce point; que dans plusieurs endroits les eaux s'élèvent à quatre-vingt-cinq centimètres, et qu'il renferme, en outre, des ornières et des aspérités dangereuses; d'où suit que ledit chemin est impraticable pour les piétons, voitures ou charrettes, et qu'il y a nécessité pour les voyageurs de passer sur la pièce de terre dite Longchamp, située à gauche du chemin; le Bas-Pré, situé à droite, étant lui-même également inondé dans cette partie.

De tout quoi nous avons dressé ledit procès-verbal pour valoir et servir ce que de droit.

Et avons signé avec notre greffier, les jour, mois et an que devant. (*Signatures.*)

FORMULE 296. — Déclaration devant le juge de paix après incendie.

L'an...

Devant nous, juge de paix du canton de... assisté de... notre greffier, a comparu le sieur Charles Renier, propriétaire, demeurant à... lequel nous a dit avoir assuré sa maison, située à... rue .. n°... à la Compagnie Générale, ainsi qu'il appert de la police d'assurance en date du... qui a été enregistrée à... le... (*transcrire en entier la mention de l'enregistrement*).

Que dans la journée d'hier, vers les neuf heures du matin, le feu a pris à ladite maison, sans qu'on ait pu en connaître la cause et les auteurs; que malgré les secours les plus prompts et les plus actifs, une grande partie du bâtiment a brûlé, et que, dans cette circonstance, le comparant a éprouvé une perte qu'il évalue à 3,000 fr., savoir... (*Détailler les dommages étage par étage.*)

De laquelle déclaration le comparant a requis acte, à lui concédé, et il a signé avec nous et le greffier, après lecture faite.

TITRE II.

COMMISSIONS ROGATOIRES DONNÉES PAR UN TRIBUNAL ADMINISTRATIF, OU ENQUÊTES ADMINISTRATIVES.

1302. Les juges de paix sont aussi quelquefois désignés par les préfets, sous-préfets, ou par les tribunaux administratifs pour faire des enquêtes administratives.

L'enquête s'ouvre sur un projet ou exposé indiquant le but de l'entreprise, le tracé des travaux, les dispositions principales des ouvrages et l'appréciation sommaire des dépenses. Ce projet est déposé à la mairie pendant un temps déterminé, pour que chaque habitant puisse en prendre connaissance. A l'expiration du délai, le commissaire délégué par le préfet pour procéder à l'enquête (juge de paix, maire, membre du Conseil d'arrondissement ou du

Conseil général) reçoit à la mairie, pendant trois jours consécutifs, et quelquefois pendant un plus long délai, les déclarations des habitants sur l'utilité publique des travaux projetés. Après avoir clos et signé le registre, le commissaire le transmet immédiatement au maire avec son avis motivé et les autres pièces de l'instruction. Ord. du 23 août 1835.

FORMULE 297.— Procès-verbal d'enquête *de commodo et incommodo*.

Nous, juge de paix du canton de... assisté de notre greffier (*ou* maire *ou* adjoint de la commune de... arrondissement de... département de...*), ayant reçu de M. le sous-préfet de... les pièces de la demande du sieur (*ou des sieurs...*) afin d'obtenir l'autorisation de construire (*ou* établir) un (*ou une... désigner la nature de l'établissement*) dans le lieu appelé... nous avons affiché, comme est prescrit, la pétition du sieur (*ou des sieurs...*) avec l'invitation aux intéressés d'avoir à présenter leurs observations dans les délais indiqués ; et aussitôt nous avons ouvert le présent procès-verbal d'enquête *de commodo et incommodo*, pour y consigner toutes les observations et réclamations qui nous seraient faites sur le projet contenu en ladite pétition, et, en outre, nos propres observations.

Et le susdit jour s'est présenté :

1º Le sieur... (*nom, prénoms, âge et profession du premier comparant*), lequel, après avoir pris connaissance des pièces déposées sur le bureau, a déclaré (*écrire la déclaration favorable ou défavorable au projet et les motifs donnés par le comparant*).

2º... 3º... (*Nom, prénoms, profession, âge et domicile de chaque comparant, sa déclaration, ses motifs.*)

Et vu que quatre heures ont sonné, qu'il ne se présente plus de déclarants, nous, commissaire chargé de l'enquête, avons clos la séance, renvoyé la suite de l'enquête à demain, neuf heures du matin, et signé avec le greffier.

Cejourd'hui... à dix heures du matin, nous, commissaire chargé de l'enquête, assisté de notre greffier, par suite du renvoi fait à la précédente séance, avons repris la continuation de nos opérations ; et après avoir attendu jusqu'à quatre heures du soir, sans qu'aucun déclarant se soit présenté, nous avons, après ladite heure, clos et arrêté la présente enquête.

Mais, avant de terminer notre procès-verbal, nous avons exprimé notre avis particulier dans les termes suivants : (*Avis du juge de paix et motifs.*)

Et avons ainsi dressé et arrêté le présent procès-verbal, que nous avons signé avec notre greffier. (*Signatures.*)

TITRE III.

DES GREFFIERS ET DES ACTES DE GREFFE. — DE LA VENTE DES MEUBLES, DE L'OFFICE DES GREFFIERS.

1503. Les fonctions du greffier de la justice de paix sont de rédiger les actes de la justice de paix sous l'inspection du juge, d'en délivrer expédition, de faire les actes de greffe et de conserver provisoirement les minutes.

1504. En outre, le greffier de la justice de paix partage, avec les huissiers et les notaires, le droit de faire dans son canton des prisées et ventes de marchandises neuves.

1505. Les greffiers reçoivent un traitement de 800 fr. à Paris, et de 500 fr. dans les autres cantons. Loi du 21 prairial an VII, art. 1er, et du 20 juin 1845, art. 3.

1506. Ils ont de plus droit à des vacations qui sont réglées par le tarif de 1807 (1).

CHAPITRE I. — Des actes de greffe.

1507. Il est certains actes auxquels le juge de paix peut procéder sans l'assistance du greffier, tels que les ordonnances en forme de cédule, les visas des exécutoires, les mandats, les affirmations de procès-verbaux; l'assistance pour l'ouverture des portes en cas de saisie et autres.

1508. De son côté, le greffier est exclusivement chargé de recevoir les oppositions aux scellés, de viser les originaux des exploits signifiés au greffe, et généralement de tous les actes faits au greffe, dits actes de greffe, et de ceux relatifs à la tenue des registres et répertoires.

1509. C'est encore le greffier qui rédige les qualités des jugements.

FORMULE 298. — Acte de dépôt au greffe.

Cejourd'hui... devant nous... greffier...

S'est présenté au greffe (*nom du déposant*),

Lequel a déposé en nos mains... (*désigner l'acte, énoncer sur combien de feuilles il est écrit, faire mention des renvois, des mots rayés, et rapporter l'enregistrement tout au long.*)

Duquel dépôt nous avons rédigé le présent acte, qui a été signé par le sieur... et par nous, après lecture faite. (*Signatures.*)

FORMLUE 299. — Affirmation de la partie qui demande des frais de voyage.

Aujourd'hui, etc.,

Devant nous, Yves D... greffier de la justice de paix du canton de... au greffe... est comparu

M. Bernard F... chirurgien, demeurant à...

Lequel a affirmé, sous serment par lui prêté en nos mains, que le voyage

---

(1) Nous avons cité sur chaque acte principal les articles du Tarif qui s'y rapportent. Nous renvoyons pour tout ce qui tient, en outre, au Tarif, au mot *Tarif* de notre *Répertoire général*, où toutes les règles sont détaillées et commentées.

par lui fait, de sa demeure à... (*siège de la justice de paix*) le... pour soutenir l'instance entre lui et le sieur... terminée par jugement du... n'avait pas d'autre but que ledit procès ; qu'il a même été forcé à venir en personne, par jugement de M. le juge de paix, en date du... enregistré, qui a ordonné sa comparution. Il a déclaré, en conséquence, requérir la taxe fixée par les règlements, et a signé avec nous, après lecture, à... les jour, mois et an susdits.

CHAPITRE II. — Répertoires. — Vérification mensuelle du juge de paix. — Certificat trimestriel. — Répertoire pour l'enregistrement. — Répertoire des huissiers.

SECTION I. — Répertoire des greffiers soumis à la vérification mensuelle et trimestrielle des juges de paix.

1510. D'après la loi du 26 frimaire an IV, art. 3, les greffiers des juges de paix doivent tenir des répertoires qui sont cotés et paraphés par les juges de paix, sur lesquels ils inscrivent, jour par jour, les dates des actes, leur nature, celle des procès-verbaux et des jugements par eux faits et rendus, avec les noms des personnes qui y sont parties.

1511. Une ordonnance du 5 novembre 1823 prescrit aux juges de paix de faire, dans les cinq premiers jours de chaque mois, le récolement des minutes sur le répertoire des greffiers et de constater l'état matériel et la situation des feuilles d'audience et de toutes autres minutes, par un procès-verbal qui est transmis, dans les cinq jours, au procureur impérial, près le tribunal de première instance de l'arrondissement.

1512. Une ordonnance du 17 juillet 1832, art. 2 et 3, porte, en outre : Les greffiers de justice de paix tiendront un registre sur lequel ils inscriront, par ordre de date et sans aucun blanc, toutes les sommes qu'ils recevront pour les actes de leur ministère. Les déboursés et les émoluments seront inscrits dans des colonnes séparées.

Le registre mentionné en l'article précédent sera coté et paraphé par le juge de paix. Il sera tenu sous la surveillance de ce magistrat, qui, à chaque trimestre, et plus souvent, s'il le juge convenable, le vérifiera, l'arrêtera et en dressera un procès-verbal dans lequel il consignera ses observations. Ce procès-verbal sera renvoyé au procureur impérial près le tribunal de première instance, qui en rendra compte au procureur général près la Cour impériale.

FORMULE 300. — Répertoire ordonné par l'article 3 de la loi du 16 frimaire an IV.

An 1854.

Justice de paix du canton de... département de...

DATES DES ACTES.	NATURE DE L'ACTE.	PARTIES DANS L'ACTE.
2 janvier	Enquête..................	Le sieur A, demandeur. Le sieur B, défendeur.
2 —	Jugement qui ordonne une une visite.....'..........	Le sieur C. demandeur. Le sieur D. défendeur.
2 février..........	Jugement définitif	Le sieur E, demandeur. Le sieur F, défendeur.
4 —	Jugement d'après l enquête du premier............	Le sieur A, demandeur. Le sieur B, défendeur.
6 —	Visite et jugement..........	Le sieur C, demandeur. Le sieur D, défendeur.
8 —	Jugement qui ordonne une mise en cause....	Le sieur G, demandeur. Le sieur H, défendeur.
15 —	Jugement définitif..........	Le sieur G, demandeur. Le sieur H, défendeur. Le sieur I, assigne en garantie.

FORMULE 301. — Vérification mensuelle du registre du greffe.

Nous, juge de paix du canton de... arrondissement de... département de...
Procédant en exécution de l'art. 3 de l'ordonnance du 5 novembre 1823, nous sommes fait représenter par notre greffier les registres, feuilles d'audience et autres minutes des actes de notre juridiction intervenus pendant le mois de... qui vient d'expirer; et, après en avoir fait le récolement sur le répertoire, nous avons reconnu que tous les actes ont été exactement portés et signés conformément à la loi, et ne présentent aucune irrégularité matérielle.
A... le... 18... (*Signature.*)

FORMULE 302. — Certificat trimestriel de vérification des sommes perçues et déboursées par le greffier.

Nous, juge de paix...
Procédant en exécution de l'ordonnance du 17 juillet 1825, certifions avoir vérifié et arrêté le registre tenu par notre greffier, coté et paraphé par nous, et sur lequel figurent, par ordre de dates, et sans aucun blanc ni interligne, les sommes reçues jour par jour, les déboursés et émoluments relatifs aux actes de son ministère, pendant les trois mois de... et n'avoir remarqué aucune perception illicite.
A... le... 18... (*Signature.*)

SECTION II. — **Des répertoires pour la perception des droits d'enregistrement.**

1513. Les greffiers sont tenus d'avoir des répertoires et d'y inscrire les actes de leur ministère, à peine d'une amende de 5 francs par chaque acte omis. Loi de l'enregistrement des 22 frimaire an VII, art. 49, et 16 juin 1824, art. 10 et 11.

Les greffiers des juges de paix sont soumis, comme les autres greffiers, à cette obligation. Ils doivent porter sur leurs registres tous les actes et jugements qui doivent être enregistrés sur la minute.

1514. Chaque article du répertoire doit contenir : 1° le numéro de l'article; 2° la date de l'acte; 3° sa nature; 4° les noms et prénoms des parties, et leur domicile; 5° l'indication des biens, leur situation, et le prix, lorsqu'il s'agira d'actes qui auront pour objet la propriété, l'usufruit ou la jouissance des biens-fonds; 6° la relation de l'enregistrement.

M. Toussaint (nouvelle édition de Levasseur, n° 194) conseille aux greffiers des juges de paix de supprimer la cinquième colonne relative à l'indication des biens-fonds, parce que les juges de paix ne peuvent connaître des actions réelles concernant la propriété, l'usufruit ou la jouissance des biens-fonds. Il est vrai que le procès-verbal à dresser au bureau de paix peut contenir conciliation sur de pareils objets; en ce cas particulier, qui se présentera bien rarement, il en sera fait mention particulière et dans une colonne supplémentaire.

La quatrième colonne peut se subdiviser en deux, pour marquer séparément 1° le prénom et le nom; 2° le domicile des parties.

Au moyen de ce qui vient d'être observé, ce répertoire contient sept colonnes.

1515. Le répertoire des greffiers doit contenir mention de tous les jugements et actes du greffe, encore que les droits n'auraient pas été consignés, ou que l'enregistrement devrait avoir lieu gratis, ou en débet (Instr. n° 388). Il faut excepter, toutefois, les jugements de remise de cause, à moins qu'ils n'aient été rendus après débats et sur conclusions. Ils ne sont pas tenus d'y porter les actes émanant directement des juges. Solut. 9 août 1807.

1516. L'exécutoire des dépens, rédigé en minute, et signé par le greffier qui le garde, et en délivre expédition, doit être inscrit au répertoire. Solut. de la régie, 5 octobre 1832.

1517. Chaque acte doit être inscrit au jour de sa date, sous peine, contre l'officier public, d'une amende de 5 francs (loi du 22 frimaire an VII, art. 49). Les préposés de la régie peuvent, à toute réquisition, se faire représenter les répertoires, et constater les contraventions qu'ils auront reconnues. Même loi, art. 52.

1818. Les répertoires doivent être présentés tous les trois mois au visa des préposés de la régie, et les receveurs doivent y énoncer le nombre des actes inscrits, afin qu'il ne puisse être fait ultérieurement aucune intercalation. C'est dans les premiers jours des mois de janvier, avril, juillet et octobre, que la présentation au visa doit être faite. — Il est dû une amende pour chaque jour de retard, quand même les dix jours ne seraient pas expirés.

1819. Ils doivent aussi, dans le cours de chaque trimestre, communiquer leur répertoire aux préposés de l'enregistrement toutes les fois qu'ils en sont requis. Même loi, art. 52.

1820. Deux répertoires doivent être tenus séparément, l'un pour les actes et jugements en matière civile, l'autre, pour les actes et jugements en matières criminelle, correctionnelle ou de police. Instr. rég., no 920.

1821. Les répertoires des greffiers et des huissiers de la justice de paix sont cotés et paraphés par le juge de paix.

FORMULE 303. — **Répertoire à colonnes des actes sujets à l'enregistrement sur la minute.**

An 1854.

Justice de paix du canton de... département de...

NUMÉROS.	DATE des ACTES.	NATURE des ACTES.	PARTIES DANS LES ACTES.		DATE de l'enregistrement.	OBSER-VATIONS
			PRÉNOMS ET NOM.	DOMICILE.		
1	Janvier. 2	Jugement portant condamnation sans titre à payer trente-cinq francs.	Ch. Lambert, demandeur.	Paris, rue... no... departem. de la Seine.	Janvier. 11	
			Fr. Roux, défendeur.	Versailles, rue ... departement de Seine-et-Oise.		
2	7	Procès-verbal de conciliation.	Pierre Rémond.	Corbeil, rue... departement de ...	11	
			Marie Hardy.	Paris, 9e arrondissement, rue...		
3	12	Conseil de famille.	Marie Letulle, mineure.	Paris, 9e arrondissement, rue...	14	
4	15	Apposition de scellés.	Après la mort de Joseph Carnot.	Paris, 9e arrondissement, rue...	17	
5	20	Vente mobilière après décès.	Remond (J.-Bapt.), requête de ses héritiers.	Commune de B...departement de...	23	

33

SECTION III. — Vérification du répertoire des huissiers audienciers.

1522. Une circulaire du ministre de la justice du 26 décembre 1845 enjoint aux juges de paix de vérifier, chaque trimestre, les répertoires de leurs huissiers audienciers.

FORMULE 304. — **Certificat de vérification du répertoire des huissiers audienciers de la justice de paix.**

Nous, juge de paix...
Certifions que, conformément aux prescriptions de la circulaire de M. le garde des sceaux, en date du 26 décembre 1845, nous ayons attentivement vérifié les répertoires de M... (*nom de l'huissier*), notre huissier audiencier, et que tous les actes inscrits audit répertoire pour le... trimestre de la présente année, ont été successivement portés à leur date, et que les coûts en ont été légalement perçus.
A... le... 18... (*Signature.*)

CHAPITRE III. — **Vente publique de meubles aux enchères.**

1523. Tout ce qui a rapport aux droits, devoirs et obligations des greffiers de justice de paix, relativement aux ventes publiques de meubles aux enchères, ayant fait l'objet d'articles très-détaillés dans nos *Commentaires des lois du 25 juin* 1841 *et du* 18 *juin* 1843, touchant les ventes de meubles et le tarif des commissaires-priseurs, nous nous abstiendrons de les reproduire ici. — Voir aussi notre RÉPERTOIRE GÉNÉRAL, au mot *Commissaire-Priseur.*

CHAPITRE IV. — **Vente et transmission d'office.**

1524. Toutes les règles de la vente et de la transmission des offices sont détaillées dans notre RÉPERTOIRE GÉNÉRAL ; ce serait donc faire double emploi si nous retracions ici ces règles.

CINQUIÈME PARTIE.

Procédure en matière de simple police.

LIVRE UNIQUE.

CONSTITUTION, COMPÉTENCE, JURIDICTION DES TRIBUNAUX DE POLICE
DES JUGES DE PAIX ET DES MAIRES. — PROCÉDURE DEVANT CES
TRIBUNAUX.

TITRE I.

DE L'ACTION PUBLIQUE ET DE L'ACTION CIVILE , ET DE L'INFLUENCE
DE L'UNE A L'ÉGARD DE L'AUTRE.

1525. Tout délit ou contravention peut donner lieu à une double action, l'action publique et l'action civile.

L'action publique est poursuivie devant les tribunaux de police par le commissaire de police ou par le maire qui remplissent près de ces tribunaux les fonctions du ministère public.

1526. L'action civile peut être poursuivie par la partie lésée, indépendamment de toute action publique, devant les tribunaux civils ; lorsqu'elle est poursuivie séparément, l'exercice en est suspendu tant qu'il n'a pas été prononcé définitivement sur l'action publique intentée avant ou pendant la poursuite de l'action civile. C. instr. crim., 3.

1527. La renonciation à l'action civile ne peut arrêter ni suspendre l'exercice de l'action publique. C. instr. crim., 4.

1528. L'action civile peut être aussi poursuivie en même temps que l'action publique, soit que la partie civile intervienne et se présente sur les poursuites du ministère public, pour demander des dommages et intérêts, soit qu'elle cite elle-même le contrevenant devant le tribunal de police. C. instr. crim., 145.

1529. Mais le juge de paix ne peut prononcer sur les dommages-intérêts que quand il applique une peine.

1530. L'influence des décisions civiles sur les décisions criminelles, et réciproquement, a fait l'objet de plusieurs graves discussions. En fait, avec l'ordre de nos juridictions, il n'est pas possible d'empêcher que l'existence du même fait ne soit soumise à deux juridictions différentes pour qu'elles en tirent chacune les conséquences qui lui conviennent. — Ainsi, le fait d'avoir tué un homme appartient à la juridiction civile en ce qu'elle condamnera l'auteur du meurtre à réparer le préjudice causé, et à la juridiction criminelle en ce qu'elle applique les peines prononcées par la loi.

TITRE II.

CONSTITUTION, COMPOSITION, JURIDICTION ET PROCÉDURE DES TRIBUNAUX DE POLICE DES JUGES DE PAIX.

1531. La connaissance des contraventions de police est attribuée aux juges de paix et aux maires, suivant les distinctions établies ci-après.

CHAPITRE I. — **Tribunaux de police des juges de paix.** — **Constitution, composition, juridiction et compétence en premier et en dernier ressort.**

1532. Le tribunal de police des juges de paix est composé : 1° de ce juge qui préside le tribunal et prononce seul sur les affaires qui sont portées devant lui; 2° d'un officier du ministère public; 3° d'un greffier.

1533. Si le juge de paix est absent du canton, il est remplacé par l'un de ses suppléants; l'empêchement doit être constaté dans le jugement pour lequel le remplacement a eu lieu, de même que la cause qui a empêché le premier suppléant de siéger, si c'est le second qui a suppléé.

1534. Lorsqu'il y a plusieurs juges de paix dans la même commune, le tribunal de police est présidé tour à tour par chacun des juges de paix, en commençant par le plus ancien (C. instr. crim., 142). Les juges de paix doivent faire le service alternativement pendant trois mois. Art. 39 du decret du 18 août 1810.

1535. Si les besoins du service l'exigent, il peut y avoir deux sections dans un seul tribunal de police : dans ce cas, chacune des deux sections est successivement présidée par l'un des juges de paix C. instr. crim., 143.

1536. Le ministère public près les tribunaux de police est exercé par le commissaire de police ou l'un des commissaires de police du lieu où siége le tribunal.

1537. S'il y a plusieurs commissaires de police, le procureur général près la Cour impériale désigne celui ou ceux d'entre eux qui doivent être chargés de ce service. Art. 145.

1538. Dans les cantons où il n'existe point de commissaire, ainsi que dans tous les cas d'absence ou d'empêchement de ce dernier, les fonctions du ministère public sont remplies par le maire du chef-lieu du canton, qui peut se faire remplacer par son adjoint. Art. 144.

1539. L'adjoint du maire, pour exercer valablement les fonctions du ministère public auprès des tribunaux de police, n'a pas besoin d'une délégation expresse de la part du maire ; il suffit que celui-ci ne le désavoue pas. Cass., 20 août 1812.

1540. Suivant l'article 162 du Code du 3 brumaire an IV, reproduit par l'article 153 C. instr. crim., le ministère public fait partie essentielle de tous les tribunaux de police ; il doit être entendu sur toutes les affaires ; tout jugement à l'instruction duquel il n'aurait pas assisté serait radicalement nul. Cass., 16 mars 1809.

1541. Dans les communes où il n'y a qu'un seul juge de paix, son greffier est ordinairement chargé du service auprès du tribunal de police. Art. 141.

1542. Mais dans les communes divisées en deux justices de paix ou plus, il y a un greffier distinct pour le tribunal de police (art. 142). Ce greffier reçoit à cet effet une commission spéciale du gouvernement, quoiqu'il puisse être choisi parmi les greffiers de la justice de paix.

1543. Quand le tribunal de police est divisé en deux sections, le greffier est remplacé à l'une des sections par un commis assermenté.

1544. Comme l'officier du ministère public, le greffier fait partie intégrante du tribunal de police. Un jugement rendu sans son assistance serait nul. Arrêt de la Cour de cassation du 25 février 1819.

1545. Le tribunal de police des juges de paix exerce sa juridiction dans toute l'étendue du canton.

1546. Les juges de paix, dit l'article 130 C. instr. crim., connaîtront exclusivement : 1° des contraventions commises dans l'étendue de la commune chef-lieu du canton ; 2° des contraventions dans les autres communes de leur arrondissement, lorsque, hors le cas où les coupables ont été pris en flagrant délit, les contraventions auront été commises par des personnes non domiciliées ou non présentes dans la commune, ou lorsque les témoins qui doivent déposer n'y sont pas résidents ou présents ; 3° des contravention à raison desquelles la partie qui réclame conclut, pour ses domma-ges-intérêts, à une somme indéterminée ou à une somme excédant 15 francs ; 4° des contraventions forestières, poursuivies à la requête des particuliers ; 5° des injures verbales ; 6° des affiches, annonces, ventes, distributions ou débits d'ouvrages, écrits ou gravures con-traires aux mœurs ; 7° de l'action contre les gens qui font le métier de deviner et pronostiquer ou d'expliquer les songes.

Ainsi, ces contraventions doivent être portées devant le juge de paix et non devant le maire de la commune.

Toutes les autres contraventions de police peuvent être jugées concurremment ou par le juge de paix, ou par le maire de la com-mune où elles auront été commises, hormis le maire du chef-lieu de canton.

1547. L'article 3 du Code Napoléon portant que les lois de po-lice et de sûreté obligent tous ceux qui habitent le territoire, il en résulte que les étrangers sont, ainsi que les nationaux, soumis à la juridiction du tribunal de police. C'est ce qu'a jugé implicitement un arrêt de la Cour de cassation du 3 février 1827.

1548. Sont considérés comme contraventions de police simple les faits qui, d'après les dispositions du quatrième livre du Code pénal, peuvent donner lieu, soit à 15 francs d'amende ou au-des-sous, soit à cinq jours d'emprisonnement ou au-dessous, qu'il y ait ou non confiscation des choses saisies, et qu'elle qu'en soit la va-leur. C. instr. crim., 137.

1549. Mais les contraventions de la compétence du juge de paix ne se bornent pas à celles définies et punies dans le quatrième livre du Code pénal, elles s'étendent encore à toutes les contraventions prévues par la loi sur la police rurale du 5 octobre 1791, qui ne donnent lieu qu'à une amende de 15 fr. ou au-dessous, ou à cinq jours d'emprisonnement. Mais les délits qui, d'après cette loi, sont punis d'une amende égale au dommage, échappent à la juridiction de police, si la valeur du dommage est indéterminée. Cass., 11 avril 1828.

1550. La juridiction du tribunal de police comprend également les contraventions réglées par les lois spéciales, soit antérieures, soit postérieures à la publication du Code pénal, et notamment les voies de fait et violences commises par des individus qui n'ont blessé ou frappé personne, la Cour de cassation décidant (arrêt du 30 mars 1832, Dal. 32, 1, 261) que, d'après l'article 484 du Code pénal, le juge de paix doit encore appliquer les peines de simple police portées dans les articles 600, 605, n° 8, et 606 du Code de brumaire an IV ; et le tribunal qui applique l'article 605 du Code de brumaire an IV doit le combiner avec l'article 606 du même Code qui en est le complément, et non avec les articles 464, 465 et 466 du Code pénal, applicables seulement aux contraventions de police prévues et punies par le même Code.

1551. Les jugements rendus en matière de police pourront être attaqués par la voie de l'appel lorsqu'ils prononceront un emprisonnement, ou lorsque les amendes, restitutions et autres réparations civiles excéderont la somme de 5 francs, outre les dépens. C. instr. crim.; 172.

1552. Le ministère public et les parties pourront, s'il y a lieu, se pourvoir en cassation contre les jugements rendus en dernier ressort par le tribunal de police, ou contre les jugements rendus par le tribunal correctionnel sur l'appel des jugements de police. C. instr., crim. 177.

1553. Le jugement qui renvoie le prévenu, sans amende ni dépens, n'est pas susceptible d'appel; la voie de cassation est la seule praticable contre une sentence d'absolution rendue par un tribunal de simple police : cela résulte des articles 172 et 177, qui viennent d'être cités.

CHAPITRE II. — Procédure devant les tribunaux de police — Instruction. — Questions préjudicielles. — Jugement. — Dépens. — Dommages-intérêts. — Jugement par défaut. — Opposition — Appel. — Recours en cassation. — Conflit. — Procédure devant le tribunal de police des maires.

SECTION I. — De la citation. — Tribunal compétent. — Par qui et comment le tribunal de police peut-il être saisi?

1554. En matière de police, l'action doit être intentée devant le tribunal du lieu où la contravention a été commise. C. instr. crim., 139; Cass., 4 frimaire an XI.

1555. Le tribunal de police peut être saisi : 1° par une ordonnance de la Chambre du conseil, rendue après le rapport du juge d'instruction, ou par un arrêt de la Chambre des mises en accusation, dans les cas prévus par les articles 129 et 230 du Code d'instr. criminelle; 2° par la comparution volontaire des parties sur un simple avertissement; 3° et par la citation faite à la requête du ministère public ou de la partie qui réclame. Art. 147, 145 C. instr. crim.

1556. La partie civile, à moins d'indigence constatée, est tenue, avant toutes poursuites, de déposer au greffe, ou entre les mains du receveur de l'enregistrement, la somme présumée nécessaire pour les frais de la procédure (Décr. du 18 juin 1811, art. 160). Les greffiers doivent tenir, pour chaque affaire, un compte particulier sur lequel ils portent exactement les sommes reçues et payées. Quand il y a consignation, toutes les taxes, tous les exécutoires pour le payement des frais doivent être décernés directement contre la partie civile et payés en son nom par le greffier, sur les sommes déposées, principalement les témoins. Instr. gén. du 30 sept. 1826, art. 132.

1557. La citation doit être notifiée par l'un des huissiers du canton (loi du 25 mai 1838, art. 16); il en est laissé copie au prévenu et à la personne civilement responsable.

1558. La citation ne pourra être donnée à un délai moindre que vingt-quatre heures, outre un jour par trois myriamètres, à peine de nullité tant de la citation que du jugement qui serait rendu par défaut. Néanmoins, cette nullité ne pourra être proposée qu'à la première audience, avant toute exception et défense. — Dans les cas urgents, les délais pourront être abrégés et les parties citées à comparaître même dans le jour, et à heure indiquée, en vertu d'une cédule délivrée par le juge de paix. C. instr. crim., 146.

1559. Les parties pourront comparaître volontairement, et sur un simple avertissement, sans qu'il soit besoin de citation. Code instr. crim., 147.

1560. La citation ne serait pas nulle, quoique les formes générales prescrites par les art. 61 et suivants C. proc. n'auraient pas été observées, pourvu, toutefois, qu'elle contînt les mentions essentielles, c'est-à-dire que le prévenu ne pût douter que c'est bien à lui que la citation est adressée; qu'il fût bien averti du fait de la contravention, du jour et de l'heure de la comparution, du tribunal auquel il doit se présenter.

1561. La personne civilement responsable peut être citée, en même temps que le prévenu, devant le tribunal de police; mais elle ne saurait l'être séparément : en effet, l'obligation de celui qui est soumis à la responsabilité d'un fait auquel il n'a pas concouru est une obligation accessoire, purement civile, et dont par conséquent les tribunaux ne peuvent connaître qu'accessoirement à l'action criminelle qui constitue l'obligation principale. Mais ce ne serait pas un motif pour renvoyer purement et simplement de la plainte la partie civilement responsable, qui aurait seule été traduite devant le tribunal de simple police. Ce tribunal devrait surseoir à statuer, et fixer le délai dans lequel le ministère public serait tenu de mettre en cause le contrevenant.

FORMULE 305. — Citation par huissier commis en vertu de cédule.
Tarif, 21. C. instr. crim., 146; Tarif crim., 71.

L'an... le... en conséquence de la cédule délivrée cejourd'hui par M. le juge de paix, président du tribunal de police du... etc., dont il est, avec celle des présentes, donné copie,

Et à la requête du sieur Pichon, etc...

J'ai, soussigné, commis à cet effet par la cédule sus-énoncée, Fabre, etc...
Donné assignation au sieur..., etc.

Pour répondre et procéder sur et aux fins des conclusions contenues en la cédule sus-énoncée; et j'ai au sus-nommé, en son domicile et parlant comme dessus, laissé copie de ladite cédule et du présent, dont le coût est de...

FORMULE 306. — Citation par huissier devant un tribunal de police tenu par le juge de paix. C. instr. crim., 145; Tarif crim., 71.

L'an... le... à la requête de M. le conservateur de... (*ou* de M. le maire... *ou* de M. l'adjoint du maire, *ou* de M. le commissaire de police, *ou* de M... membre du Conseil municipal de la commune, *ou* de la ville de...), exerçant les fonctions du ministère public près le tribunal de police du canton (*ou* de la commune, *ou* de la ville) de... pour lequel domicile est élu au greffe du tribunal de police de ce canton (*ou* en la maison commune dudit lieu), je Jean-François B... huissier de la justice de paix de... demeurant à... soussigné, ai donné assignation :

1° Au sieur Jean L... (*profession*), demeurant à... prévenu, parlant à...

2° Au sieur Pierre A... (*profession*), au nom et comme responsable dudit Jean L... parlant à...

3° Au sieur Eugène B... (*profession*), demeurant à... parlant à...

4° Au sieur François C... (*profession*), parlant à...

5° Au sieur (*même indication*) parlant à...

A comparaître en personne, le... heure de... en l'audience du tribunal de police de la commune de... séant en la maison commune dudit lieu, pour, à l'égard du sieur Jean L... répondre sur les faits de contravention à l'art... dont il est prévenu par la plainte du sieur A... (*ou* par la dénonciation du sieur... *ou* par le procès-verbal, *ou* par le rapport fait le... par...)

A l'égard du sieur Pierre A... pour s'expliquer sur les faits de responsabilité civile résultant de la contravention à l'art... dont Jean L... est prévenu par la plainte, etc.,

A l'égard dudit Eugène B... pour être entendu comme plaignant (*ou* partie civile), sur les faits de contravention contenus en sa plainte contre, etc., et prendre si bon lui semble telles conclusions qu'il avisera;

Et à l'égard des autres personnes citées, pour déposer comme témoins sur les faits de contravention dont il leur sera donné connaissance; leur déclarant qu'en comparaissant ils seront taxés conformément à la loi, s'ils le requièrent; et que, faute de comparaître et de justifier d'empêchement légitime, ils seront condamnés aux peines portées par la loi contre les témoins défaillants;

Et j'ai à chacun des sus-nommés, en parlant comme il vient d'être dit, laissé copie du présent. Coût...

FORMULE 307. — Citation au tribunal de police, à la requête d'une partie civile. C. instr. crim., 145; Tarif crim., 71.

L'an... le... à la requête de... (*prénoms, nom, profession et domicile du citant*), je soussigné... (*prénoms, nom, qualité et demeure de l'huissier*) ai cité et donné assignation à... (*prenoms, nom, profession et domicile du cité*), en son domicile, en parlant à... à comparaître et se trouver en personne le. . heure de... au tribunal de simple police du canton de... département de... séant à... pour se voir condamner. à payer au demandeur la somme de... pour dommages et intérêts du préjudice qu'il a causé au demandeur, pour avoir, le... en contravention aux règlements de police... (*énoncer le fait*) ; que défenses lui soient faites de continuer à l'avenir, sous les peines prononcées par la loi, et de plus grands dommages et intérêts; et, en outre, qu'il sera condamné aux frais de la présente instance, coût du jugement, signification et mise à exécution du même jugement ; et j'ai audit, parlant comme dessus, laissé copie du présent, dont le coût est de...

Enregistré à... le...

SECTION II. — De l'instruction. — Preuve de contravention. — Procès-verbaux. — Preuve testimoniale. — Témoins. — Reproches. — Audition. — Jugement. — Opposition. — Appel. — Recours en cassation.

ARTICLE Ier. — *De l'instruction. — Procès-verbaux. — Preuve testimoniale.*

1562. La personne citée doit comparaître par elle-même, ou par un fondé de procuration spéciale. C. instr. crim., 152.

1563. L'instruction de chaque affaire sera publique, à peine de nullité. Elle se fera dans l'ordre suivant : les procès verbaux, s'il y en a, seront lus par le greffier ; les témoins, s'il en a été appelé par le ministère public ou la partie civile, seront entendus s'il y a lieu ; la partie civile prendra ses conclusions. La personne citée proposera sa défense, et fera entendre ses témoins, si elle en a amené ou fait citer, et si, aux termes de l'article suivant, elle est recevable à les produire; le ministère public résumera l'affaire et donnera ses conclusions : la partie citée pourra proposer ses observations. Le tribunal de police prononcera le jugement dans l'audience où l'instruction aura été terminée, et, au plus tard, dans l'audience suivante. Code instr. crim., 153.

1564. Les contraventions seront prouvées soit par procès verbaux ou rapports, soit par témoins, à défaut de rapports et procès-verbaux, ou à leur appui. — Nul ne sera admis, à peine de nullité, à faire preuve par témoins, outre ou contre le contenu aux procès-verbaux ou rapports des officiers de police ayant reçu de la loi le pouvoir de constater les délits ou les contraventions, jusqu'à inscription de faux. Quant aux procès-verbaux et rapports faits par des agents, préposés ou officiers auxquels la loi n'a pas accordé le droit d'en être crus jusqu'à inscription de faux, ils pourront être débattus par des preuves contraires, soit écrites, soit testimoniales, si le tribunal juge à propos de les admettre. C. instr. crim., 154.

1565. Il est très-peu de procès-verbaux qui fassent preuve jusqu'à inscription de faux ; de ce petit nombre sont les procès-verbaux des préposés de l'octroi. Pour tout ce qui tient aux règles des procès-verbaux, nous renvoyons à notre Répert. génér., au mot *Procès-verbal*, et ci-dessus titre V, chap. iv, sect. xi.

1566. Les témoins feront à l'audience, sous peine de nullité, le serment de dire toute la vérité, rien que la vérité ; et le greffier en tiendra note, ainsi que de leurs nom, prénoms, âge, profession et demeure, et de leurs principales déclarations. C. instr. crim., 155.

1567. Les ascendants ou descendants de la personne prévenue, ses frères et sœurs, ou alliés en pareil degré, la femme ou son mari, même après le divorce prononcé, ne seront ni appelés ni reçus en témoignage ; sans néanmoins que l'audition des personnes ci-dessus désignées puisse opérer une nullité, lorsque, soit le ministère public, soit la partie civile, soit le prévenu, ne se sont pas opposés à ce qu'elles soient entendues. C. instr. crim., 156.

1568. Les témoins qui ne satisferont pas à la citation pourront y être contraints par le tribunal, qui, à cet effet, et sur la réquisition du ministère public, prononcera, dans la même audience, sur le premier défaut, l'amende, et en cas d'un second défaut, la contrainte par corps. C. instr. crim., 157.

1569. Le témoin ainsi condamné à l'amende sur le premier défaut, et qui, sur la seconde citation, produira devant le tribunal des excuses légitimes, pourra, **sur les** conclusions du ministère public, être déchargé de l'amende. — Si le témoin n'est pas cité de nouveau, il pourra volontairement comparaître, par lui ou par un fondé de procuration spéciale, à l'audience suivante, pour présenter ses excuses, et obtenir, s'il y a lieu, décharge de l'amende. C. instr. crim., 158.

1570. Avant le jour de l'audience, le juge de paix pourra, sur la réquisition du ministère public ou de la partie civile, estimer ou faire estimer les dommages, dresser ou faire dresser des procès-verbaux, faire ou ordonner tous actes requérant célérité. C. instr. crim., 148.

1571. Ces mesures peuvent également être ordonnées à l'audience, après avoir ouï les parties.

FORMULE 308. — **Ordonnance pour une estimation de dommages dans le cas de l'article 148 du Code d'instr. crim.**

Nous... président du tribunal de police, faisant droit à la réquisition qui nous a été faite par M... commissaire de police (*ou* maire *ou* adjoint), faisant fonctions du ministère public (*ou la partie civile, mettre alors les nom, profession et domicile de celle-ci*), tendant à ce que nous estimions le dommage qui a été commis à son préjudice le jour de... (*Désigner ici le genre de dommage.*)

Ordonnons, sans rien préjuger, que demain, à... heure de... il sera procédé par nous à la visite et estimation du dommage dont s'agit, parties présentes ou appelées.

Fait a... le...

Cette ordonnance doit être notifiée au prévenu avec assignation pour la prochaine audience.

FORMULE 309. — Nomination d'expert.

Nous... président du tribunal de police de... vu la réquisition à nous faite par M... (*ministère public* ou *la partie lésée*), tendant à ce que (*rappeler la réquisition*), et y faisant droit, ordonnons que les visite et estimation du dommage seront faites par... que nous nommons à cet effet; lequel, après avoir prêté le serment voulu par la loi, procédera le... heure de... parties présentes ou appelées, aux opérations qui lui sont confiées, et sera tenu de déposer son rapport au greffe du tribunal, et d'en affirmer la sincérité à l'audience qui suivra son estimation, pour, par nous, être statué ce qu'il appartiendra.

La notification de cette dernière ordonnance doit être faite tant à l'expert qu'au prévenu, avec assignation à celui-ci de comparaître à la prochaine audience.

FORMULE 310. — Prestation de serment de l'expert.

Par-devant nous, juge de paix du canton de... a comparu M... (*nom, profession et domicile*), expert nommé par... à l'effet de...

Lequel a prêté le serment de bien et fidèlement remplir la mission qui lui est confiée; dont acte, et a signé avec nous et le greffier.

FORMULE 311. — Estimation faite par le juge.

Cejourd'hui, l'an... le... heure de... nous, président du tribunal de police, assisté de... notre greffier, conformément à notre ordonnance en date du... enregistrée, signifiée le... par... à la requête de...

Nous sommes transporté a... à l'effet d'estimer le dommage prétendu causé, ce à quoi nous avons procédé en présence des sieurs... requérant, et... prévenu. (*Le prévenu ne se présentant pas à l'heure indiquée, on mettra :* ce à quoi, après avoir en vain attendu une heure au delà de celle indiquée, nous avons procédé en l'absence du sieur... prévenu, contre lequel nous avons donné défaut, et, pour le profit, passé outre à l'estimation.)

Le sieur... demandeur, a déclaré persister dans sa réquisition, et a signé (ou a déclaré ne le pouvoir). Le sieur... prévenu, a dit . (*insérer les dires*).

Procédant à ladite estimation, nous avons remarqué (*rapporter les traces du dommage, en indiquer les faits, circonstances, preuves et indices propres à le constater*).

La valeur du dommage nous a paru être de... et nous avons renvoyé, pour y statuer, à notre audience du... jour auquel le prévenu a été cité.

Fait aux lieu, jour, mois et an que dessus, etc.

FORMULE 312. — Estimation faite par les experts.

L'an... le... heure de... je... expert nommé par... (*rappeler l'ordonnance de nomination*), ayant prêté serment devant M... juge de paix, me suis transporté à... pour estimer ledit dommage prétendu causé par...

Etant arrivé sur les lieux, se sont présentés, 1° (*nom, profession et do-*

micile du requérant), lequel a dit que... (*insérer la réquisition*); 2° le sieur... (*nom, profession et domicile du prévenu*), lequel a dit : (*insérer son dire*).

En conséquence, j'ai procédé aux visite et estimation dudit dommage, et ai reconnu (*indiquer la nature, les circonstances, preuves, indices, etc.*), lequel dommage j'ai évalué approximativement à la somme de...

Le tout fait en présence des sieurs... auxquels j'ai déclaré que je déposerais mon rapport au greffe du tribunal, le... heure de... pour, par eux, y être présents, si bon leur semble.

(*Si le requérant ou le prévenu ne comparaissent pas, il en est fait mention, et l'expert déclare qu'il a procédé en leur absence.*)

FORMULE 313. — Procès-verbal de garde champêtre.

L'an... le... heure de...

Je (*nom, prénoms, résidence*), garde champêtre de la commune de... arrondissement de... assermenté pour ladite commune, le...

Faisant ma tournée, me suis aperçu qu'une charrette avait passé, depuis peu de temps, sur une pièce de terre ensemencée, située à... (*désigner la situation, les tenants et aboutissants*), appartenant à... que le passage de cette charrette avait causé un dégât considérable sur une longueur d'environ... mètres, et sur une largeur de... mètres, aussi environ.

Ayant interrogé des laboureurs qui travaillaient dans un champ voisin de celui où la contravention a été commise, j'ai appris que la charrette, dont je venais de reconnaître les traces, était attelée de... chevaux, et conduite par le sieur... charretier du sieur...

En effet, à quelque distance de là, j'ai joint ledit sieur... poursuivant son chemin. Lui ayant demandé pourquoi il avait ainsi passé dans un terrain ensemencé, appartenant à autrui, il m'a fait réponse (*insérer cette réponse*).

Et, attendu que le fait dont il s'agit constitue une contravention réprimée par la loi, j'ai, de tout, dressé le présent procès-verbal, pour valoir ce que de raison.

Lequel j'ai clos à... heures du... les susdits... jour, mois et an.

(*Si le garde champêtre instrumentait à la réquisition de la partie lésée, le procès-verbal commencerait ainsi :*)

L'an... le... heure de... etc.

Je, etc... à la réquisition de... (*nom, prénoms, profession, domicile*), me suis transporté à... (*désigner les lieux*), à l'effet de constater une contravention qui y avait été commise; où étant, j'ai remarqué qu'en effet... (*Désigner la nature, les circonstances, traces, preuves et indices de la contravention.*)

Et attendu, etc.

(*Si le garde champêtre ne rédige pas son procès-verbal sur les lieux, il doit déclarer au prévenu le lieu où il se retire pour le rédiger, l'heure à laquelle il sera procédé à cette rédaction, avec sommation d'y être présent, si bon lui semble, ce qui se fait en ces termes :*)

Et attendu, etc.; j'ai déclaré audit sieur... que j'allais me retirer devant M. le maire de... à l'effet de faire constater ladite contravention ; le sommant de se trouver au lieu indiqué... heure de... s'il le juge à propos, pour présenter ses dires et moyens de défense.

(*Le défaut de sommation n'entraînerait pas la nullité du procès-verbal.*)

FORMULE 314. — Procès-verbal d'un garde des bois d'un particulier.

L'an, etc., le... jour de... heure de... je (*nom, prénoms*), garde des bois de M... demeurant à... reçu et assermenté, conformément à la loi, faisant ma tournée, me suis aperçu qu'il avait été coupé nouvellement plusieurs arbres, essence de... dans lesdits bois au canton de... lieu dit... et ayant plus particulièrement inspecté les lieu et délit, j'ai reconnu que les arbres coupés pouvaient avoir... ans, et portaient... décimètres... de tour, à un mètre du sol, et ayant remarqué des traces de voitures (ou des pas de cheval ou d'homme) partant dudit lieu et se dirigeant vers... j'ai suivi lesdites traces, et étant arrivé a.. j'ai trouvé des... de bois que j'ai reconnus être de même essence et de même grosseur que celui qui a été coupé audit lieu de... pourquoi j'ai saisi ledit bois, consistant en... et je l'ai mis en la garde de... qui s'en est chargé comme dépositaire de justice, et a promis de le représenter à toutes réquisitions, et a signé.

(Si le bois est en enclos ou dans une cour, on mettra :)

J'ai suivi lesdites traces qui m'ont conduit à la porte d'une maison, sise en ladite commune de... occupée par.. alors je me suis transporté chez M. le maire de ladite commune, et l'ai requis de m'accompagner dans ladite maison de... ce qu'il a fait ; et y étant entrés ensemble, j'ai trouvé, etc., auxquels ayant fait connaître l'objet de mes perquisitions, ils ont fait réponse que... sommés de signer leurs réponses, ils ont refusé, nonobstant lequel refus j'ai constaté qu'il existe dans la cour, sous un hangar, la quantité de... qui sont fraîchement coupés, et de la même essence que le bois coupé audit lieu de... et j'ai déclaré auxdits... que je mettais sous la main de la justice ledit bois trouvé dans la cour ; les ayant sommés de me présenter un gardien solvable, ils s'y sont refusés ; pourquoi j'ai établi à la garde dudit bois le sieur... demeurant à.. lequel s'en est chargé, et a promis de le représenter à toutes réquisitions, et a signé.

Dont et de tout ce que dessus j'ai fait et dressé le présent procès-verbal, en présence de mondit sieur... maire de ladite commune, qui a signé avec moi ; lequel j'ai clos à... heures du... les jour, mois et an que dessus.

FORMULE 315. — **Procès-verbal d'un préposé de l'octroi.**

L'an... le... *(jour et mois).*

Je... *(nom, prénoms et résidence du préposé)*, assermenté pour la ville, en la commune de...

Etant dans l'exercice de mes fonctions, après avoir pris connaissance de l'expédition à moi représentée par le sieur... et procédé à la visite de son chargement.. me suis aperçu que... *(désigner ici l'espèce de l'objet saisi)*, du poids de... *(ou contenant telle mesure)*, d'une valeur de... environ, était caché dans... pour en faciliter l'entrée sans l'acquittement des droits d'octroi.

Pourquoi, et attendu la contravention, j'ai déclaré audit sieur... la saisie de... *(objet)*, lequel allait être remis a... *(nom, qualité)* que j'ai constitué gardien, ce qu'il a accepté, pour ledit *objet* être représenté toutes et quantes fois et à qui il appartiendra.

Le présent procès-verbal, dressé en présence dudit sieur... auquel lecture en a été faite, à la barrière de... a été clos à... *(heure).*

(Si le prévenu n'assistait pas volontairement à la rédaction, il faudrait lui faire sommation d'y être présent, et en faire mention dans le procès-verbal.)

FORMULE 316. — **Citation aux témoins.**

L'an... le... à la requête de... *(nom, prénoms, qualité et domicile du requérant, ministère public ou partie).*

J'ai... *(nom, prénoms et immatricule de l'huissier)*, soussigné,

Signifié, donné citation et par copie séparée, 1° au sieur... *(nom, qualité, domicile du témoin)* ; 2° au sieur... etc., en son domicile, en parlant à...

De comparaître le... heure de... devant le juge de paix du canton de...

président du tribunal de simple police, en son prétoire, audience publique ;

A l'effet de déposer vérité sur les faits dont il leur sera donné connaissance, leur déclarant que, faute par eux de comparaître, ils encourront telle amende qu'il appartiendra, et même seront contraints par corps, s'il y a lieu;

Et j'ai, audit domicile et parlant comme dessus, laissé à chacun desdits sieurs... copie du présent, dont le coût est de...

FORMULE 317. — Jugement qui prononce une amende contre un témoin défaillant, et ordonne qu'il sera réassigné.

Entre le sieur... (nom, profession, domicile), demandeur, suivant citation de... en date du... enregistrée le... ledit sieur... comparant en personne.

Et le sieur (nom, profession, domicile), défendeur, ledit sieur... comparant aussi en personne ;

Vu le jugement du... par lequel le sieur... a été admis, sur la dénégation du prévenu, à faire preuve des faits par lui articulés ;

Vu la citation donnée par suite de ce jugement au sieur... par exploit de... enregistré, à l'effet de venir déposer sur les faits dont il lui serait donné connaissance ;

Après avoir entendu M... commissaire de police (ou maire ou adjoint), remplissant les fonctions du ministère public, en ses résumé et conclusions ;

Attendu que ledit sieur... ne comparaît pas, quoique dûment appelé, le tribunal le condamne à l'amende de... et attendu que sa déposition paraît nécessaire, ordonne qu'il sera réassigné à ses frais, pour comparaître à l'audience de... prochain, par... notre huissier (ou huissier que nous commettons à cet effet) ; à laquelle audience les parties comparaîtront sans nouvelle citation, pour entendre statuer ce qu'il appartiendra ; condamne en outre ledit sieur... aux dépens.

Ainsi prononcé publiquement par M... tenant l'audience du tribunal de simple police, le...

FORMULE 318. — Jugement qui, sur un second défaut, prononce la contrainte par corps.

Entre, etc , par jugement préparatoire du... enregistré le... il a été ordonné (rappeler les faits). Par autre jugement du... il a été ordonné que le sieur... témoin défaillant, serait réassigné à ses frais pour la présente audience ;

Vu lesdits jugements; vu également l'exploit de réassignation, fait à la requête dudit sieur... demandeur, par... huissier commis à cet effet, ledit exploit enregistré le...

Après avoir entendu M... commissaire de police, lequel a résumé l'affaire, et conclu à ce que...

Attendu que l'audition du sieur... témoin défaillant, paraît nécessaire pour la preuve de la contravention dont le tribunal est saisi ; que cette audition est d'ailleurs requise par le demandeur ;

Attendu que le témoin est défaillant pour la deuxième fois ; que la loi, dans ce cas, prononce la contrainte par corps ;

Le tribunal, sans rien préjuger, ordonne que ledit sieur... sera saisi par... huissier commis à cet effet, afin d'être conduit et amené à l'audience du... pour y faire sa déposition sur les faits dont la preuve est ordonnée, auquel jour les parties comparaîtront sans nouvelle citation, etc.

Ainsi prononcé publiquement par M..., etc. (comme au modèle précédent).

FORMULE 319. — Mandat d'amener contre un témoin, dans le cas d'un deuxième défaut.

Nous... président du tribunal de police du canton de...; vu le refus de comparaître du sieur... témoin défaillant pour la deuxième fois, quoique dûment appelé; vu l'art. 157 du Code d'instr. crim., ainsi conçu (*rappeler le texte*);

Mandons et ordonnons au sieur... que nous commettons à cet effet, d'amener et conduire à notre audience du... prochain, heure de... ledit sieur... pour y faire sa déposition sur les faits admis en preuve.

Délivré le...

FORMULE 320. — Jugement qui, sur des causes légitimes, décharge le témoin de l'amende.

Entre, etc.

(*Rappeler les faits et les divers jugements comme au modèle 318, et terminer ainsi :*)

Attendu que ledit sieur... justifie qu'il était... (*rappeler la cause d'excuse*); qu'ainsi il se trouvait dans l'impossibilité de comparaître au jour fixé par la citation à lui délivrée le... par exploit de... enregistré; qu'il y a lieu, en conséquence, de le décharger de l'amende prononcée contre lui;

Vu l'art. 158 du Code d'instr. crim., ainsi conçu (*rappeler le texte*); ouï le ministère public en ses conclusions; le tribunal reçoit les excuses présentées par ledit sieur... et le décharge de l'amende à laquelle il a été condamné par jugement du...

Ainsi prononcé en audience publique, par M..., etc.

FORMULE 321. — Forme des notes à tenir, par le greffier, des dépositions des témoins.

Nous... greffier du tribunal de police de... conformément à l'art. 155 du Code d'instr. crim., avons rédigé les notes suivantes de l'enquête faite à l'audience de ce jour, entre le sieur... demandeur, et le sieur... prévenu.

Premier témoin. (*Faire mention s'il a été cité ou simplement produit; indiquer les nom, prénoms, âge, profession et domicile du témoin*); lequel, après avoir fait serment de dire toute la vérité, rien que la vérité, a déposé que... (*écrire le sommaire de la déposition*).

Deuxième témoin. (*Mêmes énonciations.*)

Certifié véritable, audience tenante, en l'auditoire du tribunal de simple police, le..., etc.

ARTICLE 2. — *Des questions préjudicielles.*

1572. On appelle question préjudicielle toute question qui, dans un procès, doit être jugée avant une autre, parce que, du jugement qui sera rendu sur la première, dépend la solution de la seconde.

Des questions préjudicielles peuvent s'élever devant le tribunal de police : ainsi, un prévenu soutient que l'anticipation qu'on lui oppose comme contravention n'existe pas, parce que le terrain sur lequel la contravention aurait été commise lui appartient. Il y a là évidemment une question de propriété qui peut détruire la base de la poursuite; d'où obligation de renvoyer à fins civiles, ou devant le tribunal compétent.

1573. Il ne suffit pas d'élever, pour obtenir le renvoi, une prétention de propriété dénuée de toute preuve ; d'après l'article 182 du Code forestier, si, dans une instance en réparation de délit ou contravention, le prévenu excipe d'un droit de propriété ou autre droit réel, le tribunal saisi de la plainte *statuera sur l'incident* en se conformant aux règles suivantes : — L'exception préjudicielle ne sera admise qu'autant qu'elle sera fondée soit *sur un titre apparent,* soit *sur des faits de possession équivalents, personnels au prévenu,* et par lui articulés *avec précision,* et si le titre produit ou les faits articulés sont de nature, dans le cas où ils seraient reconnus par l'autorité compétente, à ôter au fait qui sert de base aux poursuites tout caractère de délit ou de contravention.

Cet article a été déclaré par la Cour de cassation applicable à tous les cas analogues ; il résulte, en outre, d'un arrêt de la même Cour, du 10 mars 1835 (Dal., 35, 1203), que les tribunaux correctionnels et ceux de simple police sont appréciateurs du mérite de la question préjudicielle élevée devant eux par le prévenu : celui-ci est donc tenu de produire le titre apparent, ou d'articuler avec précision les faits équivalents qui sont de nature à le faire accueillir, puisque les juges de l'action principale ne peuvent légalement surseoir à y statuer jusqu'après le jugement de son exception qu'autant qu'ils la reconnaissent fondée, et déclarent que ce jugement aurait nécessairement pour résultat, s'il lui était favorable, de légitimer le fait constitutif de la prévention dont ils sont saisis ; d'où la conséquence que, lorsqu'une exception préjudicielle est vaguement et dilatoirement proposée, comme dans le cas où sa décision ne saurait soustraire l'inculpé à l'effet de la poursuite exercée contre lui, les tribunaux de répression doivent la déclarer non recevable ou mal fondée, et ordonner qu'il sera immédiatement procédé à l'examen du fond.

1574. L'article 182 du Code forestier, dont nous avons rapporté les premières dispositions ci-dessus, veut que, dans le cas de renvoi à fins civiles, le jugement fixe *un bref délai,* dans lequel *la partie qui aura élevé la question préjudicielle devra saisir les juges compétents* de la connaissance du litige, et justifier de ses diligences ; sinon il sera passé outre. Toutefois, en cas de condamnation, il sera sursis à l'exécution du jugement, sous le rapport de l'emprisonnement, s'il était prononcé ; et le montant des amendes, restitutions et dommages-intérêts sera versé à la Caisse des dépôts et consignations, pour être remis à qui il sera ordonné par le tribunal qui statuera sur le fond du droit

34

Il résulte de cet article, que c'est le prévenu qui doit saisir de la question préjudicielle les juges compétents et qui est chargé de la preuve. L'article 189 du Code forestier rend la même disposition applicable aux poursuites exercées au nom et dans l'intérêt *des particuliers*. Mais l'est-elle également aux contraventions étrangères aux bois, et dont la poursuite n'est point réglée par le Code forestier ? Curasson, en posant cette question (première partie, section III, et n. 20), critique la jurisprudence de la Cour de cassation, qui avait adopté l'affirmative ; depuis, la Cour suprême a modifié en partie cette opinion, en décidant, par arrêt du 12 août 1837, que les articles 182 et 189 du Code forestier ne sont applicables qu'aux délits et contraventions commis dans les bois ou forêts soumis au régime forestier ou appartenant à des particuliers. Quant aux autres contraventions, le principe consacré par la jurisprudence, qui met à la charge du prevenu, dans le cas où il élève une question préjudicielle de propriété, l'obligation de saisir dans un délai déterminé les tribunaux compétents pour décider la question, s'applique aux délits ou contraventions poursuivis, dans l'intérêt de l'Etat ou de la société, à la requête du ministère public, lequel serait sans qualité, sans pouvoir, sans intérêt, pour saisir le tribunal civil et plaider devant lui une cause qui lui est étrangère ; mais qu'on ne pourrait, sans de graves inconvénients, étendre ce principe au cas où il n'est question que d'intérêts privés ; que dans une telle position, les tribunaux correctionnels, compétents seulement pour appliquer la peine prononcée par la loi, mais sans pouvoir pour juger les questions de propriété, ne doivent, en renvoyant les parties à fins civiles, *rien préjuger sur la nature de l'action qu'elles auront à intenter, ni sur la question de savoir à qui sera imposée la charge de la preuve, et que les parties doivent être laissées à cet égard dans la plénitude de leurs droits.*

Ainsi, d'après cet arrêt, si la poursuite est exercée à la requête du ministère public, c'est au prévenu qui élève la question préjudicielle de propriété à justifier de son exception, et à saisir les tribunaux compétents dans un délai déterminé ; si c'est la personne lésée qui saisit directement le tribunal de police pour obtenir des réparations civiles, la preuve n'est pas plus à la charge de l'une des parties que de l'autre ; le tribunal de répression doit ordonner le renvoi sans rien préjuger.

1575. Si l'habitant d'une commune, poursuivi en contravention, avait à justifier qu'il n'a fait qu'user, sur le terrain en contestation, d'un privilége appartenant à la commune et à ses habitants, il aurait le droit, pour peu du moins qu'il fût inscrit comme contribuable au rôle de la commune, d'exercer à ses frais et risques, avec l'autorisation du Conseil de préfecture, les actions qu'il croirait appartenir à la commune, et que la commune, préalablement appelée à en délibérer, aurait refusé ou négligé d'exercer (loi du 18 juillet 1837, art. 49). — Une question préjudicielle pourrait donc être élevée en pareille circonstance, et le renvoi à fins civiles avoir lieu dans les conditions de l'art. 49 précité.

ARTICLE 3. — *Du jugement.*

1576. Après que le ministère public a résumé l'affaire et donné ses conclusions, que la partie citée a été entendue dans ses observations, le juge de paix statue.

Le jugement doit être prononcé publiquement dans l'audience où l'instruction aura été terminée, ou, au plus tard, dans l'audience suivante. C. instr. crim., 153.

1577. Le jugement doit être motivé. — Le défaut d'intention criminelle n'est pas un motif d'acquittement ou d'excuse en matière de contravention, le fait matériel suffisant pour donner lieu à l'application de la peine. Cass., 14 février et 1er avril 1826, 24 février, 4, 18 octobre, et 1er décembre 1827 et 19 août 1828.

1578. Le juge ne pourrait motiver son jugement sur la connaissance personnelle que lui aurait procurée une visite des lieux qu'il aurait faite, sans y appeler contradictoirement les parties. Cass., 11 juin 1842, *Annales*, 1842, p. 257; 25 mars 1843. *Annales*, 1843, p.304.

1579. Outre les motifs, le jugement doit encore contenir le texte de la loi appliquée (C. inst. crim., 163). — Il y est fait mention s'il est rendu en dernier ressort ou en première instance.

1580. Si le jugement se base sur un règlement ou arrêté municipal, est-il nécessaire que cet arrêté soit transcrit ? La Cour de cassation avait, par arrêt du 11 octobre 1810, jugé l'affirmative ; mais elle est revenue sur cette jurisprudence, par arrêts du 6 septembre 1828 et du 3 juillet 1835, « attendu que l'art. 163 n'exige pas l'insertion du texte des arrêtés municipaux. »

1581. Le même arrêt a jugé qu'il n'y aurait pas nullité, en ce que l'art. 162 du Code d'inst. crim., relatif aux dépens, n'aurait pas été transcrit littéralement dans le jugement ; il suffit qu'il y soit fait mention de cet article.

1582. Enfin le jugement de simple police, qui se borne à débouter le demandeur de son *opposition*, et maintient purement et simplement *le jugement par défaut* qui en est l'objet, ne peut être annulé, en ce qu'il ne contient pas les termes de la loi appliquée, alors que le jugement par défaut a satisfait à cette formalité.

1583. La minute du jugement sera signée par le juge qui aura tenu l'audience, dans les vingt-quatre heures au plus tard, à peine de vingt-cinq francs d'amende contre le greffier, et de prise à partie, s'il y a lieu, tant contre le greffier que contre le juge. C. instr. crim., 164.

1584. Le jugement est contradictoire, s'il est rendu entre les parties présentes et le ministère public.

Il est par défaut lorsque l'une des parties est absente.

1585. L'absence du ministère public ne peut donner lieu à un jugement par défaut (Cass., 17 déc. 1808) ; le tribunal de police doit, dans cette circonstance, renvoyer la cause à un autre jour, le faire inviter à se trouver à l'audience, et, en cas de refus, procéder à son remplacement.

1586. Si la personne citée ne comparaît pas au jour et à l'heure fixés par la citation, elle sera jugée par défaut. C. inst. crim., 149.

1587. Le tribunal de police, même jugeant par défaut, doit vérifier les conclusions prises devant lui ; l'art. 150 C. proc. est applicable aux matières criminelles. Cass., 1er déc. 1842, *Annales*, 1843, p. 113.

1588. Une partie, même présente à l'audience, peut être condamnée par défaut, si elle ne prend pas de conclusions et qu'elle ne propose aucune défense.

1589. Le juge de simple police peut ordonner, par jugement interlocutoire, toute preuve ou mesure d'instruction.

1590. Quoique, à la différence des jugements préparatoires, les jugements interlocutoires préjugent le fond, il est de principe, en matière criminelle comme en matière civile, que le juge n'est pas lié par l'interlocutoire.

1591. L'art. 463 du Code pénal, qui autorise à abaisser la peine lorsque le juge reconnaît des circonstances atténuantes, est-il applicable en matière de police ? Deux arrêts de la Cour de cassation, des 1er déc. 1842 et 15 sept. 1843, ont jugé l'affirmative ; il résulte de ces arrêts qu'une amende de 6 fr. à 10 fr. peut être réduite au-dessous de 6 fr. si le juge reconnaît et constate des circonstances atténuantes.

1592. Le juge ne peut statuer que sur les contraventions qui lui sont déférées ; il ne devrait pas, sans avoir préalablement été saisi dans les formes voulues par la loi, juger une contravention qui ressortirait des débats; une poursuite ou une citation nouvelle serait indispensable.

1593. Si le fait ne présente ni délit ni contravention de police, le tribunal annulera la citation et tout ce qui aura suivi, et statuera, par le même jugement, sur les demandes en dommages-intérêts. C. instr. crim., 159.

1594. Si le fait est un délit qui emporte une peine correction- nelle ou plus grave, le tribunal renverra les parties devant le pro- cureur impérial. C. instr. crim., 160.

1595. Si le prévenu est convaincu de contravention de police, le tribunal prononcera la peine, et statuera, par le même jugement, sur les demandes en restitution et en dommages-intérêts. C. inst. crim., 161.

ARTICLE 4. — *De la condamnation aux dépens et de leur liquidation.*

1596. La partie qui succombe doit être condamnée aux frais, même envers la partie publique. C. instr. crim., 162.

1597. Cette disposition s'applique au demandeur comme au pré- venu. Par le seul fait de la citation donnée par le demandeur, ce- lui-ci se constitue partie civile; il en est de même s'il intervient et prend des conclusions à l'audience lorsque le prévenu a été cité par le ministère public.

1598. Il faut appliquer d'ailleurs aux dépens ce que nous avons dit, ci-dessus, des dommages-intérêts ou restitutions civiles. Les dé- pens, comme les dommages-intérêts, ne peuvent être que la consé- quence de l'application d'une peine; accessoires de la condamna- tion, ils ne pourraient exister sans celle-ci.

1599. Cependant, par arrêt des 10 juin 1842 (*Annales*, 1842, p. 234), 25 mars 1843 (*Annales*, 1843, p. 173), et 7 mars 1845 (*Annales*, 1846, p. 171), la Cour de cassation a jugé que le mineur de moins de seize ans, quoique relaxé de la poursuite pour défaut de discernement, n'en doit pas moins, ou la personne civilement responsable, être condamné aux dépens.

1600. Le jugement doit contenir la liquidation des dépens (C. instr. crim., 162); mais comme il est souvent difficile de liquider les dépens à l'instant même, et d'en fixer le *quantum* au moment de la prononciation du jugement, il suffit que cette liquidation soit faite avant la signature de la minute : c'est ce qui se pratique ordinaire- ment. Le greffier présente au juge qui a tenu l'audience l'état des frais, et celui-ci, après l'avoir examiné, en permet la transcription dans le jugement.

ARTICLE 5. — *Des dommages-intérêts.*

1601. De même que les dépens, les dommages-intérêts doivent être liquidés par le jugement (C. instr. crim..161). L'art. 148 permet au juge, ainsi que nous l'avons vu, d'estimer d'avance ou de faire estimer le dommage causé, lorsqu'il en a été requis par le ministère public ou par la partie civile ; il ne pourrait, en prononçant le jugement, condamner le prévenu en des dommages et intérêts dont il se réserverait de faire l'appréciation plus tard. Cass., 31 déc. 1835.

1602. Il est d'autres demandes sur lesquelles le juge de paix peut avoir encore à prononcer : ce sont celles par lesquelles le ministère public conclut à la destruction des objets dont l'existence constitue la contravention ; ainsi, lorsque sans alignement préalable, ou au mépris de l'alignement donné, un propriétaire élève des constructions, soit sur la voie publique, soit même sur son propre terrain, le juge doit, sur la demande du ministère public, en punissant la contravention, ordonner la démolition de ces constructions. Cette démolition est la réparation due par le contrevenant ; et il y a cette différence entre cette hypothèse et celle où des dommages-intérêts sont réclamés par la partie civile, que, dans ce dernier cas, le juge est appréciateur de la demande formée, qu'il peut admettre, rejeter ou modifier, tandis que, dans le premier, il ne peut se dispenser d'ordonner la destruction des ouvrages faits en contravention. La raison de cette différence est sensible : les dommages-intérêts n'étant dus à la partie civile qu'autant qu'elle a souffert un dommage, et en proportion du dommage souffert, il fallait bien laisser au juge le soin d'apprécier s'il y a eu réellement préjudice, et quels ont été ses effets. Quand il s'agit d'ouvrages faits en contravention, au contraire, il ne peut y avoir de doute sur la nécessité de la réparation et sur le moyen à employer. La contravention sera permanente tant que la destruction n'aura pas été ordonnée ; ce n'est donc qu'en ordonnant cette destruction que le fait qui donne lieu à la poursuite peut disparaître, et que le but de cette poursuite est atteint. Aussi, toutes les fois que des jugements des tribunaux de police n'ont pas ordonné la destruction des ouvrages, en pareilles circonstances, la Cour de cassation n'a-t-elle pas hésité à les annuler. On peut voir les arrêts de cette Cour, des 2 déc. 1825, 26 juillet 1827, et 18 sept. 1828.

FORMULE 322. — Modèle d'un jugement contradictoire en dernier ressort du tribunal de police sur une action du ministère public.

Tribunal de police du canton de. . département de... audience publique tenue le vendredi... mars mil huit cent... à l'heure accoutumée, au prétoire du tribunal, par M... juge de paix dudit canton, assisté de M... greffier de la justice de paix.

En présence de M... maire de la commune de... remplissant les fonctions du ministère public. (*Cet intitulé, mis en tête de la feuille d'audience, sert pour tous les jugements qui y sont portés; il est transcrit dans l'expédition de chaque jugement.*)

Entre M. le maire de la commune de... remplissant les fonctions du ministère public près le tribunal de police, demandeur, d'une part, et le sieur Paul A... menuisier, demeurant à... d'autre part.

Par exploit de M. B... huissier à... en date du... enregistré, ledit sieur A... a été, sur la requête du demandeur, cité à comparaître aujourd'hui devant le tribunal pour, attendu que... (*transcrire ici le libellé de la citation*) s'entendre condamner à la peine fixée par l'article 475, n° 4, du Code pénal et aux frais.

Il a comparu et déclaré qu'il était prêt à répondre aux charges et preuves que le demandeur avait à lui opposer.

Sur cette déclaration, l'organe du ministère public a requis la lecture du procès-verbal : elle a été en conséquence faite publiquement et à haute voix par le greffier.

Le sieur A... s'est justifié des faits mis à sa charge par ledit acte en disant que... (*Analyse de la défense de la personne citée.*)

Ensuite l'organe du ministère public a pris la parole et a dit que... (*résumé des preuves et des moyens de l'action*; il a conclu à ce que ledit sieur Paul A... fût, par application de l'article 475, n° 4, du Code pénal, condamné à dix francs d'amende et aux dépens.

Le sieur Paul A... a fait observer que... (*Observations du cité.*)

Sur quoi, nous, juge de paix, remplissant les fonctions de juge de police ;

Attendu qu'il est établi par le procès-verbal que le jeudi... janvier dernier. . ledit sieur A... passant en voiture dans le voisinage de... a fait courir son cheval dans la descente qui y existe ;

Que ledit procès verbal est régulier et fait foi de son contenu jusqu'à preuve contraire.

Que les dénégations du sieur A... ne sont appuyées sur aucune preuve ;

Vu les art. 475, n° 4, C. pén. et 162 C. instr. crim., ainsi conçus : « Seront punis d'amende, etc. » (*Transcrire ces textes*);

Condamnons le sieur Paul A... à une amende de six francs au profit de la commune de ..; le condamnons en outre aux dépens de la présente instance, liquidés à la somme de... non compris les frais d'expédition et de notification du présent jugement.

Fixons la durée de la contrainte par corps à... conformément à l'article 52 du Code pénal, en exécution de la loi du 17 avril 1832, et de la loi du 13 décembre 1848.

Donné à .. le .. l'an... par nous.. (*prénoms et nom du juge de paix ou du suppléant qui le remplace avec qualification de premier ou second*) du canton de .. département de...

FORMULE 313. — Jugement par défaut.

Entre le sieur .. remplissant les fonctions de ministère public... (*comme ci-dessus*), d'une part ;

Et le sieur A... défendeur aux fins dudit exploit, non comparant, ni personne pour lui.

Lecture a été faite... (*comme ci-dessus*), hors la comparution du cité et de ses témoins.

Vu, etc.

Nous... juge de paix, avons, contre le sieur A... non comparant, ni personne pour lui, donné défaut ; et, pour le profit, considérant... (la fin comme ci-dessus).

FORMULE 324. — Jugement sur la comparution de celui qui s'est laissé condamner par défaut.

Entre le sieur A... (prénoms, nom, profession et domicile du comparant), lequel a dit que, par jugement de notre tribunal, en date du... rendu à la requête du... faisant les fonctions de ministère public, à lui signifié le... il avait été condamné à... qu'il se présente devant nous pour être reçu opposant audit jugement; faisant droit sur son opposition, le décharger des condamnations contre lui prononcées par ledit jugement ;

Et le sieur... ministère public, défendeur a ladite opposition ;

Ouï le sieur A... en ses moyens de défense ;

Ouï ensuite le sieur... ministère public, lequel a conclu à ce que...

Vu, etc.

Nous... juge de paix, tenant le tribunal de police, considérant que le sieur A... se présente devant nous dans les trois jours de la signification à lui faite le... du jugement rendu contre lui par défaut, le... recevons le sieur A... opposant audit jugement, faisant droit sur son opposition, considérant que... nous avons déchargé ledit sieur A... des condamnations contre lui prononcées par ledit jugement, sans dépens.

Donné à... le... etc.

Lorsque l'opposant est condamné sur son opposition, qui est mal fondée, le dispositif est ainsi conçu :

Nous... juge de paix .. (le commencement comme ci-dessus); faisant droit sur son opposition, considérant... déboutons le sieur A... de son opposition ; ordonnons que ledit jugement sera exécuté selon sa forme et teneur ; le condamnons en outre par corps aux frais de la présente instance, liquidés à... compris le coût du présent jugement et de la signification, conformément à l'art. 162 C. instr. crim., lequel est ainsi conçu :

(Lorsque le condamné par défaut se présentera après les délais qui lui sont accordés par la loi, le jugement le déclarera non recevable.)

Entre le sieur A... (comme ci devant),

Et le sieur... ministère public, lequel, attendu qu'il y a plus de trois jours que la signification du jugement du... a été faite au sieur A... conclut à ce que le sieur A... soit déclaré non recevable dans son opposition et condamné aux frais du présent jugement et de la signification :

Nous... juge de paix, considérant que depuis le... jour auquel le jugement du... a été notifié au sieur A... à ce jourd'hui... il s'est écoulé plus que les trois jours pendant lesquels le sieur A... pouvait être entendu, conformément à l'art. 150 C. instr. crim., déclarons le sieur... non recevable dans son opposition; ordonnons que le précédent jugement du... sera exécuté selon sa forme et teneur; condamnons en outre le sieur A... aux frais du présent jugement et de sa signification, liquidés à... conformément à l'art. 162 C. instr. crim., lequel est ainsi conçu : (transcrire l'article).

FORMULE 325. — Jugement sur la poursuite d'une partie civile.

Entre le sieur A... (prénoms, nom, profession et domicile du demandeur), demandeur aux fins de l'exploit de... en date du... enregistré le... tendant à ce que le sieur B... ci-après nommé, soit condamné à lui payer la somme de... pour dommages et intérêts du préjudice qu'il lui a causé pour avoir, le... (détailler le fait); comparant en personne... (ou par... prénoms, nom, *profession et domicile du fondé de pouvoir*) suivant l'acte du... enregistré le... d'une part ;

Et le sieur B... (*prénoms, nom, profession et domicile du défendeur*), défendeur aux fins dudit exploit, comparant... d'autre part, lequel a requis d'être renvoyé de la demande ;

Ouï les sieurs A... et B... en leurs moyens respectifs (*s'il y a des témoins entendus, il en sera fait mention*);

Ouï ensuite le sieur... faisant les fonctions de ministère public, lequel a conclu à ce que...

Vu les articles... de la loi, ainsi conçus : (*transcrire les articles.*)

Nous... juge de paix, tenant le tribunal de police, considérant qu'il est constant que le sieur B... a, le... (*détailler le fait prouvé*); faisons défense au sieur B... de récidiver à l'avenir, sous telle peine qu'il appartiendra; pour l'avoir fait, le condamnons en l'amende de... conformément à l'article... de la loi du... dont lecture a été donnée ; le condamnons en outre à payer au sieur A... la somme de .. par forme de dommages et intérêts, et aux dépens ; fixons la durée, etc.

(*S'il y a lieu d'acquitter le défendeur, le dispositif est ainsi conçu :*)

Considérant que la contravention reprochée au sieur B... n'est pas prouvée (*ou bien que*);

Renvoyons le sieur B... des demandes contre lui formées, soit par le sieur A... dans son exploit du... soit par le ministère public ; condamnons A... aux dépens, etc.

Donné à...

FORMULE 326. — Jugement qui renvoie la cause devant d'autres juges.

Entre, etc. (*rappeler les faits, conclusions et défenses des parties*).

Ouï le prévenu dans ses exceptions ; ensemble, M... commissaire de police (*ou maire ou adjoint*), remplissant les fonctions du ministère public, en ses résumé et conclusions ;

Attendu que le tribunal n'est ni celui du domicile du prévenu, ni celui du lieu où la contravention a été commise ; que par suite le déclinatoire du prévenu est fondé, et qu'il y a lieu d'y faire droit ;

Le tribunal, statuant en premier (*ou dernier*) ressort, se déclare incompétent et renvoie la cause et les parties devant les juges qui doivent en connaître ; condamne le demandeur aux dépens taxés à... non compris, etc.

Ainsi jugé et prononcé, etc.

FORMULE 327. — Jugement qui, sur une question préjudicielle, sursoit à statuer.

Entre le sieur... etc., et le sieur... défendeur, etc. Les conclusions du demandeur tendent à... (*rappeler ces conclusions*); à quoi le prévenu a répondu que, s'il a passé sur le terrain du demandeur, il n'a fait qu'user de son droit, un passage lui étant dû sur ledit terrain.

Par le sieur... demandeur, a été répliqué... (*insérer les moyens*).

Dans cet état, les questions suivantes se présentent : (*poser ces questions*). Parties ouïes ; ensemble M... commissaire de police, lequel a résumé l'affaire, et conclu à ce que...; attendu que si l'exception du défendeur était fondée, elle ôterait au fait qui lui est imputé tout caractère de criminalité : qu'ainsi elle constitue une question préjudicielle qui doit avoir pour résultat de suspendre la décision du tribunal jusqu'à ce qu'il ait été statué sur ladite exception par les tribunaux compétents ;

Attendu, néanmoins, que cette suspension doit être limitée pour que le cours de la justice ne soit pas interrompu ;

Le tribunal, sans rien préjuger, sursoit à statuer sur la demande du sieur...

pendant... durant lequel temps le défendeur sera tenu de faire juger son exception ; faute de quoi, et à l'expiration dudit délai, il sera passé outre au jugement, sur la demande dudit sieur... dépens réservés.

Ainsi prononcé publiquement par M... etc.

ARTICLE 6.—*De l'opposition.*—*De l'appel.*—*Du recours en cassation.*

§ 1er. — De l'opposition.

1603. La personne condamnée par défaut ne sera plus recevable à s'opposer à l'exécution du jugement, si elle ne se présente à l'audience indiquée par l'article suivant : sauf ce qui sera ci-après réglé sur l'appel et le recours en cassation. C. instr. crim., 150.

1604. L'opposition au jugement par défaut pourra être faite par déclaration en réponse au bas de l'acte de signification, ou par acte notifié dans les trois jours de la signification. — L'opposition emportera de droit citation à la première audience après l'expiration des délais, et sera réputée non avenue si l'opposant ne comparaît pas. C. instr. crim., 151.

La signification du jugement peut donc seule faire courir les délais de l'opposition.

1605. La partie civile qui a laissé juger l'affaire par défaut contre elle peut-elle former opposition au jugement comme la personne citée ? L'affirmative semble résulter des termes de l'art 150, qui réserve cette voie à la personne condamnée ; d'où l'on peut conclure que tout condamné doit être admis à se pourvoir par opposition. Cependant, on peut dire qu'il est de principe qu'un tribunal de police ne peut être saisi que lorsqu'il existe une contravention à punir ; et que, lorsque le prévenu a été acquitté contradictoirement avec le ministère public, il est irrévocablement jugé que le fait qui lui était imputé ne constitue pas une véritable contravention. On peut ajouter que l'art. 187 du Code d'instr. crim., n'accordant nominativement la voie d'opposition qu'au seul prévenu, on peut en induire que, lorsque l'art. 150 a parlé de la personne condamnée, il s'est uniquement occupé de la personne citée. Mais, d'un autre côté, l'opposition est de droit commun. Il y aurait d'ailleurs une espèce de contradiction à donner à un plaignant le droit de se pourvoir par appel, et à lui refuser celui de se pourvoir par voie d'opposition ; on se trouve donc porté à penser que cette voie lui est ouverte ; c'est ainsi que le décide Carnot ; il cite même un arrêt de cassation du 29 floréal, an IX, qui l'aurait ainsi jugé en principe.

1606. Au reste, si l'opposition n'avait pas été notifiée à la partie civile, on ne peut douter qu'elle ne pût former opposition au jugement qui aurait été rendu en son absence, et qui aurait déchargé le prévenu des condamnations qu'il avait d'abord encourues, encore que le jugement eût été contradictoire avec le ministère public ; c'est ce qui a été jugé par le même arrêt du 29 floréal an IX. Mais tout serait irrévocablement jugé quant à l'action publique, qui ne pourrait être reprise sur l'opposition de la partie civile.

§ 2. — De l'appel.

1607. La personne condamnée et la partie civile sont également fondées à interjeter appel d'un jugement du tribunal de police, dans les cas prévus par la loi ; il n'en est pas de même du ministère public, aucune disposition de la loi ne lui attribue ce droit ; il résulte, au contraire, des art. 172, 177, 199 et 202 du Code d'instruction criminelle, que cette faculté lui est interdite.

L'art. 177, en effet, lui confère le droit de se pourvoir en cassation ; or, si la loi avait entendu qu'il pût interjeter appel, elle s'en serait expliquée.

D'un autre côté, l'art. 202, en donnant au ministère public la faculté d'appeler en matière correctionnelle, démontre suffisamment que ce n'est point par oubli que le même droit ne lui a point été conféré en matière de simple police. C'est aussi ce que la Cour de cassation a reconnu dans deux arrêts des 28 août 1823 et 24 février 1827.

1608. Les jugements rendus en matière de police pourront être attaqués par la voie de l'appel, lorsqu'ils prononceront un emprisonnement, ou lorsque les amendes, restitutions et autres réparations civiles excéderont la somme de 5 francs, outre les dépens. C. instr. crim., 172.

1609. L'appel sera suspensif. C. instr. crim., 173.

1610. L'appel des jugements rendus par le tribunal de police sera porté au tribunal correctionnel ; cet appel sera interjeté dans les dix jours de la signification de la sentence à personne ou à domicile ; il sera suivi et jugé dans la même forme que les appels des sentences des justices de paix. C. instr. crim., 174.

1611. Lorsque, sur l'appel, le procureur impérial, ou l'une des parties le requerra, les témoins pourront être entendus de nouveau, et il pourra même en être entendu d'autres. C. instr. crim., 175.

1612. Les dispositions des articles précédents sur la solennité de l'instruction, la nature des preuves, la forme, l'authenticité et la signature du jugement définitif, la condamnation aux frais, ainsi que les peines que ces articles prononcent, seront communes aux jugements rendus, sur l'appel, par les tribunaux correctionnels. C. instr. crim., 176.

1613. Le délai de dix jours fixé, pour interjeter appel, [par l'art. 174, doit être, selon la règle générale, augmenté d'un jour à raison de trois myriamètres de distance, conformément à l'article 1033 C. proc.

1614. Mais, lorsque le jugement a été rendu par défaut, le délai d'appel commence-t-il à courir du jour seulement où l'opposition n'est plus recevable, ou, au contraire, le délai de l'appel et celui de l'opposition courent-ils en même temps, et le condamné n'a-t-il que dix jours pour appeler, comme dans le cas où le jugement est contradictoire? — Les auteurs sont divisés sur cette question. Bourguignon pense qu'on ne peut employer contre un jugement par défaut, ni la voie de l'appel, ni celle du recours en cassation, tant que la voie de l'opposition est ouverte; il appuie son opinion sur plusieurs arrêts de la Cour de cassation, rendus sous l'empire du Code du 3 brumaire an IV, conforme sur ce point au Code d'instruction criminelle; sur un avis du Conseil d'Etat, du 11 février 1806, approuvé le 18 du même mois, qui le décide ainsi, et sur la dernière partie de l'art. 174 du Code d'instr. crim., qui veut que l'appel en matière de police soit suivi et jugé dans la même forme que les appels des sentences des juges de paix : or, dit-il, l'art. 455 du Code de proc. civ. déclare que les appels des jugements susceptibles d'opposition ne seront pas recevables pendant le délai de l'opposition. — Le Graverend (*Législation criminelle*, t. II, p. 349) est du même avis. Carnot, sur l'art. 150 du Code d'instruction criminelle, soutient une opinion contraire, qui ne paraît pas devoir être suivie.

1615. Le délai de dix jours fixé par la loi pour l'appel du jugement de police n'est pas applicable à l'appel incident, qui peut être relevé en tout état de cause Cass., 24 juillet 1818.

1616. L'appel doit-il être *signifié* ou simplement *déclaré* au greffe? Le Graverend (t. II, p. 348) pense qu'il suffit d'une simple déclaration au greffe, cet usage étant général pour l'appel et le recours en cassation en matière criminelle : un arrêt de la Cour de cassation, du 1er juillet 1826, a jugé que l'appel n'est pas nul, quoiqu'il ait été relevé par citation, sans déclaration au greffe; un second arrêt du 6 août 1829 a reconnu, d'un autre côté, la validité d'un acte d'appel formé par une simple déclaration au greffe de la justice de paix.

1617. Lorsqu'un tribunal correctionnel, saisi de l'appel d'un jugement de simple police, infirme pour une cause autre que celle tirée de l'incompétence, il doit statuer au fond et définitivement, au lieu de renvoyer l'affaire au juge de premier degré. Cass , 6 juin 1844.

§ 3. — Du recours en cassation.

1618. Le recours en cassation peut être exercé par le condamné, la personne civilement responsable, la partie publique et la partie civile. C. instr. crim., 413.

1619. Il est recevable contre tous les jugements rendus sur appel en matière de police et contre ceux rendus par le tribunal de police en dernier ressort. Il importe peu que la condamnation ait été prononcée contradictoirement ou par défaut. Le recours en cassation est également ouvert au condamné dans les deux cas ; mais il ne peut user de cette voie pendant le délai d'opposition, lorsque le jugement est rendu par défaut.

1620. Un jugement de police peut être attaqué en cassation : 1° s'il a été rendu incompétemment ; 2° s'il a prononcé des condamnations pour un fait qui n'était ni délit ni contravention ; 3° si le ministère public n'a pas été entendu ; 4° s'il n'a pas été rendu publiquement ; 5° s'il n'a pas été rendu par un juge qui ait assisté à toutes les audiences, ou devant qui l'instruction et les débats n'aient pas été recommencés en entier ; 6° s'il n'est pas motivé ; 7° enfin, s'il y a eu fausse application de la loi pénale. C. instr. crim., 413 et 408.

1621. Le pourvoi en cassation doit être formé dans les trois jours de la prononciation du jugement, lorsqu'il est contradictoire (Cass., 2 août 1828); ou dans les trois jours de la signification, quand il est par défaut.

1622. La déclaration du pourvoi est faite, dans le délai de trois jours, soit par la partie elle-même, soit par un fondé de pouvoir spécial, au greffe du tribunal correctionnel pour les jugements de police dont appel a été interjeté, ou au greffe du tribunal de police pour les jugements prononcés par ce tribunal en dernier ressort.

1623. Après les dix jours qui suivront la déclaration du pourvoi, ce magistrat fera passer au ministre de la justice les pièces du procès et les requêtes des parties, si elles en ont déposé. — Le greffier de la Cour ou du tribunal, qui aura rendu l'arrêt ou le jugement attaqué, rédigera sans frais et joindra un inventaire des pièces, sous peine de 100 francs d'amende, laquelle sera prononcée par la Cour de cassation. C. instr. crim., 423.

1624. Les art. 416 et suivants du Code d'instruction criminelle règlent les autres formes du pourvoi ; comme il est facile d'y recourir, nous ne les transcrirons pas ici.

FORMULE 328. — Déclaration d'appel au greffe.

Cejourd'hui... de l'an... heure de... est comparu au greffe du tribunal de simple police de... devant nous, greffier soussigné, le sieur... demeurant à... où il fait élection de domicile ;

Lequel a déclaré interjeter appel du jugement rendu par ledit tribunal de simple police de... le... enregistré, qui le condamne à... et ce pour les torts et griefs que lui fait ledit jugement.

De laquelle déclaration nous avons rédigé le présent acte, et a, le déclarant, signé avec nous (ou a déclaré ne le savoir).

FORMULE 329. — Acte d'appel par citation.

L'an... le... à la requête de... demeurant à... où il fait élection de domicile, j'ai (nom, prénoms et immatricule de l'huissier) soussigné, signifié, déclaré à M... commissaire de police (ou maire ou adjoint), remplissant les fonctions du ministère public près le tribunal de police du canton de... en son domicile... en parlant à... que le requérant est appelant, comme par ces présentes, il interjette appel d'un jugement contradictoirement rendu entre lui et le sieur... par ledit tribunal, lequel le condamne à... jours d'emprisonnement et en... francs d'amende, et ce pour les torts et griefs que lui fait ledit jugement

A ce qu'il n'en ignore, et j'ai, même requête, domicile... parlant comme dessus, laissé à M... copie du présent, dont le coût est de...

S'il y a une partie civile, signification doit lui être faite, si l'on appelle du jugement en ce qu'il accorde des dommages-intérêts.

FORMULE 330. — Pourvoi au greffe du tribunal de police contre un jugement émanant de cette juridiction

Par-devant nous, greffier de la justice de paix de... ou du tribunal de simple police de...

Est comparu le sieur A... (nom, prénoms, profession et demeure) ; lequel nous a déclaré qu'il est dans l'intention de se pourvoir en cassation, comme il se pourvoit formellement par ces présentes contre le jugement rendu par M... juge de paix en cette juridiction, le... qui le condamne à deux jours de prison et... fr. d'amende, dans l'intérêt de la vindicte publique, et à... fr. de dommages et intérêts au profit du sieur B... et cela pour les torts et griefs que lui cause ce jugement, et qu'il exposera et développera en temps et lieu.

De quoi il a requis acte que nous lui avons octroyé, et a signé avec nous greffier, après lecture (ou a déclaré ne savoir signer, après lecture). (Signatures du requérant et du greffier.)

FORMULE 331. — Inventaire des pièces. C. instr. crim., 423.

Inventaire des pièces transmises par le greffier soussigné du tribunal de police du canton de... arrondissement de... département de... à M. le maire (ou le commissaire de police), remplissant les fonctions de ministère public près ledit tribunal, formant le dossier de l'affaire sur laquelle il a été fait par... un pourvoi en cassation, et consistant, savoir :

1°... 2°... 3°... (inventorier toutes les pièces).

Fait et certifié véritable par le greffier soussigné, à... le... 18... (*Si-gnature.*)

CHAPITRE III.—De la complicité en matière de contraventions et de délits. — Maître ou commettant. — Responsabilité.

1625. En thèse générale, il n'y a pas de poursuites médiates ou indirectes à exercer en fait de criminalité. Il peut y avoir compli-cité, mais rétroaction jamais... Les crimes et les délits sont person-nels : ceux-là seuls qui les commettent doivent en répondre et être punis. La loi caractérise ainsi la complicité :

« Seront punis comme complices d'une action qualifiée *crime ou*
« *délit*, ceux qui, par dons, promesses, menaces, abus d'autorité
« ou de pouvoir, machinations ou artifices coupables, auront pro-
« voqué à cette action, ou donné des instructions pour la com-
« mettre ; — ceux qui auront procuré des armes, etc. » Art. 60 du Code pénal.

Enfin, le complice est le *socius* et *particeps criminis*, et doit être puni comme l'auteur principal du fait criminel.

Il n'en est pas tout à fait ainsi en ce qui concerne les contraven-tions. Il n'y a pas lieu d'admettre la complicité ; telle est l'opinion de Carré , qui est néanmoins contredite par Boucher d'Argis ; mais un arrêt de la Cour de cassation, du 21 avril 1826, repousse la com-plicité.

Il y aurait beaucoup de choses à dire sur cette matière , surtout depuis la modification de l'article 389 du Code pénal par la loi de 1832 ; mais la discussion nous entraînerait trop loin ; tandis qu'il ne s'agit, dans la spécialité de notre ouvrage, que des poursuites contre l'instigateur de la contravention en matière de simple police.

Prenons la question de bien haut, remontons à son principe. — Le Code pénal, en classant les espèces, les a placées sous tel ou tel genre d'infraction. Il a gradué le châtiment selon la gravité des faits caractérisés par les circonstances qui les ont précédés, accom-pagnés et suivis. Mais, comme toujours, le législateur a vu les cho-ses dans leur ensemble théorique, sans entrer dans les détails et dans les définitions trop minutieuses.

L'orateur du gouvernement, en présentant le livre premier du Code d'instruction criminelle, s'exprimait ainsi :

« Les infractions dès lors peuvent être plus ou moins graves ; les
« unes blessent les règlements de simple police ; d'autres portent
« atteinte aux dispositions de la police correctionnelle ; d'autres,

« enfin, attentent encore plus directement et plus fortement à la
« sûreté des citoyens ; on les a appelées indifféremment, jusqu'à
« présent, crimes ou délits, ce qui opérait souvent une confusion
« qu'il est utile de prévenir pour la suite. Désormais la loi qualifie
« particulièrement *de crimes* les faits qui emportent contre le cou-
« pable une peine afflictive ou infamante ; elle qualifie *délits* les faits
« du ressort de la police correctionnelle, et qui sont punis d'un
« emprisonnement à temps, ou d'une amende ; enfin, l'expression
« *de contravention* est réservée aux faits de simple police, punissa-
« bles d'une amende plus légère ou de peu de jours d'emprison-
« nement. »

De ces principes généraux et de leur application sont nées des
difficultés que présentent sans cesse la multiplicité des faits et l'appréciation de leur moralité.

En fait de crime, il faut que la volonté concoure avec le fait matériel. Et par volonté il faut entendre ici cette faculté qui comprend,
qui raisonne ; de cette portion de l'homme, enfin, dont l'empire est
confié à lui-même et qui préside à nos actions. De là ce vieil axiome
posé dans les lois françaises: qu'il n'y a ni crime ni délit dans le
cas de démence, de force majeure et de légitime défense de soi-
même ou d'autrui (art. 64 et 328 du C. pén.), parce que : *vim vi
repellere licet.*

Il faut bien se pénétrer de cette vérité, que la société ne transige
jamais. Ses intérêts sont trop positifs, trop sérieux pour que l'autorité publique puisse compromettre. La punition attachée à tel
crime ou à tel délit doit nécessairement frapper d'une manière directe celui qui s'en est rendu coupable. On peut seulement, par
voie de transaction légale, user de la faculté accordée par l'article
463 du Code pénal.

Il n'en est pas ainsi d'une simple contravention ; et cependant,
encore, faut-il distinguer celles qui tiennent à l'ordre public proprement dit, de celles qui en diffèrent par leur espèce, comme tenant davantage aux intérêts particuliers.

La portée de celles-ci, sous le rapport de la gravité de la commission, peut être appréciée ; il y a même des cas particuliers, dans
cette seconde classe de contraventions, où le véritable coupable
n'est pas celui qui a perpétré, soit par action, soit par omission.

Il est bien vrai de dire qu'en principe l'intention n'est pas consti-
tutive de la contravention ; la matérialité du fait suffit. Mais, comme
nous l'avons déjà dit, ce genre d'infraction, par sa nature et son
peu d'importance, laissant au juge plus de liberté dans son appré-

ciation, peut lui permettre dans certaines circonstances de reporter
la culpabilité de l'auteur passif et ignorant du fait matériel sur celui
par l'ordre duquel il a agi. Par exemple, le domestique n'a fait
qu'obéir aux ordres de son maître en anticipant sur une voie publique que le maître dit être sa propriété jusqu'à un endroit qu'il lui
a indiqué... Si le maître a ordonné à son berger de mener son troupeau sur telle prairie qu'il a dit lui appartenir...; si un propriétaire
a fait gauler par un ouvrier un arbre qu'il a dit être le sien : dans
tous ces cas, sera-ce le domestique, le berger ou l'ouvrier qui devra subir la peine attachée au fait incriminé?.. Nous ne le pensons
pas : l'amende est une peine ; elle ne peut être infligée qu'au véritable coupable ; et il y aurait une injustice criante si l'on en frap-
pait celui qui n'a été que l'instrument de sa volonté, et qui pouvait
croire d'ailleurs qu'il ne commettait pas une infraction à la loi.

Le sentiment du crime et même du délit n'échappe jamais à personne ; on trouve toujours en soi quelque chose qui dit : Tu fais
mal!.. Mais une simple contravention, qui tient le plus souvent à
une mesure d'ordre et de précaution, peut passer inaperçue aux
yeux des hommes même les mieux intentionnés.

Aussi la Cour de cassation a-t-elle décidé, le 28 juin 1828, qu'un
délit ne peut jamais trouver son excuse dans les ordres donnés à
celui qui s'en est rendu coupable ; mais qu'il y avait lieu, *en fait de
contravention, d'examiner jusqu'à quel point la bonne foi de celui-
ci, lorsqu'il n'a été que simple manouvrier,* permet de faire *remonter*
la culpabilité jusqu'aux auteurs du mandat qu'il a exécuté, et que
dans aucun cas le délit ne peut rester impuni, etc.

Cet arrêt n'est pas le seul. Un autre de la même Cour, du 24 sept.
1829, porte la même décision, en s'appuyant sur les mêmes principes. Il dit : « Attendu que s'il est vrai, en droit, que la partie civi-
« lement responsable n'est condamnable qu'autant qu'il y a des
« prévenus en cause, *il n'en est pas de même en matière de simple
« contravention de police et quand il ne s'agit, par conséquent, ni
« de crime ni de délit commis par les domestiques ou gens de travail,
« lorsque le maître reconnaît que ses domestiques ou gens de travail
« n'ont commis la contravention que par suite des ordres qu'il leur a
« donnés,* etc. »

Enfin la même doctrine a été sanctionnée par un autre arrêt du
24 février 1848.

Nous l'avons déjà dit, il y a une séparation profonde et une
grande distinction à faire entre les trois degrés d'infractions établis
par le Code pénal. Il demeure certain qu'en fait de crimes et de dé-

lits il n'y a d'autres excuses que celles reconnues et admises par la loi ; et qu'en fait de contraventions il y a lieu, *quelquefois*, d'examiner la bonne foi du contrevenant, afin de pouvoir apprécier le principe et l'origine de son action, ainsi que les poursuites qui en ont été la suite.

Or, si l'auteur direct ou plutôt l'instrument de la contravention n'est pas coupable, il faut que l'on puisse remonter à celui qui l'a fait agir. Nous croyons donc pouvoir dire qu'en matière de simple police il peut y avoir lieu à poursuivre celui qui a ordonné de commettre le fait condamnable, et que le maître ou le commettant peuvent quelquefois être condamnés à la peine appliquée par la loi à une contravention commise par leur domestique ou par leur préposé.

<hr>

TITRE III.

CONSTITUTION, COMPOSITION, JURIDICTION ET PROCÉDURE DES TRIBUNAUX DE POLICE DES MAIRES.

CHAPITRE I. — Tribunal de police des maires. — Constitution, composition, juridiction et compétence en premier et en dernier ressort.

1626. Le tribunal de police des maires se compose : 1° du maire qui juge seul; 2° d'un officier du ministère public ; 3° d'un greffier.

1627. Le maire peut, en cas d'empêchement, être remplacé par son adjoint dans les fonctions de juge de police.

1628. Lorsque le tribunal de police est présidé par le maire, le ministère public est exercé par son adjoint. Lorsque celui-ci remplace le maire, le ministère public est rempli par un membre du Conseil municipal, désigné à cet effet par le procureur impérial pour une année entière.

1629. Les fonctions de greffier près les tribunaux de police des maires sont exercées par un citoyen que le maire propose, et qui prête serment en cette qualité devant le tribunal de police correctionnelle. C. instr. crim., art. 168.

1630. La juridiction des maires, comme juges de police, ne s'étend pas au delà de la commune; — sont exceptées même les contraventions spéciales, ou commises dans des circonstances spéciales, comprises dans l'article 139. Les maires des communes non chefs-lieux de canton connaîtront, concurremment avec les juges de paix, des contraventions commises dans l'étendue de leur commune, par les personnes prises en flagrant délit ou par des personnes qui résident dans la commune ou qui y sont présentes, lorsque les témoins y seront aussi résidants ou présents, et lorsque la partie réclamante conclura pour ses dommages-intérêts à une somme déterminée, qui n'excédera pas celle de 15 fr. — Ils ne pourront jamais connaître des contraventions attribuées exclusivement aux juges de paix par l'article 139, ni d'aucune des matières dont la connaissance est attribuée aux juges de paix, considérés comme juges civils. C. instr. crim., 166.

1651. Quant à l'appel et au dernier ressort, on suit, pour les jugements rendus par les maires, les mêmes règles que pour les jugements rendus par les juges de paix au tribunal de simple police. C. instr. crim., 171.

1652. Les fonctions de greffier des maires, dans les affaires de police, seront exercées par un citoyen que le maire proposera, et qui prêtera serment en cette qualité au tribunal de police correctionnelle. Il recevra, pour ses expéditions, les émoluments attribués au greffier du juge de paix. C. instr. crim., 168.

CHAPITRE II. — **Procédure devant le tribunal de police des maires.**

1653. Les maires des communes non chefs-lieux de canton connaîtront, concurremment avec les juges de paix, des contraventions commises dans l'étendue de leur commune par les personnes prises en flagrant délit, ou par des personnes qui résident dans la commune ou qui y sont présentes, lorsque les témoins y seront aussi résidants ou présents, et lorsque la partie réclamante conclura pour ses dommages-intérêts à une somme déterminée, qui n'excédera pas celle de 15 fr. — Ils ne pourront jamais connaître des contraventions attribuées exclusivement aux juges de paix par l'article 139, ni d'aucune des matières dont la connaissance est attribuée aux juges de paix, considérés comme juges civils. C. instr. crim., 166.

1654. Le ministère des huissiers ne sera pas nécessaire pour les citations aux parties ; elles pourront être faites par un avertissement du maire, qui annoncera au défendeur le fait dont il est inculpé, le jour et l'heure où il doit se présenter. C. instr. crim., 169.

1655. Il en sera de même des citations aux témoins ; elles pourront être faites par un avertissement qui indiquera le moment où leur déposition sera reçue. C. instr. crim., 170.

1656. Le maire donnera son audience dans la maison commune ; il entendra publiquement les parties et les témoins. — Seront, au surplus, observées les dispositions des articles 149, 150, 151, 153, 154, 155, 156, 157, 158, 159 et 160, concernant l'instruction et les jugements au tribunal du juge de paix. C. instr. crim., 171.

FORMULE 332. — **Citation par avertissement devant un tribunal de police municipale.**

Le maire de la commune de... prévient le sieur Pierre Durand qu'il est accusé d'avoir, dans sa boutique d'épicerie et de mercerie, des faux poids et fausses mesures (*ou, s'il est cabaretier,* de s'être mis en contravention à l'arrêté municipal de telle date, sur l'heure où les établissements publics doivent être fermés) ; que cela constitue une contravention de troisième classe, punie d'une peine de police, pourquoi il lui est donné avertissement et sommation de comparaître le 5 novembre présent mois, à dix heures du matin, devant le tribunal de police municipale, séant à... local de la mairie, pour s'expliquer sur les faits qui lui sont imputés, et voir requérir et appliquer, s'il y a lieu, telle peine que de droit ; lui déclarant que les sieurs Jean... Pierre... seront entendus en témoignage, et sera le présent avertissement remis au sieur Durand ou à son domicile par le sieur Delaunay, garde champêtre de cette commune.

A... ce 1er juin 1854. *Signé* le maire B...

FORMULE 333. — **Billet d'avertissement pour témoins, devant le tribunal de police municipale.**

L'adjoint de la ville de.. exerçant les fonctions du ministère public près le tribunal de simple police, invite MM... à se trouver à l'audience de ce tribunal, qui aura lieu le... à... heures du... dans... pour déposer dans la procédure de... contre...

A... ce... 1854. *(Signature.)*

TITRE IV.

DE LA COMPÉTENCE DES MAIRES ET DES JUGES DE PAIX RELATIVEMENT A LA POLICE DE LEUR AUDIENCE.

1657. Lorsqu'à l'audience, ou en tout autre lieu où se fait publiquement une instruction judiciaire, l'un ou plusieurs des assistants donneront des signes publics soit d'approbation, soit d'improbation, ou exciteront du tumulte, de quelque manière que ce soit, le président ou le juge les fera expulser ; s'ils résistent à ses ordres, ou s'ils rentrent, le président ou le juge ordonnera de les arrêter et conduire dans la maison d'arrêt ; il sera fait mention de cet ordre dans le procès-verbal, et, sur l'exhibition qui en sera faite au gardien de la maison d'arrêt, les perturbateurs y seront reçus et retenus pendant vingt-quatre heures. C. instr. crim., 504.

1658. Lorsque le tumulte aura été accompagné d'injures ou voies de fait, donnant lieu à l'application ultérieure des peines correctionnelles ou de police, ces peines pourront être, séance tenante et immédiatement après que les faits auront été constatés, prononcées, savoir : — celles de simple police, sans appel, de quelque tribunal ou juge qu'elles émanent, et celles de police correctionnelle à la charge de l'appel, si la condamnation a été portée par un tribunal sujet à l'appel ou par un juge seul. C. instr. crim., 505.

1639. S'il s'agit d'un crime commis à l'audience d'un juge seul, ou d'un tribunal sujet à l'appel, le juge ou le tribunal, après avoir fait arrêter le délinquant et dressé procès-verbal des faits, enverra les pièces et le prévenu devant les juges compétents. C. instr. crim., 506.

1640. Les maires et adjoints, officiers de police judiciaire, exercent aussi les fonctions de police réglées par l'article 504 C. instr. crim., lorsqu'ils remplissent publiquement quelques actes de leur ministère ; d'où il suit qu'en cas de signes publics d'approbation ou d'improbation, ou d'excitation au tumulte, de quelque manière que ce soit, ils peuvent faire saisir les perturbateurs. Ils dressent ensuite procès-verbal du délit, et envoient ce procès-verbal, s'il y a lieu, ainsi que les prévenus, devant les juges compétents. C. instr. crim., 509.

FORMULE 334. — Procès-verbal d'arrestation de personnes qui troublent l'ordre ou excitent du tumulte dans l'audience.

Nous... juge de paix de... président du tribunal de... tenant l'audience dudit tribunal, et procédant à l'instruction de l'affaire pendante entre le sieur... et le sieur... constatons que l'ordre et la tranquillité ont été troublés par... qui s'est permis de... (*exprimer la manière dont l'audience a été troublée*).

Après plusieurs injonctions de faire silence et de garder le respect dû à la justice, faites audit sieur... nous l'avons fait expulser de l'audience par l'huissier de service. Ledit sieur... malgré notre ordre, étant rentré dans l'auditoire en disant... nous l'avons fait sortir à l'instant en vertu de l'article 504 C. instr. crim., et ordonné qu'il serait conduit à la maison d'arrêt pour y être détenu pendant vingt-quatre heures, enjoignant au gardien de ladite maison de le recevoir sur le vu de ce procès-verbal, qui a été de suite rédigé en présence dudit sieur... auquel lecture en a été faite par... huissier de service, chargé de la mise à exécution de notre ordonnance.

Donné au prétoire du tribunal, le...

TITRE V.

DE LA RÉCUSATION DES JUGES DE POLICE ET DU MINISTÈRE PUBLIC DEVANT LE TRIBUNAL DE POLICE.

1641. Le Code d'instruction criminelle est muet sur la récusation du juge comme sur la récusation du ministère public devant les tribunaux de police.

1642. Il est admis qu'on suit, quant à la récusation du juge, les règles tracées par les articles 44, 45, 46 et 47 C. proc. civ., pour la récusation du juge de paix en matière civile. Nous avons rapporté et commenté ces articles, ci-dessus, Ire partie, livre II, chapitre XXII, et nous avons donné les formules.

1643. Quant au ministère public, comme il est toujours, devant les tribunaux de police, partie *principale*, et non partie *jointe*, il ne peut pas être récusé. C. proc., 481 ; Cass., 15 février 1811.

TITRE VI.

ACTES SPÉCIAUX. — OBLIGATIONS DES GREFFIERS DES TRIBUNAUX
DE POLICE.

1644. Au commencement de chaque trimestre, les juges de paix et les maires transmettent au procureur impérial l'extrait des jugements de police qui ont été rendus dans le trimestre précédent, et qui ont prononcé la peine d'emprisonnement. Cet extrait est délivré sans frais par le greffier. — Le procureur imperial le dépose au greffe du tribunal correctionnel. — Il en rend un compte sommaire au procureur géneral près la Cour impériale. C. instr. crim., 178.

FORMULE 335. — **Extraits des jugements des tribunaux de police portant peine d'emprisonnement.**

EXTRAITS des jugements portant peine d'emprisonnement, qui ont été rendus pendant le... trimestre de l'an... par le tribunal de police du canton de... ou de la commune de...

N°s D'ORDRE.	NOM, PRÉNOMS, profession, âge, domicile et lieu de naissance du condamné.	NOM, PRÉNOMS, profession et demeure de la personne lesée.	NATURE de la contravention	LIEU de la contravention	LOIS APPLIQUÉES.	CONDAMNATIONS PRONONCÉES.
1	Louis A... né a... âgé de...ans(profession), demeurant a...	François L... (*profession*), demeurant a ...	Moutons blessés par jet de pierres.	Commune de...quartier de ..	§ 2 de l'article 479, et 480 du Code penal.	Trois jours d'emprisonnement ; 15 fr. d'amende, 16 fr. de dommages-interèts.
2	. . . . . .	. . . .	. . .	. . .	. . .	. . .
3	. . . . . .	. . . .	. . .	. . .	. . .	. . .

Pour extraits délivrés par nous, greffier du tribunal de police du canton (*ou de la commune, ou de la ville*) de... pour être transmis à M. le procureur impérial, conformément à l'article 178 du Code d'instruction criminelle.

1645. En général, l'exécution d'un jugement ne peut être poursuivie qu'en vertu de l'expédition, en forme exécutoire, qui en est délivrée par le greffier, et ce mode doit être employé par la partie civile qui veut contraindre le condamné au remboursement des indemnités qui lui ont été accordées, et à celui des frais qu'elle a pu être obligée d'avancer. Mais cette règle reçoit exception pour l'exécution des jugements de police par le ministère public.

1646. Dans ce cas, l'emprisonnement peut être poursuivi sur un simple extrait délivré par le greffier, et visé par le ministère public; c'est ce qui résulte de la combinaison des articles 198, 202, 407 et 472 C. instr. crim., 36 C. pén., 44 du décret du 18 juin 1811, et d'une instruction ministérielle du 30 septembre 1826 ; c'est aussi ce qui se pratique journellement à Paris.

FORMULE 336. — Extrait pour l'exécution du jugement des tribunaux de police:

Napoléon, par la grâce de Dieu et la volonté nationale, faisons savoir que, par jugement du tribunal de simple police de... en date du... rendu sur la poursuite du ministère public, le sieur... a été condamné à un emprisonnement de... et en une amende de... en vertu de l'art... *(rappeler la disposition de la loi insérée dans le jugement)*, pour s'être rendu coupable *(énoncer la contravention)*; ledit .. a été condamné, en outre, aux dépens, taxés à... non compris les frais du présent, et ceux de mise à exécution.

En conséquence, mandons et ordonnons à tous huissiers, sur ce requis, de mettre le présent jugement à exécution : à nos procureurs généraux et à nos procureurs impériaux près les tribunaux de première instance, d'y tenir la main; et à tous commandants et officiers de la force publique, de prêter main-forte, lorsqu'ils en seront légalement requis. En foi de quoi le présent jugement a été signé par le juge et le greffier. La minute est signée... juge de paix, président... greffier, et enregistrée le... par... qui a perçu...

(Signature du greffier.)

(Visa du commissaire de police, ou du maire, ou de l'adjoint, exerçant le ministère public.)

SIXIÈME PARTIE.

LIVRE UNIQUE.

PROCÉDURE EN MATIÈRE D'INSTRUCTION CRIMINELLE. — ATTRIBUTIONS DES JUGES DE PAIX COMME AUXILIAIRES DU PROCUREUR IMPÉRIAL, OU COMME DÉLÉGUÉS DU JUGE D'INSTRUCTION, OU COMME OFFICIERS DE POLICE JUDICIAIRE.

TITRE I.

NOTIONS GÉNÉRALES. — CRIMES, DÉLITS, CONTRAVENTIONS. — AUTEURS PRINCIPAUX, COMPLICES. — PRESCRIPTION. — POURSUITES CONTRE LES AGENTS DU GOUVERNEMENT, AUTORISATION. — POLICE JUDICIAIRE.

CHAPITRE I. — Du crime, du délit, de la contravention.

1647. Comme auxiliaires du procureur impérial, ou comme délégués du juge d'instruction, les juges de paix sont chargés de rechercher les crimes et les délits, et de procéder aux actes les plus importants de la procédure criminelle. C. instr. crim.

1648. Comme les formalités de poursuites sont toutes différentes, suivant qu'il s'agit de contraventions, de crimes ou de délits, il est nécessaire que nous définissions chacun de ces divers degrés de culpabilité.

La contravention est l'infraction que les lois punissent de peines de simple police, c'est-à-dire d'une amende de 15 francs et au-dessous, ou d'un emprisonnement de cinq jours et au-dessous, qu'il y ait ou non confiscation des choses saisies, et quelle qu'en soit la valeur. C. instr. crim., 137 ; C. pén., 464 et suiv.

1649. Le délit est l'infraction que les lois punissent de peines correctionnelles, c'est-à-dire d'une amende de 16 francs et au-dessus, d'un emprisonnement qui ne peut être de moins de cinq jours, sauf le cas des circonstances atténuantes (C. pén., 463), ni de plus de cinq ans, sauf le cas de la récidive (C. pén., 59) ; enfin, de l'interdiction à temps de certains droits politiques, civils ou de famille. C. pén., 9, 40, 41, 42.

1650. Le crime est l'infraction que les lois punissent de peines afflictives et infamantes, ou de peines infamantes seulement. Les peines afflictives et infamantes sont : la mort, les travaux forcés à perpétuité, la déportation, les travaux forcés à temps, la détention, la réclusion (C. pén., 7); les peines seulement infamantes sont : le bannissement et la dégradation civique. C. pén., 8.

CHAPITRE II. — Des auteurs principaux et des complices.

1651. On distingue les personnes punissables, en auteurs et en complices.

1652. L'auteur d'un crime ou d'un délit est celui qui en a consommé l'exécution. Si le délit a été commis par plusieurs qui ont agi ensemble et de concert, d'une manière active, les délinquants sont des coauteurs et non des complices.

1653. Le complice, dans le sens légal, est celui qui, sans avoir participé à la perpétration du crime ou du délit, a excité à le commettre ou en a favorisé l'exécution en connaissance de cause. C. pén., 60, 61, 62, 63, 285, 293.

1654. Sont encore considérés comme complices, tous ceux qui auront procuré des armes, des instruments et autres moyens ayant servi au crime, sachant qu'ils y devaient servir. Ceux qui, connaissant la conduite criminelle des malfaiteurs exerçant des brigandages ou des violences contre la sûreté de l'État, la paix publique, les personnes ou les propriétés, leur fournissent *volontairement et habituellement* logement, lieu de retraite ou de réunion. C. pén., 61.

1655. Ceux qui, sciemment, auront recélé en tout ou en partie les choses enlevées, détournées ou obtenues à l'aide d'un crime ou d'un délit. C. pén., 62 et 63.

1656. Il n'y a point de complicité sans fait principal. Cass., 14 janvier 1820.

CHAPITRE III. — De la prescription.

1657. Les crimes et délits se prescrivent par un laps de temps déterminé par la loi, c'est-à-dire que l'action publique s'éteint par la prescription.

1658. La prescription s'opère, s'il s'agit d'un crime, après dix années révolues, à compter du jour où le crime aura été commis, si, dans cet intervalle, il n'a été fait aucun acte d'instruction ou de poursuites. C. instr. crim., 637.

1659. S'il s'agit d'un délit, le temps de la prescription est de trois ans. C. instr. crim., 638.

1660. L'action publique s'éteint encore par la mort du prévenu. C. instr. crim., 2.

1661. Mais la mort du prévenu, qui éteint l'action publique par rapport à lui, la laisse subsister par rapport à son complice. Cass., 13 août 1829 et 3 juin 1830.

CHAPITRE IV. — Des exceptions aux règles de poursuites. — Soustractions entre parents — Agents du gouvernement. — Excuses légales.

1662. Des considérations morales ont fait exclure de la vindicte publique certains crimes ou délits, comme la soustraction entre parents et le recèlement d'un parent criminel (C. pén., 248 et 380). Mais la poursuite n'en aurait pas moins lieu contre les complices de ces crimes ou délits.

1663. D'autres crimes ou délits sont déclarés excusables. Mais les excuses légales ne peuvent faire obstacle à l'instruction, notamment le meurtre commis par l'époux sur l'épouse ou sur son complice, dans le cas d'adultère, à l'instant où il les surprend en flagrant délit dans la maison conjugale. C. pén., 65, 321 et suiv.

1664. En vertu de l'article 75 de la Constitution de l'an VIII, les agents du gouvernement ne peuvent, hors le cas de flagrant délit, être poursuivis pour les faits commis dans l'exercice de leurs fonctions, mis sous coup de mandat, arrêtés, ni interrogés, sans une autorisation préalable. Nous disons hors le cas de flagrant délit, car l'article 121 du Code pénal permet, en cas de flagrant délit ou de clameur publique, de donner ou de signer l'ordre ou le mandat de saisir ou arrêter même les ministres et les plus hauts fonctionnaires de l'Etat.

1665. En dehors même du flagrant délit, les faits dont les agents du gouvernement sont inculpés peuvent être l'objet de constatation en la forme ordinaire, sauf à ne pas atteindre les personnes provisoirement. Décret du 9 août 1806, art. 3.

1666. L'instruction et la poursuite des crimes et délits commis par les juges, magistrats et autres officiers de justice, a lieu, hors le cas de flagrant délit, suivant les formes indiquées par les articles 1479 et suivants du Code d'instruction criminelle.

CHAPITRE V. — De la police judiciaire.

1667. C'est à la police judiciaire qu'appartient la recherche des

, crimes et des délits. Elle est avertie par la clameur publique, l'avis donné par un fonctionnaire, la plainte ou la dénonciation.

1668. La police judiciaire recherche les faits punissables à quelque juridiction qu'ils appartiennent, ordinaire ou extraordinaire ; par exemple, les crimes ou délits commis par des militaires ou par des marins au service de l'Etat, quoique les coupables soient justiciables des Conseils de guerre ou des tribunaux maritimes, sauf à renvoyer ensuite les procédures à qui de droit.

TITRE II.

ATTRIBUTIONS DES JUGES DE PAIX DANS LA RECHERCHE OU LA POURSUITE DES CRIMES OU DES DÉLITS, SOIT COMME OFFICIERS DE POLICE JUDICIAIRE ET COMME AUXILIAIRES DU PROCUREUR IMPÉRIAL, SOIT COMME DÉLÉGUÉS DU JUGE D'INSTRUCTION OU AUTRE MAGISTRAT INSTRUCTEUR.

1669. Le Code d'instruction criminelle place les juges de paix au nombre des officiers de police judiciaire (art. 9). Il les range parmi les auxiliaires du procureur impérial (art. 48, 40, 52). Enfin, il les charge de recevoir les délégations ou commissions du juge d'instruction (art. 83, 84), ou des autres magistrats de l'ordre judiciaire. Art. 283.

CHAPITRE I. — Fonctions des juges de paix et des suppléants des juges de paix comme officiers de police judiciaire et comme auxiliaires du procureur impérial. — Dénonciation officielle ou privée. — Plainte. — Poursuites d'office — Flagrant délit ou réquisition d'un maître de maison.

1670. Comme officiers de police judiciaire, les juges de paix sont tenus, du moment où dans l'exercice de leurs fonctions ils acquièrent la connaissance d'un crime ou d'un délit, d'en donner avis au procureur impérial près le tribunal dans le ressort duquel le crime aurait été commis ou dans le ressort duquel le prévenu pourrait être saisi, et de transmettre à ce magistrat tous les renseignements, procès-verbaux et actes qui y sont relatifs. C. instr. crim., 29.

1671. Comme auxiliaires du procureur impérial, les juges de paix reçoivent les dénonciations des crimes et délits commis dans leur canton. Art. 48.

1672. Ils peuvent recevoir, suivant les mêmes règles, les plaintes qui leur seraient présentées, et même les déclarations des plaignants qu'ils entendent se porter partie civile, et leur désistement s'il y a lieu. Art. 63 et 64.

1673. Le juge de paix peut être remplacé par ses suppléants dans toutes les opérations de l'instruction ou de la police judiciaire (Cass., 2 frim. an XIV et 7 juill. 1809). Deux autres arrêts de la Cour suprême, l'un du 7 novembre 1821, déclare les suppléants des juges de paix tenus au service des jurés, à moins qu'ils n'aient rempli dans les affaires à juger les fonctions d'officier de police judiciaire ; l'autre, du 30 septembre 1831, les déclare exempts du service de la garde nationale, attendu qu'ils peuvent être appelés à chaque instant à remplir les fonctions d'officier de police judiciaire, et requérir la force publique.

Les suppléants peuvent donc remplacer les juges de paix, soit au tribunal de police, soit dans leurs fonctions d'officier de police judiciaire, et lors même qu'il s'agirait de remplir une commission rogatoire.

1674. La cause de l'empêchement n'a pas besoin d'être indiquée, la présomption de droit étant pour l'empêchement légitime (Cass., 9 avril 1819) ; mais il faut qu'il soit exprimé que le suppléant n'agit que parce que le juge de paix est empêché.

SECTION I. — De l'avis à donner au procureur impérial des crimes et délits. — Dénonciation officielle.

1675. Le juge de paix est tenu, aussitôt qu'il acquiert la connaissance d'un crime ou d'un délit, d'en donner sur-le-champ avis au procureur impérial, et de transmettre à ce magistrat tous les renseignements, procès-verbaux et actes qui y sont relatifs. C. instr. crim., 29.

1676. S'il s'agissait d'un crime capital ou d'une grande importance, il devrait envoyer un exprès. La gendarmerie, sur sa réquisition, lui fournirait à cet effet une ordonnance ou estafette (Ordon. du 29 octob. 1820, art. 69). A défaut de gendarmes, il prendrait un commissionnaire ou coureur ordinaire.

1677. Si le prévenu avait été arrêté, le juge de paix devrait le faire conduire lui-même au procureur impérial avec toutes les pièces et renseignements qu'il aurait recueillis, procès-verbaux qu'il aurait dressés, etc. Dans les cas même où le juge de paix est tenu d'opérer sans retard, il doit, le plus tôt possible, instruire le procureur impérial, pour que celui-ci se rende lui-même sur les lieux, s'il le juge utile, et requière le transport du juge d'instruction.

1678. Les lettres ainsi écrites au procureur impérial doivent être, en général, spéciales aux faits qui les occasionnent, parce qu'il est, le plus souvent, nécessaire de les annexer au dossier de l'affaire qu'elles concernent, au moins pendant l'instruction.

SECTION II. — Des plaintes et dénonciations.

1679. Il ne faut pas confondre la dénonciation avec la plainte : la plainte est l'action intentée pour dommage causé par un crime ou par un délit. C'est le premier acte de poursuite lorsqu'on n'appelle pas l'auteur du délit par action directe devant le tribunal correctionnel, ou par action civile devant les tribunaux civils; mais qu'on s'adresse au procureur impérial ou aux officiers de police judiciaire qui le remplacent, afin qu'il poursuive lui-même au nom de la vindicte publique.

1680. Il faut avoir été lésé soi-même, et avoir un intérêt direct à la réparation du crime ou du délit, pour porter une plainte.

1681. La plainte peut, dans certains cas, par exemple lorsqu'il s'agit d'un délit, être remplacée par une action directe devant le tribunal de police correctionnelle (C. instr. crim., 182). Lorsqu'il s'agit d'un crime, l'action directe est interdite. Un prévenu ou accusé ne peut être traduit devant le jury que sur la réquisition du procureur général. Une plainte est donc alors nécessaire.

1682. La dénonciation a un tout autre caractère que la plainte. Tout individu a qualité pour dénoncer un délit ou un crime, sans avoir un intérêt direct ni même personnel à la répression.

1683. On distingue deux espèces de dénonciations : la dénonciation commandée par la loi est celle que l'article 29, déjà cité, du Code d'instr. crim. impose à tout fonctionnaire ou officier public qui, dans l'exercice de ses fonctions, a acquis la connaissance d'un crime ou d'un délit, ou l'avis qu'est pareillement tenu de donner au procureur impérial toute personne qui aura été témoin d'un attentat, soit contre la sûreté publique, soit contre la vie ou la propriété d'un individu. C. instr. crim., 30.

1684. La dénonciation volontaire est celle que peut faire tout citoyen du crime ou délit dont il a acquis la connaissance, de quelque manière qu'il l'ait acquise.

1685. C'est le procureur impérial qui est spécialement chargé de recevoir, soit les dénonciations, soit les plaintes : « Les dénonciations seront rédigées par les dénonciateurs ou par leurs fondés de procuration spéciale, ou par le procureur impérial, s'il en est requis; elles seront toujours signées par le procureur impérial à chaque feuillet, et par les dénonciateurs ou par leurs fondés de pouvoir. Si les dénonciateurs ou leur fondés de pouvoir ne savent ou ne veulent pas signer, il en sera fait mention. La procuration demeurera toujours annexée à la dénonciation ; et le dénonciateur pourra se faire délivrer, mais à ses frais, une copie de sa dénonciation. » C. instr. crim., 31.

1686. Cependant les juges de paix, les officiers de gendarmerie, les commissaires généraux de police reçoivent aussi les dénonciations de crimes ou délits commis dans les lieux où ils exercent leurs fonctions habituelles.

1687. Le dénonciateur ou le plaignant, dont la déclaration serait repoussée mal à propos, aurait le droit d'appeler sur le magistrat dont il aurait éprouvé le refus les remontrances du procureur général.

1688. Mais le procureur impérial n'est pas tenu, quoiqu'il ait reçu une plainte, d'y donner suite. Il conviendrait, dit M. Duvergier, n. 91, de rappeler à l'occasion aux parties plaignantes pour *simples délits*, qui ne justifieraient pas de leur indigence, qu'il fut jugé par la Cour de cassation, le 8 décembre 1826, que lorsque la plainte porte sur un délit qui n'intéresse pas l'ordre public, et que le plaignant ne déclare pas se rendre partie civile, le procureur impérial n'est pas tenu d'en faire la poursuite, et qu'il ne doit pas surcharger ainsi le Trésor public de frais inutiles.

Au surplus, on devrait avertir les plaignants pour délits correctionnels qu'ils ont droit de faire citer directement, devant le tribunal correctionnel, les prévenus et les témoins. C. instr. crim., 64, 182 à 189.

1689. Les dénonciations et les plaintes peuvent être reçues en forme de requête. ou rédigées en forme de procès-verbaux, par l'officier à qui elles sont adressées. Quel que soit cet officier, les formes déterminées par l'art. 31 précité doivent être suivies.

1690. Lorsque l'auteur du crime ou du délit est inconnu, la dénonciation ou la plainte est dirigée contre un *quidam*.

1691. Si le dénonciateur ou plaignant déposait des pièces de conviction, il faudrait faire mention de la remise au procès-verbal, et y décrire les objets déposés.

1692. Si la déposition ou la plainte a pour objet un crime de faux, on fait signer et parapher, et l'on signe et paraphe de même, à toutes les pages, les pièces arguées de faux, et les pièces de comparaison que dépose le dénonciateur ou le plaignant, et l'on énonce l'observation de cette formalité, ou la déclaration de ne pouvoir, ne savoir, ou ne vouloir signer et parapher, de la part de la partie qui fait le dépôt.

1693. En cas de dénonciation ou de plainte portée par mandataire, la procuration qui est expressément exigée (C. instr. crim., 31) demeurerait annexée.

1694. Il suffirait que la procuration fût sous signature privée, pourvu que cette signature fût dûment légalisée. Le juge doit la faire signer et parapher par le porteur.

1695. Toutes les prescriptions de l'article 31 doivent être exactement suivies ; les renvois doivent, en outre, être signés ; les mots surchargés approuvés ; enfin, les mots rayés, comptés et numériquement rejetés. Arg. art. 78 C. instr. crim.; Duvergier, n. 101.

1696. Si la plainte est dans l'intérêt du plaignant, elle est assujettie au timbre et à l'enregistrement (Instruction générale de la régie, du 12 novembre 1823, n. 1102). Si la plainte n'est portée que dans l'intérêt de la société, et que le plaignant ne se constitue point partie civile, elle rentre dans la classe des actes de vindicte publique. Tous les actes de vindicte publique sont nommément compris dans la classe des actes exempts de la formalité du timbre, par l'art. 16 de la loi du 13 brumaire, an VII ; or, dans l'espèce, la plainte ne peut être considérée sous un autre rapport.

1697. Quoique la plainte soit assujettie à l'enregistrement lorsque le plaignant se porte partie civile, le juge de paix peut, en cas d'urgence, l'adresser tout enregistrée au procureur impérial, en donnant ses motifs, et sauf régularisation ultérieure.

1698. Le plaignant peut se désister de sa plainte dans les vingt-quatre heures, et alors les poursuites se font d'office (articles 62 et 96 du Code du 3 brumaire, an IV). Il en est de même lorsqu'il déclare ne vouloir pas être partie dans le procès.

1699. Les dénonciations étant toujours censées faites par des personnes désintéressées, et ne comportant pas partie civile, sont donc toujours exemptes du timbre et de l'enregistrement.

1700. Mais, comme tout plaignant peut s'abstenir d'énoncer qu'il entend se porter partie civile, et se réserver d'exercer son action plus tard, réserve qui est, d'ailleurs, de droit, il peut toujours présenter sa plainte sur papier libre, non enregistrée, et le juge ne peut refuser de la recevoir. Cependant, il ne faut pas oublier que le procureur impérial ne poursuit, dans l'usage, directement les simples délits, que si les parties plaignantes justifient de leur indigence, ou si elles se portent parties civiles. Il n'est donc pas indifférent que la plainte soit sur papier timbré, et enregistrée.

. **1701.** Le juge de paix qui reçoit une plainte doit avertir le plaignant de son droit de se porter partie civile, en tout état de cause (C. instr. crim., 66-67) ; comme aussi de se départir dans les vingt-quatre heures. Mêmes articles.

1702. Toute partie civile qui ne demeurera pas dans l'arrondissement communal où se fait l'instruction sera tenue d'y élire domicile par acte passé au greffe du tribunal. — A défaut d'élection de domicile par la partie civile, elle ne pourra opposer le défaut de signification contre les actes qui auraient dû lui être signifiés aux termes de la loi. C. instr. crim., 68.

1703. En matière de police simple ou correctionnelle, la partie civile qui n'a pas justifié de son indigence (C. instr. crim., 420) est tenue, avant toutes poursuites, de déposer au greffe, ou entre les mains du receveur de l'enregistrement, la somme présumée nécessaire pour les frais de la procédure.

Le juge de paix, en transmettant la plainte, indiquerait au procureur impérial, le cas échéant, si la partie civile a ou non consigné.

1704. L'officier qui reçoit la plainte doit toujours rappeler la date du jour et même l'heure de la remise, puisque la loi n'accorde à la partie civile que vingt-quatre heures pour se départir. Code instr. crim., 66.

1705. Le juge de paix qui, d'après une plainte ou une dénonciation, estime qu'il y a lieu de se transporter sur les lieux, s'y rend sans ordonnance de transport. Cass., 5 flor. an III.

1706. Le plaignant, qui veut se désister dans les vingt-quatre heures de sa plainte, peut se présenter devant le juge de paix, qui reçoit ou qui rédige son désistement avec les mêmes formalités que celles exigées pour la réception ou pour la rédaction de la plainte. M. Duvergier prétend qu'ils doivent en outre faire signifier leur désistement à la personne contre qui la plainte a été portée.

FORMULE 337. — Plainte adressée au juge de paix, et rédigée par le plaignant.

A. M. le juge de paix du canton de... officier de police judiciaire.

Jacques Ortis, laboureur, demeurant à... tant en son nom personnel que comme fondé de procuration spéciale de Jean Botu, son domestique, passée devant... notaire et témoins, le... laquelle sera annexée à la présente plainte, vous représente que cejourd'hui, neuf heures du matin (*exposer le fait et les circonstances, nommer les témoins*), ledit Jean Botu, blessé, ne pouvant se transporter lui-même, à cause de ses blessures, a fait venir un notaire qui, en présence de témoins, a rédigé la procuration spéciale annexée à la présente plainte ; pourquoi ledit Jacques Ortis, tant en son nom que comme fondé par ladite procuration, déclare qu'il vous rend plainte des faits ci-dessus énoncés, dont il offre d'affirmer la vérité, et qui seront attestés par les témoins amenés avec lui ; demande acte de la remise qu'il fait en vos mains de... (*Désigner les objets ou pièces de conviction*), et vous requiert d'agir conformément à la loi.

Signé (à toutes les pages) Jacques Ortis.

Tant pour moi que comme fondé de procuration spéciale de Jean Botu.

FORMULE 338. — Déclaration du juge de paix écrite au pied de la plainte ou de la dénonciation qu'il reçoit toute rédigée.

La présente plainte (*ou* dénonciation), signée de... (*prénoms, nom, qualité et demeure de la personne qui dépose la plainte ou la dénonciation*), nous a été présentée le... à... heure du matin (*ou du soir*), par le sieur... (*ajouter, s'il y a lieu :*) comme fondé de procuration de, etc... ladite procuration du... annexée à la plainte (*ou* dénonciation) prémentionnée, après avoir été signée et paraphée par nous, par ledit sieur... lequel nous a affirmé, sur notre réquisition, que les faits sont exactement tels qu'il les a exposés dans la plainte (*ou* dénonciation). — En conséquence, nous avons nous-même signé à toutes les pages, et lui avons donné acte de la remise qu'il nous a faite de ladite plainte (*ou* dénonciation).

A... (*localité*), le (*date et heure du jour*).
Le juge de paix du canton de...   (*Signature.*)

FORMULE 339. — Procès-verbal du juge de paix requis de rédiger une plainte ou dénonciation.

L'an... le... heure du matin (*ou du soir*), devant nous (*prénoms et nom du juge de paix*), juge de paix du canton de... arrondissement de... département de... étant à... et procédant comme officier de police judiciaire de M. le procureur impérial de... s'est présenté (*prénoms, nom, qualité et demeure du comparant*), lequel nous a exposé (*énoncer les faits, circonstances et toutes les indications nécessaires pour poursuivre et informer*); ledit sieur... nous a déclaré qu'il dénonce ces faits dans l'intérêt public (*ou que*, lésé par ces faits, il en porte plainte, et se rend *ou* ne se rend pas partie civile), et il nous a indiqué pour témoins (*désigner les témoins*) ; il nous a représenté et remis, [pour servir à conviction (*les objets décrits sont scellés et retenus conformément aux art.* 35, 37,38, 453 *C. instr. crim.*). Lecture faite, ledit sieur... (ès nom, *si c'est un fondé de pouvoir*) a affirmé, sur notre réquisition, que les faits qu'il a déclarés sont véritables, et a signé avec nous à toutes les pages.

A... le... heure...   (*Signatures.*)

FORMULE 340. — Désistement de l'action civile, dans les vingt-quatre heures, par le plaignant.

L'an... le... heure de... Jacques Ortis s'est présenté devant nous, et nous a déclaré qu'il renonçait purement et simplement à se porter partie civile sur sa plainte par lui déposée devant nous le... au sujet (*on spécifie le délit*), et dont les circonstances sont détaillées en ladite plainte, n'entendant donner aucune suite à la dénonciation du crime; pourquoi il nous requiert d'anéantir ladite déclaration.

Nous, attendu que le délai de vingt-quatre heures, fixé par la loi, n'est pas encore expiré, avons donné acte audit... de son désistement ; mais, attendu que le fait énoncé dans la plainte intéresse l'ordre public, nous avons pris ladite plainte pour dénonciation ; en conséquence, disons qu'elle subsiste, à l'effet d'être procédé, conformément à la loi, à la poursuite du fait dont il s'agit, et avons, de ce que dessus, dressé le présent acte.

(Signé par le plaignant et l'officier de police.)

36

SECTION III. — Attributions et pouvoirs du juge de paix pour le cas
de flagrant délit, de réquisition d'un maître de maison, et de constatation urgente d'un crime non flagrant, ou même d'un délit ordinaire.

1707. En général, le procureur impérial et ses officiers auxiliaires
n'ont que le droit de rechercher les crimes et délits, et d'en poursuivre les auteurs. Quant à la mission de les constater, elle appartient
au juge d'instruction. C. instr. crim., 22, 47.

1708. Mais, dans tous les cas de flagrant délit, lorsque le fait est
de nature à entraîner une peine afflictive ou infamante (art. 32), ou
toutes les fois que, s'agissant d'un crime ou délit, même non flagrant, commis dans l'intérieur d'une maison, réquisition de le constater est faite par le chef de cette maison (art. 46), le procureur
impérial ou le juge de paix peuvent se transporter sur le lieu sans
aucun retard, pour y dresser les procès verbaux nécessaires, à
l'effet de constater le corps du délit, l'état des lieux, et de recevoir
les déclarations des personnes qui auraient été présentes ou qui auraient des renseignements à donner.

1709. Dans les cas de flagrant délit, dit l'art. 49, les juges de
paix, les officiers de gendarmerie, les commissaires généraux de
police, ou dans les cas de réquisition de la part d'un chef de maison,
dresseront les procès-verbaux, recevront les déclarations des témoins, feront les visites et les autres actes qui sont, audit cas, de la
compétence des procureurs impériaux; le tout dans les formes et
suivant les règles établies au chapitre du *Procureur impérial*.

1710. Mais il faut, pour que le juge de paix puisse remplacer,
en pareil cas, le procureur impérial, que le crime ou délit ait été
commis dans son canton, ou que l'inculpé y ait sa résidence, soit
habituelle, soit momentanée, ou qu'il y ait été trouvé.

1711. Les maires, adjoints de maire et les commissaires de police reçoivent également les dénonciations et font les actes énoncés
en l'art. 49, en se conformant aux mêmes règles.

1712. Il pourrait arriver que plusieurs officiers auxiliaires d'un
seul ou de différents cantons s'occupassent à la fois du même
crime ou délit, soit parce que l'instruction aurait été commencée
par le maire d'une commune où ne résiderait pas le juge de paix,
avant l'arrivée de ce magistrat, soit parce que, après avoir commis
le crime dans un canton, le prévenu se serait retiré ou aurait été
saisi dans un autre canton.

1713. S'il s'agit de plusieurs instructions ainsi commencées en
divers cantons, il n'existe aucun motif de les interrompre. Au con-

traire, il importe à la découverte de la vérité qu'aucune recherche ne soit négligée, que tous les faits soient constatés. L'officier de police auxiliaire saisi de l'instruction dans les premiers moments doit donc y procéder, en ce qui le concerne, sans s'inquiéter du tribunal auquel appartiendra en définitive la connaissance de l'affaire; puis il adressera toutes les pièces au procureur impérial de son arrondissement.

1714. Quant à la concurrence qui existerait entre les officiers de police judiciaire de divers ordres, l'article 51 du Code d'instr. crim. indique une règle qui semble pouvoir être étendue. « Dans « les cas de concurrence, dit cet article, entre le procureur impé- « rial et les officiers de police énoncés aux articles précédents, le « procureur impérial fera les actes attribués à la police judiciaire. « S'il a été prévenu, il pourra continuer la procédure, ou autori- « ser l'officier qui l'aura commencée à la suivre. »

1715. A part l'autorisation de suivre, qui ne paraît pas pouvoir être donnée par le juge de paix aux maires ou aux autres officiers auxiliaires qu'il trouve en fonctions au moment de son arrivée sur le lieu du crime, il semble convenable que la suite de l'information lui soit cédée, comme au plus expérimenté et au plus versé dans les opérations judiciaires et dans la rédaction des procès-verbaux, et aussi parce que ses fonctions sont plus élevées.

Même hors le cas de concurrence, le procureur impérial, exerçant son ministère dans les cas des art. 82 et 46 du Code d'instr. crim., peut, s'il le juge utile et nécessaire, charger le juge de paix ou tout autre officier de police auxiliaire de partie des actes de sa compétence.

1716. Le juge de paix peut même être requis ou délégué par le procureur impérial d'un autre arrondissement, de procéder dans son canton aux recherches relatives à la poursuite d'un crime ou d'un délit; sauf le droit de décerner, en pareil cas, des mandats d'amener, de dépôt et d'arrêt contre les prévenus, qui ne pourrait être délégué. C. instr. crim., 283.

Le juge de paix ainsi requis ne peut refuser d'obtempérer à la réquisition; l'art. 283 est formel. Dès lors que la délégation ou la réquisition est autorisée, l'obligation d'obtempérer en résulte évidemment.

1717. Le juge de paix, tout en se transportant sur les lieux du flagrant délit, doit donner avis au procureur impérial, pour que celui-ci avertisse immédiatement le juge d'instruction, ainsi que l'y oblige l'article 32 du Code d'instruction criminelle.

1718. Les art. 33 et suivants du même Code définissent et détaillent les pouvoirs du procureur impérial dans l'exercice de ses fonctions pour la recherche et la poursuite des crimes en cas de flagrant délit, ou lorsqu'il est requis par un chef de maison, art. 46.

1719. L'art. 49 donne, comme nous l'avons vu plus haut, les mêmes attributions aux juges de paix et autres officiers de police judiciaire.

1720. En ce qui touche aux procès-verbaux du procureur impérial et quelques autres formalités ou attributions, V. Code d'instr. crim., art. 42, 43, 32, 33, 34, 35, 36, 37, 38, 39.

1721. Le juge de paix agissant comme officier de police auxiliaire doit être accompagné de son greffier.

1722. Si le greffier était absent, malade ou empêché, le juge de paix nommerait d'office un remplaçant, qui devrait être âgé de vingt-cinq ans, et auquel il ferait prêter serment de remplir fidèlement les fonctions qui lui seraient confiées ; mention serait faite sur les procès-verbaux de l'empêchement du greffier ordinaire, de la commission et du serment du remplaçant.

1723. Les gendarmes, en leur qualité d'agents de la force publique, ont capacité pour faire les actes des huissiers dans les procédures criminelles ; le juge de paix peut donc les employer pour toutes significations.

1724. Le juge de paix a la faculté de se faire assister au besoin de manouvriers, de même que de gens de l'art.

1725. Lorsque des cris partent d'une maison pour appeler du secours, à raison d'un crime ou d'un délit, le procureur impérial ou ses auxiliaires doivent y accourir, quand même ils ne seraient pas proférés par le chef de la famille ou de la maison. La maison de toute personne est inviolable ; nul n'a, pendant la nuit, le droit d'y entrer que dans le cas d'incendie, d'inondation ou de réclamation *faite de l'intérieur de la maison.* Loi du 22 frim. an VII, art. 76.

1726. Dès que le juge d'instruction est arrivé sur les lieux, les pouvoirs de tous les autres magistrats, même du procureur impérial, relativement à l'instruction, cessent ; c'est le juge d'instruction qui agit ; le procureur impérial ne conserve que le droit de requérir. C. instr. crim., 47, 61 et suiv.

1727. Mais, quoique le Code d'instruction criminelle n'indique que le cas de flagrant délit emportant peine afflictive ou infamante, et le cas de réquisition du maître de maison, comme autorisant le juge de paix à agir directement et à commencer l'instruction, ce n'est pas à dire qu'il ne puisse, en l'absence du procureur impérial et du juge d'instruction, constater également d'autres délits ou crimes, procéder et verbaliser.

Par exemple, s'il s'agit d'une mort violente ou d'une mort dont la cause soit inconnue et suspecte, il doit, comme remplaçant le procureur impérial, se transporter sur les lieux, assisté d'un ou de deux officiers de santé, qui font leur rapport sur la cause de la mort et sur l'état du cadavre. Les personnes ainsi appelées pour assister le juge de paix dans la levée d'un corps prêtent serment de faire leur rapport et de donner leur avis en leur honneur et conscience. C. instr. crim., 44.

1728. Lorsqu'à l'audience, ou en tout autre lieu où se fait publiquement une instruction judiciaire, l'un ou plusieurs des assistants donneront des signes publics soit d'approbation, soit d'improbation, ou exciteront du tumulte, de quelque manière que ce soit, le président ou le juge les fera expulser ; s'ils résistent à ses ordres, ou s'ils rentrent, le président ou le juge ordonnera de les arrêter et conduire dans la maison d'arrêt : il sera fait mention de cet ordre dans le procès-verbal, et, sur l'exhibition qui en sera faite au gardien de la maison d'arrêt, les perturbateurs y seront reçus et retenus pendant vingt-quatre heures. C. instr. crim., 504.

1729. Lorsque le tumulte aura été accompagné d'injures ou voies de fait donnant lieu à l'application ultérieure de peines correctionnelles ou de police, ces peines pourront être, séance tenante et immédiatement après que les faits auront été constatés, prononcées savoir : celles de simple police, sans appel, de quelque tribunal ou juge qu'elles émanent ; et celles de police correctionnelle, à la charge de l'appel, si la condamnation a été portée par un tribunal sujet à l'appel, ou par un juge seul. C. instr. crim.. 505.

1730. Mais il faut observer que ces articles ne sont applicables que lorsque l'instruction judiciaire se fait publiquement. Si le juge avait toléré la présence d'étrangers à des actes ou à des opérations qui, de leur nature, doivent être secrets, il ne pourrait que faire expulser les assistants qui s'écarteraient du respect dû ou occasionneraient du tumulte, sauf à dresser procès-verbal des délits ou crimes, s'il en était commis, à faire arrêter le prévenu en cas de flagrant délit et crime, et à le renvoyer devant les juges compétents.

FORMULE 341. — **Réquisition de la force publique.**

Nous .. juge de paix du canton de... agissant comme officier de police judiciaire, auxiliaire de M. le procureur impérial, requérons, en vertu de l'art. 25 du Code d'instruction criminelle, le sieur M.., commandant la force publique dé... de nous prêter secours de la gendarmerie (*ou* de la troupe de ligne, *ou* de la garde nationale) sous ses ordres, pour... (*Donner ici les motifs de l'emploi de la force publique.*)

Fait à... le. (*Sceau.*)   (*Signature.*)

FORMULE 342. — Réquisition d'un expert, médecin ou autre.

Nous N... juge de paix du canton de... arrondissement de... département de... agissant comme officier de police judiciaire, auxiliaire de M. le procureur impérial, requérons M... (*profession*), demeurant à... de se transporter de suite auprès de nous, à... aux fins de nous assister dans la constatation d'un .. (*l'espèce de crime*), et de procéder à toutes les opérations qui seront jugées nécessaires (*au cas que le juge de paix ne puisse les indiquer*).

Fait à... le... (*Sceau.*)   (*Signature.*)

Nota. Le juge de paix atteste, au pied du réquisitoire, les opérations qui ont été faites par l'expert, et le temps qui y a été employé, ou ce qu'a fait l'officier de santé, lorsque leur ministère est épuisé.

Si l'on craignait d'éprouver de la résistance de la part de la personne appelée, on ferait bien d'employer la citation qui, étant plus solennelle, vaincrait mieux, sans doute, les répugnances.

FORMULE 343. — Procès-verbal de constat en cas de flagrant délit. — Perquisitions au domicile de l'inculpé et apposition de scellés (1).

L'an mil huit cent... le... heure de...

Nous (*exprimer la qualité de l'officier qui procède*), officier de police, auxiliaire de M. le procureur impérial, assisté de... notre greffier, instruit par la dénonciation à l'instant faite devant nous par le sieur Jacques M. (*si l'avis vient d'une autre part on met*) : par la plainte rendue devant nous le... (*ou par l'avis qui nous a été donné, ou par la voie, ou clameur publique*), qu'un homicide venait de se commettre sur la personne du sieur A. domicilié dans une maison sise en cette commune (*ou ville*), rue... n°...

Procédant en cas de flagrant délit, conformément aux art. 32 et 48 (*ajouter l'art. 50, quand c'est ou un maire, ou un adjoint du maire, ou un commissaire de police qui agit*) du Code d'instruction criminelle, nous nous sommes transporté dans ladite maison, dont nous avons fait garder l'extérieur et les issues, avec défense à qui que ce soit de sortir de la maison et de s'éloigner du lieu jusqu'après la clôture de notre procès-verbal, sous les peines de l'art. 34 du même Code.

Monté au premier étage par un escalier à droite, au fond de la cour, nous avons été introduit dans un appartement composé de cinq pièces, donnant sur la cour et sur un jardin dépendant de la maison, où nous avons trouvé réunis : 1° le nommé Jean E... domestique du sieur A...; 2° les sieurs Louis G... et Jean H... voisins, demeurant dans la maison ; 3° et un individu que l'on nous a désigné comme étant celui arrêté par le sieur Jacques M... dénonciateur, et par son domestique.

Sur notre interpellation, cet individu nous a déclaré se nommer Nicolas B... etc. Nous l'avons remis entre les mains de la force publique, en recom-

(1) Cette formule et les suivantes sont empruntées à l'*Instruction du procureur impérial près le tribunal de première instance de la Seine à MM. les officiers de police judiciaire.*

mandant de veiller à ce qu'il ne communiquât avec personne, et ne jetât ou ne détruisît rien de suspect.

En présence, tant de cet individu que des personnes ci-dessus nommées, nous avons constaté le corps du délit et ses circonstances, ainsi qu'il suit :

Dans une troisième pièce donnant sur le jardin et servant de chambre à coucher, nous avons vu sur un lit, dont les draps, la couverture et les matelas étaient inondés de sang, un cadavre du sexe masculin, que le nommé E... domestique, et les sieurs G... et H... voisins du sieur A... nous ont déclaré être celui dudit sieur A...

L'inculpé a reconnu l'identité du sieur A...

Ce cadavre était couché sur le dos, il était vêtu d'une simple chemise, et coiffé d'un bonnet de coton. La chemise et le bonnet sont ensanglantés ; la chemise est, de plus, percée de plusieurs trous dans la partie antérieure.

Le sang avait jailli jusque sur la muraille du côté de la ruelle.

Par terre, à peu de distance du lit, était un poignard teint de sang, à manche de bois d'ébène, dont la lame est de... centimètres de longueur, et ne porte aucun nom ou marque de fabricant.

Sur une commode placée à droite en entrant dans la chambre à coucher, était posée une lanterne sourde, toute neuve, en fer-blanc, et garnie d'un verre, lequel se cache au moyen d'une plaque de fer-blanc qui se rabat par-dessus ; dans cette lanterne était un bout de bougie éteint et presque consumé.

Requis par nous de procéder à l'examen des causes de la mort du sieur A... les sieurs... docteurs, l'un en médecine, l'autre en chirurgie, ont prêté entre nos mains le serment de faire leur rapport en leur honneur et conscience.

Leur examen terminé, ils nous ont rapporté qu'inspection faite de l'extérieur du cadavre, ils ont reconnu...

Qu'ouverture faite du cadavre, ils ont trouvé...

Qu'ayant, sur notre réquisition, rapproché de telles et telles blessures les trous faits à la chemise dont est vêtu le défunt, ils ont reconnu que ces coupures correspondaient à ces blessures par leur situation et direction ; qu'elles avaient la même longueur et étaient faites par le même instrument tranchant,

Qu'ayant également, sur notre réquisition, rapproché la lame du poignard trouvé dans la chambre des blessures faites au défunt, et des trous observés à sa chemise, ils ont reconnu que la largeur de la lame était de la longueur des plaies et trous ;

Que, d'après toutes ces observations, ils estiment que telles et telles blessures n'étaient pas mortelles, que telles et telles étaient essentiellement mortelles, et ont causé une mort prompte ;

Que telles et telles blessures, ainsi que telles coupures de la chemise, ont été produites par le même instrument tranchant, et que cet instrument est le poignard en question ;

Que le nombre des blessures, et surtout la multitude des écorchures qui se voient au visage et aux mains du défunt, font présumer qu'il a cherché à se défendre contre son assassin.

Nous avons requis les hommes de l'art de visiter l'inculpé arrêté ; ce qu'ayant effectué, ils nous ont rapporté que son visage, ses mains, son habit, son gilet, sa chemise et sa cravate sont ensanglantés, ce que nous avons nous-même vérifié ; qu'il existe à sa main droite et à son poignet gauche plusieurs écorchures, et a tels et tels doigts de la même main des traces de morsures ; que ces écorchures et morsures sont tellement récentes, qu'elles sont encore sanguinolentes.

Ce rapport terminé, nous avons observé qu'il n'existait dans les divers objets et meubles de l'appartement aucune effraction ou dérangement qui pût faire présumer qu'on y eût eu le temps d'y voler.

Voulant constater comment on avait pénétré dans l'appartement, nous avons remarqué qu'il n'existait à la porte d'entrée aucune trace d'effraction. Une clef était dans la serrure à l'extérieur ; cette clef n'étant ni neuve ni nouvellement limée, et s'ajustant d'ailleurs très-bien à la serrure, qui est une serrure de sûreté, nous avons présumé que cette clef était la véritable clef de la serrure.

Instruit qu'une porte qui donne du jardin sur la rue avait été trouvée entr'ouverte. et présumant que l'assassin était entré par ce côté dans la maison, le jardin n'étant séparé de la cour que par un mur d'appui dans lequel est une porte fermant seulement au loquet, nous nous sommes rendu à la porte de ce jardin par l'extérieur, pour ne point effacer ni confondre les empreintes de pas qu'aurait pu laisser l'assassin dans l'intérieur du jardin.

La rue étant pavée, nous n'avons rien vu au dehors ; mais, dans une des allées qui conduisent intérieurement de la porte du jardin à la maison, nous avons remarqué sur la terre amollie par la pluie qui est tombée hier, des empreintes de pas qui se dirigeaient de la porte à la maison ; que ces empreintes, toutes de même grandeur, appartenaient à deux souliers différents, les uns portant la trace de trente clous au talon, les autres ne portant au talon que vingt-huit clous, une trace de clou manquant au milieu du talon.

Nous avons fait déchausser Nicolas B... et nous avons vu que le soulier de son pied gauche s'adaptait parfaitement aux empreintes où se voit la trace de trente clous, et que le soulier de son pied droit s'adapte parfaitement aux empreintes où est la trace de vingt-huit clous ; qu'à ce soulier il manque un clou à la même place qu'à ces dernières empreintes.

Nous avons ensuite fait fouiller Nicolas B...; il ne s'est trouvé sur lui qu'un passe-partout, que nous avons essayé à la porte du jardin, et qui l'ouvre avec peu de difficulté.

Nous nous sommes transporté dans le domicile de Nicolas B... rue... et là, en sa présence, nous avons fait une perquisition dans tous les lieux qui dépendent de sa location, et nous n'y avons rien trouvé, si ce n'est un billet sans signature, portant son adresse, qui était caché derrière la glace, et qui contient ces mots : « Retardez jusqu'à demain soir ; je vous en dirai la raison demain matin, à notre rendez-vous ordinaire. »

Sur notre réquisition, Nicolas B... a signé et paraphé avec nous ce billet, dont nous nous sommes saisi.

D'après l'interrogatoire de Nicolas B... rédigé séparément du présent procès-verbal, des soupçons graves s'élevant sur Jacques D... neveu du défunt, nous nous sommes transporté à son domicile, rue... Cet individu étant absent, nous avons fait ouvrir la porte de son logement par le sieur... serrurier, rue... par nous requis ; nous avons fait, dans tous les lieux dépendant de la location de D... une perquisition, par l'effet de laquelle nous n'avons rien trouvé de suspect.

Jacques D... ayant été arrête en vertu de notre mandat d'amener pendant le cours de nos opérations, immédiatement après son interrogatoire, nous l'avons confronté avec le cadavre de son oncle, dans le domicile duquel nous étions retourné. A la vue du cadavre, il a pâli et s'est troublé ; nous lui avons demandé s'il le reconnaissait ; il nous a déclaré, en balbutiant, que c'était celui de son oncle, et que ses assassins étaient bien criminels.

Nous nous sommes emparé, pour servir à conviction, de la chemise, du bonnet de coton, des draps et de la couverture de lit du défunt, du poignard, de la lanterne, de la clef de l'appartement, du passe-partout saisi sur Nicolas B... de l'habit, du gilet et des souliers de cet inculpé, à qui nous en avons fait prendre d'autres lors de la perquisition faite chez lui (*ou*) à qui nous en avons fait fournir d'autres par le sieur... marchand fripier, rue... (*dans ce cas, les vêtements sont payés sur la taxe qui en est faite*).

L'information et les interrogatoires terminés, nous avons renfermé les objets par nous saisis dans un sac de toile, que nous avons fermé au moyen d'une corde sans nœuds, aux deux bouts de laquelle nous avons adapté une feuille de papier au moyen de cire à cacheter rouge, que nous avons scellée de notre sceau. Sur notre interpellation, B... inculpé, a signé et paraphé avec nous cette bande de papier. Quant à D... second inculpé, il a déclaré ne vouloir la signer et parapher, ce dont nous avons fait mention sur ladite bande.

Personne ne pouvant nous donner les renseignements nécessaires pour la rédaction de l'acte du décès du sieur A... et étant instruit par le sieur G... l'un des voisins présents, que l'acte de naissance du sieur A... était renfermé dans son secrétaire, nous avons ouvert ce meuble à l'aide de la clef, que nous avons trouvée dans la poche du pantalon du défunt, et nous avons trouvé, dans un des tiroirs, ledit acte de naisssance, duquel il résulte que le sieur A... porte les prénoms de... et qu'il est né à... le... du sieur... et de la dame... son épouse.

Les sieurs G... et H... nous ont déclaré que le défunt n'avait jamais été marié, et que ses père et mère étaient décédés sans qu'ils pussent indiquer le lieu ni le temps de leur décès.

Nous avons averti le juge de paix de cet arrondissement (*ou* canton), du décès du sieur A... à l'effet par lui d'apposer les scellés à la conservation des droits de qui il appartiendra, et, à son arrivée, nous lui avons remis la clef du secrétaire. (*Si c'est le juge de paix lui-même qui procède, il appose les scellés immédiatement après avoir constaté le délit, et par un procès-verbal séparé et rédigé selon les formes civiles.*)

Et attendu que Nicolas B... est inculpé d'être auteur de l'assassinat du sieur Jean-Baptiste A...; que Jacques D... est inculpé de s'être rendu complice de ce crime, en provoquant, par promesse, B... à le commettre, et en lui procurant les instructions et moyens de le consommer, nous avons ordonné qu'ils resteront sous la main de la justice, en état de mandat d'amener, et nous avons dressé le présent procès-verbal en présence du maire (*ou* de l'adjoint du maire, *ou* du commissaire de police, *ou* des sieurs... tous deux) domicilié en cette ville (*ou* commune), rue... par nous requis (*ou* sans assistance de témoins, n'ayant pu nous en procurer tout de suite).

Lecture faite du présent procès-verbal aux inculpés et aux personnes y dénommées, ils l'ont signé à chaque feuillet avec nous, excepté Jean E... qui a déclaré ne savoir signer, et Jacques D... qui a refusé de signer, de ce interpellé selon la loi.

FORMULE 344. — Information en cas de flagrant délit.

L'an mil huit cent... le... heure de... nous (*indiquer la qualité de l'officier qui procède*), officier de police, auxiliaire de M. le procureur impérial, assisté de... notre greffier.

Procédant, en cas de flagrant délit, par suite de notre procès-verbal de ce jour, nous avons fait comparaître devant nous, à... en la maison du sieur A... rue... où nous nous étions transporté, les personnes ci-après nommées, à nous indiquées comme pouvant nous donner des renseignements sur l'homicide du sieur A ..; elles nous ont fait successivement et séparément les unes des autres, hors de la présence du prévenu, leurs dépositions ainsi qu'il suit :

1° Jean D... âgé de... domestique au service du sieur M... demeurant chez son maître, en cette maison, nous a déclaré :

Je...

Lecture à lui faite de sa déclaration, il a dit qu'elle contient la vérité, qu'il y persiste, et l'a signée avec nous à chaque feuillet (*ou* a déclaré ne savoir signer, de ce interpellé, et nous avons signé à chaque feuillet). (*Signatures du témoin, du juge de paix et du greffier.*)

2º Jacques E... âgé de... domestique au service du sieur A... demeurant en cette maison, chez son maître, nous a déclaré :
Je...

Représentation faite au témoin de la clef trouvée par nous cette nuit à la porte de l'appartement, et du passe-partout saisi sur Nicolas B..., le témoin nous a dit reconnaître la clef pour être la double clef qui était disparue ; quant au passe-partout, il nous a dit ne l'avoir jamais vu. Sur notre interpellation, il nous a fait voir la véritable clef du jardin, qui était déposée dans sa chambre, et dont il nous a dit être ordinairement le dépositaire.

Lecture, etc.
3º...

Fait et clos à... le... et avons signé avec notre greffier.   (*Signatures.*)

FORMULE 345. — Levée d'un cadavre.

L'an...

Nous... juge de paix du canton de... assisté du sieur... notre greffier.

Informé qu'un cadavre gît sur le bord du chemin dit... nous nous sommes immédiatement transporté sur le lieu désigné, accompagné de M. Denis, docteur en médecine, domicilié en cette ville, par nous requis. Là, nous avons trouvé, gisant sur le bord du chemin, le corps d'un homme renversé sur le dos. Sur notre invitation, M. le docteur, après avoir prêté en nos mains le serment préalable, nous a déclaré que l'individu soumis à son examen était réellement mort ; qu'à la vérité il ne voyait aucune trace de mort violente, mais qu'une autopsie lui paraissait nécessaire.

L'individu décédé est vêtu... (*Décrire son costume*). Aucun papier ou portefeuille n'a été trouvé sur le mort, mais le nommé... (*nom, prénoms, âge, profession et domicile*), et le nommé... (*nom, prénoms, âge, profession et domicile*), présents sur les lieux, nous ont appris qu'il s'appelait... qu'il était domicilié à... qu'il exerçait la profession de... était âgé de... était né dans la commune de... arrondissement de... département de...

Et, vu la nécessité reconnue de faire l'autopsie, nous avons fait transporter le cadavre à l'hospice de cette ville, dans la salle à ce destinée, où nous nous rendrons ce soir, à deux heures de relevée, conjointement avec le susdit médecin, pour y procéder à cette opération.

(*Dans les communes où ces établissements n'existent pas, on choisit un autre local.*)

Avant de quitter le lieu où gisait le cadavre, nous avons interrogé les personnes présentes sur les circonstances qui ont déterminé le décès.

A cet effet, ont successivement comparu les témoins ci-après dénommés, que nous avons interrogés dans l'ordre suivant :

1º Le sieur... (*nom, prénoms, âge, profession et domicile*), a déclaré que, ce matin, en allant à son travail, il s'était trouvé en présence d'un homme renversé ; que, l'ayant touché pour s'assurer s'il était mort ou seulement endormi, il a reconnu qu'il était froid ; que ses vêtements étaient dans le même état qu'ils étaient tout à l'heure, et qu'il estime que l'individu est mort de sa mort naturelle ; et il a signé.

2º Le sieur... (*nom, prénoms, âge, profession et domicile*), a déclaré... (*Après avoir reçu toutes les déclarations, on continue comme suit :*)

Après avoir recueilli ces renseignements, nous nous sommes retiré ; et, à deux heures, nous nous sommes transporté, avec notre greffier, à la salle de l'hospice où est déposé le susdit cadavre. Nous y avons trouvé M. le docteur Denis, qui s'est mis en devoir de faire l'autopsie, et nous a rapporté ce qui suit...

(*Consigner ici toutes les circonstances de l'opération.*)

L'autopsie étant terminée, M. le docteur a rajusté les diverses parties du cadavre ; et, attendu qu'aucun parent du défunt ne le réclame, nous avons donné les ordres nécessaires pour qu'il soit pourvu à l'inhumation aux frais de la commune, conformément au décret du 12 juin 1804 (23 prairial an XII), art. 26, sauf le recours de la commune contre les héritiers du défunt. Décret du 18 juin 1811, art. 3, § 4.

Les vêtements du défunt sont restés à l'hospice.

Ainsi fait et dressé le présent procès-verbal, dont un extrait va être remis à M. l'officier de l'état civil de la présente commune, conformément à l'article 82 C. Nap.

Et a le docteur Denis signé avec nous et notre greffier.

(*Si des papiers ou portefeuille ont été trouvés sur le défunt, on les mentionne dans le corps du procès-verbal, en les décrivant et en constatant les renseignements qui en résultent sur le défunt. — A la fin, on dit :*) Nous avons visé lesdits papiers et portefeuille, et les avons joints au présent procès-verbal.

SECTION IV. — Du mandat de comparution. — Du mandat d'amener et du mandat de dépôt.

1731. Le mandat d'amener est décerné presque exclusivement par les juges d'instruction, de même que le mandat de dépôt. Cependant, le procureur impérial, en cas de flagrant délit, et lorsque le fait est de nature à entraîner peine afflictive et infamante, ou l'officier de police auxiliaire qui le remplace, peuvent, aux termes de l'art. 40 (C. instr. crim.), faire saisir les prévenus présents contre lesquels il existerait des indices graves ; et, si le prévenu n'est pas présent, rendre une ordonnance à l'effet de le faire comparaître. Cette ordonnance s'appelle *mandat d'amener.* La dénonciation seule, ajoute le même article, ne constitue pas une présomption suffisante pour décerner cette ordonnance contre un individu ayant domicile.

Le même droit de décerner des mandats d'amener appartient au procureur impérial ou à ses auxiliaires, en cas de réquisition du maître de maison Art. 46.

1732. Ils peuvent, dans les mêmes cas, décerner des mandats de dépôt.

1733. Il n'y aurait lieu de recourir au mandat de comparution que si un juge de paix était délégué par le juge d'instruction pour interroger le prévenu (Voir le chapitre qui suit) ; cependant, nous réunirons sous cette section les formules des trois mandats.

FORMULE 346. — Mandat de comparution.

Nous N... juge de paix du canton de... arrondissement de... département de... agissant en vertu de la commission rogatoire de M... juge d'instruction de... en date du... mandons et ordonnons à tous huissiers ou agents de la force publique, de citer à comparaître devant nous, en notre cabinet, à... le nommé... profession de... demeurant à .. le... à... heure du... à l'effet d'y être interrogé et entendu sur les faits à lui imputés, et de déclarer que, faute de ce faire, il sera contre lui décerné mandat d'amener.

Fait à... le... (*Sceau.*)   (*Signature.*)

FORMULE 347. — Mandat d'amener.

Nous... juge de paix du canton de... arrondissement de... agissant comme officier de police judiciaire, auxiliaire de M. le procureur impérial, et procédant en cas de flagrant délit, en vertu de l'article 40 du Code d'instruction criminelle ;

Mandons et ordonnons à tous huissiers ou agents de la force publique d'amener par-devant nous, à... le... le nommé... prévenu de...

Pour être entendu sur les imputations à lui faites; et dont il lui sera donné connaissance ;

Requérons tous dépositaires de la force publique de prêter main-forte pour l'exécution du présent mandat, en cas de nécessité et de réquisition.

A... le...(*Sceau.*)   (*Signature.*)

FORMULE 348. — Procès-verbal dressé par le porteur d'un mandat d'amener.

L'an... je... soussigné, en vertu du mandat d'amener délivré par... officier de police judiciaire, le... signé de lui et scellé, me suis transporté au domicile de Victor... demeurant à... auquel, parlant à sa personne, j'ai notifié le mandat d'amener dont j'étais porteur, le requérant de me déclarer s'il entend obéir audit mandat, et se rendre par-devant ledit... officier de police. Ledit S... m'a répondu qu'il était prêt à obéir à l'instant ; en conséquence, j'ai conduit ledit... par-devant le... officier de police judiciaire de... pour y être entendu et être statué à son égard ce qu'il appartiendra, et j'ai, de tout ce que dessus, dressé le présent procès-verbal.

(*Si l'inculpé refuse d'obéir, l'huissier doit se conduire ainsi qu'il va être dit.*) Lequel m'a répondu qu'il ne voulait point obéir audit mandat d'amener. Je lui ai vainement représenté que sa résistance injuste ne pouvait le dispenser d'obéir au mandement de la justice, et m'obligeait à user des moyens de force que j'étais autorisé à employer par la loi ; ledit... s'est obstiné à refuser d'obéir au mandat. En conséquence, je l'ai saisi et appréhendé au corps, étant assisté de... gendarmes du département de... résidant à... desquels j'ai requis l'assistance pour que force demeure à justice. J'ai conduit ledit... par-devant, etc.

FORMULE 349. — Mandat de dépôt.

Nous... juge de paix du canton de... officier de police judiciaire, mandons et ordonnons à tous huissiers et agents de la force publique de conduire en la maison d'arrêt de... le sieur... (*indiquer exactement les nom, prénoms, profession, demeure et signalement*), prévenu de s'être rendu coupable le... à... du crime de... enjoignons en conséquence au gardien de ladite maison de le recevoir provisoirement et le tenir à la disposition de M. le procureur impérial.

Requérons tout dépositaire de la force publique de prêter main-forte pour l'exécution du présent mandat, s'il en est requis par le porteur d'icelui ; à l'effet de quoi nous avons signé le présent, scellé de notre sceau.

Fait à... le...   (*Signature et sceau du juge de paix.*)

FORMULE 350. — Mandat de dépôt contre une personne qui a enfreint la défense de sortir de la maison où se fait l'instruction, dans le cas de flagrant délit.

Nous... juge de paix du canton de... arrondissement de... agissant comme officier de police judiciaire auxiliaire de M. le procureur impérial, et procédant en cas de flagrant délit ;

Mandons et ordonnons à tous huissiers ou agents de la force publique, de conduire à la maison d'arrêt de. . le nommé... que nous avons fait arrêter, pour avoir contrevenu à ce que nous avions défendu, conformément à l'article 34 du Code d'instruction criminelle.

Enjoignons au gardien de ladite maison d'arrêt de le recevoir et retenir en dépôt jusqu'à nouvel ordre.

Requérons tous dépositaires de la force publique de prêter main-forte, en cas de nécessité et de réquisition, pour l'exécution du présent mandat.

Fait à... le... (*Sceau.*) (*Signature.*)

CHAPITRE II. — Fonctions des juges de paix comme délégués des juges d'instruction. — Instruction. — Audition de témoins. — Preuve par écrit et pièces de conviction.

SECTION I. — Délégation.

1734. Les juges de paix participent encore à l'instruction criminelle comme délégués du juge d'instruction. Ainsi, le juge d'instruction peut, par une commission rogatoire, charger le juge de paix d'entendre des témoins en dehors du canton chef-lieu du tribunal.

Lorsqu'il sera constaté, par le certificat d'un officier de santé, que des témoins se trouvent dans l'impossibilité de comparaître sur la citation donnée, le juge d'instruction se transportera en leur demeure, quand ils habiteront dans le canton de la justice de paix du domicile du juge d'instruction. — Si les témoins habitent hors du canton, le juge d'instruction pourra commettre le juge de paix de leur habitation, à l'effet de recevoir leurs dépositions, et il enverra au juge de paix des notes et instructions qui feront connaître les faits sur lesquels les témoins devront déposer. C. instr. crim., 83.

1735. Si les témoins résident hors de l'arrondissement du juge d'instruction, celui-ci requerra le juge d'instruction de l'arrondissement dans lequel les témoins sont résidants, de se transporter auprès d'eux pour recevoir leurs dépositions. Dans le cas où les témoins n'habiteraient pas le canton du juge d'instruction ainsi requis, il pourra commettre le juge de paix de leur habitation, à l'effet de recevoir leurs dépositions, ainsi qu'il est dit dans l'art. précédent. C. inst. crim , 84.

« Quelques magistrats ont cru, d'après les articles 83 et 84 du Code d'instruction criminelle, que le juge d'instruction ne pouvait déléguer la faculté de recevoir les dépositions de témoins résidant hors de son canton ou de son arrondissement, qu'autant que ces témoins étaient dans l'impossibilité de comparaître devant lui, et que cette impossibilité était constatée par un certificat d'officier de santé: c'est une erreur. Le droit de déléguer tient aux règles générales de la procédure criminelle ; il est d'ailleurs rappelé par plusieurs dispositions du Code d'instruction. Les articles 83 et 84 ne sont pas limitatifs, mais ils indiquent, dans un cas particulier, la marche à suivre par le juge instructeur, lorsqu'il est obligé de déléguer une partie de ses fonctions ; et il doit s'y conformer exactement dans tous les autres cas où il peut y avoir lieu de déléguer. Ces cas sont très-fréquents : le juge d'instruction ne doit se déplacer que dans les circonstances graves ou urgentes ; il doit aussi éviter, autant que possible, de faire citer devant lui des témoins éloignés. » Circ. min. just. 23 sept. 1812 et 9 avril 1825.

1736. Il est donc admis que tous les pouvoirs du juge d'instruction, relativement à l'instruction, peuvent être délégués au juge de paix ; nous disons relativement à l'instruction, car il n'en serait pas de même du pouvoir de décerner des mandats d'amener, de dépôt et d'arrêt.

1737. L'art. 283 du Code d'instruction criminelle, relatif à la délégation des pouvoirs que le procureur impérial a reçus du procureur général pour la poursuite spéciale de crimes ou délits, porte que, dans tous les cas où les procureurs généraux sont autorisés à remplir ainsi les fonctions d'officier de police judiciaire ou de juge d'instruction, ils pourront déléguer au procureur impérial, au juge d'instruction et au juge de paix, même d'un arrondissement communal voisin du lieu du délit, les fonctions qui leur sont respectivement attribuées, autres que le pouvoir de délivrer les mandats d'amener, de dépôt et d'arrêt contre les prévenus.

1738. Mais pour tout ce qui est instruction, comme audition de témoins, art. 83, 84, visites, perquisitions et autres mesures mentionnées dans les art. 35 et 39, 87 à 90 du Code d'instr. crim., de même que pour tout ce qui tient à l'instruction ou aux poursuites ordonnées par les Chambres d'accusation, art. 228 et suivants, ou par les procureurs généraux, art. 271 et suivants, le juge de paix peut être délégué.

1739. Si le juge de paix délégué ne peut décerner le mandat d'arrêt, de dépôt ou d'amener, il n'en est pas de même du mandat de comparution; commis pour interroger un prévenu, il n'a que ce moyen de le mettre en demeure d'obéir à la justice et de venir présenter sa défense. En cas de désobéissance au mandat de comparution, le juge de paix avertirait le juge d'instruction, qui décernerait un mandat d'amener, conformément à l'art. 91 du Code d'instr. crim.

1740. Quant aux témoins, le juge de paix les fait citer par un huissier ou par un agent de la force publique (C. instr. crim., 72). D'après l'article 80, toute personne citée pour être entendue en témoignage sera tenue de comparaître et de satisfaire à la citation : sinon, elle pourra y être contrainte par le juge d'instruction, qui, à cet effet, sur les conclusions du procureur impérial, et sans autre formalité ni délai, et sans appel, prononcera une amende qui n'excédera pas cent francs, et pourra ordonner que la personne citée sera contrainte par corps à venir donner son témoignage.

1741. Ainsi, le juge d'instruction lui-même ne peut lancer de mandat d'amener contre le témoin et le condamner à l'amende pour refus de se présenter que sur les conclusions du procureur impérial ; d'où l'on doit conclure que ce droit ne peut appartenir, en aucun cas, au juge de paix.

1742 Mais le juge de paix qui, sans délégation du juge d'instruction, se serait transporté auprès d'un témoin malade, et aurait reconnu qu'il n'était pas dans l'impossibilité de comparaître sur la citation qui lui avait été donnée, aurait-il le pouvoir de décerner, ainsi que le juge d'instruction y est autorisé par l'art. 86, un mandat de dépôt contre le témoin et l'officier de santé qui aura délivré le faux certificat de maladie ? Il faut encore répondre négativement; d'après ce même article 86, la réquisition du procureur impérial est exigee, comme dans le cas qui précède, pour l'application de la peine; il n'y a pas d'ailleurs urgence. Le juge de paix doit donc se borner à prévenir le juge d'instruction.

1743. Il faut remarquer que dans toutes les dispositions relatives à la délégation ou à la commission rogatoire que nous avons citées, l'ordre hiérarchique des juridictions est ponctuellement observé : ainsi, un juge de paix ne peut être commis directement que par le juge d'instruction de son arrondissement (Code instr. crim., 83, 84); par le conseiller délégué de la Chambre d'accusation du ressort (art. 283), ou par les présidents des Cours d'assises (art. 303); de même qu'il ne peut recevoir de réquisition que du procureur impérial de son arrondissement ou du procureur général du ressort. Art. 52, 274, 279.

1744. Il n'est appelé que médiatement (art. 84) à remplir les commissions rogatoires des juges d'instruction des autres arrondissements, des officiers rapporteurs près les Conseils de guerre, ou des magistrats des Cours où il ne ressortit pas, autres que les présidents des Cours d'assises.

1745. Si ces commissions lui parvenaient autrement que par l'intermédiaire du juge d'instruction de son arrondissement, elles ne seraient pas valablement données; le juge de paix serait sans pouvoir légal ; son devoir serait d'informer sur-le-champ le procu.

reur impérial pour qu'il relevât l'irrégularité et la fît réparer. Duvergier, n° 59.

SECTION II. — Instruction. — De l'audition des témoins.

1746. Nous avons donné ci-dessus les règles et formules de l'instruction en cas de flagrant délit; elles peuvent servir également lorsque le juge de paix agit par délégation, sauf qu'il doit mentionner par qui il se trouve délégué. Nous ne parlons donc, dans cette section, que de l'audition des témoins.

1747. Le juge d'instruction fera citer devant lui les personnes qui auront été indiquées par la dénonciation, par la plainte, par le procureur impérial ou autrement, comme ayant connaissance, soit du crime ou délit, soit de ses circonstances. C. instr. crim., 71.

1748. Les témoins seront cités par un huissier, ou par un agent de la force publique, à la requête du procureur impérial. C. instr. crim., 72.

1749. Ils seront entendus séparément, et hors de la présence du prévenu, par le juge d'instruction, assisté de son greffier. Code instr. crim., 73.

1750. Ils représenteront, avant d'être entendus, la citation qui leur aura été donnée pour déposer; et il en sera fait mention dans le procès-verbal. C. instr. crim., 74.

1751. Les témoins prêteront serment de dire toute la vérité, rien que la vérité; le juge d'instruction leur demandera leurs nom, prénoms, âge, état, profession, demeure; s'ils sont domestiques, parents ou alliés des parties, et à quel degré : il sera fait mention de la demande et des réponses des témoins. C. instr. crim., 75.

1752. Les dépositions seront signées du juge, du greffier, et du témoin, après que lecture lui en aura été faite et qu'il aura déclaré y persister. Si le témoin ne veut ou ne peut signer, il en sera fait mention. Chaque page du cahier d'information sera signée par le juge ou par le greffier. C. instr. crim., 76.

1753. Les formalités prescrites par les trois articles précédents seront remplies, à peine de 50 fr. d'amende, contre le greffier, même s'il y a lieu de prise à partie contre le juge d'instruction. C. instr. crim., 77.

1754. Aucune interligne ne pourra être faite : les ratures et les renvois seront approuvés et signés par le juge d'instruction, par le greffier et par le témoin, sous les peines portées en l'article précédent. Les interlignes, ratures et renvois non approuvés seront réputés non avenus. C. instr. crim., 78.

1755. Les enfants de l'un et de l'autre sexe, au-dessous de l'âge de quinze ans, pourront être entendus par forme de déclaration, et sans prestation de serment. C. instr. crim., 79.

1756. Chaque témoin qui demandera une indemnité sera taxé par le juge d'instruction. C. instr. crim., 82.

1757. Le juge de paix qui aurait reçu des dépositions de témoins, comme délégué, en conséquence des articles 83 et 84 du Code d'instr. crim., les enverra, closes et cachetées, au juge d'instruction saisi de l'affaire. C. instr. crim., 85.

SECTION III. — Des preuves par écrit et des pièces de conviction.

1758. Le juge d'instruction se transportera, s'il en est requis, et pourra même se transporter d'office dans le domicile du prévenu pour y faire la perquisition des papiers, effets, et généralement de tous les objets utiles à la manifestation de la vérité. C. instr. crim., 87.

1759. Le juge d'instruction pourra pareillement se transporter dans les autres lieux où il présumerait qu'on aurait caché les objets dont il est parlé dans l'article précédent. C. instr. crim., 88.

1760. Les dispositions des art. 35, 36, 37, 38 et 39, concernant la saisie des objets dont la perquisition peut être faite par le procureur impérial, dans les cas de flagrant délit, sont communes au juge d'instruction. C. instr. crim., 89.

FORMULE 351. — **Procès-verbal d'information par le juge de paix, en vertu de délégation.**

L'an... le... heure...
Par-devant nous... (*prénoms et nom*) juge de paix du canton de... agissant en vertu de la commission rogatoire de M. le juge d'instruction de... en date du... (1), arrondissement de... département de... étant à... assisté de... (*prénoms et nom*) notre greffier.

En conséquence de la citation donnée à la requête de M. le procureur impérial de... par exploit de... (*nom de l'huissier*) huissier, du... (*date de l'exploit*) conformément à votre cédule du...

Ont comparu les témoins ci-après, chacun desquels appelés successivement et séparément, hors de la présence du prévenu, après avoir représenté la citation qui lui a été donnée pour déposer ; avoir reçu communication des faits contenus dans la commission rogatoire sus-relatée, relative à... (*nature du délit*) imputé à... (*Désignation du prévenu ou des prévenus*); avoir prêté serment de dire toute la vérité, rien que la vérité, et enquis par nous de ses nom prénoms, âge, état, profession, demeure ; s'il est domestique, parent ou allié du prévenu et à quel degré (*ou des prévenus, et encore s'il y a lieu de*

_____

(1) *Ou* en vertu de la délégation de M. le juge d'instruction de... en date du... pour l'exécution de la commission rogatoire de M... en date du...

N... partie civile), nous a répondu et a fait sa déposition ainsi qu'il suit :

1° Jacques Sire, âgé de vingt-huit ans, tanneur, demeurant à... commune de... non domestique, parent ni allié du prévenu (ni de la partie civile), dépose :

Tel jour, à *telle* heure, en *tel* lieu, j'ai vu, j'ai entendu...

J'ai appris de *telle manière*...

Je sais de plus...

Interpellé d'expliquer *tel* fait ou de déposer ce qu'il sait sur *telle* circonstance, ou de faire connaître la moralité du prévenu, le témoin a répondu :

Je...

Représentation faite de *telle* pièce de conviction, le témoin a déclaré : Je connais *tel* objet.

Lecture faite a persisté, a requis taxe que nous avons allouée de la somme de... a déclaré ne savoir signer, de ce requis, et nous avons signé avec le greffier (*ou s'il y a lieu*, avec le greffier commis).

Approuvé les mots (*les mots renvoyés en marge sont inscrits ici*) renvoyés en marge et rejeté... mots rayés nuls. (*Signature du juge, signature du greffier.*)

2° Jean Henri Manurel, âgé de... forgeron. . demeurant à... non domestique du prévenu, mais son allié au troisième degré (*s'il y a partie civile, le témoin déclare ses rapports avec elle*), dépose.

Je...

Lecture faite, a persisté, n'a requis taxe, et a signé avec nous et le greffier. (*Signature du témoin, signature du juge, signature du greffier.*)

3° Pierre Mercet, âgé de treize ans, sans profession, demeurant a... non domestique, parent ni allié du prévenu, parent au troisième degré de M. Joseph N... partie civile, entendu par forme de déclaration et sans prestation de serment, vu son âge, depose :

Je...

Lecture faite, etc. (*Signatures.*)

Tous les témoins assignés étant entendus, à l'exception de Louis Landrin, qui nous a fait présenter une excuse ci-annexée, attestant qu'une gastrite aiguë l'a mis dans l'impossibilité d'obéir a la citation et l'empêchera de pouvoir comparaître de longtemps, et Marie Todeur, qui n'a ni comparu ni fourni d'excuses, quoique valablement assignée, nous avons clos le présent procès-verbal, les jour, mois et an que dessus, et nous avons signé avec notre greffier. (*Signatures.*)

Si l'information dure plusieurs jours, le procès-verbal peut être continué ainsi :

Et l'an... le... heure... par continuation,

Devant nous, juge de paix susdit, agissant et assisté comme dit est, ont comparu les témoins ci-après, par suite de l'exploit sus-relaté.

Lesquels témoins, après l'accomplissement de toutes les formalités énoncées au commencement de notre présent procès-verbal, ont répondu et déposé comme suit :

4° etc.

5° etc.

Fait et clos à... le... et nous avons signé avec notre greffier. (*Signatures du juge et du greffier.*)

Nota. Il convient de faire remarquer que ce modèle de clôture est fait pour le cas où les témoins excusés sont trop éloignés pour qu'on puisse les entendre sur-le-champ, et consigner leurs dépositions, sans désemparer, à la suite des témoignages déjà reçus.

Mais si les témoins malades demeuraient à la résidence du juge de paix, ou à sa proximité, en sorte qu'il pût se rendre immédiatement auprès d'eux pour les entendre, alors ce modèle de clôture ne servirait pas ; il y aurait lieu d'expliquer que le juge s'est rendu de suite auprès des témoins, pour telle cause, et qu'il a reçu leurs dépositions, avec les formalités prémentionnées.

CHAPITRE III. — **De la police du roulage.** — **Interprétation des articles de la loi du 30 mai 1851, qui rentrent dans la compétence des tribunaux de police.**

1761. Nous avons donné, dans notre *Bulletin des lois des justices de paix*, t. II, p. 942, la loi des 30 mai–18 juin 1851 sur la police du roulage et des messageries publiques, et, dans notre numéro d'octobre 1852 des *Annales des justices de paix*, p. 317, le règlement d'administration publique fait pour l'exécution de cette loi.

La loi du 30 mai 1851 sur la police du roulage et des messageries publiques a fait entrer dans la compétence des juges de paix des contraventions dont la compétence appartenait, avant cette loi, aux Conseils de préfecture.

L'art. 17 de la loi est ainsi conçu : « Les contraventions prévues « par les art. 4 et 9 sont jugées par le Conseil de préfecture du dé- « partement où le procès-verbal a été dressé.

« *Tous les autres délits et contraventions* prévus par la présente loi « sont *de la compétence des tribunaux.* »

Il importe tout d'abord de se bien fixer sur la portée de cet article ; ce qui demande un examen attentif, car les articles 4 et 9, auxquels renvoie l'article 17, renvoient eux-mêmes a d'autres articles et même à d'autres parties d'articles de la loi. Nous allons donc établir successivement les contraventions qui doivent être soumises au Conseil de préfecture, celles qui doivent être déférées au tribunal correctionnel, et celles qui sont du ressort du juge de paix.

L'art. 4, le premier auquel renvoie l'art. 17, porte que toute contravention aux règlements rendus en exécution des dispositions des nᵒˢ 1, 2, 3, 5 et 6 du premier paragraphe de l'art. 2, et des nᵒˢ 1, 2 et 3 du deuxième paragraphe du même article, est punie d'une amende de 5 à 30 fr.

L'art. 2 porte :

« Des règlements d'administration publique déterminent :

« § 1ᵉʳ. Pour toutes les voitures,

« 1° La forme des moyeux, le maximum de la longueur des es- « sieux, et le maximum de leur saillie au delà des moyeux ;

« 2° La forme des bandes des roues ;

« 3° La forme des clous des bandes ;

« 4° Le maximum du nombre des chevaux de l'attelage que peut
« comporter la police ou la libre circulation des routes ;

« 5° Les mesures à prendre pour régler momentanément la cir-
« culation pendant les jours de dégel, et les précautions à prendre
« pour la protection des ponts suspendus.

« § 2. Pour les voitures ne servant pas au transport des personnes ,

« 1° La largeur du chargement ;

« 2° La saillie des colliers des chevaux ;

« 3° Le mode d'enrayage.

L'art. 9 de la loi porte :

« Lorsque par la faute, la négligence ou l'imprudence du conduc-
« teur, une voiture aura causé un dommage quelconque à une route
« ou à ses dépendances , le conducteur sera condamné à une
« amende de 3 à 50 fr. — Il sera de plus condamné aux frais de la
« réparation. »

Telles sont les contraventions dont la connaissance est attribuée
au Conseil de préfecture. On remarquera que toutes peuvent
entraîner une peine supérieure à 15 francs d'amende , puisque
toutes les premières, celles énumérées dans l'art. 2 de la loi, sont
punies (art. 4) d'une amende de 5 fr. à 30 fr. ; puisque la dernière,
celle définie par l'art. 9, est punie, par le même article, d'une
amende de 3 fr. à 50 fr.

1762. Quant aux autres contraventions , celles qui sont de la
compétence des tribunaux ordinaires, elles doivent être déférées aux
tribunaux de police ou aux tribunaux correctionnels ; et ici la règle
de compétence rentre dans les termes de la loi générale, c'est-à-dire
que les tribunaux de simple police connaissent de toutes les contraventions passibles d'une amende de 15 fr. ou inférieure, et les
tribunaux correctionnels de toutes les contraventions passibles d'une
amende supérieure à 15 fr., et de celles qui, accompagnées d'ou-
rages ou de violence (art. 11 de la loi) envers les fonctionnaires ou
agents chargés de constater les délits et contraventions à la police
du roulage, sont passibles, en outre, de l'emprisonnement ou de
peines plus fortes, aux termes des art. 222 à 233 du Code pénal,
livre III, titre Ier, chap. III, section IV, § 2.

1763. Rentrent spécialement dans la compétence des tribunaux
de police :

« Pour toutes les voitures,

« Les contraventions aux conditions à observer pour l'emplace-
« ment et les dimensions de la plaque prescrite par l'article 3 de la
« loi. Art 17, 7 et 2, § 1er, n° 4, de la loi ;

« Pour les voitures ne servant pas au transport des personnes,

« Les contraventions relatives au nombre des voitures qui peu-
« vent être réunies en un même convoi, à l'intervalle qui doit res-
« ter libre d'un convoi à un autre, et au nombre de conducteurs
« exigés pour la conduite de chaque convoi. Art. 17, 5 et 2, n° 4,
« de la loi ;

« Les contraventions relatives aux autres mesures de police à
« observer par les conducteurs, notamment en ce qui concerne le
« stationnement sur les routes, et les règles à suivre pour éviter ou
« dépasser d'autres voitures. Art. 17, 5 et 2, § 2, n° 5, de la loi.

1764. Enfin, sont de la compétence du tribunal correctionnel :
« Pour les voitures de messageries,

« Les délits consistant dans la violation des conditions relatives :
« 1° à la solidité et à la stabilité des voitures de messageries ; 2° au
« mode de chargement, de conduite et d'enrayage de ces voitures ;
« 3° au nombre de personnes qu'elles peuvent porter ; 4° à la police
« des relais ; 5° aux autres mesures de police à observer par les
« conducteurs, cochers ou postillons des voitures de messageries,
« notamment pour éviter ou dépasser d'autres voitures. Art. 17, 6
« et 2, § 3, de la loi.

Le délit consistant « à avoir fait usage d'une plaque portant un
« nom ou un domicile faux, ou supposé, étant puni d'une amende
« de 50 à 200 fr. et d'un emprisonnement de six jours au moins et
« de six mois au plus » ; et la même peine étant applicable « à celui
« qui, conduisant une voiture dépourvue de plaque, aura déclaré
« un domicile autre que le sien ou que celui du propriétaire pour
« le compte duquel la voiture est conduite », ces délits sont, dès
lors, de la compétence du tribunal correctionnel. Art. 17 et 8 de
la loi.

Le tribunal correctionnel connaît encore du délit commis « par le
« voiturier ou conducteur qui, sommé de s'arrêter par l'un des
« fonctionnaires ou agents chargés de constater les contraventions,
« refuserait d'obtempérer à cette sommation et de se soumettre aux
« vérifications prescrites. Art. 17 et 10 de la loi ;

Enfin « des outrages ou des violences envers les fonctionnaires
« ou agents chargés de constater les délits et contraventions prévus
« par la loi, et qui rentrent dans les dispositions des articles 222 à
« 223 du Code pénal. » Art. 17 et 11 de la loi.

Nous nous occuperons principalement dans ce chapitre des contraventions dont la connaissance appartient au tribunal de police, de les définir et de les expliquer.

1765. En tête se présentent les contraventions relatives aux plaques.

Des règlements d'administration publique, dit l'art. 2 de la loi, § 1er, n° 4, déterminent, pour toutes les voitures, c'est-à-dire pour les voitures ne servant pas au transport des personnes et pour les voitures de messageries, les conditions à observer pour l'emplacement et les dimensions de la plaque prescrite par l'art. 3.

Cet article 3 porte :

« Toute voiture circulant sur les routes nationales, départementales et chemins vicinaux de grande communication, doit être munie d'une plaque conforme au modèle prescrit par le règlement d'administration publique, rendu en vertu du n. 4 du premier paragraphe de l'art. 2.

« Sont exceptées de cette disposition :

« 1° Les voitures particulières destinées au transport des personnes, mais étrangères à un service public de messageries ; 2° les malles-postes et autres voitures appartenant à l'administration des postes ; 3° les voitures d'artillerie, chariots et fourgons appartenant au département de la guerre et de la marine ; des décrets du président de la République déterminent les marques distinctives que doivent porter les voitures désignées aux paragraphes 2 et 3, et les titres dont leurs conducteurs doivent être munis ; 4° les voitures employées à la culture des terres, au transport des récoltes, à l'exploitation des fermes, qui se rendent de la ferme aux champs, ou des champs à la ferme, ou qui servent au transport des objets récoltes, du lieu où ils ont été recueillis jusqu'a celui où, pour les conserver ou les manipuler, le cultivateur les dépose ou les rassemble. »

Le règlement d'administration publique, fait en vertu de cette loi, contient les dispositions suivantes : « Art. 16 : Tout propriétaire de « voiture *ne servant pas au transport des personnes*, est tenu de « faire placer, en avant des roues et au côte gauche de sa voiture, « une plaque métallique portant en caractères apparents et lisibles, « ayant au moins cinq millimètres de hauteur, ses nom, prénoms « et profession, le nom de la commune, du canton et du département de son domicile. — Sont exceptees de cette disposition, « conformément à la loi du 30 mai 1851 : 1° les voitures particuliè-

« res » (suivent mot pour mot les exceptions de l'article 3 de la loi, rapportées ci-dessus).

1766. Ici se présente une première difficulté : la loi du 30 mai 1851 veut que *toutes voitures de roulage ou de messageries, indistinctement,* soient munies d'une plaque : des règlements d'administration publique doivent, d'après l'art. 1er, déterminer pour *toutes les voitures* les conditions à observer pour l'emplacement et les dimensions de la plaque. D'après l'art. 3, *toute voiture circulant* sur les routes nationales, départementales et chemins vicinaux de grande communication, doit être munie d'une plaque ; et cet article 3 entend si bien comprendre dans l'obligation de la plaque les voitures des messageries, que la première des exceptions qu'il pose concerne les voitures particulières destinées au transport des personnes, mais *étrangères à un service public de messageries.*

Cependant, d'un autre côté, l'art. 16 du règlement d'administration publique ne soumet à la plaque que les propriétaires des voitures *ne servant pas au transport des personnes.*

Il est vrai que cet article 16 mentionne et décrit une espèce de plaque toute particulière ; mais, si une autre plaque était exigée par le règlement pour les voitures de messageries, il en serait fait mention au titre III, comprenant les dispositions applicables aux voitures de messageries. Or, nous ne trouvons dans cet article 3 aucune trace de plaque, aucune disposition y relative, à moins que l'on ne prenne pour telle l'article 29 ainsi conçu : « Chaque voiture « (de messageries porte à l'extérieur, dans un endroit apparent, in- « dépendamment de l'estampille délivrée par l'administration des « contributions indirectes, *le nom et le domicile de l'entrepreneur,* « *et l'indication du nombre des places de chaque compartiment.* »

Le règlement d'administration publique est, comme on le voit, quelque peu en désaccord avec la loi ; ce qui ne laisse pas que d'être embarrassant, car la loi renvoie, pour la forme et le modèle de la plaque, au règlement d'administration publique.

1767. Quoi qu'il en soit, si un procès-verbal était dressé, constatant qu'une voiture de messageries circule sans plaque ; et si, par suite, la contravention était portée devant le tribunal de police, le tribunal ne pourrait se dispenser de prononcer une condamnation, sauf, toutefois, que l'on pût voir dans l'exécution de l'article 29, c'est-à-dire dans l'inscription du nom et du domicile de l'entrepreneur et de l'indication du nombre des places de chaque compartiment, une satisfaction suffisante donnée à l'obligation de la plaque.

1768. La comparaison des articles 3 et 7 de la loi du 30 mai 1851 semble exclure de l'application de l'amende les voitures qui circulent sans plaques sur les routes autres que les routes nationales, départementales, et les chemins vicinaux de grande communication. En effet, la plaque n'est exigée par l'article 3, que pour la circulation sur ces trois espèces de routes ; il est vrai que l'art. 7 dit : « Tout propriétaire d'une voiture circulant sur des voies publiques » ; mais il ajoute : « *sans qu'elles soient munies de la plaque prescrite* « *par l'article* 3. » Or, la plaque prescrite par l'article 3 ne concerne que les routes nationales, départementales, et les chemins vicinaux de grande communication.

1769. D'autres difficultés peuvent naître de l'exemption de plaques accordée aux voitures employées à l'agriculture. Le quatrième numéro des exceptions contenues dans l'article 3 de la loi est, il est vrai, bien explicite ; il exempte de la plaque : « les voitures em- « ployées à la culture des terres, au transport des récoltes, à l'ex- « ploitation des fermes, qui se rendent de la ferme aux champs, « ou des champs à la ferme, ou qui servent au transport des objets « récoltés du lieu où ils ont été recueillis jusqu'à celui où, pour les « conserver ou les manipuler, le cultivateur les dépose ou les ras- « semble. » Cependant, à l'Assemblée législative, des explications furent données et demandées, qui ont encore éclairci la disposition.

« Nous proposons, disait M. Ducos dans son rapport, de réduire le maximum de l'amende pour défaut de plaque à 15 fr. au lieu de 20, afin de laisser le jugement de la contravention dans les attributions du tribunal de simple police. Il ne faut pas perdre de vue que les contraventions relatives à la plaque sont le plus souvent involontaires, et commises par les cultivateurs ou par le roulage local, plutôt que par le roulage ordinaire. Il convient de faciliter au contrevenant le moyen de présenter de vive voix, au chef-lieu du canton, ses motifs de défense, que rarement il pourrait formuler par écrit, ou porter au chef-lieu de département. Il sera ainsi possible de faire valoir les circonstances atténuantes qui ne pourraient être appréciées par le Conseil de préfecture. » (Extrait du rapport de M. Ducos à l'Assemblée législative.)

« Messieurs, disait M. de Beaumont (de la Somme), j'ai réclamé la parole pour demander une explication à la Commission. Aujourd'hui, quand un voiturier est rencontré ayant une plaque portant l'adresse du propriétaire, mais que le domestique conduit la voiture pour le compte d'un autre, les Conseils de préfecture considèrent cette plaque comme fausse. Je demande à la Commission si elle entend perpétuer cette chose qui est mauvaise ; car il serait impossible

d'emprunter à son voisin une voiture ayant une plaque régulière.
Ici l'administration a une garantie certaine, puisqu'elle peut retrou-
ver le propriétaire de la voiture. Dans tous les cas, elle rencontre
une double responsabilité dans le cas d'infraction. Je demande donc
si la voiture prêtée, et même louée à un voisin, sera déclarée comme
ayant une plaque fausse, parce qu'elle ne sera pas employée par le
véritable propriétaire. »

M. Darblay, de la Commission : « La Commission , comme le
gouvernement, n'a fait que répéter dans la nouvelle loi ce qui est
inscrit dans toutes les précédentes ; et jamais on n'a considéré comme
une fausse déclaration l'emprunt d'une voiture qui ne porte pas,
conséquemment, le nom de celui qui la conduit. Lorsqu'on dit : Je
me nomme un tel et je conduis la voiture d'un tel, jamais on n'a
considéré que c'est une déclaration fausse. Ce qu'on entend par une
déclaration fausse, c'est de faire passer une voiture pour appartenir
à qui elle n'appartient pas : alors, s'il y a accident, on va s'adresser
à un nom faux ou supposé, et la justice ne peut plus savoir à qui
s'en prendre. Je le répète, on n'a jamais considéré comme fausse
la déclaration que la voiture n'appartient pas à celui qui la conduit,
et que, par telle ou telle circonstance, on la conduit, soit comme
emprunteur, soit comme domestique, soit comme agent. »

M. de Beaumont (de la Somme) : « Il y a eu, à ma connaissance,
plusieurs condamnations pour ce fait ; mais, sous le bénéfice de la
déclaration du rapporteur, je n'insiste pas. Il est donc bien entendu
que toute voiture ayant une plaque régulière ne sera pas sujette à
contravention. »

M. Darblay. « Il n'y a pas de doute. »

M. le rapporteur : « Elle ne sera pas passible de la pénalité encourue pour faux. »

M. le président : « Si M. de Beaumont trouve que la rédaction
n'est pas suffisante, il pourra présenter un amendement à la troisième délibération. »

M. de Bussières : « Il est à désirer qu'on trouve une autre rédaction, puisque, suivant l'affirmation de M. de Beaumont, il y a eu
des condamnations prononcées pour le fait qu'il vient de signaler. »

M. le président : « L'explication qui vient d'être donnée par la
Commission suffira pour empêcher une fausse interprétation de la
loi. — Je mets aux voix l'article 8 (1), dont j'ai déjà donné lecture. »

_____

(1) L'article 8 détermine les peines pour fausses déclarations relativement

L'article 8 est adopté. (V. *Moniteur* du 1er mai 1851, p. 1223, sur l'article 8 de la loi.)

1770. Le § 2 de l'article 2 de la loi porte que les règlements d'administration publique détermineront la largeur du chargement des voitures ne servant pas au transport des personnes ; puis, il ajoute aussi une exception en faveur des voitures de l'agriculture, en ces termes : « Sont affranchies de toute réglementation de largeur « de chargement les voitures de l'agriculture servant au transport « des récoltes de la ferme aux champs et des champs à la ferme « ou au marché. » C'est le Conseil de préfecture, et non le juge de paix, qui est appelé à connaître des contraventions à la largeur du chargement ; cependant, comme l'exemption relative au chargement, en faveur de l'agriculture, a beaucoup de rapport à l'exemption relative à la plaque, il n'est pas indifférent de connaître comment elle a été interprétée par l'Assemblée.

« Pour la satisfaction de nos intérêts agricoles, qui pourraient, dans certains cas, souffrir de l'application de notre amendement, nous vous proposons, disait le rapporteur de la Commission à l'Assemblée législative, d'affranchir de toute réglementation de largeur de chargement les voitures de l'agriculture, servant spécialement aux transports des récoltes de la ferme aux champs et des champs à la ferme ou au marché ; sauf, bien entendu, en se conformant aux règlements de police locale. — Lorsque l'agriculture emprunte les routes nationales et départementales, où l'on rencontre une circulation fort active, non pas dans le but de transporter ses produits, mais pour se livrer aux opérations du roulage, elle doit se soumettre à la règle commune, sans laquelle il ne saurait y avoir de police et de sécurité. » (Extrait du rapport de M. Ducos à l'Assemblée législative.)

« Messieurs, avait dit M. Goyet-Dubignon, lors de la seconde délibération, je viens recommander à la Commission un intérêt qu'elle a certainement voulu garantir, mais qui ne me paraît pas suffisamment protégé par le texte dont elle s'est servie : je veux parler de l'intérêt des colons partiaires. Vous avez accordé l'affranchissement de toute réglementation de largeur de chargement au fermier qui

---

a la plaque. Il résulte de la discussion ci-dessus que le fait par le conducteur de la voiture de déclarer un nom autre que celui de son maître, si la voiture a été empruntée par le maître, et si la plaque porte le nom du véritable propriétaire, n'est pas un délit. Ce fait serait-il donc joint à une contravention de la compétence du juge de paix, qu'il n'enlèverait pas au juge de paix la connaissance de la contravention.

transporte sa récolte au marché. Vous savez que le colon partiaire est forcé de transporter une partie de la sienne chez le propriétaire du sol. Je demande la même faveur pour le colon partiaire. »

M. le rapporteur : « Cela ne peut pas faire question. La Commission a adopté une rédaction générale dans laquelle les colons partiaires sont compris. »

M. Goyet-Dubignon : « Si la rédaction nouvelle, non imprimée, de la Commission donne satisfaction à ma demande, je n'ai plus rien à dire ; mais l'ancien texte ne la donnait pas. » Au surplus, l'explication de M. le rapporteur suffira pour fixer la jurisprudence. (*Mon.* des 30 et 31 mai; p. 1536.)

La voiture employée à épierrer un champ qui est en pleine culture depuis longues années, et à transporter le produit de cet épierrage sur une portion de route délaissée, paraît devoir être considérée comme employée à la culture des terres, si c'est une voiture dépendante de l'exploitation dont fait partie le champ, et si elle etait conduite par le fermier lui-même, par le propriétaire ou par les gens attachés à la ferme.

1771. Outre les contraventions relatives à la plaque, sont encore, comme nous l'avons vu, de la compétence du tribunal de police, celles concernant les voitures ne servant pas au transport des personnes, relativement au nombre de voitures qui peuvent être reunies en un même convoi, a l'intervalle qui doit rester libre d'un convoi à un autre, au nombre de conducteurs exigé pour la conduite de chaque convoi, et aux autres mesures de police à observer par les conducteurs, notamment en ce qui concerne le stationnement sur les routes et les règles à suivre pour éviter ou dépasser d'autres voitures. Loi, art. 2, § 2.

Nous rapprocherons de ces dispositions les articles du règlement d'administration publique qui s'y rapportent :

« Tout roulier ou conducteur de voiture doit se ranger à sa droite,
« à l'approche de toute autre voiture, de manière à lui laisser libre
« au moins la moitié de la chaussée. Règl., art. 9.

« Il est interdit de laisser stationner sans nécessité sur la voie pu-
« blique aucune voiture, attelée ou non attelée. Règl., art. 10.

« Lorsque plusieurs voitures marchent à la suite les unes des
« autres, elles doivent être distribuées en convois de quatre voi-
« tures au plus, si elles sont à quatre roues, et attelées d'un seul
« cheval ; de trois voitures au plus, si elles sont à deux roues et atte-
« lées d'un seul cheval ; et de deux voitures au plus, si l'une d'elles

« est attelée de plus d'un cheval, — L'intervalle d'un convoi à l'au-
« tre ne peut être moindre de cinquante mètres. Régl., art. 13.

« Tout voiturier ou conducteur doit se tenir constamment à por-
« tée de ses chevaux ou bêtes de trait, et en position de les guider.
« — Il est interdit de faire conduire par un seul conducteur plus de
« quatre voitures à un cheval si elles sont à quatre roues, et de plus
« de trois voitures à un cheval si elles sont à deux roues. — Chaque
« voiture attelée de plus d'un cheval doit avoir un conducteur. Tou-
« tefois, une voiture dont le cheval est attaché derrière une voiture
« attelée de quatre chevaux au plus, n'a pas besoin d'un conduc-
« teur particulier. — Les règlements de police municipale détermi-
« neront, en ce qui concerne la traverse des villes, bourgs et villages,
« les restrictions qui peuvent être apportées aux dispositions du pré-
« sent article et de celui qui précède. Régl., art. 14.

« Aucune voiture marchant isolément ou en tête d'un convoi ne
« pourra circuler pendant la nuit sans être pourvue d'un falot ou
« d'une lanterne allumée. — Cette disposition pourra être appli-
« quée aux voitures d'agriculture, par des arrêtés des préfets ou des
« maires. » Régl., art. 15.

1772 L'article 15 de la loi porte : que lorsqu'une même contravention ou un même délit aura été constaté à plusieurs reprises,
il ne sera prononcé qu'une seule condamnation, pourvu qu'il ne se
soit pas écoulé plus de vingt-quatre heures entre la première et la
dernière constatation.— Le délai, dans le projet du gouvernement,
était de douze heures seulement. « Ce délai de douze heures, disait
M. Ducos, dans son rapport, n'a pas paru tout à fait suffisant à la
Commission ; il peut arriver souvent qu'un roulier soit, de très-
bonne foi, dans l'impossibilité matérielle de faire cesser les causes
d'une première contravention, s'il ne peut disposer que de douze heures. Nous croyons juste d'accorder vingt-quatre heures. » (Extrait du
rapport de M. Ducos à l'Assemblée législative.)

1773. Nous terminerons par quelques considérations sur l'ensemble de la loi, tirées de la discussion même et qui en feront connaître l'esprit.

M. Huguenin, représentant, avait proposé cet amendement: « Toute
contravention aux règlements rendus en exécution des deux premiers paragraphes de l'article 2 sera punie d'une amende de 2 à 6 fr.
En cas de récidive, l'amende pourra être élevée jusqu'à 12 fr. » « Les
pénalités, avait-il dit, telles qu'elles sont établies par ces dispositions, m'ont paru trop sévères; ma seule pensée a été d'apporter une
modification à la sévérité des peines qui atteignent de simples con-

traventions de police. Si l'on considère un seul instant les faits que la Commission veut frapper d'une peine de 5 fr. à 30 fr., il est impossible de ne pas remarquer un excès de sévérité hors de proportion avec la faute.

« Je pourrais vous rappeler que, d'après le Code pénal, toutes ou à peu près toutes les conventions dont il s'agit dans les deux premiers paragraphes de l'article 2 du projet sont punies de peines de simple police, qui, dans un cas, s'élèvent de 1 à 5 fr.; dans un autre, de 6 à 10 fr. La sévérité de la peine ne consiste pas seulement dans le chiffre de l'amende ; je le vois surtout dans cette circonstance que la contravention se trouve élevée au rang des délits, ce qui double pour ainsi dire la pénalité ; car voici ce qui va se passer : Si ces contraventions ne rentrent plus dans la compétence des tribunaux de police, les contrevenants vont être traduits devant les tribunaux correctionnels. Et ici, comme les procès-verbaux ne font foi que jusqu'à preuve contraire, il arrivera très-souvent qu'un malheureux, pour une contravention excessivement minime, lorsqu'il aura des moyens de défense à opposer, sera dans la dure nécessité de faire des frais considérables, frais qui seront supérieurs de beaucoup à ceux de l'amende qu'il aurait encourue, ou bien de se laisser condamner sans défense, ce qui sera le plus économique. — Je crois donc qu'il ne faut pas être plus sévère que le Code pénal, et que du moment où, par l'article 1 de votre loi, vous êtes entré hardiment dans un système de liberté, il ne faut pas que, par des pénalités exagérées, on donne la liberté d'une main pour la reprendre de l'autre. Je crois que la liberté doit ici marcher de front avec la sécurité publique. — Je persiste dans mon amendement, qui frappe d'une peine modérée des contraventions légères et sans gravité, qui n'intéressent qu'à un degré imperceptible la sécurité publique et particulière. »

M. Magne, ministre des travaux publics. « Messieurs, la Comsion et le gouvernement vous proposent une loi de liberté et non pas une loi d'impunité. L'honorable M. Huguenin a tort, je crois, de comparer les pénalités que nous proposons avec les dispositions du Code pénal, et de prétendre que le Code pénal est infiniment moins rigoureux pour des délits analogues. Si l'honorable M. Huguenin avait bien voulu prendre une connaissance attentive des dispositions du Code pénal, relativement aux délits auxquels il a fait allusion, il se serait aperçu que le Code pénal est tellement rigoureux, que l'Assemblée, sans contredit, n'aurait pas consenti à le suivre dans la matière que nous traitons ; car le Code pénal, à côté de l'amende, **prononce l'emprisonnement.** Les dispositions du Code pénal sont donc infiniment plus rigoureuses que les pénalités purement pécuniaires que nous proposons d'adopter. —La comparaison à faire doit s'établir entre les dispositions nouvelles et celles des lois spéciales qui réglaient la même matière : or, d'après la législation actuelle, la plupart des contraventions dont il s'agit étaient punies d'amendes fixes, invariables, pour lesquelles il n'existait ni minimum ni maximum ; de sorte que le Conseil de préfecture était dans l'impossibilité de tenir compte des circonstances atténuantes.

« Ainsi, pour les contraventions relatives à la forme des moyeux, à la longueur des essieux, l'amende invariable était de 25 fr. ; ce que nous nous proposons aujourd'hui, c'est d'établir un minimum et un maximum, de manière à permettre aux Conseils de préfecture d'appliquer le minimum dans les cas où les circonstances atténuantes pourront être invoquées; ainsi, nous proposons de fixer, pour les contraventions relativement à la longueur des essieux et la forme des moyeux, l'amende de 5 fr. à 30 fr. ; pour le défaut de plaque, l'amende de 6 à 15 fr., de manière que les Conseils de préfecture (et les tribunaux de police) puissent se mouvoir entre ces deux extrémités. — Pour ce qui concerne l'excès de longueur des essieux, si l'Assemblée veut bien prendre garde aux dangers et aux accidents, à la gravité des malheurs qui peuvent arriver par suite des contraventions de cette nature, elle comprendra facilement qu'il est nécessaire de donner cette arme à l'administration. Le gouvernement pense donc qu'il est indispensable de maintenir la disposition nouvelle, à la fois sévère dans de justes limites, et indulgente quand il le faut.»

L'amendement de M. Huguenin, mis aux voix, n'est pas adopté.

1774 Le fait d'avoir traversé au trot un bourg avec une voiture de messageries ne constitue une contravention que si des règlements municipaux obligent à marcher au pas dans la traversée du bourg; cela résulte de la loi sur la police du roulage, du 30 mai 1851, et du règlement d'administration publique qui l'a suivie.

Les mêmes loi et règlement déterminent ce qui est obligé quant à l'éclairage des voitures.

Le législateur donne des règles différentes pour les voitures de roulage proprement dit, et pour les voitures de messageries.

1775. Quant à l'éclairage des voitures du roulage proprement dit, c'est-à-dire à celles qui ne servent pas au transport des personnes, l'article 15 du règlement d'administration publique du 10 août 1852, fait en vertu de la loi, porte : « qu'aucune voiture « marchant isolément, ou en tête d'un convoi, ne pourra circuler

« pendant la nuit sans être pourvue d'un falot ou d'une lanterne
« allumée ; et que cette disposition pourra être appliquée aux voi-
« tures d'agriculture par des arrêtés des préfets ou des maires. »

1776. Quant à l'éclairage des voitures servant au transport des
personnes, d'après l'article 28 du règlement : « Pendant la nuit, les
« voitures publiques doivent être éclairées par une lanterne à ré-
« flecteur, placée à droite, et à l'avant de la voiture. »

S'il s'agit d'appliquer les dispositions relatives à l'éclairage des
voitures ne servant pas au transport des personnes, c'est le juge de
paix qui est compétent. Voir l'article sur l'interprétation de la loi
de la police du roulage, *Annales*, 1853, numéro de janvier, pag. 6
et 11.

Mais, s'il s'agit d'appliquer la disposition relative à l'éclairage
des voitures servant au transport des personnes, c'est devant le tribunal de police correctionnelle que l'action doit être portée. Voir
l'article précité, mêmes pages 6 et 11.

Le même règlement du 10 août 1852 dit, article 14, relative-
vent aux voitures de roulage, que « des règlements de police mu-
« nicipale détermineront, en ce qui concerne la traversée des villes,
« bourgs et villages, les restrictions qui peuvent être apportées aux
« dispositions du présent article et de celui qui précède (convois
« de plusieurs voitures). »

Quant aux voitures de messagerie, l'article 34 du règlement enjoint « aux postillons et cochers d'observer dans les traversées des
« villes et des villages les règlements de police concernant la circu-
« lation dans les rues. »

Les contraventions contre les arrêtés de police municipale, en ce
qui concerne la traversée, par les villes et bourgs, des voitures de
roulage proprement dit, sont de la compétence des tribunaux de
police, cela n'est pas douteux (voir notre premier article précité).
Mais en sera-t-il de même des contraventions aux arrêtés municipaux concernant les voitures de messageries?

1777. C'est le juge de paix qui est compétent pour prononcer
sur les contraventions aux règlements rendus par l'autorité municipale , ces contraventions n'entraînant que des peines de police,
c'est-à-dire l'amende de 1 à 15 francs, et l'emprisonnement de un
jour à cinq jours.

Cependant la loi sur la police du roulage porte, article 6, que
toute contravention aux règlements rendus en vertu du 3e paragraphe de l'article 2, est punie d'une amende de 16 à 200 francs, et d'un
emprisonnement de six à dix jours. Or, c'est précisément sous ce

3e paragraphe de l'article 2 que sont compris les règlements sur les mesures de police à observer par les conducteurs, cochers ou postillons. Il s'ensuivrait que l'amende, étant supérieure à 15 francs, et l'emprisonnement, étant de six à dix jours, ne pourraient être appliqués que par le tribunal de police correctionnelle.

Ainsi, d'un côté, les articles 17, 6 et 2, § 3, combinés, de la loi du 30 mai 1851, et l'article 14 du règlement du 10 août 1852, semblent punir de peines correctionnelles les contraventions aux arrêtés de police municipale qui règlent le passage dans les villes et bourgs ; et, d'un autre côté, les peines appliquées à la violation des règlements municipaux sont celles portées par les articles 471 et suivants du Code pénal, c'est-à-dire des peines de simple police.

Il y a là une véritable difficulté.

1778. Une considération d'un très-grand poids, en faveur de l'application des peines correctionnelles, c'est que la loi et le règlement qui en a été la suite établissent une distinction bien tranchée entre les contraventions commises par les conducteurs ou entrepreneurs de *voitures de roulage*, et celles commises par les conducteurs ou entrepreneurs de *voitures de messageries* ; et qu'ils soumettent les premières à des peines de police, et les secondes, à des peines correctionnelles.

D'où, malgré ce qu'il y a d'anormal à appliquer aux contraventions aux règlements de la police municipale une peine supérieure à celle infligée par le Code pénal, on pourrait conclure que la loi sur la police du roulage l'exige.

Quant à la compétence, puisqu'elle dépend uniquement de la peine ou de l'élévation de la peine, le juge de paix ne sera pas compétent s'il y a lieu à l'application d'une peine correctionnelle.

CHAPITRE IV. — Du contrat d'apprentissage.

§ 1. — De la nature et de la forme du contrat.

1779. Le contrat d'apprentissage est celui par lequel un fabricant, un chef d'atelier ou un ouvrier s'oblige à enseigner la pratique de sa profession à une autre personne qui s'oblige, en retour, à travailler pour lui, le tout à des conditions et pendant un temps convenus. Loi du 22 février 1851, art. 1er.

1780. Le contrat d'apprentissage est fait par acte public ou par acte sous seing privé. *Ibid.*, art. 2.

Il peut aussi être fait verbalement ; mais la preuve testimoniale n'en est reçue que conformément au titre du Code Nap., *Des contrats ou des obligations conventionnelles en général.*

1781. Les notaires, les secrétaires des Conseils de prud'hommes et les greffiers de justices de paix peuvent recevoir l'acte d'apprentissage (1). Loi du 22 févr. 1851.

Cet acte est soumis, pour l'enregistrement, au droit fixe de 1 fr., lors même qu'il contiendrait des obligations de sommes ou valeurs mobilières, ou des quittances.

Les honoraires dus aux officiers publics sont fixés à 2 fr. (2). *Ibid.*

1782. L'acte d'apprentissage doit contenir : 1° les nom, prénoms, âge et domicile du maître ; — 2° les nom, prénoms, âge et domicile de l'apprenti ; — 3° les nom, prénoms, profession et domicile de ses père et mère, de son tuteur, ou de la personne autorisée par les parents, et, à leur defaut, par le juge de paix ; — 4° la date et la durée du contrat ; — 5° les conditions de logement, de nourriture, de prix et toutes autres arrêtées entre les parties. — Il doit être signé par le maître et par les représentants de l'apprenti. *Ibid.*, art. 3.

§ 2. — Des conditions du contrat.

1783. Nul ne peut recevoir des apprentis mineurs, s'il n'est âgé de vingt-un ans au moins. L. 22 fév. 1851, art. 4.

1784. Aucun maître, s'il est célibataire ou en état de veuvage, ne peut loger, comme apprenties, des jeunes filles mineures. *Ibid.*, art. 5.

1785. Sont incapables de recevoir des apprentis : 1° les individus qui ont subi une condamnation pour crime ; — 2° ceux qui ont été condamnés pour attentat aux mœurs ; — 3° ceux qui ont été condamnés à plus de trois mois d'emprisonnement pour les délits prévus par les art. 388, 404, 405, 406, 407, 408, 423 du Code pén. *Ibid.*, art. 6.

1786. L'incapacité résultant de l'art. 6 peut être levée par le préfet, sur l'avis du maire, quand le condamné, après l'expiration de sa peine, aura résidé pendant trois ans dans la même commune. — A Paris, les incapacités sont levées par le préfet de police.

---

(1) Les notaires, dans ce cas particulier, comme dans tous les autres actes ressortissant de leurs attributions, ne peuvent instrumenter qu'avec le concours d'un second notaire ou de témoins. Mais les greffiers des justices de paix procéderont sans assesseurs. (Voir nos explications insérées dans nos ANNALES, vol. de 1851, p. 141.)

(2) Seulement pour la rédaction de l'acte, et sans préjudice des droits d'expédition.

§ 3. — Devoirs des maîtres et des apprentis.

1787. Le maître doit se conduire envers l'apprenti en bon père de famille, surveiller sa conduite et ses mœurs, soit dans la maison, soit au dehors, et avertir ses parents ou leurs représentants des fautes graves qu'il pourrait commettre, ou des penchants vicieux qu'il pourrait manifester.—Il doit aussi les prévenir, sans retard, en cas de maladie, d'absence, ou de tout autre fait de nature à motiver leur intervention. — Il ne doit employer l'apprenti, sauf conventions contraires, qu'aux travaux et services qui se rattachent à l'exercice de sa profession. Il ne doit jamais l'employer à ceux qui seraient insalubres ou au-dessus de ses forces. Loi du 22 fév. 1851, art. 8.

1788. La durée du travail effectif des apprentis âgés de moins de quatorze ans ne peut dépasser dix heures par jour.—Pour les apprentis âgés de quatorze à seize ans, elle ne peut dépasser douze heures.—Aucun travail de nuit ne peut être imposé aux apprentis âgés de moins de seize ans.—Est considéré comme travail de nuit tout travail fait entre neuf heures du soir et cinq heures du matin. —Les dimanches et jours de fêtes reconnues ou légales, les apprentis, dans aucun cas, ne peuvent être tenus, vis-à-vis de leur maître, à aucun travail de leur profession. — Dans le cas où l'apprenti serait obligé, par suite des conventions ou conformément à l'usage, de ranger l'atelier aux jours ci-dessus marqués, ce travail ne pourra se prolonger au delà de dix heures du matin. *Ibid.*, art. 9.

1789. Si l'apprenti, âgé de moins de seize ans, ne sait pas lire, écrire et compter, ou s'il n'a pas encore terminé sa première éducation religieuse, le maître est tenu de lui laisser prendre, sur la journée du travail, le temps et la liberté nécessaires pour son instruction.—Néanmoins, ce temps ne doit pas excéder deux heures par jour. *Ibid.*, art. 112.

1790. L'apprenti doit à son maître fidélité, obéissance et respect ; il doit l'aider, par son travail, dans la mesure de son aptitude et de ses forces.—Il est tenu de remplacer, à la fin de l'apprentissage, le temps qu'il n'a pu employer par suite de maladie ou d'absence ayant duré plus de quinze jours. *Ibid.*, art. 11.

1791. Le maître doit enseigner à l'apprenti, progressivement et complétement, l'art, le métier ou la profession spéciale qui fait l'objet du contrat.—Il délivrera, à la fin de l'apprentissage, un congé d'acquit, ou certificat constatant l'exécution du contrat. *Ibid.*, art. 12.

1792. Tout fabricant, chef d'atelier ou ouvrier, convaincu d'avoir détourné un apprenti de chez son maître, pour l'employer en qualité d'apprenti ou d'ouvrier, pourra être passible de tout ou partie de l'indemnité à prononcer au profit du maître abandonné. Loi du 22 février 1851, art. 13.

§ 4. — De la résolution du contrat.

1793. Les deux premiers mois de l'apprentissage sont considérés comme un temps d'essai, pendant lequel le contrat peut être annulé par la seule volonté de l'une des parties. Dans ce cas, aucune indemnité ne sera allouée à l'une ou à l'autre partie, à moins de conventions expresses. Loi du 22 février 1851, art. 14.

1794. Le contrat d'apprentissage sera résolu de plein droit : 1° par la mort du maître ou de l'apprenti ; — 2° si l'apprenti ou le maître est appelé au service militaire ; — 3° si le maître ou l'apprenti vient à être frappé d'une des condamnations prévues en l'article 6 de la présente loi ; — 4° pour les filles mineures, dans le cas de décès de l'épouse du maître, ou de toute autre femme de la famille qui dirigeait la maison à l'époque du contrat. *Ibid.*, art. 15.

1795. Le contrat peut être résolu sur la demande des parties ou de l'une d'elles : — 1° dans le cas où l'une des parties manquerait aux stipulations du contrat ; — 2° pour cause d'infraction grave ou habituelle aux prescriptions de la présente loi ; — 3° dans le cas d'inconduite habituelle de la part de l'apprenti ; — 4° si le maître transporte sa résidence dans une autre commune que celle qu'il habitait lors de la convention. — Néanmoins, la demande en résolution de contrat fondée sur ce motif ne sera recevable que pendant trois mois, à compter du jour où le maître aura changé de résidence ; — 5° si le maître ou l'apprenti encourait une condamnation emportant un emprisonnement de plus d'un mois ; — 6° dans le cas où l'apprenti viendrait à contracter mariage. *Ibid.*, art. 16.

1796. Si le temps convenu pour la durée de l'apprentissage dépasse le maximum de la durée consacrée par les usages locaux, ce temps peut être réduit ou le contrat résolu. *Ibid.*, art. 17.

§ 5. — De la compétence.

1797. Toute demande à fin d'exécution ou de résolution de contrat sera jugée par le Conseil des prud'hommes dont le maître est justiciable, et, à défaut, par le juge de paix du canton. *Ibid.*, art. 18.

1798. Les réclamations qui pourraient être dirigées contre les tiers, en vertu de l'article 13 de la présente loi, seront portées devant le Conseil des prud'hommes, ou devant le juge de paix du lieu de leur domicile. Loi du 22 février 1851, art. 18.

1799. Dans les divers cas de résolution prévus en la section IV du titre Ier, les indemnités ou les restitutions qui pourraient être dues à l'une ou à l'autre des parties seront, à défaut de stipulations expresses, réglées par le Conseil des prud'hommes, ou par le juge de paix dans les cantons qui ne ressortissent point à la juridiction d'un Conseil de prud'hommes. *Ibid.*, art. 19.

1800. Toute contravention aux articles 4, 5, 6, 9 et 10 de la présente loi, sera poursuivie devant le tribunal de police, et punie d'une amende de 5 à 15 francs. Pour les contraventions aux articles, 4, 5, 9 et 10, le tribunal de police pourra, dans le cas de récidive, prononcer, outre l'amende, un emprisonnement d'un à cinq jours.

En cas de récidive, la contravention à l'article 6 sera poursuivie devant les tribunaux correctionnels, et punie d'un emprisonnement de quinze jours à trois mois, sans préjudice d'une amende qui pourra s'élever de 50 à 300 fr. *Ibid.*, art. 20.

1801. Les dispositions de l'article 463 du Code pénal sont applicables aux faits prévus par la présente loi. — Sont abrogés les iartces 9, 10 et 11 de la loi du 22 germinal an XI. *Ibid.*, art. 21 et 22.

CHAPITRE V. — De l'assistance judiciaire.

§ 1. — De l'assistance judiciaire en matière civile, et des formes dans lesquelles l'assistance judiciaire est accordée.

1802. L'admission à l'assistance judiciaire devant les tribunaux civils, les tribunaux de commerce et les juges de paix, est prononcée par un bureau spécial établi au chef-lieu judiciaire de chaque arrondissement. Loi du 22 janvier 1851, art. 2.

1803. La justice doit être accessible à tous. Le but de l'assistance judiciaire est de rendre possible une réclamation à laquelle le défaut de moyens pécuniaires de l'homme qui a le droit de la former mettrait un obstacle insurmontable. Or, les frais de justice varient selon le genre et les circonstances des procès : une affaire ordinaire, par exemple, coûte beaucoup plus qu'une affaire sommaire. Ainsi, tel individu qui peut faire face aux dépenses qu'entraîne une cause de cette dernière espèce, est hors d'état de subvenir à ceux auxquels donne lieu une cause de la première ; on doit donc le considérer comme indigent relativement à celle-ci, tandis qu'il ne l'est pas relativement à celle-là. L'indigence judiciaire n'est autre chose que l'impossibilité de faire valoir son droit devant les tribunaux, et par conséquent elle est relative. — Il résulte de là que la loi ne peut poser une règle inflexible, comme l'a fait l'article 20 du Code d'instruction criminelle, qui, en matière de consignation d'amende de cassation, ne considère comme indigents que ceux qui payent *moins* de 6 fr. de contribution. Il y a une infinité de contribuables portés au rôle pour 6 fr. et plus, qui ne pourraient pas payer les frais d'un procès. — Ainsi la question d'indigence doit être pour le bureau une question d'appréciation. C'est en comparant les moyens pécuniaires de la personne qui réclame l'assistance avec les frais présumés du litige qu'il devra résoudre cette question.

1804. Le bureau spécial d'assistance établi au chef-lieu judiciaire de chaque arrondissement est composé : — 1° du directeur de l'enregistrement et des domaines, ou d'un agent de cette administration, délégué par lui ; — 2° d'un délégué du préfet ; 3° — de trois membres pris parmi les anciens magistrats, les avocats ou anciens avocats, les avoués ou anciens avoués, les notaires ou anciens notaires. Ces trois membres sont nommés par le tribunal civil. Néanmoins, dans les arrondissements où il y a au moins quinze avocats inscrits au tableau, un des trois membres est nommé par le Conseil de discipline de l'ordre des avocats, et un autre par la Chambre des avoués près le tribunal civil ; le troisième est choisi par le tribunal. Loi du 22 janvier 1851, art. 2.

1805. Toute personne qui réclame l'assistance judiciaire adresse sa demande, sur papier libre, au procureur impérial du tribunal de son domicile. Ce magistrat en fait la remise au bureau établi près de ce tribunal. Si le tribunal n'est pas compétent pour statuer sur le litige, le bureau se borne à recueillir des renseignements, tant sur l'indigence que sur le fond de l'affaire. Il peut entendre les parties. Si elles ne sont pas accordées, il transmet, par l'intermédiaire du procureur impérial, la demande, le résultat de ses informations et les pièces, au bureau établi près de la juridiction compétente. *Ibid.*, art. 8.

1806. Si la juridiction devant laquelle l'assistance judiciaire a été admise se déclare incompétente, et que, par suite de cette décision, l'affaire soit portée devant une autre juridiction de même nature et de même ordre, le bénéfice de l'assistance subsiste devant cette dernière juridiction. *Ibid.*, art. 9.

1807. Celui qui a été admis à l'assistance judiciaire devant une première juridiction continue à en jouir sur l'appel interjeté contre lui, même dans le cas où il se rendrait incidemment appelant. Il continue également à en jouir sur le pourvoi en cassation formé contre lui. Loi du 22 janvier 1851, art. 9.

Lorsque c'est l'assisté qui émet un appel principal, ou qui forme un pourvoi en cassation, il ne peut, sur cet appel ou sur ce pourvoi, jouir de l'assistance qu'autant qu'il y est admis par une décision nouvelle. *Ibid.*

1808. S'il s'agit d'un appel à porter devant le tribunal civil, la demande est adressée au procureur impérial près ce tribunal ; s'il s'agit d'un appel à porter devant la Cour impériale, au procureur général près cette Cour ; s'il s'agit d'un pourvoi en cassation, au procureur général près la Cour de cassation. *Ibid.*

1809. Quiconque demande à être admis à l'assistance judiciaire doit fournir : 1° un extrait du rôle de ses contributions, ou un certificat du percepteur de son domicile, constatant qu'il n'est pas imposé ; 2° une déclaration attestant qu'il est, à raison de son indigence, dans l'impossibilité d'exercer ses droits en justice, et contenant l'énumération détaillée de ses moyens d'existence, quels qu'ils soient. *Ibid.*, art. 10.

1810. Le réclamant affirme la sincérité de sa déclaration devant le maire de la commune de son domicile ; le maire lui en donne acte au bas de la déclaration. *Ibid.*

§ 2. — Des effets de l'assistance judiciaire.

1811. Dans les trois jours de l'admission à l'assistance judiciaire, le président du bureau envoie, par l'intermédiaire du procureur impérial, au président de la Cour ou du tribunal, ou au juge de paix, un extrait de la décision (1), portant seulement que l'assistance est accordée ; il y joint les pièces de l'affaire. *Ibid.*, art. 13.

1812. Si la cause est portée devant une Cour ou un tribunal civil, le président invite le bâtonnier de l'ordre des avocats, le président de la Chambre des avoués, et le syndic des huissiers, à désigner l'avocat, l'avoué et l'huissier qui prêteront leur ministère à l'assisté. *Ibid.*

1815. S'il n'existe pas de bâtonnier, ou s'il n'y a pas de Cham-

---

(1) Lorsque l'affaire est portée devant un juge de paix ou un tribunal de commerce, la désignation d'un avocat n'est pas nécessaire. Il suffit, en général, que la partie se présente elle-même à l'audience.

bre de discipline des avoués, la désignation est faite par le président du tribunal. Loi du 22 janv. 1851, art. 13.

1814. Si la cause est portée devant un tribunal de commerce ou devant un juge de paix, le président du tribunal ou le juge de paix se borne à inviter le syndic des huissiers à désigner un huissier. *Ibid.*

1815. Dans le même délai de trois jours, le secrétaire du bureau envoie un extrait de la décision au receveur de l'enregistrement. *Ibid.*

1816. L'assisté est dispensé provisoirement du payement des sommes dues au Trésor pour droits de timbre, d'enregistrement et dé greffe, ainsi que de toute consignation d'amende. *Ibid.*, art. 14.

1817. Il est aussi dispensé provisoirement du payement des sommes dues aux greffiers, aux officiers ministériels et aux avocats, pour droits, émoluments et honoraires. *Ibid.*

1818. Les actes de la procédure faite à la requête de l'assisté sont visés pour timbre, et enregistrés en débet. *Ibid.*

1819. Le visa pour timbre est donné sur l'original au moment de son enregistrement. *Ibid.*

1820. Les actes et titres produits par l'assisté, pour justifier de ses droits et qualités, sont pareillement visés pour timbre, et enregistrés en débet. — Si ces actes et titres sont du nombre de ceux dont les lois ordonnent l'enregistrement dans un délai déterminé, les droits d'enregistrement deviennent exigibles immédiatement après le jugement définitif ; il en est de même des sommes dues pour contravention aux lois sur le timbre. — Si ces actes et titres ne sont pas du nombre de ceux dont les lois ordonnent l'enregistrement dans un délai déterminé, les droits d'enregistrement de ces actes et titres sont assimilés à ceux des actes de la procédure. *Ibid.*

1821. Les visa pour timbre et enregistrement en débet doivent mentionner la date de la décision qui admet au bénéfice de l'assistance ; ils n'ont d'effet, quant aux actes et titres produits par l'assisté, que pour le procès dans lequel la production a eu lieu. *Ibid.*

1822. Les frais de transport des juges, des officiers ministériels et des experts, les honoraires de ces derniers et les taxes des témoins dont l'audition a été autorisée par le tribunal ou le juge-commissaire, sont avancés par le Trésor, conformément à l'article 118 du décret du 18 juin 1811. Le § 5 du présent article s'applique au recouvrement de ces avances. *Ibid.*

1825. Le ministère public est entendu dans toutes les affaires dans lesquelles l'une des parties a été admise au bénéfice de l'assistance. Loi du 22 janv. 1851, art. 15.

1824. Les notaires, greffiers, et tous autres dépositaires publics ne sont tenus à la délivrance gratuite des actes et expéditions réclamés par l'assisté, que sur une ordonnance du juge de paix ou du président (1).

1825. En cas de condamnation aux dépens prononcée contre l'adversaire de l'assisté, la taxe comprend tous les droits, frais de toute nature, honoraires et émoluments auxquels l'assisté aurait été tenu, s'il n'y avait pas eu assistance judiciaire.

1826. Dans ce cas, la condamnation est prononcée, et l'exécutoire est délivré au nom de l'administration de l'enregistrement et des domaines, qui en poursuit le recouvrement comme en matière d'enregistrement. *Ibid.*, art. 18.

1827. Il est délivré un exécutoire séparé au nom de l'administra-

---

(1) La loi statue sur la délivrance gratuite des actes et expéditions réclamés pas l'*assisté*; mais, avant que l'assistance soit accordée, il peut être souvent nécessaire d'avoir sous les yeux des actes que l'indigent n'a pas en sa possession. Les lui refusera-t-on, sous le prétexte qu'il n'est pas encore admis à jouir du bénéfice de la loi? Ce serait mettre le bureau d'assistance dans l'impossibilité de se prononcer en connaissance de cause. D'un autre côté, l'on ne saurait obliger les officiers publics à délivrer gratuitement toutes copies d'actes ou de jugements qu'il plaira à un indigent de leur demander pour obtenir l'assistance judiciaire. Comment donc faudra-t-il procéder pour éviter qu'il y ait abus dans l'un ou l'autre sens?

L'indigent doit d'abord former sa demande d'assistance en y joignant les pièces exigées par l'article 10 de la loi. C'est le préliminaire indispensable. Le bureau, saisi de cette demande, examinera alors si tel ou tel acte est réellement nécessaire pour apprécier les droits de la partie qui s'est adressée à lui, et en le faisant il n'oubliera pas, on doit le croire, combien il importe de restreindre dans de justes limites les obligations imposées aux officiers publics en faveur des indigents. Quand la nécessité absolue de la production sera démontrée, nous ne doutons pas qu'il ne suffise presque toujours d'en instruire le parquet pour obtenir, par son entremise officieuse, les actes dont on aura besoin.

Il peut cependant arriver qu'un procureur impérial ne juge pas à propos d'intervenir en pareil cas; et il devrait, en effet, s'abstenir, s'il lui paraissait évidemment inutile ou abusif de réclamer les actes indiqués. Il peut se faire aussi qu'un notaire ou un greffier ne veuille pas renoncer à ses émoluments, et se retranche dans les termes de l'article 16 précité.

Il y aurait lieu alors, de la part du bureau d'assistance, de constater, par une décision spéciale, la nécessité de la production, à titre de mesure préalable. Cette décision serait remise par la partie intéressée, ou envoyée par le ministère public au président ou au juge compétent pour ordonner la délivrance gratuite. Ce magistrat se trouverait ainsi en demeure de prendre, à son tour, une décision à ce sujet, et il devrait nécessairement la *motiver*, quel qu'en soit le sens, car telle est la règle pour toutes les décisions judiciaires. S'il rejetait la demande, on pourrait, selon nous, interjeter appel, comme en matière de référé.

tion de l'enregistrement et des domaines pour les droits qui, n'étant pas compris dans l'exécutoire délivré contre la partie adverse, restent dus par l'assisté au Trésor. Loi du 22 janvier 1851, art. 13 et 14, § 5.

1828. La créance du Trésor, pour les avances qu'il a faites, ainsi que pour tous droits de greffe, d'enregistrement et de timbre, a la préférence sur celles des autres ayants droit. *Ibid.*, art. 18.

1829. Les greffiers sont tenus de transmettre, dans le mois, au receveur de l'enregistrement, l'extrait du jugement de condamnation ou l'exécutoire, sous peine de 10 fr. d'amende pour chaque extrait de jugement ou chaque exécutoire non transmis dans ledit délai. *Ibid.*, art. 20.

§ 3. — Du retrait de l'assistance judiciaire.

1830. Devant toutes les juridictions, le bénéfice de l'assistance peut être retiré en tout état de cause, soit avant, soit même après le jugement : — 1º s'il survient à l'assisté des ressources reconnues suffisantes ; 2º s'il a surpris la décision du bureau par une déclaration frauduleuse. *Ibid.*, art. 21.

1831. Le retrait de l'assistance peut être demandé, soit par le ministère public, soit par la partie adverse. — Il peut aussi être prononcé d'office par le bureau. — Dans tons les cas, il est motivé. *Ibid.*, art. 22.

1832. L'assistance judiciaire ne peut être retirée qu'après que l'assisté a été entendu ou mis en demeure de s'expliquer. *Ibid.*, art. 23.

1833. Le retrait de l'assistance judiciaire a pour effet de rendre immédiatement exigibles les droits, honoraires, émoluments et avances de toute nature, dont l'assisté avait été dispensé. *Ibid.*, art. 24.

1834. Dans tous les cas où l'assistance judiciaire est retirée, le secrétaire du bureau est tenu d'en informer immédiatement le receveur de l'enregistrement, qui procédera au recouvrement et à la répartition, suivant les règles tracées au numéro ci-dessus. *Ibid.*

1835. L'action tendant au recouvrement de l'exécutoire délivré à la régie de l'enregistrement et des domaines, soit contre l'assisté, soit contre la partie adverse, se prescrit par dix ans. *Ibid.*, art. 25.

1836. La prescription de l'action de l'adversaire de l'assisté contre celui-ci, pour les dépens auxquels il a été condamné envers lui, reste soumise au droit commun.

TITRE III.

CHAPITRE I. — De l'enregistrement des actes d'instruction et du timbre.

1837. L'article 16 de la loi du 13 brumaire an VII et l'article 70 de la loi du 22 frimaire an VII dispensent du timbre et de l'enregistrement les actes, procès-verbaux et jugements concernant la police générale. La même exception s'applique aux actes qui sont l'objet de la police de sûreté et de la vindicte publique. Ainsi, les procès-verbaux, actes et jugements, soit en matière de crimes, soit en matière de délit, lorsqu'il n'y a pas de partie civile, sont affranchis du timbre et de l'enregistrement.

Cette exemption comprend les procès-verbaux du procureur impérial, du juge d'instruction, des juges de paix, des commissaires de police et autres officiers de police judiciaire; les rapports des chirurgiens, médecins et autres personnes chargées par le ministère public d'apprécier la nature du crime ou du délit; les procès-verbaux d'enquête, les mandats d'amener et de dépôt, les ordonnances du juge d'instruction, celles rendues en la Chambre du conseil, y compris celles qui determinent la nature de la poursuite et qui règlent la compétence des tribunaux, soit qu'il s'agisse de crimes ou de délits. Instr. de la régie de l'enregistrement, du 12 novembre 1823.

CHAPITRE II. — De la taxe et du payement des frais de justice criminelle

1838. C'est le décret du 18 juin 1811, dit tarif criminel, qui règle le taux de l'allocation et le mode de payement des frais en matière criminelle.

1839. Les frais sont avancés par l'administration de l'enregistrement pour les actes qui sont ordonnés d'office ou à la requête du ministère public, sauf à poursuivre ainsi que de droit le remboursement desdits frais qui ne doivent point rester à la charge de l'Etat. Tarif de 1811, art. 1er.

1840. Toutes les fois qu'il y a partie civile en cause et qu'elle n'a pas justifié de son indigence dans la forme prescrite par l'article 420 du Code d'instruction criminelle, les exécutoires de frais sont donnés directement contre elle en matière de police simple ou correctionnelle, car la consignation des frais est en pareil cas exigible. Tarif, 159, 160.

1841. L'article 160 indiquait le dépôt des frais par la partie civile, *soit* entre les mains du receveur de l'enregistrement, *soit* au greffe. Une circulaire du garde des sceaux, du 3 mai 1825, prescrit aux greffiers de recevoir, dans tous les cas, la somme dont la partie civile fait le dépôt. C'est donc le greffier qui paye, sur les frais consignés, les exécutoires dirigés contre la partie civile.

1842. Le tarif criminel du 18 juin 1811 est aux mains de tous les juges de paix et greffiers ; nous ne le transcrirons donc pas ici, et nous nous bornerons à quelques observations et à rapporter les diverses dispositions qui ont modifié le tarif.

1843. La taxe des témoins doit être faite sur la copie de l'assignation (Décret du 18 juin 1811, article 133). Si pourtant le témoin a égaré sa copie, la taxe mise à la suite d'un certificat donné par le juge de paix ou par le greffier pourrait valoir, et ce moyen n'a éprouvé aucune contradiction de la part de la Cour des comptes.

1844. Lorsque les témoins n'ont été appelés que par un simple avertissement, c'est au bas même de cet avertissement que doivent être apposés la taxe et le mandat.

1845. En cas de flagrant délit, les témoins peuvent être entendus sans citation : s'ils comparaissaient même sans avertissement écrit, mais sur un simple avertissement verbal, et requérant taxe, elle devrait leur être faite, sauf qu'on n'aurait pas de citation à relater, et qu'on devrait, au contraire, exprimer que le témoin a comparu sans citation, sur l'invitation du juge, l'information étant faite en cas de flagrant délit. Circ. min. just., 30 mai 1826.

1846. L'apposition et la levée des scellés, faites par les officiers de police judiciaire, n'entraînent aucuns frais autres que l'indemnité du gardien, quand il y a lieu. Tarif, article 16, 37, 38, 89, 90.

1847. Le décret du 7 avril 1813 ayant apporté à celui du 18 juin 1811 quelques changements dans les allocations des taxes de témoins, nous transcrivons les dispositions qui sont relatives à ces taxes :

« Il ne sera plus accordé de double taxe aux témoins, dans le cas « prévu par l'article 29 du règlement du 18 juin 1811 (1). » Article 1er du décret du 7 avril 1813.

(1) Témoins comparaissant en justice dans les cas d'infirmité ou de maladie dûment constatée.

« Les témoins qui ne seront pas domiciliés à plus d'un myria-
« mètre du lieu où ils seront entendus, n'auront droit à aucune in-
« demnité de voyage ; il ne pourra leur être alloué que la taxe fixée
« par les articles 27 et 28 du règlement.

« Ceux domiciliés à plus d'un myriamètre recevront pour indem-
« nité de voyage, s'ils ne sortent point de leur arrondissement, un
« franc par myriamètre parcouru en allant, et autant pour le
« retour.

« S'ils sont appelés hors de leur arrondissement, cette indemnité
« sera d'un franc cinquante centimes.

« Dans les deux derniers cas, la taxe fixée par les articles 27 et
« 28 sus-énoncés ne sera point allouée, sans néanmoins rien inno-
« ver à l'article 30 dudit règlement, relatif aux frais de séjour. »
Article 2, *ibid.*

Il n'est dû aucuns frais de voyage « aux gardes champêtres ou
« forestiers, tant pour la remise qu'ils sont tenus de faire de leurs
« procès-verbaux, conformément aux articles 18 et 20 du Code
« d'instruction criminelle, que pour la conduite des personnes par
« eux arrêtées devant l'autorité compétente.

« Mais, lorsque ces gardes seront appelés en justice, soit pour
« être entendus comme témoins, lorsqu'ils n'auront point dressé
« de procès-verbaux, soit pour donner des explications sur les faits
« contenus dans les procès-verbaux qu'ils auront dressés, ils
« auront droit aux mêmes taxes que les témoins ordinaires.

« Il en sera de même des gendarmes. » Art. 3, *ibid.*

« L'augmentation de taxe accordée par l'article 94 du règlement,
« pour frais de voyage, pendant les mois de novembre, décembre,
« janvier et février, est également supprimée, tant pour les témoins
« que pour les autres parties prenantes désignées dans l'article 92. »
Art. 4, *ibid.*

1848. L'art. 145 du décret du 8 juin est remplacé par l'art. 2
de l'ordonnance du 28 novembre 1838, ainsi conçu :

« Il ne sera plus fait que deux expéditions de chaque état du
« mémoire des frais de justice non réputés urgents, l'une sur papier
« timbré, l'autre sur papier libre.

« Chacune de ces expéditions sera revêtue de la taxe et de l'exé-
« cutoire du juge.

« La première sera remise au receveur de l'enregistrement avec
« les pièces, au soutien des articles susceptibles d'être ainsi justifiés.

« La seconde sera transmise à notre ministre de la justice.

« Le prix du timbre, tant du mémoire que des pièces à l'appui,
« est à la charge de la partie prenante. »

1849. D'après des circulaires du ministre de la justice des 23
septembre 1812, 12 décembre 1820 et 31 mai 1813, l'indemnité de
transport ne devait être accordée aux juges de paix qu'autant qu'ils
agissaient comme délégués du juge d'instruction. Mais une circulaire du même ministre, du 11 février 1824, de l'avis du Comité
de législation au Conseil d'État, a décidé : 1° qu'il est dû une indemnité de transport aux juges de paix, dans le cas de l'art. 49 du
Code d'instruction criminelle, c'est-à-dire quand ils procèdent
comme auxiliaires du procureur impérial ; 2° que les juges de paix
et les officiers du ministère public ont droit, dans les mêmes cas, de
se faire accompagner d'un greffier, à qui est due l'indemnité fixée
par l'art. 89 du règlement.

1850. Les articles 149 et 152 du décret du 18 juin 1811 sont
remplacés par l'art. 5 de l'ordonnance du 28 novembre 1838, conçu
en ces termes :

« Les mémoires qui n'auront pas été présentés à la taxe du juge
« dans le délai d'une année à partir de l'époque à laquelle les frais
« ont été faits, ou dont le payement n'aura pas été réclamé dans les
« six mois de leur date, ne pourront être acquittés qu'autant qu'il
« sera justifié que les retards ne sont point imputables à la partie
« dénommée dans l'exécutoire.

« Cette justification ne pourra être admise que par notre ministre
« de la justice, après avoir pris l'avis de nos procureurs généraux,
« s'il y a lieu. »

FIN.

TABLE DES MATIÈRES.

A

APPEL. 1. — Des jugements de justices de paix, jugements desquels appel peut être interjeté, p. 173, n. 604 et suiv.—Délais dans lesquels et après lesquels l'appel du jugement ne peut être formé, jugement interlocutoire, jugement définitif, délais différents pour les personnes domiciliees dans le canton et celles domiciliees hors du canton, delais pour ceux qui sont absents de France, p. 173, n. 604 à 618. — Le délai d'appel des jugements par defaut ne court-il que du jour où l'opposition n'est plus recevable? p. 175, n. 618. — La nullité de l'appel tardif ou de l'appel prémature doit-elle être prononcée d'office? p. 176, n. 619, 620. — De l'acquiescement considéré comme empêchant l'appel, p. 176, n. 621 et suiv. — De quels actes résulte l'acquiescement à la signification d'un jugement sans réserve? *ibid.* — Exception à l'acquiescement, quant a l'appel des jugements qu'ils prononcent sur un déclinatoire, p. 177, n. 625.

2. — De la procédure d'appel, formes de l'appel; l'appel peut ne porter que sur une partie du jugement; de l'appel incident, p. 177, n. 626 et suiv. — Interdiction de former en appel aucune demande nouvelle, droit du juge d'appel d'évoquer le fond; *quid* si le juge de paix a cumulé le possessoire et le petitoire? Devant quel juge doit être renvoyée la cause en cas d'infirmation? p. 177, 178, n. 629 à 637. — Les exceptions d'incompétence à raison de la matière peuvent être proposées pour la première fois en appel, p. 179, n. 637.

3. — FORMULES. Acte d'appel d'un jugement de juge de paix, formule 124, p. 169. — V. *Conseil de famille*, 5; *Douanes*, 5; *Exécution provisoire, Tribunal de police du juge de paix.*

APPRENTISSAGE (CONTRAT D'). — Définition du contrat d'apprentissage; comment est-il constaté? la preuve testimoniale peut-elle être admise? que doit-il contenir? Notaires, secrétaires du Conseil de prud'hommes et greffiers des juges de paix désignés par la loi pour recevoir l'acte d'apprentissage; droit d'enregistrement, honoraires dus à l'officier public, p. 592, n. 1779 et suiv. — Conditions du contrat, âge du maître, exclusion, incapacité, p. 593, n. 1783 et suiv. — Devoirs des maîtres et des apprentis, durée du travail qui peut être exigé de l'apprenti, apprenti non tenu de travailler les dimanches et jours fériés, instruction de l'apprenti, lecture, écriture, calcul, éducation religieuse, enseignement industriel ou professionnel, p. 594, n. 1787 et suiv. — De la resolution du contrat d'apprentissage, les deux premiers mois considérés comme temps d'essai; cause de résolution, maximum du temps d'apprentissage ne pouvant depasser la durée consacrée par les usages locaux, p. 595, n. 1793. — Competence en matière d'apprentissage, juridiction des Conseils de prud'hommes et des juges de paix, juridiction du tribunal de police, p. 595, n. 1797 et suiv. — Peines en cas d'infraction à la loi sur l'apprentissage, p. 596, n. 1799 et suiv.

ARBITRAGE. — V. *Prorogation de juridiction.*

ASSISTANCE JUDICIAIRE. — Forme dans laquelle l'assistance judiciaire est accordée, bureau spécial établi dans chaque arrondissement, a qui doit être adressée la demande d'assistance judiciaire, p. 595, n. 1802 et suiv.—Effets de l'assistance judiciaire, moyens de défense fournis à l'assisté, dispense provisoire des droits de timbre, d'enregistrement et de greffe, et de toutes consignations d'amendes, actes visés pour timbre et enregistrés en debet, p. 598, n. 1811 et suiv. — Frais de transport des juges et officiers ministeriels, et honoraires avances par le Tresor public, p. 599, n. 1822 et suiv. — Recouvrement des frais contre l'adversaire de l'assisté, si cet adversaire est condamné aux dépens, p. 600, n. 1825 et suiv. — Du retrait de l'assistance judiciaire; quand y a-t-il lieu au retrait? effets du retrait, p. 601, n. 1830 et suiv.

ASSURANCE CONTRE L'INCENDIE. Déclaration du sinistre devant le juge de paix, p. 504, n. 1497. — Défense de relater dans le procès-verbal de declaration une convention d'assurance non enregistrée, p. 505, n. 1499. — Declaration de sinistre, formule 296, p. 507.

AUBERGISTE. — V. *Hôtelier.*

AUDIENCE DES JUGES DE PAIX. 1.—Obligation d'indiquer deux audiences par semaine; les audiences peuvent être tenues chez le juge de paix, mais seulement extraordinairement; constatation de la publicité de l'audience, p. 37, n. 93 et suiv.

2. — Huis-clos de l'audience ; pouvoir du juge de paix de l'ordonner ; formes à suivre, p. 37, n. 95, 96.

3. — Huissier tenu de faire le service de l'audience; peines en cas de refus, comment la peine doit-elle être prononcée? L'huissier doit-il être appelé pour se défendre? Nécessité de rapporter dans le jugement le texte de la disposition pénale, p. 37, 38, 39, n. 97 et suiv.

4. — Règlement d'ordre extérieur pour la police de l'audience ; ordre donné par le juge de paix de lui remettre les citations la veille, p. 39, n. 100.

5. — Remise des citations au greffe avant l'audience, p. 39, n. 101. — Inscription des causes sur le rôle, p. 40, n. 102. — Appel des causes; demandeur absent; droit du défendeur de requérir congé-defaut. p. 40, n. 103. — Défendeur absent, défaut donné contre lui après examen des conclusions; ordre de réassigner si les délais n'ont pas été observés, p. 40, n. 104. — *Quid* si aucune des parties ne se présente au jour indiqué pour la comparution, p. 40, n. 105.

6. — Comparution des parties sans pouvoir signifier de défenses, p. 40, n. 106. — Comparution en personne ou par mandataire ; justification des pouvoirs du mandataire, pouvoirs, écrits nécessaires, procuration sous seing privé, légalisation des signatures, p. 40, n. 106, 107. — Noms et prénoms du mandataire à porter sur la feuille d'audience; pouvoirs sur papier timbré; enregistrement, p. 41, n. 108, 109. — Mandats conçus en termes géneraux, insuffisants, p. 41, n. 110.—Interdiction aux huissiers de representer les parties à l'audience; exception en cas de parenté, p. 41, n. 111.

7. — Conclusions des parties et défenses ; droit de présenter au juge de paix des notes écrites, actes de procédure protestatoires ou conservatoires, permis, p. 42, n. 112.—Conclusions pouvant être augmentées à l'audience ; exposé de la demande, réponse du défendeur; obligation de s'expliquer avec modération, p. 42, 43, n. 112, 113.

8. — Tumulte à l'audience; manque de respect envers le juge, soit par les parties, soit par les assistants; procès-verbal: condamnation; emprisonnement, affiche du jugement; jugement exécutoire par provision ; cas dans lesquels le juge de paix prononce sur ces faits en dernier ressort ou à charge d'appel, p. 43, n. 113 et suiv. — Distinction entre le cas d'irrévérence grave et celui de tumulte à l'audience, relativement au droit d'appeler, p. 44, n. 121.— Delai et forme de l'appel, p. 44, n. 122.—Pouvoirs du juge de paix de renvoyer devant des juges competents, sans prononcer sur-le-champ, p. 44, n. 120. — Quand le juge de paix est-il dans l'exercice de ses fonctions; présidence des deliberations de famille, apposition de scellés, etc., p. 44, n. 123. — Manière de procéder en cas de crime commis à l'audience, p. 43, n. 119.

9. — Prononcé du jugement; droit de remettre pour prononcer, p. 46, n. 124.

10. — Feuille d'audience ; doit être tenue par le greffier de la justice de paix ; la feuille d'audience doit mentionner tous les faits, incidents et accidents de l'audience, p. 46, n. 124 et suiv. — Les motifs et le dispositif du jugement doivent être portés sur la feuille d'audience, p. 47, n. 127. — Signature de la feuille d'audience par le juge et par le greffier; délai; jugement rendu par le suppleant du juge de paix, p. 47, 48, n. 125, 131, 132, 133. — Formalités à suivre lorsque le juge de paix et le greffier ne peuvent signer les jugements sur la feuille d'audience, p. 48, n. 134, 135. — Feuille d'audience soumise au timbre, p. 47, n. 128.—Obligation du juge de paix de constater chaque mois la situation des feuilles d'audience et des autres minutes du greffe; procès-verbal à transmettre au procureur impérial, p. 49, n. 136.

11. — FORMULES. — Pouvoir pour comparaitre devant le juge de paix, formule 32, p. 41. — Jugement portant défense à un huissier de donner aucune citation pendant un delai déterminé, formule 33, p. 42. — Procès-verbal et jugement de condamnation d'une partie qui a violé le respect dû à la justice, et a recidivé, formule 34, p. 45. — Procès-verbal et jugement de condamnation d'une partie, pour irrevérence ou insulte au juge de paix, formule 35, p. 45. — Modèle de procès-verbal d'arrestation ou de condamnation de ceux qui troublent l'ordre, excitent du tumulte, ou se livrent à des voies de fait ou injures dans une audience, formule 36, p. 45.—Feuille d'audience, formule 37, p. 54.

sent à la délibération, formule **171**, p. **270**. — Délibération qui refuse de conserver la tutelle à la mère qui veut se remarier, formule **172**, p. **270**.—Délibération qui conserve la tutelle à la mère, en cas de secondes noces, formule **173**, p. **270**.—Délibération avec partage sur le choix du tuteur fait par la mère, par testament, après son second mariage, pour les enfants de son premier lit, formule **174**, p. **271**. — Nomination d'un curateur au ventre, sur la demande de la veuve enceinte, formule **175**, p. **271**. — Délibération qui règle la depense annuelle du mineur, formule **176**, p **272**. — Délibération pour autoriser a faire vendre les meubles échus au mineur, et à en conserver quelques-uns en nature, formule **177**, p. **275**.—Autorisation d'emprunter pour le mineur, et d'hypothéquer ses biens, formule **178**, p **273**. — Autorisation à un tuteur pour faire vendre les immeubles du mineur, formule **179**, p. **274**. — Autorisation d'accepter une succession échue au mineur, formule **180**, p. **274**.—Autorisation de répudier une succession échue au mineur, formule **181**, p. **274**. — Autorisation d'accepter une donation faite au mineur, formule **182**, p **275**. — Deliberation pour autoriser le tuteur à provoquer un partage, formule **183**, p. **275**. — Autorisation d'intenter une action en justice, formule **184**, p. **276**. — Autorisation au tuteur d'acquiescer à une demande intentée contre le mineur, formule **185**, p. **276**. — Autorisation au tuteur pour transiger, formule **186**, p. **276**. — Déliberation pour autoriser le mariage d'un mineur, formule **187**, p **277**. — Deliberation autorisant le tuteur a provoquer la reclusion du mineur, formule **188**, p **278** — Autorisation au mineur de s'engager dans le service militaire, formule **189**, p. **278**. — Autorisation pour restreindre l'hypothèque légale du mineur sur les immeubles du tuteur, formule **190**, p. **278**. — Avis de parents pour restreindre l'hypothèque légale de la femme, formule **191**, p. **219**.—Avis du Conseil de famille sur une demande en interdiction, formule **192**, p. **279**. — Nomination d'un tuteur et d'un subrogé tuteur à l'interdit, formule **193**, p. **280**. — Nomination de l'expert priseur, et prestation du serment. lorsque le père ou la mère, tuteur, veut conserver les meubles en nature, formule **194**, p. **280**. — V. *Actes de l'état civil, Emancipation, Enregistrement des actes.*

CONSEIL JUDICIAIRE. — V. *Conseil de famille.*

CONSEIL SPÉCIAL. Nomination d'un Conseil spécial par le père à la mère survivante, declaration devant le juge de paix, forme, p. **446**, n. **1389**, formule **254**, p. **467**.

CONTRAINTE PAR CORPS. Le juge de paix peut l'ordonner, pag. **109**, n. **358**.—Jugement prononçant la contrainte par corps, formule **80**, p. **114**.— V. *Action possessoire.*

CONTRARIÉTÉ DU JUGEMENT. En cas de contrariété entre deux sentences de juge de paix, ou de retractation d'une sentence précedemment rendue, il y a lieu au pourvoi en cassation, p. **167**, n. **572**

CONSTATATIONS requises des juges de paix; dans l'usage peuvent-ils se refuser à procéder à ces constatations? procès-verbaux qu'ils rédigent assujettis aux lois du timbre et de l'enregistrement, p. **504**, n. **1496** et suiv. — Requête et ordonnance à fin de constatation de l'état des lieux, formule **291**, p. **505**. — Ordonnance relative à une constatation de lieux, formule **292**, p. **505**. — Procès-verbal de constatation des lieux, formule **293**, p. **506**. — Procès-verbal de constatation des lieux contenant la requête et l'ordonnance, formule **294**, p. **506**. — Procès-verbal de constatation des lieux sans ordonnance, formule **295**, p. **506**. — Declaration devant le juge de paix après incendie, formule **296**, p. **507**.

CONTRAVENTIONS. De la prescription de l'action publique et de l'action civile résultant des contraventions, p. **493**, n. **1462** et suiv. — V. *Crime, Tribunaux de police des juges de paix.*

CONTRIBUTIONS INDIRECTES. — V. *Serment, Enregistrement.*

CONVENTION CONSTATÉE PAR JUGEMENT. — V. *Conciliation, Expédient, Comparution.*

CRÉDIT FONCIER. Obligations des subrogés tuteurs et juges de paix. relativement à la purge des hypothèques legales concernant les societes de credit foncier, formes à suivre dans l'intérêt du mineur ou de l'interdit, obligation de convoquer le Conseil de famille; obligation du juge de paix, du subrogé tuteur, des parents et amis, de requérir l'inscription de l'hypothèque légale. p. **289**, n. **986** et suiv.

ÉMANCIPATION. 1.—Quand y a-t-il lieu à émancipation ? le père dispensé, exclu ou destitué de la tutelle, peut-il émanciper? de l'émancipation par le Conseil de famille, p. 281, n.957 et suiv. — De l'emancipation de l'enfant naturel ou admis dans un hospice, p. 282, n. 963, 964.

2. — De l'autorisation donnée au mineur emancipé de faire le commerce: doit être distincte de l'émancipation, restrictions imposées a l'autorisation, p. 282, n. 965 et suiv. — Autorisation donnée par la mère ou par le Conseil de famille, si le père est absent ou incapable de manifester sa volonté, p. 283, n. 969 et suiv.

3. — Formes de l'émancipation et de l'autorisation donnée au mineur émancipe de faire le commerce, p. 281, n. 957, 958, et p. 283, n. 968.

4. —Révocation de l'emancipation ou de l'autorisation de faire le commerce, p. 283, n. 971 et suiv. —La perte de capacité de faire du commerce ne peut resulter que de la révocation de l'emancipation, p. 283, n. 971.—Conditions de publicité exigées pour la révocation comme pour l'autorisation de faire le commerce, p. 284, n. 972.

5. Enregistrement des actes d'émancipation, des autorisations de mineurs à faire le commerce, et des révocations, p. 259, n. 948 et suiv.; p. 284, n. 973 et suiv. — Emancipation des enfants admis dans les hospices, p. 284, n. 973.

6. — FORMULES.—Emancipation par le père ou la mère, formule 195, p. 284. — Acte d'emancipation par le Conseil de famille, formule 196, p.284.—Autorisation donnée au mineur pour faire le commerce, formule 197, p. 285.—Revocation de l'émancipation par le père ou par la mère, formule 198, p. 285. — Revocation de l'emancipation par le Conseil de famille, formule 199, p. 285. — V. Conseil de famille, 1.

ENFANT NATUREL. — V. Inventaire, 3, 4, 6 ; Scellés, 31.

ENQUÊTE. 1.—Cas où l'enquête peut être ordonnée, p. 86, n. 275. — Forme du jugement qui ordonne une enquête, p. 88, n. 292.—De la cedule pour faire citer les témoins, delais pour la requisition de la cédule, p. 88, 89, n. 293, 294. — Formalites à remplir quant à la notification de la liste des temoins, droit de faire entendre des temoins sans cédule ni citation, p. 89, n. 295 et suiv. — Delai nécessaire entre la citation et l'audition des témoins, p. 90, n. 298.

2. — Les témoins défaillants sont-ils assujettis à une peine? la reassignation est-elle à leurs frais? p. 90, n. 299 et 300.—Les juges de paix peuvent-ils accorder un sauf-conduit aux debiteurs contraints par corps qui sont cites comme temoins? p. 90, n. 301.

3. — Forme de l'audition des témoins, questions à faire, serment des témoins, témoins de différentes religions, p. 91, n. 302 et suiv. — Temoins entendus separement, defense de les interrompre, témoins entendus sur les lieux contentieux, p. 91, n. 305 , p. 94, n. 315 et suiv.—Reproches, forme à suivre pour reprocher les temoins, parents ou alliés ou autres qui peuvent être reproches, le temoin reproché peut-il être entendu? p. 91 et suiv., n. 305 et suiv , jusqu'à 315.

4. — Du procès-verbal de l'audition des témoins, forme, ce qu'il doit contenir, quand le procès-verbal doit-il être dressé? affaires en dernier ressort, causes sujettes a appel, p. 94-95, n. 318, 319. — Que doit faire le tribunal de première instance, lorsque le procès-verbal n'a pas été dressé dans une cause sujette à appel? p. 95, n. 320.—Des mentions à inscrire sur les depositions des temoins dans les affaires en dernier ressort, qu'entend-on par le resultat de chaque deposition? p. 95, n. 321, 322. — Que doit faire le juge de paix, lorsque aucune partie ne se presente à l'enquête, et que les temoins sont presents? p. 96, n. 323.

5. — Du jugement à rendre après l'enquête, délais pour rendre ce jugement, redaction du jugement, quant aux depositions des temoins, p. 97, n. 324, 325.

6. — Si l'enquête était nulle par la faute du juge de paix, devrait-elle être recommencee à ses frais? p. 97, 326.

7. —Le juge de paix peut-il commettre un autre juge de paix pour entendre des temoins éloignes? en ce cas, le greffier du juge de paix commis doit-il faire parvenir la minute du procès-verbal au juge de paix commettant? p. 98, n. 327.

pertise ou de la visite des lieux ordonnée en cas de garant en cause, p. 148, n. 496.

FORMULES. — Jugement de citation d'un garant, formule 101, p. 149. — Jugement refusant la remise non demandée à la première comparution, pour faire citer un garant, formule 102, p. 149.—Citation en garantie, formule 103, p. 149. — Jugement sur la demande principale et sur la demande incidente en garantie, formule 104, p. 150. — Jugement si la demande principale n'est pas accueillie, formule 105, p. 150. — Jugement si la demande en garantie est rejetée, formule 106, p. 150. — Jugement dans le cas où le juge de paix, prononçant sur la demande principale, se déclare incompétent pour prononcer sur la demande en garantie, formule 107, p. 150.

GARDE CHAMPETRE. — V. *Procès-verbaux*, *Serment*.

GARDE NATIONALE. Fonctions du juge de paix comme président du jury de révision de la garde nationale, formation du jury, compétence, décision, costume du juge de paix, p. 499, n. 1476 et suiv. — Décision du jury, formule 290, p. 500.

GARDIEN. — V. *Scellés*, 18, 21, 40.

GIBIER SAISI. — V. *Chasse*.

GREFFE, GREFFIER DE JUSTICE DE PAIX. 1. — Greffier attaché à chaque justice de paix, p. 5, n. 14. — Age nécessaire pour être greffier, p. 6, n. 15. —Greffiers assujettis au cautionnement, montant du cautionnement du greffier, p. 6, n. 16. — Nomination des greffiers, p. 6, n. 17. — Faculté de presenter un successeur, p. 6, n. 18. — Prohibition de parenté entre le juge de paix et son greffier, p. 6, n. 19. — Serment du greffier, p. 6, n. 20.

2. — Greffier gardien des minutes obligé de resider dans la commune chef-lieu de canton, p. 8, n. 27.

3. — Fonctions des greffiers de justice de paix, vente aux enchères des meubles et des marchandises neuves, p. 508, n. 1503 et suiv. — Traitement et vacations des greffiers, p. 509, n. 1505, 1506. — Actes de greffe, actes que le greffier est exclusivement chargé de recevoir, qualite des jugements, p. 509, n. 1507 et suiv. — Acte de dépôt au greffe, formule 298, p. 509. — Affirmation de la partie qui demande des frais de voyage, formule 299, p. 509.

4. — Répertoire, obligation des greffiers de tenir des répertoires de leurs actes, soumis à la vérification mensuelle et trimestrielle des juges de paix, p. 510, n. 1510 et suiv. — Repertoire ordonné par l'article 3 de la loi du 26 frimaire an IV, formule 300, p. 511. — Vérification mensuelle des registres du greffe, formule 301, p. 511. — Certificat trimestriel de vérification des sommes perçues et deboursées par le greffier, formule 302, p 511. — Du repertoire pour la perception des droits d'enregistrement, forme de ce répertoire, mention qu'il doit contenir, actes qui doivent y être portés, p. 512, n. 1513 et suiv. — Répertoire à colonnes des actes sujets à l'enregistrement sur la minute, formule 503, p. 513.—V.|*Billet d'avertissement*, *Commis greffier*, *Jugement*, 2 ; *Office*, *Prisée*, *Scellés*, 23, 39 ; *Tribunal de police du juge de paix*, 1 ; *Tribunal de police du maire*.

GROSSE. Seconde grosse. — V. *Exécution des sentences des juges de paix*, *Jugement*, 7.

H

HERITIERS. — V. *Inventaire*, 3, 4.

HERITIERS BENEFICIAIRES. — V. *Inventaire*, 3.

HOMOLOGATION. — V. *Conseil de famille*, 4 ; *Notoriété*.

HOTELIERS, AUBERGISTES, LOGEURS, VOITURIERS, BATELIERS ET CARROSSIERS. Competence du juge de paix pour prononcer sur les contestations entre les hôteliers, aubergistes, logeurs, voituriers, bateliers et carrossiers et les voyageurs, p. 115, n. 386 et suiv. — Le voyageur peut être assigné devant le juge de paix du lieu, au moyen de la saisie-gagerie, devant quel juge doit assigner le voyageur? p. 116, n. 388, 390. — Jugement relatif à la demande d'un voyageur contre une entreprise de messageries, pour dommage et perte d'effets, formule 83, p. 117.

HUISSIER. Vérification par le juge de paix du répertoire des huissiers audienciers, p. 514, n. 1522. — Certificat de vérification, formule 304, n. 514. — V. *Audience*, 3; *Billet d'avertissement*, *Citation*, 5; *Jugement par défaut*, 4; *Tribunal de police du juge de paix*, 3.

HYPOTHÈQUES. Du procès-verbal à dresser par les juges de paix en cas de refus du conservateur des hypothèques d'opérer une inscription ou mutation, p. 471, n. 1399. — Procès-verbal pour constater le refus d'un conservateur des hypothèques, formule 259, p. 471. — V. *Crédit foncier*.

I

IMPÉRIALE (FAMILLE). — V. *Scellés*, 16.

INSCRIPTION DE FAUX. Forme de l'inscription de faux devant le juge de paix, p. 106, n. 341 et suiv.—Inscription de faux incidente, nécessaire pour détruire un acte authentique, *eodem*. — De l'inscription de faux principale, p. 107, n. 350 et suiv.

FORMULE. — Jugement qui donne acte d'une déclaration d'inscription de faux, formule 78, p. 109.

INSTRUCTION CRIMINELLE. 1.—Juge de paix auxiliaire du procureur impérial, p. 552, n. 1647.—Avis à donner au procureur impérial des crimes et délits, dénonciation officielle, obligation des juges de paix, mode d'avertissement, gendarmerie, lettre, p. 556, n. 1675 et suiv.

2.—Flagrant délit, réquisition de maître de maison, mort violente, rébellion contre le magistrat instructeur, attributions et pouvoirs des juges de paix, des maires, adjoints et des commissaires de police pour le cas de flagrant délit, de réquisition d'un maître de maison, de constatation urgente d'un crime non flagrant, ou même d'un délit ordinaire, plusieurs instructions commencées sur le même délit, droit de préférence entre les magistrats, p. 562, 563, n. 1707 et suiv. — Juge de paix requis ou délégué par le procureur impérial d'un autre arrondissement p. 563 n. 1716. — Le juge de paix agissant comme officier de police judiciaire doit être accompagné de son greffier, p. 564, n. 1721. — Actes d'huissier, remplis par les gendarmes dans les procédures criminelles, p. 564, n. 1723. — Inviolabilité des maisons des citoyens, cas dans lesquels on peut y entrer la nuit, p. 564, n. 1725.—Instruction en cas de mort violente, p. 564, n. 1727. — Répression des actes de rébellion ou autres dans l'instruction judiciaire, p. 565, n. 1728 et suiv. — Réquisition de la force publique, formule 341, p. 565. — Réquisition d'un expert, médecin ou autre, formule 342, p. 566.—Procès-verbal de constat en cas de flagrant délit, perquisition au domicile de l'inculpé, et apposition des scellés, formule 343, p. 566. — Information en cas de flagrant délit, formule 344, p. 569.—Levée d'un cadavre, formule 345, p. 570.

3.— Mandat de comparution, mandat d'amener et mandat de dépôt peuvent-ils être décernés par le juge de paix? dans quel cas? p. 571, n. 1731 et suiv. — Mandat de comparution, formule 346, p. 571. — Mandat d'amener, formule 347, p. 572. — Procès-verbal dressé par le porteur d'un mandat d'amener, formule 348, p. 572. — Mandat de dépôt, formule 449, p 572.—Mandat de dépôt contre une personne qui a enfreint la défense de sortir de la maison où se fait l'instruction, dans le cas de flagrant délit, formule 449, p. 572.

4.—Fonctions des juges de paix comme délégués du juge d'instruction en vertu d'une commission rogatoire. —Quelles sont les limites posées au droit de délégation? le juge de paix peut-il décerner les mandats d'arrêt, de dépôt ou d'amener, ou ne peut-il décerner que le mandat de comparution? p. 573, 574, n. 1734 et suiv. — Quels sont les magistrats qui peuvent décerner une commission rogatoire? il faut que le juge de paix soit subordonné au magistrat qui le délègue, p. 575, n. 1743 et suiv. — De l'instruction et de l'audition des témoins, en cas de commission rogatoire, p. 574, n. 1740 et suiv., et p. 376, n. 1746 et suiv. — Des preuves par écrits, et des preuves à conviction, p. 577, n. 1758 et suiv. — Procès-verbal d'information par le juge de paix en vertu de délégation, formule 451, p. 577.

5.—Taxe et payement des frais de justice criminelle, frais avancés par l'administration de l'enregistrement, p. 602, n. 1838 et suiv.—Obligation de la partie civile d'avancer les frais, p. 602, n. 1840, 1841.—Tarif criminel, taxe de témoins et frais de voyages, p. 603, n. 1812 et suiv., et 1817. — L'apposition et la levée des scellés, faites par les officiers de police judiciaire n'entraînent aucuns frais autres que l'indemnité du gardien, p. 603, n. 1816. — Forme des mémoires des frais de justice, taxe exécutoire du juge, p. 604, n. 1848.—Nécessite de présenter les mémoires à la taxe dans l'année, p. 605, n. 1850.—Indemnité de transport des juges de paix en matière d'instruction criminelle, p. 605, n. 1849. — V. *Officier de police judiciaire ; Scellés*, 40.

INTERDICTION. — V. *Conseil de famille, Scellés*, 15.

INTERLOCUTOIRE. — V. *Jugement*, 7; *Jugement préparatoire, Tribunal de police du juge de paix*, 6.

INTERPRÉTATION DES JUGEMENTS. Le juge de paix a-t-il le droit d'interpréter ses jugements? règles à suivre, p. 166, n. 569.

INTERROGATOIRE SUR FAITS ET ARTICLES. Le juge de paix peut-il l'ordonner? avantage de le remplacer par la comparution personnelle, p. 105, n. 338 et suiv. — Jugement de remise pour la comparution en personne, formule 76, p. 106.

INTERVENTION volontaire ou forcée. Dans quelle cause a-t-on le droit d'intervenir? p. 152, n. 504 et suiv.—Intervention du subrogé tuteur, p. 152, n. 506.—Comment l'intervention doit-elle être formée? l'intervenant ne peut retarder le jugement de la cause principale lorsqu'elle est en état avant l'intervention, p. 153, n. 510. — Intervention par exploit au domicile réel des parties, formule 109, p. 153.

INVENTAIRE. 1. — Définition, étymologie, p. 405. — But de l'inventaire, l'inventaire, après décès de l'époux, décrit les biens de l'époux survivant outre ceux de l'époux décédé, *ibid.* — Il doit contenir, outre la description, l'estimation des biens; les biens-fonds ne sont pas prisés, on en décrit seulement les titres, *ibid.* et suiv.

2.—Formes de l'inventaire, authenticité, date, jour et heure; autres mentions et formalités; argenterie, numéraire, titres et papiers, livres et registres de commerce : état, constatation, serment prêté, signature, p. 406, n. 1319. — Ordre dans lequel on doit procéder à l'inventaire, règles particulières de l'inventaire entre époux, établissement de l'actif et du passif de la communauté, biens aliénés ou rentes remboursées pendant le mariage, biens échus à la femme, biens échus au mari, p. 407 et suiv., n. 1321 et suiv.

3. — Cas où il y a lieu de faire inventaire, et personnes qui peuvent le requérir, veuve survivante, faculté de renoncer à la communauté, délai, femme de morts civilement, prorogation du délai, p. 409, n. 1323. — Tuteur, obligation de faire inventaire des biens du mineur, créances du tuteur contre le mineur, le défaut de déclaration n'entraîne pas déchéance, p. 409 et suiv., n. 1324. — Subrogé tuteur, cas où il doit provoquer l'inventaire, solidarité, p. 410, n. 1325. — Enfant naturel, obligation de faire inventaire, de demander l'envoi en possession et de donner caution, *ibid.*, n. 1326. — Conjoint survivant, héritier, mêmes obligations, p. 411, n. 1327. — Domaine, héritier en cas de déshérence, *eod.* — Exécuteur testamentaire, doit faire procéder à l'inventaire, *quid* s'il y a plusieurs exécuteurs testamentaires? *ibid.* — Usufruitier, est-il obligé à l'inventaire? le défaut de l'inventaire, *dans le délai de la loi*, après le décès de l'un des époux communs en biens, opère-t-il déshérence irrévocable de l'usufruit légal des biens des enfants mineurs? *ibid* et suiv., n. 1330.—Curateur a une succession vacante, quand y a-t-il lieu de nommer un curateur à une succession vacante? obligation de faire inventaire, et de vendre les meubles et immeubles de la succession ; il ne peut ni transiger, ni compromettre ; où doit-il verser le numéraire de la succession? prélèvement des frais, p. 412 et suiv., n. 1321. — Inventaire en cas de faillite, formes; inventaire en cas de déclaration de faillite après décès, *ibid.* — Héritier bénéficiaire, obligation de faire inventaire, délai, p. 413 et suiv., n. 1333.

4. — Personnes qui doivent assister à l'inventaire ; conjoint survivant, héritiers présomptifs, exécuteur testamentaire, donataires, légataires universels, enfants naturels, p. 414, n. 1334. — Les créanciers doivent-ils être appelés à l'inventaire? droit d'intervention, *ibid.* et suiv., n. 1336. — Inventaire par suite de déclaration d'absence, procureur impérial, juge de paix, p. 415, n. 1337. — Subrogé tuteur, tuteur à la substitution, *ibid.* — Le tuteur ou le subrogé tuteur peuvent-ils se faire représenter à l'inventaire par un mandataire? p. 416, n. 1339.

J

des parties, conclusions, points de fait, motifs et dispositif, p. 47, n. 129.

2. — Le jugement doit être rédigé par le juge de paix et non par le greffier, p. 48, n. 130. — Signature des jugements dans les vingt-quatre heures, défense d'en délivrer expédition avant la signature, p. 48, n. 131.

3. — Interdiction de se servir dans les jugements d'autres termes que ceux en usage pour les mesures métriques, p. 49, n. 137.

4. — Règles relatives à l'enregistrement, défense de mentionner dans un jugement ou acte judiciaire un acte non enregistré, énonciation du montant du droit payé, p. 49, n. 138. — Convention écrite portée dans un jugement comme convention verbale pour éviter les droits d'enregistrement, p. 138, n. 49.

5. — A quel bureau doivent être enregistrés les actes de la justice de paix? retard dans l'enregistrement, amende, défaut de recours du greffier contre les parties, p. 49, 50, n. 139. — Recouvrement du droit d'enregistrement pour les jugements en l'absence de dépôt par les parties, extraits à remettre par le greffier, p. 49 et 50, n. 139. — Mention des droits perçus sur l'expédition des jugements, p. 50, n. 140. — Jugement de simple remise de cause non assujetti à l'enregistrement, p. 50, n. 141.

6. — Droits d'enregistrement des jugements, fixes ou proportionnels, droit fixe des jugements des juges de paix, droit proportionnel, comment se calcule le montant de la condamnation? condamnation aux dépens, dommages et intérêts, p. 50, 51, n. 142 et suiv. — Droit proportionnel non dû pour le jugement contradictoire, s'il a été payé pour le jugement par défaut, p. 51, n. 149.

7. — Expéditions des jugements, ce qu'elles doivent contenir, formule exécutoire, p. 51 et 52, n. 150, 151, 153, 154 et 155. — De la substitution d'une nouvelle formule à une ancienne formule exécutoire, p. 52, 53 et 54, n. 154 et suiv. — De l'expédition des jugements en cas de nombreux incidents, jugement interlocutoire, visite des lieux, enquête, jugement de renvoi, etc., p. 52, n. 152.

8. — Jugement, omission de porter le jugement sur la feuille d'audience dans les affaires peu importantes, danger de cette omission, p. 36, n. 92.

9. — FORMULES. — Jugement définitif, contradictoire, formule 79, p. 113. — Grosse d'un jugement de juge de paix revêtue de la forme exécutoire, formule 38, p. 54. — Modèle d'une expédition sans forme exécutoire, formule 39, p. 55. — V. Audience, 9 et 10; Exécution de jugement, Exécution des sentences des juges de paix, 6; Tribunal de police du juge de paix, 6.

JUGEMENT PAR DEFAUT. 1. Définition du jugement contradictoire et du jugement par défaut, p. 55, n. 162 et suiv. — Le jugement rendu après remise de cause en l'absence d'une partie qui a comparu à la première audience est-il par défaut? p. 55, n. 164.

2. — Defaut du demandeur, congé-défaut, p. 56, n. 166. — Défaut du défendeur, renvoi à l'audience suivante, p. 56, n. 168. — Défaut après jugement interlocutoire ou après jugement préparatoire, p. 56, n. 168, 169.

3. — Forme du défaut, délais non observés dans la citation, p. 56, n. 170. — Jonctions de défauts, le juge de paix peut-il prononcer défaut-profit-joint? p. 56, n. 71.

4. — Signification du jugement par défaut, est-il nécessaire de commettre un huissier? l'huissier peut-il être commis par une ordonnance postérieure au jugement, p. 57, n. 172 et suiv. — Huissier commis en vertu de délégation pour la signification d'un jugement rendu par un autre tribunal, p. 57, n. 174.

5. — Opposition aux jugements par défaut, délais pour former l'opposition, ce qu'elle doit contenir, augmentation du délai à raison des distances, p. 57 et 58, n. 175 et suiv. — Pouvoir du juge de paix d'accorder une prorogation de délai ou de relever de la rigueur du délai, causes qui peuvent y autoriser, p. 58, 177 et 178. —Opposition pouvant être formée avant la signification du jugement, p. 58, n. 179. — Le jugement par défaut peut être rapporté audience tenante, second jugement par défaut non susceptible d'opposition, p. 59, n. 181.

40

L

M

N

POISSON. Saisie. — V. *Pêche.*

POLICE DE L'AUDIENCE. — V. *Audience,* 4 et 8; *Audience des juges de police.*

POLICE JUDICIAIRE. Recherche des crimes et délits, p. 554, n. 1667 et suiv.

POLICE DU ROULAGE. — V. *Roulage.*

PRESCRIPTION des crimes et délits, action publique éteinte par la mort du prévenu, p. 553, n. 1657 et suiv. — V. *Contraventions, Douanes,* 7.

PRISE A PARTIE. Quand y a-t-il lieu à la prise à partie; du deni de justice, p. 163, n. 552 et suiv. — Formes à suivre pour la prise à partie, *eodem.*

PRISÉE. Definition de la prisée, prisée en cas d'inventaire et en dehors de l'inventaire, officier public seul compétent pour la prisée en cas d'inventaire, p. 423, n. 1363. — Quelques auteurs accordent aux simples particuliers le droit de priser dans les inventaires en matière de succession, de tutelle, d'absence, de séparation de biens, d'usufruit; discussion de cette opinion, réfutation, *eod.* et n. 1364 et suiv. — L'officier priseur peut recourir, dans tous les cas, aux connaissances particulières d'un expert, p. 427, n. 1368. — Le simple particulier qui procède à une prisée est tenu de prêter serment, *ibid.*, n. 1369. — Son serment doit être reçu par le juge de paix, et non par le notaire, *eod.* — Le greffier du juge de paix peut-il assister à l'inventaire comme greffier et comme priseur, et recevoir les vacations de l'une et de l'autre fonction? *ibid.* et suiv., n. 1370. — *Quid* du notaire agissant comme notaire et comme priseur? *eod.* — Le notaire qui procède à un inventaire peut-il emporter chez lui les titres et papiers, pour en faire le dépouillement? p. 428 et suiv. n. 1371. — De la prisée requise par les père et mère d'un mineur, p. 429, n. 1373 et p. 467, n. 1390. — Des prisées judiciaires; définition, divers exemples de prisée judiciaire, *eod.* et suiv., n. 1374.

FORMULES. — Modèle d'un procès-verbal de prisée, formule 247, p. 458. — Modèle d'un procès-verbal de prisée judiciaire, formule 248, p. 460. — Modèle d'un procès-verbal de prisée volontaire, formule 249, p. 460. — Nomination d'un expert pour estimer les meubles que les père et mère veulent conserver en nature, formule 255, p. 467.

PROCÉDURE. — Définition, utilité des formes et des formalités, p. 1, n. 1. — Règles de la procédure, pouvant se résumer dans ces mots: le temps, la personne, le lieu, p. 1, n. 2. — Procédure devant le juge de paix. — V. *Audience.*

PROCÈS-VERBAUX 1. — Affirmation des procès-verbaux devant le juge de paix, p. 490, n. 1452, 1453. — Formule d'affirmation, 281, p. 490. — Procès-verbal dressé sur la déclaration d'un garde champêtre qui ne sait pas écrire, formule 282, p. 490.

2. — De la foi due aux procès-verbaux; différents degrés; procès-verbaux des gardes champêtres et forestiers, des juges de paix, des maires, des agents voyers, etc., p. 491, n. 1454 et suiv. — Formules diverses des procès-verbaux. — V. *Tribunal de police du juge de paix,* 4.

PROROGATION DE LA JURIDICTION DES JUGES DE PAIX. Parties se présentant volontairement devant le juge de paix, renonciation à l'appel, p. 32, n. 75 et 76. — Prorogation interdite, si le juge de paix est incompétent à raison de la matière, p. 32, n. 77 — Prorogation applicable aux matières possessoires, *eodem.* — Effet de la prorogation sur la compétence du tribunal d'appel, p. 33, n. 78. — Prorogation de la compétence à raison du domicile, p 33, n. 79.

2. — Formes de la prorogation volontaire, consentement tacite insuffisant, nécessité de spécifier le différend dans l'acte de prorogation, p. 33, n. 80 et suiv. — Signature des parties non nécessaire si la prorogation a lieu à l'audience, p. 33, n. 82. — La déclaration des parties doit être portée sur la feuille d'audience, *eodem.*

3. — Les tuteurs administrateurs et simples, fondés de pouvoirs, peuvent-ils proroger? p. 34, n. 83 et suiv. — *Quid* de la renonciation a une formalité d'audience, p. 34, n. 85. — Peut-on proroger la juridiction du juge de paix sur une contestation non encore née? p. 34, n. 86.

4. — Le juge de paix est-il tenu d'accepter la mission de juger au delà des limites de sa compétence, et en dehors de sa juridiction? p. 34, n. 88.

doit être rendue sur une requête et n'a pas le caractère d'un référé, p. 295, n. 1002.

2. — De l'apposition des scellés d'office, cas dans lequels elle a lieu, quelles sont les personnes qui peuvent requerir le juge de paix, p. 309, n. 1026. — Obligations des maires et adjoints d'avertir le juge de paix des décès donnant lieu a l'apposition d'office, *ibid.*

3. — De l'apposition d'office lorsque le mineur est sans tuteur; différence entre les dispositions de l'art. 819 du Code civil et celles de l'art. 911 du Code de procedure, p. 309, n. 1027. — L'apposition n'est obligatoire que si le mineur est sans tuteur, *ibid.* et suiv. — Après le décès du père ou de la mère, le mineur doit-il être regardé comme étant *sans tuteur,* tandis que son tuteur legal, le père ou la mère survivant, n'a pas fait convoquer le Conseil de famille pour la nomination du subroge tuteur? examen de cette question, p. 310 et suiv., n. 1027. — L'apposition d'office n'aurait pas lieu quoique le père ou la mère survivant fût lui-même mineur, p. 312, n. 1029. — En serait-il de même si, après le décès de ses père et mère, le mineur tombait sous la tutelle de son aïeul paternel ou maternel? *ibid.* — Si le tuteur légal gerait sans avoir convoque le Conseil de famille, il y aurait lieu, non a apposition d'office, mais a convocation d'office du Conseil de famille par le juge de paix. p. 311 et suiv., n. 1028. — Mais si le mineur n'a pas de tuteur, les scellés doivent être apposes, quoique la famille demande un très-court delai pour la nomination d'un tuteur, p. 312 et suiv., n. 1030. — Si le tuteur n'est pas sur les lieux, les scelles doivent encore etre apposes d'office, p. 316, n. 1032. — *Quid* si le mineur est emancipe? il n'y a pas lieu dans ce cas à l'apposition d'office, p. 315, n. 1032.

4. — De l'apposition d'office lorsque le conjoint, les heritiers ou l'un d'eux sont absents; acceptions legales du mot *absent,* p. 317, n. 1033. — L'apposition d'office doit-elle être rigoureusement exercee dans tous les cas d'absence? *ibid.* — La presence d'un mandataire de l'absent empêche l'apposition d'office, *ibid.,* n. 1034. — *Quid* si, en cas d'absence sans nouvelles, les heritiers de l'absent, envoyes en possession provisoire, sont presents? *ibid.* et suiv., n. 1035.

5. — Les scellés peuvent-ils être apposes d'office sur les biens d'un absent sur la declaration du maire ou adjoint de la commune? p. 302, n. 1012. — Formalites a remplir pour la levee, *eod.* et p. 319, n. 1040.

6. — Succession echue à un militaire absent, formalités à remplir par le juge de paix, outre l'apposition d'office des scelles; la loi du 11 ventôse an 11, qui prescrit ces formalités, a-t-elle ete abrogee par les dispositions du Code Nap. relatives aux absents? ou par la loi du 13 janvier 1817, sur le mode de declaration d'absence des militaires absents de leurs corps? p. 317 et suiv. — De l'apposition des scelles sur les objets de la succession d'un militaire décédé sur le territoire français, p. 316, n. 1121. — Les instructions donnees a cet egard supposent l'absence des heritiers; trois sortes de procès-verbaux de levee des scellés : 1° en cas de decès d'un officier superieur ; 2° en cas de decès d'un militaire quelconque et d'absence de ses heritiers; 3° en cas de decès lorsque les heritiers sont presents, *ibid.* — V. *Levée des scellés,* 3.

7. — De l'apposition des scellés lorsque le defunt a été dépositaire public; minutes des notaires et autres, p. 296 et suiv., n. 1005. — Qui doit supporter les frais de l'apposition? p. 297, n. 1005. — Il n'est pas necessaire qu'il y ait decès pour que les scelles soient apposes sur les papiers ou la caisse d'un depositaire public., p. 297, n. 1005. — Le scellé doit être appose d'office, p. 319, n. 1039.

8. — De l'apposition des scelles, après le décès des officiers superieurs ou officiers généraux, commissaires ordonnateurs, inspecteurs aux revues, intendants militaires, officiers superieurs des armees, p. 298, n. 1007. — Formalites à remplir au decès, *eod.* — Les scelles ne doivent être apposes que sur les papiers qui peuvent interesser le gouvernement, *eod.* — Ils doivent être apposés d'office, p. 319, n. 1039.

9. — De l'apposition de scellés après le décès d'un evêque, d'un archevêque ou du titulaire d'une cure, p. 298 et suiv., n. 1008. — Les scellés doivent être apposes d'office, p. 319, n. 1039.

10. — De l'apposition des scelles après le décès d'un titulaire de majorat; explications sur les majorats; obligation d'apposer les scellés au décès des titu-

papiers appartenant aux tiers ne doivent pas être présentés ; ils doivent être laissés sous les scellés, même malgré revendication, jusqu'à la levée, sauf reféré en cas de reclamation, p. 340, n. 1107. — *Quid* si le testament d'un tiers était trouvé ouvert ? *quid* s'il était trouvé cacheté ? *ibid.*, n. 1108 et suiv. — Le greffier doit-il accompagner le juge de paix pour la presentation du testament ? *ibid.* et suiv., n. 1110.—Le juge de paix est obligé de requérir escorte, s'il craint que le testament ne soit enlevé, p. 341, n. 1110.

20.—Referés.—S'il y a péril dans la demeure, le juge de paix décide par provision, sauf a referer ensuite, p. 341 et suiv., n. 1111.—Les dispositions du mode de procedure sur les referes sont generales, et ne s'appliquent pas seulement aux scellés, *eod.* — Causes qui donnent lieu au referé, *eod.* — Il y a lieu a referé, quoique des difficultes s'elèvent sur une partie d'operation terminée, *eod.* — Le juge de paix n'a dans ces matières aucune juridiction, il remplit des fonctions speciales en dehors de celles de juge, *eod.* — Cette disposition a ete critiquée, p. 313, n. 1111.—Quel est l'objet du referé lorsque le juge de paix a provisoirement statué lui-même et passe outre ? p. 343, n. 1112.— Qu'entend on par scellés croisés ? *ibid.*—Le greffier doit-il assister le juge de paix dans les referés ? *ibid.*, n. 1113. — Quelles mentions doivent être portées sur le procès-verbal ? *ibid.*, n. 1114. — Etablissement de garnison, *ibid.* — Les ordonnances de referé ne font aucun prejudice au principal, elles sont executoires par provision, elles ne sont pas susceptibles d'opposition, *ibid.* — Caution, appel, delai d'appel, procedure sommaire en appel, *ibid.* et suiv.

21. — Clefs des serrures et gardien des scellés. — Les clefs des serrures sur lesquelles le scellé a ete apposé restent aux mains du greffier, p. 336, n. 1095. — V. *Gardien des scellés.*—Qualites requises, 333 et suiv., n. 1086 et suiv.—Les femmes mariees, les mineurs, les domestiques peuvent-ils être etablis gardiens ? *ibid.* 334 et suiv., n. 1086, 1087 et suiv. — Le gardien peut il être remplacé ? p. 335, n. 1089. — Le gardien nommé par le juge de paix est-il obligé d'accepter ? *eod.*, n. 1090.

22. — De l'opposition à ce que les scellés soient apposés ; porteur d'un testament ; legataire universel ; cas dans lesquels cette opposition est admissible, p. 327, n. 1063. — Heritier non reservataire, heritiers a réserve ; epoux survivant ; creanciers de la succession requerant le scellé, *ibid.* et suiv. — Obligation de notifier le testament aux heritiers même non reservataires avant l'opposition, *ibid.* et suiv.—*Quid* si le testament est attaqué ? *ibid.* et suiv. — *Quid* si les heritiers ou autres personnes interessées pretendent qu'il existe dans les papiers du defunt un autre testament ? *ibid.* et suiv.

23. — La declaration des scellés n'est imposée au greffier que dans les communes d'une population superieure a vingt mille âmes ; delai et formes de la declaration, p. 346, 347, n. 1122. — Cette mesure n'existait pas avant le Code de procedure, cas de plusieurs appositions, pour la même succession, dans le même arrondissement, *eod.* — C'est le greffier qui doit faire la declaration ; le delai n'est que comminatoire, l'inobservation n'emporterait pas nullite du scellé, p. 347, n. 1124 et suiv.

24. — De la description sommaire. Cas où les meubles de la succession sont tous necessaires aux personnes de la maison, p. 344, n. 1116 et suiv. — Les descriptions sommaires sont d'un usage fréquent dans les héritages de peu d'importance ; les juges de paix sont-ils autorises à etendre cet usage de la description sommaire avec prisee ? l'estimation peut-elle être faite par les greffiers dans les lieux où il existe des commissaires-priseurs ? *quid* s'il n'existe pas de commissaire priseur ? *quid* si la prisee se fait sans frais ? p. 345, 346, n. 1119 et suiv.

25. — Du procès-verbal de carence. — Le procès-verbal de carence est-il obligatoire dans tous les cas ? p. 344, 345, n. 1116 et suiv. — Obligation de faire prêter serment en cas de procès-verbal de carence, p. 346, n. 1120.

26. — Incidents, bris de scellés, entrée dans la maison où les scelles ont ete apposés, peines en cas de bris de scellés, p. 348 et suiv., n. 1127 et suiv.—Difference entre le bris des scellés apposes par ordre du gouvernement ou de justice, et le bris dans les autres cas ; peines portees contre les gardiens, vol commis a l'aide du bris des scellés, *ibid.* et suiv. — Que doit faire le juge de paix quand le bris lui est denoncé, ou si le bris n'est decouvert qu'au moment où il se presente pour la levee ? p. 348, n. 1128 et suiv. — Procès-verbal de police judiciaire, séparé du procès-verbal de levee ; instructions en cas de flagrant delit, p. 348 et suiv., n. 1130 et suiv. — Entrée dans la maison où le scellé est apposé,

paix pourrait-il se refuser à la levée en se fondant sur ce que le notaire aurait été pris en dehors du canton? p. 362, n. 1178. — L'absent dont on n'a pas de nouvelles peut-il être représenté à la levée par le même notaire que les absents non présents? examen de l'opinion de MM. Biret et Augier, p. 362 et suiv., n. 1179. — La nomination d'un notaire hors les cas prévus par la loi ne serait pas dans tous les cas une cause de nullité de l'opération; elle pourrait seulement être considérée comme frustratoire, p. 363 et suiv., n. 1179.

32. — Personnes qui sont admises à assister à la levée des scellés; des personnes appelées, quelques-unes ne peuvent assister qu'à la première vacation; les opposants sont tenus de se faire représenter par un seul mandataire pour tous, exception à ce principe; à quel mandataire est donnée la préférence? est-ce au juge de paix ou au président du tribunal civil qu'il appartient de décider? choix entre les *avoués*, mandataires *non avoués*, exemple d'intérêts contraires entre les opposants, p. 364 et suiv., n. 1180 et suiv. — Les créanciers des créanciers ne peuvent concourir au choix du mandataire commun, ni assister à la première vacation, p. 366 et suiv., n. 1184 et suiv.

33. — De la levée des scellés sans inventaire ou avec inventaire: le juge de paix doit veiller à ce qu'un inventaire ait lieu, si les circonstances le rendent nécessaire, p. 367 et suiv., n. 1189. — Cas dans lesquels on ne peut se dispenser de l'inventaire, *ibid.*, 368, n. 1189. —Droit de s'opposer à la levée sans inventaire, créanciers, légataire universel, cessation de la cause de l'apposition avant la levée, légataires désintéressés, créanciers payés, p. 368, n. 1190 et suiv. — L'inventaire est-il toujours obligatoire, s'il y a des mineurs, même pourvus de tuteurs, et quoique la cause de l'apposition ait été l'absence des héritiers? opinion de Carré combattue, p. 369, n. 1192. — La levée peut-elle être demandée sans inventaire, par le mari d'une femme héritière de son chef? p. 370, n. 1173. — Ordonnance du juge de paix, exprimant que les scellés seront levés sans inventaire ou à charge d'inventaire, *ibid.* et suiv.

34. — De la nomination du notaire qui doit procéder à l'inventaire et du commissaire-priseur ou expert, p. 372, n. 1200. — Formes, choix, nomination par le président du tribunal civil, est-ce le juge de paix lui-même, ou la partie la plus diligente, qui doit provoquer cette nomination? distinctions, *ibid.*, n. 1201.

35. — Formalités de la levée des scellés et procès-verbal, mentions et énonciations que doit contenir le procès-verbal, p. 372 et suiv., n. 1202. — L'omission de ces mentions entraînerait-elle nullité? p. 373, n. 1202. — Importance de l'énonciation de la date, jour, heure; elle sert à constater le commencement de la vacation, *ibid.*, n. 1203. — Comparution et dires des parties, nomination des notaires et commissaires-priseurs, reconnaissance des scellés; que doit faire le juge de paix en cas d'altération, bris ou soustraction? *quid* s'il apparaît que le bris n'a eu lieu que par inadvertance? *ibid.*, n. 1205 et suiv. — Perquisition pour découvrir les effets détournés; le juge de paix peut-il faire des recherches en dehors de la maison mortuaire? p. 374, n. 1207 et suiv. — Levées successives des scellés et réapposition à la fin de chaque vacation, formes de la levée, p. 375, n. 1210 et suiv.—De la conservation et de la remise des clefs, *ibid.*, n. 1212. — De la réunion des objets de même nature pour être inventoriés, *eod.*, n. 1213. — Des objets et papiers étrangers à la succession et revendiqués par des tiers, *quid* s'il s'élève opposition à la remise? cas où il y a lieu à leur description, référé, *ibid.*, n. 1214 et suiv. — Procès-verbal de levée distinct de l'inventaire, *eod.*, n. 1215. — Quand le juge de paix peut-il donner défaut contre les parties non présentes? p. 476, n. 1216. — Renvoi de chaque vacation à la vacation suivante; cet avertissement donné aux parties vaut citation, *ibid.*, n. 1217.—Date de la fin de chaque vacation, signature, *eod.*, n. 1218. — Décharge des clefs, *eod.*, n. 1219. — Incidents à la levée, référé; le juge de paix peut-il, sans en référer, décider de l'ordre à observer dans la levée? *ibid.*, n. 1220. — De la découverte d'un testament ou de papiers cachetés, pendant la levée, p. 377, n. 1221.

36. — Faillite. — Apposition des scellés en matière de faillite, p. 292, n. 995. — Définition de la faillite, distinction entre la faillite et la banqueroute, p. 380 et suiv., n. 1235. — Au juge de paix seul et à ses suppléants appartient d'apposer les scellés en matière de faillite; apposition en vertu du jugement déclaratif, ou d'office par le juge de paix, ou sur réquisition des créanciers ou des syndics, p. 381, n. 1236 et suiv. — Droit laissé au juge-commissaire de faire

procéder sans apposition à l'inventaire, *ibid.*, n. **1238**. — Par qui le juge de paix est-il averti? *eod.* — Cas dans lesquels l'apposition a lieu d'office, *eod.* — Comment se fait l'inventaire, lorsqu'il y a dispense d'apposition? la présence du juge de paix y est-elle nécessaire? p. 382, n. **1239 et suiv.** — *Quid*, si, contre la prévision du juge-commissaire, l'inventaire ne pouvait se faire en un seul jour? p. 383, n. **1241**. — Cet inventaire ne peut être remplacé par une simple description sommaire, *eod.*, n. **1242**. — C'est par un simple avis que le greffier du tribunal de commerce prévient le juge de paix, *ibid.*, n. **1243**. — L'apposition d'office n'a pas lieu sur la simple notoriété acquise, il faut qu'il y ait disparution du débiteur ou détournement soit par le failli, soit par toute autre personne, *ibid.*, n. **1244 et suiv.** — Objets soumis à l'apposition des scellés en cas de faillite; peuvent-ils être apposés sur les marchandises en voyage ou en consignation? p. 384 et suiv. — *Quid* si une société en faillite a des établissements en divers cantons et en divers arrondissements, qui doit avertir les juges de paix de ces cantons ou arrondissements? p. 385, n. **1251 et suiv.** — Formalités de l'apposition des scellés en matière de faillite; ils doivent être apposés sur tous les meubles du failli, hors ceux nécessaires à l'usage des personnes qui restent dans la maison, p. 385, n. **1253 et suiv.** — Cependant les syndics peuvent demander qu'on laisse en dehors des scellés certains objets; détails, désignations, *ibid.* — Extraction de dessous les scellés des livres et effets de portefeuille, p. 386, n. **1256**. — Etat des livres constaté par le juge de paix, mode de constatation: effets en portefeuille, à courte échéance et à longue échéance; procès-verbal, signature des syndics, *eod.* et suiv., n. **1257 et suiv.**

37. — De la levée des scellés en matière de faillite et de l'inventaire, délai pour la levée; le délai court-il du jour de la nomination des syndics ou du jour de l'apposition; est-ce au syndic définitif ou au syndic provisoire de requérir la levée? p. 387, n. **1263 et suiv.**—Le failli doit être appelé pour assister à la levée et à l'inventaire, mais non les autres intéressés; exception en cas de décès ou d'opposition formée par des revendicants, p. 388, n. **1264**. — Formes de l'inventaire, le syndic y remplit l'office d'un notaire; signature du juge de paix, *ibid.*, n. **1265 et suiv.** — Procès-verbal de levée des scellés outre l'inventaire; le juge de paix ne doit ni coter ni parapher les titres et papiers du failli; distinction entre la levée définitive des scellés et la levée provisoire pour extraction de pièces, p. 388 et suiv., n. **1267**. — Obligation de dresser l'inventaire en double minute; but et objet de cette obligation; les syndics peuvent-ils employer le greffier comme auxiliaire à la rédaction de l'inventaire, p. 389, n. **1268** et suiv. — Cumul des honoraires de greffier et de rédacteur, estimation des objets, greffier employé à cette estimation; rétribution, *ibid.*, n. **1270** et suiv.

38. — Des scellés et de l'inventaire en cas de faillite déclarée après décès; les héritiers doivent être appelés, p. 389 et suiv., n. **1272 et suiv.** — Formes de la sommation, différence entre la sommation pour assister à la levée des scellés et la sommation pour assister à l'inventaire; taxe distincte, p. 390, n. **1293** et p. 391, n **1278**. — *Quid* si le décès du failli est postérieur à l'inventaire; y a-t-il lieu à récolement? p. 390, n. **1273**. — L'inventaire, dans ces cas, est toujours fait par les syndics et non par un notaire, *ibid.*, n. **1274**. — Et quand même les héritiers auraient accepté sous bénéfice d'inventaire, p. 391, n. **1276** — Droit des officiers du ministère public d'assister à l'inventaire et de requérir communication de tous actes, papiers et titres du failli, p. 391, n. **1277**.

39. — De la manière de pourvoir aux frais de la faillite, en cas d'insuffisance de l'actif; quels sont les frais qui doivent être avancés par le Trésor public? p. 391, n. **1279 et suiv.** — Du mode de constatation, de réclamation et de recouvrement de ces frais, p. 392 et suiv., n. **1281**. — Le greffier ne peut, en cas de faillite, exiger que les frais de scellés soient consignés d'avance, à moins que l'apposition soit réclamée par un créancier avant la déclaration, p. 393, n. **1282**.

40. — Matière criminelle — Apposition des scellés en matière criminelle, p. 293, n. **995**. — Les scellés, en matière criminelle, ne sont pas dans les attributions exclusives des juges de paix; ils diffèrent du scellé en matière civile; en quoi consiste le scellé en matière criminelle? comment doit-il être apposé? p. 402, n. **1310**. — Procureur impérial, juge d'instruction, juge de paix, officier de gendarmerie, maire, adjoint, commissaire de police, *eod.* — Cas où le scellé peut être apposé à domicile en établissant un gardien ou une garde militaire, *eod.* — Taxe du gardien, p. 403, n. 1310. — Les femmes ne peuvent être constituées gardiennes en matière criminelle, *eod.* — Les scellés ne peuvent plus être apposes sur les meubles et immeubles du condamné pour le remboursement des frais en matière criminelle, *eod.* — Si le condamné venait a mourir, le Tresor, comme creancier, pourrait provoquer l'apposition ; *quid* en cas de mort civile ? *eod.* — Le juge de paix seul compétent pour l'apposition après deces, p. 404, n. 1312. — En cas de contrefaçon d'un brevet d'invention, il y aurait lieu a saisie et non à apposition des scellés, p. 404, n. 1305.

41. — Du timbre et de l'enregistrement en matière de scellés. — Papier timbré ; tous les actes concernant les scellés doivent être portes sur papier timbre ; exception au principe qui defend d'expedier deux actes a la suite l'un de l'autre sur la même feuille de papier timbre, p. 377 et suiv., n. 1223 et suiv. — Les procès-verbaux d'apposition, de reconnaissance et de levée des scellés sont enregistres sur minute ; *idem* les oppositions à la levée, les ordonnances et mandements d'assigner, p. 378, n. 1223 et suiv. — Extraits, copies ou expeditions, *eod.* — Droits d'enregistrement a acquitter par le greffier, *eod.* — Montant du droit d'enregistrement des inventaires, des clôtures d'inventaires, des procès-verbaux d'apposition, de reconnaissance et de levee, des ordonnances de referé et autres, des oppositions a la levée, des mandements d'assigner les opposants, *eod.* et suiv., et p. 331, n. 1073. — Delais d'enregistrement, *eod.* — L'enregistrement doit-il avoir lieu a chaque vacation ? p. 379, n. 1230. — Defense de relater dans les actes, sur les scellés, un acte non enregistré, *eod.*

42. — Vacations, transport et frais de scellés. — Anciennes vacations accordees au juge de paix ; le transport et les frais de transport etaient confondus avec l'honoraire de l'apposition, de la reconnaissance et de la levee des scellés, p. 393 et suiv., n. 1283 et suiv. — Dans le referé, on distinguait les frais de transport et de retour de l'honoraire de vacation, p. 394, n. 1284. — Ces droits et vacations supprimes par la loi du 21 juin 1845, excepte l'indemnité de transport, *ibid.*, n. 1287. — Loi du 21 juin 1845, et ordonnance complementaire du 12 decembre même annee, p. 395, n. 1287. — Indemnite de transport insuffisante en cas de distance longue a parcourir, *ibid.* — Articles de l'ancien tarif, en pleine vigueur par rapport aux greffiers. *ibid.*, n. 1288. — Est-ce la nouvelle ordonnance ou le tarif de 1807 qui doit regler le transport des greffiers, *ibid.* et suiv., n. 1289.—Ils restent purement soumis au tarif de 1807, p. 396, n. 1290. —Les frais de transport peuvent être reclames, quoique l'apposition des scelles n'ait pas lieu, *ibid.*, n 1291. — Frais de scelles privileges, *ibid.*, n. 1292. — Droit du greffier de faire consigner les frais, si les scellés sont apposes sans réquisition ; exception a ce droit, p. 397, n. 1293. — Celui qui a avancé les frais peut-il s'en faire rembourser par privilege sur le prix des biens inventories ? *ibid.*, n. 1294. — *Quid* si les scellés ont ete requis sur les minutes d'un depositaire public ? *ibid.*, n. 1295. — *Quid* s'ils ont ete apposes en l'etude d'un notaire prevenu de faux et acquitté posterieurement ? *ibid.* et suiv., n. 1296 et suiv. — *Quid* si un opposant a amene la necessite d'un refere, p. 399, n. 1298. — *Quid* si un heritier majeur n'ayant pas droit à la reserve persiste a requerir l'apposition malgre l'existence d'un testament qui le depouille ? *ibid.* — L'action du greffier contre tous les heritiers pour payement de frais de scellés est-elle solidaire ? *ibid.*, n. 1299.— Devant quel juge doit-elle être portee ? *ibid.*, n. 1301.—Par qui doit être faite la taxe de ces frais ? *ibid.*, n. 1300. — De la délivrance des expeditions ou extraits des procès-verbaux d'apposition, de reconnaissance ou de levee des scellés, p. 400, n. 1302. — Taxe pour la declaration de l'apposition ; *quid* si cette declaration estfaite dans une commune au-dessous de 20,000 âmes ? *ibid.*, n. 1303. — Taxe pour les oppositions au scelle et pour les extraits d'opposition, *ibid.* et suiv., n. 1304 et suiv. — En cas d'apposition de scelles la nuit, est-il dû au greffier une augmentation d'emolument, ou bien ne doit-il percevoir que des vacations ordinaires? p. 401, n. 1307.

43. — Formules. — Modèle d'apposition de scellés d'office, formule 203, p. 430. — Proces-verbal d'apposition de scellés sur requisition, formule 204, p. 431. — Autre modèle de procès-verbal d'apposition de scelles avec opposition et refere, et presentation d'un paquet trouve en apposant les scelles, ou d'un testament, formule 205, p. 432.—Decouverte d'un testament, formule 206, p. 434. — Opposition a ce que les scellés soient apposes, réfere, continuation ou discontinuation de l'operation, formule 207, p. 435. — Requisitoire sur le procès-verbal de scelles, tendant à être autorisé a la gestion d'une succession, en con-

SEPARATION DE BIENS OU DE CORPS. — V. *Conseil de famille*, 1; *Scellés*, 15.

SERMENT. 1. — Du serment décisoire; cas dans lesquels il peut être déféré ou reléré, p. 72, n. 216, 217 et suiv. — Conditions de capacité pour deferer le serment décisoire, mandataire general, tuteurs, etc., p. 72, 73, n. 222 et suiv. — Forme de la delation du serment, du jugement qui l'ordonne, de la prestation de serment, du jugement après la prestation de serment, p. 73, 74, n. 230 et suiv.—Indivisibilite du serment judiciaire, p. 74, n. 242.—A qui peut-on opposer le serment prête, heritiers, creanciers solidaires, p. 74, n. 243, 244. — Du serment deféré subsidiairement par une partie, pouvoirs du juge de ne pas l'ordonner, p. 75, n. 248.

2. — Du serment deferé d'office, cas dans lequel le juge peut déférer le serment d'office, p. 75, n. 245 et suiv. — Forme du jugement qui ordonne le serment d'office, signification non nécessaire si la partie est presente, retractation du jugement en cas de production d'une pièce nouvelle, p. 75 et 76, n. 250 et suiv. — Decès de la partie avant la prestation de serment, p. 76, n. 251. — Appel du jugement qui defere le serment, p. 76, n. 253, 255.—Serment deféré sur la valeur de la chose demandée, obligation du juge de déterminer une valeur prealable, p. 76, n. 256, 257.

3. — FORMULES. — Jugement sur une delation de serment décisoire, formule 55, p. 76. — Jugement qui donne acte du serment decisoire, prêté sur-le-champ a l'audience, formule 56, p. 77. — Jugement sur serment suppletoire, avec délégation du juge de paix d'un autre canton pour recevoir le serment, formule 57, p. 77.

SERMENT DES EXPERTS. Serment devant le juge de paix de l'expert chargé d'estimer les meubles que les père et mère veulent conserver en nature, p. 467, n. 1390.

T

FIN DE LA TABLE.

OUVRAGES DE M. JAY.

—

RÉPERTOIRE GÉNÉRAL ET RAISONNÉ DES JUSTICES DE PAIX, nouvelle collection de jurisprudence et de doctrine, suivant l'ordre alphabétique, 5 vol. grand in-8°, sur deux colonnes. Chaque volume contient 500 pages de 3,000 lettres chacune, soit la matière de 10 à 12 volumes ordinaires, *franco*, **28 fr.**

Cet ouvrage comprend, sous la forme alphabétique, tout ce qui a été écrit ou jugé jusqu'en 1850, sur les justices de paix et sur les matières qui s'y rapportent.

Chaque mot principal forme un véritable traité, où l'opinion des auteurs sur chaque difficulté est traitée et discutée. Les arrêts des Cours impériales, ceux de la Cour de cassation, et même les jugements des tribunaux que leur importance a signalés à l'attention publique, sont, avec tous les faits nécessaires pour faire comprendre leurs motifs, rapportés textuellement au mot alphabétique correspondant à la matière qui en fait l'objet.

La faculté laissée aux abonnés des ANNALES de consulter la rédaction touchant les difficultés qui s'offraient à eux dans la pratique, a fait surgir une foule de questions que la doctrine n'avait pas jusque-là prévues, et dont la plupart cependant se présentaient fréquemment, soit devant les juges de paix, soit dans les greffes. M. Jay a résumé toutes ces solutions, en les groupant sous les mots et articles auxquels elles appartiennent.

ANNALES ET JOURNAL SPÉCIAL DES JUSTICES DE PAIX, paraissant chaque mois, par un cahier de deux à trois feuilles grand in-8°, à deux colonnes, au prix de 9 fr. par an. Ce recueil, à partir de 1850, fait suite au RÉPERTOIRE GÉNÉRAL ET RAISONNÉ DES JUSTICES DE PAIX, dont il est le complément. C'est la collection la plus ancienne, et, par suite, la plus complète; les arrêts, à partir de l'an II, sont tous mis au courant de la législation actuelle, au moyen d'annotations et observations souvent fort étendues.

BULLETIN DES LOIS DES JUSTICES DE PAIX, Recueil chronologique des édits, décrets, arrêtés, lois, ordonnances et circulaires ministérielles, ANNOTÉS ET EXPLIQUÉS, par M. J.-L. JAY. 2 vol. in-8°. **10 fr.**

NOUVEAU TRAITÉ DE LA COMPÉTENCE JUDICIAIRE DES JUGES DE PAIX en matière civile et de simple police, par M. J.-L. JAY. 1 fort et beau vol. in-8° de plus de 600 pages. **6 fr.**

TRAITÉ DES SCELLÉS, DES PRISÉES ET DES INVENTAIRES en matière civile, commerciale et criminelle, par M. J.-L. JAY. 1 beau vol. in-8°. **6 fr.**

TRAITÉ DES CONSEILS DE FAMILLE, des Tuteurs, Subrogés Tuteurs, Curateurs et des Conseils judiciaires, par M. J.-L. JAY. 2ᵉ éd. 1 vol. in-8°. **6 fr.**

MANUEL DES GREFFIERS DES JUSTICES DE PAIX, ou Traité des fonctions et des attributions de ces fonctionnaires, par M. J.-L. JAY. 1 vol. in-18. **1 fr. 50**

DES PENSIONS CIVILES, d'après la loi du 13 juin 1853, commentée en tant qu'elle se rapporte aux pensions de retraite des juges de paix. In-18. Prix: **1 fr. 25**

GUIDE DES HUISSIERS, en matière civile, commerciale et criminelle, avec un formulaire des actes de ces fonctionnaires. DEUXIÈME ÉDITION, un fort vol. in-8°, *franco*. **5 fr.**

COMMENTAIRE SUR LES VENTES DE MEUBLES ET MARCHANDISES, d'après la loi du 25 juin 1841, sur les attributions des commissaires-priseurs, courtiers, notaires, greffiers et huissiers, comme officiers vendeurs de meubles et de marchandises. 1 vol. grand in-8°, *franco*. **2 fr. 50**

COMMENTAIRE DU TARIF DES COMMISSAIRES-PRISEURS, d'après la loi du 18 juin 1843, in-18, *franco*. **75 c.**

———

TYPOGRAPHIE HENNUYER, RUE DU BOULEVARD, 7. BATIGNOLLES.
Boulevard extérieur de Paris.

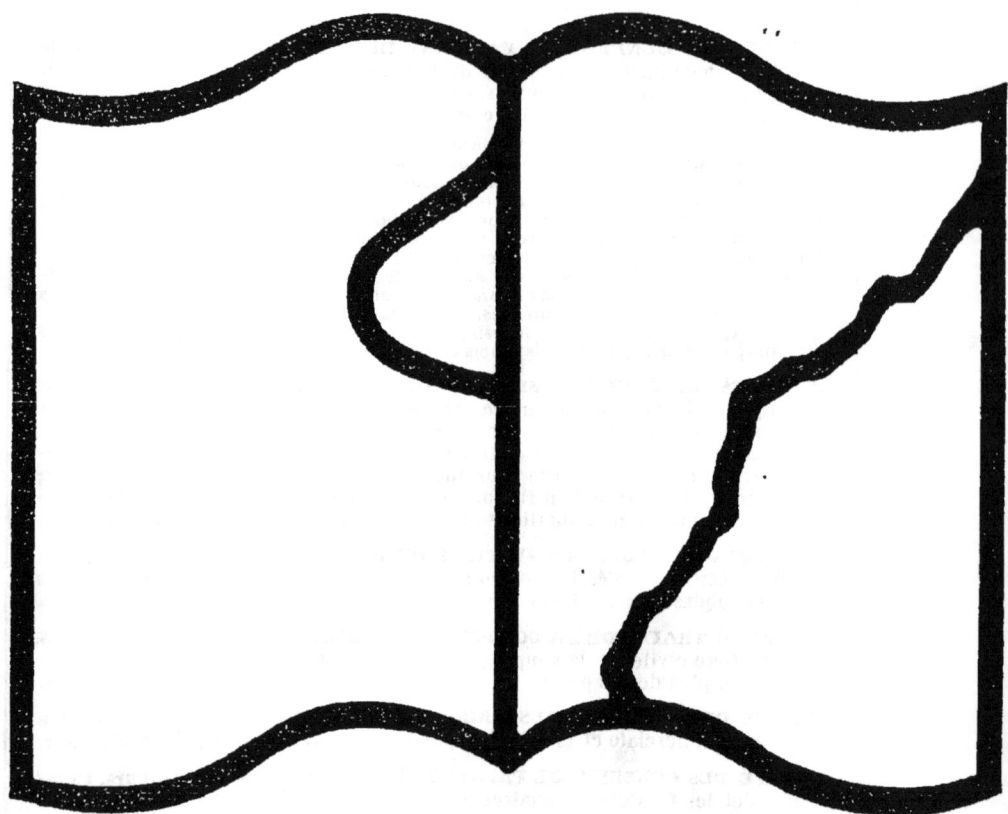

Texte détérioré — reliure défectueuse

NF Z 43-120-11

www.ingramcontent.com/pod-product-compliance
Lightning Source LLC
Chambersburg PA
CBHW060819220326
41599CB00017B/2234